# Outros Escritos

*Tradução brasileira:* Vera Ribeiro

*Versão final:* Angelina Harari e Marcus André Vieira

*Preparação de texto*: André Telles

## CAMPO FREUDIANO NO BRASIL

Coleção dirigida por Judith (*in memoriam*) e Jacques-Alain Miller

Assessoria brasileira: Angelina Harari

Jacques Lacan

# Outros Escritos

*9ª reimpressão*

Copyright © 2001 by Éditions du Seuil

Tradução autorizada da primeira edição francesa
publicada em 2001 por Éditions du Seuil, de Paris, França

*Título original*
Autres écrits

CIP-Brasil. Catalogação-na-fonte
Sindicato Nacional dos Editores de Livros, RJ

---

Lacan, Jacques, 1901-1981
L129o   Outros escritos / Jacques Lacan; [tradução Vera
Ribeiro; versão final Angelina Harari e Marcus An-
dré Vieira; preparação de texto André Telles]. — 1ª
ed. — Rio de Janeiro: Zahar, 2003.
(Campo freudiano no Brasil)
Inclui bibliografia
ISBN 978-85-7110-751-9

1. Lacan, Jacques, 1901-1981. 2. Psicanálise. I.
Título.

03-1998

CDD: 150.195
CDU: 159.964.2

---

Todos os direitos desta edição reservados à
EDITORA SCHWARCZ S.A.
Praça Floriano, 19, sala 3001 – Cinelândia
20031-050 – Rio de Janeiro – RJ
Telefone: (21) 3993-7510
www.companhiadasletras.com.br
www.blogdacompanhia.com.br
facebook.com/editorazahar
instagram.com/editorazahar
twitter.com/editorazahar

# Sumário

## I

Prólogo .......................................... 11
Lituraterra ........................................ 15

## II

Os complexos familiares na formação do indivíduo ........ 29
O número treze e a forma lógica da suspeita ............. 91
A psiquiatria inglesa e a guerra ....................... 106
Premissas a todo desenvolvimento possível
da criminologia ............................... 127
Intervenção no I Congresso Mundial de Psiquiatria ........ 132

## III

Discurso de Roma ................................. 139
A psicanálise verdadeira, e a falsa ..................... 173
Maurice Merleau-Ponty ............................ 183

## IV

Os quatro conceitos fundamentais da psicanálise .......... 195
Homenagem a Marguerite Duras pelo arrebatamento de
Lol V. Stein .................................. 198
Problemas cruciais para a psicanálise .................. 206
Respostas a estudantes de filosofia .................... 210
Apresentação das *Memórias de um doente dos nervos* ...... 219
O objeto da psicanálise ............................. 224
Pequeno discurso no ORTF .......................... 226

# V

Ato de fundação ........................................... 235
Proposição de 9 de outubro de 1967 sobre o psicanalista
    da Escola .............................................. 248
Discurso na Escola Freudiana de Paris ................. 265
Introdução de *Scilicet* no título da revista da Escola
    Freudiana de Paris .................................... 288
Pronunciamento na Escola .............................. 299
Alocução sobre o ensino ............................... 302
Nota italiana ........................................... 311
Talvez em Vincennes... ................................. 316
Carta de dissolução ................................... 319

# VI

A lógica da fantasia .................................... 323
O engano do sujeito suposto saber ..................... 329
A psicanálise. Razão de um fracasso ................... 341
Da psicanálise em suas relações com a realidade ....... 350
Alocução sobre as psicoses da criança ................. 359
Nota sobre a criança ................................... 369
O ato psicanalítico .................................... 371

# VII

Prefácio à edição dos *Escritos* em livro de bolso ..... 383
Prefácio a uma tese .................................... 389
Radiofonia ............................................. 400
O aturdito ............................................. 448
Aviso ao leitor japonês ................................ 498

# VIII

Posfácio ao *Seminário 11* ............................. 503
Televisão .............................................. 508
... ou pior ............................................ 544
Introdução à edição alemã de um primeiro
    volume dos *Escritos* ................................ 550

Prefácio a *O despertar da primavera* .................. 557
Joyce, o Sintoma. .................................... 560
Prefácio à edição inglesa do *Seminário 11* .............. 567

Anexos .......................................... 570

Índice dos nomes citados ........................... 591
Referências bibliográficas em ordem cronológica ......... 595
Inventário de notas ................................. 602

## ADVERTÊNCIA AO LEITOR

A numeração entre colchetes à margem das páginas da presente edição refere-se às páginas correspondentes da edição francesa original. Para maiores esclarecimentos acerca desta versão dos *Outros Escritos*, e um roteiro das notas de pé de página, o leitor deve remeter-se ao "Inventário de notas", que se encontra ao final deste volume (p.602).

(N.E.)

I

# Prólogo

O centenário de Lacan, neste ano de 2001, é para nós uma [7] oportunidade de apresentar esta coletânea ao público. Todos os escritos que a compõem foram publicados (com exceção de dois) durante a vida do autor. "O centenário de nascimento é raro de celebrar. Ele supõe na obra uma continuação do homem que evoca a sobrevivência." Essas linhas de Lacan, escritas em 1956 para o centenário de Freud, não deixavam de ser irônicas, já que ele não via em tal sobrevivência senão uma falsa aparência, que justificava seu "retorno a Freud". Isso foi na época em que o aparelho internacional a que este conferira um mandato para "dizer a verdade sobre a verdade" na psicanálise revelava-se como aquilo que a extinguia.

A publicação desta coletânea não se inscreve em nenhum "retorno a Lacan". Isso porque, segundo cremos, Lacan não se afastou. Está presente. Sempre atual, ou definitivamente intempestivo? Talvez ele esteja presente à maneira muito particular da *Carta roubada*.

Seja como for, vinte anos após sua morte, não há ninguém fingindo — a sério, entenda-se — que ele tenha sido superado na psicanálise como sujeito suposto saber. A acolhida dada a seus *Seminários* o atesta: eles são recebidos pelos praticantes e pelo público como livros de hoje, não de outrora.

Acima de tudo, não existe ortodoxia lacaniana. Existem, sim, lacanianos, até uma pletora deles. Lacan, por seu lado, disse onde fazia sua aposta: "... o efeito que se propaga não é de comunicação da fala, mas de deslocamento do discurso. Freud, incompreendido, ainda que por si mesmo, por ter querido fazer-se ouvir, foi menos servido por seus discípulos do que por essa propagação ...."

# 12 Outros Escritos

Certo, ele fundou uma Escola. Chamou-a de "*minha Escola*". Tomou o cuidado de dissolvê-la pouco antes de morrer. Como mostrar melhor que não confiava o zelo por sua "sobrevivência" a nenhuma assembléia de fiéis? Ele sabia que *ex-sistia*. Essa grafia, utilizada por ele, assinala que menos existimos *dentro* ou *com* do que *fora*.

[8] Não chegou ele a supor, vez por outra, que seus escritos, protegidos por seu "poder de ileitura", como hieróglifos no deserto, ex-sistiriam à própria psicanálise? Quando lhe acontecia prever o eclipse desta, Lacan contava unicamente com eles: "Quando a psicanálise houver entregado as armas diante dos impasses crescentes de nossa civilização (mal-estar que Freud pressentia nela) é que elas serão retomadas, por quem? Pelas indicações de meus *Escritos*." Alguns anos depois, ele já não via no escrito nada além de um dejeto, bom para a "publixação". Mas também lhe sucedia ter aspirações: "Bastam dez anos para que o que escrevo fique claro para todos ..." Será que o dizia *tongue in cheek*? Mais vale pensar que esses "todos" excluía os que ele chamava de "os idiotas" (os que ali nada conhecem).

Não há dúvida de que pouco se lê Lacan no grande público. Isso faz pensar no dito de Picasso: "Quantas pessoas leram Homero? No entanto, todo o mundo fala dele. Assim se criou a superstição homérica." Existe uma superstição lacaniana. Não ficar contente com isso não impede que se admita um fato, que é um fato transferencial.

O lançamento desta coletânea não deixará de ter uma incidência nessa transferência. Ele fará ex-sistir, cremos nós, um outro Lacan àquele que se tornou clássico (em outras palavras, classificado) sob o signo da fala e da linguagem. A abertura dos *Escritos* já evocava "o que se destaca, no fim desta coletânea, sob o nome de objeto *a* (a ser lido: pequeno *a*)". Esse objeto, portanto, é o alfa dos *Outros escritos*.

Mas não é seu ômega. O que se deixa entrever *in fine* aponta para mais além. Dito em termos sucintos: do gozo (conceito que reúne e desloca o que, em Freud, é denominado *Lust* e até *Lustgewinn*, *Libido* e *Befriedigung*, satis-

*Prólogo* 13

fação, da pulsão), o pequeno *a* é apenas o núcleo elaborável num discurso, ou seja, não é real, não passa de um semblante. Daí provém a tese radical de que o real está excluído do sentido, inclusive do "sentido gozado" [*sens joui*]. Essa tese, discutida em seu último ensino oral, não foi retomada por Lacan em nenhum de seus escritos; ela confere a esta coletânea seu ponto de fuga.

O último texto dos *Escritos* foi de dezembro de 1965, e sua "Abertura", de outubro de 1966. Reunimos aqui os grandes escritos publicados depois disso na revista *Scilicet*; retomamos os resumos dos seminários da Hautes Études; juntamos *Televisão*, de 1973; e conservamos a maioria dos prefácios, artigos e anotações do período. Esta segunda coletânea, portanto, dá continuidade à primeira. [9]

Também quisemos que ela reproduzisse sua composição, assim como fosse urdida com ela. Assim é que retornamos ao período que Lacan chamava de seus "antecedentes" e ao seguinte, que vai do "Discurso de Roma" (1953) até a publicação dos *Escritos* (1966), para oferecer aqui o mais importante daquilo que não encontrara espaço na coletânea anterior; é o caso, em particular, do artigo de enciclopédia sobre "Os complexos familiares" (1938). Esse conjunto está distribuído na segunda, terceira e quarta partes do volume.

A quinta reúne os textos dedicados à Escola, desde o "Ato de fundação" de 1964 até a "Carta de dissolução" de 1980.

As três últimas partes retornam à cronologia.

Finalmente, por muitas razões, "Lituraterra" pareceu-nos predestinado a ocupar aqui o lugar concedido nos *Escritos* ao "Seminário sobre *A carta roubada*".

J.-A.M.
*Fevereiro de 2001*

# Lituraterra

[11]

Essa palavra é legitimada pelo *Ernout et Meillet*: *lino, litura, liturarius*. Mas me ocorreu pelo jogo da palavra com que nos sucede fazer chiste: a aliteração nos lábios, a inversão no ouvido.

Esse dicionário (que se vá a ele) me pressagia auspício por estar fundado de um ponto de partida que tomei (partir, aqui, é partir de novo) no equívoco com que Joyce (James Joyce, digo) desliza de *a letter* para *a litter*, de letra/carta[1] (traduzo) para lixo. Estamos lembrados de que uma "missaodio",[2] querendo o seu bem, ofereceu-lhe uma psicanálise, como se ofereceria uma ducha. E de Jung, ainda por cima...

No jogo que evocamos, ele não ganharia nada, indo direto ao melhor que se pode esperar da psicanálise em seu término.

Ao fazer da letra liteiralixo [*litière*], será que ainda é de são Tomás que lhe retorna, como testemunha sua obra do começo ao fim?

Ou será que nisso a psicanálise atesta sua convergência com o que nossa época acusa do desenfrear do antigo laço com que se contém a poluição na cultura?

Eu havia bulido com isso, como por acaso, um pouco antes de maio de 68, para não faltar com a errância das multidões que desloco agora para os locais que visito — naquele dia, em Bordeaux. A civilização, lembrei ali como premissa, é o esgoto.

Convém dizer, provavelmente, que eu estava cansado da lixeira em que havia fixado minha sina. Sabe-se que não sou o único, por destino, a confessá-lo.

---

1 É preciso ter sempre em mente, sobretudo na primeira metade do texto, que em francês *lettre* designa tanto "letra" como "carta". A cada ocorrência, um deles foi privilegiado, e, nos casos necessariamente dúbios, optamos pela alternativa "carta/letra". (N.E.)

2 No orig., *messe-haine*, que soa como *mécène* (mecenas). (N.E.)

# 16 *Outros Escritos*

O confessar [*l'avouer*] ou, pronunciado à moda antiga, o ter [*l'avoir*], com o qual Beckett equilibra o dever que faz dejeto de nosso ser, salva a honra da literatura e me libera do privilégio que eu acreditava que meu lugar tivesse.

A questão é saber se aquilo que os manuais parecem expor — ou seja, que a literatura é uma acomodação de restos — é um caso [12] de colocar no escrito o que primeiro seria canto, mito falado ou procissão dramática.

Quanto à psicanálise, estar pendurada no Édipo em nada a habilita a se orientar no texto de Sófocles. A evocação de um texto de Dostoiévski por Freud não basta para dizer que a crítica dos textos, reserva de caça, até hoje, do discurso universitário, tenha recebido da psicanálise mais alento.

Aqui, meu ensino pode ser situado numa mudança de configuração que ostenta um lema de promoção do escrito, mas do qual outros testemunhos — por exemplo, que seja em nossos dias que finalmente se lê Rabelais — mostram um deslocamento de interesses com que me afino melhor.

Estou ali, como autor, menos implicado do que se imagina, e meus *Escritos* são um título mais irônico do que se supõe, já que se trata seja de relatórios, função de congressos, seja, digamos, de "cartas abertas" em que faço um apanhado de uma parte de meu ensino.

Longe, em todo caso, de me comprometer com esse roça-roça literário pelo qual se denota o psicanalista carente de inventiva, denuncio nisso a tentativa infalível de demonstrar a desigualdade de sua prática para justificativa do menor juízo literário.

Mas é digno de nota que eu abra essa coletânea com um artigo que isolo de sua cronologia, e que se trate de um conto, por sua vez muito particular, por não poder entrar na lista ordenada das situações dramáticas: o conto sobre o que acontece com a postagem de uma missiva, com o conhecimento daqueles que se encarregam de sua remessa, e em que termos se apóia eu poder dizer que ela chegou a seu destino, depois de, com os desvios por ela sofridos, o conto e sua conta se sustentarem sem nenhum recurso a seu conteúdo. Ainda mais notável é que o efeito que ela exerce sobre os que a cada vez a detêm, por mais que estes arguam o poder que ela confere, para aspirar a tê-la, possa ser interpretado, como faço eu, como uma feminização.

*Lituraterra* 17

É esse o relato bem-feito do que distingue a carta do próprio significante que ela carrega. O que não equivale a fazer metáfora da epístola. É que o conto consiste em que se transmita como um passe de mágica a mensagem, com que a carta faz peripécias sem ela.

Minha crítica, se tem alguma razão de ser tomada como literária, só pode referir-se, esforço-me para isso, ao que Poe faz, por ser escritor, para compor tal mensagem sobre a carta. É claro que, por não dizê-lo com essas palavras, não é de maneira insuficiente, [13] mas de modo ainda mais rigoroso, que ele o confessa.

No entanto, essa elisão não poderia ser elucidada por meio de um traço qualquer de sua psicobiografia: mais faria ser obstruída por isso.

(Assim, a psicanalista que areou os outros textos de Poe joga a toalha e desiste, nesse ponto, de continuar sua faxina.)

Tampouco meu próprio texto poderia ser solucionado pela minha: por um anseio que eu formasse, por exemplo, de enfim ser convenientemente lido. É que, para isso, seria preciso ainda desenvolver o que entendo que a carta carrega, e que *sempre* a faz chegar a seu destino.

É certo que, como de hábito, nisso a psicanálise tem algo a receber da literatura, se fizer do recalque, em seu âmbito, uma idéia menos psicobiográfica.

Quanto a mim, se proponho à psicanálise a carta como retida [*en souffrance*], é porque nisso ela mostra seu fracasso. E é deste modo que a esclareço: quando invoco então as Luzes, é por demonstrar onde ela faz *furo*. Já se sabe há muito: nada é mais importante na óptica, e a mais recente física do fóton mune-se disso.

Método pelo qual a psicanálise justifica melhor sua intrusão: pois, se a crítica literária pudesse efetivamente renovar-se, seria pelo fato de a psicanálise estar aí para que os textos possam se medir por ela, ficando o enigma do seu lado.

Mas aqueles sobre quem não é maledicência afirmar que, mais do que exercê-la, são exercidos por ela, pelo menos por estarem incorporados por ela, entendem mal minhas formulações.

Contrasto, endereçando a eles, verdade e saber: é na primeira que eles prontamente reconhecem seu ofício, enquanto, na berlinda, é pela verdade deles que espero. Insisto em corrigir meu tiro por um saber em xeque — tal como se diz figura *en abyme*[3] —, o

---

3 Remete-se aqui a uma técnica de pintura que reproduz, como em espelho,

18    *Outros Escritos*

que não é o xeque, o fracasso, do saber. Tomo então conhecimento de que há ali quem se julgue dispensado de dar mostras de qualquer saber.

Seria letra morta eu ter posto, no título de uma dessas obras que chamei de *Escritos..., da letra a instância* como razão do inconsciente?

Já não será isso apontar suficientemente na letra aquilo que, a ter que insistir, só existe nela de pleno direito quando, por força da razão, isso se destaca? Dizê-la mediana, ou então extrema, é mostrar o bifidismo com que se compromete qualquer medida, mas, acaso não haverá no real nada que prescinda dessa mediação? A fronteira, com certeza, ao separar dois territórios, simboliza que eles são iguais para quem a transpõe, que há entre eles um denominador comum. Esse é o princípio do *Umwelt*, que produz um reflexo do *Innenwelt*. É incômoda a biologia que tudo já dá a si mesma por princípio, notadamente a realidade da adaptação; nem falemos da seleção, esta uma franca ideologia, a se bendizer por ser natural.

Não é a letra... litoral, mais propriamente, ou seja, figurando que um campo inteiro serve de fronteira para o outro, por serem eles estrangeiros, a ponto de não serem recíprocos?

A borda do furo no saber, não é isso que ela desenha? E como é que a psicanálise, se justamente o que a letra diz por sua boca "ao pé da letra" não lhe conveio desconhecer, como poderia a psicanálise negar que ele existe, esse furo, posto que, para preenchê-lo, ela recorre a invocar nele o gozo?

Resta saber como o inconsciente que digo ser efeito de linguagem, por ele pressupor a estrutura desta como necessária e suficiente, comanda essa função da letra.

Ser ela o instrumento apropriado à escrita [*écriture*] do discurso não a torna imprópria para designar a palavra tomada por outra, ou até por um outro, na frase, e portanto para simbolizar certos efeitos de significante, mas não impõe que nesses efeitos ela seja primária.

[14]

---

repetidamente, algum detalhe de um quadro. Também se aplica, em termos gerais, à obra mostrada no interior de outra obra: o filme dentro do filme, a narrativa dentro da narrativa etc. (N.E.)

*Lituraterra* 19

Não se impõe o exame desse primarismo, que nem sequer deve ser suposto, mas do que da linguagem chama/convoca o litoral ao literal.

O que inscrevi, com a ajuda de letras, sobre as formações do inconsciente, para recuperá-las de como Freud as formula, por serem o que são, efeitos de significante, não autoriza a fazer da letra um significante, nem a lhe atribuir, ainda por cima, uma primazia em relação ao significante. Tal discurso confusional só pode ter surgido daquele que me importa. Mas ele me importa num outro que destaco, chegado o momento, do discurso universitário, qual seja, o do saber posto em uso a partir do semblante.[4]

O menor sentimento de que a experiência com que me confronto só pode estar situada em outro discurso, deveria ter impedido de produzi-lo, sem confessá-lo como meu. Poupem-me disso, pelo amor de Deus! Isso não impede que, ao ser importado, no sentido de que acabo de falar, eu seja importunado.

Se eu houvesse considerado aceitáveis os modelos articulados por Freud num *Projeto* em que ele abriu para si rotas calcadas na impressão, nem por isso teria retirado metáfora da escrita. Ela não é impressão, a despeito do bloco mágico.

[15]

Quando tiro partido da carta 52 a Fliess, é por ler nela o que Freud pôde enunciar, sob o termo que forjou — *WZ, Wahrnehmungszeichen* —, como sendo o mais próximo do significante, numa época em que Saussure ainda não o havia reproduzido (do *signans* estóico).

Que Freud o escreva com duas letras prova tão pouco quanto eu que a letra é primária.

Tentarei indicar, portanto, o ponto crucial do que me parece produzir a letra como conseqüência, e linguagem, precisamente pelo que digo: que esta é habitada por quem fala.

---

4  No orig. *semblant* que, distintamente de seu equivalente literal em português, concentra apenas as acepções de "parecer", "assemelhar-se" e "fingir". Optamos por este termo em lugar de "aparência", sua tradução habitual, em vista da concretude que lhe confere Lacan (através de sua progressiva substantivação nos textos deste volume) assim como da aproximação do registro da verdade ao do semblante, o que impede que este seja assimilado integralmente ao ilusório e ao engodo. Nos casos em que esta tradução poderia tornar incompreensível a frase recorremos à "aparência" indicando entre colchetes o termo original. (N.E.)

20    *Outros Escritos*

Tomarei emprestados os traços daquilo que, por uma economia da linguagem, permite esboçar o que favorece minha idéia de que a literatura talvez vire em lituraterra.

Não há de causar surpresa verem-me proceder nisso por uma demonstração literária, já que isso é marchar no passo em que a questão se produz. No que pode se afirmar, porém, o que é tal demonstração.

Acabo de chegar de uma viagem que eu esperava fazer ao Japão por haver, de uma primeira vez, experimentado... o litoral.

Que me entendam em meias palavras o que há pouco repudiei do *Umwelt* como tornando impossível a viagem: de um lado, portanto, segundo minha fórmula, por garantir seu real, só que prematuramente, por tornar impossível — porém por erro [*maldonne*], apenas a partida, que no máximo é cantar "Partamos".

Destacarei apenas o momento que colhi de uma nova rota, ao tomá-la por ela não mais ser, como da primeira vez, proibida. Confesso, porém, que não foi ao fazer, na ida, o percurso de avião em torno do círculo ártico que para mim se fez leitura o que vi da planície siberiana.

Meu ensaio atual, na medida em que poderia intitular-se uma siberiética, não teria vindo à luz, portanto, se a desconfiança dos soviéticos me houvesse deixado ver as cidades, ou até as indústrias, as instalações militares que constituem para eles o valor da Sibéria; mas essa foi apenas uma condição acidental, embora menos, talvez, ao chamá-la de ocidentada [*occidentelle*], para indicar nela o acidente de uma acumulação da ocisão.

Decisiva é somente a condição litoral, e esta só funcionou na volta, por ser, literalmente, que o Japão decerto fizera de sua letra o tantinho de excesso que era a conta certa para que eu o sentisse, uma vez que, afinal, eu já tinha dito que é disso que sua língua eminentemente se afeta.

[16]    Sem dúvida, esse excesso prende-se ao que a arte veicula dele: eu diria, ao fato de que a pintura demonstra aí seu casamento com a letra, muito precisamente sob a forma da caligrafia.

Como dizer o que me fascina nessas coisas que pendem, *kakémono*, como são chamadas, que pendem das paredes de qualquer museu nesses lugares, trazendo inscritos caracteres chineses de formação, que conheço um pouco, mas que, por menos que os conheça, permitem-me avaliar o que deles se elide na escrita cursiva, na qual o singular da mão esmaga o universal, ou seja, pro-

*Lituraterra* 21

priamente aquilo que lhes ensino só ter valor pelo significante? Não o encontro mais ali, mas é por eu ser novato. Não é nisso, aliás, que está o importante, pois, mesmo no que esse singular apóia uma forma mais firme, e lhe acrescenta a dimensão, a diz-mansão[5], já disse eu, a diz-mansão do nãomaiskium [*papeludun*], aquela pela qual se evoca o que instauro do sujeito no Hum-de-Plus[6], para que ele preencha a angústia d'Acoisa, ou seja, aquilo que conoto com o pequeno *a*, é aqui objeto por ser o cacife de qual aposta a ganhar com tinta e pincel?

Assim se me apareceu, invencivelmente — e essa circunstância não é de se jogar fora —, por entre-as-nuvens, o escoamento das águas, único traço a aparecer, por operar ali ainda mais do que indicando o relevo nessa latitude, naquilo que da Sibéria é planície, planície desolada de qualquer vegetação, a não ser por reflexos, que empurram para a sombra aquilo que não reluz.

O escoamento é o remate do traço primário e daquilo que o apaga. Eu o disse: é pela conjunção deles que ele se faz sujeito, mas por aí se marcarem dois tempos. É preciso, pois, que se distinga nisso a rasura.

Rasura de traço algum que seja anterior, é isso que do litoral faz terra. *Litura* pura é o literal. Produzi-la é reproduzir essa metade ímpar com que o sujeito subsiste. Esta é a façanha da caligrafia. Experimentem fazer essa barra horizontal que é traçada da esquerda para a direita, para figurar com um traço o um unário como caractere, e vocês levarão muito tempo para descobrir com que apoio ela se empreende, com que suspensão ela se detém. A bem da verdade, é sem chances para um ocidentado.

É preciso um embalo que só consegue quem se desliga de seja lá o que for que o traça [*raye*].

Entre centro e ausência, entre saber e gozo, há litoral que só vira literal quando, essa virada, vocês podem tomá-la, a mesma, a

---

5 Lacan retoma aqui o termo *dit-mension* (cf. "diz-mensão" em nosso "Inventário de notas") alterando-lhe a grafia para *dit-mansion*, em que acrescenta-se à dimensão do dito a idéia de "morada". (N.E.)

6 No orig. *Hun-En-Plus*. O "h" mudo utilizado por Lacan em diversas de sua criações (cf., p. ex., *hénade*) remete ao "hen" grego (um) e ao mesmo tempo presentifica o vazio através da letra não pronunciada. Importante ainda ressaltar a homofonia com "Um de pelúcia" (*Un en peluche*). (N.E.)

todo instante. É somente a partir daí que podem tomar-se pelo agente que a sustenta.

[17] O que se revela por minha visão do escoamento, no que nele a rasura predomina, é que, ao se produzir por entre-as-nuvens, ela se conjuga com sua fonte, pois que é justamente nas nuvens que Aristófanes me conclama a descobrir o que acontece com o significante: ou seja, o semblante por excelência, se é de sua ruptura que chove, efeito em que isso se precipita, o que era matéria em suspensão.

Essa ruptura que dissolve o que constituía forma, fenômeno, meteoro, e sobre a qual afirmei que a ciência opera ao perpassar o aspecto, não será também por dar adeus ao que dessa ruptura daria em gozo que o mundo, ou igualmente o imundo, tem ali pulsão para figurar a vida?

O que se evoca de gozo ao se romper um semblante, é isso que no real se apresenta como ravinamento das águas.

É pelo mesmo efeito que a escrita [*écriture*] é, no real, o ravinamento do significado, aquilo que choveu do semblante como aquilo que constitui o significante. A escrita não decalca este último, mas sim seus efeitos de língua, o que dele se forja por quem a fala. Ela só remonta a isso se disso receber um nome, como sucede com os efeitos entre as coisas que a bateria significante denomina, por havê-las enumerado.

Mais tarde, viram-se do avião, sustentando-se em isóbaros, ainda que descendo obliquamente num aterro, outros traços normais naqueles com que a vertente suprema do relevo era marcada por cursos d'água.

Não vi eu em Osaka como as auto-estradas colocam-se umas sobre as outras, como planadores vindos do céu? Sem falar que, lá embaixo, a mais moderna arquitetura encontra-se com a antiga, fazendo-se asa de um pássaro que mergulha.

Como seria mostrado o caminho mais curto de um ponto a outro senão pela nuvem que empurra o vento enquanto ele não muda de direção? Nem a ameba, nem o homem, nem o ramo, nem a mosca, nem a formiga teriam constituído exemplos antes que a luz se revelasse solidária de uma curvatura universal, aquela em que a reta só se sustenta por inscrever a distância nos fatores efetivos de uma dinâmica de cascata.

Não há reta senão pela escritura [*écriture*], assim como não há agrimensura senão vinda do céu.

*Lituraterra* 23

Mas tanto a escritura quanto a agrimensura são artefatos que não habitam senão a linguagem. Como haveríamos de esquecê-lo, quando nossa ciência só é operante por um escoar de letrinhas e gráficos combinados?

Sob a ponte Mirabeau, é verdade, assim como sob aquela de que uma revista que foi a minha se fez emblema, ao tomar emprestada essa ponte-orelha a Horus Apolo, sob a ponte Mirabeau, certo, corre o Sena primitivo, e a cena é tal que nela pode soar o V romano da quinta hora (cf. o *Homem dos Lobos*). Mas também só se goza com isso ao chover aí a fala de interpretação. [18]

O fato de o sintoma instituir a ordem pela qual se comprova nossa política implica, por outro lado, que tudo o que se articula dessa ordem seja passível de interpretação.

Por isso é que tem toda razão quem põe a psicanálise à testa da política. E isso poderia não ser nada fácil para aquilo que da política fez boa figura até aqui, se a psicanálise fosse esperta.

Bastaria, talvez, decerto há quem se diga isso, que tirássemos da escrita outro partido que não o de tribuna ou tribunal, para que nela se articulassem outras falas a nos prestar tributo.

Não há metalinguagem, mas o escrito que se fabrica com a linguagem é material talvez dotado de força para que nela se modifiquem nossas formulações.

Será possível, do litoral, constituir um discurso tal que se caracterize por não ser emitido pelo semblante? É essa a pergunta que só se propõe pela chamada literatura de vanguarda, a qual, por sua vez, é fato de litoral: e portanto, não se sustenta no semblante, mas nem por isso prova nada senão a quebra, que somente um discurso pode produzir, com efeito de produção.

Aquilo a que parece aspirar uma literatura, em sua ambição de lituraterrar [*lituraterrir*], é ordenar-se por um movimento que ela chama de científico.

É fato que a escritura fez ali maravilhas e que tudo indica que essa maravilha não está perto de se esgotar.

Entretanto, a ciência física vê-se, ver-se-á levada à consideração do sintoma nos fatos, pela poluição daquilo que do terrestre é chamado, sem maior crítica do *Umwelt*, de meio ambiente: é a idéia de Uexküll behaviorizada, ou seja, imbecilizada.

Para lituraterrar, eu mesmo, assinalo que não fiz no ravinamento que o põe em imagem nenhuma metáfora. A escritura é

24    *Outros Escritos*

esse próprio ravinamento e, quando falo de gozo, invoco legitimamente o que acumulo de audiência: nada menos, com isso, aqueles de que me privo, pois isso me mantém ocupado.

[19]    Eu gostaria de dar um testemunho do que se produz por um fato já assinalado, qual seja, o de uma língua, o japonês, tal como trabalhada pela escrita [*écriture*].

No estar incluído na língua japonesa um efeito de escrita, o importante é que ele continue ligado à escrita, e que aquele que é portador do efeito de escrita seja uma escrita especializada, uma vez que em japonês ela pode ser lida com duas pronúncias diferentes: como *on-yomi*, sua pronúncia em caracteres, o caractere se pronuncia distintamente como tal, e como *kun-yomi*, a maneira como se diz em japonês o que ele quer dizer.

Seria cômico ver desenharem-se aí, a pretexto de o caractere ser letra, os destroços do significante correndo nos rios do significado. É a letra como tal que serve de apoio ao significante, segundo sua lei de metáfora. É de outro lugar — do discurso — que ele a pega na rede do semblante.

No entanto, a partir daí ela é promovida como um referente tão essencial quanto qualquer outra coisa, e isso modifica o status do sujeito. O fato de ele se apoiar num céu constelado, e não apenas no traço unário, para sua identificação fundamental, explica que ele não possa apoiar-se senão no Tu, isto é, em todas as formas gramaticais cujo enunciado mais ínfimo é variado pelas relações de polidez que ele implica em seu significado.

A verdade vem reforçar ali a estrutura de ficção que denoto aí, por estar essa ficção submetida às leis da polidez.

Singularmente, isso parece trazer como resultado que não há nada de recalcado a defender, já que o próprio recalcado se aloja pela referência à letra.

Em outras palavras, o sujeito é dividido pela linguagem como em toda parte, mas um de seus registros pode satisfazer-se com a referência à escrita, e o outro, com a fala.

Decerto foi isso que deu a Roland Barthes o sentimento inebriado de que com todas as suas boas maneiras o sujeito japonês não faz envelope para coisa alguma. *O império dos signos*, intitulou ele seu ensaio, querendo dizer: império dos semblantes.

O japonês, segundo me disseram, não gostou nem um pouco. Pois nada é mais distinto do vazio escavado pela escritura do que o semblante. O primeiro é o godê sempre pronto a dar acolhida ao gozo, ou, pelo menos, a invocá-lo com seu artifício.

Conforme nossos hábitos, nada comunica menos de si do que um dado sujeito que, no final das contas, não esconde nada. Basta-lhe manipular vocês: vocês são um elemento, entre outros, do cerimonial em que o sujeito se compõe, justamente por poder decompor-se. O *bunraku*, teatro de marionetes, permite ver a estrutura muito comum disso por aqueles a quem ela dá seus próprios costumes. [20]

Aliás, como no *bunraku*, tudo o que se diz poderia ser lido por um narrador. Isso é o que deve ter aliviado Barthes. O Japão é o lugar em que é mais natural alguém se apoiar num ou numa intérprete, justamente por ele não necessitar da interpretação. É a tradução perpétua, feita linguagem.

O que me agrada é que a única comunicação que recebi (excetuadas as européias, com as quais sei manejar nosso mal-entendido cultural) tenha sido também a única que, lá como alhures, pode ser comunicação, por não ser diálogo: a comunicação científica.

Ela levou um eminente biólogo a me demonstrar seus trabalhos, naturalmente no quadro-negro. O fato de, por falta de informação, eu não haver entendido nada não impede que seja válido o que lá estava escrito. Válido quanto às moléculas com que meus descendentes se farão sujeitos, sem que eu jamais tenha tido que saber como lhes transmiti o que tornava provável que, juntamente comigo, eu os classificasse, por pura lógica, entre os seres vivos.

Uma ascese da escrita não me parece ser aceitável senão ao se unir a um "está escrito" mediante o qual se instauraria a relação sexual.

II

# Os complexos familiares na formação do indivíduo

*Ensaio de análise de uma função em psicologia*

PUBLICADO EM 1938 NA *ENCYCLOPÉDIE FRANÇAISE*

## *INTRODUÇÃO*

### A INSTITUIÇÃO FAMILIAR

A família afigura-se, a princípio, um grupo natural de indivíduos unidos por uma dupla relação biológica: a geração, que fornece os componentes do grupo; as condições do meio, postuladas pelo desenvolvimento dos jovens e que mantêm o grupo, desde que os adultos geradores assegurem sua função. Nas espécies animais, essa função dá lugar a comportamentos instintivos, freqüentemente muito complexos. Tivemos de renunciar a fazer derivarem das relações familiares assim definidas os outros fenômenos sociais observados nos animais. Estes últimos, ao contrário, parecem tão distintos dos instintos familiares que os pesquisadores mais recentes os relacionam a um instinto original, dito de interatração.

A espécie humana caracteriza-se por um desenvolvimento singular das relações sociais, sustentado por capacidades excepcionais de comunicação mental, e, correlativamente, por uma economia paradoxal dos instintos, que nela se mostram essencialmente susceptíveis de conversão e inversão e já não têm um efeito isolável, a não ser esporadicamente. Comportamentos adaptativos de infinita variedade são assim permitidos. Sua conservação e seu progresso, por dependerem de sua comunicação, são, acima de tudo, uma obra coletiva e constituem a cultura; esta introduz uma nova dimensão na realidade social e na vida psíquica. Essa dimensão especifica a família humana, bem como, aliás, todos os fenômenos sociais no homem.

Se, com efeito, a família humana permite observar, em todas as fases iniciais das funções maternas, por exemplo, alguns traços de comportamento instintivo identificáveis aos da família biológi-

30 *Outros Escritos*

ca, basta refletir sobre o que o sentimento de paternidade deve aos postulados espirituais que marcaram seu desenvolvimento para compreender que, nesse domínio, as instâncias culturais dominam as naturais, a ponto de não podermos considerar paradoxais os casos em que, como na adoção, umas substituem as outras.

Seria essa estrutura cultural da família humana inteiramente acessível aos métodos da psicologia concreta: observação e análise? Sem dúvida, esses métodos bastam para evidenciar traços essenciais, como a estrutura hierárquica da família, e para reconhecer nela o órgão privilegiado da coerção do adulto sobre a criança, coerção esta a que o homem deve uma etapa original e as bases arcaicas de sua formação moral.

Mas outros traços objetivos — os modos de organização dessa autoridade familiar, as leis de sua transmissão, os conceitos de descendência e parentesco que lhe estão ligados, as leis da herança e da sucessão que com ela se combinam, enfim, suas relações íntimas com as leis do casamento — obscurecem as relações psicológicas, embaralhando-as. A interpretação delas tem então de ser esclarecida pelos dados comparativos da etnografia, da história, do direito e da estatística social. Coordenados pelo método sociológico, esses dados estabelecem que a família humana é uma instituição. A análise psicológica deve adaptar-se a essa estrutura complexa e nada tem a fazer com tentativas filosóficas que tenham por objetivo reduzir a família humana seja a um fato biológico, seja a um elemento teórico da sociedade.

Essas tentativas, no entanto, têm seu princípio em certas aparências do fenômeno familiar; por mais ilusórias que sejam tais aparências, elas merecem que as examinemos detidamente, pois repousam sobre convergências reais entre causas heterogêneas. Descreveremos seu mecanismo com base em dois pontos sempre polêmicos para o psicólogo.

Entre todos os grupos humanos, a família desempenha um papel primordial na transmissão da cultura. Embora as tradições espirituais, a manutenção dos ritos e costumes, a conservação das técnicas e do patrimônio sejam com ela disputados por outros [25] grupos sociais, a família prevalece na educação precoce, na repressão dos instintos e na aquisição da língua, legitimamente chamada materna. Através disso, ela rege os processos fundamentais do desenvolvimento psíquico, a organização das emoções segundo tipos condicionados pelo ambiente, que é a base dos sentimen-

Os complexos familiares na formação do indivíduo    31

tos segundo Shand; em termos mais amplos, ela transmite estruturas de comportamento e de representação cujo funcionamento ultrapassa os limites da consciência.

Assim, ela estabelece entre as gerações uma continuidade psíquica cuja causalidade é de ordem mental. Essa continuidade, se revela o artifício de seus fundamentos nos próprios conceitos que definem a unidade da linhagem, desde o totem até o nome patronímico, não deixa por isso de se manifestar na transmissão, à descendência, de inclinações psíquicas que confinam com o inato; para esses efeitos, Conn criou a expressão hereditariedade social. Essa expressão, bastante imprópria em sua ambigüidade, tem ao menos o mérito de assinalar como é difícil para o psicólogo não acentuar a importância do biológico nos fatos ditos de hereditariedade psicológica.

Outra similitude, totalmente contingente, é vista no fato de que os componentes normais da família, tais como os observamos hoje em dia no Ocidente — o pai, a mãe e os filhos —, são os mesmos da família biológica. Essa identidade nada mais é do que uma igualdade numérica. Mas o espírito fica tentado a reconhecer nela uma comunhão estrutural diretamente baseada na constância dos instintos, uma constância que então é preciso encontrar nas formas primitivas da família. Foi nessas premissas que se fundamentaram teorias puramente hipotéticas da família primitiva, ora à imagem da promiscuidade observável nos animais por críticos subversivos da ordem familiar existente, ora segundo o modelo do casal estável, não menos observável na animalidade por defensores da instituição que é tida como célula social.

As teorias de que acabamos de falar não se apóiam em nenhum fato conhecido. A pretensa promiscuidade não pode ser afirmada em parte alguma, nem mesmo nos chamados casos de casamento grupal: desde a origem, existem proibições e leis. As formas primitivas da família têm os traços essenciais de suas formas acabadas: autoridade, se não concentrada no tipo patriarcal, ao menos representada por um conselho, por um matriarcado ou por seus delegados do sexo masculino; modo de parentesco, herança e sucessão, transmitidos, às vezes distintamente (Rivers), segundo uma linhagem paterna ou materna. Trata-se realmente de    [26]
famílias humanas, devidamente constituídas. Mas, longe de essas famílias nos mostrarem a pretensa célula social, vemos nelas, quanto mais primitivas são, não apenas um agregado mais amplo

32 *Outros Escritos*

de casais biológicos, mas sobretudo um parentesco menos conforme aos laços naturais de consangüinidade.

O primeiro desses aspectos foi demonstrado por Durkheim, e por Fauconnet depois dele, com base no exemplo histórico da família romana; pelo exame dos sobrenomes de família e do direito sucessório, descobrimos que apareceram três grupos sucessivamente, do mais amplo ao mais estreito: a *gens*, agregado muito amplo de linhagens paternas; a família agnata, mais estreita, porém indivisa; e por fim, a família que submete à *patria potestas* do avô os pares conjugais de todos os seus filhos e netos.

Quanto ao segundo aspecto, a família primitiva desconhece os laços biológicos do parentesco — um desconhecimento apenas jurídico, na parcialidade unilinear da filiação, mas também uma ignorância positiva, ou talvez um desconhecimento sistemático (no sentido de paradoxo da crença que a psiquiatria dá a esse termo), uma exclusão total dos laços que, apesar de só se poderem exercer em relação à paternidade, seriam observados em algumas culturas matriarcais (Rivers e Malinowski). Além disso, o parentesco só é reconhecido por meio de ritos que legitimam os laços de sangue e criam, se necessário, laços fictícios: os fatos do totemismo, da adoção, da constituição artificial de um agrupamento agnato, como a *zadruga* eslava. Do mesmo modo, segundo nosso código, a filiação é demonstrada pelo casamento.

À medida que descobrimos formas mais primitivas da família humana, elas se ampliam em grupos que, como o clã, também podem ser considerados políticos. Transferirmos para o desconhecido da pré-história a forma derivada da família biológica para dela fazermos nascer esses grupos, por associação natural ou artificial, é uma hipótese contra a qual a comprovação fracassa, mas que é ainda menos provável na medida em que os zoólogos se recusam — como vimos — a aceitar essa gênese quanto às próprias sociedades animais.

Por outro lado, se a extensão e a estrutura dos grupos familiares primitivos não excluem a existência, em seu seio, de famílias limitadas a seus membros biológicos — fato tão incontestável quanto o da reprodução bissexuada —, a forma assim arbitrariamente isolada nada nos pode ensinar sobre sua psicologia, e não [27] podemos assimilá-la à forma familiar atualmente existente.

Com efeito, ao ser examinado, o grupo reduzido composto pela família moderna não parece uma simplificação, mas, antes, uma contração da instituição familiar. Ele mostra uma estrutura

Os complexos familiares na formação do indivíduo        33

profundamente complexa, da qual mais de um aspecto se esclarece muito melhor pelas instituições positivamente conhecidas da família antiga do que pela hipótese de uma família elementar que não se apreende em parte alguma. Isso não quer dizer que seja ambicioso demais buscar nessa forma complexa um sentido que a unifique e, talvez, dirija sua evolução. Esse sentido é dado precisamente quando, à luz desse exame comparativo, apreende-se a reformulação profunda que conduziu a instituição familiar a sua forma atual; reconhecemos, ao mesmo tempo, que convém atribuí-la à influência preponderante aí assumida pelo casamento, instituição que devemos distinguir da família. Daí a excelência do termo "família conjugal" com que a designa Durkheim.

## I. O COMPLEXO, FATOR CONCRETO DA PSICOLOGIA FAMILIAR

É na ordem original de realidade constituída pelas relações sociais que convém compreender a família humana. Se, para assentar esse princípio, recorremos às conclusões da sociologia, embora a soma dos fatos com que ela o ilustra ultrapasse nosso tema, é porque a ordem de realidade em questão é o objeto próprio dessa ciência. Assim, o princípio é formulado num plano em que tem sua plenitude objetiva. Como tal, permitirá julgar, segundo o seu verdadeiro alcance, os resultados atuais da pesquisa psicológica. Com efeito, na medida em que rompe com as abstrações acadêmicas e visa, seja na observação do *behaviour*, seja pela experiência da psicanálise, dar conta do concreto, essa pesquisa, especialmente quando se exerce sobre os fatos da "família como objeto e circunstância psíquica", nunca objetiva instintos, mas sempre complexos.

Esse resultado não é obra contingente de uma etapa redutível da teoria; é preciso reconhecer nele, traduzido em termos psicológicos mas conforme ao princípio preliminarmente formulado, este caráter essencial do objeto estudado: seu condicionamento por fatores culturais, à custa dos fatores naturais.    [28]

O complexo, com efeito, liga de forma fixa um conjunto de reações que pode concernir a todas as funções orgânicas, desde a emoção até a conduta adaptada ao objeto. O que define o complexo é que ele reproduz uma certa realidade do ambiente, e o faz de maneira dupla:

34     *Outros Escritos*

1) Sua forma representa essa realidade no que ela tem de objetivamente distinto numa dada etapa do desenvolvimento psíquico; essa etapa especifica sua gênese.

2) Sua atividade repete na vivência a realidade assim fixada, toda vez que se produzem certas experiências que exigiriam uma objetivação superior dessa realidade; tais experiências especificam o condicionamento do complexo.

Essa definição, por si só, implica que o complexo é dominado por fatores culturais: em seu conteúdo, representativo de um objeto; em sua forma, ligada a uma etapa vivida da objetivação; por último, em sua manifestação de carência objetiva em relação a uma situação atual, isto é, sob seu aspecto tríplice de relação de conhecimento, forma de organização afetiva e experiência no choque com o real, o complexo é compreendido por sua referência ao objeto. Ora, toda identificação objetiva exige ser comunicável, ou seja, repousa num critério cultural; na maioria das vezes, é também por vias culturais que ela é comunicada. Quanto à integração individual das formas de objetivação, ela é obra de um processo dialético que faz cada nova forma surgir dos conflitos da precedente com o real. Nesse processo, é preciso reconhecer o caráter que especifica a ordem humana, qual seja, a subversão de qualquer fixidez instintiva, de onde surgem as formas fundamentais da cultura, prenhes de variações infinitas.

Embora o complexo, em seu exercício pleno, seja da alçada da cultura, e embora essa seja uma consideração essencial para quem quer explicar fatos psíquicos da família humana, isso não equivale a dizer que não exista relação entre o complexo e o instinto. Mas, fato curioso, em razão das obscuridades opostas à crítica da biologia contemporânea pelo conceito de instinto, o conceito de complexo, apesar de introduzido recentemente, revela-se mais bem adaptado a objetos mais ricos; é por isso que, repudiando o apoio que o inventor do complexo julgava dever procurar no [29] conceito clássico de instinto, acreditamos que, por uma inversão teórica, é o instinto que poderíamos esclarecer atualmente por sua referência ao complexo.

Com isso poderíamos confrontar, ponto a ponto: (1) a relação de conhecimento implicada pelo complexo versus a conaturalidade entre o organismo e o ambiente a que estão presos os enigmas do instinto: (2) a tipicidade geral do complexo em relação às leis de um grupo social versus a tipicidade genérica do instinto em

Os complexos familiares na formação do indivíduo    35

relação à fixidez da espécie; (3) o caráter primordial das manifestações do complexo, que, sob formas equivalentes de inibição, compensação, desconhecimento e racionalização, exprime a estagnação diante de um mesmo objeto, versus a estereotipia dos fenômenos do instinto, cuja ativação, submetida à lei do "tudo ou nada", mantém-se rígida nas variações da situação vital. Essa estagnação no complexo, assim como essa rigidez no instinto — na medida em que as refiramos unicamente aos postulados da adaptação vital, disfarce mecanicista do finalismo —, condenamo-nos a transformá-las em enigmas; seu problema exige o emprego dos conceitos mais ricos impostos pelo estudo da vida psíquica.

Definimos o complexo num sentido muito amplo que não impede que o sujeito tenha consciência do que ele representa. Mas foi como fator essencialmente inconsciente que ele foi inicialmente definido por Freud. Sua unidade, com efeito, é impressionante sob essa forma, na qual ela se revela como causa de efeitos psíquicos não dirigidos pela consciência — atos falhos, sonhos e sintomas. Esses efeitos têm um caráter tão distinto e contingente que obrigam a admitir como elemento fundamental do complexo esta entidade paradoxal: uma representação inconsciente, designada pelo nome de imago. Os complexos e a imago revolucionaram a psicologia, e especialmente a da família, que se revelou como lugar de eleição dos complexos mais estáveis e mais típicos: de simples tema de paráfrases moralizantes, a família tornou-se objeto de uma análise concreta.

Entretanto, os complexos demonstraram desempenhar um papel de "organizadores" no desenvolvimento psíquico; assim é que dominam os fenômenos que, na consciência, parecem os mais integrados na personalidade; assim é que são motivadas, no inconsciente, não apenas justificações passionais, mas racionalizações objetiváveis. O peso da família como objeto e circunstância psíquica, por isso mesmo, viu-se aumentado.    [30]

Esse progresso teórico incitou-nos a dar do complexo uma fórmula generalizada, que permite incluir nele os fenômenos conscientes de estrutura similar. Assim são os sentimentos em que é preciso ver complexos emocionais conscientes, sendo muitas vezes os sentimentos familiares, em especial, a imagem invertida de complexos inconscientes. Assim são também as crenças delirantes, nas quais o sujeito afirma um complexo como uma realidade objetiva, o que mostraremos particularmente nas psicoses fa-

# 36    *Outros Escritos*

miliares. Complexos, imagos, sentimentos e crenças serão estudados em sua relação com a família e em função do desenvolvimento psíquico que organizam desde a criança criada na família até o adulto que a reproduz.

## 1. O complexo do desmame

O complexo do desmame fixa no psiquismo a relação da amamentação, sob a forma parasitária exigida pelas necessidades da idade mais tenra do homem; ele representa a forma primordial da imago materna. Portanto, funda os sentimentos mais arcaicos e mais estáveis que unem o indivíduo à família. Referimo-nos aqui ao complexo mais primitivo do desenvolvimento psíquico, àquele que se compõe com todos os complexos posteriores; ainda mais impressionante é vê-lo inteiramente dominado por fatores culturais e, assim, desde esse estágio primitivo, radicalmente diferente do instinto.

Mas ele se aproxima deste por duas características: o complexo do desmame, por um lado, produz-se com traços tão gerais, em toda a extensão da espécie, que podemos tomá-lo como genérico; por outro lado, representa no psiquismo uma função biológica, exercida por um aparelho anatomicamente diferenciado: a lactação. Assim, é compreensível que se tenha querido relacionar com um instinto, até mesmo no homem, os comportamentos fundamentais que ligam a mãe ao bebê. Mas isso equivale a negligenciar um traço essencial do instinto: sua regulação fisiológica, manifesta no fato de que o instinto materno deixa de atuar no animal quando se consuma o fim da amamentação.

[31]    No homem, ao contrário, é uma regulação cultural que condiciona o desmame. Ela se afigura dominante nele, mesmo que o limitemos ao ciclo da ablactação propriamente dita, ao qual corresponde, no entanto, o período fisiológico da glândula comum à classe dos mamíferos. Se a regulação que observamos, na realidade, só se afigura nitidamente contrária à natureza em práticas retrógradas — nem todas as quais estão em vias de cair em desuso —, seria ceder a uma ilusão grosseira buscar na fisiologia a base instintiva das regras, mais conformes à natureza, impostas tanto ao desmame quanto ao conjunto dos costumes pelo ideal das culturas mais avançadas. De fato, o desmame, através de qualquer

Os complexos familiares na formação do indivíduo    37

das contingências operatórias que comporta, muitas vezes é um trauma psíquico cujos efeitos individuais — as chamadas anorexias nervosas, as toxicomanias pela boca, as neuroses gástricas — revelam suas causas à psicanálise. Traumatizante ou não, o desmame deixa no psiquismo humano a marca permanente da relação biológica que ele interrompe. Essa crise vital é acompanhada, com efeito, por uma crise do psiquismo, sem dúvida a primeira cuja solução tem uma estrutura dialética. Pela primeira vez, ao que parece, uma tensão vital resolve-se numa intenção mental. Através dessa intenção, o desmame é aceito ou recusado; a intenção, por certo, é muito elementar, já que nem sequer pode ser atribuída a um eu ainda em estado de rudimento; a aceitação ou a recusa não podem ser concebidas como uma escolha, já que, na falta de um eu que afirme ou negue, não são contraditórias; todavia, como pólos coexistentes e contrários, elas determinam uma atitude essencialmente ambivalente, ainda que uma das duas prevaleça. Essa ambivalência primordial, quando das crises que asseguram a continuação do desenvolvimento, se resolverá em diferenciações psíquicas de nível dialético cada vez mais elevado e de crescente irreversibilidade. Nestas, a prevalência original mudará de sentido várias vezes e, em virtude disso, poderá sofrer destinos muito variados, mas se reencontrará, seja no tempo, seja no tom que lhe são próprios, os quais ela imporá tanto às crises quanto às novas categorias de que cada um dotará a vivência.

É a recusa do desmame que funda o positivo do complexo, isto é, a imago da relação de amamentação que ela tende a restabelecer. Essa imago é dada em seu conteúdo pelas sensações próprias da idade precoce, mas só tem forma à medida que estas se organizam mentalmente. Ora, sendo essa etapa anterior ao advento da forma do objeto, não parece que esses conteúdos possam ser representados na consciência. Mas eles se reproduzem nela, nas [32] estruturas mentais que, como dissemos, moldam as experiências psíquicas posteriores. Por ocasião destas, eles serão reevocados por associação, mas serão inseparáveis dos conteúdos objetivos que houverem *informado*. Analisemos esses conteúdos e essas formas.

O estudo do comportamento da primeira infância permite afirmar que as sensações exteroceptivas, proprioceptivas e interoceptivas ainda não estão, depois do décimo segundo mês, sufi-

38     *Outros Escritos*

cientemente coordenadas para que se conclua o reconhecimento do corpo próprio, nem tampouco, correlativamente, a idéia do que lhe é externo.

Muito cedo, contudo, certas sensações exteroceptivas são esporadicamente isoladas como unidades de percepção. Esses elementos de objetos, como seria previsível, correspondem aos primeiros interesses afetivos. Atestam-no a precocidade e a eletividade das reações da criança à aproximação e ao afastamento das pessoas que cuidam dela. Entretanto, cabe mencionar à parte, como um fato estrutural, a reação de interesse que a criança manifesta diante do rosto humano: ela é extremamente precoce, observando-se já nos primeiros dias e antes mesmo que as coordenações motoras dos olhos estejam concluídas. Esse fato não pode ser desvinculado do progresso pelo qual o rosto humano adquire todo o seu valor de expressão psíquica. Esse valor, apesar de social, não pode ser tomado como convencional. O poder reativado, freqüentemente de modo inefável, que a máscara humana assume nos conteúdos mentais das psicoses parece atestar o arcaísmo de sua significação.

Seja como for, essas reações eletivas permitem conceber, na criança, um certo conhecimento muito precoce da presença que exerce a função materna, e conceber o papel de trauma causal que, em certas neuroses e certos distúrbios do caráter, pode ser desempenhado por uma substituição dessa presença. Esse conhecimento, muito arcaico, e para o qual parece perfeito o trocadilho claudeliano do "co-nascimento" [*co-naissance*], mal se distingue da adaptação afetiva. Ele permanece inteiramente comprometido com a satisfação das necessidades próprias da primeira infância e com a ambivalência típica das relações mentais que nela se esboçam. Essa satisfação aparece com os sinais da máxima plenitude com que se pode satisfazer o desejo humano, desde que consideremos estar a criança apegada ao seio.

[33]    As sensações proprioceptivas da sucção e da preensão constituem, evidentemente, a base dessa ambivalência do vivenciado, que decorre da própria situação: o ser que absorve é todo absorvido, e o complexo arcaico encontra correspondência no abraço materno. Não falaremos aqui, com Freud, em auto-erotismo, uma vez que o eu não é constituído nem de narcisismo, já que não existe uma imagem do eu, nem muito menos de erotismo oral, já que a saudade do seio amamentador, sobre a qual a escola psicanalítica

Os complexos familiares na formação do indivíduo    39

foi ambígua, só decorre do complexo de desmame através de sua reformulação pelo complexo de Édipo. "Canibalismo", mas canibalismo fusional, inefável, a um tempo ativo e passivo, e que continua a sobreviver nas brincadeiras e palavras simbólicas que, no mais evoluído dos amores, lembram o desejo da larva — termos em que reconhecemos a relação com a realidade em que se baseia a imago materna.

Essa própria base não pode ser desligada do caos das sensações interoceptivas de que emerge. A angústia, cujo protótipo aparece na asfixia do nascimento, o frio, ligado à nudez dos tegumentos, e o mal-estar labiríntico, ao qual corresponde a satisfação de ser embalado, organizam, com sua tríade, o tom penoso da vida orgânica que, segundo os melhores observadores, domina os primeiros seis meses de vida do homem. Todos esses mal-estares primordiais têm a mesma causa: uma adaptação insuficiente à ruptura das condições ambientais e de alimentação que compõem o equilíbrio parasitário da vida intra-uterina.

Essa concepção harmoniza-se com o que, pela experiência, a psicanálise encontra como base última da imago do seio materno: sob as fantasias do sonho e sob as obsessões da vigília desenham-se, com precisão impressionante, as imagens do hábitat intra-uterino e do umbral anatômico da vida extra-uterina. Na presença dos dados da fisiologia e da realidade anatômica da não-mielinização dos centros nervosos superiores no recém-nascido, entretanto, é impossível fazer do nascimento, acompanhando certos psicanalistas, um trauma psíquico. Por conseguinte, essa forma da imago continuaria a ser um enigma se o estado pós-natal do homem não evidenciasse, por seu próprio mal-estar, que a organização postural, tônica e equilibrante que é própria da vida intra-uterina sobrevive a esta.

Convém observar que o retardo na dentição e na marcha, bem como um retardo correlato na maioria dos aparelhos e funções, determina na criança uma impotência vital total que perdura depois dos primeiros dois anos. Deve esse fato ser considerado solidário dos que conferem ao desenvolvimento somático posterior do homem seu caráter de exceção, em relação aos animais de sua classe: a duração do período da infância e a demora da puberdade? Como quer que seja, não devemos hesitar em reconhecer na idade precoce uma deficiência biológica positiva, e em considerar o homem como um animal de nascimento prematuro. Essa concepção

[34]

40     *Outros Escritos*

explica a generalidade do complexo e o fato de ele independer dos acidentes da ablactação. Esta — o desmame no sentido estrito — confere expressão psíquica, a primeira e também a mais adequada, à imago mais obscura de um desmame mais antigo, mais doloroso e de maior amplitude vital: aquele que, no nascimento, separa a criança da matriz, numa separação prematura da qual provém um mal-estar que nenhum cuidado materno é capaz de compensar. Recordemos, a esse respeito, um fato pediátrico conhecido: o retardo afetivo muito especial que observamos nas crianças nascidas antes do termo. Assim constituída, a imago do seio materno domina toda a vida do homem. Por sua ambivalência, no entanto, ela pode vir a se saturar na inversão da situação que representa, o que só se realiza, a rigor, por ocasião da maternidade. No aleitamento, no abraço e na contemplação da criança, a mãe, ao mesmo tempo, recebe e satisfaz o mais primitivo de todos os desejos. Até mesmo a tolerância da dor do parto pode ser compreendida como obra de uma compensação representativa do primeiro dos fenômenos afetivos a surgir: a angústia, que nasce com a vida. Somente a imago que imprime nas profundezas do psiquismo o desmame congênito do homem é capaz de explicar a potência, a riqueza e a duração do sentimento materno. A realização dessa imago na consciência assegura à mulher uma satisfação psíquica privilegiada, enquanto seus efeitos na conduta da mãe poupam a criança do abandono que lhe seria fatal.

Ao opor o complexo ao instinto, não estamos negando ao complexo todo e qualquer fundamento biológico, e, ao defini-lo por certas relações ideais, nós o ligamos a sua base material. Essa base é a função que ele assegura no grupo social, e esse fundamento biológico pode ser visto na dependência vital do indivíduo em relação ao grupo. Enquanto o instinto tem um *suporte* orgânico e não é outra coisa senão a regulação deste numa função vital, o complexo só ocasionalmente tem uma *relação* orgânica, quando [35]    supre uma insuficiência vital pela regulação de uma função social. É o caso do complexo do desmame. Essa relação orgânica explica que a imago materna se prenda às profundezas do psiquismo e que sua sublimação seja particularmente difícil, como se evidencia no apego da criança às "saias da mãe" e na duração desse vínculo, às vezes anacrônica.

*Os complexos familiares na formação do indivíduo*     41

A imago, no entanto, tem que ser sublimada, para que novas relações se introduzam com o grupo social e para que novos complexos as integrem no psiquismo. Na medida em que resiste a essas novas exigências, que são as do progresso da personalidade, a imago, salutar em sua origem, transforma-se num fator de morte. Que a tendência para a morte é vivida pelo homem como objeto de um apetite, essa é uma realidade que a aná-lise torna visível em todos os níveis do psiquismo; dessa realidade, coube ao inventor da psicanálise reconhecer o caráter irredutível, mas a explicação que ele lhe deu, através de um *instinto de morte*, por mais fulgurante que seja, não deixa de se mostrar contraditória em seus termos; tanto isso é verdade que, em Freud, a própria genialidade cedeu ao preconceito do biólogo, que exige que toda tendência se relacione com um instinto. Ora, a tendência para a morte, que especifica o psiquismo do homem, explica-se satisfatoriamente pela concepção que aqui desenvolvemos, ou seja, a de que o complexo, unidade funcional desse psiquismo, não corresponde a funções vitais, mas à insuficiência congênita dessas funções.

Essa tendência psíquica para a morte, sob a forma original que lhe dá o desmame, revela-se nos suicídios especialíssimos que se caracterizam como "não violentos", ao mesmo tempo que neles se evidencia a forma oral do complexo: a greve de fome da anorexia nervosa, o envenenamento lento de certas toxicomanias pela boca, o regime de fome das neuroses gástricas. A análise desses casos mostra que, em seu abandono à morte, o sujeito procura reencontrar a imago da mãe. Essa associação mental não é apenas mórbida. Ela é genérica, como se vê na prática do sepultamento, algumas de cujas modalidades evidenciam claramente o sentido psicológico de um retorno ao seio materno, como é também revelado pelas ligações estabelecidas entre a mãe e a morte, tanto pelas técnicas da magia quanto pelas concepções das antigas teologias, e como se observa, enfim, em toda experiência psicanalítica conduzida suficientemente longe.

Mesmo sublimada, a imago do seio materno continua a desempenhar um papel psíquico importante para nosso sujeito. Sua [36] forma mais subtraída da consciência, a do hábitat pré-natal, encontra na habitação e em seu umbral, sobretudo em suas formas primitivas — a caverna, a choupana —, um símbolo adequado.

42     *Outros Escritos*

Através disso, tudo o que constitui a unidade doméstica do grupo familiar passa a ser para o indivíduo, à medida que ele se torna mais capaz de abstraí-lo, objeto de uma afeição diferente das que o unem a cada membro desse grupo. Também através disso, o abandono das garantias comportadas pela economia familiar tem o peso de uma repetição do desmame e, na maioria das vezes, é somente nessa ocasião que o complexo é suficientemente liquidado. Qualquer retorno a essas garantias, mesmo que parcial, pode desencadear no psiquismo estragos desproporcionais ao benefício prático desse retorno. Todo remate da personalidade exige esse novo desmame. Hegel formulou que o indivíduo que não luta por ser reconhecido fora do grupo familiar nunca atinge a personalidade antes da morte. O sentido psicológico dessa tese se evidenciará na seqüência de nosso estudo. Em matéria de dignidade pessoal, é somente à das entidades nominais que a família promove o indivíduo, e só pode fazê-lo na hora do sepultamento.

A saturação do complexo funda o sentimento materno; sua sublimação contribui para o sentimento familiar; sua liquidação deixa vestígios em que se pode reconhecê-la: é essa estrutura da *imago* que fica na base dos progressos mentais que a remanejaram. Se tivéssemos que definir a forma mais abstrata em que a encontramos, nós a caracterizaríamos assim: uma assimilação perfeita da totalidade ao ser. Nessa fórmula, de feição meio filosófica, reconhecemos as nostalgias da humanidade: a miragem metafísica da harmonia universal, o abismo místico da fusão afetiva, a utopia social de uma tutela totalitária, todos saídos da obsessão com o paraíso perdido de antes do nascimento e da mais obscura aspiração à morte.

## 2. *O complexo da intrusão*

[37]

O complexo da intrusão representa a experiência feita pelo sujeito primitivo, na maioria das vezes quando vê um ou vários de seus semelhantes participarem com ele da relação doméstica, ou, dito de outra maneira, quando se reconhece entre irmãos. As condições disso, portanto, são muito variáveis, por um lado, conforme as culturas e a extensão que elas conferem ao grupo doméstico, por outro, conforme as contingências individuais, e, antes de mais

Os complexos familiares na formação do indivíduo    43

nada, conforme o lugar que o acaso confere ao sujeito na ordem dos nascimentos, conforme a posição dinástica, diríamos, que ele assim ocupa, antes de qualquer conflito: a de abastado ou a de usurpador.

O ciúme [*jalousie*] infantil impressiona desde longa data os observadores: "Vi com meus próprios olhos", disse Santo Agostinho, "e observei bem um menino tomado de ciúme: ele ainda não falava, mas não conseguia desviar os olhos, sem empalidecer, do amargo espetáculo de seu irmão de leite" (*Confissões*, I, VII). Durante muito tempo, o fato aí revelado ao assombro do moralista ficou reduzido ao valor de um tema de retórica, utilizável para todos os fins apologéticos.

A observação experimental da criança e as investigações psicanalíticas, ao demonstrarem a estrutura do ciúme infantil, esclareceram seu papel na gênese da sociabilidade e, através disso, do próprio conhecimento como humano. Digamos que o ponto crucial revelado por essas pesquisas é que o ciúme, no fundo, representa não uma rivalidade vital, mas uma identificação mental.

Em crianças entre seis meses e dois anos, confrontadas aos pares e sem terceiros e entregues a sua espontaneidade lúdica, podemos constatar o seguinte fato: entre as crianças assim colocadas juntas surgem reações diversas nas quais parece manifestar-se uma comunicação. Dentre essas reações, um tipo se destaca, por podermos reconhecer nele uma rivalidade objetivamente definível: de fato, ele comporta entre os sujeitos uma certa adaptação das posturas e dos gestos, qual seja, uma conformidade em sua alternância e uma convergência em sua sucessão, que os ordenam como provocações e respostas e permitem afirmar, sem prejulgar a consciência dos sujeitos, que eles discernem a situação como tendo uma saída dupla, como uma alternativa. Na medida mesma dessa adaptação podemos admitir que, já nessa etapa, esboça-se o reconhecimento de um rival, isto é, de um "outro" como objeto. Ora, embora tal reação possa ser muito precoce, ela se mostra determinada por uma condição tão dominante que se afigura unívoca, a saber, um limite que não pode ser ultrapassado na distância etária entre os sujeitos. Esse limite restringe-se a dois meses e meio no primeiro ano do período considerado, e continua igualmente estrito ao se ampliar.

Quando essa condição não é satisfeita, as reações observadas    [38] entre as crianças confrontadas têm um valor totalmente diferente.

Examinemos as mais freqüentes: as da exibição, da sedução e do despotismo. Embora haja dois parceiros presentes, a relação que caracteriza cada uma delas revela-se, à observação, não como um conflito entre dois indivíduos, mas, em cada sujeito, como um conflito entre duas atitudes opostas e complementares, e essa participação bipolar é constitutiva da própria situação. Para compreender essa estrutura, detenhamo-nos por um instante na criança que se oferece como espetáculo e na que a acompanha com o olhar: qual delas é mais espectadora? Ou então, observemos a criança que cumula a outra de suas tentativas de sedução: onde está o sedutor? Por fim, da criança que se deleita com as provas da dominação que exerce e da que se compraz em se submeter, indaguemo-nos qual das duas é mais subjugada. Aqui se discerne o seguinte paradoxo: cada parceiro confunde a pátria do outro com a sua e se identifica com ele, mas cada um pode apoiar essa relação numa participação propriamente insignificante do outro e vinculação toda a situação sozinho, como se evidencia na discordância, às vezes total, entre suas condutas. Isso equivale a dizer que, nesse estágio, a identificação, específica das condutas sociais, baseia-se num sentimento do outro que só pode ser desconhecido sem uma concepção correta de seu valor inteiramente *imaginário*.

Qual é, portanto, a estrutura dessa imago? Uma primeira indicação nos é dada pela condição acima reconhecida como necessária a uma verdadeira adaptação entre os parceiros, ou seja, uma diferença etária muito estreitamente limitada. Se nos referirmos ao fato de que esse estágio se caracteriza por transformações tão rápidas e profundas da estrutura nervosa que elas dominam as diferenciações individuais, compreenderemos que essa condição equivale à exigência de uma semelhança entre os sujeitos. A imago do outro parece estar ligada à estrutura do corpo próprio, e, mais especialmente, de suas funções de relação, por uma certa similitude objetiva.

A doutrina da psicanálise permite delimitar melhor o problema. Ela nos mostra no irmão, no sentido neutro, o objeto eletivo das exigências da libido, que, no estágio que estamos estudando, são homossexuais. Mas insiste também na confusão, nesse objeto, de duas relações afetivas, de amor e de identificação, cuja oposição será fundamental nos estágios posteriores.

[39]      Essa ambigüidade original é reencontrada no adulto, na paixão do ciúme amoroso, e é aí que podemos apreendê-la melhor.

Os complexos familiares na formação do indivíduo        45

Devemos reconhecê-la, com efeito, no poderoso interesse do sujeito pela imagem do rival: um interesse que, embora se afirme como ódio, isto é, como negativo, e embora seja motivado pelo pretenso objeto do amor, nem por isso parece ser menos alimentado pelo sujeito, da maneira mais gratuita e mais onerosa, e, muitas vezes, domina a tal ponto o próprio sentimento amoroso que tem de ser interpretado como o interesse essencial e positivo da paixão. Esse interesse confunde em si a identificação e o amor e, apesar de só aparecer mascarado no registro do pensamento do adulto, não deixa de conferir à paixão que ele sustenta a irrefutabilidade que a aparenta com a obsessão. A suprema agressividade que encontramos nas formas psicóticas da paixão é muito mais constituída pela negação desse interesse singular do que pela rivalidade que parece justificá-la.

Mas é especialmente na situação fraterna primitiva que a agressividade se demonstra secundária à identificação. A doutrina freudiana permanece incerta nesse ponto; a idéia darwiniana de que a luta está na própria origem da vida conserva, com efeito, grande credibilidade junto ao biólogo, mas, sem dúvida, convém reconhecer aí o prestígio menos criticado de uma ênfase moralizante, que se transmite em lugares-comuns do tipo *homo homini lupus*. É evidente, ao contrário, que a amamentação constitui para as crianças, precisamente, uma neutralização temporária das condições da luta pelo alimento. Essa significação fica ainda mais evidente no homem. O aparecimento do ciúme relacionado com a amamentação, segundo o tema clássico ilustrado há pouco por uma citação de Santo Agostinho, deve, pois, ser interpretado com prudência. De fato, o ciúme pode manifestar-se em casos em que o sujeito, desmamado há muito tempo, não está numa situação de concorrência vital com o irmão. Portanto, esse fenômeno parece exigir como precondição uma certa identificação com o estado do irmão. Aliás, a doutrina analítica, ao caracterizar como sadomasoquista a tendência típica da libido nesse mesmo estágio, certamente enfatiza que a agressividade domina a economia afetiva nesse período, mas também que ela é sempre simultaneamente sofrida e imposta, ou seja, sustentada por uma identificação com o outro que é objeto da violência.

Recordemos que esse papel de debrum [*doublure*] íntimo desempenhado pelo masoquismo no sadismo foi posto em relevo pela psicanálise, e que foi o enigma constituído pelo masoquismo        [40]

46    *Outros Escritos*

na economia dos instintos vitais que levou Freud a afirmar um *instinto de morte*.

Quem quiser seguir a idéia que indicamos acima e apontar conosco, no mal-estar do desmame humano, a origem do desejo de morte, reconhecerá no masoquismo primário o momento dialético em que o sujeito assume, por seus primeiros atos lúdicos, a reprodução desse mesmo mal-estar, e com isso o sublima e o supera. Foi exatamente assim que se afiguraram as brincadeiras primitivas da criança ao olho conhecedor de Freud: aquela alegria da primeira infância, de rejeitar um objeto para fora do campo visual e, em seguida, reencontrado o objeto, renovar incansavelmente sua exclusão, significa, realmente, que é o patético do desmame que o sujeito inflige a si mesmo outra vez tal como o sofreu, só que agora triunfando sobre ele, por ser ativo em sua reprodução.

O desdobramento assim esboçado no sujeito, é a identificação com o irmão que lhe permite consumar-se: ela fornece a imagem que fixa um dos pólos do masoquismo primário. Assim, a não violência do suicídio primordial gera a violência do assassinato imaginário do irmão. Mas essa violência não tem relação com a luta pela vida. O objeto escolhido pela agressividade nas brincadeiras primitivas com a morte é, com efeito, seja ele chocalho ou dejeto, biologicamente indiferente; o sujeito o abole gratuitamente, pelo prazer, e com isso só faz consumar a perda do objeto materno. A imagem do irmão não desmamado só desperta uma agressão especial por repetir no sujeito a imago da situação materna e, com ela, o desejo da morte. Esse fenômeno é secundário à identificação.

A identificação afetiva é uma função psíquica cuja originalidade a psicanálise estabeleceu, especialmente no complexo de Édipo, como veremos. Mas o emprego desse termo, na etapa que estamos estudando, é mal definido na doutrina; foi isso que tentamos suprir com uma teoria da identificação cujo momento genético designamos pela denominação de estádio do espelho.[1]

O estádio assim considerado corresponde ao declínio do desmame, isto é, ao fim dos seis meses cuja dominante psíquica de mal-estar, correspondente ao atraso do crescimento físico, traduz

---

1    Via de regra traduziremos, neste volume, *stade* por "estágio". Neste sintagma, manteremos sua tradução por "estádio", já consagrada pelo uso. (N.E.)

Os complexos familiares na formação do indivíduo    47

a prematuração do nascimento, que é, como dissemos, a base específica do desmame no homem. Ora, o reconhecimento pelo sujeito de sua imagem no espelho é um fenômeno que, para a análise desse estágio, é duplamente significativo: o fenômeno aparece depois de seis meses e seu estudo, nesse momento, revela demonstrativamente as tendências que então constituem a realidade do sujeito; a imagem especular, justamente em razão dessas afinidades, fornece um bom símbolo dessa realidade: de seu valor afetivo, tão ilusório quanto a imagem, e de sua estrutura, que, como ela, é reflexo da forma humana.    [41]

A percepção da forma do semelhante como unidade mental está ligada no ser vivo a um nível correlativo de inteligência e sociabilidade. A imitação, diante de um sinal, mostra-a, reduzida, no animal de rebanho; as estruturas ecomímicas e ecopráxicas mostram sua infinita riqueza no macaco e no homem. Esse é o sentido primário do interesse que um e outro manifestam por sua imagem especular. Mas embora seus comportamentos diante dessa imagem, sob a forma de tentativas de apreensão manual, pareçam assemelhar-se, essas brincadeiras só predominam momentaneamente no homem, ao fim do primeiro ano de vida, na idade que Bühler denominou de "idade do chimpanzé", porque nela o homem atravessa um nível semelhante de inteligência instrumental.

Pois bem, o fenômeno de percepção que se produz no homem desde o sexto mês de vida aparece, desse momento em diante, sob uma forma totalmente diferente, característica de uma intuição iluminante, ou seja, contra o fundo de uma inibição atenta, súbita revelação do comportamento adaptado (aqui, um gesto de referência a uma parte do corpo), seguida pelo esbanjamento jubilatório de energia que assinala objetivamente o triunfo, numa dupla reação que deixa entrever o sentimento de compreensão, em sua forma inefável. Essas características traduzem, a nosso ver, o sentido secundário que o fenômeno recebe das condições libidinais que cercam seu aparecimento. Essas condições são apenas as tensões psíquicas provenientes dos meses de prematuração, e que parecem traduzir uma dupla ruptura vital: a ruptura da adaptação imediata ao meio, que define o mundo do animal por sua conaturalidade, e a ruptura da unidade de funcionamento do ser vivo, que, no animal, submete a percepção à pulsão.

Nesse estágio, no homem, a discordância tanto das pulsões quanto das funções é apenas a continuação da prolongada descoordenação dos aparelhos. Daí resulta um estágio que, afetiva e mentalmente, constitui-se com base numa proprioceptividade que apresenta o corpo como despedaçado: por um lado, o interesse psíquico é deslocado para tendências que visam a uma recolagem do corpo próprio; por outro lado, a realidade, inicialmente submetida a um despedaçamento perceptivo cujo caos atinge até suas categorias — por exemplo, "espaços" tão díspares quanto as sucessivas posições estáticas da criança —, ordena-se refletindo as formas do corpo, que fornecem como que o modelo de todos os objetos.

Há aí uma estrutura arcaica do mundo humano cujos vestígios profundos foram mostrados pela análise do inconsciente: fantasias de desmembramento, de desarticulação do corpo, dentre as quais as da castração constituem apenas uma imagem valorizada por um complexo particular; a imago do duplo, cujas objetivações fantásticas, tal como realizadas por causas diversas em várias idades da vida, revelam ao psiquiatra que ela evolui com o crescimento do sujeito; e por fim, o simbolismo antropomórfico e orgânico dos objetos, cuja prodigiosa descoberta foi feita pela psicanálise nos sonhos e nos sintomas.

A tendência mediante a qual o sujeito restabelece a unidade perdida de si mesmo instala-se, desde a origem, no centro da consciência. É a origem da energia de seu progresso mental, um progresso cuja estrutura é determinada pela predominância das funções visuais. Se a busca de sua unidade afetiva promove, no sujeito, as formas em que ele representa sua identidade para si mesmo, a mais intuitiva forma dela é dada, nessa fase, pela imagem especular. O que o sujeito saúda nela é a unidade mental que lhe é inerente. O que reconhece nela é o ideal da imago do duplo. O que ele aclama nessa imagem é a vitória da tendência salutar.

O mundo próprio dessa fase, portanto, é um mundo narcísico. Ao designá-lo dessa maneira, não estamos apenas evocando sua estrutura libidinal, com o próprio termo a que Freud e Abraham, desde 1908, atribuíram o sentido puramente energético de investimento da libido no corpo; queremos também penetrar em sua estrutura mental, com o pleno sentido do mito de Narciso; quer esse sentido indique a morte — a insuficiência vital de que proveio esse mundo —, quer a reflexão especular — a imago do duplo que lhe é central —, quer, ainda, a ilusão da imagem — esse mundo, como veremos, não contém o outro.

Os complexos familiares na formação do indivíduo    49

A percepção da atividade de outrem, com efeito, não basta para romper o isolamento afetivo do sujeito. Enquanto a imagem do semelhante desempenha apenas seu papel primário, limitado à função de expressividade, ela desencadeia no sujeito emoções e posturas similares, ao menos na medida em que isso lhe é permitido pela estrutura atual de seus aparelhos. Mas, enquanto sofre essa sugestão emocional ou motora, o sujeito não se distingue da imagem em si. Mais ainda: na discordância característica dessa fase, a imagem só faz acrescentar a intromissão temporária de uma tendência estrangeira. Chamemo-la de intrusão narcísica: a unidade que ela introduz nas tendências contribuirá, no entanto, para a formação do eu. Contudo, antes que o eu afirme sua identidade, ele se confunde com essa imagem que o forma, mas que o aliena primordialmente.    [43]

Digamos que o eu guardará dessa origem a estrutura ambígua do espetáculo, que, evidenciada nas situações anteriormente descritas de despotismo, sedução e exibição, dá forma às pulsões sadomasoquista e escopofílica (desejo de ver e de ser visto), que são essencialmente destruidoras do outro. Note-se também que essa intrusão primordial permite compreender qualquer projeção do eu constituído, quer se manifeste como mitomaníaca, na criança cuja identificação pessoal ainda vacila, quer como transitivista, no paranóico cujo eu regride a um estágio arcaico, quer como compreensiva, quando é integrada num eu normal.

O eu constitui-se ao mesmo tempo que o outro no drama do ciúme [jalousie]. Para o sujeito, essa é uma discordância que intervém na satisfação espetacular, graças à tendência que esta sugere. Ela implica a introdução de um objeto terceiro, que substitui a confusão afetiva e a ambigüidade espetacular pela concorrência de uma situação triangular. Assim, o sujeito, que enveredou pelo ciúme por identificação, desemboca numa nova alternativa, onde se joga o destino da realidade: ou ele reencontra o objeto materno e se aferra à recusa do real e à destruição do outro, ou então, levado a algum outro objeto, acolhe-o sob a forma característica do conhecimento humano, como objeto comunicável, visto que concorrência implica simultaneamente rivalidade e concordância; mas, ao mesmo tempo, ele reconhece o outro com quem é travada a luta ou firmado o contrato — em suma, encontra simultaneamente o outro e o objeto socializado. Mais uma vez, portanto, o ciúme humano se distingue da rivalidade vital imediata, pois mais

50　*Outros Escritos*

constitui seu objeto do que é determinado por ele; revela-se o arquétipo dos sentimentos sociais.

[44] Assim concebido, o eu não encontra antes dos três anos sua constituição essencial — aquela, como estamos vendo, da objetividade fundamental do conhecimento humano. Ponto notável, este último extrai sua riqueza e sua potência da insuficiência vital do homem em sua origem. O simbolismo primordial do objeto tanto favorece sua extensão para fora dos limites dos instintos vitais quanto sua percepção como instrumento. Sua socialização através da simpatia ciosa [*jalouse*] fundamenta sua permanência e sua substancialidade.

São esses os traços essenciais do papel psíquico do complexo fraterno. Eis algumas de suas aplicações.

O papel traumatizante do irmão, no sentido neutro, constitui-se, pois, por sua intrusão. O fato e a época de seu aparecimento determinam sua significação para o sujeito. A intrusão parte do recém-chegado e infesta o ocupante; na família, em regra geral, trata-se de um nascimento, e é o primogênito que desempenha, em princípio, o papel de paciente.

A reação do paciente ao trauma depende de seu desenvolvimento psíquico. Surpreendido pelo intruso no desarvoramento do desmame, o paciente o reativa sem cessar ante o espetáculo deste; faz então uma regressão que, conforme os destinos do eu, irá revelar-se uma psicose esquizofrênica ou uma neurose hipocondríaca, ou então reage pela destruição imaginária do monstro, o que resultará, do mesmo modo, quer em impulsos perversos, quer numa culpa obsessiva.

Se, ao contrário, o intruso sobrevier apenas depois do complexo de Édipo, ele será adotado na maioria dos casos no plano das identificações parentais, afetivamente mais densas e mais ricas em termos estruturais, como veremos. Ele já não será para o sujeito o obstáculo ou o reflexo, mas uma pessoa digna de amor ou de ódio. As pulsões agressivas se sublimarão como ternura ou severidade.

Mas o irmão também proporciona o modelo arcaico do eu. Aqui, o papel de agente cabe ao primogênito, como o mais rematado. Quanto mais conforme for esse modelo ao conjunto das pulsões do sujeito, mais feliz será a síntese do eu e mais reais serão as formas da objetividade. Será essa fórmula confirmada pelo estudo dos gêmeos? Sabemos que numerosos mitos lhes imputam o po-

Os complexos familiares na formação do indivíduo    51

der do herói, pelo qual se restabelece na realidade a harmonia do seio materno, porém ao preço de um fratricídio. Seja como for, é através do semelhante que o objeto, assim como o eu, se realiza: quanto mais pode assimilar de seu parceiro, mais o sujeito reforça sua personalidade e sua objetividade, garantes de sua eficácia futura.

Porém o grupo da fratria familiar, de diversas idades e sexos, [45] favorece as mais discordantes identificações do eu. A imago primordial do duplo em que se modela o eu parece, a princípio, dominada pelos devaneios da forma, como se evidencia na fantasia da *mãe fálica* comum a ambos os sexos, ou no *duplo fálico* da mulher neurótica. Quanto maior a facilidade com que ela se fixar em formas atípicas, nas quais os pertencimentos secundários poderão desempenhar papel tão grande quanto as diferenças orgânicas, veremos essa identificação da fase narcísica, conforme a pressão suficiente ou não do instinto sexual, gerar as exigências formais de uma homossexualidade ou de um fetichismo sexual, ou então, no sistema de um eu paranóico, objetivar-se no protótipo do perseguidor, externo ou íntimo.

As ligações da paranóia com o complexo fraterno manifestam-se pela freqüência dos temas da filiação, da usurpação e da espoliação, assim como sua estrutura narcísica revela-se nos temas mais paranóides da intrusão, da influência, do desdobramento, do duplo e de todas as transmutações delirantes do corpo.

Essas ligações explicam-se pelo fato de o grupo familiar, reduzido à mãe e à fratria, desenhar um complexo psíquico em que a realidade tende a permanecer imaginária, ou, quando muito, abstrata. A clínica mostra que, efetivamente, o grupo assim desfalcado é muito favorável à eclosão das psicoses, e que aí encontramos a maioria dos casos de delírio a dois.

### 3. O complexo de Édipo

Foi ao descobrir na análise das neuroses os fatos edipianos que Freud trouxe à luz o conceito de complexo. O complexo de Édipo, exposto, dado o número de relações psíquicas a que concerne em muitos pontos deste livro, impõe-se aqui — tanto a nosso estudo, já que define mais particularmente as relações psíquicas na família humana, quanto a nossa crítica, na medida em que Freud apon-

## 52 Outros Escritos

ta esse elemento psicológico como sendo a forma específica da família humana e lhe subordina todas as variações sociais da família. A ordem metódica aqui proposta, na consideração tanto das estruturas mentais quanto das realidades sociais, conduzirá a uma revisão do complexo que permitirá situar na história a família patriarcal e esclarecer melhor a neurose contemporânea.

[46]

A psicanálise revelou na criança pulsões genitais cujo apogeu situa-se no quarto ano de vida. Sem nos estendermos aqui em sua estrutura, digamos que elas constituem uma espécie de puberdade psicológica, muito prematura, como se vê, em relação à puberdade fisiológica. Ao fixar a criança, através de um desejo sexual, no objeto mais próximo que a presença e o interesse normalmente lhe oferecem, a saber, o genitor do sexo oposto, essas pulsões dão sua base ao complexo, cujo nó é formado pela frustração delas. Apesar de inerente à prematuridade essencial dessas pulsões, essa frustração é relacionada pela criança com o objeto terceiro que as mesmas condições de presença e interesse normalmente lhe apontam como o obstáculo a sua satisfação — ou seja, o genitor do mesmo sexo.

A frustração que ela sofre é comumente acompanhada, com efeito, por uma repressão educacional que tem por objetivo impedir qualquer realização dessas pulsões, em especial sua realização masturbatória. Por outro lado, a criança adquire uma certa intuição da situação que lhe é proibida, tanto pelos sinais discretos e difusos que traem à sua sensibilidade as relações parentais quanto pelos acasos intempestivos que as revelam a ela. Por esse processo duplo, o genitor do mesmo sexo afigura-se à criança, ao mesmo tempo, como agente da interdição sexual e exemplo de sua transgressão.

A tensão assim constituída resolve-se, por um lado, mediante um recalcamento da tendência sexual, que desde então permanece latente — dando lugar a interesses neutros, eminentemente favoráveis às aquisições educacionais — até a puberdade, e, por outro lado, pela sublimação da imagem parental que perpetuará na consciência um ideal representativo, garantia da coincidência futura das atitudes psíquicas e das atitudes fisiológicas no momento da puberdade. Esse processo duplo tem uma importância genética fundamental, pois permanece inscrito no psiquismo em duas instâncias permanentes: a que recalca, chamada supereu, e a que

Os complexos familiares na formação do indivíduo    53

sublima, o ideal do eu. Elas representam a conclusão da crise edipiana.

Esse esquema essencial do complexo corresponde a um grande número de dados da experiência. A existência da sexualidade infantil é doravante inconteste; aliás, por se haver revelado historicamente através das seqüelas de sua evolução que constituem as neuroses, ela é acessível à observação mais imediata, e seu desconhecimento secular é uma prova impressionante da relatividade    [47] social do saber humano. As instâncias psíquicas que foram isoladas numa análise concreta dos sintomas das neuroses, sob as denominações de supereu e ideal do eu, manifestaram seu valor científico na definição e na explicação dos fenômenos da personalidade; há nelas uma ordem de determinação positiva que dá conta de uma profusão de anomalias do comportamento humano e que, ao mesmo tempo, torna obsoletas, em relação a esses distúrbios, as referências à ordem orgânica que, ainda que por puro princípio ou simplesmente míticas, fazem as vezes de método experimental para toda uma tradição médica.

Na verdade, o preconceito que atribui à ordem psíquica um caráter de epifenômeno, ou seja, inoperante, foi favorecido por uma análise insuficiente dos fatores dessa ordem, e é precisamente à luz da situação definida como edipiana que tais acidentes da história do sujeito adquirem a significação e a importância que permitem relacioná-los com um dado traço individual de sua personalidade; podemos até precisar que, quando esses acidentes afetam a situação edipiana como traumas em sua evolução, eles se repetem mais nos efeitos do supereu; quando a afetam como atipias em sua constituição, é mais nas formas do ideal do eu que se refletem. Assim, como inibições da atividade criadora ou como inversões da imaginação sexual, um grande número de distúrbios, muitos dos quais aparecem no nível das funções somáticas elementares, encontrou sua redução teórica e terapêutica.

Descobrir que desdobramentos tão importantes para o ser humano como são os da repressão sexual e do sexo psíquico estavam sujeitos à regulação e aos acidentes de um drama psíquico da família era fornecer a mais preciosa contribuição para a antropologia do grupo familiar, especialmente para o estudo das proibições que esse grupo formula universalmente, e que têm por objeto o comércio sexual entre alguns de seus membros. Por isso mesmo, Freud veio rapidamente a formular uma teoria da família. Ela se

# 54   Outros Escritos

baseou numa dessimetria, surgida desde as primeiras investigações, na situação dos dois sexos em relação ao Édipo. O processo que vai do desejo edipiano a sua repressão só parece tão simples quanto o expusemos na criança do sexo masculino. É também esta que costuma ser constantemente tomada por sujeito nas exposições didáticas do complexo.

[48]   Com efeito, o desejo edipiano parece muito mais intenso no menino e, portanto, pela mãe. Por outro lado, a repressão revela, em seu mecanismo, traços que a princípio só parecem justificáveis se, em sua forma típica, ela for exercida do pai para o filho. Nisso reside o fato do complexo de castração.

Essa repressão se efetua por um duplo movimento afetivo do sujeito: agressividade contra o genitor em relação ao qual seu desejo sexual o coloca na posição de rival, e temor secundário, experimentado em contrapartida, de uma agressão similar. Ora, esses dois movimentos são sustentados por uma fantasia tão notável, que ela foi individualizada com eles no chamado complexo de castração. Se esse termo se justifica pelos fins agressivos e repressivos que aparecem nesse momento do Édipo, ele é pouco conforme, no entanto, à fantasia que constitui seu dado original.

Essa fantasia consiste, essencialmente, na mutilação de um membro, isto é, numa sevícia que só pode servir para castrar o macho. Mas a realidade aparente desse perigo, acrescida ao fato de sua ameaça ser realmente formulada por uma tradição educacional, levaria Freud a concebê-lo como inicialmente sentido por seu valor real, e a reconhecer num medo inspirado de macho para macho — pelo pai, na verdade — o protótipo da repressão edipiana.

Nesse percurso, Freud recebeu o respaldo de um dado sociológico: não apenas a proibição do incesto com a mãe tem um caráter universal, através das relações de parentesco infinitamente diversificadas e não raro paradoxais em que as culturas primitivas imprimem o tabu do incesto, como também, seja qual for o nível da consciência moral numa cultura, essa proibição é sempre expressamente formulada e sua transgressão é marcada por uma reprovação constante. Foi por isso que Frazer reconheceu no tabu da mãe a lei primordial da humanidade.

Foi assim que Freud deu o salto teórico cujo caráter abusivo assinalamos em nossa introdução: da família conjugal que ele observava em seus sujeitos para uma hipotética família primitiva

*Os complexos familiares na formação do indivíduo* 55

concebida como uma horda que um macho dominaria por sua superioridade biológica, monopolizando as mulheres núbeis. Freud baseou-se no vínculo constatado entre os tabus e observâncias relacionados com o totem, alternadamente objeto de inviolabilidade e de orgia sacrificial. Ele imaginou um drama de assassinato do pai pelos filhos, seguido por uma consagração póstuma de seu poder sobre as mulheres por parte dos assassinos, prisioneiros de uma rivalidade insolúvel: evento primevo do qual, juntamente [49] com o tabu da mãe, teria saído toda a tradição moral e cultural.

Mesmo que essa construção não fosse destruída pelas simples petições de princípio que comporta — atribuir a um grupo biológico a possibilidade do reconhecimento de uma lei, que é justamente o que se trata de fundamentar —, suas próprias supostas premissas biológicas, a saber, a permanente tirania exercida pelo chefe da horda, se reduziriam a um fantasma cada vez mais incerto, conforme o avanço de nossos conhecimentos sobre os antropóides. Mas sobretudo os vestígios universalmente presentes e a extensa sobrevivência de uma estrutura matriarcal da família, bem como a existência, em sua área, de todas as formas fundamentais da cultura, especialmente de uma repressão amiúde rigorosíssima da sexualidade, evidenciam que a ordem da família humana tem fundamentos que escapam à força do macho.

Parece-nos, contudo, que a imensa coleta de fatos que o complexo de Édipo tem permitido objetivar, há uns cinqüenta anos, pode esclarecer a estrutura psicológica da família mais do que as intuições sumamente precipitadas que acabamos de expor.

O complexo de Édipo marca todos os níveis do psiquismo, mas os teóricos da psicanálise não definiram sem ambigüidade as funções que ele exerce em função de não haverem distinguido suficientemente os planos de desenvolvimento com base nos quais o explicam. Se, com efeito, o complexo lhes parece o eixo segundo o qual a *evolução da sexualidade* projeta-se na *constituição da realidade*, esses dois planos divergem, no homem, por uma incidência específica, que decerto é reconhecida por eles como *repressão da sexualidade* e *sublimação da realidade*, mas que tem de ser integrada numa concepção mais rigorosa dessas relações estruturais: o papel de maturação desempenhado pelo complexo num e noutro desses planos só pode ser tido como paralelo em termos aproximativos.

O aparelho psíquico da sexualidade revela-se na criança, inicialmente, sob formas as mais aberrantes em relação a seus fins biológicos, e a sucessão dessas formas atesta que é por um amadurecimento progressivo que ele se conforma à organização genital. Essa maturação da sexualidade condiciona o complexo de Édipo, formando suas tendências fundamentais, mas, inversamente, o complexo a favorece, dirigindo-a para seus objetos.

[50]

O movimento do Édipo opera-se, com efeito, por um conflito triangular no sujeito; já vimos a articulação das tendências provenientes do desmame produzir uma formação desse tipo; é também a mãe, objeto primário dessas tendências, como alimento a ser absorvido e até como seio em que se reabsorver, que se propõe inicialmente ao desejo edipiano. Assim, é compreensível que esse desejo se caracterize melhor no homem, e também que ofereça nele uma oportunidade singular para a reativação das tendências do desmame, isto é, para uma regressão sexual. Essas tendências não constituem, de fato, apenas um impasse psicológico; opõem-se, além disso, particularmente aqui, à atitude de exteriorização que é conforme à atividade do macho.

Muito pelo contrário, no outro sexo, no qual essas tendências têm uma saída possível no destino biológico do sujeito, o objeto materno, desviando uma parte do desejo edipiano, decerto tende a neutralizar o potencial do complexo e, através disso, seus efeitos de sexualização, mas, ao impor uma mudança de objeto, a tendência genital desvincula-se melhor das tendências primitivas, e mais facilmente ainda por não ter que inverter a atitude de interiorização herdada dessas tendências, que são narcísicas. Chega-se assim à conclusão ambígua de que, de um sexo para outro, quanto mais a formação do complexo é destacada, mais aleatório parece ser seu papel na adaptação sexual.

Vemos aqui a influência do complexo psicológico numa relação vital, e é através disso que ele contribui para a constituição da realidade. O que ele traz para esta furta-se aos termos de uma psicogênese intelectualista: é uma certa profundidade afetiva do objeto. Essa é uma dimensão que, apesar de compor a base de qualquer compreensão subjetiva, não se distinguiria como fenômeno se a clínica das doenças mentais não nos fizesse apreendê-la como tal ao propor toda uma série de suas degradações aos limites da compreensão.

Apesar de constituir, com efeito, uma norma da vivência, essa dimensão só pode ser reconstruída por intuições metafóricas: densidade, que confere existência ao objeto, e perspectiva, que nos dá o sentimento de sua distância e nos inspira respeito pelo objeto. Mas ela se demonstra nas vacilações da realidade que fecundam o delírio — quando o objeto tende a se confundir com o eu, ao mesmo tempo que a ser reabsorvido como fantasia; quando ele aparece decomposto segundo um dos sentimentos que formam o espectro da irrealidade, desde os sentimentos de estranheza, de *déjà vu*, de *jamais vu*, passando pelos falsos reconhecimentos, pelas ilusões do sósia, pelos sentimentos de adivinhação, de participação e de influência, pelas intuições de significação, até desembocar no crepúsculo do mundo e na abolição afetiva que é formalmente designada, em alemão, como perda do objeto (*Objektverlust*). [51]

Essas qualidades tão diversas da vivência, a psicanálise as explica pelas variações da quantidade de energia vital que o desejo investe no objeto. Essa fórmula, por mais verbal que possa parecer, corresponde, para os psicanalistas, a um dado de sua prática; eles competem com esse investimento nas "transferências" operatórias de seus tratamentos; é nos recursos que o investimento oferece que eles devem fundamentar a indicação do tratamento. Assim, eles reconheceram nos sintomas anteriormente citados os indícios de um investimento excessivamente narcísico da libido, enquanto a formação do Édipo afigurou-se o momento e a prova de um investimento suficiente para a "transferência".

Esse papel do Édipo seria correlato à maturação da sexualidade. A atitude instaurada pela tendência genital cristalizaria, conforme seu tipo normal, a relação vital com a realidade. Essa atitude é caracterizada pelos termos "dom" e "sacrifício", termos grandiosos, mas cujo sentido permanece ambíguo e hesita entre a defesa e a renúncia. Através deles, uma concepção audaciosa reencontra o conforto secreto de um tema moralizante: na passagem da captação para a oblatividade, confunde-se como bem se entende provação vital com a provação moral.

Essa concepção pode ser definida como uma psicogênese analógica; ela é conforme ao defeito mais marcante da doutrina analítica: desprezar a estrutura em prol do dinamismo. No entanto, a própria experiência analítica faz uma contribuição ao estudo das formas mentais ao demonstrar a relação delas — ora de condições, ora de soluções — com as crises afetivas. É diferenciando o funcionamento formal do complexo que se pode estabelecer, entre sua função e a estrutura do drama que lhe é essencial, uma relação mais definitiva.

Se o complexo de Édipo marca o auge da sexualidade infantil, ele é também o móbil da repressão que reduz suas imagens ao estado de latência até a puberdade; se determina uma condensação da realidade no sentido da vida, ele é também o momento da sublimação que, no homem, abre para essa realidade sua ampliação desinteressada.

As formas sob as quais se perpetuam esses efeitos são designadas de supereu ou ideal do eu, conforme sejam, para o sujeito, conscientes ou inconscientes. Elas reproduzem, como se costuma dizer, a imago do genitor do mesmo sexo, assim contribuindo o ideal do eu para o conformismo sexual do psiquismo. Mas a imago do pai, segundo a doutrina, teria nessas duas funções um papel prototípico em razão da dominação masculina.

Quanto à repressão da sexualidade, essa concepção repousa, como indicamos, na fantasia de castração. Se a doutrina a relaciona com uma ameaça real, é porque, antes de mais nada, genialmente dinamicista para reconhecer tendências, Freud se manteve fechado, pelo atomismo tradicional, para a idéia da autonomia das formas; assim é que, ao observar a existência da mesma fantasia na menina, ou de uma imagem fálica da mãe nos dois sexos, viu-se coagido a explicar esses fatos por revelações precoces da dominação masculina, revelações estas que conduziriam a menina à nostalgia da virilidade, a criança a conceber sua mãe como viril. Uma gênese que, apesar de encontrar um fundamento na identificação, requer em seu uso uma tal sobrecarga de mecanismos que parece errada.

Ora, o material da experiência analítica sugere uma interpretação diferente; a fantasia de castração é precedida, com efeito, por toda uma série de fantasias de despedaçamento do corpo, que regridem da desarticulação e do desmembramento, passando pela evisceração, pelo desventramento, até a devoração e o sepultamento.

O exame dessas fantasias revela que sua série se inscreve numa forma de penetração, de sentido simultaneamente destrutivo e investigador, que visa o segredo do seio materno, mas que essa relação é vivida pelo sujeito de um modo mais ambivalente

*Os complexos familiares na formação do indivíduo*     59

em proporção a seu arcaísmo. Contudo, os estudiosos que melhor compreenderam a origem materna dessas fantasias (Melanie Klein) atêm-se apenas à simetria e à extensão que elas conferem à formação do Édipo, revelando, por exemplo, a nostalgia da maternidade no menino. Seu interesse prende-se, a nosso ver, à evidente irrealidade da estrutura delas: o exame das fantasias que encontramos nos sonhos e em certos impulsos permite afirmar que elas não se relacionam com nenhum corpo real, mas com um manequim heteróclito, uma boneca barroca, um troféu de membros em que convém reconhecer o objeto narcísico cuja gênese evocamos mais acima: condicionada pela precedência, no homem, das formas imaginárias do corpo sobre o domínio do corpo próprio, pelo valor de defesa que o sujeito dá a essas formas, contra a angústia da dilaceração vital que é obra da prematuração.     [53]

A fantasia de castração relaciona-se com esse mesmo objeto: sua forma, nascida antes de qualquer demarcação do corpo próprio, antes de qualquer distinção de uma ameaça do adulto, não depende do sexo do sujeito e mais determina do que sofre as fórmulas da tradição educacional. Ela representa a defesa que o eu narcísico, identificado com seu duplo especular, opõe à renovação da angústia que, no primeiro momento do Édipo, tende a abalá-lo: crise que menos causa a irrupção do desejo genital no sujeito do que o objeto que ele reatualiza, ou seja, a mãe. À angústia despertada por esse objeto, o sujeito responde reproduzindo a rejeição masoquista mediante a qual superou sua perda primordial, mas ele a põe em prática conforme a estrutura que adquiriu, isto é, numa localização imaginária da tendência.

Tal gênese da repressão sexual não deixa de ter uma referência sociológica: ela se expressa nos ritos pelos quais os primitivos deixam patente que essa repressão prende-se às raízes do laço social — ritos de festa que, para liberar a sexualidade, desenham nela, por sua forma orgíaca, o momento da reintegração afetiva no Todo; ritos de circuncisão que, para sancionar a maturidade sexual, evidenciam que a pessoa só a alcança ao preço de uma mutilação corporal.

Para definir no plano psicológico essa gênese da repressão, devemos reconhecer na fantasia de castração o jogo imaginário que a condiciona, e na mãe, o objeto que a determina. Essa é a forma radical das contrapulsões que se revelam à experiência analítica como constituindo o núcleo mais arcaico do supereu e repre-

60    *Outros Escritos*

sentando a mais maciça repressão. Essa força se distribui com a diferenciação dessa forma, isto é, com a progressão pela qual o sujeito discerne a instância repressora na autoridade do adulto; seria impossível compreendermos de outro modo o fato, aparentemente contrário à teoria, de que o rigor com que o supereu inibe as funções do sujeito tende a se estabelecer na proporção inversa aos traços de severidade reais da educação. Embora o supereu já receba da simples repressão materna (disciplinas do desmame e dos esfíncteres) traços da realidade, é no complexo de Édipo que ele ultrapassa sua forma narcísica.

[54]     Aqui se introduz o papel desse complexo na sublimação da realidade. Devemos partir, para compreendê-lo, do momento em que a doutrina mostra a solução do drama, a saber, da forma que ela descobriu neste — da identificação. De fato, é em razão de uma identificação do sujeito com a imago do genitor do mesmo sexo que o supereu e o ideal do eu podem revelar à experiência traços conformes às particularidades dessa imago.

A doutrina vê nisso a obra de um narcisismo secundário; ela não distingue essa identificação da identificação narcísica: há igualmente uma assimilação do sujeito ao objeto; ela não vê nisso outra diferença senão a constituição, com o desejo edipiano, de um objeto de maior realidade, opondo-se a um eu mais bem formado; da frustração desse desejo resultaria, segundo as constantes do hedonismo, o retorno do sujeito a sua voracidade primordial de assimilação, e, da formação do eu, uma introjeção imperfeita do objeto: a imago, para se impor ao sujeito, justapõe-se somente ao eu, nas duas exclusões do inconsciente e do ideal.

Uma análise mais estrutural da identificação edipiana permite, no entanto, reconhecer nela uma forma mais distintiva. O que aparece primeiramente é a antinomia das funções desempenhadas no sujeito pela imago parental: por um lado, ela inibe a função sexual, mas sob uma forma inconsciente, pois a experiência mostra que a ação do supereu contra as repetições da tendência permanece tão inconsciente quanto a tendência permanece recalcada. Por outro lado, a imago preserva essa função, mas protegida de seu desconhecimento, pois é justamente a preparação dos caminhos de seu futuro retorno que o ideal do eu representa na consciência. Assim, se a tendência se resolve nas duas grandes formas — inconsciência e desconhecimento — em que a análise aprendeu

*Os complexos familiares na formação do indivíduo* 61

a reconhecê-la, a imago em si aparece sob duas estruturas cuja distância define a primeira sublimação da realidade.

Entretanto, não se assinala suficientemente que o objeto da identificação não é, aqui, o objeto do desejo, mas o que se opõe a ele no triângulo edipiano. A identificação mimética torna-se propiciatória; o objeto da participação sadomasoquista desliga-se do sujeito, distancia-se dele, na nova ambigüidade do medo e do amor. Mas, nesse passo para a realidade, o objeto primitivo do desejo parece escamoteado.

Esse fato define, para nós, a originalidade da identificação edipiana: ele nos parece indicar que, no complexo de Édipo, não é [55] o momento do desejo que erige o objeto em sua nova realidade, mas sim o da defesa narcísica do sujeito.

Esse momento, ao fazer surgir o objeto situado por sua posição como obstáculo ao desejo, mostra-o aureolado pela transgressão sentida como perigosa; ele se afigura ao eu, ao mesmo tempo, como apoio de sua defesa e exemplo de seu triunfo. É por isso que esse objeto normalmente vem preencher a moldura do duplo em que o eu se identificou inicialmente, e pela qual ele ainda pode confundir-se com o outro; ele traz para o eu uma segurança, ao reforçar essa moldura, mas, ao mesmo tempo, opõe-na a ele como um ideal que alternadamente o exalta e o deprime.

Esse momento do Édipo fornece o protótipo da sublimação, tanto pelo papel de presença mascarada que a tendência desempenha nele quanto pela forma de que ele reveste o objeto. A mesma forma é sensível, com efeito, em cada crise em que se produz, para a realidade humana, a condensação cujo enigma enunciamos mais acima: é aquela luz do assombro que transfigura um objeto, dissolvendo suas equivalências no sujeito, e que o propõe não mais como um meio para satisfação do desejo, mas como um pólo para as criações da paixão. É ao reduzir de novo esse objeto que a experiência realiza todo e qualquer aprofundamento.

Assim, uma série de funções antinômicas constitui-se no sujeito através das grandes crises da realidade humana, para conter as virtualidades indefinidas de seu progresso; se a função da consciência parece exprimir a angústia primordial, e a da equivalência, refletir o conflito narcísico, a do exemplo parece ser a contribuição original do complexo de Édipo.

Ora, a estrutura mesma do drama edipiano designa o pai como dando à função de sublimação sua forma mais eminente, por ser a

62    *Outros Escritos*

mais pura. A imago da mãe na identificação edipiana, com efeito, deixa transparecer a interferência das identificações primordiais; ela marca com as formas e com a ambivalência destas tanto o ideal do eu quanto o supereu: na menina, assim como a repressão da sexualidade impõe mais facilmente às funções corporais o despedaçamento mental em que podemos definir a histeria, também a sublimação da imago materna tende a se transformar num sentimento de repulsa por sua decadência e numa preocupação sistemática com a imagem especular.

[56]    A imago do pai, na medida em que é dominante, polariza nos dois sexos as formas mais perfeitas do ideal do eu, sobre as quais basta indicar que realizam o ideal viril no menino e, na menina, o ideal virginal. Ao contrário, nas formas diminuídas dessa imago podemos assinalar as lesões físicas, especialmente aquelas que a apresentam como deformada ou cega, por desviarem a energia de sublimação de sua direção criadora e favorecerem sua reclusão num ideal qualquer de integridade narcísica. A morte do pai, seja qual for a etapa do desenvolvimento em que se produz e conforme o grau de consumação do Édipo, tende do mesmo modo a estancar o progresso da realidade, paralisando-o. A experiência, ao relacionar com essas causas um grande número de neuroses e sua gravidade, contradiz portanto a orientação teórica que aponta como seu principal agente a ameaça da força paterna.

Se ficou evidente na análise psicológica do Édipo que ele deve ser compreendido em função de seus antecedentes narcísicos, isso não quer dizer que ele se funde fora da relatividade sociológica. O móbil mais decisivo de seus efeitos psíquicos, com efeito, prende-se a que a imago do pai concentra em si a função de repressão juntamente com a de sublimação; mas isso é obra de uma determinação social  a da família patriarcal.

A autoridade familiar, nas culturas matriarcais, não é representada pelo pai, e sim, comumente, pelo tio materno. Um etnólogo que norteou seu conhecimento pela psicanálise, Malinowski, soube penetrar nas incidências psíquicas desse fato: se o tio materno exerce o apadrinhamento social de guardião dos tabus familiares e de iniciador nos ritos tribais, o pai, liberado de qualquer função repressora, desempenha um papel de patronagem mais familiar, de mestre nas técnicas e tutor da audácia nas iniciativas.

Essa separação de funções acarreta um equilíbrio diferente do psiquismo, que o autor atesta pela ausência de neurose nos grupos

*Os complexos familiares na formação do indivíduo*     63

que observou nas ilhas do noroeste da Melanésia. Esse equilíbrio demonstra de maneira oportuna que o complexo de Édipo é relativo a uma estrutura social, mas em nada autoriza a miragem paradisíaca, da qual o sociólogo deve sempre se defender: à harmonia que ela comporta, com efeito, opõe-se a estereotipia que marca, em semelhantes culturas, as criações da personalidade, desde a arte até a moral, e devemos reconhecer nesse revés, em conformidade com a atual teoria do Édipo, o quanto o impulso de sublimação é dominado pela repressão social, quando essas duas funções são separadas.     [57]

É, ao contrário, por ser investida da repressão que a imago paterna projeta a força original desta nas próprias sublimações que devem superá-la; é por atar nessa antinomia o progresso de tais funções que o complexo de Édipo extrai sua fecundidade. Essa antinomia atua no drama individual, e nós a veremos confirmar-se nele por efeitos de decomposição; mas seus efeitos de progresso ultrapassam em muito esse drama, integrados que estão num imenso patrimônio cultural: ideais normativos, estatutos jurídicos, inspirações criadoras. O psicólogo não pode desprezar as formas que, concentrando na família conjugal as condições do conflito funcional do Édipo, reintegram no progresso psicológico a dialética social gerada por esse conflito.

Que o estudo dessas formas refere-se à história, isso já constitui um dado para nossa análise; de fato, é com um problema estrutural que devemos relacionar o fato de a luz da tradição histórica só atingir em cheio os anais dos patriarcas, ao passo que só ilumina nas franjas — justamente aquelas em que se situa a investigação de um Bachofen — os matriarcados, subjacentes por toda parte à cultura antiga.

Aproximaremos desse fato o momento crítico que Bergson definiu nos fundamentos da moral; sabemos que ele reduz à função de defesa vital a "totalidade da obrigação" com que designa o laço que encerra o grupo humano em sua coerência, e que, inversamente, reconhece um ímpeto transcendental da vida em todo movimento que abre esse grupo, universalizando tal laço — dupla origem descoberta por uma análise abstrata, sem dúvida voltada contra suas ilusões formalistas, mas que continua limitada ao alcance da abstração. Ora, se, através da experiência, tanto o psicanalista quanto o sociólogo podem reconhecer na interdição da mãe a forma concreta da obrigação primordial, eles podem tam-

## 64    *Outros Escritos*

bém demonstrar um processo real de "abertura" do liame social na autoridade paterna, e dizer que, pelo conflito funcional do Édipo, ela introduz na repressão um ideal de promessa.

[58]    Caso se refiram aos ritos sacrificiais com que as culturas primitivas, mesmo havendo chegado a uma concentração social elevada, realizam com o mais cruel rigor — vítimas humanas desmembradas ou enterradas vivas — as fantasias da relação primordial com a mãe, eles lerão em diversos mitos que ao advento da autoridade paterna corresponde uma moderação da repressão social primitiva. Legível na ambigüidade mítica do sacrifício de Abraão, que, aliás, liga-o formalmente à expressão de uma promessa, esse sentido é não menos evidente no mito de Édipo, por mais que desprezemos o episódio da Esfinge, representação não menos ambígua da emancipação das tiranias matriarcais e do declínio do rito do assassinato régio. Seja qual for sua forma, todos esses mitos se situam na fímbria da história, bem longe do nascimento da humanidade, do qual são separados pela duração imemorial das culturas matriarcais e pela estagnação dos grupos primitivos.

Segundo essa referência sociológica, a existência do profetismo pelo qual Bergson recorreu à história, na medida em que ele se produziu eminentemente no povo judeu, é compreensível pela situação eletiva que foi criada para esse povo, por ele ser o defensor do patriarcado entre grupos dados a cultos maternais, por sua luta convulsiva para preservar o ideal patriarcal contra a sedução irreprimível dessas culturas. Através da história dos povos patriarcais, vemos assim afirmarem-se dialeticamente, na sociedade, as exigências da pessoa e a universalização dos ideais: testemunho disso é o progresso das formas jurídicas que eternizou a missão vivida pela Roma antiga, tanto em potência quanto em consciência, e que se materializou na extensão já revolucionária dos privilégios morais de um patriarcado a uma plebe imensa e a todos os povos.

Duas funções, nesse processo, refletem-se na estrutura da própria família: a tradição, nos ideais patrícios, de formas privilegiadas de casamento, e a exaltação apoteótica trazida pelo cristianismo para as exigências da pessoa. A Igreja integrou essa tradição na moral do cristianismo, ao colocar em primeiro plano, no laço do matrimônio, a livre escolha da pessoa, assim fazendo a instituição familiar dar o passo decisivo rumo a sua estrutura mo-

*Os complexos familiares na formação do indivíduo*     65

derna, a saber, a inversão secreta de sua preponderância social em prol do casamento. Inversão que se realizou no século XV, com a revolução econômica da qual saíram a sociedade burguesa e a psicologia do homem moderno.

Com efeito, são as relações da psicologia do homem moderno com a família conjugal que se propõem ao estudo do psicanalista; [59] esse homem é o único objeto que ele realmente submeteu a sua experiência, e, se o psicanalista encontra nele o reflexo psíquico das condições mais originais do homem, porventura pode ter a pretensão de curá-lo de suas fraquezas psíquicas sem compreendê-lo na cultura que lhe impõe as mais altas exigências, e sem igualmente compreender sua própria posição diante desse homem no extremo da atitude científica?

Ora, em nossa época, mais do que nunca, é impossível compreender o homem da cultura ocidental fora das antinomias que constituem suas relações com a natureza e com a sociedade: como compreender, fora delas, seja a angústia que ele exprime no sentimento de uma transgressão prometéica em relação a suas condições de vida, seja as mais elevadas concepções com que supera essa angústia, reconhecendo que é por crises dialéticas que ele cria a si mesmo e a seus objetos?

Esse movimento subversivo e crítico em que o homem se realiza encontra seu germe mais ativo em três condições da família conjugal.

Por encarnar a autoridade na geração mais próxima e numa figura familiar, a família conjugal coloca essa autoridade ao alcance imediato da subversão criadora. Isso já é traduzido, para a observação mais comum, pelas inversões imaginadas pela criança na ordem das gerações, nas quais ela se coloca no lugar de um genitor de um dos pais deste.

Por outro lado, o psiquismo é não menos formado nela pela imagem do adulto do que em oposição à coerção dele: esse efeito se opera pela transmissão do ideal do eu, e da maneira mais pura, como dissemos, do pai para o filho; ele comporta uma seleção positiva das tendências e dos dons, uma realização progressiva do ideal no caráter. É a esse processo psicológico que se deve a existência das famílias de homens eminentes, e não à pretensa hereditariedade, que conviria reconhecer em capacidades essencialmente relacionais.

Enfim e acima de tudo, a evidência da vida sexual nos representantes das coerções morais e o exemplo singularmente transgressor da imago do pai quanto à interdição primordial exaltam no mais alto grau a tensão da libido e a importância da sublimação.

É por materializar da maneira mais humana o conflito do homem com sua angústia mais arcaica, é por lhe oferecer o mais leal campo fechado em que ele pode bater-se com as figuras mais profundas de seu destino, é por colocar ao alcance de sua existência individual a vitória mais completa sobre sua servidão original, que o complexo da família conjugal cria os sucessos superiores do caráter, da felicidade e da criação.

[60]

Ao atribuir a diferenciação máxima à personalidade antes do período de latência, o complexo confere aos confrontos sociais desse período seu máximo de eficácia para a formação racional do indivíduo. Com efeito, podemos considerar que a ação educadora, nesse período, reproduz numa realidade mais lastreada e sob as sublimações superiores da lógica e da justiça a articulação das equivalências narcísicas em que teve origem o mundo dos objetos. Quanto mais diversificadas e mais ricas forem as realidades inconscientemente integradas na experiência familiar, mais formador será, para a razão, o trabalho da redução delas.

Assim, portanto, se a psicanálise evidencia nas condições morais da criação um fermento revolucionário que só se pode apreender numa análise concreta, ela reconhece na estrutura familiar, para produzi-lo, um poder que ultrapassa qualquer racionalização educativa. Um fato merece ser proposto aos teóricos, não importa a que facção pertençam: o de uma educação social de pretensões totalitárias, para que cada um tire suas conclusões conforme seus desejos.

O papel da imago paterna deixa-se entrever de maneira impressionante na formação da maioria dos grandes homens. Sua irradiação literária e moral na era clássica do progresso, de Corneille a Proudhon, merece ser assinalada; e os ideólogos que, no século XIX, fizeram contra a família patriarcal as mais subversivas críticas não foram os que menos traziam sua marca.

Não estamos entre os que se afligem com um pretenso afrouxamento dos laços de família. Acaso não é significativo que a família tenha se reduzido a seu grupo biológico à medida que foi integrando os mais altos progressos culturais? Mas um grande número de efeitos psicológicos parece-nos decorrer de um declí-

*Os complexos familiares na formação do indivíduo* 67

nio social da imago paterna. Um declínio condicionado por se voltarem contra o indivíduo alguns efeitos extremos do progresso social; um declínio que se marca sobretudo, em nossos dias, nas coletividades mais desgastadas por esses efeitos: a concentração econômica, as catástrofes políticas. Não foi esse fato formulado pelo chefe de um Estado totalitário como argumento contra a educação tradicional? Esse é um declínio mais intimamente ligado à dialética da família conjugal, uma vez que se dá pelo relativo crescimento, muito sensível na vida norte-americana, por exemplo, das exigências matrimoniais. [61]

Seja qual for o seu futuro, esse declínio constitui uma crise psicológica. Talvez seja com essa crise que convém relacionar o aparecimento da própria psicanálise. O sublime acaso da genialidade talvez não explique, por si só, que tenha sido em Viena — centro, na época, de um Estado que era o *melting-pot* das mais diversas formas familiares, desde as mais arcaicas até as mais evoluídas, desde os derradeiros grupos agnatos de camponeses eslavos até as mais reduzidas formas do lar pequeno-burguês e as mais decadentes formas do casal instável, passando pelos patriarcalismos feudais e mercantis — que um filho do patriarcado judaico imaginou o complexo de Édipo. Como quer que seja, foram as formas de neuroses predominantes no fim do século passado que revelaram que elas eram intimamente dependentes das condições da família.

Essas neuroses, desde o tempo das primeiras adivinhações freudianas, parecem ter evoluído no sentido de um complexo caracterológico no qual, tanto pela especificidade de sua forma quanto por sua generalização — ele é o núcleo da maioria das neuroses —, podemos reconhecer a grande neurose contemporânea. Nossa experiência leva-nos a apontar sua determinação principal na personalidade do pai, sempre de algum modo carente, ausente, humilhada, dividida ou postiça. É essa carência que, de acordo com nossa concepção do Édipo, vem estancar tanto o ímpeto instintivo quanto a dialética das sublimações. Qual madrinhas sinistras instaladas no berço do neurótico, a impotência e a utopia aprisionam sua ambição, seja porque ele sufoca em si as criações esperadas pelo mundo em que nasce, seja porque, no objeto que propõe para sua revolta, ele desconhece seu próprio movimento.

68     *Outros Escritos*

## II. Os complexos familiares na patologia

Os complexos familiares cumprem, nas psicoses, uma função formal: temas familiares que prevalecem nos delírios, por sua conformidade com a parada que as psicoses constituem no eu e na realidade; nas neuroses, os complexos exercem uma função causal: incidências e constelações familiares que determinam os sintomas e as estruturas segundo os quais as neuroses dividem, introvertem ou invertem a personalidade. Tais são, em poucas palavras, as teses desenvolvidas neste capítulo.

[62]

É evidente que, ao qualificar de familiares a forma de uma psicose ou a fonte de uma neurose, entendemos esse termo no sentido estrito de uma relação social que este estudo se empenha em definir e, ao mesmo tempo, justificar por sua fecundidade objetiva: assim, o que decorre da simples transmissão biológica deve ser designado como "hereditário" e não como "familiar", no sentido estrito deste termo, mesmo que se trate de uma afecção psíquica, a despeito do uso corrente no vocabulário neurológico.

### 1. As psicoses de tema familiar

Foi com essa preocupação de objetividade psicológica que estudamos as psicoses, quando, dentre os primeiros na França, fizemos questão de compreendê-las em sua relação com a personalidade: ponto de vista a que nos levou a idéia, desde então cada vez mais reconhecida, de que a totalidade do psiquismo é implicada na lesão ou no déficit de qualquer elemento de seus aparelhos ou suas funções. Essa idéia, que era demonstrada pelos distúrbios psíquicos causados por lesões localizáveis, pareceu-nos ainda mais aplicável às produções mentais e às reações sociais das psicoses, ou seja, aos delírios e às pulsões que, apesar de pretensamente parciais, ainda assim evocavam, por sua tipicidade, a coerência de um eu arcaico, e em sua própria discordância deixavam transparecer sua lei interna.

Basta nos lembrarmos de que essas afecções correspondem ao quadro vulgar da loucura para conceber que, para nós, não podia tratar-se de definir nela uma verdadeira personalidade, que implica a comunicação do pensamento e a responsabilidade pela conduta. Certamente, uma psicose que isolamos sob o nome de paranóia de autopunição não exclui a existência de semelhante personalidade, que é constituída não apenas pelas relações do eu, como também do supereu e do ideal do eu, porém o supereu lhe impõe seus efeitos punitivos mais extremos, e o ideal do eu afirma-se nela numa objetivação ambígua, propícia às projeções reiteradas; haver mostrado a originalidade dessa forma, assim como definido por sua posição uma fronteira nosológica, é um resultado que, por mais limitado que seja, permanece como um crédito do ponto de vista que dirigiu nosso esforço. [63]

O progresso de nossa pesquisa estava fadado a nos fazer reconhecer, nas formas mentais que as psicoses constituem, a reconstituição de estágios do eu anteriores à personalidade; com efeito, se caracterizarmos cada um desses estágios pelo estágio do objeto que lhe é correlato, toda a gênese normal do objeto em sua relação especular do sujeito com o outro, ou como pertencimento subjetivo do corpo despedaçado, será reencontrada, numa série de formas de suspensão, nos objetos do delírio.

É digno de nota que esses objetos manifestam os caracteres constitutivos primordiais do conhecimento humano — identidade formal, equivalência afetiva, reprodução iterativa e simbolismo antropomórfico — sob formas cristalizadas, sem dúvida, mas acentuadas pela ausência ou pela supressão das integrações secundárias, que são para o objeto a mobilidade e a individualidade, a relatividade e a realidade que ele tem.

O limite da realidade do objeto na psicose, o ponto de reversão da sublimação, parece-nos dado precisamente pelo momento que marca para nós a aura da realização edipiana, qual seja, a ereção do objeto que se produz, segundo nossa fórmula, na luz do espanto. É esse o momento reproduzido por essa fase, que tomamos por constante e que designamos como fase fecunda do delírio: fase em que os objetos, transformados por uma estranheza inefável, revelam-se como choques, enigmas, significações. É nessa reprodução que desmorona o conformismo, superficialmente assumido, por meio do qual o sujeito mascarava até então o narcisismo de sua relação com a realidade.

Esse narcisismo traduz-se na forma do objeto. Esta pode se produzir progressivamente na crise reveladora, enquanto o objeto edipiano se reduz a uma estrutura de narcisismo secundário — aqui, porém, o objeto permanece irredutível a qualquer equivalência, e o preço de sua posse e sua virtude de prejuízo prevalecem sobre qualquer possibilidade de compensação ou compromisso: é o delírio de reivindicação. Ou então, a forma do objeto pode ficar suspensa no auge da crise, como se a imago do ideal edipiano se fixasse no momento de sua transfiguração — mas, aqui, a imago não se subjetiva por identificação com o duplo, e o ideal do eu projeta-se iterativamente em objetos exemplares, é certo, mas cuja ação é totalmente externa, mais exatamente em recriminações vivas cuja censura tende à vigilância onipresente: é o delírio sensitivo de relações. Por último, o objeto pode encontrar, aquém da crise, a estrutura de narcisismo primário em que sua formação se deteve.

[64]

Neste último caso, podemos ver o supereu, que não sofreu o recalcamento, não apenas traduzir-se no sujeito como intenção repressiva, mas também surgir nele como objeto apreendido pelo eu, refletido nos traços decompostos de suas incidências formadoras e, ao sabor das ameaças reais ou das intrusões imaginárias, representado pelo adulto castrador ou pelo irmão penetrador: é a síndrome da perseguição interpretativa, com seu objeto de sentido homossexual latente.

Num grau a mais, o eu arcaico manifesta sua desagregação no sentimento de ser espionado, adivinhado, desvendado, sentimento fundamental da psicose alucinatória, e o duplo em que ele se identificava opõe-se ao sujeito, seja como eco do pensamento e dos atos, nas formas auditivas verbais da alucinação, cujos conteúdos autodifamadores marcam a afinidade evolutiva com a repressão moral, seja como fantasma especular do corpo em certas formas de alucinação visual, cujas reações-suicidas revelam a coerência arcaica com o masoquismo primordial. Por fim, é a estrutura fundamentalmente antropomórfica e organomórfica do objeto que vem à luz na participação megalomaníaca, na qual o sujeito, na parafrenia, incorpora em seu eu o mundo, afirmando que ele inclui o Todo, que seu corpo se compõe dos mais preciosos materiais, que sua vida e suas funções sustentam a ordem e a existência do Universo.

Os complexos familiares desempenham no eu, nesses diversos estágios em que a psicose o detém, um papel notável, seja como motivos das reações do sujeito, seja como temas de seu delírio. Podemos até ordenar sob esses dois registros a integração desses complexos no eu, conforme a série regressiva que acabamos de estabelecer para as formas do objeto nas psicoses.

As reações mórbidas, nas psicoses, são provocadas pelos objetos familiares em função decrescente da realidade desses objetos, em prol de seu alcance imaginário: podemos medir isso a partir dos conflitos que colocam eletivamente o reivindicador em luta com seu círculo familiar ou com seu cônjuge — passando pela significação dos substitutos do pai, do irmão ou da irmã que o observador reconhece nos perseguidores do paranóico — até chegar às filiações secretas de romance, às genealogias de Trindades ou de Olimpos fantásticos em que atuam os mitos do parafrênico. O objeto constituído pela relação familiar mostra, assim, uma alteração progressiva: em seu valor afetivo, quando se reduz a ser apenas um pretexto para a exaltação passional; depois, em sua individualidade, quando ele é desconhecido em sua reiteração delirante; e por fim, em sua própria identidade, quando não mais o reconhecemos no sujeito senão como uma entidade que escapa ao princípio de contradição. [65]

Quanto ao tema familiar, seu alcance expressivo da consciência delirante mostra ser função, na série das psicoses, de uma identificação crescente do eu com um objeto familiar, à custa da distância que o sujeito mantém entre ele e sua convicção delirante: podemos medir isso partindo da relativa contingência, no mundo do reivindicador, das mágoas que ele alega contra os seus — passando pela importância cada vez mais existencial que adquirem os temas da espoliação, da usurpação ou da filiação na concepção que o paranóico tem de si —, até chegar às identificações com um herdeiro arrancado de seu berço, com a esposa secreta de algum príncipe, com os personagens míticos de Pai onipotente, Vítima filial, Mãe universal ou Virgem primordial em que se afirma o eu do parafrênico.

Essa afirmação do eu, aliás, torna-se mais incerta à medida que assim se integra mais ao tema delirante: de estenia notavelmente comunicativa na reivindicação, ela se reduz, de maneira absolutamente impressionante, a uma intenção demonstrativa nas reações e nas interpretações do paranóico, até se perder, no parafrênico, numa discordância desconcertante entre a crença e a conduta.

Assim, conforme as reações são mais relativas às fantasias e mais se objetiva o tema do delírio, o eu tende a se confundir com a expressão do complexo, e o complexo, a se exprimir na intencionalidade do eu. Os psicanalistas, portanto, comumente dizem que, nas psicoses, os complexos são conscientes, ao passo que são inconscientes nas neuroses. Isso não é rigoroso, porque, por exemplo, o sentido homossexual das tendências na psicose é desconhecido pelo sujeito, apesar de traduzido na intenção persecutória.

[66] Mas a fórmula aproximativa permite nos surpreendermos com o fato de ter sido nas neuroses, onde eles são latentes, que os complexos foram descobertos, antes de serem reconhecidos nas psicoses, onde são patentes. É que os temas familiares que isolamos nas psicoses são apenas efeitos virtuais e estáticos de sua estrutura, representações em que o eu se estabiliza; apresentam, portanto, apenas a morfologia do complexo, sem revelar sua organização nem, por conseguinte, a hierarquia de seus caracteres.

Daí o evidente artificialismo que marcava a classificação das psicoses pelos temas delirantes e o descrédito em que havia caído o estudo desses temas, antes que os psiquiatras fossem a eles reconduzidos pelo impulso para o concreto dado pela psicanálise. Foi assim que alguns, podendo acreditar-se os menos afetados por essa influência, renovaram a importância clínica de certos temas, como a erotomania ou o delírio de filiação, ao deslocarem a atenção do conjunto para os detalhes de seu romanceamento e descobrirem nisso as características de uma estrutura. Mas só o conhecimento dos complexos pode trazer para tal pesquisa, com uma direção sistemática, uma certeza e um avanço que ultrapassem em muito os meios da observação pura.

Tomemos, por exemplo, a estrutura do tema dos interpretadores filiais, tal como a definiram Sérieux e Capgras como entidade nosológica. Caracterizando-a pelo móbil da privação afetiva, manifesta na freqüente ilegitimidade do sujeito, e por uma formação mental do tipo "romance de grandeza", de aparecimento normal entre os oito e os treze anos, os autores pretendem reunir a fábula da troca dos filhos, amadurecida desde essa idade, fábula esta pela qual uma dada solteirona do vilarejo identifica-se com outra mais favorecida, com as pretensões, cuja justificação parece equivalente, de algum "falso delfim". Mas, ainda que este pense apoiar seus direitos na descrição minuciosa de uma máquina de aparência animalesca, em cujo ventre teria sido preciso escondê-lo para realizar o seqüestro inicial (a história de Richemont e seu "cavalo extraordinário", citada por esses autores), nós, por nosso turno, cremos que essa fantasia, que decerto podemos tomar por redundante e imputar à debilidade mental, revela, tanto por seu simbolismo de

*Os complexos familiares na formação do indivíduo* 73

gestação quanto pelo lugar que lhe confere o sujeito em seu delírio, uma estrutura mais arcaica de sua psicose.

Resta estabelecer se os complexos que desempenham esses papéis de motivação e tema nos sintomas da psicose têm também um papel de causa em seu determinismo; e essa questão é obscura. [67]

De nossa parte, se quisemos compreender esses sintomas através de uma psicogênese, estamos longe de haver pensado em com isso reduzir o determinismo da doença. Muito pelo contrário, ao demonstrar na paranóia que sua fase fecunda comporta um estado hiponóico — confusional, onírico ou crepuscular —, sublinhamos a necessidade de um móbil orgânico para a subdução mental em que o sujeito se inicia no delírio.

Em outro trabalho, mais uma vez, indicamos que é em alguma tara biológica da libido que se deveria procurar a causa da estagnação da sublimação em que vemos a essência da psicose. Isso quer dizer que acreditamos num determinismo endógeno da psicose e que quisemos apenas refutar certas patogenias medíocres que, atualmente, já nem sequer poderiam passar por representar alguma gênese "orgânica": por um lado, a redução da doença a algum fenômeno mental, pretensamente automático, que, como tal, não poderia corresponder à organização perceptiva, ou seja, ao nível de crença que destacamos nos sintomas realmente elementares da interpretação e da alucinação; por outro lado, a pré-formação da doença em pretensos traços constitucionais do caráter, que desaparecem ao submetermos a investigação dos antecedentes às exigências de definição dos termos e de crítica do testemunho.

Se alguma tara é detectável no psiquismo antes da psicose, é nas próprias fontes da vitalidade do sujeito, no que há de mais radical e também de mais secreto em seus impulsos e suas aversões, que devemos pressenti-la, e cremos reconhecer um sinal singular dela na inefável dilaceração que esses sujeitos denunciam, espontaneamente, como tendo marcado suas primeiras efusões genitais na puberdade.

Aproximarmos essa tara hipotética dos fatos antigamente agrupados sob a rubrica da degenerescência, ou das idéias mais recentes sobre as perversões biológicas da sexualidade, é entrar nos problemas da hereditariedade psicológica. Limitamo-nos aqui ao exame dos fatores propriamente familiares.

A simples clínica mostra, em muitos casos, a correlação com uma anomalia da situação familiar. A psicanálise, por outro lado,

[68]  seja pela interpretação dos dados clínicos, seja por uma exploração do sujeito que, por não saber ser curativa aqui, tem de se manter prudente, mostra que o ideal do eu formou-se, muitas vezes em razão dessa situação, segundo o objeto do irmão. Esse objeto, passando a libido destinada ao Édipo para a imago da homossexualidade primitiva, fornece um ideal narcísico demais para não abastardar a estrutura da sublimação. Além disso, uma disposição "em redoma" do grupo familiar tende a intensificar os efeitos de somação característicos da transmissão do ideal do eu, como indicamos em nossa análise do Édipo; mas, enquanto lá ele se exerce normalmente num sentido seletivo, aqui esses efeitos atuam num sentido degenerativo.

Se o abortamento da realidade nas psicoses prende-se, em última instância, a uma deficiência biológica da libido, revela também uma derivação da sublimação em que o papel do complexo familiar é corroborado pelo concurso de numerosos dados clínicos.

Convém assinalar, com efeito, as anomalias da personalidade cuja constância na parentela do paranóico é sancionada pela conhecida denominação de "ninhos de paranóicos", aplicada pelos psiquiatras a esses meios; pela freqüência da transmissão da paranóia na linhagem familiar direta, muitas vezes com um agravamento de sua forma para a parafrenia, e pela precessão temporal, relativa ou até absoluta, de seu aparecimento no descendente; e por fim, pela eletividade quase exclusivamente familiar dos casos de delírios a dois, bem evidenciada nas antigas antologias, como a de Legrand du Saulle em sua obra sobre o "delírio de perseguição", na qual a amplitude da escolha compensa a falta de sistematização com a ausência de parcialidade.

Quanto a nós, é nos delírios a dois que acreditamos apreender melhor as condições psicológicas que podem desempenhar um papel determinante na psicose. Excetuados os casos em que o delírio emana de um genitor acometido por um distúrbio mental que o coloca na posição de tirano doméstico, encontramos constantemente esses delírios num grupo familiar que chamamos de descompletado, no qual o isolamento social que ele propicia surte seu efeito máximo, a saber, o "par psicológico" formado por uma mãe e uma filha ou por duas irmãs (ver nosso estudo sobre as irmãs Papin), ou, mais raramente, por uma mãe e um filho.

## 2. As neuroses familiares

Os complexos familiares revelam-se, nas neuroses, por um ângulo    [69]
totalmente diferente: é que, nelas, os sintomas não manifestam
nenhuma relação, a não ser contingente, com um objeto familiar.
Os complexos, no entanto, cumprem aí uma função causal, cuja
realidade e dinamismo opõem-se diametralmente ao papel desempenhado pelos temas familiares nas psicoses.

Se Freud, pela descoberta dos complexos, realizou uma obra
revolucionária, foi porque, como terapeuta, mais preocupado com
o doente do que com a doença, procurou compreendê-lo para
curá-lo e se ateve ao que era negligenciado sob o título de "conteúdo" dos sintomas, e que é o mais concreto de sua realidade: a
saber, o objeto que provoca uma fobia, o aparelho ou a função
somática implicados numa histeria, a representação ou o afeto que
ocupam o sujeito numa obsessão.

Foi dessa maneira que ele veio a decifrar, nesse próprio conteúdo, as causas desses sintomas; ainda que essas causas, com o
progresso da experiência, tenham se afigurado mais complexas, é
importante não reduzi-las à abstração, mas aprofundar o sentido
dramático que, na primeira formulação delas, agarrou-se como
uma resposta à inspiração que levara a procurá-las.

Freud denunciou inicialmente, na origem dos sintomas, quer
uma sedução sexual que o sujeito teria sofrido precocemente por
manobras mais ou menos perversas, quer uma cena que, em sua
primeira infância, o teria iniciado pelo espetáculo ou pela audição
nas relações sexuais dos adultos. Ora, se esses fatos, por um lado,
revelavam-se traumáticos por desviarem a sexualidade para tendências anormais, ao mesmo tempo demonstravam, como próprias da primeira infância, uma evolução regular dessas diversas
tendências e sua satisfação normal por via auto-erótica. Por isso é
que, se, por outro lado, esses traumas mostravam ser obra mais
comum quer da iniciativa de um irmão, quer da inadvertência dos
pais, a participação da criança neles revelou-se cada vez mais ativa à medida que se afirmaram a sexualidade infantil e suas motivações de prazer ou de investigação. A partir daí, essas tendências
pareceram formadas como complexos típicos pela estrutura normal da família que lhes ofereceu seus primeiros objetos. Assim é
que nenhum fato precipita mais essa formação do que o nascimento de um irmão, que exalta, por seu enigma, a curiosidade da crian-    [70]

## 76    *Outros Escritos*

ça, reativando as emoções primordiais de seu apego à mãe, pelos sinais de sua gravidez e pelo espetáculo dos cuidados que ela presta ao recém-nascido, e por fim cristalizando, na presença do pai junto dela, o que a criança adivinha do mistério da sexualidade, o que ela sente por seus impulsos precoces e o que teme pelas ameaças que lhe proíbem sua satisfação masturbatória. Tal é, pelo menos, definida por seu grupo e por seu momento, a constelação familiar que para Freud forma o *complexo nodal das neuroses*. Ele extraiu daí o complexo de Édipo, e veremos melhor, mais adiante, como essa origem domina a concepção que ele formou desse complexo.

Concluamos aqui que uma dupla instância de causas é definida pelo complexo: os traumas já citados, que recebem sua importância da incidência que têm em sua evolução, e as relações do grupo familiar que podem determinar atipias em sua constituição. Se a prática das neuroses evidencia, com efeito, a freqüência das anomalias da situação familiar, é preciso, para definir seu efeito, voltarmos à produção do sintoma.

As impressões provenientes do trauma pareciam, numa primeira abordagem, determinar o sintoma por uma relação simples: uma parte diversa da lembrança delas — se não sua forma representativa, ao menos suas correlações afetivas — é, não esquecida, mas recalcada no inconsciente, e o sintoma, embora sua produção tome caminhos não menos diversos, deixa-se reduzir a uma função de expressão do recalcado, o qual assim manifesta sua permanência no psiquismo. Com efeito, não apenas a origem do sintoma era compreendida por uma interpretação segundo uma chave — entre outras coisas, simbolismo, deslocamento etc. — que convinha a sua forma, como também o sintoma cedia à medida que essa compreensão era comunicada ao sujeito. Que o tratamento do sintoma prendia-se ao fato de ter sido levada à consciência a impressão de sua origem, ao mesmo tempo que se demonstrava ao sujeito a irracionalidade de sua forma, tal indução teve seus caminhos abertos no espírito pela idéia socrática de que o homem se liberta ao se conhecer pelas intuições da razão. Mas foi preciso introduzir na simplicidade e no otimismo dessa concepção correções cada vez mais rigorosas, a partir do momento em que a experiência mostrou que uma *resistência* é oposta pelo sujeito à elucidação do sintoma e que uma *transferência* afetiva, que tem por objeto o analista, é a força que vem a prevalecer no tratamento.

*Os complexos familiares na formação do indivíduo*     77

Dessa etapa, no entanto, restou a idéia de que o sintoma neurótico representa no sujeito um momento de sua experiência no qual ele não sabe se reconhecer, uma forma de divisão da personalidade. Mas, à medida que a análise discerniu mais de perto a produção do sintoma, sua compreensão recuou da clara função de expressão do inconsciente para uma função mais obscura de defesa contra a angústia. Essa angústia, Freud a considerou, em suas concepções mais recentes, como o sinal que, por ter-se desprendido de uma situação primordial de separação, desperta ante a similitude de um perigo de castração. A defesa do sujeito, se é verdade que o sintoma fragmenta a personalidade, consistiria, portanto, em levar em conta esse perigo, proibindo-se tal acesso à realidade, sob uma forma simbólica ou sublimada. A forma que se reconhece nessa concepção do sintoma não deixa, em princípio, mais resíduo do que seu conteúdo ao ser compreendida por uma dinâmica das tendências, mas tende a transformar em termos estruturais a referência do sintoma ao sujeito deslocando o interesse para a função do sintoma no tocante às relações com a realidade.

Os efeitos de proibição de que se trata constituem relações que, apesar de serem inacessíveis ao controle consciente e só se manifestarem em negativo no comportamento, revelam claramente sua forma intencional à luz da psicanálise; mostrando a unidade de uma organização, desde o aparente acaso dos tropeços das funções e da fatalidade das "sinas" que fazem a ação fracassar até a coerção, própria da espécie, exercida pelo sentimento de culpa. A psicologia clássica estava enganada, portanto, ao acreditar que o eu — ou seja, esse objeto em que o sujeito se reflete como coordenado com a realidade que ele reconhece como externa a si mesmo — abarca a totalidade das relações que determinam o psiquismo do sujeito. Erro correlato de um impasse na teoria do conhecimento e do já evocado fracasso de uma concepção moral.

Freud concebe o eu, em conformidade com a psicologia que qualifica de racionalista, como o sistema de relações psíquicas segundo o qual o sujeito subordina a realidade à percepção consciente — razão por que tem de lhe opor, a princípio sob o termo supereu, o sistema há pouco definido das interdições inconscientes. Mas parece-nos importante equilibrar teoricamente esse sistema, juntando a ele o das projeções ideais, que, desde as imagens de grandeza da "louca da casa"[2] até as fantasias que polarizam o     [72]

---

2   *Folle du logis*: clássica referência literária à imaginação. (N.E.)

# 78    *Outros Escritos*

desejo sexual e a ilusão individual da vontade de poder, manifesta nas formas imaginárias do eu uma condição não menos estrutural da realidade humana. Se esse sistema é muito mal definido por um uso do termo "ideal do eu" que ainda o confunde com o supereu, basta no entanto para captar sua originalidade indicarmos que ele constitui como segredo de consciência o próprio domínio que o analista tem do mistério do inconsciente; mas é precisamente por ser demasiado imanente à experiência que ele tem de ser isolado em último lugar pela doutrina: é para isso que contribui esta exposição.

Se as instâncias psíquicas que escapam ao eu aparecem primeiramente como efeito do recalque da sexualidade na infância, sua formação se revela, na experiência, cada vez mais próxima, quanto ao tempo e à estrutura, da situação de separação que a análise da angústia faz com que se reconheça como primordial, e que é a do nascimento.

A referência de tais efeitos psíquicos a uma situação tão original não se dá sem obscuridade. Parece-nos que nossa concepção do estádio do espelho pode contribuir para esclarecê-la: ela estende o suposto trauma dessa situação a todo um estágio de despedaçamento funcional, determinado pelo inacabamento especial do sistema nervoso; ela reconhece, desde esse estágio, a intencionalização dessa situação em duas manifestações psíquicas do sujeito: a assunção do dilaceramento original no jogo que consiste em rejeitar o objeto, e a afirmação da unidade do corpo próprio na identificação com a imagem especular. Existe aí um nó fenomenológico que, ao manifestar em sua forma original as propriedades, inerentes ao sujeito humano, de imitar sua mutilação e de se ver como outro, deixa também apreender a razão essencial delas nas sujeições, próprias da vida do homem, de superar uma ameaça específica e de dever a própria salvação ao interesse do congênere.

Com efeito, é a partir de uma identificação ambivalente com seu semelhante que, através da participação ciosa e da concorrência simpática, o eu se diferencia, num progresso comum, do outro e do objeto. A realidade inaugurada por esse jogo dialético preserva a deformação estrutural do drama existencial que a condiciona e que podemos chamar de drama do indivíduo, com a ênfase que esse termo recebe da idéia da prematuração da espécie.

Mas essa estrutura só se diferencia plenamente ali onde a reconhecemos de início, no conflito da sexualidade infantil, o que é

Os complexos familiares na formação do indivíduo 79

concebível pelo fato de que só então ela cumpre sua função quanto à espécie: assegurar a correção psíquica da prematuração sexual — o supereu pelo recalque do objeto biologicamente inadequado que é proposto ao desejo por sua maturação primária, e o ideal do eu pela identificação imaginária que orientará a escolha para o objeto biologicamente adequado na maturação puberal.

Momento sancionado pelo acabamento consecutivo da síntese específica do eu na chamada idade da razão — como personalidade, pelo advento das características de compreensibilidade e responsabilidade; como consciência individual, por uma certa transposição que o sujeito efetua da nostalgia da mãe para a afirmação mental de sua autonomia. Momento que é marcado sobretudo pelo *passo afetivo* na realidade, que está ligado à integração da sexualidade no sujeito. Há aí um segundo nó do drama existencial, que é iniciado pelo complexo de Édipo ao mesmo tempo que ele resolve o primeiro. As sociedades primitivas, que trazem uma regulação mais positiva para a sexualidade do indivíduo, manifestam o sentido dessa integração irracional na função iniciática do totem, na medida em que o indivíduo identifica nele sua essência vital e o assimila a si mesmo ritualmente: o sentido do totem, reduzido por Freud ao do Édipo, mais nos parece equivaler a uma de suas funções — a do ideal do eu.

Havendo assim cumprido nosso objetivo de relacionar à sua importância concreta — ou seja, existencial — os termos mais abstratos que a análise das neuroses elaborou, podemos agora definir melhor o papel da família na gênese dessas afecções. Ele se prende à dupla incumbência do complexo de Édipo: por sua incidência ocasional no progresso narcísico, ele concerne ao acabamento estrutural do eu; pelas imagens que introduz nessa estrutura, ele determina uma certa animação afetiva da realidade. A regulação desses efeitos concentra-se no complexo, à medida que se racionalizam as formas de comunhão social em nossa cultura, numa racionalização que ele determina reciprocamente ao humanizar o ideal do eu. Por outro lado, o desregramento desses efeitos aparece em razão das exigências crescentes que são impostas ao eu por essa mesma cultura quanto à coerência e ao impulso criador. [74]

Ora, as vicissitudes e caprichos dessa regulação aumentam à medida que o mesmo progresso social, fazendo a família evoluir para a forma conjugal, mais a submete às variações individuais.

80 Outros Escritos

Dessa "anomia", que favoreceu a descoberta do complexo, depende a forma de degradação pela qual a conhecem os analistas: forma que definiremos por um recalque incompleto do desejo pela mãe, com uma reativação da angústia e da investigação inerentes à relação do nascimento; por um abastardamento narcísico da idealização do pai, que faz ressaltar, na identificação edipiana, a ambivalência agressiva imanente à relação primordial com o semelhante. Essa forma é o efeito comum tanto das incidências traumáticas do complexo quanto da anomalia das conexões entre seus objetos. Mas a essas duas ordens de causas correspondem, respectivamente, duas ordens de neuroses — as chamadas neuroses de transferência e as chamadas neuroses de caráter.

Há que pôr de lado a mais simples dessas neuroses, isto é, a fobia, sob a forma em que ela é mais freqüentemente observada na criança: aquela que tem por objeto um animal.

Ela não é senão uma forma substituta da degradação do Édipo, porquanto nela o animal grande representa imediatamente a mãe como gestante, o pai como ameaçador e o irmão mais novo como intruso. Mas ela merece uma observação, porque o indivíduo encontra aí, para sua defesa contra a angústia, a própria forma do ideal do eu que reconhecemos no totem, e pela qual as sociedades primitivas asseguram à formação sexual do sujeito um conforto psicológico menos frágil. O neurótico, entretanto, não segue o rastro de nenhuma "lembrança hereditária", mas apenas a impressão imediata, e não sem profunda razão, que o homem tem do animal como modelo da relação natural.

São as incidências ocasionais do complexo de Édipo no progresso narcísico que determinam as outras neuroses de transferência: a histeria e a neurose obsessiva. É preciso ver seu protótipo nos acidentes que Freud, de imediato e magistralmente, especificou como origem dessas neuroses. Sua ação evidencia que a sexualidade, assim como todo o desenvolvimento psíquico do homem, está sujeita à lei de comunicação que o especifica. Sedução ou revelação, esses acidentes desempenham seu papel, na medida em que o sujeito, como que precocemente surpreendido por eles em algum processo de sua "recolagem" narcísica, aí os compõe mediante a identificação. Esse processo, tendência ou forma, de acordo com a vertente da atividade existencial do sujeito a que diga respeito — assunção da separação ou afirmação de sua identidade —, será erotizado como sadomasoquismo ou como escoto-

[75]

Os complexos familiares na formação do indivíduo    81

filia (desejo de ver ou ser visto). Como tal, tenderá a sofrer o recalque correlato à maturação normal da sexualidade e arrastará para ele uma parte da estrutura narcísica. Essa estrutura faz falta na síntese do eu, e o retorno do recalcado corresponde ao esforço constitutivo do eu para se unificar. O sintoma exprime, simultaneamente, essa falta e esse esforço, ou melhor, sua composição na necessidade primordial de fugir da angústia.

Ao mostrar dessa maneira a gênese da divisão que introduz o sintoma na personalidade, depois de haver revelado as tendências que ele representa, a interpretação freudiana, juntando-se à análise clínica de Janet, ultrapassa-a numa compreensão dramática da neurose como luta específica contra a angústia.

O sintoma histérico, que é uma desintegração de uma função somaticamente localizada — paralisia, anestesia, algia, inibição, escotomização —, ganha sentido pelo *simbolismo organomórfico*: estrutura fundamental do psiquismo humano, segundo Freud, que manifesta por uma espécie de mutilação o recalque da satisfação genital.

Esse simbolismo, por ser a estrutura mental pela qual o objeto participa das formas do corpo próprio, deve ser concebido como a forma específica dos dados psíquicos do estágio do corpo despedaçado; por outro lado, alguns fenômenos motores característicos da etapa do desenvolvimento que assim designamos aproximam-se tanto de certos sintomas histéricos que não podemos deixar de procurar nesse estágio a origem da famosa *complacência somática* que é preciso admitir como condição constitucional da histeria. É por um sacrifício mutilante que a angústia se *oculta* aí, e o esforço de restauração do eu se marca, no destino da histérica, por uma reprodução repetitiva do recalcado. Assim, é compreensível que esses sujeitos mostrem em suas pessoas as imagens patéticas do drama existencial do homem.

Quanto ao sintoma obsessivo, no qual Janet reconheceu com acerto a dissociação das condutas organizadoras do eu — apreensão obsedante, impulsos obsessivos, cerimoniais, condutas coercitivas, obsessão ruminante, escrupulosidade, dúvida obsessiva —, ele ganha sentido a partir do *deslocamento do afeto* na representação, processo cuja descoberta também se deveu a Freud.    [76]

Além disso, Freud mostra por quais desvios, na própria repressão, aí manifestados pelo sintoma sob a forma mais freqüente da culpa, vem a se compor a tendência agressiva sofrida pelo deslocamento. Essa composição assemelha-se tanto aos efeitos da sublimação, e as formas que a análise demonstra no pensamento obsessivo — isolamento do objeto, desconexão causal do fato, anulação retrospectiva do acontecimento — manifestam-se tanto como uma caricatura das próprias formas do conhecimento, que é impossível não procurarmos a origem dessa neurose nas primeiras atividades de identificação do eu, o que muitos analistas reconhecem ao insistir numa manifestação precoce do eu nesses sujeitos; aliás, seus sintomas vêm a ser tão pouco desintegrados do eu, que Freud introduziu, para designá-los, a denominação de pensamento compulsivo. Portanto, são as superestruturas da personalidade que são utilizadas aí para *mistificar* a angústia. O esforço de restauração do eu traduz-se, no destino do obsessivo, numa busca torturante do sentimento de sua unidade. E se compreende a razão por que esses sujeitos, que freqüentemente se distinguem por faculdades especulativas, mostram, em muitos de seus sintomas, o reflexo ingênuo dos problemas existenciais do homem.

Vemos, portanto, que é a incidência do trauma no progresso narcísico que determina a forma do sintoma com seu conteúdo. Certamente, por ser exógeno, o trauma concerne ao menos passageiramente à vertente passiva desse progresso, antes da vertente ativa, e toda divisão da identificação consciente do eu parece implicar a base de um despedaçamento funcional — o que é confirmado, com efeito, pelo alicerce histérico que a análise encontra toda vez que se consegue reconstituir a evolução arcaica de uma neurose obsessiva. Todavia, uma vez que os primeiros efeitos do trauma escavaram seu leito, conforme uma das vertentes do drama existencial — assunção da separação ou identificação do eu —, o tipo da neurose vai se revelando.

Essa concepção tem não apenas a vantagem de incitar a apreender de modo mais abrangente o desenvolvimento da neurose, adiando um pouco o recurso aos dados da constituição nos quais sempre descansamos depressa demais, como também dá conta do caráter essencialmente individual das determinações da afecção. Se as neuroses mostram, com efeito, pela natureza das complicações introduzidas nelas pelo sujeito na idade adulta (pela adaptação secundária a sua forma e também pela defesa secundária contra o próprio sintoma, como portador do recalcado), uma tal variedade de formas que seu catálogo ainda está por fazer após mais de um terço de século de análise, essa mesma variedade é

## Os complexos familiares na formação do indivíduo          83

observada em suas causas. Convém ler os relatos dos tratamentos analíticos, e especialmente os admiráveis casos publicados por Freud, para compreender a gama infinita de acontecimentos que podem inscrever seus efeitos numa neurose, como trauma inicial ou como ensejos para sua reativação — a sutileza com que os desvios do complexo edipiano são utilizados pela incidência sexual: a ternura excessiva de um dos pais ou uma severidade inoportuna podem desempenhar o papel de sedução, assim como o temor despertado da perda do objeto parental ou uma queda de prestígio que atinja sua imagem podem ser experiências reveladoras. Nenhuma atipia do complexo pode ser definida por efeitos constantes. Quando muito, podemos assinalar globalmente um componente homossexual nas tendências recalcadas pela histeria, e a marca geral da ambivalência agressiva em relação ao pai na neurose obsessiva; essas são, aliás, formas manifestas da subversão narcísica que caracteriza as tendências determinantes das neuroses.

É também em função do progresso narcísico que convém conceber a importância muito constante do nascimento de um irmão: se o movimento compreensivo da análise exprime a repercussão disso no sujeito sob um motivo qualquer — investigação, rivalidade, agressividade, culpa —, convém não tomarmos esses motivos como homogêneos ao que eles representam no adulto, mas sim corrigir seu teor lembrando-nos da heterogeneidade da estrutura do eu na primeira infância; assim, a importância desse acontecimento é medida por seus efeitos no processo de identificação: muitas vezes, ele precipita a formação do eu e fixa sua estrutura numa defesa passível de se manifestar em traços de caráter, avarentos ou autoscópicos. E é também como uma ameaça, intimamente sentida na identificação com o outro, que a morte de um irmão pode ser vivida.

Feito esse exame, constataremos que, embora a soma dos casos assim publicados possa ser incluída nos autos das causas familiares dessas neuroses, é impossível relacionar cada entidade a uma anomalia constante das instâncias familiares. Isso é verdade pelo menos em relação às neuroses de transferência; o silêncio a respeito delas, num relatório apresentado ao Congresso de Psicanalistas Franceses em 1936 versando sobre as causas familiares das neuroses, é decisivo. Não se trata, em absoluto, de diminuir a importância do complexo familiar na gênese dessas neuroses, mas

[78]

84    *Outros Escritos*

de fazer com que se reconheça a importância delas como expressões essenciais do drama do indivíduo.

As chamadas neuroses de caráter, ao contrário, deixam entrever certas relações constantes entre suas formas típicas e a estrutura da família em que o sujeito cresce. Foi a investigação psicanalítica que permitiu reconhecer como neurose certos distúrbios do comportamento e do interesse que só se sabia relacionar com a idiossincrasia do caráter; ela encontrou nestes o mesmo efeito paradoxal de intenções inconscientes e objetos imaginários que se revelara nos sintomas das neuroses clássicas; e constatou a mesma ação do tratamento psicanalítico, que substitui, tanto na teoria quanto na prática, a idéia inerte de constituição por uma concepção dinâmica.

O supereu e o ideal do eu são, com efeito, condições estruturais do sujeito. Se manifestam em sintomas a desintegração produzida por sua interferência na gênese do eu, podem também traduzir-se num desequilíbrio da instância que lhes é própria na personalidade: numa variação daquilo que se poderia chamar de fórmula pessoal do sujeito. Essa concepção pode ser estendida a qualquer estudo do caráter, no qual, por ser relacional, ela introduz uma base psicológica pura na classificação de suas variedades, isto é, mais uma vantagem sobre a incerteza dos dados a que se referem as concepções constitucionais nesse campo predestinado a seu florescimento.

A neurose de caráter traduz-se, portanto, em entraves difusos nas atividades da pessoa, em impasses imaginários nas relações com a realidade. É tão mais pura quanto mais os entraves e impasses são subjetivamente integrados no sentimento de autonomia pessoal. Isso não quer dizer que seja exclusiva dos sintomas de desintegração, visto que a encontramos cada vez mais como fundo nas neuroses de transferência. As relações da neurose de caráter com a estrutura familiar decorrem do papel dos objetos parentais na formação do supereu e do ideal do eu.

[79]

Todo o desenvolvimento deste estudo é para demonstrar que o complexo de Édipo pressupõe uma certa tipicidade nas relações psicológicas entre os pais, e insistimos especialmente no duplo papel desempenhado pelo pai, como aquele que representa a autoridade e que é o centro da revelação sexual; foi com a própria ambigüidade de sua imago, encarnação da repressão e catalisadora de um acesso essencial à realidade, que relacionamos o duplo

*Os complexos familiares na formação do indivíduo*  85

progresso, típico de uma cultura, de um certo temperamento do supereu e de uma orientação eminentemente evolutiva da personalidade.

Ora, a experiência revela que o sujeito forma seu supereu e seu ideal do eu não tanto conforme o eu do genitor, mas conforme as instâncias homólogas de sua personalidade — o que quer dizer que, no processo de identificação que resolve o complexo edipiano, a criança é muito mais sensível às intenções da pessoa parental que lhe são afetivamente comunicadas do que àquilo que podemos objetivar do comportamento dela.

Eis, portanto, o que coloca no primeiro plano das causas de neurose a neurose parental, e, embora nossos comentários precedentes sobre a contingência essencial ao determinismo psicológico da neurose impliquem uma grande diversidade na forma da neurose induzida, a transmissão tende a ser similar, em razão da penetração afetiva que torna o psiquismo infantil receptivo ao sentido mais oculto do comportamento parental.

Reduzida à forma global do desequilíbrio, essa transmissão é clinicamente patente, mas não podemos distingui-la do dado antropológico bruto da degenerescência. Somente a análise discerne seu mecanismo psicológico, sempre relacionando certos efeitos constantes com uma atipia da situação familiar.

Uma primeira atipia define-se, assim, em razão do conflito implicado pelo complexo de Édipo, especialmente nas relações do filho com o pai. A fecundidade desse conflito prende-se à seleção psicológica que ele assegura ao fazer da oposição de cada geração à precedente a própria condição dialética da tradição do tipo patriarcal. Mas, a cada ruptura dessa tensão numa dada geração, seja em razão de alguma debilidade individual, seja por um excesso de dominação paterna, o indivíduo cujo eu se curva recebe, além [80] disso, o fardo de um supereu excessivo. Há quem fique entregue a considerações divergentes sobre a idéia de um supereu familiar; seguramente, ela corresponde a uma intuição da realidade. Para nós, o reforço patogênico do supereu no indivíduo se dá em função de duas coisas: seja do rigor da dominação patriarcal, seja da forma tirânica das interdições que ressurgem, com a estrutura matriarcal, de qualquer estagnação dos laços domésticos. Aqui, os ideais religiosos e seus equivalentes sociais desempenham facilmente o papel de veículos dessa opressão psicológica, na medida em que sejam utilizados para fins exclusivistas pelo corpo fami-

86     *Outros Escritos*

liar e reduzidos a expressar as exigências do sobrenome ou da raça.

É nessas conjunturas que se produzem os casos mais impressionantes das neuroses que chamamos de neuroses de autopunição, pela preponderância, freqüentemente unívoca, que nelas assume o mecanismo psíquico que leva esse nome; essas neuroses, que, em razão da extensão muito geral desse mecanismo, melhor diferenciaríamos como *neuroses de destino*, manifestam-se através de toda a gama das condutas de fracasso, inibição ou decadência nas quais os psicanalistas souberam reconhecer uma intenção inconsciente; a experiência psicanalítica sugere que se estendam cada vez mais, inclusive à determinação de doenças orgânicas, os efeitos da autopunição. Eles esclarecem a reprodução de certos acidentes vitais mais ou menos graves na mesma idade em que eles ocorreram com um dos pais, de certas guinadas da atividade e do caráter ao ser transposto o limite de prazos análogos, como a idade em que o pai morreu, por exemplo, e de toda sorte de comportamentos de identificação, inclusive, sem dúvida, muitos dos casos de suicídio que levantam um problema singular de hereditariedade psicológica.

Uma segunda atipia da situação familiar define-se na dimensão dos efeitos psíquicos assegurados pelo Édipo, na medida em que ele rege a sublimação da sexualidade — efeitos que nos vimos esforçando por levar a apreender como sendo de uma animação imaginativa da realidade. Toda uma ordem de anomalias dos interesses está referida a eles, justificando, pela intuição imediata, o uso sistematizado que se faz em psicanálise do termo libido. Nenhuma outra senão a entidade eterna do desejo, com efeito, parece convir para designar as variações que a clínica evidencia no interesse que o sujeito tem pela realidade, no ímpeto que sustenta sua conquista ou sua criação. Não menos impressionante é observar que, à medida que esse ímpeto esmorece, o interesse que o sujeito
[81]     reflete em sua própria pessoa traduz-se numa ação mais imaginária, quer se relacione com sua integridade física, com seu valor moral ou com sua representação social.

Essa estrutura de involução intrapsíquica, que designamos como introversão da personalidade, enfatizando que usamos esse termo em sentidos um tanto diferentes, corresponde à relação do narcisismo, tal como o definimos geneticamente como a forma psíquica em que é compensada a insuficiência específica da vita-

*Os complexos familiares na formação do indivíduo* 87

lidade humana. Assim, um ritmo biológico regula, sem dúvida, certos distúrbios afetivos ditos ciclotímicos, sem que sua manifestação seja separável de uma expressividade inerente de derrota e de vitória. Aliás, todas as integrações do desejo humano se fazem em formas derivadas do narcisismo primordial.

Mostramos, contudo, que duas formas se distinguiam por sua função crucial nesse desenvolvimento: a do duplo e a do ideal do eu, a segunda representando o acabamento e a metamorfose da primeira. Com efeito, o ideal do eu substitui o duplo, isto é, a imagem antecipatória da unidade do eu, no momento em que esta se completa, pela nova antecipação da maturidade libidinal do sujeito. Daí toda carência da imago formadora do ideal do eu tender a produzir uma certa introversão da personalidade por subdução narcísica da libido. Introversão que se exprime também como uma estagnação mais ou menos regressiva nas relações psíquicas formadas pelo complexo do desmame — o que define essencialmente a concepção analítica da esquizonóia.

Os analistas têm insistido nas causas de neurose em que se constituem os distúrbios da libido na mãe, e a mais ínfima experiência revela, de fato, em numerosos casos de neurose, uma mãe frígida, da qual apreendemos que a sexualidade, ao se desviar para as relações com o filho, subverteu sua natureza: mãe que paparica e mima com uma ternura excessiva, na qual se exprime, mais ou menos conscientemente, um impulso recalcado; ou mãe de uma secura paradoxal de severidades mudas, com uma crueldade inconsciente em que se traduz uma fixação bem mais profunda da libido.

Uma apreciação justa desses casos não pode deixar de levar em conta uma anomalia correlata no pai. É no círculo vicioso dos desequilíbrios libidinais, constituído nesses casos pelo círculo familiar, que se deve compreender a frigidez materna para avaliar [82] seus efeitos. Pensamos que o destino psicológico da criança depende, antes de mais nada, da relação que mostram entre si as imagens parentais. É por aí que o desentendimento dos pais é sempre prejudicial aos filhos, e que, se na memória destes não resta nenhuma lembrança mais sensível do que a confissão formulada sobre o caráter desarmônico da união parental, não menos perniciosas são as formas mais secretas desse desentendimento. Com efeito, nenhuma conjuntura é mais favorável à identificação anteriormente evocada como neurotizante do que a percepção, muito segura na criança, nas relações que os pais mantêm entre si, do sentido neurótico das barreiras que os separam, muito especialmente no pai, em razão da função reveladora de sua imagem no processo de sublimação sexual.

É, pois, com a desarmonia sexual entre os pais que convém relacionar a preponderância conservada pelo complexo do desmame num desenvolvimento que ele poderá marcar de diversas maneiras neuróticas.

O sujeito fica condenado a repetir indefinidamente o esforço de desligamento da mãe — e é aí que encontramos o sentido de toda sorte de condutas forçadas, desde certas fugas infantis até os impulsos de errância e as rupturas caóticas que singularizam a conduta em idade mais avançada; ou então, o sujeito continua prisioneiro das imagens do complexo e submetido tanto a sua instância letal quanto a sua forma narcísica — é o caso do consumo mais ou menos intencional em que, sob a denominação de suicídio não violento, assinalamos o sentido de algumas neuroses orais ou digestivas; é igualmente o caso do investimento libidinal que deixam transparecer, na hipocondria, as mais singulares endoscopias, bem como a preocupação, mais compreensível porém não menos curiosa, com o equilíbrio imaginário entre os ganhos alimentares e as perdas excretórias. Aliás, essa estagnação psíquica pode manifestar seu corolário social numa estagnação dos laços domésticos, permanecendo os membros do grupo familiar aglutinados por suas "doenças imaginárias" num núcleo isolado na sociedade, ou seja, tão estéril para sua troca quanto inútil em sua arquitetura.

Convém distinguir, por último, uma terceira atipia da situação familiar, que, concernindo também à sublimação sexual, ataca eletivamente sua mais delicada função, que é a de assegurar a sexualização psíquica, ou seja, uma certa relação de conformidade entre a personalidade imaginária do sujeito e seu sexo biológico: essa relação é invertida em diversos níveis da estrutura psíquica, inclusive na determinação psicológica de uma flagrante homossexualidade.

[83]

Os analistas não precisaram escavar muito a fundo os dados evidentes da clínica para incriminar aí, mais uma vez, o papel da mãe, ou seja, tanto os excessos de sua ternura para com o filho quanto os traços de virilidade de seu próprio caráter. É por um mecanismo tríplice que, pelo menos para o sujeito masculino, rea-

Os complexos familiares na formação do indivíduo      89

liza-se a inversão: às vezes à flor da consciência, quase sempre à flor da observação, uma fixação afetiva na mãe, fixação esta que é concebível que acarrete a exclusão de outra mulher; num plano mais profundo, porém ainda penetrável, mesmo que apenas pela intuição poética, a ambivalência narcísica mediante a qual o sujeito se identifica com a mãe e identifica o objeto amoroso com sua própria imagem especular, vindo a relação da mãe com ele a fornecer o molde em que se encastoam para sempre a modalidade de seu desejo e a escolha de seu objeto — desejo motivado pela ternura e pela educação, objeto que reproduz um momento de seu duplo; por fim, no fundo do psiquismo, a intervenção muito propriamente castradora pela qual a mãe deu vazão a sua própria reivindicação viril.

Aí se revela bem mais claramente o papel essencial da relação entre os pais; e os analistas frisam como o caráter da mãe se exprime também, no plano conjugal, por uma tirania doméstica cujas formas larvares ou patentes, desde a reivindicação sentimental até o confisco da autoridade familiar, deixam transparecer, todas elas, seu sentido intrínseco de protesto viril, encontrando este uma expressão eminente, a um tempo simbólica, moral e material, na satisfação de "tomar conta das despesas". No marido, as inclinações que costumam garantir uma espécie de harmonia nesse casal só fazem tornar patentes as harmonias mais obscuras que fazem da carreira do casamento o lugar de eleição do cultivo das neuroses, depois de haverem guiado um ou ambos os cônjuges para uma escolha divinatória de seu par complementar, correspondendo os anúncios do inconsciente num sujeito, sem intermediação, aos sinais pelos quais se deixa revelar o inconsciente do outro.

Nesse ponto, mais uma vez, uma consideração suplementar parece-nos impor-se, agora relacionando o processo familiar a suas condições culturais. Podemos ver no dado do protesto viril da mulher a conseqüência última do complexo de Édipo. Na hierarquia dos valores que, integrados nas próprias formas da realidade, constituem uma cultura, um dos mais característicos é a harmonia que ela define entre os princípios masculino e feminino da vida. As origens de nossa cultura estão por demais ligadas ao que de bom grado chamaríamos de aventura da família patriarcal para que ela não imponha, em todas as formas pelas quais enriqueceu o desenvolvimento psíquico, uma prevalência do princípio masculino, cuja parcialidade o peso moral conferido ao termo virilidade é suficiente para aquilatar.

[84]

É evidente, por uma questão de equilíbrio, base de todo o pensamento, que essa preferência tem um avesso: fundamentalmente, trata-se da ocultação do princípio feminino sob o ideal masculino, uma ocultação da qual a virgem, por seu mistério, ao longo das eras dessa cultura, tem sido o sinal vivo. Mas é próprio do espírito desenvolver como mistificação as antinomias do ser que o constituem, e o peso mesmo dessas superestruturas pode vir a derrubar sua base. Não há vínculo mais claro, para o moralista, do que aquele que une o progresso social da inversão psíquica a uma reviravolta utópica dos ideais de uma cultura. Desse vínculo, o analista capta a determinação individual nas formas de sublimidade moral com que a mãe do invertido exerce sua ação mais categoricamente emasculante.

Não é por acaso que concluímos na inversão psíquica esta tentativa de sistematização das neuroses familiares. Se, com efeito, a psicanálise partiu das formas patentes da homossexualidade para reconhecer as discordâncias psíquicas mais sutis da inversão, é em função de uma antinomia social que convém compreender esse impasse imaginário da polarização sexual, quando nela se engajam invisivelmente as formas de uma cultura, os costumes e as artes, a luta e o pensamento.

# O número treze e
## a forma lógica da suspeita

[85]

PUBLICADO NOS "CAHIERS D'ART" EM 1945-46

> Mais inacessíveis a nossos olhos,
> feitos para os sinais do cambista...
> ("Discurso sobre a causalidade psíquica")[1]

Mais uma vez, partiremos de um desses problemas aritméticos em que os modernos quase não vêem senão recreação, não sem que os atormente a idéia das virtualidades criadoras que aí descobriria o pensamento tradicional.

Este se deve ao Sr. Le Lionnais, que nos disseram grande iniciado nesses arcanos e que, assim, teria perturbado a vigília de alguns parisienses. Foi por esse prisma, pelo menos, que ele nos foi proposto por Raymond Queneau, que, grande especialista nos jogos em que não vê o menor objeto em que pôr à prova sua agilidade dialética, e não menos erudito nas publicações reservadas em que eles são cultivados, pode ser seguido quando afirma que seu dado é original. Ei-lo.

### O problema das doze peças

Em doze peças de aparência semelhante, uma, que diremos ruim, distingue-se por uma diferença de peso, imperceptível sem um aparelho de medição, diferença esta *sobre a qual não se diz se é para mais ou para menos.*

Somos solicitados a encontrar essa peça entre as demais, num total de três pesagens, para as quais dispomos unicamente do ins-

---

1 Nessa citação Lacan usa *Discours* em lugar de *Propos* (traduzido como "Formulações" no ensaio dos *Escritos*). (N.E.)

92     *Outros Escritos*

trumento de uma balança com dois pratos, excluído qualquer peso que sirva de padrão ou qualquer outra tara que não sejam as próprias peças em questão.

A balança que aqui nos fornecem como aparelho funcionará, para nós, como suporte de uma forma lógica, a que chamamos

[86]   forma da suspeita ambígua, e a pesagem nos mostrará sua função no pensamento.[2]

## Solução do problema

Esse problema requer uma invenção operatória das mais simples e totalmente à altura do espírito humano. Duvidamos, porém, que esteja ao alcance da mecânica cuja maravilha o nome "máquina de pensar" expressa bem. É que haveria muito a dizer sobre a ordem das dificuldades opostas ao espírito, respectivamente, pelas formas desenvolvidas do jogo dos números e pelas formas mais simples nas quais a questão é saber se contêm implicitamente as outras.

Assim, para quem quiser experimentar resolver nosso problema, esclareçamos aqui que suas condições devem ser rigorosamente aceitas — isto é, que qualquer resultado constatado, ao se colocarem na balança 2 peças ou 2 grupos de peças (sempre, evidentemente, em número igual), contará como uma pesagem, quer os pratos se equilibrem, quer um deles prevaleça.

Esta observação tem por objetivo que o investigador, quando estiver no momento aparentemente inevitável em que a dificulda-

---

2  O estudo aqui desenvolvido situa-se nas análises formais iniciais de uma *lógica coletiva*, à qual já se referira o texto publicado no número anterior dos *Cahiers d'Art*, sob o título "O tempo lógico e a asserção de certeza antecipada" (reproduzido nos *Escritos*, Rio de Janeiro, Zahar, 1998, p.197-213).

A forma aqui desenvolvida, embora compare a sucessão, não é da ordem do tempo lógico e se situa como anterior em nosso desenvolvimento.

Ela faz parte de nossas abordagens exemplares para a concepção das formas lógicas em que se devem definir as relações do indivíduo com a coleção, antes que se constitua a classe, ou seja, antes que o indivíduo seja especificado.

Essa concepção é desenvolvida numa lógica do sujeito que nosso outro estudo leva a discernir nitidamente, uma vez que, no final dele, chegamos a tentar formular o silogismo subjetivo pelo qual o sujeito da existência assimila-se à essência, para nós radicalmente cultural, a que se aplica o termo humanidade.

de lhe parecerá sem saída, não tergiverse, presumindo, por exemplo, que uma tentativa dupla, referindo-se ao mesmo tempo operatório, possa ser tomada por uma única pesagem, mas que, antes, animado pela certeza de que a solução existe, persevere no fundo do impasse até descobrir sua falha. Que ele se junte então a nós para considerar conosco sua estrutura. Guiemos, enquanto isso, o leitor mais dócil. [87]

O pequeno número de provas permitidas ordena que se proceda por grupos. A rememoração do dado de que a presença da peça ruim é segura entre as 12 poderia dissuadir-nos de, inicialmente, dividi-las pela metade nos pratos: esse dado, com efeito, por tornar certo que um dos grupos de 6 pesará mais do que o outro, diminui correspondentemente o interesse de tal prova. Mas esse raciocínio se revelará apenas aproximativo.

A verdadeira justificação do procedimento que tem êxito é que a pesagem numa balança de dois pratos tem três resultados possíveis, conforme eles se equilibrem ou um ou o outro prevaleça. É verdade que, no caso de seu desequilíbrio, nada nos faz reconhecer de que lado está o objeto a que cabe responsabilizar por isso. No entanto, teremos motivos legítimos para operar de acordo com uma distribuição tripartite, forma que encontramos em mais de uma incidência na lógica da coleção.

## A primeira pesagem e o problema das quatro

Retirados de nossas doze peças, portanto, coloquemos na balança dois grupos de quatro.

A situação do equilíbrio entre eles nos permite encontrar a peça ruim entre as quatro restantes. Problema cuja solução parecerá fácil em duas pesagens, ainda que convenha formulá-la sem precipitação.

Esclareçamos que, na segunda pesagem, colocaremos em cada prato uma e apenas uma dessas quatro peças. Os pratos ficam em equilíbrio? Nesse caso, as duas peças são boas, e uma delas, oposta numa terceira pesagem a qualquer das restantes, ou evidenciará nesta a peça ruim, ou permitirá situá-la, por eliminação, na última que não foi testada.

Um dos pratos fica, ao contrário, mais pesado na segunda pesagem? A peça ruim estará entre as duas postas na balança e,

94    *Outros Escritos*

sendo portanto certamente boas as duas peças restantes, a situação, semelhante à do caso anterior, será resolvida da mesma maneira, isto é, comparando entre elas uma peça de cada grupo.

[88]
O desenvolvimento do problema mostrará que não é supérfluo assinalar aqui que esse procedimento resolve um problema que pode ser considerado autônomo: o da peça ruim a ser detectada entre quatro, por meio de duas pesagens, isto é, o problema imediatamente inferior ao nosso. As oito peças implicadas em nossa primeira pesagem não intervieram em nada, com efeito, na busca da peça ruim entre as quatro restantes.

### O x da dificuldade e a suspeita dividida

Voltemos agora a essa primeira pesagem para considerar o caso em que um dos grupos de quatro postos na balança é mais pesado.

Esse caso é o x do problema. Aparentemente, ele nos deixa a peça ruim a ser detectada entre oito e nos deixa a fazê-lo em duas pesagens, depois de essas duas pesagens se haverem mostrado exatamente suficientes para detectá-la entre quatro.

Mas, embora a peça ruim continue por ser reconhecida entre oito, a *suspeita*, digamos, que recai sobre cada uma delas fica desde logo *dividida*. E aqui tocamos numa dialética essencial das relações do indivíduo com a coleção, na medida em que elas comportam a ambigüidade do a mais ou do a menos.

Por conseguinte, o resultado da segunda pesagem pode ser formulado como se segue:

*As peças que estão no prato mais carregado só são suspeitas de serem pesadas; as que estão no mais leve só são suspeitas de serem leves demais.*

### A rotação tripartite ou o tri

Tal é a raiz da operação que permite resolver nosso problema, e que chamaremos de *rotação tripartite*, ou então, num trocadilho com seu papel de triagem, o *tri*.

Essa operação nos parecerá o nó no desenvolvimento de um drama, quer se trate do problema dos doze, quer, como veremos, de sua aplicação a coleções superiores. Aqui, a terceira pesagem, assim como, nos outros casos, todas as pesagens que se seguirem, se afigurará junto dela tão-somente como um desenlace liquidante.

Eis o esquema dessa operação: [89]

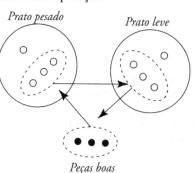

*Peças boas*
A rotação tripartite ou o tri

Vemos que se fez intervirem três peças já determinadas como boas, tais como de fato elas nos foram fornecidas, outro resultado da primeira pesagem, nas quatro peças restantes — já que a peça ruim certamente está entre as oito incluídas na pesagem.

Existe, por outro lado, uma forma da operação que não faz intervirem essas peças — e procede pela redistribuição apenas das peças já na balança, após a exclusão de algumas. Mas, qualquer que seja a elegância dessa economia de elementos, vou ater-me à exposição da forma aqui representada, por diversas razões, a saber:

1º) porque a distribuição tripartite dos elementos no teste que precede de imediato a operação fornece necessariamente um número de elementos, depurados da suspeita, sempre mais do que suficiente para que essa forma seja aplicável na extensão *ad indefinitum* que daremos de nosso problema, e, ainda mais largamente, como veremos, com o complemento essencial que traremos para ele;

2º) porque essa forma da operação é mais manejável mentalmente para os que não se habituaram a concebê-la submetendo-se à prova de seu achado;

3º) porque, por último, uma vez resolvida pela pesagem que a conclui, ela é a que deixa menos complexidade para as operações liquidantes.

[90]    Nossa *rotação tripartite* consiste, pois, no seguinte:

Em colocarmos três peças boas no lugar de três peças quaisquer do prato mais carregado, por exemplo, e depois usarmos as três peças extraídas desse prato para substituir três peças retiradas do prato mais leve, as quais, a partir daí, ficarão excluídas dos pratos.

## A segunda pesagem e a disjunção decisiva

Basta constatar, numa segunda pesagem, o efeito dessa nova distribuição, para poder concluir, de acordo com cada um dos três casos possíveis, pelos seguintes resultados:

*Primeiro caso*: os pratos se equilibram. Todas as peças neles são boas, portanto. A ruim se encontra, nesse caso, *entre as três peças* excluídas do prato que se mostrou mais leve na primeira pesagem e, como tal, sabemos que ela só pode ser *uma peça mais leve do que as outras*.

*Segundo caso*: mudança de lado do prato que pesa mais. Trata-se, nessa situação, de que a peça ruim mudou de prato. Encontra-se, portanto, *entre as três* que saíram do prato que se revelara mais pesado na primeira pesagem e, como tal, sabemos que só pode ser *uma peça mais pesada do que as outras*.

*Terceiro caso*: a balança continua inclinada para o mesmo lado que na primeira pesagem. É que a peça ruim se encontra *entre as duas* que não foram mexidas. E sabemos ainda que, se ela é a peça que permaneceu no prato mais pesado, só pode tratar-se de *uma peça mais pesada*, e, se for a outra, só pode ser *uma peça mais leve que as demais*.

## A terceira pesagem nos três casos

Levado a esse grau de disjunção, o problema já não oferece resistência séria.

Com efeito, uma peça, sobre a qual já se determinou que deve ser mais leve, num dos casos, e mais pesada, no outro, será identificada entre três, numa pesagem que porá na balança duas delas, e na qual ela aparecerá sem ambigüidade; caso contrário, revelará ser a terceira.

Quanto ao terceiro caso, só temos que juntar as duas peças [91] suspeitas num mesmo prato e guarnecer o outro com duas quaisquer das demais peças, já então depuradas de qualquer suspeita, para que a pesagem aponte a peça ruim. De fato, o prato com as peças suspeitas certamente se manifestará, seja como mais pesado, seja como mais leve que o outro, pois seguramente carrega uma peça pesada demais ou uma peça leve demais, e então saberemos qual delas incriminar, por mais que tenhamos perdido de vista a individualidade de cada uma, ou, dito de outra maneira, de qual prato da segunda pesagem ela proveio.

Eis então o problema resolvido.

## A coleção máxima acessível a n pesagens

Podemos nós deduzir, a partir daí, a regra que, num determinado número de pesagens, nos daria o número máximo de peças entre as quais essas pesagens permitiriam detectar uma e apenas uma, caracterizada por uma diferença ambígua — em outras palavras, a razão da série das coleções máximas determinadas por uma aceitação crescente de pesagens?

Com efeito, podemos ver que, se duas pesagens são necessárias para identificar a peça ruim numa coleção de quatro, e se três nos permitem resolver o problema das doze, é porque duas pesagens continuam a ser suficientes para descobrir a peça entre oito, desde que uma primeira pesagem tenha repartido duas metades entre as quais se dividem a suspeita do excesso e a da falta. Comprovaremos facilmente que uma aplicação adequada da rotação tripartite permite estender essa regra às coleções superiores, e que quatro pesagens resolvem com facilidade o problema de 36 peças, e assim sucessivamente, multiplicando por 3 o número N de peças todas as vezes que atribuirmos uma unidade a mais ao número $n$ de pesagens permitidas.

Formulando N como igual a 4 vezes $3^{n-2}$, será que determinamos o número máximo de peças acessível à depuração de $n$ pesagens? Bastará tentarmos esse teste para constatar que o número, de fato, é maior, e que a razão disso já está patente no nível de nosso problema.

O Sr. Le Lionnais, quer por haver obedecido ao preceito tra-[92] dicional que ordena que, quando alguém sabe dez coisas, só deve ensinar nove, quer por benevolência ou malícia, mostra ter-nos facilitado demais as coisas.

Apesar de seu dado nos conduzir, de fato, a um procedimento que conserva seu valor, veremos que a compreensão do problema ficaria mutilada para quem não percebesse que três pesagens são capazes de detectar a peça ruim não somente entre doze, *mas entre treze*.

Demonstremos isso agora.

## O problema das treze

As oito primeiras peças representam bem tudo o que pode ser posto em jogo na primeira pesagem. E, na eventualidade de todas elas serem boas, caso que contemplamos acima em primeiro lugar, restarão cinco peças, entre as quais duas pesagens nos parecem insuficientes para determinar qual a peça ruim, e elas realmente o seriam, se, nesse nível do problema, essas cinco peças fossem os únicos elementos de que dispuséssemos.

Com efeito, ao examinar o problema limitado a duas pesagens, fica claro que o número de quatro peças é o máximo acessível ao alcance delas. Podemos ainda observar que apenas três peças podem ser efetivamente postas à prova aí, nunca vindo a quarta a ser colocada num dos pratos e só sendo incriminada, no caso extremo, com base no dado que atesta a existência de uma peça ruim.

A mesma observação é válida para o grupo que estamos considerando como resíduo no problema superior (e valerá apenas para este único caso, porque a detecção de uma peça por eliminação, durante uma pesagem em que ela não entre, como observamos noutros momentos possíveis do problema, decorre do fato de sua presença num grupo ter-se manifestado efetivamente numa pesagem anterior).

Mas, quando nosso grupo de cinco peças nos é dado como resíduo, o caso não é semelhante ao das quatro peças isoladas. É que, aqui, outras peças, pela pesagem anterior, foram reconhecidas como boas, e uma só já é o bastante para modificar o alcance das duas pesagens que nos são concedidas.

*A posição* por-três-e-um [93]

Com efeito, dignemo-nos considerar a seguinte figura:

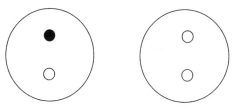

*A posição* por-três-e-um

Admitiremos reconhecer aí os dois pratos da balança, havendo num deles, sob a forma de um círculo cheio, a peça boa que introduzimos nesse mesmo prato com uma das cinco peças suspeitas e, no outro, mais um par dessas cinco peças. Tal será a disposição de nossa segunda pesagem.

Dois casos:

Ou os pratos se equilibrarão e a peça ruim deverá ser encontrada entre as duas restantes das cinco peças, numa pesagem que a revelará numa delas ao testá-la com a mesma peça boa, que aqui ainda nos basta, sem o que teremos de reconhecê-la na última e não testada;

Ou um dos pratos prevalecerá e constataremos que a suspeita se divide, mas, aqui, de maneira desigual: entre uma única peça, suspeita num sentido, e duas, que o são no sentido inverso.

Bastará então que tomemos uma das duas restantes, nesse momento garantidas como boas, para substituí-la pela peça suspeita isolada, e que substituamos por esta última uma das duas suspeitas do par, assim executando a mais reduzida das rotações tripartites, ou *rotação tripla*, para que o resultado nos seja imediatamente visível numa terceira pesagem:

— ou o mesmo prato prevalecerá, evidenciando a peça ruim naquela das duas do par que não tiver se mexido;

— ou haverá equilíbrio, mostrando que a peça ruim é a outra [94] do par que foi expulso do prato;

— ou, alterando-se o lado que prevalece, a peça ruim será a peça isolada que mudou de prato.

A disposição decisiva aqui, aquela que ordena a pesagem das três peças suspeitas com uma peça boa, nós a designamos como posição *por-três-e-um*.

100    *Outros Escritos*

Essa posição *por-três-e-um* é a forma original da lógica da suspeita. Cometeríamos um erro ao confundi-la com a rotação tripartite, embora ela se resolva nessa operação. Ao contrário, podemos ver que somente essa posição dá à operação sua plena eficácia em nosso problema. E, do mesmo modo que ela aparece como o verdadeiro recurso para resolvê-lo, só ela permite também revelar seu sentido autêntico. É o que demonstraremos agora.

## O problema das quarenta

Passemos, com efeito, ao problema de quatro pesagens, para averiguar até que número de peças se estenderá seu alcance, nas mesmas condições do problema.

Logo percebemos que uma primeira pesagem pode envolver com sucesso não apenas duas vezes doze peças, conforme a regra sugerida pela primeira resolução do chamado problema das doze, mas também duas vezes treze peças.

Com efeito, aparecendo o desequilíbrio, a rotação tripartite, efetuada com a contribuição de nove peças boas, é capaz de detectar entre as 26 da primeira pesagem a peça ruim em três pesagens.

A pesagem depois do *tri* as separará, com efeito, em dois grupos de nove de suspeita unívoca, em cujo caso uma terceira pesagem de três contra três evidenciará a presença da peça ruim, seja num desses grupos, seja no das três restantes, ou, haja o que houver, ela será enfim isolada por uma quarta e última pesagem, e num grupo de oito, de suspeita dividida, no qual já sabemos encontrar a peça em duas pesagens.

Mas, havendo-se revelado boas as 26 primeiras peças, restar-nos-ão três pesagens, e é aí que a posição *por-três-e-um* demonstrará seu valor.

[95]    Para ocupar o campo com um novo *tri*, ela nos indicará, com efeito, que ponhamos em jogo não apenas quatro peças contra quatro, como sugere o estudo do caso das três pesagens, porém cinco peças contra quatro, complementadas por uma peça boa. Após as demonstrações precedentes, a figura seguinte bastará para demonstrar a solubilidade da posição das nove peças, quando a ruim for revelada pelo desequilíbrio dos pratos.

Vemos a seguir o esquema do tri, que, na prova da terceira pesagem, revelará em que grupo de três suspeitas está a peça ruim, bastando uma quarta para isolá-la na totalidade dos casos.

Mas, se o equilíbrio dos pratos evidenciar que a peça ruim ainda não está ali, reduzidos que ficaremos, a partir disso, à margem de duas pesagens, agiremos como no nível correspondente do problema das treze, colocando três novas peças suspeitas na balança, duas contra uma, com a ajuda de uma peça boa, e, não vendo revelar-se assim a presença buscada (e portanto, isolável na pesagem seguinte), restará uma pesagem para testar mais uma peça, e até poder designar a peça ruim, numa outra e última pesagem, unicamente com base no dado de que essa peça existe.

Daí resultará que, na prova de quatro pesagens:
26 + 9 + 3 + 1 + 1 = 40 peças são acessíveis.

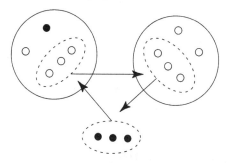

*O tri completado na posição* por-três-e-um
(em preto, as peças introduzidas como boas)

[96]

## A regra geral da condução das operações

Se reproduzirmos a mesma investigação com um número superior de peças, veremos destacar-se a regra que ordena a condução das operações nessa investigação. Ela é:

Pôr em jogo o *tri*, se a peça ruim revelar sua presença entre as envolvidas na primeira pesagem. Caso contrário:

Introduzir a posição *por-três-e-um*, desde que disponhamos de uma peça boa, isto é, nas condições aqui expostas, desde a ordenação da segunda pesagem, e renová-la com todas as pesagens que se seguirem, até que a peça ruim revele sua presença numa delas.

Empregar então a *rotação tripartite*, que é o momento decisivo de toda a operação. A posição *por-três-e-um* isola-se num dos grupos, cuja disjunção é efetuada pelo *tri*.

Se a pesagem que conclui esse *tri* identificar a peça no referido grupo, único caso complexo a ser resolvido. repetir nele o *tri*, com a mesma possibilidade de que se mantenha a posição *por-três-e-um* e a mesma indicação para resolvê-la, até o esgotamento.

Algumas regras suplementares deveriam ser acrescentadas para a condução da investigação numa coleção qualquer, isto é, não máxima.

## A razão da série das coleções máximas

Mas estas regras nos permitem ver que cinco pesagens poderão atingir, no máximo:

$$1 + 1 + 3 + 9 + 27 + 80 = 121 \text{ peças;}$$

— que seis pesagens atingirão:

$$1 + 1 + 3 + 9 + 27 + 81 + 242 = 364 \text{ peças (número singular),}$$

e assim sucessivamente:

[97] — que, sob forma algébrica, a verdadeira fórmula de $n$ anteriormente buscada será tal que:

$$n = 1 + 1 + 3 + 3^2 + 3^3 \ldots + (3^{n-1} - 1),$$

ou:

$$n = 1 + 3 + 3^2 + 3^3 \ldots + 3^{n-1},$$

em que vemos que cada número N correspondente a um número $n$ de pesagens é obtido através da multiplicação do número N', que corresponde a $(n-1)$ pesagens, por 3, acrescentando-se uma unidade a esse produto.

Essa fórmula exprime com perfeita evidência o poder tripartidor da balança a partir da segunda pesagem e, como tal, evidencia-nos, por seu simples aspecto, que as operações foram ordenadas de tal maneira que preenchem todo o campo numérico oferecido a esse poder.

Essa confirmação é especialmente importante para os primeiros números da série, por demonstrar a adequação deles à forma lógica da pesagem, e, particularmente, para o número treze, na medida em que o aparente artifício das operações que nos fizeram determiná-lo poderia deixar-nos em dúvida, quer quanto ao fato de uma nova junção permitir superá-lo, quer quanto ao fato de ele deixar vazia uma margem fracionada na dependência de alguma descontinuidade irredutível no arranjo de operações de aspecto dissimétrico.

## O sentido do número treze

Por conseguinte, o número treze mostra seu sentido como exprimindo a posição *por-três-e-um* — e não, certamente, por ser escrito com esses dois algarismos: isso não passa de pura coincidência, pois esse valor lhe pertence, independentemente de sua referência ao sistema decimal. Ele decorre de que, representando o treze a coleção determinada por três pesagens, a posição *por-três-e-um* exige, para seu desenvolvimento, três provas: a primeira, para poder fornecer o indivíduo depurado de suspeita, a segunda, que divide a suspeita entre os indivíduos que ela inclui, e uma terceira que os discrimina, depois da *rotação tripla*. (Isso, diferentemente da operação do *tri*, que exige apenas duas.)

## A forma lógica da suspeita

[98]

Mas, à luz da fórmula de N, podemos avançar mais na compreensão da posição *por-três-e-um* como forma lógica ao mesmo tempo que demonstrar que, em nosso problema, o dado, embora contingente, não é arbitrário.

Se o sentido desse problema se relaciona com a lógica da coleção, na qual ele manifesta a forma original que designamos pelo termo suspeita, é porque a norma com que se relaciona a diferença ambígua que ele supõe não é uma norma especificada nem especificadora, mas apenas uma relação de indivíduo para indivíduo dentro da coleção — uma referência não à espécie, mas ao uniforme.

Isso é o que se evidencia quando, continuando dado que o indivíduo portador da diferença ambígua é único, suprime-se o dado de sua existência na coleção, para substituí-lo pelo concurso de um indivíduo padrão, dado fora da coleção.

Assim, podemos surpreender-nos ao constatar que rigorosamente nada se modificou nas formas nem nos números a serem determinados pelo novo dado aplicado a nosso problema.

Aqui, certamente, devendo as peças ser testadas até a última, nenhuma poderá ser tida como ruim na posição de resíduo externo à última pesagem, e o alcance dessa pesagem será diminuído em uma unidade. Mas a peça-padrão, pelo fato de podermos dispor dela no início, nos permitirá introduzir a posição *por-três-e-um*

104     *Outros Escritos*

desde a primeira pesagem e aumentará em uma unidade o grupo incluído nesta. Ora, o dado dessa peça, que parece de tão grande valor para nossa intuição, formada na lógica classificatória, não terá absolutamente nenhum outro efeito.

Nisso se evidencia que a uniformidade dos objetos do dado em nosso problema não constitui uma classe, e que *cada peça tem que ser pesada individualmente*.

De fato, seja qual for o número dos indivíduos em causa em nosso problema, o caso exige ser reduzido ao que é revelado pela pesagem *única*: à noção absoluta da diferença, raiz da forma da suspeita.

Essa referência do indivíduo a cada um de todos os demais é a exigência fundamental da lógica da coleção, e nosso exemplo demonstra que ela está longe de ser impensável.

## [99]  *A balança do Juízo Final*

Para exprimi-la no registro de um sonho que obceca os homens, o do Juízo Final, indicaremos que, fixando-se em bilhões o número dos seres que essa grandiosa manifestação implicaria, e só se podendo conceber sua perspectiva a partir da alma como única, a testagem de um por todos os outros, de acordo com a ambigüidade pura da pesagem que representam para nós as figuras tradicionais, se efetuaria, com extrema largueza, em 26 etapas, e portanto a cerimônia não teria nenhuma razão para se arrastar por um tempo prolongado.

Dedicamos este apólogo àqueles para quem a síntese do particular com o universal tem um sentido político concreto. Quanto aos outros, que se esforcem por aplicar à história de nossa época as formas que demonstramos aqui.

## *O fenômeno do número e o retorno à lógica*

Ao procurar novamente nos números uma função geradora para o fenômeno, parecemos retornar a antigas especulações cujo caráter aproximativo fez com que fossem rejeitadas pelo pensamento moderno. É que nos parece, justamente, que é chegado o momento de recuperar esse valor fenomenológico, sob a condição de que sua análise seja levada ao rigor extremo. Provavelmente, aí aparecerão singularidades que, apesar de não deixarem de ter uma analogia estilística com as que se manifestam na física, ou mesmo na pintura ou no novo estilo de xadrez, desconcertarão os espíritos, ali onde sua formação não passa de hábito, dando-lhes a sensação de uma quebra da harmonia que chegaria a dissolver os princípios. Se sugerimos precisamente que é preciso efetuar um retorno à lógica, é para reencontrar sua base, sólida como a rocha, e não menos implacável quando entra em movimento.

[101]

# A psiquiatria inglesa e a guerra

PUBLICADO EM 1947 EM "L' ÉVOLUTION PSYCHIATRIQUE"

Quando, em setembro de 1945, estive em Londres, os fogos mal haviam acabado de cair sobre a cidade, pelo dia — o *V-Day* — em que ela havia celebrado sua vitória.

A guerra me havia deixado um vivo sentimento da forma de irrealidade em que a coletividade dos franceses a tinha vivido de ponta a ponta. Não me refiro aqui às ideologias de feira que nos haviam lançado fantasmagorias sobre nossa grandeza, parentas dos disparates da senilidade ou até do delírio agônico, em fabulações compensatórias próprias da infância. Refiro-me, antes, em cada um, a um desconhecimento sistemático do mundo, a refúgios imaginários em que, psicanalista, eu só podia identificar no grupo, então às voltas com uma dissolução verdadeiramente assustadora de seu status moral, as mesmas modalidades de defesa que o indivíduo utiliza na neurose contra sua angústia, e com um sucesso não menos ambíguo, tão paradoxalmente eficaz quanto elas, e selando assim, pobres de nós, um destino que se transmite por gerações.

Acreditava portanto sair do círculo desse encantamento deletério para entrar num outro reino: aquele em que, após a recusa crucial de um compromisso que teria sido a derrota, havia-se conseguido, sem perder o controle através das piores provações, levar a luta até o término triunfal que agora fazia parecer às nações que a onda enorme que elas tinham visto, prestes a tragá-las, não fora senão uma ilusão da história, e das mais rapidamente desfeitas.

Desde esse começo e até o fim de minha estada, que durou cinco semanas, essa expectativa de um outro ar não foi decepcionada. E foi sob a forma de uma evidência psicológica que alcancei a verdade de que a vitória da Inglaterra é da alçada moral — ou seja, que a intrepidez de seu povo repousa numa relação verídica com o real, a qual sua ideologia utilitarista faz com que seja mal compreendida e que é inteiramente traída, em especial, pelo termo adaptação, e em relação à qual até a bela palavra realismo nos é proibida, em razão do uso infamante com que os "letrados da Traição"[1] aviltaram sua virtude, por uma profanação do verbo que por muito tempo tem privado os homens dos valores ofendidos.

Devemos, pois, chegar a falar de heroísmo, e evocar suas marcas — desde as primeiras surgidas em nossa chegada, nessa cidade devastada a cada duzentos metros de rua — por uma destruição vertical, aliás raspada e que se adapta mal ao termo ruína, cujo prestígio fúnebre, mesmo aliado, por uma intenção envaidecedora, à lembrança grandiosa da Roma antiga nas palavras de boas-vindas proferidas na véspera por um de nossos mais eminentes enviados, tinha tido sabor medíocre para pessoas que não descansam sobre sua história.

Igualmente severos e sem maior romantismo foram os outros sinais que, conforme o progresso do visitante, a ele se revelaram, por acaso ou por destino — desde a depressão que lhe foi descrita, ao sabor de uma dessas conjunções de rua favorecidas pela perpétua ajuda mútua dos tempos difíceis, em metáforas sonambúlicas, por uma certa jovem da classe abastada que estava indo festejar sua liberação do serviço agrícola, no qual, na condição de solteira, tinha ficado mobilizada durante quatro anos — até o esgotamento íntimo das forças criadoras que, por suas confissões ou por suas pessoas, os médicos ou cientistas, pintores ou poetas, eruditos ou até sinólogos que foram seus interlocutores deixaram transparecer, através de um efeito tão geral quanto tinha sido a coerção de todos, até o extremo de suas energias, aos serviços cerebrais da guerra moderna: organização da produção, aparelhos da detecção ou da camuflagem científicas, propaganda política ou informações.

Seja qual for a forma que desde então possa ter assumido essa depressão reativa em escala coletiva, atesto que dela destacava-se então um fator tônico, sobre o qual, aliás, eu teria silenciado como sendo subjetivo demais, se ele não tivesse encontrado sentido para mim no que me foi revelado pelo setor do esforço inglês que eu estava habilitado a julgar.

---

1 Lacan provavelmente alude ao ensaio de 1927 "La trahison des clercs", de Julien Benda (1876-1956), escritor francês que defendeu o racionalismo contra o intuicionismo de Bergson e a democracia contra o totalitarismo. O ensaio foi um panfleto contra os intelectuais. (N.E.)

É preciso colocar em posição central o campo do que foi realizado pelos psiquiatras na Inglaterra para a guerra e através dela, do uso que eles fizeram de sua ciência, no singular, e de suas técnicas, no plural, e do que tanto uma quanto as outras receberam dessa experiência. Tal é, com efeito, o sentido do título exibido pelo livro do general-de-brigada Rees a que nos referiremos sem cessar: *The Shaping of Psychiatry by the War*.

[103] Fica claro que, a partir do princípio da mobilização total das forças da nação, exigida pela guerra moderna, o problema dos efetivos depende da escala da população, razão por que, num grupo reduzido como o da Inglaterra metropolitana, todos, homens e mulheres, tiveram que ser convocados. Mas ele se desdobra em um problema de eficiência, que tanto requer um emprego rigoroso de cada indivíduo quanto a melhor circulação das mais audaciosas concepções, desde os responsáveis até os executores finais. Problema em que uma racionalização psicológica sempre terá algo mais a dizer, mas para o qual as qualificações dos tempos de paz, a alta educação política dos ingleses e uma propaganda já especializada poderiam bastar.

Totalmente diversa foi a questão que se colocou, a de constituir integralmente um exército em escala nacional, do tipo dos exércitos continentais, num país que tinha apenas um pequeno exército profissional, por ter-se oposto obstinadamente ao recrutamento até as vésperas do conflito. Convém considerar em todo o seu destaque o fato de se haver recorrido a uma ciência psicológica ainda jovem para realizar o que poderíamos chamar de criação sintética de um exército, embora essa ciência mal houvesse acabado de expor ao pensamento racional a idéia de tal corporação como um grupo social de estrutura original.

De fato, foi nos escritos de Freud que, pela primeira vez nos termos científicos da relação de identificação, tinham acabado de ser enunciados o problema do comando e o problema do moral, isto é, toda a encantação destinada a absorver por completo as angústias e temores de cada um numa solidariedade grupal na vida e na morte, da qual os praticantes da arte militar detinham o monopólio até então. Conquista da razão que veio a integrar a própria tradição, tornando-a mais leve e elevando-a a uma segunda potência.

Pudemos ver, quando das duas vitórias fulminantes do desembarque na França e da travessia do Reno, que, em nível de

*A psiquiatria inglesa e a guerra* 109

igualdade na técnica do material, e estando toda a tradição militar do lado do exército que a levara ao mais alto grau já conhecido pelo mundo, e que ainda acabara de reforçá-la com o concurso moral de uma democratização das relações hierárquicas, cujo valor angustiante como fator de superioridade fora assinalado por nós em nosso retorno da Olimpíada de Berlim, em 1936, todo o poder dessa tradição não pesou um só grama contra as concepções táticas e estratégicas superiores, produto dos cálculos de enge-  [104] nheiros e comerciantes.

Assim acabou de se dissipar, sem dúvida, a mistificação dessa formação de casta e de escola em que o oficial conservava a sombra do caráter sagrado de que se revestia o guerreiro antigo. Aliás, pelo exemplo do outro dos vencedores, sabemos que não há corpo constituído em que seja mais salutar para o povo que se façam cortes, e que é na escala de um fetichismo que dá seus frutos mais altos na África central que é preciso avaliar o costume, ainda florescente, de nos servirmos deste corpo como de uma butique de ídolos nacionais.

Como quer que seja, reconhece-se que a posição tradicional do comando não se dá no sentido da iniciativa inteligente. Foi por isso que, na Inglaterra, quando, no início de 1939, os acontecimentos se precipitaram, vimos ser rejeitado pelas autoridades superiores um projeto apresentado pelo Serviço de Saúde do exército, com a finalidade de organizar a instrução não apenas física mas mental dos recrutas. Seu princípio, no entanto, fora empregado desde a guerra anterior nos Estados Unidos, impulsionado pelo Dr. Thomas W. Salmon.

Quando a guerra eclodiu, em setembro, a Inglaterra só dispunha, portanto, de uma dezena de especialistas sob as ordens de Rees em Londres, estando dois consultores ligados ao corpo expedicionário na França e dois na Índia. Em 1940, afluíram para os hospitais casos que levavam a rubrica de inadaptação, delinqüências diversas e reações psiconeuróticas, e foi sob a pressão dessa urgência que se organizou, por meio de uns duzentos e cinqüenta psiquiatras integrados pelo recrutamento, a ação cuja amplitude e flexibilidade iremos mostrar. Um espírito animador os havia precedido: o coronel Hargreaves, ao aperfeiçoar um primeiro ensaio de testes eliminatórios, adaptados dos testes de Spearman, com os quais já se partira para o Canadá a fim de dar forma aos testes de Penrose-Raven.

110     *Outros Escritos*

O sistema que se adotaria a partir daí foi o chamado Pulhems, já testado no exército canadense, no qual uma nota de 1 a 5 era atribuída a cada uma das sete letras simbólicas que correspondiam, respectivamente, à capacidade física geral, às funções dos membros superiores (*upper limbs*), às dos inferiores (*lower limbs*), à audição (*hearing*), à visão (*eyes*), à capacidade mental (digamos, à inteligência) e, por último, à estabilidade afetiva — onde duas notas em sete, portanto, eram de ordem psicológica.

[105]

Fazia-se com os recrutas[2] uma primeira seleção, que destacou deles o decil inferior.

Essa seleção, convém assinalar, não visava as qualidades críticas e técnicas requeridas pela prevalência das funções de transmissão na guerra moderna, bem como pela subordinação do grupo de combate ao serviço de armas, que já não são instrumentos e sim máquinas. O que se tratava de obter na tropa era uma certa homogeneidade, tida como um fator essencial de seu moral.

Qualquer déficit psíquico ou intelectual, com efeito, adquire um peso afetivo para o sujeito no interior do grupo, em função do processo de identificação horizontal que o trabalho de Freud anteriormente evocado talvez sugira, mas negligencia em favor da identificação vertical, se assim podemos dizer, com o chefe.

Atrasados na instrução, devastados pelo sentimento de sua inferioridade, desajustados e facilmente delinqüentes, menos ainda por falta de compreensão do que em razão de impulsos de ordem compensatória, terrenos de eleição, portanto, para surtos depressivos ou ansiosos ou para estados confusionais, sob o impacto das emoções ou comoções da linha de fogo, condutores naturais de todas as formas de contágio mental, os sujeitos afetados por déficits muito grandes tiveram que ser isolados como *dullards*, para os quais o nosso amigo Dr. Turquet, aqui presente, fornece o equivalente francês não no termo "retardado", mas em "bronco". Dito de outra maneira, trata-se do que nossa linguagem coloquial designa pela palavra *debilóide*, que expressa antes do que um nível mental uma avaliação da personalidade.

---

2   Note-se de passagem que, na Inglaterra, assim como o *policeman* — na condição de representante da autoridade civil — precede todos as paradas de tropas nas vias públicas, é o Ministério do Trabalho que exerce o papel de nosso conselho de revisão e decide sobre os cidadãos que serão recrutados pelo exército.

A psiquiatria inglesa e a guerra    111

Aliás, por serem agrupados entre si, esses sujeitos logo se mostram infinitamente mais eficazes, através de uma liberação de sua boa vontade, correlata a uma sociabilidade desde então harmoniosa; até mesmo as motivações sexuais de seus delitos se reduzem, como que a demonstrar que estes decorrem menos, entre eles, de uma pretensa prevalência dos instintos, e que representam apenas a compensação de sua solidão social. Foi isso, pelo menos, [106] o que se evidenciou na utilização, na Inglaterra, desse resíduo que a América pôde dar-se ao luxo de eliminar. Depois de os haver empregado nos trabalhos agrícolas, foi preciso, mais tarde, fazer deles pioneiros, porém mantidos atrás da linha de frente.

Quanto às unidades assim depuradas de seus elementos inferiores, elas viram reduzir-se os fenômenos de choque e de neurose, os efeitos de enfraquecimento coletivo, numa proporção que podemos chamar de geométrica.

Dessa experiência fundamental, o general Rees viu a aplicação a um problema social de nossa civilização, imediatamente acessível à prática, sem que ela concordasse em nada com as escabrosas teorias do eugenismo e, muito pelo contrário, como vemos, do mito antecipatório do *Brave New World*, de Huxley.[3]

Aí encontram seu lugar de cooperação várias disciplinas, sobre as quais, por mais teóricas que as considerem alguns dentre nós, convém muito que todos se informem. Pois é sob essa condição que podemos e devemos justificar a preeminência que nos cabe no uso em escala coletiva das ciências psicológicas. Se, com efeito, os psiquiatras ingleses as fizeram reconhecer, com um sucesso sobre o qual terei de voltar a falar, no decorrer da experiência da guerra, isso se deveu, como veremos, não somente ao grande número de psicanalistas entre eles, mas a todos terem sido impregnados pela difusão dos conceitos e dos modos operatórios

---

3 Somos assim levados para um terreno em que milhares de pesquisas detalhadas fazem surgir com rigor, graças a um uso da estatística que, convém dizer, nada tem a ver com o que o médico designa por esse nome em suas "comunicações científicas", toda sorte de correlações psicogenéticas, que já são interessantes nos níveis das mais simples, como a curva da correlação crescente e contínua da sarna e dos piolhos com o decréscimo do nível mental, mas que adquirem um alcance doutrinário quando permitem relacionar com precisão com uma inadequação do sujeito para sua função, com uma colocação social ruim, uma afecção gastrointestinal que a língua de lá designa mais ou menos como "dispepsia do realistado".

## Outros Escritos

[107]

da psicanálise. Deveu-se, além disso, ao fato de disciplinas que mal surgiram em nosso horizonte, tais como a *psicologia dita de grupo*, haverem atingido, no mundo anglo-saxão, uma elaboração suficiente para que, na obra de um Kurt Lewin, exprimam-se em nada menos do que no nível matemático da análise vetorial.

Assim, numa longa conversa que tive com dois dos médicos que lhes apresentarei como pioneiros dessa revolução que transporta todos os nossos problemas para a escala coletiva, ouvi um deles expor-me friamente que, para a psicologia de grupo, o complexo de Édipo era equivalente ao que se chama, na física, de o problema dos três corpos, problema que sabemos, aliás, não haver recebido uma solução completa.

Mas é de bom tom entre nós sorrir desses tipos de especulação, sem que no entanto sejamos mais prudentes no dogmatismo.

Por isso, tentarei apresentar-lhes ao natural esses dois homens em quem podemos dizer que brilha a chama da criação — num deles, como que cristalizada numa máscara imóvel e lunar, acentuada pelas finas vírgulas de um bigode negro, e que, não menos do que a estatura elevada e o tórax de nadador que o sustentam, constitui um desmentido das fórmulas kretschmerianas, embora tudo nos advirta que estamos na presença de um daqueles seres solitários até em seus mais altos devotamentos, como nos é confirmado nele pela façanha, em Flandres, de haver, de chibata na mão, acompanhado seu tanque no assalto e, paradoxalmente, assim forçado as malhas do destino; no outro, cintilante, vê-se essa chama por trás do lornhão, ao ritmo de um verbo que ainda anseia ardorosamente por aderir à ação, enquanto o homem invoca de bom grado, num sorriso que faz erguer-se um espesso bigode ruivo em forma de escova, a complementação de sua experiência de analista por um manejo dos soldados, posto à prova no tiroteio de 17 de outubro em Petrograd. Bion aquele, Rickmann este, publicaram juntos, no número de 27 de novembro de 1943 de *The Lancet* — que equivale, tanto por sua destinação quanto por seu formato, à nossa imprensa médica —, um artigo que se reduz a seis colunas de jornal, mas que marcará época na história da psiquiatria.

Sob o título significativo de "Intra-Group Tensions in Therapy. Their Study as the Task of the Group", ou seja, "Tensões internas ao grupo na terapêutica. Seu estudo proposto como tarefa do grupo", os autores nos trazem de sua atividade num hospital militar um exemplo concreto, o qual, por esclarecer com um despoja-

*A psiquiatria inglesa e a guerra*     113

mento e, diria eu, uma humildade perfeita tanto a ocasião quanto os princípios, adquire o valor de uma demonstração de método. Nele reencontro a impressão de milagre dos primeiros avanços freudianos: encontrar no próprio impasse de uma situação a força viva da intervenção. Assim é Bion, às voltas com as cerca de 400 "aves raras" de um serviço dito de reeducação.     [108]

As inoportunidades anárquicas das necessidades ocasionais desses homens — pedidos de autorizações excepcionais, irregularidades crônicas de sua situação — vão lhe parecer, desde o início, destinadas a paralisar seu trabalho, retirando-lhe horas já aritmeticamente insuficientes para resolver o problema básico suscitado por cada um desses casos, se tomados um a um. Foi justamente dessa dificuldade que Bion partiu para atravessar o Rubicão de uma inovação no método.

Com efeito, como considerar esses homens em sua situação presente senão como soldados que não podiam submeter-se à disciplina e que ficariam fechados aos benefícios terapêuticos que dependem dela em razão de ser justamente esse o fator que os havia reunido?

Ora, num teatro de guerra, o que é necessário para transformar numa tropa em marcha o agregado de irredutíveis a que chamamos uma companhia disciplinar? Dois elementos: a presença do inimigo, que consolida o grupo diante de uma ameaça comum, e um líder em quem sua experiência com os homens permita fixar com precisão a margem a ser dada às fraquezas deles, e que possa lhes manter os limites com sua autoridade, isto é, pelo fato de cada um saber que, uma vez assumida uma responsabilidade, ele não "amarela".

O autor é um líder desse tipo, em quem o respeito pelo homem é a consciência de si mesmo, capaz de sustentar qualquer um com o que quer que esse respeito o comprometa.

Quanto ao perigo comum, não estava ele nas próprias extravagâncias que faziam desaparecer qualquer razão da estada desses homens ali, opondo-se às condições primárias de sua cura? Era preciso, no entanto, fazê-los tomarem consciência disso.

E foi aí que interveio o espírito do psicanalista, que iria tratar a soma dos obstáculos que se opunham a essa tomada de consciência como sendo *resistência* ou desconhecimento sistemático cuja manobra ele havia aprendido no tratamento de indivíduos neuróticos. Aqui, porém, iria tratá-la no nível do grupo.

114 *Outros Escritos*

[109]     Na situação prescrita, Bion tinha até mais meios de agir sobre o grupo do que tem o psicanalista sobre o indivíduo, já que, ao menos por direito e como líder, ele fazia parte do grupo. Mas era justamente isso que o grupo realizava mal. Por isso, o médico deveria servir-se da inércia fingida do psicanalista e se apoiar no único controle de fato que lhe era facultado, o de manter o grupo ao alcance de seu verbo.

Com base nesse dado, ele se propôs organizar a situação de maneira a forçar o grupo a se conscientizar de suas dificuldades de existência como grupo — e depois, a torná-lo cada vez mais transparente para o próprio grupo, a ponto de cada um dos membros poder julgar de maneira adequada os progressos do conjunto. O ideal de tal organização, para o médico, estaria em sua perfeita legibilidade, de tal forma que ele pudesse apreciar a todo instante para que porta de saída se dirigia cada "caso" confiado a seus cuidados: retorno à unidade, devolução à vida civil ou perseveração na neurose.

Eis, portanto, em resumo, o regulamento que ele promulgou numa reunião inaugural com todos os homens: seria formado um certo número de grupos, cada um dos quais se definiria por um objeto de ocupação, mas eles ficariam inteiramente entregues à iniciativa dos homens, isto é, cada um não apenas se agregaria ao grupo a seu critério, como também poderia promover um novo grupo conforme suas idéias, com a única limitação de que o próprio objetivo fosse novo, ou seja, não criasse um duplo emprego com o de outro grupo. Ficou entendido que era permitido a todos, a qualquer momento, voltar ao repouso do alojamento *ad hoc*, sem que para isso lhe coubesse outra obrigação senão a de declará-lo à supervisora-chefe.

O exame do andamento das coisas assim estabelecidas seria objcto dc uma reunião geral, que se realizaria todos os dias, às dez para o meio-dia, e duraria meia hora.

O artigo nos faz acompanhar, numa progressão cativante, a primeira oscilação dos homens ante o anúncio dessas medidas, que, em relação aos hábitos reinantes em tal lugar, eram de causar vertigem (e imagino o efeito que teriam produzido na unidade em que trabalhei em Val-de-Grâce), e depois, as primeiras formações frouxas, que mais se apresentaram como uma testagem da boa fé exibida pelo médico; em pouco tempo, entrando os homens no jogo, constituíram-se uma oficina de carpintaria, um curso prepa-

A psiquiatria inglesa e a guerra       115

ratório para agentes de ligação, um curso prático de cartografia e uma oficina de manutenção de veículos, e um grupo chegou até a se dedicar à tarefa de manter atualizado um diagrama claro das atividades em andamento e da participação de cada um; reciprocamente, o médico, pegando-os pelo trabalho como eles o haviam pegado pela palavra, logo teve a oportunidade de lhes denunciar, em seus próprios atos, a ineficácia da qual os ouvia queixarem-se ininterruptamente no funcionamento do exército — e, de repente, operou-se a cristalização de uma autocrítica no grupo, marcada, entre outras coisas, pelo aparecimento de uma faxina voluntária, que, da noite para o dia, mudou o aspecto das salas, desde então varridas e arrumadas, pelos primeiros apelos à autoridade e pelo protesto coletivo contra os que tiravam o corpo fora, aproveitadores do esforço alheio, e qual não foi a indignação do grupo lesado (esse episódio não está no artigo) no dia em que desapareceram as tesouras de cortar couro! Mas, toda vez que se recorria a sua intervenção, Bion, com a paciência firme do psicanalista, devolvia a bola aos interessados: nada de punição, nada de substituição das tesouras. Os vadios foram um problema proposto para reflexão, tanto quanto a salvaguarda das tesouras de trabalho; na impossibilidade de resolvê-los, os mais ativos continuariam a trabalhar pelos outros e a compra de novas tesouras seria feita à custa de todos.

[110]

Estando as coisas nesse pé, não faltou "estômago" a Bion e, quando um engraçadinho propôs instituir um curso de dança, longe de reagir com um chamamento à decência que provavelmente o próprio promotor da idéia esperava provocar, ele soube basear-se numa motivação mais secreta, que adivinhou no sentimento de inferioridade característico de todo homem afastado da honra do combate, e, passando por cima dos riscos de crítica ou até de escândalo, apoiou-se nisso para uma estimulação social, decidindo que os cursos seriam dados à noite, depois do serviço, pelas oficiais subalternas das ATS do hospital (essas iniciais designam. na Inglaterra, as mulheres mobilizadas), e ficariam reservados aos que, desconhecedores da dança, ainda tivessem que aprendê-la. Efetivamente, o curso, que teve lugar na presença do oficial que exercia a função de diretor do hospital, realizou para esses homens uma iniciação num estilo de comportamento que, por seu prestígio, reergueu neles o sentimento de sua dignidade.

Em algumas semanas, o chamado serviço de reeducação tinha se tornado sede de um novo espírito, que os oficiais reconheciam

116    *Outros Escritos*

nos homens por ocasião das manifestações coletivas, por exemplo, de ordem musical, nas quais estabeleceram com eles uma relação mais familiar — um espírito corporativo próprio do serviço, que se impunha aos recém-chegados, à medida que iam partindo aqueles a quem ele havia marcado com seu benefício. Mantido pela ação constante do médico animador, o sentimento das condições apropriadas à existência do grupo lhe servia de fundo.

[111]

Existe aí o princípio de um tratamento grupal, fundamentado na experiência e na conscientização dos fatores necessários a um bom *espírito de grupo*. Tratamento que assumiu seu valor original perante diversas tentativas feitas nesse mesmo registro, mas por vias diferentes, nos países anglo-saxões.

Rickmann aplicou o mesmo método na sala de observação, onde lidava com um número mais reduzido de doentes, mas também com um agrupamento menos homogêneo de casos. Teve então que combiná-los com entrevistas individuais, mas era sempre sob o mesmo ângulo que se abordavam nelas os problemas dos enfermos. Ele fez a esse respeito o comentário, que parecerá reluzente a mais de uma pessoa, de que, se dizemos que o neurótico é egocêntrico e tem horror a qualquer esforço de cooperação, talvez seja porque ele raramente é colocado num meio em que todos os membros acham-se no mesmo pé que ele no que concerne às relações com seu semelhante.

Dedico essa fórmula àqueles de meus ouvintes que vêem como precondição de qualquer tratamento racional dos distúrbios mentais a criação de uma neo-sociedade na qual o doente mantenha ou restaure uma troca humana, cujo desaparecimento, por si só, duplica a degeneração da doença.

Detive-me em reproduzir os detalhes vivíssimos dessa experiência porque eles me parecem prenhes desse tipo de nascimento, que é um novo olhar a se abrir para o mundo. Pois, se alguns objetarem a isso pelo caráter especificamente inglês de certos traços, eu lhes responderei que esse é um dos problemas que cabe submeter ao novo ponto de vista: como se determina a parte mobilizável dos efeitos psíquicos do grupo? E varia a sua taxa específica de acordo com a área cultural? Depois que o espírito concebe um novo registro de determinação, não lhe é possível furtar-se a ele muito facilmente.

Ao contrário, tal registro dá um sentido mais claro a observações que não se exprimem tão bem nos sistemas de referência já em uso — como a fórmula que corre sem maiores reservas nas colocações do psicanalista Turquet, meu amigo, quando ele me fala da estrutura homossexual da carreira militar na Inglaterra e me pergunta se essa fórmula é aplicável ao exército francês.

O que há de surpreendente para nós em constatar que todo [112] organismo social especializado encontra um elemento favorável numa deformação específica do tipo individual, já que toda a nossa experiência do homem nos indica que são as próprias insuficiências de sua fisiologia que sustentam a maior fecundidade de seu psiquismo?

Referindo-me, pois, às indicações que pude retirar de uma experiência parcial, respondo-lhe que o valor viril, expresso pelo tipo mais rematado da formação tradicional do oficial entre nós, pareceu-me, em várias oportunidades, uma compensação daquilo que nossos ancestrais teriam chamado de uma certa fraqueza nos jogos amorosos.

Seguramente, essa experiência é menos decisiva do que a que tive, em 1940, com um fenômeno molecular em escala nacional: refiro-me ao efeito macerante, para o homem, de uma predominância psíquica das satisfações familiares, e ao desfilar inesquecível, no serviço especial a que estive ligado, de sujeitos recém-saídos do calor da saia da mãe e da esposa, os quais, graças a evasões que os levavam mais ou menos assiduamente a seus períodos de instrução militar, sem que neste eles fossem objeto de nenhuma seleção psicológica, viram-se promovidos aos postos que são a alma do combate — do chefe de seção ao capitão. Essa última experiência só me permitia ter acesso às amostras que tínhamos da inaptidão dos quadros superiores para a guerra por ouvir dizer. Indicarei apenas que ali encontrei, em escala coletiva, o efeito de degradação do tipo viril que havia relacionado com a decadência social da *imago* paterna numa publicação sobre a família, em 1938.

Isto não é uma digressão, porque o problema do recrutamento dos oficiais foi aquele em que a iniciativa psiquiátrica mostrou seu mais brilhante resultado na Inglaterra. No início da guerra, o recrutamento empírico pela patente revelou-se absurdo, antes de mais nada porque logo se percebeu que se estava longe de poder extrair um oficial, mesmo medíocre, de qualquer suboficial excelente, e que, depois de um excelente suboficial haver manifestado seu fracasso como oficial aspirante, ele voltava para sua corpora-

# 118 *Outros Escritos*

ção na condição de mau suboficial. Além disso, tal recrutamento não podia atender à enormidade da demanda de um exército nacional a ser inteiramente retirado do nada. A questão foi resolvida de maneira satisfatória através de um aparato de seleção psicológica, e é maravilhoso que tenha conseguido igualar-se de imediato ao que antes só era realizado ao cabo de anos de escola.

[113]

A grande prova de seleção para os oficiais era a primeira e a maior; preliminar a qualquer instrução especial, realizava-se no decorrer de um estágio de três dias num centro em que os candidatos ficavam alojados e onde, em meio às relações familiares da vida em comum com os membros de seu júri, ofereciam-se ainda melhor à observação destes.

Eles tinham de ser submetidos, durante esses três dias, a uma série de exames que visavam antes e sobretudo ressaltar a personalidade deles, isto é, especialmente o equilíbrio das relações com os outros que domina a disposição das próprias aptidões, sua taxa utilizável no papel do líder e nas condições de combate, do que suas aptidões técnicas, seu quociente de inteligência ou mesmo, mais precisamente, o que a análise de Spearman nos ensinou a isolar no famoso fator *g* como o pivô da função intelectual. Todas as provas centralizavam-se, portanto, na detecção dos fatores da personalidade.

E primeiro vinham as provas escritas, que comportavam um questionário sobre os antecedentes pessoais e familiares do candidato — testes de associação verbal, que eram ordenados pelo examinador num certo número de séries definidas por sua ordem emocional — os chamados testes de "apercepção temática" devidos a Murray, que concernem à significação atribuída pelo sujeito a imagens que evocam ambiguamente um cenário e temas de tensão afetiva elevada (fazemos circular essas imagens, muito expressivas, aliás, de traços específicos da psicologia norte-americana, mais ainda que da inglesa) — e, por último, a redação de dois retratos do sujeito, tais como este pudesse concebê-los como produzidos, respectivamente, por um amigo e por um crítico severo.

Depois vinha uma série de provas em que o sujeito era colocado em situações quase reais, cujos obstáculos e dificuldades variavam conforme o espírito inventivo dos examinadores e que revelavam as atitudes fundamentais do sujeito quando se via às voltas com coisas e com homens.

*A psiquiatria inglesa e a guerra*     119

Destacarei, por sua importância teórica, a chamada prova do *grupo sem líder*, que devemos também às reflexões doutrinais de Bion. Constituem-se equipes de cerca de dez sujeitos, nenhum dos quais é investido de uma autoridade preestabelecida; uma tarefa lhes é proposta, que deve ser resolvida em colaboração e cujas dificuldades escalonadas concernem à imaginação construtiva, ao dom da improvisação, às qualidades de previsão e ao sentido do rendimento — por exemplo, um grupo devia atravessar um rio recorrendo a um certo material que exigia ser utilizado com o [114] máximo de engenhosidade, sem que se deixasse de prever sua recuperação após o uso etc. Durante a prova, alguns sujeitos destacavam-se por suas qualidades de iniciativa e pelos dons imperativos que lhes permitiriam fazê-las prevalecer. Mas o que o observador notava era menos o que aparecia de capacidade de liderança em cada homem do que a medida em que ele sabia subordinar a preocupação de se fazer valer ao objetivo comum, perseguido pela equipe e no qual essa medida devia encontrar sua unidade.

O escore dessa prova só era preservado numa primeira triagem. Uma entrevista com o psiquiatra, no estilo livre e confidencial próprio da análise, era proposta a cada candidato no início do funcionamento do aparato; mais tarde, por razões de economia de tempo, ela ficou reservada apenas aos sujeitos que se haviam destacado nas provas precedentes por reações duvidosas.

Dois pontos merecem ser salientados: por um lado, o *fair play* que correspondia, nos candidatos, ao postulado de autenticidade que, supostamente, a entrevista psicanalítica fazia intervir como último recurso, assim como o testemunho mais habitualmente colhido, até mesmo dos que se tinham visto reconhecer como inaptos, de que a prova se encerrara, para eles, com o sentimento de terem vivido uma experiência das mais interessantes; e, por outro lado, o papel que cabia nisso ao psiquiatra, sobre o qual nos deteremos por um instante.

Embora tenham sido psiquiatras — Wittkaver, Rodger, Sutherland e Bion — que conceberam, montaram e aperfeiçoaram o aparato, o psiquiatra, em princípio, só tinha nas decisões do júri uma voz particular. O presidente e o vice-presidente eram oficiais tarimbados, escolhidos por sua experiência militar. O psiquiatra ficava em pé de igualdade com o *psychologist*, que aqui chamamos psicotécnico, um especialista[4] muito mais abundantemente

---

4 Esses *social workers*, como ainda são designados, que têm um status social

120    *Outros Escritos*

[115]

representado nos países anglo-saxões do que entre nós em razão da utilização bem maior que se faz dele nas funções de assistência pública, pesquisas sociais, orientação vocacional ou até seleção na iniciativa privada, tendo por objetivo o rendimento industrial. Enfim, nem mesmo os sargentos, a quem eram confiadas a supervisão e a comparação das provas, deixavam de participar de pelo menos parte das deliberações.

Portanto, vemos que, para concluir, recorria-se a um julgamento sobre o sujeito cuja objetividade buscava sua garantia em motivações largamente humanas, muito mais do que em operações mecânicas.

Ora, a autoridade assumida pela voz do psiquiatra num contexto como esse demonstra-lhe a carga social que lhe é imposta por sua função. Essa simples descoberta pelos interessados, todos os quais a atestam de maneira unívoca e, às vezes, para seu próprio assombro, obriga justamente aqueles que só querem conceber essa função sob o ângulo limitado que até hoje se define pela palavra alienista a reconhecer que, na verdade, eles estão fadados a uma defesa do homem que os promove, haja o que houver, a uma função eminente na sociedade. A oposição entre os próprios psiquiatras a essa ampliação de seus deveres, que corresponde, a nosso ver, a uma definição autêntica da psiquiatria como ciência, bem como a sua verdadeira posição de arte humana, acreditem, não é menor na Inglaterra do que na França. Só que, na Inglaterra, ela teve que recuar em todos os que participaram da atividade de guerra, assim como também caiu a oposição a lidar de igual para igual com psicólogos não médicos, a qual, analisada, podemos ver que decorre de um *noli me tangere* que é muito mais que freqüente na base da vocação médica, não menos que na do eclesiástico e na do jurista. São essas, com efeito, as três profissões que asseguram a um homem encontrar-se, perante seu interlocutor, numa posição em que a superioridade lhe é garantida de antemão. Por sorte, a formação que nos é trazida por nossa prática pode levar-nos a ser menos suscetíveis, pelos menos aqueles dentre nós que estão tão

---

bem definido na Inglaterra, eram menos numerosos lá, no entanto, do que nos Estados Unidos.

Sua multiplicação, nas condições de formação abreviada impostas pela guerra, deverá agora levantar o problema de sua absorção.

A psiquiatria inglesa e a guerra 121

pouco endividados, pessoalmente, que podem tirar proveito dela para sua própria catarse. Estes terão acesso à sensibilidade das profundezas humanas, que decerto não é nosso privilégio, mas deve ser nossa qualificação.

Assim, o psiquiatra não somente terá um lugar honroso e dominante em funções consultivas como as que acabamos de evocar, como também lhe serão oferecidas as novas vias abertas por experiências como as do *area psychiatrist*. Essa função, também inaugurada no exército inglês, pode ser traduzida como a do psiquiatra ligado a uma região militar. Livre de qualquer obrigação de serviço e ligado apenas às autoridades superiores, ele tem por função investigar, prever e intervir em tudo o que, nos regulamentos e nas condições de vida, diga respeito à saúde mental dos mobilizados num determinado distrito. Foi assim que os fatores de certas epidemias psíquicas, neuroses de massa, delinqüências diversas, deserções e suicídios puderam ser definidos e compreendidos, e que toda uma ordem de profilaxia social passou a parecer possível no futuro. [116]

Tal função terá seu lugar, sem dúvida, na aplicação do plano Beveridge, que preconiza, convém assinalarmos, uma proporção do espaço qualificado para o tratamento de casos de neurose correspondente a 5% da hospitalização geral, número que ultrapassa tudo o que foi previsto até hoje para a profilaxia mental. Rees, no livro a que nos referimos incessantemente, vê a função do *area psychiatrist*, em tempos de paz, cobrindo uma região de 50.000 a 75.000 habitantes. Seria de sua alçada tudo aquilo que, nas condições de subsistência e nas relações sociais de uma dada população, pudesse ser reconhecido como influindo em sua higiene mental. Será possível ainda, com efeito, contestarmos a psicogênese dos distúrbios mentais, quando a estatística, mais uma vez, evidenciou o espantoso fenômeno da redução, com a guerra, dos casos de doenças mentais, tanto entre os civis quanto nas forças armadas? Fenômeno que não foi menos claro na Inglaterra, onde se manifestou a despeito dos pressupostos efeitos dos bombardeios na população civil. Sabemos que as correlações estatísticas desse fenômeno não permitem, mesmo ao exame menos informado, relacioná-lo com nenhuma causa contingente, como a restrição do álcool, o regime alimentar, o próprio efeito psicológico da ocupação estrangeira etc.

122　　*Outros Escritos*

O livro de Rees, por outro lado, abre uma perspectiva curiosa sobre o prognóstico sensivelmente melhor das psicoses quando tratadas nas condições sensivelmente menos isoladoras que o meio militar constitui.[5]

[117]　　Voltando à contribuição da psiquiatria na guerra, não me estenderei sobre as seleções especiais de que foram objeto as tropas de assalto (comandos), as unidades blindadas, a RAF e a Royal Navy. As que tinham sido organizadas em época anterior, com base em medidas de acuidade sensorial e habilidade técnica, tiveram de ser também complementadas por qualificações da personalidade, que eram da alçada do psiquiatra. É que, quando se trata, por exemplo, de confiar a um piloto um aparelho da ordem de um milhão de libras, reações típicas como a da "fuga para a frente"[6] adquirem toda a sua importância no tocante aos riscos, e as medidas de exclusão doutrinárias adotadas pelos alemães não os impediram de recorrer, para afastar tais riscos, às investigações psicanalíticas que haviam demonstrado sua importância.

Do mesmo modo, o psiquiatra viu-se presente por toda parte na linha de fogo, na Birmânia, na Itália, junto aos comandos e ainda nas bases aéreas e navais, e em toda parte sua crítica se exerceu sobre os nós significativos que eram revelados pelos sintomas e comportamentos.

Os episódios de depressão coletiva apareceram de maneira muito eclética em comandos que tinham sido objeto de uma seleção insuficiente, e me limitarei a evocar o jovem psiquiatra que, para se unir às unidades de pára-quedistas que devia acompanhar na frente da Itália, carregou em sua reduzida bagagem de aviador o livro de Melanie Klein que o havia iniciado na idéia dos "maus objetos", introjetados no período dos interesses excrementícios, e na idéia ainda mais precoce do sadismo oral — visão que se revelaria muito fecunda para a compreensão de sujeitos já situados psicologicamente por seu recrutamento voluntário.

---

5　Assinalamos, de passagem, as estatísticas em que dois praticantes ingleses não psiquiatras evidenciaram a correlação entre as úlceras pépticas e duodenais e as áreas de bombardeio aéreo.

6　Na linguagem da economia e da política, precipitação de um processo ou medida tidos como necessários, embora perigosos; em linhas mais gerais, "sair de um impasse por meio de uma ação intempestiva". (N.E.)

As visões psicanalíticas não estiveram menos em destaque, passada a guerra, no trabalho de reclassificação dos prisioneiros de guerra e dos combatentes de além-mar na vida civil. Destinou-se a esse trabalho um certo número de centros especiais, um dos quais — instalado na mansão senhorial de Hartfield, também residência do marquês de Salisbury, e que se mantivera pura em sua arquitetura original, por não ter saído, desde sua construção no século XVI, da família dos Cecil — foi por mim visitado num daqueles dias radiosos que não raro são oferecidos, e nesse ano com uma generosidade particular, pelo outubro londrino. Deixaram-me passear por lá à vontade, por tempo suficiente para que eu me convencesse da completa liberdade de que gozavam os internos, liberdade esta que se revelava compatível com que se mantivessem quadros antigos num salão tão grande quanto a Galeria dos Espelhos, que servia de dormitório — assim como com o respeito à ordem no refeitório, onde, tendo sido eu mesmo convidado, pude constatar que soldados e oficiais se agrupavam conforme sua escolha, à sombra de uma impressionante guarda de armaduras. [118]

Pude conversar com o major Doyle, por quem me fiz orientar inicialmente, e por seu *team* médico; dele transmitirei apenas duas colocações: a de que o problema essencial ali era o da redução das fantasias, que haviam assumido um papel preponderante no psiquismo dos sujeitos durante os anos de afastamento ou de reclusão, e a de que o método de tratamento que animava o centro era inteiramente inspirado nos princípios do *psicodrama* de Moreno, isto é, numa terapêutica instaurada na América e que também deve ser considerada nas *psicoterapias de grupo*, de filiação psicanalítica. Indiquemos apenas que a catarse era obtida nos sujeitos, inclusive e particularmente nos psicóticos, em lhes sendo permitido ab-reagir num papel que eles eram levados a assumir num cenário parcialmente entregue a sua improvisação.

Também lá as reuniões de discussão, livres ou dirigidas, toda sorte de ateliês de ensaios, a liberdade absoluta na utilização do tempo (minha primeira descoberta do local me deixara admirado com o fato de alguns se comprazerem em vagar por entre as chaminés e as arestas agudas de um telhado digno da imaginação de Gustave Doré), as visitas a fábricas, ou as conversas sobre os problemas sociais e técnicos da época atual seriam a via que permitiria a muitos sujeitos voltarem de fugas imaginárias para o ofício

124 *Outros Escritos*

de gerente de "pub", ou para qualquer profissão errante, e retomarem o caminho de seu emprego anterior. Não lhes faltariam os conselhos abalizados de assistentes sociais e conselheiros jurídicos, para resolver as dificuldades profissionais e familiares. Para julgar a importância dessa obra, basta dizer que 80% dos homens das categorias vistas acima optavam livremente por essa travessia das eclusas, onde sua estada, abreviada ou prolongada a seu pedido, era, em média, de seis semanas.

No fim de minha visita, a volta do diretor, coronel Wilson, deu-me a satisfação de ouvir afirmações que me fizeram sentir que, no plano social, a guerra não deixou a Inglaterra naquele estado, do qual fala o Evangelho, de reino dividido.

[119] Assim, a psiquiatria serviu para forjar o instrumento através do qual a Inglaterra ganhou a guerra. Inversamente, a guerra transformou a psiquiatria na Inglaterra. Nesse como noutros campos, a guerra revelou-se portadora de progresso, na dialética essencialmente conflituosa que parece caracterizar bem a nossa civilização. Minha exposição detém-se no ponto em que se descortinam os horizontes que nos projetam na vida pública, ou até, que horror!, na política. Sem dúvida, aí encontraremos objetos de interesse que nos compensarão por aqueles trabalhos apaixonantes do tipo "dosagem dos produtos de desintegração uréica na parafrenia fabulatória", inexauríveis produtos do esnobismo de uma ciência postiça, nos quais o sentimento predominante de inferioridade diante dos preconceitos da medicina, por parte de uma psiquiatria já ultrapassada era compensado.

A partir do momento em que se entra no caminho das grandes seleções sociais e em que, antecipando-se aos poderes públicos, poderosas organizações privadas, como a Hawthorne Western Electric, nos Estados Unidos, já as implantaram em benefício próprio, como não ver que o Estado deverá provê-las em benefício de todos e que, já no plano de uma distribuição justa tanto dos sujeitos superiores quanto dos *dullards*, podemos avaliar na ordem de 200.000 trabalhadores as unidades sobre as quais deverão incidir as seleções?

Como não ver que nossa associação com o funcionário, o administrador e o psicotécnico já está inscrita em organizações como as da chamada *child guidance* nos Estados Unidos e na Inglaterra?

Que não se confunda nosso assentimento a isso com um pseudo-realismo sempre à procura de uma degradação qualitativa.

Em momento algum das realizações que propusemos como exemplo pudemos esquecer a elevada tradição moral pela qual elas continuaram marcadas. A todas presidiu um espírito de simpatia pelas pessoas, que não está ausente na segregação dos *dullards*, em que não aparece nenhum declínio do respeito devido a todos os homens.

Que nos seja suficiente lembrar que, através das mais opressivas exigências de uma guerra vital para a coletividade e do próprio desenvolvimento de um aparelho de intervenção psicológica que já é uma tentação para o poder, manteve-se na Grã-Bretanha o princípio do respeito à objeção de consciência.

Na verdade, os riscos que esse respeito comporta para os interesses coletivos pareceram, na experiência, reduzir-se a proporções ínfimas, e essa guerra, penso eu, demonstrou suficientemente que não é de uma enorme indocilidade dos indivíduos que virão os perigos do futuro humano. Está doravante claro que os sombrios poderes do *supereu* entram em coalizão com os mais frágeis abandonos da consciência, para levar os homens a uma morte aceita pelas menos humanas das causas, e que nem tudo o que parece sacrifício é heróico. [120]

Por outro lado, o desenvolvimento que crescerá, neste século, dos meios de agir sobre o psiquismo,[7] e o manejo concertado das imagens e paixões do qual já se fez uso com sucesso contra nosso julgamento, nossa resolução e nossa unidade moral, darão ensejo a novos abusos do poder.

Parece-nos digno da psiquiatria francesa que, através das próprias tarefas que lhe são propostas por um país desmoralizado, ela saiba formular seus deveres em termos que salvaguardem os princípios da verdade.


## Debate

[Ao término do debate dessa conferência, realizado em *L'Évolution psychiatrique*, o autor concluiu a reunião com estas palavras:]

---

7 Existe um dossiê da *Psychological Warfare* que, segundo cremos, nem tão cedo será publicado.

126 *Outros Escritos*

Agradeço àqueles que tiveram a bondade de dar seu assentimento, bem como aos que foram meus contraditores, os seus comentários e objeções. Faço questão de reafirmar a concepção unitária, que é a minha em antropologia. Às objeções de princípio que foram levantadas contra o papel exercido pela psiquiatria durante a guerra, respondo com um *E pur si muove*, declinando de que se dêem a minha exposição outros sentidos ou outro mérito.

# Premissas a todo desenvolvimento possível da criminologia

[121]

RESUMO DAS RESPOSTAS FORNECIDAS POR OCASIÃO DO DEBATE SOBRE O RELATÓRIO "INTRODUÇÃO TEÓRICA ÀS FUNÇÕES DA PSICANÁLISE EM CRIMINOLOGIA"[1] (XIII CONFERÊNCIA DE PSICANALISTAS DE LÍNGUA FRANCESA, 29 DE MAIO DE 1950)

Numa série de respostas a cada uma das pessoas que intervieram e das quais é impossível restabelecer os momentos que não foram gravados, muito especialmente num longo diálogo com Hesnard, encontrei a oportunidade de reafirmar as premissas essenciais que considero impostas pela experiência analítica a qualquer desenvolvimento possível da criminologia.

A análise, na medida em que é, dentro dos limites de certas convenções técnicas, essencialmente diálogo e progresso para um sentido, sempre manterá presente no cerne de suas conseqüências objetiváveis em termos científicos a plenitude dramática da relação de sujeito a sujeito; apesar de partir, com efeito, do apelo do homem ao homem, ela se desenvolve numa busca que vai além da realidade da conduta — nominalmente, para a verdade que aí se constitui.

Nenhum método, portanto, tornará menos possível eludir a relação dialética que liga o Crime à Lei, na medida em que esta é simultaneamente normativa (imperativo categórico) e contingente (Lei positiva). Ou seja, ele não pode respaldar nenhum rebaixamento cientificista ou pragmatista do nível dos problemas.

Ora, nisso está o próprio pendor da criminologia, tal como esta se afigura a ouvirmos o discurso do Sr. Hesnard, na plena antinomia de seus efeitos: se ela chega a humanizar o tratamento do criminoso, só o faz ao preço de um declínio de sua humanidade, supondo-se que o homem se faça reconhecer por seus semelhantes pelos atos cuja *responsabilidade* ele assume.

O lazareto é certamente a solução ideal do problema levantado pelo crime para o idealismo cientificista. E, sem dúvida, ela é

[122]

---

1 Cf. *Escritos*, Rio de Janeiro, Zahar, 1998, p.127-51.

128     *Outros Escritos*

válida para evitar os atos que uma determinação orgânica exclui com segurança do círculo da interação social. Mas essa exclusão raramente é tão completa quanto se supõe, com demasiada simplicidade (até mesmo nos estados epilépticos, caso exemplar nessa matéria).

A psicanálise amplia o campo das indicações de um tratamento possível do criminoso como tal — evidenciando a existência de crimes que só têm sentido se compreendidos numa estrutura fechada da subjetividade — nominalmente, aquela que exclui o neurótico do reconhecimento autêntico do outro, amortecendo para ele as experiências da luta e da comunicação social, estrutura esta que o deixa atormentado pela raiz truncada da consciência moral que chamamos de supereu, ou, dito de outra maneira, pela profunda ambigüidade do sentimento que isolamos no termo culpa.

Mas ocorre que, se o reconhecimento da morbidez desses casos permite evitar-lhes, afortunadamente, junto com a degradação penitenciária, o estigma que a ela se prende em nossa sociedade, persiste o fato de que a cura, aí, não pode ser outra coisa senão uma integração, pelo sujeito, de sua verdadeira responsabilidade, e, aliás, era para isso que ele tendia, por vias confusas, na busca de uma punição que em certas situações talvez seja mais humano permitir que ele encontre.

A denúncia do Universo mórbido do crime não pode ter por corolário nem por finalidade o ideal de uma adaptação do sujeito a uma realidade sem conflitos.

Isso porque a realidade humana não é apenas obra da organização social, mas é uma relação subjetiva que, por estar aberta à dialética patética que tem de submeter o particular ao universal, tem seu ponto de partida numa dolorosa alienação do indivíduo em seu semelhante, e encontra seus encaminhamentos nas represálias da agressividade.

Por isso, compreendemos a realidade da importante parcela de criminosos sobre os quais o Sr. Hesnard nos afirma, com grande justeza, que neles não encontramos *absolutamente nada* que se destaque como anomalia psíquica. E não é pouca coisa que sua grande experiência e seu rigor de clínico nos atestem que nisso reside o caso corriqueiro diante do qual o psiquiatria sem idéias preconcebidas fica antes de mais nada espantado.

[123]     Somente o psicanalista que sabe a que se ater na estrutura do *eu* como tal compreenderá também a coerência dos traços que

Premissas a todo desenvolvimento possível da criminologia    129

esses sujeitos apresentam, e que nos são pintados por seu idealismo egocêntrico, sua apologia passional e pela estranha satisfação do ato consumado em que sua individualidade parece encerrar-se em sua suficiência.

Esses criminosos, que aqui chamamos criminosos do *eu*, são as vítimas sem voz de uma crescente evolução das formas diretivas da cultura rumo a relações de coerção cada vez mais externa.

Aliás, não é sem a consciência pesada que a sociedade em que esses criminosos se produzem os toma por bodes expiatórios, e o papel de vedete que com tanta facilidade ela lhes confere evidencia bem a função real que eles garantem ali. Daí o movimento da opinião pública que se compraz tanto mais em tomá-los por alienados quanto mais reconhece neles as intenções de todos.

Somente a psicanálise, por saber como revirar as resistências do *eu*, é capaz, nesses casos, de libertar a verdade do ato, comprometendo com ele a responsabilidade do criminoso, através de uma assunção lógica que deverá conduzi-lo à aceitação de um justo castigo.

Quem ousaria, no entanto, perseguir tal tarefa sem tremer, se não estiver investido por uma teologia?

Somente o Estado, com a Lei positiva que sustenta, pode dar ao ato criminoso sua punição. O ato há de ser então submetido a um julgamento abstratamente fundado em critérios formais, nos quais se reflita a estrutura do poder estabelecido. O veredito ficará entregue, não sem escândalo, mas também não sem razão, ao funcionamento de debates os menos verídicos — donde resulta, não menos logicamente, o reconhecimento do direito do acusado à mentira, que denominamos de respeito à consciência individual.

Esse encadeamento implacável é demasiado chocante — pelo menos, ainda por algum tempo — para os valores de verdade mantidos na consciência pública pelas disciplinas científicas, para que os melhores espíritos não se sintam tentados, sob a denominação de criminologia, pelo sonho de um tratamento inteiramente objetivo do fenômeno criminal.

Assim, o Sr. Piprot, de Alleaumes, roga-nos que orquestremos, no intuito de determinar as condições do estado perigoso, todas as ciências do homem, mas sem levar em conta as práticas jurídicas em exercício.

Ao que então lhe dizemos: "O senhor está retomando o engodo, embora desvendado, das categorias do *crime natural*. Mas    [124]

130 *Outros Escritos*

tanto a etnografia quanto a história nos dão o testemunho de que as categorias do crime são sempre relativas aos costumes e às leis existentes. Do mesmo modo que a psicanálise lhe afirma que a grande determinação do crime é a própria concepção de responsabilidade que o sujeito recebe da cultura em que vive."

Por isso é que Lacan e Cénac escrevem: "A responsabilidade, isto é, o castigo...", e ligam o aparecimento da própria criminologia a uma concepção da pena que eles designam, seguindo Tarde, por concepção *sanitária*, mas que, apesar de nova, nem por isso inscreve-se menos do que as precedentes numa estrutura da sociedade. Ponto de vista pelo qual fomos honrados com a aprovação de vários dos juristas hoje presentes.

Mas se tal concepção da pena foi trazida por um movimento humanitário cujos fundamentos não há como contestar, os progressos da época posterior a Tarde nos mostraram seus perigos: a saber, a desumanização que ela implica para o condenado.

Dizemos que ela leva em última instância, para obter a regeneração de Caim, a pôr no campo de concentração exatamente um quarto da humanidade. Que se tenha a bondade de reconhecer, nessa imagem em que encarnamos nosso pensamento, a forma utópica de uma tendência cujas futuras metamorfoses não temos a pretensão de prever, já que sua realização pressuporia o estabelecimento do Império universal.

É por isso que há uma conciliação necessária entre os direitos do indivíduo, tais como são atualmente garantidos pela organização jurídica (não nos esqueçamos tudo que resta de liberdade suspenso à distinção quanto ao regime penal do direito político e do direito comum, por exemplo), e os progressos abertos pela ciência para nossa manobra psicológica do homem.

Para essa conciliação, a psicanálise traz uma medida essencial.

Decerto ela é cientificamente fecunda, pois definiu estruturas que permitem isolar certas condutas para subtraí-las da medida comum, e, nas que ainda estão por destacar, leva a compreender os jogos de miragem e compensação, restabelece em sua clareza dialética a viscosidade das motivações agressivas numa alienação intrínseca, no qual vieram naufragar as especulações risíveis dos utilitaristas sobre o valor intimidante da pena.

Não são somente as trevas de um destino mais inalterável do que todas as incidências biográficas que ela esclarece com a noção

[125]

*Premissas a todo desenvolvimento possível da criminologia* 131

de automatismo de repetição, com a clareza noturna de um sentido inscrito na ordem do corpo.

As idéias conjugadas de supereu, eu e isso não são, portanto, da alçada de uma casuística vã, e podem guiar a ação do pensamento do pedagogo, do político e do legislador.

A ação concreta da psicanálise é de benefício numa ordem rija. As significações que ela revela no sujeito culpado não o excluem da comunidade humana. Ela possibilita um tratamento em que o sujeito não fica alienado em si mesmo. A responsabilidade por ela restaurada nele corresponde à esperança, que palpita em todo ser condenado, de se integrar num sentido vivido.

Mas, por esse fato, ela afirma também que nenhuma ciência das condutas pode reduzir a particularidade de cada devir humano, e que nenhum esquema pode suprir, na realização de seu ser, a busca em que todo homem manifesta o sentido da verdade.

A verdade a que a psicanálise pode conduzir o criminoso não pode ser desvinculada da base da experiência que a constitui, e essa base é a mesma que define o caráter sagrado da ação médica — ou seja, o respeito pelo sofrimento do homem.

A psicanálise do criminoso tem limites que são exatamente aqueles em que começa a ação policial, em cujo campo ela deve se recusar a entrar. Por isso é que não há de ser exercida sem punição, mesmo quando o delinqüente, infantil, por exemplo, se beneficiar de uma certa proteção da lei.

Mas é porque a verdade que ela busca é a verdade de um sujeito, precisamente, que ela não pode fazer outra coisa senão manter a idéia da responsabilidade, sem a qual a experiência humana não comporta nenhum progresso.

# *Intervenção no*
# *I Congresso Mundial de Psiquiatria*

FEITA EM 26 DE SETEMBRO DE 1950 NO GRANDE ANFITEATRO DA
SORBONNE, DURANTE A SESSÃO PLENÁRIA
"EVOLUÇÃO E TENDÊNCIAS ATUAIS DA PSICANÁLISE"

A idéia da emoção, à qual o ensaio teórico de Raymond de Saussure marca um retorno, não nos parece poder suprir a da situação que a domina, e o epíteto "alucinada" em nada modifica isso, a não ser por nos lembrar que nenhuma retrospecção do doente, fora da análise que a dissocia em suas significações, tem valor para nós senão sob a garantia do controle dele. Por conseguinte, as férias, aqui tidas como realizando o acesso do sujeito ao prazer, parecem-nos um critério um pouco conformista demais, para relegar ao segundo plano toda uma história obsessiva.

Por isso devemos levar aqui em extrema conta a advertência de Thomas de Quincey sumamente justificada concernente ao assassinato, a de que ele leva ao roubo, depois, à mentira, e logo à procrastinação, e dizer que uma falha de lógica levou nosso amigo a uma etiologia obsoleta, a uma anamnese incerta e, numa palavra, à falta de humor.

Que interesse pode haver, com efeito, em traduzir nossa experiência nas categorias pelas quais o Sr. Piaget, com seus questionários, separa a psicologia da criança de uma psicologia ideal do adulto, que seria a do filósofo no exercício de suas funções? Remetamo-nos aos critérios enunciados na página 144 para a distinção do subjetivo e do objetivo, da reciprocidade dos pontos de vista etc., para conferir se estou dizendo a verdade.

Por que procurar fundamentar nessas falaciosas objetivações estruturais aquilo que descobrimos pelo método mais contrário, ou seja, por uma dialética de familiaridade, no nível dos interesses particulares do sujeito, onde a simples virtude das significações incluídas na linguagem mobiliza as próprias imagens que, sem o conhecimento dele, erigem sua conduta e revelam-se regulando até mesmo suas funções orgânicas?

Nosso procedimento parte da similitude implicada no uso da fala, uma similitude supra-individual, sem dúvida, como seu su-

*Intervenção no I Congresso Mundial de Psiquiatria* 133

porte, mas foi através disso que se realizaram as descobertas, impensáveis para o senso comum (a despeito do Sr. Alexander), que não apenas abalaram nosso conhecimento do homem, como também, podemos dizer, inauguraram o da criança.

Pois o fato de estrutura essencial para o estudo do psiquismo da criança não estaria em que, ao falar, por boas razões, a língua de que se servem os adultos, ela se vale de formas sintáticas com uma precisão impressionante, desde os primórdios de sua aprendizagem?

Aliás, não é apenas de nós que vêem as críticas merecidas pelas idéias de pensamento primitivo, pensamento mágico, ou mesmo as de pensamento vivido, cuja novidade saúdo aqui. E um etnógrafo como o Sr. Claude Lévi-Strauss, que as articula de modo definitivo no capítulo intitulado "A ilusão arcaica", em seu grande livro, ilustra-as sem dificuldade com este comentário: que, para os adultos das sociedades primitivas, seus próprios filhos parecem participar das formas mentais que caracterizam para eles o homem civilizado.

Recorramos, pois, para compreender nossa experiência, aos conceitos que nela se formaram — à identificação, por exemplo —, e, se tivermos que buscar apoio noutra ciência, que seja na lingüística, na idéia de *fonema*, por exemplo, promovida pelo Sr. Roman Jakobson, uma vez que a linguagem mais determina a psicologia do que a psicologia a explica.

E que nos perdoe o Sr. Saussure por nossa crítica a um trabalho que continua a ser uma observação brilhantíssima da clínica psicossomática.

Veremos agora, no Sr. Alexander, uma exposição rigorosa do pensamento do Freud chegar a uma completa inversão de seu sentido, sob a influência de um fator que trataremos de definir.

A ênfase que ele deposita justificadamente no termo pré-verbal para designar o campo do inconsciente dinâmico lembra-nos — com a importância que aí têm os fenômenos propriamente lingüísticos do lapso, do trocadilho etc. — que Freud exigia da definição do recalcado que a situação tivesse sido verbalizada em algum momento.

A Sra. Melanie Klein, procedendo na criança, desde o aparecimento da linguagem, a uma verdadeira encantação da vivência do estágio do *infans*, levantou objeções que não decorrem de nada menos do que o eterno problema da essência do inominado.

## 134    *Outros Escritos*

[129]        Evocamos aqui sua obra não apenas porque a Srta. Anna Freud, por mais contrária que se tenha mostrado a essa espécie de transgressão que a fundamenta, foi a única a fazer menção dela aqui, mas porque vemos nesse exemplo ilustre que os frutos de nossa técnica não podem ser sadiamente apreciados senão à luz da idéia de verdade. Se, com efeito, essa idéia pode ser eliminada, na física, de operações que podemos tomar por desprovidas de sentido, não podemos, sob pena de fazer nosso pensamento mergulhar nas trevas, parar de sustentá-la em seu vigor socrático — ou seja, esquecer que a verdade é um movimento do discurso, que pode validamente esclarecer a confusão de um passado que ela eleva à dignidade da história, sem esgotar sua impossível realidade.

É essa mesma dialética, com efeito, que atua no tratamento, e nele a descobrimos por ela haver atuado no homem desde sua vinda ao mundo, até penetrar em toda a sua natureza, através das crises formadoras em que o sujeito se identificou, alienando-se.

Assim, o *ego*, síndico das mais móveis funções pelas quais o homem se adapta à realidade, revela-se a nós como uma força de ilusão ou de mentira: é que ele é uma superestrutura engajada na alienação social. E, se a teoria dos instintos nos mostra uma sexualidade em que nenhum elemento da relação instintual — tendência, órgão, objeto — escapa à substituição, à reversão, à conversão, é porque a necessidade biológica, cujo alcance é supra-individual, era o campo predestinado às combinações da simbólica, assim como às prescrições da Lei.

Por conseguinte, ao se apegar, em sua técnica abreviada, à equalização das tensões do *ego*, o Sr. Alexander pode fazer um trabalho de engenheiro. Ele desconhece o próprio espírito da terapêutica freudiana, que, situando o sujeito entre a lógica que o conduz ao universal e a realidade em que ele está alienado, respeita o movimento de seu desejo. Não está em poder do senhor dar-lhe a verdade que constituirá a salvação dele, porque ela não está em parte alguma, nem em sua profundeza nem em nenhum alforje, nem diante dele nem diante do senhor. Ela existe *quando* ele a realiza, e, apesar de o senhor estar lá para lhe responder quando ela chegar, não poderá forçá-la, tomando a palavra em seu lugar.

Desse modo, a teoria da sexualidade que o Sr. Alexander introduz sob a autoridade da psicossomática revela-nos o sentido de sua posição: a sexualidade, fica entendido, é uma forma específica
[130]    de descarga para todas as tensões psicológicas em excesso. Assim,

*Intervenção no I Congresso Mundial de Psiquiatria* 135

a dialética freudiana, que revelou a verdade do amor no presente excrementício da criança ou em suas exibições motoras, inverte-se aí num balanceamento fora da natureza, na qual a função sexual se define, biologicamente, como um excedente de excreção, e, psicologicamente, como um prurido nascido de um eu no limite de sua eficácia.

Essa teoria nos interessa por evidenciar que toda ciência dita psicológica deve estar impregnada dos ideais da sociedade em que se produz, não, certamente, porque a relacionemos com o que a literatura especializada nos ensina sobre as manifestações do sexo na América, porém, sobretudo, pelo que se deduz dela ao tomá-la ao pé da letra, ou seja: que os animais mecânicos que vêm sendo montados, mais ou menos por toda parte, impulsionados pelo *feedback*, uma vez que já vêem, agitam-se e sofrem por suas necessidades, não deixarão de manifestar, dentro em pouco, uma nova vontade de fazer amor.

Designamos a carência subjetiva que aí se manifesta, em seus correlatos culturais, pela letra *c* minúscula, símbolo ao qual é lícito dar qualquer tradução que parecer conveniente. Esse fator escapa tanto aos cuidados quanto à crítica, enquanto o sujeito se satisfizer com ele e enquanto ele assegurar a coerência social. Mas, se o efeito de discordância simbólica a que chamamos doença mental vier a dissolvê-lo, não deveria ser nossa tarefa restaurá-lo. É desejável, portanto, que o analista o tenha superado, por menos que seja.

Eis por que o espírito de Freud ainda permanecerá por algum tempo no horizonte de todos nós, e também porque, agradecendo à Srta. Anna Freud por nos haver relembrado mais uma vez sua amplitude de visão, haveremos de nos regozijar pelo fato de o Sr. Levine ficar sabendo que, na própria América, alguns o consideram, como nós, ameaçado.

III

# *Discurso de Roma* [133]

PROFERIDO EM 26 DE SETEMBRO DE 1953, PARA INTRODUZIR
O RELATÓRIO "FUNÇÃO E CAMPO DA FALA E DA
LINGUAGEM EM PSICANÁLISE"[1]

"Meus amigos" — foi assim que o Dr. Lacan se dirigiu[2] a uma assembléia cuja reunião ele colocaria sob o signo da amizade. Amizade dos colegas romanos, garantia, para aqueles a quem ela acolhe, de que "não é como turistas nem como invasores, mas como hóspedes, que eles podem tomar o ar da cidade, e sem nela se sentirem bárbaros demais". Amizade que sustenta a união, neste Congresso solene, dos que acabam de fundamentar num novo pacto a consciência de sua missão. E o orador enfatiza aqui que, se a juventude que predomina entre os adeptos do novo movimento fala das promessas de seu futuro, o esforço e os sacrifícios representados pela presença da quase totalidade deles neste lugar de reunião já desenham seu sucesso. Que dessa amizade, portanto, participem todos os que para cá tiverem sido trazidos pelo sentimento dos interesses humanos que a análise carrega.

Fiando-se na leitura que seus ouvintes possam ter feito do relatório distribuído, escrito à maneira falada, porém longo demais para ser efetivamente reproduzido em seu informe atual, o orador se contentará em precisar a significação de seu discurso.

Ele observa que, se aquilo que hoje traz é fruto de uma meditação lentamente conquistada contra as dificuldades ou as errâncias de uma experiência às vezes guiada, mais comumente sem referenciais, através dos cerca de vinte e cinco anos em que o movimento da análise, pelo menos na França, pode ser considerado esporádico, foi "desde sempre" que ele reservou sua homenagem a todos aqueles que, desde a guerra, reuniram-se num esforço

---

1  Cf. *Escritos*, Rio de Janeiro, Zahar, 1998, p.238-324.
2  Por considerações de volume, o discurso do Dr. Lacan é aqui resumido com base na estenotipia completa que dele foi colhida em Roma. Daí o uso parcial do estilo indireto em sua redação.

cujo patrimônio comum lhe havia parecido dever prevalecer sobre as manifestações de cada um. "Desde sempre" quer dizer, bem entendido, desde a época em que ele veio a sustentar os conceitos e a fórmula deles. Pois foi preciso nada menos do que a pressa dos jovens, depois da guerra, em recorrer às fontes da análise, e a magnífica pressão de sua demanda de saber, para que ele desempenhasse esse papel de ensinar, do qual, sem eles, ter-se-ia sempre sentido indigno.

Assim, é justo no final das contas que eles próprios ouçam a resposta que ele tenta fornecer a uma pergunta essencial que lhe foi formulada.

É que, embora seja eludida quase sempre por um dos interlocutores no obscuro sentimento de poupar ao outro sua dificuldade, nem por isso *uma* pergunta fica menos presente, essencialmente, em todo ensino analítico, e se deixa transparecer na forma intimidada *das* perguntas em que é cunhada a aprendizagem técnica. "Senhor (subentenda-se: que sabe o que acontece com estas realidades veladas — a transferência, a resistência), o que se deve fazer, o que se deve dizer (entenda-se: que faz o senhor, que diz o senhor) num caso assim?"

Um apelo tão desarmado ao mestre, que vai além da tradição médica a ponto de parecer estranho ao tom moderno da ciência, oculta uma incerteza profunda sobre o próprio objeto a que concerne. "De que se trata?", gostaria de dizer o estudante, se não temesse ser inconveniente. "O que pode acontecer de efetivo entre dois sujeitos, dentre os quais um fala e o outro escuta? Como pode uma ação, tão intangível naquilo que se vê e naquilo que se toca, atingir as profundezas que presume?"

Essa pergunta não é tão irrefletida que não persiga o analista até a inclinação para um retorno, aliás às vezes precoce, e para que, tentando então ficar à altura dela, ele não arrisque sua especulação sobre a função do irracional em psicanálise, ou de qualquer outra miséria da mesma laia conceitual.

Enquanto espera algo melhor, o debutante sente sua experiência estabelecer-se numa suspensão hipotética em que parece sempre prestes a se resolver numa miragem, preparando-se para os amanhãs de objetivação furiosa em que será recompensado por seus sofrimentos.

É que comumente sua psicanálise pessoal não lhe torna mais fácil do que para outro qualquer fazer a metafísica de sua própria

*Discurso de Roma* 141

ação, nem menos escabroso deixar de fazê-la (o que significa, bem entendido, fazê-la sem saber).

Muito pelo contrário. Basta, para nos darmos conta disso, [135] confrontar o analista com a ação da fala, pedindo-lhe que suponha o que traria a plenitude dela numa experiência em que se entrevê e provavelmente se confirma que, banindo todos os outros modos de realização, ela, pelo menos, deve prevalecer.

Partir da ação da fala por ela ser aquilo que funda o homem em sua autenticidade, ou apreendê-la na posição original absoluta do "No começo era o Verbo", do quarto Evangelho — o qual o "No começo era a ação", de Fausto, não consegue contradizer, uma vez que essa ação do Verbo lhe é coextensiva e renova dia a dia sua criação —, significa, por um caminho e pelo outro, ir diretamente, para além da fenomenologia do *alter ego* na alienação imaginária, ao problema da mediação de um Outro que não é segundo enquanto o Um ainda não está. É também aquilatar, pelas dificuldades de tal abordagem, a necessidade de inconsciência que será gerada pela experiência de uma responsabilidade levada a uma instância que bem podemos chamar, aqui, de etimológica. É explicar, ao mesmo tempo, que, se nunca as incidências da fala foram oferecidas à decomposição de uma análise espectral a esse ponto, isso foi apenas para melhor facultar ao praticante álibis mais obstinados, na má fé que há em seu "bom senso", e recusas de sua vocação à altura do que podemos chamar de sua eminência, se lhe for concedido igualar-se à possibilidade de qualquer vocação.

Aliás, os álibis e recusas ganham aparência pelo aspecto operário da função do praticante. Ao se tomar a linguagem como apenas um meio na ação da fala, o barulho ensurdecedor que mais comumente a caracteriza servirá para recusá-la diante da instância de verdade que a fala pressupõe. Mas só se invoca essa instância para mantê-la distante e para pagar na mesma moeda no que concerne aos dados flagrantes do problema — ou seja, que o papel constitutivo do que é material na linguagem impede que a reduzamos a uma secreção do pensamento, e que a experimentação maciça das toneladas e quilômetros pelos quais se medem os alicerces de sua transmissão, antigos e modernos, basta para que nos interroguemos sobre a ordem dos interstícios que ela constitui no real.

Pois o analista não se crê remetido por isso ao papel que assume na ação da fala, na medida em que ela não consiste apenas, para o sujeito, em ele se dizer, nem tampouco em se afirmar, mas em se fazer reconhecer. Sem dúvida, essa operação não é desprovida de exigências, sem o que não duraria tanto tempo. Ou melhor, é das exigências que ela desenvolve, uma vez iniciada, que provém o benefício da análise.

[136]

O maravilhoso que se liga à função da interpretação, e que conduz o analista a mantê-la na sombra, embora a ênfase devesse ser depositada com vigor na distância que ela supõe entre o real e o sentido que lhe é dado — e, propriamente, na reverência de princípio e na reprovação de consciência que envolvem sua prática —, obstrui a reflexão sobre a relação intersubjetiva fundamental que lhe é subjacente.

Entretanto, nada evidencia melhor essa relação do que as condições de eficácia que essa prática revela. Pois essa revelação do sentido exige que o sujeito já esteja pronto para ouvi-la, isto é, ele não esperaria se já não tivesse encontrado. Mas, se sua compreensão exige o eco da fala de vocês, não será porque é numa fala que, já por se dirigir a vocês, era a de vocês, que se constituiu a mensagem que ele deve receber dela? Assim, o ato de fala aparece menos como comunicação do que como fundamento dos sujeitos numa anunciação essencial. Ato de fundação que podemos perfeitamente reconhecer no equívoco que faz o analista estremecer, no ponto supremo de sua ação, em relação ao qual evocamos, mais acima, o sentido etimológico da responsabilidade. Mostraremos nele, facilmente, o fecho propriamente górdio do nó em que tantas vezes os filósofos tentaram soldar a liberdade com a necessidade. É que não existe, certamente, uma interpretação que seja a única correta, mas é do fato de ela ser dada que depende o advento no ser do novo que não existia, e que se torna real naquilo que chamamos verdade.

Termo tão mais incômodo para aquilo a que nos referimos quanto mais somos tomados por sua referência, como se vê no cientista que consente em admitir o processo, patente na história da ciência, de que é sempre a teoria em seu conjunto que é intimada a responder ao fato irredutível, mas rejeita a evidência de que não é a preeminência do fato que se manifesta dessa maneira, e sim a de um sistema simbólico que determina a irredutibilidade do fato num registro constituído — não sendo tido por fato o fato que não se traduz neste registro de maneira alguma. A ciência avança sobre o real ao reduzi-lo ao sinal.

Mas ela também reduz o real ao mutismo. Ora, o real com que se defronta a análise é um homem a quem é preciso *deixar falar*. É na medida do sentido que o sujeito traz, efetivamente, ao pronunciar o "eu" [*je*][3], que se decide se ele é ou não *aquele que fala*; mas a fatalidade da fala, ou seja, a condição de sua plenitude, pretende que o sujeito, por cuja decisão se mede propriamente, a cada instante, o ser em questão, em sua humanidade, seja tanto aquele que fala quanto aquele que escuta. Porque, no momento da fala plena, ambos participam dela igualmente.

[137]

Sem dúvida, estamos longe do momento em que o analisante começa a falar. Escutemos: ouçamos o "eu" [*je*] hesitante a partir do momento em que ele precisa colocar-se à frente dos verbos mediante os quais, supostamente, faz mais do que se reconhecer numa realidade confusa, mediante os quais tem de fazer com que seu desejo seja reconhecido, assumindo-o em sua identidade: eu amo, eu quero. Como pode ser que ele estremeça mais nesse passo do que em qualquer outro, senão porque, por mais suave que seja seu pulo, ele só pode ser irreversível, justamente porque, à mercê de todas as revogações, dali em diante ele as exigirá em suas retomadas?

Comumente, dependerá do ouvinte, sem dúvida, que esse passo em si não tenha nenhuma importância; não depende do sujeito que seu ser tenha entrado, a partir daí, na engrenagem das leis do blablablá, porém depende ainda menos da escolha do psicanalista interessar-se ou não pela ordem na qual o sujeito assim se introduziu. Porque, se ele não se interessar, simplesmente não será psicanalista.

Isso porque é a essa ordem, e a nenhuma outra, que pertence o fenômeno do inconsciente, descoberta sobre a qual Freud fundou a psicanálise.

Pois onde situar, por gentileza, as determinações do inconsciente senão nos quadros nominais em que se baseiam desde sem-

---

3 O desdobramento do termo "eu" em francês, entre *je* e *moi* é relativamente pouco explorado neste volume. Portanto, a solução mais simples, a transcrição do original entre colchetes, nos pareceu a solução ideal por não comprometer a leitura. (N.E.)

pre, no ser falante que somos, a aliança e o parentesco, nas leis da fala em que as linhagens fundamentam seu direito, no universo de discurso em que elas misturam suas tradições? E como apreender os conflitos analíticos e seu protótipo edipiano fora dos compromissos que fixaram, muito antes de o sujeito vir ao mundo, não apenas seu destino, mas sua própria identidade?

[138]

O funcionamento das pulsões, ou o âmbito da afetividade, não continua apenas mítico, ainda que consigamos localizá-lo num núcleo qualquer da base do cérebro; ele só traz ao inconsciente uma articulação unilateral e fragmentada. Observem o que chamamos, bizarramente, de material analítico, mesmo que não discutamos nisso o termo material, se quisermos, mas material de linguagem que, para constituir o recalcado, como nos assegura Freud ao defini-lo, tem que ter sido assumido pelo sujeito como fala. Não é com impropriedade que se diz que a amnésia primária atinge, no sujeito, sua história. Trata-se, com efeito, daquilo que ele viveu como historicizado. A impressão só tem valor como significante no drama. Aliás, como conceber que uma "carga afetiva" permaneça ligada a um passado esquecido, se o inconsciente não fosse, justamente, sujeito em pleno exercício, e se o *deus* dos bastidores afetivos não saísse, justamente, da *machina* integral de uma dialética sem corte?

O que prima na pressão que encontra uma saída no retorno do recalcado é um desejo, sem dúvida — mas na medida em que ele tem de se fazer reconhecer —, e, por estar inscrito desde a origem nesse registro do reconhecimento, no momento do recalcamento é o sujeito, e não essa inscrição imprescritível, que é retirado desse registro.

Do mesmo modo, a restauração mnêmica exigida por Freud como fim da análise não pode ser a continuidade das lembranças puras, imaginadas por Bergson em sua integração mítica da duração, mas a peripécia de uma história, marcada por escansões, na qual o sentido só fica suspenso a fim de se precipitar para a saída fecunda ou desastrosa daquilo que constituiu um problema ou um ordálio. Nada se representa aí que não tenha lugar numa frase, mesmo interrompida, ou que não seja sustentado por uma pontuação, ainda que incorreta; e é isso que possibilita a repetição simbólica no ato e o modo de insistência com que ele aparece na compulsão. Quanto ao fenômeno da transferência, ele sempre participa da elaboração própria da história como tal, isto é, do movi-

*Discurso de Roma* 145

mento retroativo pelo qual o sujeito, assumindo uma conjuntura em sua relação com o futuro, reavalia a verdade de seu passado com base em sua nova ação.

A descoberta de Freud foi que o movimento dessa dialética não determina somente o sujeito, à sua revelia e até pelas vias de seu desconhecimento — o que Hegel já havia formulado no artifício da razão colocado no princípio da fenomenologia do espírito —, mas o constitui numa ordem que só pode ser excêntrica em relação a qualquer realização da consciência de si; mediante o que, era sempre transposto para mais longe o limite da ordem assim constituída, sempre mais soberano seu domínio, na realidade do ser humano, do que a princípio se pudera imaginar. Assim é que — à semelhança das pedras que, na falta de homens, teriam aclamado aquele que era portador da promessa feita à linhagem de Davi, e contrariamente ao dito de Hesíodo, que, da caixa aberta para os males com que a vontade de Júpiter aflige eternamente os mortais, faz surgir doenças que "avançam sobre eles em silêncio" — nós conhecemos nas neuroses, e talvez para além das neuroses, doenças que falam.

[139]

Os conceitos da psicanálise são captados num campo de linguagem e seu domínio se estende tanto quanto é possível que uma função de aparelho, uma miragem da consciência, um segmento do corpo ou de sua imagem, um fenômeno social ou uma metamorfose dos próprios símbolos sirvam de material significante para aquilo que o sujeito inconsciente tem a expressar.

Essa é a ordem essencial em que se situa a psicanálise, e que daqui para frente chamaremos de ordem simbólica. A partir daí, afirmaremos que tratar o que é dessa ordem pela via psicanalítica impede qualquer objetivação que se possa propriamente fazer dela. Não é que a psicanálise não tenha possibilitado mais de uma objetivação fecunda, mas ela não pode, ao mesmo tempo, sustentá-la como dada e entregá-la à ação psicanalítica, pela mesma razão que não se pode, ao mesmo tempo, como dizem os ingleses, comer o bolo e guardá-lo. Considerem como objeto um fenômeno qualquer do campo psicanalítico e, num instante, esse campo se dissipa junto com a situação que o funda, da qual vocês só podem esperar assenhorear-se se renunciarem a qualquer dominação daquilo que pode ser apreendido como objeto. Os sintomas de conversão, inibição e angústia não estão ali para dar a vocês o ensejo de lhes ratificar os nós, por mais sedutora que possa ser sua topologia; é de desatá-los que se trata, e isso quer dizer devolvê-los à função de fala que eles têm, num discurso cuja significação determina seu emprego e seu sentido.

Assim, compreende-se por que tanto é falso atribuir o desenlace analítico à conscientização quanto é inútil espantar-se que aconteça de ela não ter essa virtude. Não se trata de passar de um patamar inconsciente, mergulhado na obscuridade, para o patamar consciente, sede da clareza, através de sabe-se lá que misterioso elevador. É justamente essa a objetivação pela qual o sujeito, comumente, tenta furtar-se a sua responsabilidade, e é também aí que os arrasadores habituais da intelectualização manifestam sua inteligência, comprometendo-a ainda mais nessa direção.

[140]

Trata-se, com efeito, não de passagem para a consciência, mas de passagem para a fala, a despeito daqueles que se obstinam em permanecer fechados a ela, e é preciso que a fala seja ouvida por alguém ali onde não podia nem sequer ser lida por ninguém — uma mensagem cujo código perdeu-se ou cujo destinatário morreu.

A letra da mensagem é importante aqui. Para apreendê-la, é preciso nos determos por um instante no caráter fundamentalmente ambíguo da fala, na medida em que a função tanto é de velar quanto de desvelar. Mas, mesmo nos restringindo ao que ela dá a conhecer, a natureza da linguagem não permite separá-la das ressonâncias que sempre recomendam lê-la com diversos alcances. É essa partição inerente à ambigüidade da linguagem a única a explicar a multiplicidade dos acessos possíveis ao segredo da fala. Persiste o fato de que há apenas um texto em que se pode ler, ao mesmo tempo, tanto o que ela diz quanto o que ela não diz, e de que é a esse texto que se ligam os sintomas, tão intimamente quanto um rébus se liga à frase que o representa.

Há algum tempo, é completa a confusão entre a multiplicidade dos acessos à decifração dessa frase e aquilo que Freud chama de sobredeterminação dos sintomas que a representam. Boa parte de uma psicologia pretensamente analítica foi construída com base nessa confusão; no entanto, a primeira propriedade decorre essencialmente da plurivalência das intenções da frase com respeito a seu contexto, e a outra, do dualismo do significante e do significado, na medida em que ele é repercutido praticamente de maneira indefinida no uso do significante. Somente a primeira abre as portas para que qualquer "relação de compreensão" resta-

*Discurso de Roma*   147

beleça, indissoluvelmente, causas finais. Mas a sobredeterminação de que fala Freud não visa, em absoluto, restaurá-las na legitimidade científica. Ela não afoga o peixe do causalismo na fluidez de um paralelismo psicofisiológico que um certo número de cabeças-moles julga poder reforçar com a lição freudiana. Ela apenas separa, do texto sem fissura da causalidade no real, a ordem instituída pelo uso significante de um certo número de seus elementos, na medida em que ele atesta a penetração do real pelo simbólico — sem que a exigência causalista perca seus direitos de reger o real por parecer representar apenas uma tomada especial dessa ação simbolizadora.

Que esta observação testemunhe, de passagem, os limites irredutíveis que o pensamento de Freud opõe a qualquer intromissão de um idealismo "barato",[4] à moda de Jaspers.   [141]

Freud, na verdade, é por demais coerente em seu pensamento para que a sobredeterminação com que relaciona a produção do sintoma, entre um conflito atual, no que este reproduz um antigo conflito de natureza sexual, e o respaldo não acidental de uma hiância orgânica (espinha lesionada ou complacência do corpo) ou imaginária (fixação), tenha-lhe parecido outra coisa senão uma escapatória verbal a ser desdenhada, se não se tratasse, no caso, da estrutura que une o significante ao significado na linguagem. E é por desconhecer isso que se acaba por identificar a relação inteira entre o homem e seus objetos com uma fantasia de coito, variadamente imaginada — sono da razão em que naufragou o pensamento analítico e que não pára de criar novos monstros.

Pois estamos prontos para nos interrogar se a análise é o engodo pelo qual se extinguem no sujeito necessidades pretensamente regressivas, permitindo que elas se esgotem pelas vias imaginárias que lhes são próprias, sem que a escassa realidade que as sustenta possa jamais satisfazê-las, ou se ela é a resolução das exigências simbólicas que Freud revelou no inconsciente e que sua última tópica ligou brilhantemente ao instinto de morte. Se essa segunda concepção é a verdadeira, o erro representado pela primeira torna-se evidente, com a aberração com que toda a prática analítica acha-se atualmente comprometida.

---

4  Sabemos que esse é um adjetivo do qual o próprio Sr. Jaspers se serve de bom grado.

148     *Outros Escritos*

Peço-lhes apenas observarem a ligação que afirmo aqui entre a segunda posição, a única correta para nós, e o reconhecimento da validade da tão discutida posição de Freud sobre o instinto de morte — o que vocês confirmarão ao constatar que toda revogação dessa parte de sua obra é acompanhada, nos que se vangloriam dela, de uma renegação que vai até seus princípios, já que eles são os mesmos, e não por acaso, que não buscam mais nada no sujeito da experiência analítica que eles não situem além da fala.

Entremos agora na questão das relações da psicanálise com a psicologia.

[142]     Concordo com meu colega Lagache em afirmar a unidade do campo em que se manifesta o fenômeno psicológico. Assim é que o que acabamos de definir como campo psicanalítico dá forma à psicologia humana, bem entendido, tão profundamente quanto o constatamos em nossa experiência, e até mais do que se costuma reconhecer — como perceberiam os psicólogos se tivessem a bondade de não impedir os conceitos psicanalíticos de cruzar a soleira do laboratório, em que nenhum dos isolamentos constitutivos do objeto poderia deixá-los fora de ação, por exemplo, para resolver os paradoxos em vão atribuídos à consolidação na reminiscência, ou os que ficaram pendentes nas resistências do animal à aprendizagem do labirinto temporal.

O fato é que se desconhece a ordem inteira da qual a psicanálise, ao instaurar nela sua revolução, só faz lembrar a presença desde sempre ao afirmar que, nas relações que concernem à totalidade do indivíduo humano, não há nada que não decorra da psicologia.

Isso é falso, e não apenas em razão de preconceitos latentes nos modos de objetivação positiva com que essa ciência se constituiu historicamente. Preconceitos que seriam retificáveis numa reclassificação das ciências humanas da qual oferecemos o esboço, entendendo-se que toda classificação das ciências, longe de ser uma questão formal, prende-se sempre aos princípios radicais do desenvolvimento delas.

Se é tão importante para nós afirmar que a psicologia não abarca o campo da existência humana, é por ser ela uma particularização expressa dele, historicamente válida, e porque a ciência que leva esse nome, em suma, é inseparável de uma certa realidade pressuposta — a que se caracteriza como um certo tipo de relação do homem consigo mesmo na chamada época moderna,

*Discurso de Roma* 149

tipo este ao qual a denominação de *homo psychologicus* não nos parece trazer nada de forçado em seu termo.

Nunca seria demais, com efeito, insistir na correlação que liga a objetivação psicológica à crescente predominância assumida, na vivência do homem moderno, pela função do *eu* [*moi*], a partir de um conjunto de conjunturas sociais, tecnológicas e dialéticas cuja *Gestalt* cultural foi visivelmente constituída no início do século XVII.

Os impasses criados por essa espécie de mutação, cujas corre- [143] lações estruturantes somente a psicanálise permite-nos agora entrever, motivaram poderosamente a admissão do mal-estar da civilização no fim do século XIX, no qual pode-se dizer que a descoberta freudiana constituiu um retorno das Luzes. Por isso é que realmente se trata de um novo obscurantismo quando todo o movimento atual da psicanálise se lança impetuosamente num retorno às crenças ligadas ao que chamamos pressuposto da psicologia — no primeiro plano das quais a pretensa função de síntese do *eu* [*moi*], que por ter sido cem vezes refutada, e bem antes e fora da psicanálise, por todas as vias da experiência e da crítica, bem merece, em sua persistência, ser qualificada de superstição.

A noção de *eu*, que Freud demonstrou, especialmente na teoria do narcisismo, como fundamento de todo o enamoramento (*Verliebtheit*) e, na técnica da resistência, como sustentada pelas formas latente e patente da denegação (*Verneinung*), denuncia da maneira mais exata suas funções irrealizadoras: miragem e desconhecimento. Ele a complementou com uma gênese que claramente situa o *eu* na ordem das relações imaginárias e que mostra, em sua alienação radical, a matriz que especifica a agressividade inter-humana como essencialmente intra-subjetiva. Mas já sua descendência espiritual, apoderando-se da suspensão do tabu sobre uma palavra, pretexto para todos os contra-sensos, e da suspensão da proibição de um interesse, ensejo para um retorno da idolatria, preparou-nos os amanhãs de reforço propedêutico do *eu* em que agora a análise tende a ser absorvida.

É que a citada descendência não teve tempo para assimilar o sentido da descoberta do inconsciente, por não haver reconhecido em sua manobra analítica a grande tradição dialética da qual, no entanto, ela representou a reentrada fulgurante. Pelo contrário, os epígonos logo foram tomados de vergonha diante de um material simbolizador cuja disposição, sem falar em sua estranheza pró-

150     *Outros Escritos*

pria, contrastava vivamente com o estilo da ciência reinante, à maneira da coleção de jogos privilegiados por ela relegados às recreações, matemáticas ou outras, ou à maneira como evoca as artes liberais em que a Idade Média ordenava seu saber, da gramática à geometria, da retórica à música.

Tudo, no entanto, os convidava a reconhecer o mais desenvolvido método dialético no processo essencial pelo qual a psicanálise em sua experiência conjuga o particular com o universal, em sua teoria subordina o real ao racional, em sua técnica convoca o sujeito a seu papel constitutivo para o objeto e, em muitas estratégias, enfim, coincide com a fenomenologia hegeliana — como na réplica ao discurso da bela alma, pelo socorro que ela traz à desordem do mundo em que sua revolta encontra seu tema. Tema, diga-se de passagem, cuja canalhice não se pode imputar à introversão do caminhante solitário,[5] quando nos lembramos que ele foi produzido no palco do mundo pelo extrovertidíssimo conquistador, Camões, no título de um de seus grandes poemas.

[144]

De fato, não é com a psicologia que Freud se preocupa, nem em reforçar o eu de sua paciente, nem em lhe ensinar a suportar a frustração ao ser cobrado por Dora a propósito da situação escandalosa em que a má conduta do pai dela a prostitui. Muito pelo contrário, é a essa mesma situação que Freud a remete para obter dela a confissão do apoio ativo e constante que ela lhe dá, sem o qual essa situação não poderia ter se perpetuado nem por um instante.

Aliás, só o exercício dessa dialética permite não confundir a experiência analítica com uma situação a dois que, sendo abordada como tal, só pode gerar no paciente um acréscimo de resistências, as quais o analista, por sua vez, não acredita poder remediar senão se entregando às suas, o que leva, no final das contas, ao método que os melhores admitem, sem nem mais sentirem a advertência de um incômodo: buscar um aliado, dizem eles, na "parte sadia" do *eu* do paciente, para reformular a outra parte à medida da realidade. E o que é isso senão refazer o *eu* do paciente à imagem do *eu* do analista? O processo é descrito, com efeito, como o da "cisão do *eu*" (*splitting of the ego*), por bem ou por mal, a

---

5   Menção a *Les rêveries d'un promeneur solitaire*, de Jean-Jacques Rousseau. (N.E.)

*Discurso de Roma* 151

metade do *eu* do sujeito devendo passar para o lado bom da barricada psicológica, isto é, aquele em que a ciência do analista não é contestada, e depois para a metade da metade que sobra, e assim sucessivamente. É compreensível que, nessas condições, possa-se esperar a reforma do pecador, quer dizer, do neurótico — pelo menos, ou na falta dela, sua entrada no reino do *homo psychanalyticus*, odioso de ouvir, mas seguro de sua salvação.

O *eu*, no entanto, verdade primeira da psicanálise nunca é senão metade do sujeito; e essa metade, ainda por cima, não é a boa nem a que detém o fio de sua conduta, de modo que o referido fio deve ser torcido, e não apenas um pouco. Mas, que importância tem isso? Todo mundo não sabe há algum tempo que o sujeito, em sua resistência, usa de tamanho artifício que chega até a se refugiar na moita [*maquis*] da perversão declarada, na *strada* da incontinência passional, para não se entregar à evidência — ou seja, a de que, em última análise, ele é pré-genital, isto é, interesseiro? No que podemos ver que Freud retorna a Bentham, e a psicanálise, ao redil da psicologia geral. [145]

É inútil, portanto, atacar tal sistema, onde tudo se sustenta, a não ser para lhe contestar qualquer direito de se chamar psicanálise.

Voltando, de nossa parte, a uma visão mais dialética da experiência, diremos que a análise consiste precisamente em distinguir a pessoa deitada no divã analítico daquela que fala. O que, somado à que escuta, já dá três pessoas presentes na situação analítica, entre as quais é costume formular a pergunta que é básica em qualquer matéria de histeria: onde está o *eu* do sujeito? Admitido isso, convém dizer que a situação não é a três, mas a quatro, com o papel do morto, como no bridge, sempre fazendo parte da partida, e tanto que, não se o levando em conta, é impossível articular seja lá o que for que tenha sentido a propósito de uma neurose obsessiva.

Aliás, foi por intermédio dessa estrutura, na qual se ordena toda transferência, que se pôde ler tudo o que sabemos da estrutura das neuroses. Do mesmo modo, se a intermediação da fala não fosse essencial à estrutura analítica, a supervisão de uma análise por um analista que só tem dela o relato verbal seria estritamente impensável, ao passo que é uma das formas mais claras e mais fecundas da relação analítica (cf. o relatório).

Sem dúvida, a antiga análise, dita "do material", talvez pareça arcaica a nossos espíritos presos à dieta de uma concepção cada

152 *Outros Escritos*

vez mais abstrata da redução psicoterápica. A retomarmos seu legado clínico, entretanto, ele se afigurará em pé de igualdade com a retomada que tentamos da análise freudiana em seus princípios. E, já que evocamos há pouco, para situar essa fase antiga, a ciência de uma época caduca, lembremo-nos da sabedoria que ela continha em seus exercícios simbólicos e da exaltação que o homem podia extrair, quando se quebravam os vasos, de um vidro ainda opalinizado. E daí tirarei para vocês um sinal para se guiarem.

[146]   Mais de um caminho se propõe à sua pesquisa, ao mesmo tempo que neles são colocados entraves por toda parte em nome de proibições, de modas, de pretensões ao "classicismo", de regras não raro impenetráveis e, numa palavra, de mistificações — termo que entendo no sentido técnico que lhe foi dado pela filosofia moderna. Uma coisa, no entanto, caracteriza esses mistérios e seus duvidosos guardiães. É o crescente marasmo das tarefas e dos termos em que eles aplicam seus esforços e suas demonstrações.

Aprendam, pois, qual é o sinal pelo qual vocês poderão se certificar de que eles estão errados. A psicanálise é fonte de verdade, mas também de sabedoria. E essa sabedoria tem um aspecto que nunca engana, desde que o homem começou a enfrentar seu destino. Toda sabedoria é um gaio saber. Ela se abre, subverte, canta, instrui e ri. Ela é toda linguagem. Alimentem-se de sua tradição, desde Rabelais até Hegel. Abram também os ouvidos para as canções populares, para os maravilhosos diálogos de rua...

Neles vocês recolherão o estilo através do qual o humano se revela no homem, e o sentido da linguagem sem o qual vocês nunca libertarão a fala.

RESPOSTAS ÀS INTERVENÇÕES

*27 de setembro de 1953*

As razões de tempo não justificariam que eu me furtasse a nenhuma das perguntas que me foram feitas, e não seria sem arbitrariedade, depois de meu discurso, eu pretender que minha resposta a uma pudesse valer para aquela que, por ser de um outro, nem por isso seria a mesma. Se, portanto, ao me dirigir em minha resposta

*Discurso de Roma*     153

a cada um, faço uma escolha nessas perguntas, é porque penso não poder satisfazer nenhuma aqui, se não for válida para todos.

Começarei, pois, por agradecer a Daniel Lagache pelo cuidado que dedicou a representar para vocês, numa clareza sistemática, as direções e incidências de meu relatório: ele não poderia ter feito melhor na solenidade de uma defesa de tese, por mais justificadas que sejam suas observações sobre a ruptura flagrante, em meu trabalho, das leis do discurso acadêmico.

Por isso, a ordem que ele houve por bem restituir, para empregar seus termos, a uma razão raciocinadora só pode me parecer a palma outorgada a uma intenção que foi minha, e que direi propriamente verídica, pretendendo com isso apontar mais o que ela almeja do que aquilo que a inspira.     [147]

Uma verdade de fato é o centro único em que meu discurso encontra sua coerência interna, e pelo qual pretende ser para vocês o que será, se fizerem o obséquio de recorrer a ele em nossos trabalhos futuros: esse ABC, esse rudimento cuja falta às vezes se faz sentir num ensino sempre comprometido com algum problema atual, e que concerne aos conceitos dialéticos — fala, sujeito, linguagem — nos quais esse ensino encontra suas coordenadas, suas linhas e seu centro de referência. Isso, não para lhes propor esses conceitos em definições formais nas quais vocês encontrariam uma oportunidade para renovar as entificações que eles almejam desfazer, mas colocando-os a seu alcance no universo de linguagem em que eles se inscrevem a partir do momento em que eles pretendem reger o movimento desse universo, pois é ao se referirem à articulação deles nesse discurso que vocês perceberão o emprego exato em que poderão retomá-los, na nova significação em que lhes será facultado servirem-se deles.

Passo agora à pergunta que me parece ter sido recolocada de maneira cativante, mesmo quando em estado incompleto, em mais de uma intervenção.

Que ligação estabelece o senhor, ouvi-me ser interpelado, entre esse instrumento de linguagem cujos dados o homem tem de aceitar, tanto quanto os do real, e a função de fundação que seria a da fala, na medida em que ela constitui o sujeito na relação intersubjetiva?

Respondo: ao fazer da linguagem o veículo [*médium*] em que reordenar a experiência analítica, não é no sentido de meio [*moyen*] implicado por esse termo, mas no de lugar, que colocamos a ênfase: forçando-o mais a ponto de chamá-lo de lugar geométrico, mostramos que não existe aí nenhuma metáfora.

O que não impede, longe disso, que seja em carne e osso, isto é, com toda a nossa complexidade carnal e simpatizante, que habitamos esse lugar, e que seja precisamente por nele se passar tudo o que pode nos interessar, dos pés à cabeça, que chega tão longe a soberania das correspondências desenvolvidas nas dimensões desse lugar.

[148]     Assim se esboça o fundamento de uma teoria da comunicação inter-humana da qual, talvez, somente nossa experiência possa estar em condição de preservar os princípios, ao contrário da superabundância de formulações, tão simplistas quanto precipitadas, que sofrem as conseqüências das especulações em moda nessa questão.

O fato é que é em uma escolha própria quanto à idéia de comunicação que orientamos deliberadamente nossa concepção da linguagem; sua função de expressão só é mencionada, ao que saibamos, uma única vez em nosso relatório.

Esclareçamos, portanto, o que a linguagem significa no que ela comunica: ela não é nem sinal, nem signo, nem tampouco signo da coisa como realidade externa. A relação entre significante e significado está inteiramente incluída na própria ordem da linguagem, que condiciona integralmente seus dois termos.

Examinemos, primeiro, o termo significante. Ele é constituído de um conjunto de elementos materiais, ligados por uma estrutura sobre a qual indicaremos, daqui a pouco, a que ponto ela é simples em seus elementos, e até mesmo onde podemos situar seu ponto de origem. Mas, correndo o risco de passar por materialista, é no fato de se tratar de um material que insistirei primeiro para apontar, nessa questão de lugar que produz nosso discurso, o lugar ocupado por esse material — com a única finalidade de destruir a miragem que aparentemente impõe o cérebro humano, por eliminação, como lugar do fenômeno da linguagem. Onde poderia ele estar, de fato? A resposta é, para o significante: por toda parte. Sobre esta mesa, está, mais ou menos disperso, um quilo de significante. Tantos metros de significante estão ali, enrolados com o fio do gravador em que meu discurso se inscreveu até este momento. É mérito — talvez o único, mas imprescritível — da moderna teoria da comunicação ter feito passar para a seriedade de uma prática industrial (o que é mais do que suficiente, aos olhos

*Discurso de Roma*     155

de todos, para lhe dar seu *affidavit* científico) a redução do significante a unidades insignificantes, denominadas unidades Hartley, pelas quais se mede, em função da alternativa mais elementar, a força de comunicação de qualquer conjunto significante.

Mas o ponto nevrálgico da evidência que resulta disso, com respeito ao que nos interessa, já estava, no mito forjado por Rabelais — não lhes disse da importância que podemos dar-lhe — das palavras congeladas. Lorota e história da carochinha, é claro, mas cuja substância medular [*substantifique moelle*] mostra que podíamos até prescindir de uma teoria física do som para chegar à verdade resultante de saber que minha fala está aí, no espaço intermediário entre nós, idêntica às ondas que a veiculam desde minha glote até seus ouvidos. Nossos contemporâneos nisso não vêem nem fumaça, e não apenas, como se poderia crer, pelo fato de a seriedade da prática industrial — da qual Deus me livre de zombar — faltar para com o gaio saber, mas, sem dúvida, por alguma razão de censura, já que as calorosas gargalhadas por eles dirigidas ao talento de antecipação do qual esse mito seria a prova não lhes desvela a pergunta: antecipação de quê? Ou seja, que sentido incluído nas modernas realizações do fonógrafo terá podido guiar o autor dessa fantasia, se é verdade que ela as antecipa?

[149]

Passemos ao significado. Ele não é a coisa, lhes disse; então, o que é? Precisamente, o sentido. O discurso que lhes faço aqui, para não buscar mais longe o nosso exemplo, certamente visa a uma experiência que nos é comum, mas vocês estimarão seu valor por ele lhes comunicar o sentido dessa experiência, e não essa experiência em si. Mesmo que ele lhes comunicasse algo que fosse propriamente desta última, seria apenas na medida em que todo discurso participa dela, questão que, por ser justamente a que está pendente, mostra que é dela que pende o interesse de minha comunicação.[6] Portanto, se nosso indagador — em quem o bom senso foi tão favorecido que ele não considera menos prometida à sua

---

6  Permitam-me incluir nos autos a confissão notável que recebi, mais recentemente, de um dos freqüentadores assíduos de um curso em que tive que tratar da psicanálise para uso de especialistas que não estavam destinados a ela: "Nem sempre compreendi as coisas que o senhor nos dizia (é sabido que não poupo muito meus ouvintes), mas pude constatar que, sem que eu saiba como, o senhor havia transformado minha maneira de ouvir os doentes de quem eu tinha que cuidar."

156     *Outros Escritos*

certeza a resposta à sua pergunta de há pouco — viesse de fato a reformulá-la:

"E esse sentido, onde está?" A resposta correta aqui: "em parte alguma", por se opor, quando se trata do significado, à que conviria ao significante, não lhe seria menos decepcionante se ele esperasse dela algo que se aproximasse da "denominação das coisas". Isso porque, sem contar que, ao contrário das aparências gramaticais que a fazem ser atribuída ao substantivo, nenhuma "parte do discurso" tem o privilégio de tal função, o sentido só é sensível na unicidade da significação que o discurso desenvolve.

[150]

Assim é que a comunicação inter-humana é sempre informação sobre informação, testagem de uma comunidade de linguagem, numeração e regulagem daqueles compartimentos do alvo que delimitarão os objetos, eles próprios nascidos da concorrência de uma rivalidade primordial.

Não há dúvida de que o discurso tem a ver com as coisas. É justamente nesse contato que, de realidades, elas se transformam em coisas. Tanto é verdade que a palavra não é o signo da coisa que ela chega a ser a própria coisa. Mas é apenas na medida em que ela abandona o sentido — se excluirmos o do chamamento, aliás bastante inoperante nesse caso, como se percebe pelas probabilidades mínimas, no conjunto, de que, ao enunciar-se a palavra "mulher", apareça uma forma humana, mas pela grande probabilidade, ao contrário, de que, ao gritarmos ante o aparecimento de uma tal forma, nós a façamos fugir.

Se me opuserem tradicionalmente que é a definição que dá à palavra seu sentido, aceito. Não sou eu quem terá dito que cada palavra supõe, em seu uso, o discurso inteiro do dicionário ... — e mesmo de todos os termos de uma dada língua.

O fato é que, à parte o caso das espécies vivas, nas quais a lógica de Aristóteles encontra seu apoio real e cuja ligação com a denominação já é suficientemente indicada no livro bíblico do Gênesis, qualquer coisificação comporta uma confusão, cujo erro convém saber corrigir, entre o simbólico e o real.

As chamadas ciências físicas evitaram isso de maneira radical, reduzindo o simbólico à função de ferramenta para dissociar o real — sem dúvida com um sucesso que a cada dia torna mais clara, com esse princípio, a renúncia que ele comporta a qualquer conhecimento do ser, e até mesmo do ente, na medida em que este

*Discurso de Roma*   157

corresponderia à etimologia, de resto inteiramente esquecida, do termo *física*.

Quanto às ciências que ainda merecem ser chamadas de naturais, todos podem ver que não fizeram o menor progresso desde a história dos animais de Aristóteles.

Restam as chamadas ciências humanas, que por muito tempo ficaram desorientadas pelo fato de que o prestígio das ciências exatas as impedia de reconhecer o niilismo de princípios que estas só tinham conseguido sustentar ao preço de um certo desconhecimento próprio à sua racionalização, e que só hoje em dia encontram a fórmula que lhes permitirá distanciar-se deles: aquela que as qualifica como ciências conjecturais.   [151]

Daqui a pouco, porém, o homem não mais aparecerá seriamente senão nas técnicas em que é "levado em conta", como cabeças de gado; em outras palavras, logo estará mais apagado nelas do que está a natureza nas ciências físicas, se nós, psicanalistas, não soubermos fazer valer aquilo que, em seu ser, decorre apenas do simbólico.

O fato é que isso é o que não pode, por pouco que seja, ser coisificado — tão pouco quanto pensamos em fazê-lo no tocante à série dos números inteiros ou à noção de uma esperança matemática.

Mas é nesse viés que cai meu aluno Anzieu, ao me imputar uma concepção mágica da linguagem que é muito incômoda, de fato, para todos aqueles que não podem fazer mais do que inserir o simbólico como um meio na cadeia das causas, na impossibilidade de distingui-lo corretamente do real. É que essa concepção se impõe, na falta da boa: "Digo a meu servo: 'Vá!', e ele vai", como se expressa o Evangelho, "'Vem!', e ele vem". Magia incontestável, tudo isso, por mais cotidiana que seja. E é justamente pelo fato de todo desconhecimento de si exprimir-se como projeção, meu amigo Anzieu, que eu lhe pareço vítima dessa ilusão. Pois reconheça aqui aquela a que você cede, quando a linguagem lhe parece ser apenas um dos modelos, entre outros, que me é lícito escolher para compreender nossa experiência na ordem das coisas, sem que você perceba que, se me atrevo a dizê-lo, ela desfigura [*fait tache*] essa ordem, já que é com sua tinta que essa ordem se escreve.

Na verdade, essa ordem foi escrita em muitos registros, antes que a idéia das causas regesse neles as entradas e saídas. São múltiplas as linhas de ordem que se traçam entre os pólos pelos quais se orienta o campo da linguagem. E, para nos encaminhar do pólo da *palavra* para o da *fala*, definirei o primeiro como a confluência do material mais vazio de sentido no significante com o efeito mais real do simbólico, lugar ocupado pela senha, sob a dupla face do não-sentido [*non-sens*] a que o costume a reduz e da trégua que ela traz à inimizade radical do homem por seu semelhante. Ponto zero, sem dúvida, da ordem das coisas, já que nele ainda não aparece coisa alguma, mas o qual já contém tudo o que o homem pode esperar de sua virtude, pois aquele que detém a senha evita a morte.

[152] Virtude de reconhecimento ligada ao material da linguagem, que cadeias do discurso concreto irão ligá-la à ação da fala como fundadora do sujeito?

Para fazê-los conhecer, nos empregos que os primitivos dão à palavra fala, a extensão que conferem à noção dela, ou a ligação essencial que a une — mais impressionante aqui por se dar como radical — à eficácia de técnicas das quais, muitas vezes, já não temos o segredo, e nas quais se confirma a função fundamentalmente simbólica dos produtos delas e de sua troca, remeto-os ao livro às vezes confuso, mas muito sugestivo, que é o *Do kamo*, de Leenhardt.

Nada fundamenta mais rigorosamente nossa afirmação, no entanto, do que a demonstração, trazida por Lévi-Strauss, de que o conjunto das estruturas elementares de parentesco, além da complexidade dos quadros nominais que supõe, dá testemunho de um sentido latente da combinatória que, por só se haver tornado patente em nossos cálculos, tem equivalente apenas nos efeitos do inconsciente que a filologia demonstra na evolução das línguas.

As observações sobre a coincidência das áreas culturais em que as línguas se distribuem segundo os sistcmas primordiais de agregação morfológica com as áreas que delimitam as leis da aliança que estão na base da ordem das linhagens convergem numa teoria generalizada da troca, na qual mulheres, bens e palavras parecem homogêneos, culminando na autonomia reconhecida de uma ordem simbólica, manifesta no ponto zero do símbolo em que nosso autor formaliza o pressentimento que dela sempre forneceu a noção de mana.

Mas como não dizer, mais uma vez, que o fruto de toda essa ciência já nos fora oferecido num gaio saber, quando Rabelais

*Discurso de Roma*     159

imaginou o mito de um povo em que os laços de parentesco se ordenariam em denominações estritamente contrárias àquelas que só ilusoriamente nos parecem conformes à natureza? Com isso já nos foi proposta a distinção entre a cadeia de parentes e a trama real das gerações cujo trançado é profuso em repetições de motivos que, justamente, substituem o anonimato individual pela identidade simbólica. Essa identidade, de fato, vem na vertente contrária à realidade, visto que as proibições se opõem às necessidades sem uma necessidade natural. E não excetuemos nem mesmo o vínculo real da paternidade ou da maternidade, ambos conquistas recentes de nossa ciência — basta lermos Ésquilo para nos convencermos de que a ordem simbólica da filiação não lhes deve nada.

Eis o homem, portanto, incluído no discurso que desde antes de sua vinda ao mundo determina seu papel no drama que dará sentido à sua fala.[7] A mais curta linha, se é verdade que na dialética a reta também o é, para traçar o caminho que deverá levar-nos da função da palavra na linguagem para o alcance, no sujeito, da fala.     [153]

Muitos outros, contudo, oferecem-nos seus leitos paralelos nesses jogos amorosos, nas cadeias em fuso desse campo de linguagem — no que se pode ver que a captura do real na seqüência delas nunca é senão a conseqüência de um englobamento da ordem simbólica.

Demonstrar isso seria percorrê-las. Indiquemos, porém, um de seus momentos privilegiados, que nos faria esquecer aquele em

---

7   Que me perdoem relacionar com esse discurso mais um comentário recente dos fatos. Posto que, de conformidade com essa observação, havíamos convidado a ilustre embaixatriz de uma república do além europeu de outrora a considerar o que ela devia, tanto ou mais do que aos genes de seus genitores ou a sua alimentação de carne e de imagens, à singularidade do dado do registro civil que lhe atribuíra o nome — digamos, Olga Durantschek [Olga Durantschek] —, pudemos surpreender a desprevenção da inocência em seu frescor, nestas palavras que brotaram subitamente: "Mas, isso é um acaso!" No que essa alma pura, pouco preocupada com as conquistas do materialismo dialético, encontrou o acidental, como oposto à substância pela tradição escolástica, ao mesmo tempo que a base autêntica de sua coexistência com a pequena burguesia tão apaixonada por sua pessoa — ah, humaníssima! —, na crença irreprimida de que *ela era ela*, muito "ela", ela, eternamente prevista, sem dúvida, em sua radiosa aparição no mundo, por uma ciência incriada.

que acabamos de remeter a direção do universo à cadeia das causas, se não nos lembrássemos de que ele era seu antecedente necessário.

Para que a decisão sobre o verdadeiro e o falso se livrasse do ordálio, única prova, durante muito tempo, a contradizer o absoluto da fala, foi preciso, de fato, que os jogos da ágora, no decorrer do trabalho em que se deu um "sentido mais puro" às palavras em confronto entre as tribos, isolassem as regras da justa dialética mediante a qual ter razão era sempre triunfar sobre o contraditor.

Sem dúvida, esse é um momento da história, um milagre, se preferirmos, que justifica uma homenagem eterna aos séculos da Grécia a que o devemos. Mas seria um erro hipostasiarmos nesse momento a gênese de um progresso imanente. Isso porque, além de ele haver arrastado consigo uma porção de bizantinismos que teríamos dificuldade em situar nesse progresso, por menos dignos que fossem do esquecimento, não poderíamos fazer da própria finalidade que supuséssemos nele, num causalismo rematado, uma etapa tão decisiva que remetesse as outras para sempre ao passado absoluto.

E dêem-se ao trabalho, eu lhes peço, de abrir os olhos para o que, em forma de feitiçaria, acontece à sua porta, se a razão de meu discurso não tiver a felicidade de convencê-los.

É que, no que concerne às ligações da ordem simbólica, isto é, no que concerne ao campo de linguagem que aqui nos serve de tema, *tudo está sempre presente*.

É isso que lhes convém guardar na memória, se quiserem compreender a contestação formal, por Freud, de qualquer dado que favoreça uma tendência para o progresso na natureza humana. Tomada de posição categórica, se bem que seja negligenciada em detrimento da economia da doutrina freudiana, decerto em razão da pouca scricdade a que nos habituaram nessa matéria nossos pensadores titulados, Bergson inclusive — pelo eco que ela parece fazer a um pensamento reacionário que se tornou lugar-comum, e também pela preguiça que nos impede de extrair do pé da letra freudiana o sentido que, no entanto, podemos ter certeza de sempre encontrar nela.

Com efeito, não podemos indagar-nos, a confiar no veredito de Freud em seu apogeu, se ele não invalidou o assombro que ainda mostrava, doze anos antes, a propósito do Homem dos Lobos, pela aptidão — tão patente nesse neurótico — para manter

*Discurso de Roma*    161

suas concepções sexuais e suas atitudes objetais anteriores misturadas com as novas que havia conseguido adquirir, e se, por conseguinte, se demorou mais na hipótese de um traço constitucional, nesse caso, do que comportava a via por onde seu senso do simbólico já o encaminhava para compreendê-lo?

Isso porque não foi, é claro, a uma obscura *Völkerpsychologie*, mas sim à ordem que aqui evocamos, que ele se referiu, na verdade, ao aproximar esse fenômeno neurótico, desde o início, do fato histórico — trazido à sua atenção por seu gosto erudito pelo Egito antigo — da coexistência, nas diversas épocas de sua Antigüidade, de teologias decorrentes de eras muito diversas daquilo que chamamos mais ou *menos apropriadamente* de consciência religiosa.

Mas, sobretudo, qual é a necessidade de ir tão longe no tempo ou no espaço para compreender a relação do homem com a linguagem? E se, há algum tempo, os etnógrafos se exercitam na idéia de que poderiam encontrar seus objetos na periferia de sua própria capital, não poderíamos, nós que tivemos sobre eles a vantagem de nosso terreno ser nossa cama e mesa — refiro-me aqui ao mobiliário analítico —, pelo menos tentar recuperar o atraso que temos em relação a eles na crítica da idéia de regressão, por exemplo, quando não temos que procurar suas bases em outro lugar senão nas formas bem dialeticamente diferenciadas com que Freud apresentou essa idéia, tão logo introduzida? Em vez disso, nossa rotina a reduz ao emprego cada vez mais grosseiro das metáforas da regressão afetiva.    [155]

Portanto, não é uma linha do discurso, mas todas (e cada uma, em seu gênero, trazendo um efeito de determinação no sentido, isto é, de razão), que vão reunir-se no outro pólo do campo da linguagem, o da fala. Ele não está, além disso, no pólo da *palavra*, pela singularidade da estrutura que apresenta numa forma contrariada. Se de fato se tratava, naquele, do concurso da materialidade pura da linguagem com o efeito ótimo do ato de reconhecimento, vemos neste como que divergir da intenção de reconhecimento a mais paradoxal forma de comunicação. Se não hesitarmos em formulá-la tal como a experiência a impõe, recolheremos nela, em termos fulgurantes, a equação geral da comunicação transubjetiva — no que nos é fornecido o complemento necessário para a moderna teoria da comunicação, a qual só tem sentido ao se referir estritamente ao outro pólo de nosso campo. Essa fórmula, ei-la: a

162 *Outros Escritos*

ação da fala, na medida em que o sujeito entende fundar-se nela, é tal que o emissor, para comunicar sua mensagem, tem que recebê-la do receptor, e ainda por cima só consegue emiti-la sob forma invertida.

Por contatá-la nos ângulos opostos das intenções mais divergentes na relação de reconhecimento — aquela que se empreende, perante a transcendência e perante os homens, confiando na palavra dada, e aquela que faz pouco de qualquer mediação pelo outro para se afirmar unicamente em seu sentimento —, nós a vemos confirmada, nos dois casos, em sua seqüência formal.

No primeiro, ela aparece vivamente no "és minha mulher" ou no "és meu senhor" com que o sujeito dá mostras de não poder empenhar na primeira pessoa seu preito de fidelidade e servidão no casamento ou na disciplina, sem investir o outro como tal da fala em que ele se funda, pelo menos durante o tempo necessário a este para repudiar sua promessa. No que se vê, de maneira exemplar, que a fala não está em nenhum dos sujeitos, mas no juramento que os funda, por mais levianamente que cada um venha nele a jurar sua fidelidade.

[156]  O segundo caso é o da recusa da fala, que, embora defina as principais formas da paranóia, nem por isso deixa de apresentar uma estrutura dialética da qual a clínica clássica, pela escolha do termo interpretação para designar seu fenômeno elementar, já mostrava o pressentimento. É da mensagem não formulada que constitui o inconsciente do sujeito, isto é, do "eu o amo" que Freud genialmente decifrou nela, que é preciso partir, para obter com ele, em sua ordem, as formas de delírio em que essa mensagem se refrata em cada caso.

Sabemos que foi pela negação sucessiva dos três termos da mensagem que Freud fez dela uma dedução que impõe uma aproximação com os jogos da sofística.

Cabe a nós encontrar aí o caminho de uma dialética mais rigorosa, mas constatamos desde já que a fórmula que fornecemos da comunicação transubjetiva não se revela menos brilhante ao ser usada para esse fim.

Ela nos conduzirá tão-somente a reconhecer os efeitos da dissociação entre o imaginário e o simbólico — com a inversão simbólica, pelo fato de o "tu" ser excluído, acarretando a subversão do ser do sujeito, e com a forma de recebimento da mensagem pelo outro degradando-se numa reversão imaginária do eu.

*Discurso de Roma* 163

O fato é que é ao se adicionarem ao objeto (homossexual) do sentimento que "não ousa dizer seu nome" que esses efeitos, por mais dissociados que se mantenham, chegam à mais ínfima subversão do ser para o sujeito, isto é, evitam-lhe ser-para-o-ódio na erotomania, na qual o "eu o amo" transforma-se, na inversão simbólica, em "não é a ele, mas a ela que amo", e acaba, na reversão imaginária, no "ela me ama" (ou "ele", no caso do sujeito feminino). Se, entretanto, o heroísmo marcado na resistência às "provações" pôde enganar por um instante no que tange à autenticidade do sentimento, a função estritamente imaginária do outro em questão se deixa transparecer suficientemente no interesse universal atribuído à aventura.

Ao contrário, ao se somarem no sujeito, os dois efeitos, o simbólico e o imaginário — através das transformações em "não sou eu que o amo, é ela" e em "ele a ama (ela)" (no gênero próximo do pronome, quanto ao sujeito feminino) —, levam ao delírio de ciúme, cuja forma propriamente interpretativa comporta uma extensão indefinida dos objetos que revela a mesma estrutura generalizada do outro, mas na qual o ódio se intensifica no ser do sujeito.

Mas é ao incidir na relação fundada pela fala latente que a inversão, refratando seus efeitos sobre os dois termos que são igualmente dessubjetivados pela recusa da mediação pelo Outro, faz o sujeito passar do "eu o odeio" de sua denegação latente, pela impossibilidade de assumi-la na primeira pessoa, para o despedaçamento projetivo da interpretação persecutória, na infindável rede de cumplicidades que seu delírio pressupõe — enquanto sua história se desagrega na regressão propriamente imaginária do estatuto espaço-temporal cuja fenomenologia destacamos em nossa tese, como sendo propriamente paranóica. [157]

Se alguns de vocês, a esta altura, já deixaram nascer em seus lábios o "Não entre aqui ninguém que não seja dialético" sugerido por meu discurso, que também reconheçam nele a sua medida.

Porque a análise dialética que acabamos de tentar, do desdobramento das estruturas delirantes, não apenas Freud encontrou para ela um atalho, como também lhe deu o eixo com que traçar seu caminho quase no nível das formas gramaticais, sem parecer embaraçado por essa ter sido uma dedução "demasiadamente verbal".[8]

---

8   Cf. o caso do presidente Schreber, em *Cinq Psychanalyses*, Paris, PUF, 1954, p.

164     *Outros Escritos*

O fato, portanto, de vocês serem experientes nas artes da dialética não exige que sejam pensadores — o que lhes será facilmente compreensível se vocês tiverem se desimbecilizado apenas o suficiente da ingenuidade para não mais acreditar que o pensamento está pressuposto na fala. Isso porque, além de a fala estar muito habituada ao vazio do pensamento, a opinião que recebemos dos pensadores é justamente que, pelo uso que o homem costuma fazer dela, a fala — se é que existe alguma coisa a pensar a seu respeito — lhe foi mesmo dada para esconder seu pensamento. Que mais vale, com efeito, na vida do dia-a-dia, "esconder isso", nem que seja ao preço de algum artifício, é algo que admitiremos sem dificuldade ao saber dos borborigmos que habitualmente se revestem do pomposo nome de pensamentos — e quem melhor do que um analista pode dizer ter pago o preço disso?[9] A opinião dos pensadores, contudo, não é muito levada a sério, nem mesmo por nós, o que só faz dar razão a eles, assim como à posição que sustentamos atualmente e que recebe o reforço de ser praticamente a de todo o mundo.

[158]     O pessimismo comum dos pensadores, no entanto, não é só a favor da autonomia da fala. Ontem, quando estávamos todos cativados pelo discurso de nossa transparente Françoise Dolto, e quando, num abraço fraterno, eu lhe disse que uma voz divina se fizera ouvir por sua boca, ela me respondeu como uma criança apanhada em flagrante: "Mas, que foi que eu disse? Eu estava tão emocionada por ter de falar que já nem pensei no que podia dizer." Ora! Françoise, dragãozinho[10] (e por que dizê-lo no diminutivo senão por se tratar do lagarto de Apolo?), você não precisava pensar para nos conceder o dom de sua fala, nem tampouco para falar muito bem. E a própria deusa que lhe soprou seu discurso deve ter pensado menos ainda. Os deuses são por demais idênticos

---

308-309; *GW*, VIII, p. 299-300 ["Notas psicanalíticas sobre um relato autobiográfico de um caso de paranóia (*Dementia paranoides*)", Rio de Janeiro, Imago, *ESB*, XII, 1ª ed.].

9   O idiomatismo usado nesse ponto, "... [pourrait se dire] *payé pour le savoir*", tem uma tradução mais literal que aponta para um outro sentido igualmente presente no texto: "[Quem melhor do que um analista pode dizer-se] *pago para saber disso*?". (N.E.)

10   No orig. *petit dragon* que costuma aplicar-se às crianças ou mulheres vivas e turbulentas. (N.E.)

*Discurso de Roma*     165

à hiância imaginária que o real oferece à fala para se sentirem tentados pela conversão do ser a que alguns homens se arriscaram, a fim de que a fala se tornasse pensamento — pensamento do nada que ela introduz no real e que, a partir daí, segue pelo mundo no esteio do símbolo.

É de uma conversão assim que se trata no *cogito* de Descartes, e foi por isso que ele não pôde pensar em fazer do pensamento que aí fundamentou um traço comum a todos os homens, por mais que estendesse o benefício de sua dúvida para lhes dar crédito pelo bom senso. E é isso que ele prova na passagem do *Discurso* citada por Anzieu, ao não introduzir, para distinguir o homem de sua aparência na extensão, outros critérios senão os mesmos que aqui oferecemos como sendo os da fala. Assim como ele mostra ao refutar de antemão a escamoteação que os modernos fazem disso no chamado circuito estímulo-resposta: "Pois é bem possível", diz ele, com efeito, "conceber que uma máquina seja feita de tal modo que profira palavras ... a propósito de ações corporais que causem certas mudanças em seus órgãos, como se, sendo tocada num certo ponto, ela perguntasse o que lhe queremos dizer, e, se tocada em outro, gritasse que a estamos machucando" — para confiar no duplo critério pelo qual, segundo Descartes, a máquina seria falha, a saber, não será possível que "ela disponha de maneiras diversificadas" essas palavras "para responder ao sentido de tudo o que se disser em sua presença": ou seja, os dois termos, substituição combinatória do significante e transubjetividade fundamental do significado, com que caracterizamos a palavra e a fala na linguagem.

Assim, se Anzieu acredita argumentar nisso contra mim, é em razão do preconceito comum sobre a harmonia da fala com o pensamento, que é o que ponho em dúvida. Deixo de lado a inadequação do exemplo sobre o qual Descartes nada pôde fazer, já que o autômato só foi abordado por ele pelo aspecto de engodo do animado, com que sua época se encantava, ao passo que a máquina nos parece — voltarei a essa questão um dia desses — um conjunto de elementos simbólicos, organizado, precisamente, de modo a que eles se "disponham de maneiras diversificadas" em seqüências orientadas, e suficientemente capaz de "responder ao sentido" das perguntas que lhe são propostas em sua linguagem para que o que lhe foi impropriamente atribuído de pensamento possa, legitimamente, ser imputado à função de uma metade da fala.

[159]

166     *Outros Escritos*

E isso nos leva diretamente àquele sentido do surrealismo, que direi que Anzieu tampouco desconhece, o de imputar as confusões que nos são legadas pela noção de automatismo a um "pensamento mágico", o qual, por ser o lugar-comum de um certo retorno à psicologia de nossa disciplina, é também seu álibi mais patente.

O surrealismo, de fato, encontra lugar numa série de emergências cujo selo comum imprime em nossa época sua marca: a de uma revelação das relações do homem com a ordem simbólica. E a repercussão mundial de suas mais gaiatas invenções deixa bem claro que ele foi o prelúdio de um advento mais grave, e também mais sombrio, como o Deus-menino cuja imagem Dürer gravou, animando com seus jogos parodísticos o mundo com uma Melancolia prestes a dar à luz. Profusão em pânico de símbolos confusos e fantasias despedaçadoras, o surrealismo aparece como um tornado à beira da depressão atmosférica em que soçobram as normas do individualismo humanista. Se a autonomia da consciência de si já estava condenada pela consumação do discurso sobre o Saber em Hegel, coube a Freud a honra de haver traçado o perfil, no berço deste século, da imagem e da sombra da potência contrária sobre o novo indivíduo. Império da linguagem, ele emite comandos no advento histórico do discurso da auto-acusação antes de fazer promessas, nos murmúrios de oráculo da máquina de calcular. Um poder mais original da razão parece surgir através do esfacelamento do conceito, na teoria lógico-matemática dos conjuntos, e da unidade semântica, na teoria lingüística do fonema. À luz disso, todo o movimento fenomenológico ou existencialista afigura-se a compensação exasperada de uma filosofia que já não tem certeza de ser senhora de seus motivos, e que não convém confundir, apesar de estas se demarcarem nela, com as interrogações que um Wittgenstein ou um Heidegger trazem sobre as relações do ser com a linguagem, tão pensativas por nela se saberem incluídas, tão lentas demais para encontrar nela o tempo.

[160]

Assim, se é no poder que atribuo à linguagem que Anzieu quer encontrar o sentido de minhas afirmações, que renuncie a me ataviar com apadrinhamentos românticos: sem renegar minhas amizades surrealistas nem desaprovar o estilo *à la* Marat de seus discursos, é mais sob a intercessão do Sr. de Tocqueville que eu colocaria o meu. Pelo menos por eu indicar que a linguagem, ao se libertar das humanas mediações que a mascaravam até hoje, mostra um poder perante o qual as pretensões destas ao absoluto, no estilo Antigo Regime, hão de parecer atenuações derrisórias.

Embora estas declarações pareçam atrevidas, ao menos atestam que não tomo a contradição formulada contra mim por uma imperfeição na resposta que posso esperar — muito pelo contrário, visto que em Anzieu ela manifesta aquela proximidade da verdade que só se obtém desde que seja a verdade que nos acompanha de perto.

A ponto mesmo de certos entusiasmos, por mais aprobatórios que sejam, poderem me inspirar maior reserva: que nos felicitemos pelos efeitos de libertação que minha colocação faz sentir, muito bem, mas que isso seja feito com rapidez suficiente para que esses aplausos se extingam com a euforia desse sentimento.

O primado da técnica não é questionado aqui, mas sim as mentiras de seu ensino. Não se trata de reintroduzir nela o devaneio, mas de afastar seus mistérios. Ora, o mistério é solidário de privilégios de que todo o mundo tira partido, sem o que não se faria tanta questão dele, e toda desmistificação é inoportuna por atentar contra isso.

É real que se respira melhor quando as brumas de uma tarefa se dissipam, mas não é menos verdade que nem por isso seus obstáculos diminuem. É provável que eu os liberte, ao lhes lembrar que a fala que cura na análise só pode ser a de vocês, mas devolvo-os na linguagem ao mestre mais intratável em relação aos méritos de vocês. Não há, com efeito, domínio em que seja menos suficiente fazer-se valer para se fazer reconhecer, nem em que tanto a prudência quanto a audácia sejam com mais freqüência apanhadas desprevenidas: para compreender isso, basta lembrar-lhes que as voltas da fortuna são a imagem humana das leis da dialética, e portanto que não é fiando-nos na fala que podemos esperar evitá-las.

Para ter uma outra saída, seria preciso, se me permitem a metáfora, agir com a linguagem como se faz com o som: seguir à velocidade dela para romper seu muro. Da mesma forma, falando do bangue-bangue da interpretação verdadeira, estaríamos nos servindo de uma imagem muito conveniente para a rapidez com que é preciso antecipar-se à defesa do sujeito, à noite em que ela tem de mergulhá-lo, a fim de que ele faça ressurgirem, tateantemente, os bastidores da realidade, sem a iluminação do cenário.

[161]

168     *Outros Escritos*

O efeito é raro de obter, mas, na falta dele, vocês podem servir-se do próprio muro da linguagem, o qual, por sua vez, não tomo por uma metáfora, já que um corolário de minha colocação é que ele ocupa seu lugar no real.

Vocês podem servir-se dele para atingir seu interlocutor, mas sob a condição de saberem que, quando se trata de utilizar esse muro, vocês estão ambos do lado de cá, sendo portanto preciso atingi-lo de banda, e não objetivá-lo do lado de lá.

Foi isso que eu quis apontar ao dizer que o sujeito normal partilha esse lugar com todos os paranóicos que correm pelo mundo, na medida em que as crenças psicológicas a que esse sujeito se apega, na civilização, constituem uma variedade de delírio que não se deve considerar mais benigna por ser quase geral. Seguramente, nada autoriza vocês a participarem dela, a não ser, justamente, na medida enunciada por Pascal, segundo a qual equivaleria a ser louco de uma outra forma de loucura não ser louco de uma loucura que parece tão necessária.

Isso de modo algum pode justificar que vocês calcem os pés de chumbo da pedagogia, ainda que ela se enfeite com o título de análise das resistências, para bancarem um urso que explicasse a dança àquele que o exibe.

Está perfeitamente claro, se é que a análise didática tem algum sentido, que é ao se ouvirem responder ao sujeito que vocês saberão o que ele lhes diz. Inversamente, vejam nisso o segredo do milagre permanente que é a chamada análise supervisionada. Mas isso pressupõe que, por pouco que seja, sua análise pessoal os tenha feito perceber essa alienação em relação a vocês mesmos, que é a grande resistência com que terão de lidar em suas análises.

Assim vocês se farão ouvir do único lugar que está ou deveria estar ocupado para além do muro da linguagem, o de vocês.

Existe aí todo um longo caminho técnico a repercorrer, antes de mais nada em suas idéias fundamentais, já que a confusão está no auge e o alarde que se faz em torno da contratransferência, mesmo partindo de uma boa intenção, só fez introduzir um ruído a mais.

Com efeito, não sabendo estritamente quem fala em vocês, como lhes seria possível responder àquele que lhes pergunta quem ele é? Porque é essa a pergunta que seu paciente lhes formula, e é por isso que, quando Serge Leclaire ousa aqui formulá-la a vocês junto com ele, não é a resposta que ela implica de mim para ele —

[162]

*Discurso de Roma*     169

"Você é meu discípulo" — que lhe fico devendo, visto que ele já se declarou como tal ao formulá-la, mas é pela resposta que ele merece de mim perante vocês — Você é um analista — que lhe dou o testemunho do que ele enfrentou para formulá-la.

Devo aqui limitar minha resposta. Para seguir Granoff por onde ele já nos conduz, ao atacar o emprego que se faz em psicanálise da relação de objeto, seria preciso eu me adiantar no caminho que, segundo espero, percorreremos juntos, e que talvez imponha passarmos primeiro pela questão do instinto de morte, ou seja, pela passagem mais árdua que o pensamento de Freud abriu, a julgar pela presunção com que é desdenhada. Nunca pensei em guiá-los aqui nas espessuras de sentido em que o desejo, a vida e a morte, a compulsão à repetição e o masoquismo primário são tão admiravelmente descoisificados, para que Freud os atravesse com seu discurso. Na encruzilhada que abre esse caminho, marquei ontem com vocês um encontro sem data.

Para dizer a verdade, foi Juliette Boutonier que, por sua carta admirável, impediu-me de me furtar a isso ao concluir. Ela bem sabe que não penso em prejudicar o imaginário, eu cujo nome continua preso ao estádio do espelho. Não apenas coloco a imagem na base da consciência, como bem que a estenderia por toda parte. O reflexo da montanha no lago, diria eu, talvez desempenhe seu papel num sonho do cosmo, sim, porém nunca saberemos nada sobre ele enquanto o cosmo não houver saído de seu mutismo. Os escrúpulos de que Juliette Boutonier cerca meu discurso seriam supérfluos, portanto, se não encontrassem seu ponto final na objeção que preparam: por que seria necessária a equação que estabeleço entre o símbolo e a morte?

Na impossibilidade de definir agora o conceito dela, vou ilustrá-la com a imagem com que o talento de Freud parece jogar como se fosse uma isca para nos colocar no cerne fulgurante do enigma.

Ele surpreendeu o filho do homem no momento de sua captação pela linguagem e pela fala. Ei-lo ali, ele e seu desejo. A bola presa por um fio, ele a puxa para si, depois a atira longe, torna a puxá-la e a relança. Mas escande sua puxada, sua rejeição e sua retomada com um oo, aa, oo, no que o terceiro sem o qual não existe fala não se deixa enganar, afirmando a Freud, que o escuta, que isso quer dizer: *Fort! Da!* Sumiu! Taí! Tornou a sumir... ou     [163] melhor, segundo o vocábulo de que um autor esquecido fizera uso: *Napus!*[11]

Aliás, não importa que o que a criança modula seja de articulação tão limitada, visto que já aí aparece formado o par fonético em que a lingüística, no grande passo que deu desde então, reconheceu o grupo de oposição elementar, do qual uma bateria tão curta que cabe numa tabela de um quarto de página fornece o material vocálico de uma dada língua.

Se chega a ser quase bonito demais ver o significante advir sob a forma de seu elemento puro, será que isso também acontece com a significação que emerge ao mesmo tempo? Como, pelo menos, não nos perguntarmos isso, diante dessa brincadeira tão simples?

Pois o que faz ela, essa criança, com esse objeto, senão aboli-lo cem vezes, senão fazer dessa abolição seu objeto? Decerto é para que cem vezes renasça seu desejo, mas, será que ele já não renasce desejo desse desejo? Não há, portanto, nenhuma necessidade de reconhecer pelo contexto e pela testemunha que a dificuldade de esperar a mãe encontrou aí sua transferência simbólica. O assassinato da coisa, termo que Juliette Boutonier destacou em meu discurso, já está aí. Ele introduz em tudo o que existe o fundo de ausência contra o qual se recortarão todas as presenças do mundo. Também as conjuga com essas presenças de nada — os símbolos — pelas quais o ausente surge no presente. E eis que ele se abre para sempre para o patético do ser. "Vá embora!", gritará a seu amor, para que ele retorne. "Venha!", sentir-se-á forçado a murmurar para aquele de quem já se houver ausentado.

Assim, o significante, sob sua forma mais reduzida, já se afigura superlativo a tudo o que pode haver para expressar, e é por isso que não podemos conservar a ilusão de que a gênese tenha aqui o privilégio de se calcar na estrutura. A questão de saber que mínimo de oposições significantes constitui o quantum necessário à constituição de uma língua não fica bem aqui, como também não fica a do mínimo de jogadores necessários para que se inicie uma partida em que o sujeito possa dizer: "Passo!" [*Parole!*]

---

11 Contração infantil de *il n'y a plus* (não tem mais, não está mais ali), como, em português se diria *pumiu* (sumiu) ou *abô* (acabou). (N.E.)

É que o outro e o desejo já estão presentes nos fantasmas incluídos nesse objeto simbolizador, juntamente com a morte, que, por ter sido a primeira a se apoderar dele, dentro em pouco será a última a sair, para ser, muda, a quarta no jogo. O jogo é o sujeito. Mas isso não impede que o baralhamento das cartas o preceda, que as regras tenham sido elaboradas sem ele, que outros tenham marcado as cartas, que ele possa estar fora do baralho, que os próprios viventes que estiverem jogando sob o domínio dos fantasmas só o anunciem por seu naipe, e que, seja qual for o jogo que se jogue, sabe-se que nunca se jogará senão no jogo. De modo que, no *Alea jacta est* que soa a todo instante, não são as palavras "Os dados estão lançados" que convém ouvir, mas antes, para reformulá-lo com o humor que me liga ao mundo, "Tudo está dito. Suficientemente jactado de amor." [164]

Isso não quer dizer que o que a ação humana empata no jogo não viva, é claro, mas é por revivê-lo ali. Como tal, ela se cristaliza naquilo que reúne num fetiche, a fim de reabri-lo para uma nova reunião em que o primeiro se anula ou se confunde. (Aqui, Anzieu, que reencontra seu Kant, faz sinal de concordar.) Mas são sempre os quatro do começo que estão na conta.

Além disso, será que nada pode acontecer que os deixe em sua ordem? Eis por que, antes de eu mesmo me apagar, admitirei ao Sr. Perrotti que a música não deixa de ter algo a dizer no balé deles, e até que os tambores sagrados[12] nos fazem lembrar as ressonâncias orgânicas que serviram de prelúdio à promulgação de suas leis, porém, o que mais dizer? — a não ser para salientar que a análise não se faz em música, mesmo concordando em que nela também se dá o inefável. Mas é igualmente uma determinação deste discurso responder ao que se propõe apenas como inefável com um "Portanto, não falemos mais nisso" cuja desenvoltura pode prestar-se a críticas.

---

12 Cujo nome abissínio redescobrimos, com Marcel Griaule, nas nacaras, que não devem ser confundidas com os trompetes. [Lacan parece aludir, nessa referência às nacaras (um tipo pequeno de timbales ou tímpanos), à expressão idiomática *sans tambour ni trompette*, que significa "sem alarde, discretamente", e se traduziria na literalidade por "sem tambores nem trombetas". (N.E.)]

Mas não se mostra outra ainda maior ao desconhecer que, se os meios da análise se limitam à fala, é porque — fato digno de ser admirado numa ação humana — eles são os meios de seu fim?[13]

---

13 Desse texto foi suprimida a passagem que respondia à notável comunicação do Sr. Bänziger: houvéssemos nós reproduzido essa resposta, teria sido preciso ampliá-la, para que ela pudesse satisfazer sua meta, que não era nada menos do que definir a relação da análise com a zona "mística" que nos parece ser de puro método excluir de seu campo, por mais central que nele pareça ser seu lugar. Nela estava indicado, do mesmo modo, o sentido sistemático do ostracismo de Freud em relação a qualquer forma mais ou menos oceânica de religiosidade.

Será que a invisibilidade do lugar do corte confirma a afirmação confessa deste discurso de se apoiar numa multivocidade tão equânime quanto possível entre suas partes?

# A psicanálise verdadeira, e a falsa [165]

ROTEIRO DE UMA COMUNICAÇÃO PARA UM CONGRESSO
REALIZADO EM BARCELONA EM SETEMBRO DE 1958

1. Para distinguir a verdadeira psicanálise da falsa, faz-se referência a uma idéia da psicanálise autêntica e a uma idéia de uma psicanálise conforme à verdade evidenciada por sua experiência. Se aqui, no entanto, trata-se de verdade propriamente dita, é porque, tanto na ordem de sua descoberta quanto naquela em que ela opera para fins curativos, a relação do homem com a verdade é dominante.

Assim, a psicanálise falsa não o é apenas pelo fato de se distanciar do campo que motiva seu procedimento. Essa distância, sejam quais forem suas intenções efetivas, exige um esquecimento ou um desconhecimento. E tanto um quanto o outro a condenam a efeitos perniciosos.

2. A psicanálise verdadeira tem seu fundamento na relação do homem com a fala. Essa determinação, cujo enunciado é evidente, é o eixo em relação ao qual se devem julgar e avaliar seus efeitos — sendo estes entendidos em sua extensão mais geral, ou seja, não apenas como mudanças variadamente benéficas, mas como revelação de uma ordem efetiva em fatos até então inexplicáveis, na verdade, aparecimento de fatos novos.

Essa relação do homem com a fala é evidente no veículo [*médium*] psicanalítico — o que torna ainda mais extraordinário que ela seja negligenciada em seu fundamento.

Mas trata-se de um círculo, porque, não reconhecendo o fundamento, busca-se o veículo [*médium*] em outro lugar: ou seja, em sabe-se lá que afeto imediato, verdadeiro delírio a recobrir uma ação pela qual o homem talvez aborde mais de perto o núcleo constitutivo da razão. Esse é o espetáculo que nos oferece a psicanálise quando procura justificar-se pelos métodos das disciplinas coexistentes em seu campo, o que só faz ao preço de substantificações míticas e álibis falaciosos.

174     *Outros Escritos*

[166]     Que o substrato biológico do sujeito esteja implicado na análise até o fundo não resulta, em absoluto, que a causalidade que ela descobre seja redutível ao biológico. O que é indicado pela idéia, primordial em Freud, de sobredeterminação, nunca elucidada até hoje.

Que não se acredite, no entanto, encontrar aqui a chamada posição culturalista. Pois, na medida em que se refere a um critério social da norma psíquica, ela contradiz ainda mais a ordem descoberta por Freud no que esta mostra de anterioridade radical em relação ao social.[1]

3. Voltando à emergência (na genialidade de Freud) da interpretação (*Deutung*) dos sonhos, da psicopatologia cotidiana e do chiste, ou seja, ao registro do que desde então se evidenciou ao conhecimento e à práxis com o nome de inconsciente, reconhecemos que são as leis e os efeitos próprios da linguagem que constituem sua causalidade; causalidade que mais se deve dizer lógica do que psíquica, se dermos à lógica a acepção dos efeitos do logos, e não apenas do princípio de contradição.

Os chamados mecanismos da condensação (*Verdichtung*) e do deslocamento (*Verschiebung*) coincidem exatamente com as estruturas pelas quais se exercem, na linguagem, os efeitos de metáfora e metonímia. Ou seja, as duas formas em que a construção mais recente da teoria lingüística (Roman Jakobson e consortes[2]) subsume numa estrutura específica (impossível de suprimir até mesmo do funcionamento fisiológico dos aparelhos postos no vivente a serviço da linguagem) a ação própria do significante, na medida em que devemos considerar essa ação como engendrando a significação no sujeito do qual ela se apodera, marcando-o como significado.

Não se trata aqui do *Anschluss* por meio do qual hoje tentam encaixar a psicanálise numa psicologia que perpetua uma herança acadêmica sob o rótulo de psicologia geral — ou assimilá-la às assunções mais recentes da matéria humana sob as variadas rubricas da sociologia.

---

1   Cf. *Totem e tabu*.
2   Cf. Roman Jakobson e Morris Halle, *Fundamentals of Language*, 1956.

A psicanálise verdadeira, e a falsa        175

Trata-se da leitura sugestiva da antecipação, feita por Freud na análise do inconsciente, das próprias fórmulas em que Ferdinand de Saussure, dez anos depois da *Traumdeutung*, fundamentou a análise das línguas positivas. É que a lingüística deslocou o centro de gravidade das ciências cujo título, ciências humanas, singularmente inatual por ter sido promovido desde então, conserva um antropocentrismo do qual Freud afirmou que sua descoberta destruiu o último bastião — ao denunciar a autonomia em que o sujeito consciente dos filósofos mantinha o atributo próprio da alma na tradição do zoologismo espiritualista.

[167]

4. Toda promoção da intersubjetividade na personalogia humana, portanto, só pode articular-se a partir da instituição de um Outro como lugar da fala. Essa é a "outra cena", *anderer Schauplatz*, em que Freud, tomando o termo emprestado de Fechner, designa desde a origem o palco regido pela maquinaria do inconsciente.

É nesse palco que o sujeito aparece como sobredeterminado pela ambigüidade inerente ao discurso. Pois, na comunicação falada, mesmo quando se trata de transmissão "objetiva", a ratificação no discurso domina o efeito de sinal, assim como a testagem do código faz a retroflexão da ação de mensagem. E se passarmos à função de pacto da fala, logo perceberemos que nenhuma mensagem do sujeito se articula senão ao se constituir no Outro sob forma invertida: "Tu és minha mulher, tu és meu senhor."

Estrutura desconhecida nas premissas das modernas teorias da informação, nas quais, no entanto, deveria marcar-se a anterioridade do receptor em relação a qualquer emissão.

Nisso, mais uma vez, Freud se antecipa a esses trabalhos, permitindo distinguir o sujeito como estritamente constituído pelos *símbolos-índices*, indicando no discurso seu lugar de emissor da mensagem, do sujeito como aquele que entra na mensagem, e não, como se acredita, como objeto que se representa nela, mas como significante que nela se dá — o que é possível pelo fato de as imagens que conduzem suas funções se tornarem, através da operação da demanda, *símbolos-imagens* do discurso.

5. É essa captura imaginária do sujeito no discurso do Outro que parece ir tão longe a ponto de poder concernir à sua fisiologia mais íntima. É ela que centraliza a idéia vulgar que substituiu, por seu emprego em psicanálise, o conceito rigoroso de *simbólico*,

pois este deve ser definido como constituído na cadeia significante, único lugar pensável da sobredeterminação como tal, pela dupla possibilidade que abre à *combinação* e à *substituição* dos elementos distintos que são o material do significante.

[168]

Mas a fascinação própria do *imaginário*, aqui distinguido do simbólico, foi exercida justamente sobre aqueles — a saber, os psicanalistas — que descobriram suas formas na dialética em que o sujeito se revelou simbolizado.

O duplo efeito do imaginário, como tela que opõe seu filtro à comunicação da mensagem inconsciente e como elemento constituído pelo código simbólico, foi por eles confundido numa única força, que desde então eles só puderam apreciar em efeitos de ressonância, em interferências cada vez mais obscurecidas.

Daí resultou, em especial, que a resistência do discurso nunca foi distinguida da resistência do sujeito.

A conseqüência disso manifestou-se num contra-senso cada vez maior, à medida que Freud, numa pressa — que convém chamar de angustiante — de seguir seu rastro, num estilo "garrafa ao mar", o retificava, articulando a função do eu na tópica intra-subjetiva.

O engodo imaginário em que Freud situa o eu [*moi*] em sua "Introdução ao narcisismo", desde 1914, e cujo destaque nós mesmos, no começo de nossa carreira, quisemos restaurar, sob o nome de estádio do espelho, e o fato brutal de a análise do eu ter sido introduzida (só se conheceriam os artigos de Freud por seu título, o que é mais freqüente do que se supõe entre os analistas) com e sob o ângulo da psicologia coletiva, tudo isso, que é a conta certa de dar ao eu um status analítico em que sua função imaginária se coordena com seu valor de objeto ideal — chamemo-lo pelo nome certo: metonímico —, serviu apenas de pretexto para a introdução de uma ortopedia psíquica que se aferra com uma obstinação gagá a um reforço do eu — desconsiderando que isso é ir no sentido do sintoma, da formação defensiva, do álibi neurótico, e se protegendo com uma harmonia preestabelecida da maturação dos instintos na moral, cujo postulado ficará ligado à história de nossa época como testemunho de um obscurantismo sem precedentes.

6. As posições aqui expostas sob forma radical resumem o duplo trabalho de um comentário de textos a que vimos dando segui-

*A psicanálise verdadeira, e a falsa* 177

mento há sete anos, num seminário semanal, cobrindo por ano cerca de trezentas páginas da obra de Freud, e de um ensino de apresentação clínica e supervisão terapêutica que é feito há cinco anos, sob a égide da Clínica de Doenças Mentais e do Encéfalo (prof. Jean Delay) da Faculdade de Medicina de Paris. [169]

As conseqüências desse trabalho teórico e prático na direção do tratamento — sob o tríplice ponto de vista do lugar da interpretação na análise, do manejo da transferência e das próprias normas em que se fixam os objetivos e o término da análise — foram expostas no colóquio internacional realizado este ano, em Royaumont, pela Sociedade Francesa de Psicanálise, isto é, pelo grupo que nos acompanha nessa labuta.

As mesmas personalidades cujo lugar na Sociedade Internacional de Psicanálise tem o efeito de fazer com que a língua francesa seja a única língua de grande cultura em que não existe uma tradução completa da obra de Freud[3] — sendo a parte traduzida tecida de esquecimentos, disparates, falsificações e erros que tornam sua leitura ininteligível, na melhor das hipóteses, e inteiramente inventada, na pior — são também aquelas que encontramos opondo-se a qualquer discussão desses trabalhos na Sociedade Internacional de Psicanálise, fundada por Freud.

7. Um fator unifica as direções a que chamamos fases da doutrina de Freud: elas fixam as linhas cardeais de pesquisa pelas quais deveria orientar-se o problema eternamente criado por sua descoberta — o das relações que ligam o sujeito ao significante. Esse é o problema da identificação quanto ao sujeito. Quanto a suas relações com o real, ele exclui de maneira absoluta o posicionamento da realidade como pura e simplesmente dada, ao que a psicanálise de hoje se refere tanto pelo uso que faz da idéia de senso de reali-

---

3 Vale a pena mencionar os requintes dessa situação: uma tradução escrupulosa, feita por um membro de nosso grupo, de um artigo de Freud que é essencial e continua não traduzido, não foi autorizada a ser publicada.

Devemos acrescentar que essa situação não nos visa pessoalmente, pois é a mesma graças à qual as cartas de Freud a Fliess, publicadas contra a vontade testamental de Freud — o que talvez seja desculpável —, o foram através de uma censura que, aos olhos dos críticos menos prevenidos (cf. Erik Erikson, *IJP*, vol. XXXVI, 1955, p.1), afigura-se tão intolerável quanto suspeita, o que de modo algum tem desculpa.

178  *Outros Escritos*

[170] dade, ou teste de realidade, quanto pelo apoio que nela encontra para se reduzir a uma prática cada vez mais organizada de pedagogia corretiva.

É evidente que, ao fazer isso, não pomos em questão a primazia do real, mas simplesmente lembramos que a linguagem introduz nele uma dimensão propícia a "colocá-lo em questão". É no nível desse questionamento que se situa o drama da neurose. Querer reduzir esta última em sua veracidade irredutível só pode conduzir a um recuo do sintoma até as próprias raízes do ser, à destruição daquilo que dava no sofrimento testemunho.

De fato, a resistência encontrada atesta, por si só, o impasse dessa empreitada, e a compulsão à repetição, descoberta por Freud, foi também por ele identificada à insistência de uma verdade que continua a clamar no deserto da ignorância.

A oposição dialética, isto é, ligada por uma relação de ocultamento alternante do princípio de realidade com o princípio do prazer, só é concebível no nível da identificação significante. Eles só podem, do ponto de vista da adaptação, confundir-se estritamente.

Ora, toda a psicanálise desenvolve-se na dimensão do conflito entre eles. Assim, a promoção de uma esfera sem conflito no centro da teoria, como sendo o pivô da ação terapêutica, traz-nos de Nova York o sinal derradeiro da renúncia rematada aos princípios de uma descoberta — de seu desvirtuamento para fins de sugestão social e de sujeição psicológica.

8. Não faltou quem nos recriminasse por requerer Freud e por faltar com o essencial, reduzindo ao campo da fala e da linguagem — objeto do relatório pelo qual, em Roma, em 1953, inaugurou-se a via de nosso grupo — um movimento do ser que o sustenta e o ultrapassa por todos os lados. Do pré-verbal ao inefável, não há categoria que não agitem para nos desencorajar, exceto o silêncio, do qual se desconfia justificadamente.

Articulemos aqui que não confundimos o ser com o dizível, assim como não tomamos o ente como a antítese da razão.

Muito pelo contrário, remetendo o sofrimento do qual a neurose nos revela o patético bem temperado à sua fonte freudiana, tentamos captar o desejo nas próprias redes em que Freud o mostra fixado. Essas redes por certo o atravessam e o articulam na interrogação apaixonada que arranca da condição da necessidade

*A psicanálise verdadeira, e a falsa* 179

esse ser vivo e semideiscente de vida que é o homem. Para elevá-lo à posição da demanda sem objeto a que chamamos amor, ódio e ignorância. [171]

É aí, entre a incondicionalidade dessa demanda e a satisfação com que se pretende sufocá-la, que surge essa condição quase perversa em sua forma absoluta que é o desejo. Lugar predestinado, no sujeito falante para que a Vênus cega da natureza procure na angústia seu símbolo vivo. Aqui, o falo, no qual os antigos viam o signo em que o logos imprime sua marca na vida, e do qual não era à toa que o mistério tinha que ser mantido em silêncio, já que, sendo dito, só podia degradar-se, revelou-nos sua função simbólica — no complexo de castração. Que a psicanálise de hoje tenta reduzir à função imaginária de um "objeto parcial".

Mas devemos ouvir Freud quando ele nos diz que, no sonho, somente sua elaboração lhe interessa. O desejo inconsciente, indicado na metáfora onírica, não tem objeto senão metonímico. Ele é desejo para além do reconhecimento enquanto reconhecimento a que o desejo se furta.

Ensino tão árduo que os áugures da psicanálise de hoje acabaram dizendo a si mesmos: "Um sonho, afinal, é apenas um sonho", e até fazendo disso a senha com que se saúdam.

Esse sonho e esse desejo, com efeito, não são articuláveis em termos de adaptação à realidade, isto é, nesses termos que, sob o nome de tensão vivenciada, resistência afetiva, parte sadia ou distorcida do eu, relação dual entre analisante e analista, fazem reviver as espantosas mistificações da psicoterapia autoritária.

Assim, somos nós, e não eles, que dizemos que o desejo, seja ele do sonho ou da vigília, não é articulável na fala. Mas nem por isso é verdade que ele não seja articulado na linguagem e que, deslizando como o anel do jogo do passa-anel pelo fio da metonímia que o retém num círculo de fantasia, não produza metaforicamente o significado do sintoma em que essa fantasia se realiza.

9. Eis-nos muito próximos dos problemas do tratamento e da profunda distinção entre a sugestão e a transferência. A transferência é o vínculo com o Outro estabelecido pela forma de demanda a que a análise dá lugar, para que, desse lugar, essa repetição, na qual não é a necessidade que se repete, e sim o mais além que nela desenha a demanda, possa ser apreendida em seu efeito de desejo e analisada em seu efeito de sugestão. [172]

180 *Outros Escritos*

É à medida que o efeito de sugestão que vem do inconsciente dissipa suas miragens que o desejo deve se articular como significante na questão existencial que dá à transferência seu horizonte. Seja qual for o prazo em que esta se resolva, é no lugar do Outro que o sujeito se encontrará: no lugar do que era (*Wo Es war...*) e que é preciso que ele assuma (..., *soll Ich werden*).

Aqui, o preceito "Amarás o próximo como a ti mesmo" não soa menos estranhamente do que o *Tât twam asi*, tal como o experimentamos ao responder a ele na primeira pessoa, onde eclode o absurdo de que seria preciso tomar seu último termo por sua última palavra, enquanto o outro fecha seu círculo ao consumá-lo: "Como a ti mesmo, és aquilo que odeias porque o ignoras."

Em parte alguma como em Freud, nos dias que correm, respira-se o ar da razão conquistadora, nem o estilo com que, no século XVIII, o homem avançou na direção do desnudamento de seu desejo, para formular a Deus, sob a forma da natureza, sua pergunta. Ironia singular na história de uma filosofia que fizera da negação do desejo sua lei. Ironia sobre a qual é espantoso constatar como a filosofia conseguiu desacreditá-la como sendo de uma clareza artificial ou artificiosa, embora ela formulasse a indagação mais profunda.

Sem dúvida, essa filosofia iluminista e seu protótipo, o homem do prazer, cometeram um erro. Quiseram explicar o que se opunha à sua questão através da impostura e fazer do obscurantismo um complô contra a liberdade da natureza.

É desse erro que sofremos o retorno. Porque os monstros forjados em prol das necessidades de uma causa trazem-nos a mais surpreendente prova da força da verdade: eles mesmos se expõem às claras.

Os que têm minha idade puderam apreender como a propaganda antialemã dos Aliados da Grande Guerra gerou o hitlerismo, que a justificou a posteriori.

Mais paradoxalmente, porém por um retorno da mesma ordem, a retomada de um questionamento essencial do homem em relação à natureza, dessa vez em nome da verdade que a penetra, levou a um resultado singular: que justamente aqueles de quem o reinventor dessa questão quis fazer os guardiães de seu legado organizam-se para transformá-lo num instrumento de equívoco e conformismo, e se constituem realmente numa Igreja que sabe que sua autoridade é feita de nada, já que renega aquilo que é sua

[173]

A psicanálise verdadeira, e a falsa    181

própria ação, rebaixando-as às conivências de uma cegueira que ela mesma mantém.

10. Como não reconhecer, com efeito, a falsidade da posição deles em sua própria posição, ou seja, no contraste que faz com que a psicanálise seja apenas tolerada em sua prática, quando seu prestígio é universal — quando "psicanálise de...", seja qual for o objeto de que se trate, significa, para todos, que entramos na razão profunda de uma aparente desrazão, e quando, no entanto, na ciência, a psicanálise vive numa espécie de quarentena que nada tem a ver com o efeito da especialização.

Situação feita de desconhecimentos consensuais e que já não explica há muito tempo a pretensa resistência dos leigos. Se esta existe agora em algum lugar, não é em outro senão entre os próprios psicanalistas, patente no esforço de se impor pelas analogias mais bastardas e pelas ficções mais duvidosas — em conjunção com a falsa pudicícia que eles manifestam diante dos empregos variadamente abusivos que se fazem, do lado de fora, das idéias que eles difundem, não sem experimentarem com relação a isso uma secreta complacência.

Caberá ver no consentimento de que eles gozam em metade do mundo civilizado um efeito do perdão merecido por aqueles que não sabem o que fazem? Ou voltar à prova em que se constitui, no tocante à verdade de uma tradição, a indignidade de seus ministros?

Não há dúvida de que a confiança privilegiada na fala, que está implícita na manutenção da escolha de seus meios formais, é o princípio de verdade pelo qual a psicanálise subsiste, a despeito da imbecilidade dos ideais com que ela o tempera.

Provavelmente, isso é o bastante — não porque a fala não seja o veículo natural do erro, o veículo de eleição da mentira e o veículo normal do mal-entendido, mas porque ela se desdobra na dimensão da verdade e assim a suscita, ainda que para horror do sujeito.

Esse é de fato um truísmo, e até o truísmo por excelência. Ele se junta às afirmações que acabamos de enunciar, para repensar a psicanálise e restabelecer sua missão.

Subsiste um mistério, no entanto, quanto às condições apropriadas à guarda do patrimônio disciplinar gerado por um campo em que o próprio praticante tem que se manter no nível do sujeito    [174]

182      *Outros Escritos*

que ele descobre — ou seja, aqui, não o sujeito do conhecimento, o olho frente ao mundo real, mas o sujeito da fala, isto é, tal como ele emerge na dimensão da verdade.

Foi com uma necessidade profunda que Freud se confrontou quando se preocupou de modo premente em fundar a comunidade que garantiria essa guarda. Terá sido apenas um acidente ele se entregar romanticamente a deixar que nela se inserisse o comitê [*praesidium*] *secreto* em que se prefiguraram os mais modernos aparelhos de nossa política? Já toquei nesse assunto noutro lugar, baseando-me nos documentos vertiginosos fornecidos por Jones. Estamos em 1912.

O fruto disso, convém agora saboreá-lo na teoria da *validação* das teorias pelos concílios,[4] articulada sem a menor vergonha por um membro da camarilha que deteve na Sociedade Internacional, depois da última guerra, os poderes executivos.

Mimetismo singular da história em relação à análise de uma Igreja sem fé, de um exército sem pátria, que Freud nos deu num livro anteriormente citado, e no qual é preciso reconhecer que a arte forjou mais uma vez uma forma significante antes de sua emergência no real.

Aqui, a psicanálise manifesta-se, ela mesma, como uma paixão no ato que a constitui, suscitando de novo em seu seio o toque de reunir de cuja impostura escarneceu Voltaire: "Esmaguemos a infame."

*Junho de 1958*

---

4   Cf. Ernst Kris, "The Nature of Psychoanalytic Propositions and their Validation", in *Freedom and Experience*, Ithaca, Cornell University Press, 1947.

# Maurice Merleau-Ponty

[175]

1. Pode-se soltar o grito que nega que a amizade possa deixar de viver. Não se pode dizer advinda a morte sem abater mais uma vez. Renuncio a isso, havendo-o tentado, para, à minha revelia, levar mais além minha homenagem.

Recolhendo-me à lembrança, no entanto, do que senti do homem num momento, para ele, de amarga paciência.

2. Que mais fazer senão interrogar o ponto colocado pela hora súbita num discurso em que nós todos entramos?

E de seu último artigo, que aqui reproduzimos — título: "O olho e o espírito"[1] —, falar de onde foi feito, se o creio sinal de uma cabeça propícia, para que eu o ouça: de meu lugar.

3. São mesmo a dominante e a sensível da obra inteira que dão aqui sua nota. Se a tomarmos pelo que ela é: de um filósofo, no sentido de uma escolha, que aos dezesseis anos vislumbrou seu futuro (ele o atestou), e que exige algo de profissional. O que equivale a dizer que o vínculo propriamente universitário abarcou e reteve sua intenção, mesmo impacientemente posto à prova, mesmo ampliado até a luta pública.

4. Não está nisso, contudo, o que insere esse artigo no sentimento, despontado duas vezes em seu exórdio e em seu fecho, de uma mudança atualíssima a se tornar patente na ciência. O que ele evoca como vento da moda quanto aos registros da comunicação, como complacência quanto às versatilidades operacionais, só é assinalado como aparência que deve conduzir a sua razão.

---

1 Em *Art de France*, 1961, p.187-208.

184 *Outros Escritos*

É a mesma para a qual tentamos contribuir, a partir deste campo privilegiado para revelá-la que é o nosso (a psicanálise freudiana): a razão pela qual o significante revela-se primário em toda constituição de um sujeito.

[176]  5. O olho, tomado aqui por centro de uma revisão do estatuto do espírito, comporta no entanto todas as ressonâncias possíveis da tradição com que o pensamento continua comprometido.

Assim é que Maurice Merleau-Ponty, como qualquer um nesse caminho, não pode senão referir-se mais uma vez ao olho abstrato pressuposto pelo conceito cartesiano da extensão, com seu correlato de um sujeito, módulo divino de uma percepção universal.

A crítica propriamente fenomenológica da estética que resulta dessa rarefação da confiança depositada no olho não é feita para nos reconduzir às virtudes de conhecimento da contemplação proposta à ascese do *nous* pela teoria antiga.

Tampouco para que nos detenhamos no problema das ilusões de óptica e de saber se o bastão quebrado pela superfície da água na bacia, ou a lua mais gorda por se aproximar do horizonte, mostram-nos ou não a realidade: para isso Alain,[2] em meio à sua nuvem de giz, é o bastante.

Vamos dizê-lo, porque nem mesmo Maurice Merleau-Ponty parece dar esse passo: por que não ratificar o fato de que a teoria da percepção já não concerne à estrutura da realidade a que a ciência nos fez alcançar na física? Nada é mais contestável, tanto na história da ciência quanto em seu produto acabado, do que o motivo de que ele se vale para autorizar sua pesquisa de que, saída da percepção, a construção científica sempre deveria voltar a ela. Tudo nos mostra, ao contrário, que foi ao recusar as intuições percebidas do ponderal e do *impetus* que a dinâmica de Galileu anexou os céus à Terra, mas ao preço de introduzir aquilo em que hoje na experiência do cosmonauta tocamos: um corpo a se abrir e se fechar, sem pesar em nada nem sobre nada.

6. A fenomenologia da percepção, portanto, é muito diferente de

---

2  Émile Chartier, dito Alain (1868-1951), acadêmico e filósofo francês bastante popular entre professores e alunos por seu estilo simples e didático. (N.E.)

um codicilo de uma teoria do conhecimento cujas ruínas compõem o aparato de uma psicologia precária.

Ela não mais é situável na visada — que atualmente já não habita senão o logicismo — de um saber absoluto.

Ela é o que é, ou seja, um cotejo de experiências sobre as quais convém ler a obra inaugural de Maurice Merleau-Ponty[3] para avaliar as pesquisas positivas que nelas se acumularam, e sua estimulação para o pensamento, ou a derrisão com que elas evidenciam as bestificações seculares calcadas na ilusão de Aristóteles, ou mesmo no exame clínico médio do oftalmologista.

[177]

Para fazer com que se apreenda o interesse disso, escolhamos um pequeno fato na imensa trama de covariâncias do mesmo estilo que são comentadas nesse livro, como por exemplo na página 360, o da luz violenta que aparece, à maneira de um cone esbranquiçado, ao ser sustentada por um disco que mal se faz visível, de vez que é negro e, principalmente, é o único objeto que a detém. Basta interpor entre eles um pedacinho de papel branco para que se dissipe de imediato o aspecto leitoso e se destaque como distinto, por ser iluminado em seu contraste, o disco negro.

Mil outros fatos se prestam a nos impor a questão do que rege as mutações, com freqüência cativantes, que observamos pelo acréscimo de um elemento novo no equilíbrio desses fatores experimentalmente distintos que são a luz, as condições forma-fundo do objeto, nosso saber a seu respeito e, terceiro elemento, aqui o crucial, uma pluralidade de gradações que o termo cor é insuficiente para designar, uma vez que, além da constância que tende a restabelecer em certas condições uma identidade percebida com a gama denominável em diferentes comprimentos de onda, existem os efeitos conjugados de reflexo, irradiação e transparência, cuja correlação nem sequer é inteiramente redutível do achado da arte para o artifício de laboratório. Como se comprova pelo fato de o fenômeno visual da cor local de um objeto não ter nada a ver com o do segmento colorido do espectro.

Que nos baste indicar em que direção o filósofo tenta articular esses fatos, na medida em que tem fundamento para lhes dar asilo, ou seja, pelo menos porque a eles se liga toda uma arte de criação humana que a realidade física refuta tanto menos quanto mais se

---

3 *Phénoménologie de la perception*, op. cit., Gallimard, 1945.

186    *Outros Escritos*

afasta dela, mas nem por isso se diz que essa arte só tem um valor recreativo e não encerra nenhum outro acesso a um ser, por conseguinte, talvez mais essencial.

7. Essa direção exigida para aquilo que ordena as covariâncias fenomenicamente definidas da percepção, o filósofo de nossa época vai buscá-la, como se sabe, na idéia da presença, ou, para melhor traduzir literalmente o termo do alemão, na idéia do Seraí, à qual é preciso acrescentar a presença (ou ser-aí)-em-por-através-de-um-corpo. Posição dita da existência, no que ela tenta apreender-se no momento anterior à reflexão, que, em sua experiência, introduz sua distinção decisiva com relação ao mundo, despertando-o para a consciência de si.

[178]

Mesmo restabelecida de maneira muito evidente a partir da reflexão duplicada que a busca fenomenológica constitui, essa posição se prevalece por restaurar a pureza dessa presença na raiz do fenômeno, no que ela pode antecipar globalmente de sua influência no mundo. Pois se acrescentam, é claro, complexidades homólogas do movimento, do tato ou da audição — e, como omitir, da vertigem —, que não se justapõem, mas se compõem com os fenômenos da visão.

É essa pressuposição de que existe em alguma parte um lugar da unidade que é a conta certa para suspender nosso assentimento. Não que não se evidencie que esse lugar se afasta de qualquer atribuição fisiológica e que não fiquemos satisfeitos em seguir *em seus detalhes* uma subjetividade constitutiva, ali onde ela se tece fio a fio, mas não reduzida a ser seu avesso, com o que aqui chamamos de objetividade total.

O que nos espanta é que não se aproveite imediatamente a estrutura tão manifesta no fenômeno — e cabe fazer justiça a Maurice Merleau-Ponty por não mais fazer nele, no ponto extremo, referência a nenhuma *Gestalt* naturalista —, não para lhe opor, mas para harmonizar com ele o próprio sujeito.

O que objeta a dizer do exemplo anteriormente citado — no qual a iluminação é manifestamente homóloga ao tônus muscular nas experiências sobre a constância da percepção do peso, mas não pode mascarar sua localidade de Outro — que o sujeito, enquanto no primeiro tempo ele o investe de sua consistência leitosa, no segundo tempo só está ali como recalcado? E isso pelo fato do contraste objetivante do disco negro com o quadrado branco, que se opera pela entrada significativa da figura deste último contra o fundo do outro. Mas o sujeito que ali se afirma em formas iluminadas é o rechaço do Outro que se encarnava numa opacidade de luz.

Mas, onde está o *primum*, e por que prejulgar que ele seja apenas um *percipiens*, quando aqui se desenha que é sua elisão que confere ao *perceptum* da própria luz sua transparência?

Em suma, parece-nos que o "eu penso" a que se pretende [179] reduzir a presença não pára de implicar, não importa a que indeterminação se o obrigue, todos os poderes de reflexão pelos quais se confundem sujeito e consciência, ou seja, nominalmente, a miragem que a experiência psicanalítica coloca no princípio do desconhecimento do sujeito, e que nós mesmos tentamos apreender no estádio do espelho, nele a resumindo.

Seja como for, nós reivindicamos em outro lugar, nominalmente a propósito da alucinação verbal,[4] o privilégio que cabe ao *perceptum* do significante na conversão a ser efetuada da relação do *percipiens* com o sujeito.

8. A fenomenologia da percepção, ao querer decompor-se na presença-pelo-corpo, evita essa conversão, mas se condena simultaneamente a ultrapassar os limites de seu campo e a tornar inacessível para si uma experiência que lhe é estranha. É o que ilustram os dois capítulos do livro de Maurice Merleau-Ponty sobre o corpo como ser sexuado[5] e o corpo como expressão na fala.[6]

O primeiro não cede em sedução para a sedução a que confessa ceder da análise existencial, de uma elegância fabulosa, à qual J.-P. Sartre se entrega, da relação do desejo.[7] Do envisgamento da consciência na carne, à procura, no outro, de um sujeito impossível de capturar, já que mantê-lo em sua liberdade é extingui-lo, dessa arremetida patética de uma caça que se dissipa com o disparo, que nem sequer a atravessa, do prazer; é não somente o acidente, mas o desfecho, que impõe ao autor sua virada — em seu redobramento de impasse — para um sadismo que já não tem outra escapatória senão a masoquista.

---

4 In *La Psychanalyse*, Paris, PUF, vol.4, p.1-5ss.
5 Ibid., p.202-32.
6 *Phénoménologie de la perception*, op. cit., p.180-202.
7 In Jean-Paul Sartre, *L'Être et le Néant*.

188    *Outros Escritos*

Maurice Merleau-Ponty, por inverter seu movimento, parece evitar seu desvio fatal, descrevendo aí o processo de uma revelação direta do corpo ao corpo. Ela decorre, na verdade, apenas da evocação de uma situação pensada alhures como humilhante, a qual, como pensamento da situação, sustenta o terceiro que a análise mostrou ser inerente, no inconsciente, à situação amorosa.

[180]    Digamos que isso não serve para tornar mais válida, para um freudiano, a reconstrução de Sartre. Sua crítica exigiria uma precisão, ainda não bem reconhecida nem mesmo na psicanálise, da função da fantasia. Nenhum resgate imaginário dos efeitos da crueldade pode substituir isso, e não é verdade que o caminho para a satisfação normal do desejo seja encontrado pelo fracasso inerente à preparação do suplício.[8] Sua descrição inadequada do sadismo como estrutura inconsciente não o é menos quanto ao mito sadianista. É que sua passagem pela redução do corpo do outro ao obsceno esbarra no paradoxo — enigmático de maneira bem diversa, ao vê-lo irradiar-se em Sade, e muito mais sugestivo no registro existencial — da beleza como insensível ao ultraje.[9] O acesso erotológico, portanto, poderia ser melhor aqui, mesmo fora de qualquer experiência do inconsciente.

Mas está claro que nada na fenomenologia da extrapolação perceptiva, por mais que a articulemos no ímpeto obscuro ou lúcido do corpo, pode dar conta nem do privilégio do fetiche numa experiência secular nem do complexo de castração na experiência freudiana. Os dois se conjuram, no entanto, para nos intimar a enfrentar a função de significante do órgão sempre apontado como tal por seu ocultamento no simulacro humano — e a incidência que resulta do falo nessa função, no acesso ao desejo tanto da mulher quanto do homem, apesar de estar agora vulgarizada, não pode ser desprezada como desviando o que bem podemos chamar, com efeito, de o ser sexuado do corpo.

9. Se o significante do ser sexuado pode ser assim desconhecido no fenômeno, é por sua posição duplamente dissimulada na fantasia, ou seja, por ele só se indicar ali onde não age e só agir por sua

---

8    Idem.
9    Lugar analisado em meu seminário *A ética da psicanálise*, 1959-1960 [(publicado pelas Éd. du Seuil, 1986); Rio de Janeiro, Zahar, 1988].

*Maurice Merleau-Ponty* 189

falta. É nisso que a psicanálise tem que dar provas de um avanço no acesso ao significante, e tal que ele possa reconsiderar sua própria fenomenologia.

Hão de perdoar minha audácia pelo modo como invocarei aqui, para dar testemunho disso, o segundo artigo mencionado de Maurice Merleau-Ponty, sobre o corpo como expressão na fala.

Pois aqueles que me seguem reconhecerão, muito melhor ali-  [181]
nhada, a mesma temática com que os entretenho sobre a primazia do significante no efeito de significar. E rememoro o apoio que pude encontrar para ela nas primeiras férias do pós-guerra, quando amadurecia meu embaraço por ter que reavivar, num grupo ainda disperso, uma comunicação até então reduzida a ponto de ser quase analfabeta — falando freudianamente, bem entendido —, posto que nela se conservava o vinco dos álibis destinados a vestir uma práxis sem certeza de si.

Mas aqueles que se sentirem à vontade neste discurso sobre a fala (e mesmo que seja ressalvando nele o que aproxima um pouco demais discurso novo e fala plena) não deixarão de saber que eu digo outra coisa, nominalmente:

— que não é o pensamento, mas o sujeito, que subordino ao significante;

— e que é do inconsciente que demonstro o status, quando me empenho em fazer com que aí se conceba o sujeito como rechaça-do pela cadeia significante, que, ao mesmo tempo, constitui-se como recalcado primordial.

Por conseguinte, eles não poderão consentir na dupla referên-cia a idealidades, aliás incompatíveis entre si, pelas quais a função do significante converge aqui para a nomeação, e seu material, para um gesto em que se especificaria uma significação essencial.

Gesto inencontrável, e sobre o qual aquele que aqui eleva sua fala à dignidade de paradigma de seu discurso teria sabido confes-sar que não oferecia nada dessa ordem a ser percebido por sua platéia.

Não sabia ele, de resto, que existe apenas um gesto, conheci-do desde Santo Agostinho, que corresponde à nomeação — o do indicador que mostra —, mas que, por si só, esse gesto não basta sequer para designar aquilo que se nomeia no objeto apontado?

E, se fosse *a gesta* o que eu quisesse imitar, da rejeição, por exemplo, para nela inaugurar o significante — ejetar —, acaso já não implicaria ela a essência verdadeira do significante na sintaxe

190 *Outros Escritos*

que instaura em série os objetos a serem submetidos ao jogo da ejeção?

Pois, para além desse jogo, o que meu gesto articula, sim, somente aí, é o *eu* [*je*] evanescente do sujeito da verdadeira enunciação. Com efeito, basta que o jogo se reitere para constituir esse *eu* que, por repeti-lo, diz o *eu* que aí se faz. Mas esse *eu* [je] não sabe que o diz, rejeitado que é, pelo gesto, como que para trás, para o ser que a ejeção coloca no lugar do objeto que ele rejeita. Assim, eu quem diz só pode ser inconsciente daquilo que eu faço, quando não sei o que, fazendo, eu digo.[10]

[182]

Mas, se o significante é exigido como sintaxe anterior ao sujeito para o advento desse sujeito não só como falante, mas naquilo que ele diz, efeitos de metáfora e metonímia são possíveis não apenas sem esse sujeito, como também sua própria presença constitui-se mais do significante que do corpo, como, afinal, poderíamos dizer que ela o faz no discurso do próprio Maurice Merleau-Ponty, e literalmente.

Tais efeitos são, como o ensino, os efeitos do inconsciente, aí encontrando a posteriori, pelo rigor que se restabelece na estrutura da linguagem, a confirmação de que tê-los dela extraído foi bem fundado.

10. Aqui, minha homenagem encontra o artigo sobre o olho e o espírito, que, ao interrogar a pintura, reinstaura a verdadeira questão da fenomenologia, tácita para além dos elementos que sua experiência articula.

É que o uso da irrealidade desses elementos em tal arte (sobre a qual observamos de passagem que, para a visão, ela manifestamente os discerniu diferentemente da ciência) não exclui, em ab-

---

10 Reproduzimos a seguir os dois parágrafos anteriores na íntegra, pois a inevitável perda das assonâncias compromete o vigor da demonstração lacaniana: *Et si c'était* la geste *que je voudrais mimer, du rejet par exemple, pour y inagurer le signifiant: jeter, n'implique-t-elle pas déjà l'essence vraie du signifiant dans la syntaxe instaurant en série les objets à soumettre au jeu du jet. // Car au-delà de ce jeu, ce qu'articule, oui, seulement là mon geste, c'este le* je *evanouissant du sujet de la véritable énonciation. Il suffit en effet que le jeu se réitère pour constituer ce* je *qui, de le répéter, dit ce* je *qui s'y fait. Mas ce* je *ne sait pas qu'il le dit, rejeté qu'il est comme en arrière, par le geste, dans l'être que le jet substitue à l'objet qu'il rejette. Ainsi je qui dis ne peut être qu'inconscient de ce que je fais, quand je ne sais pas ce que faisant je dis.* (N.E.)

soluto, sua função de verdade, desde quando a realidade, a das tabelas da ciência, passou a não mais precisar certificar-se pelos meteoros.

É nisso que a finalidade de ilusão que se propõe a mais artificiosa das artes não tem que ser repudiada, nem mesmo em suas obras ditas abstratas, em nome do mal-entendido que a ética da Antigüidade alimentou sob essa imputação, da idealidade de que ela partiu no problema da ciência.

A ilusão adquire valor aqui por se conjugar com a função de significante que descobrimos no avesso de sua operação.

Todas as dificuldades que a crítica demonstra sobre a questão não apenas do como faz a pintura, mas daquilo que ela faz, deixam entrever que a inconsciência em que o pintor parece subsistir em sua relação com o *isso* de sua arte seria útil para relacionar, como forma profissional, com a estrutura radical do inconsciente que deduzimos de sua individuação comum.

Nesse ponto, o filósofo que é Maurice Merleau-Ponty deixa os psicanalistas envergonhados por haverem abandonado o que pode afigurar-se aqui de essencial, ao alcance de se resolver melhor.

E nisso, mais uma vez, pela natureza do significante — uma vez que, afinal, é preciso registrar bem que, se existe progresso na investigação de Maurice Merleau-Ponty, a pintura já intervém na fenomenologia da percepção, isto é, no livro, e justamente no capítulo em que retomamos a problemática da função da presença na linguagem. [183]

11. Somos assim convidados a nos interrogar sobre o que é da alçada do significante ao se articular na mancha, nos "pequenos azuis" e "pequenos marrons" com que se encanta Maurice Merleau-Ponty na pena de Cézanne, por encontrar neles aquilo com que o pintor pretendia tornar eloqüente sua pintura.

Digamos, sem poder fazer mais aqui do que prometer comentá-lo, que a vacilação marcada em todo esse texto, do objeto ao ser, e o passo dado com vistas ao invisível mostram bem que é para outro lugar que não o campo da percepção que aqui avança Maurice Merleau-Ponty.

12. Não se pode desconhecer que é por concernir ao campo do desejo que o terreno da arte adquire aqui esse efeito. A menos que

não se entenda, como é mais comumente o caso dos próprios psicanalistas, o que Freud articula da presença mantida do desejo na sublimação.

Como nos igualarmos à pesagem sutil que aí se desenrola, de um Eros do olho e de uma corporalidade da luz em que já não se evoca senão nostalgicamente a teológica primazia deles?

Quanto ao órgão, acaso será necessário, para darmos conta de seu deslizamento quase imperceptível do sujeito para o objeto, armar-nos da insolência de uma boa nova que, declarando sobre suas parábolas forjá-las expressamente para que não sejam entendidas, perpassa-nos com a verdade, a ser no entanto levada ao pé da letra, de que o olho é feito para não ver?

Temos nós necessidade do robô rematado da futura Eva para ver o desejo empalidecer à visão dela, não por ela ser cega, como se supõe, mas por ela não poder não ver tudo?

Inversamente, aquilo a que nos dá acesso o artista é o lugar do que não pode ser visto — e resta ainda nomeá-lo.

[184]
Quanto à luz, lembrando-nos do traço delicado com que Maurice Merleau-Ponty modela seu fenômeno, dizendo que ela nos *conduz* para o objeto iluminado,[11] reconhecemos aí a matéria epônima com que talhar o monumento de sua criação.

Se me detenho na ética implícita nessa criação, negligenciando, portanto, aquilo que a remata numa obra engajada, é para dar um sentido terminal à frase, a última que nos restou publicada, em que ela parece designar a si mesma, qual seja, que, "se as criações não são uma conquista, não é apenas porque, como todas as coisas, elas passam, mas também porque quase todas têm uma vida pela frente".

Que aqui meu luto, com o véu tirado da *Pietà* intolerável a quem o destino me obriga a entregar a cariátide de um mortal, barre minha fala, fuste partido.

---

11 Cf. *Phénoménologie de la perception*, op. cit., p.357.

IV

# Os quatro conceitos fundamentais da psicanálise

[187]

RESUMO DO SEMINÁRIO DE 1964

A hospitalidade recebida da École Normale Supérieure e um auditório ampliado indicavam uma mudança de feição de nosso discurso. Durante dez anos, ele fora dosado para as capacidades de especialistas, provavelmente as únicas testemunhas aceitáveis da ação por excelência que lhes propõe a psicanálise, mas também cujas condições de recrutamento deixam-nas muito fechadas à ordem dialética que rege essa ação.

Aperfeiçoamos para seu uso um οργανον, emitindo-o segundo uma propedêutica que não avançava nenhuma etapa antes que eles houvessem podido avaliar a fundamentação adequada da anterior.

Era a apresentação que devíamos derrubar, pareceu-nos, encontrando na crise menos uma oportunidade de síntese do que o dever de esclarecer o abrupto do real que restaurávamos no campo legado por Freud a nossos cuidados.

Bem longe de ser uma redução hegeliana desse real (a não ser para reafirmá-lo como racional), nosso esforço dera seu estatuto à subversão produzida no sujeito do saber. Nossa exposição deste ano escolheu os quatro conceitos que desempenham uma função originadora nessa subversão — o inconsciente, a repetição, a transferência e a pulsão —, para redefinir cada um deles e mostrá-los atados pela topologia que os sustenta em uma função comum.

Permanente, portanto, manteve-se a pergunta que torna nosso projeto radical: aquela que vai de "*é a psicanálise uma ciência?*" até "*o que é uma ciência que inclua a psicanálise?*"

O *inconsciente*, mantido segundo nossa afirmação inaugural como efeito de significante e estruturado como uma linguagem, foi aqui retomado como pulsação temporal.

[188]

Na *repetição* foi claramente exposta a função de τυχη que se abriga por trás de seu aspecto de αυτοματον — o faltar ao encontro isola-se aí como relação com o real.

A *transferência*, como tempo de fechamento ligado à enganação do amor, integrou-se a essa pulsação.

Da *pulsão* demos uma teoria que, nestes meados de 1965 em que subitamente fomos pressionados a fornecer este resumo, ainda não pôde ser demarcada.

A razão de sua constância, a chamada topologia da *borda*, que explica o privilégio dos orifícios, o estatuto da ação retroativa, a dissociação entre o alvo e o objeto, todos apareceram aqui pela primeira vez.

Este périplo não diz os contornos necessários para garantir esse nó, nem tampouco o que ele cinge.

Nele marcamos mais uma vez a preempção do sujeito cartesiano, na medida em que ele se distingue do sujeito do conhecimento como sujeito da certeza — e como, revalorizado pelo inconsciente, ele passa à categoria de precondição da ação psicanalítica.

Do mesmo modo, a pulsão escópica, por nos servir de paradigma, recebeu um desenvolvimento particular. Demonstrar nela a antinomia da visão e do olhar teve o objetivo de atingir o registro, fundamental para o pensamento de Freud, do objeto perdido.

Esse objeto, nós o formulamos como a causa da posição do sujeito que é subordinada pela fantasia.

Mas a publicação simultânea, numa colação devota, do livro *Le visible et l'invisible*, na qual se interrompeu, justamente na hora de seu advento, a conversão manifesta da interrogação de Merleau-Ponty, estava fadada a solicitar que marcássemos a prioridade que cabe aos traços estruturais em toda tentativa de alcance ôntico. Suspendemos sua abordagem, anunciando as "posições subjetivas do ser" para o ano que vem.

Leremos, com o tempo, os limites em que nos fez entrar, pela implicação de nossos ditos, o efeito de relaxamento sofrido por nossa temática à medida de uma difusão que foi para nós uma surpresa nessa ocasião. Essa correção concerne ao destino de tudo o que se reúne, agora de maneira ampla demais, sob a bandeira do estruturalismo.

Com isso se confirma mais uma vez, no progresso da ciência, a correlação ética cujas chaves a psicanálise detém e cujo destino, portanto, é precário.

*Os quatro conceitos fundamentais da psicanálise* 197

Foi por isso que nosso último tempo voltou a um fundamento [189] de grande lógica, recolocando em questão, com base no lugar do Grande Outro, promovido por nós como constitutivo do sujeito, a idéia, aviltada pelo malogro da crítica política, de alienação.

*1965*

[191]

# Homenagem a Marguerite Duras
# pelo arrebatamento de Lol V. Stein

Arrebatamento — essa palavra constitui para nós um enigma. Será objetiva ou subjetiva naquilo em que Lol V. Stein a determina?

Arrebatada. Evoca-se a alma e é a beleza que opera. Desse sentido ao alcance da mão iremos desembaraçar-nos como for possível, com algo do símbolo.

Arrebatadora é também a imagem que nos será imposta por essa figura de ferida, exilada das coisas, em quem não se ousa tocar, mas que faz de nós sua presa.

Os dois movimentos, no entanto, enlaçam-se numa cifra que se revela por esse nome sabiamente formado, pelo contorno de sua escrita: Lol V. Stein.[1]

Lol V. Stein: asas de papel, V tesoura, Stein, a pedra — no jogo do amor tu te perdes.[2]

Respondemos: Ó, boca aberta, o que quero eu ao dar três saltos na água, em impedimento no amor, em que mergulhado estou?

Essa arte sugere que a arrebatadora é Marguerite Duras, e nós, os arrebatados. Mas se, ao calcarmos nossos passos nos passos de Lol, que ressoam em seu romance, nós os ouvimos a nossas costas sem haver encontrado ninguém, será porque sua criatura se desloca num espaço desdobrado, ou será que um de nós passou através do outro, e quem dela ou de nós deixou-se então atravessar?

---

1 Nome adotado pela personagem Lola Valérie Stein após a noite do baile em que perde seu amante para uma rival. (N.E.)

2 No orig. *Jeu de la mourre*. O jogo de que se trata é semelhante à porrinha jogada no Brasil e a uma variante do "par-ou-ímpar" conhecida como "pedra, tesoura ou papel". (N.E.)

Onde se vê que a cifra deve ser enlaçada de outro modo — porque, para apreendê-la, é preciso contar três.

Leiam, é o melhor.

A cena de que o romance inteiro não passa de uma rememoração é, propriamente, o arrebatamento de dois numa dança que os solda, sob o olhar de Lol, terceira, com todo o baile, sofrendo aí o rapto de seu noivo por aquela que só precisou aparecer subitamente.

E, para tocar no que Lol procura a partir desse momento, não nos ocorre fazê-la dizer um "eu me dois" [*je me deux*], conjugando doer [*douloir*] com Apollinaire?[3]

Mas, justamente, ela não pode dizer que está sofrendo. [192]

Pensaríamos, seguindo algum clichê, que ela repete o acontecimento. Mas, olhemos mais de perto.

É de arregalar os olhos que ele é reconhecível na espreita, à qual doravante Lol voltará muitas vezes, de um casal de amantes no qual reencontrou, como que por acaso, uma amiga que lhe fora íntima antes do drama e que a ele assistira em sua hora exata: Tatiana.

Não é o acontecimento, mas um nó que se reata aí. E o que é atado por esse nó é propriamente o que arrebata — porém, mais uma vez, a quem?

O mínimo a dizer é que a história, nesse ponto, põe alguém no outro prato da balança, e não apenas por ser dele que Marguerite Duras faz a voz da narrativa: o outro parceiro do casal. Seu nome, Jacques Hold.

Porque também ele não é o que parece quando digo "a voz da narrativa". É, antes, sua angústia. Na qual, mais uma vez, ressurge a ambigüidade: será a dele ou a da narrativa?

Em todo caso, ele não é um simples apresentador da máquina, mas, antes, uma de suas engrenagens, e não sabe tudo sobre o que o prende a ela.

Isso legitima que eu aqui introduza Marguerite Duras, tendo aliás seu consentimento, num terceiro ternário, um de cujos termos é o arrebatamento de Lol V. Stein tomado como objeto em seu próprio nó, e onde eis-me o terceiro a introduzir um arrebatamento, no meu caso decididamente subjetivo.

---

3 Vale lembrar a homofonia entre *je me deux* e *j'aime deux* (anno dois). (N.E.)

200     *Outros Escritos*

Isso não é um madrigal, mas uma baliza de método, que pretendo afirmar aqui em seu valor positivo e negativo. Um sujeito é termo científico, como perfeitamente calculável, e a evocação de seu status deveria pôr termo a algo que de fato cabe designar pelo nome: a grosseria, digamos, o pedantismo de uma certa psicanálise. Essa face de suas traquinices, sendo sensível, esperamos, aos que nelas se lançam, deveria servir para lhes apontar que eles resvalam para uma certa burrice: por exemplo, a de atribuir a técnica declarada de um autor a uma neurose qualquer — grosseria, e de demonstrá-lo pela adoção explícita dos mecanismos que dela compõem o edifício inconsciente. Burrice.

Penso que, apesar de Marguerite Duras me fazer saber por sua própria boca que não sabe, em toda a sua obra, de onde lhe veio Lol, e mesmo que eu pudesse vislumbrar, pelo que ela me diz, a frase posterior, a única vantagem que um psicanalista tem o direito de tirar de sua posição, sendo-lhe esta reconhecida como tal, é a de se lembrar, com Freud, que em sua matéria o artista sempre o precede e, portanto, ele não tem que bancar o psicólogo quando o artista lhe desbrava o caminho.

[193]      Foi precisamente isso que reconheci no arrebatamento de Lol V. Stein, onde Marguerite Duras revela saber sem mim aquilo que ensino.

No que não diminuo em nada seu talento por apoiar minha crítica na virtude de seus meios.

Que a prática da letra converge com o uso do inconsciente é tudo de que darei testemunho ao lhe prestar homenagem.

Asseguro aqui àquele que lê estas linhas à luz da ribalta prestes a se apagar ou restabelecida, ou das margens do futuro por onde Jean-Louis Barrault, através desses *Cahiers*, tenciona fazer abordar a conjunção única do ato teatral, que, do fio que vou desenrolar, não há nada que não se situe na letra do arrebatamento de Lol V. Stein e que um outro trabalho feito hoje em minha escola não lhe permita pontuar. De resto, menos me dirijo a esse leitor do que peço desculpas à sua intimidade por me exercitar no nó que destorço.

Este deve ser captado na primeira cena, na qual Lol é propriamente desinvestida de seu amante, ou seja, deve ser seguido no tema do vestido,[4] que sustenta aqui a fantasia a que Lol se prende

---

4   Lacan utiliza-se da conexão estabelecida, em francês, entre o amante roubado

posteriormente, a de um além para o qual não soube encontrar a palavra certa, essa palavra que, fechando as portas aos três, a teria conjugado no momento em que seu amante tivesse levantado o vestido, o vestido preto da mulher, e revelado sua nudez. Será que isso vai mais longe? Sim, até o indizível dessa nudez que se insinua substituindo seu próprio corpo. É aí que tudo se detém.

Não bastaria isso para reconhecermos o que aconteceu com Lol, e que revela o que acontece com o amor, ou seja, com essa imagem, imagem de si de que o outro reveste você e que a veste, e que, quando desta é desinvestida, a deixa? O que ser embaixo dela? O que dizer disso, quando nessa noite, Lol totalmente entregue à sua paixão dos dezenove anos, sua investidura [*prise de robe*]; sua nudez ficou por cima, a lhe dar seu brilho?

O que lhe resta agora é o que diziam de você quando você era pequena, que você nunca estava exatamente ali.

Mas, que vem a ser essa vacuidade? Ela adquire então um sentido: você foi — sim, por uma noite, até a aurora em que algo nesse lugar se rompeu — o centro dos olhares.

O que esconde essa locução? O centro não é a mesma coisa em todas as superfícies. Único num plano, por toda parte numa esfera, numa superfície mais complexa ele pode dar um nó esquisito. Esse é o nosso.

[194]

Pois você sente que se trata de um envoltório que já não tem dentro nem fora, e que, na costura de seu centro, todos os olhares convergem para o seu, eles são o seu que os satura e que, para sempre, Lol, você reivindicará a todos os passantes. Acompanhemos Lol, captando na passagem de um para outro esse talismã de que todos se livram às pressas, como se fosse um perigo: o olhar.

Todo olhar será o seu, Lol, como me dirá, fascinado, Jacques Hold, por sua vez pronto para amar "toda Lol".

Há uma gramática do sujeito em que colher esse traço genial. Ele ressurgirá sob uma pena que o apontou para mim.

É só verificar, esse olhar está por toda parte no romance. E a mulher do acontecimento é muito fácil de reconhecer, pelo fato de Marguerite Duras a pintar como não-olhar.

---

(*dérobé*) de Lol e o vestido (*robe*), suporte da imagem do corpo em torno do qual todo o seu texto é articulado. (N.E.)

Eu ensino que a visão se cinde entre a imagem e o olhar, que o primeiro modelo do olhar é a mancha de onde deriva o radar, que o corte do olho oferece à extensão.

Olhar, espalha-se sobre a tela com o pincel, para fazer vocês baixarem o seu diante da obra do pintor.

Diz-se que "salta aos olhos" aquilo que requer sua atenção.[5]

Porém é mais a atenção daquilo que lhes salta aos olhos que se trata de obter. Porque, daquilo que os olha sem olhá-los, vocês não conhecem a angústia.

É essa angústia que se apodera de Jacques Hold quando, da janela da casa de tolerância em que espera por Tatiana, ele descobre, à beira do campo de centeio em frente, Lol deitada.

Sua agitação em pânico, violenta ou imaginada, vocês terão tempo de levá-la ao registro do cômico antes que ele se tranqüilize significativamente, ao dizer a si mesmo que Lol certamente o vê. Um pouco mais calmo, apenas, ao conceber esse segundo tempo de que ela se saiba vista por ele.

Mas ainda será preciso que ele lhe mostre, propiciatória, à janela, Tatiana, sem mais se inquietar com o fato de esta nada haver notado, cínico por já tê-la sacrificado à lei de Lol, visto que é na certeza de estar obedecendo ao desejo de Lol que, com vigor dez vezes maior, ele se encarrega da amante, fazendo-a soçobrar sob palavras de amor cujas comportas sabe serem abertas pela outra, mas palavras vis, que ele sente que não quereria para ela.

[195] Não se enganem, sobretudo, a respeito do lugar do olhar aqui. Não é Lol quem olha, nem que seja pelo fato de que ela não vê nada. Ela não é o *voyeur*. O que acontece a realiza.

O lugar onde está o olhar é demonstrado quando Lol o faz surgir em estado de objeto puro, com as palavras que convêm, para Jacques Hold, ainda inocente.

"Nua, nua sob seus cabelos negros" — essas palavras, vindas da boca de Lol, engendram a passagem da beleza de Tatiana à função de mancha intolerável pertinente a esse objeto.

Essa função é incompatível com a manutenção da imagem narcísica em que os amantes se empenham em conter seu enamoramento, e Jacques Hold não tarda a sentir seu efeito.

---

5 A expressão utilizada por Lacan é *ça vous regarde*, que se constrói em francês com o mesmo verbo *regarder* (olhar) em sua acepção de dizer respeito a, concernir a, e que se traduziria termo a termo por "isso olha para você". (N.E.)

*Homenagem a Marguerite Duras*     203

A partir daí, é legível que, fadados a realizar a fantasia de Lol, eles são cada vez menos um e outro.

Não é a divisão de sujeito, manifesta em Jacques Hold, que nos reterá por mais tempo, mas sim o que ele é no ser a três em que Lol se põe suspensa, chapando sobre seu vazio o "eu penso" de sonho ruim que constitui a matéria do livro. Ao fazê-lo, porém, ele se contenta em lhe dar uma consciência de ser que se sustenta fora dela, em Tatiana.

Esse ser a três, contudo, é realmente Lol quem o arranja. E é pelo fato de o "eu penso" de Jacques Hold assediá-la com um cuidado próximo demais — no fim do romance, na estrada em que ele a acompanha numa peregrinação ao local do acontecimento — que Lol enlouquece.

Coisa de que o episódio efetivamente traz as marcas, mas que pretendo destacar aqui que me vem de Marguerite Duras.

Isso porque a última frase do romance, que reconduz Lol ao campo de centeio, parece-me produzir um fim menos decisivo do que essa observação. Na qual se adivinha a advertência contra o patético da compreensão. Ser compreendida não convém a Lol, que não é salva do arrebatamento.

Mais supérfluo fica sendo meu comentário do que faz Marguerite Duras, ao dar existência de discurso à sua criatura.

Pois o próprio pensamento em que eu lhe devolveria seu saber não poderia estorvá-la com a consciência de ser em um objeto, visto que esse objeto, ela já o recuperou através de sua arte.

É esse o sentido da sublimação com que os psicanalistas ainda estão aturdidos, pelo fato de, ao lhes legar esse termo, Freud ter ficado de bico calado.

Advertindo-os apenas de que a satisfação que ela traz não deve ser tida como ilusória.     [196]

O que não foi falar alto o bastante, sem dúvida, uma vez que, graças a eles, o público continua convencido do contrário. E também poupado, enquanto eles não vierem professar que a sublimação se mede pelo número de exemplares vendidos pelo escritor.

É que aí desembocamos na ética da psicanálise, cuja introdução em meu seminário foi a linha divisória para a frágil tábua que conduz à sua platéia.

Foi diante de todos, no entanto, que um dia confessei haver, durante todo este ano, segurado no invisível a mão de uma outra

Marguerite, a do *Heptâmeron*. Não é à toa que encontro aqui essa eponimia.

É que me parece natural reconhecer em Marguerite Duras a caridade severa e militante que anima as histórias de Marguerite d'Angoulême, quando conseguimos lê-las desencardidos de alguns dos preconceitos mediante os quais o tipo de instrução que recebemos tem a missão expressa de nos criar uma barreira diante da verdade.

Aqui, a idéia da história "galante". Lucien Febvre tentou, num livro magistral, denunciar seu engodo.

E eu me detenho no fato de Marguerite Duras me atestar que recebeu de seus leitores um assentimento que a impressiona, unânime, referente a essa estranha forma de amor: aquela que o personagem que assinalei ter exercido aqui a função não do narrador, mas do sujeito, leva em oferenda a Lol, como terceiro que está certamente longe de ser um terceiro excluído.

Rejubilo-me, como com uma prova, com o fato de que a seriedade ainda conserve alguns direitos após quatro séculos em que a momice dedicou-se, através do romance, a depositar a convenção técnica do amor cortês numa conta de ficção e a apenas mascarar o déficit da promiscuidade do casamento, a qual essa convenção realmente esquivava [*paraît*].

E o estilo que você exibe, Marguerite Duras, através do seu *Heptâmeron*, talvez pudesse ter facilitado os caminhos pelos quais o grande historiador que apontei anteriormente esforçou-se por compreender uma ou outra das histórias que considerou nos terem sido transmitidas por serem histórias verdadeiras.

[197] Inúmeras considerações sociológicas referentes às variações da dor de viver, de uma época para outra, são pouco, comparadas à relação estrutural que, por ser do Outro, o desejo mantém com o objeto que o causa.

E a aventura exemplar que faz dedicar-se até a morte o Amador do romance X, que não é nenhum coroinha, a um amor que nada tem de platônico, apesar de ser um amor impossível, lhe teria parecido um enigma menos opaco, não sendo vista através dos ideais do *happy end* vitoriano.

Pois o limite em que o olhar se converte em beleza, eu o descrevi, é o limiar do entre-duas-mortes, lugar que defini e que não é simplesmente aquilo em que acreditam os que estão longe dele — o lugar do infortúnio.

É em torno desse lugar que gravitam, pareceu-me pelo que conheço de sua obra, Marguerite Duras, os personagens que você situa em nossa gente comum para nos mostrar que existem em toda parte pessoas tão nobres quanto foram os fidalgos e fidalgas nos antigos cortejos, igualmente valentes ao se precipitarem, mesmo presas nos espinhais do amor impossível de domesticar, para a mancha, noturna no céu, de um ser oferecido à mercê de todos... às dez e meia de uma noite de verão.

Decerto você não poderia auxiliar suas criações, nova Marguerite, com o mito da alma pessoal. Mas a caridade sem grandes esperanças com que as anima parece ser obra da fé que você tem para dar e vender, quando celebra as taciturnas núpcias da vida vazia com o objeto indescritível.

*1965*

# Problemas cruciais para a psicanálise

RESUMO DO SEMINÁRIO DE 1964-65

O problema posto no centro está contido nestes termos: o ser do sujeito — ao que nos levou o ponto extremo de nossas referências anteriores.

Que o ser do sujeito é fendido, Freud só fez redizê-lo de todas as formas, depois de descobrir que o inconsciente só se traduz em nós de linguagem, que tem, pois, um ser de sujeito.

É pela combinatória desses nós que a censura, que não é uma metáfora, é liberada de incidir sobre o material deles.

Logo de saída, Freud afirma que toda concepção de um recuo da consciência para o obscuro, para o potencial ou para o automatismo é inadequada para dar conta desses efeitos.

Eis o que só é lembrado para descartar qualquer "filosofia" do emprego que fizemos este ano do *cogito*, legítimo, segundo cremos, no que o *cogito* não funda a consciência, mas justamente essa cisão do sujeito.

Basta escrevê-lo:

Sou pensando, "Logo, sou".[1]

Constata-se que essa enunciação, obtida de uma ascese, cinde o ser, o qual, com seus dois pedaços, só se conjuga para manifestar a torção que sofreu em seu nó. Causação? Reviramento? Negatividade? É dessa torção que se trata de fazer a topologia.

Piaget e Vygotsky ilustram, do primeiro para o segundo, o ganho que se obtém ao repelir qualquer hipótese psicológica das relações do sujeito com a linguagem, mesmo quando é da criança

---

1 Ou *I am thinking, "Therefore I am"*. [Por razões evidentes, modificamos a tradução corrente da frase original de Descartes ("Penso, logo existo"). Lembramos ainda que *être* guarda uma ambigüidade que "ser" não mantém em português, podendo ser traduzido tanto por "ser" como por "estar". A frase acima poderia portanto ser igualmente traduzida por: "Estou pensando, logo sou." (N.E.)]

*Problemas cruciais para a psicanálise* 207

que se trata. Porque essa hipótese não é senão a hipoteca que um ser-de-saber faz sobre o ser-de-verdade que a criança tem de encarnar a partir da bateria significante que lhe apresentamos e que compõe a lei da experiência.

Mas isso é anteciparmos algo de uma estrutura que é preciso [200] apreender na sincronia e num encontro que não seja acidental. É o que nos é fornecido pelo apoio do 1 sobre o 0, que nos veio do ponto no qual Frege pretende fundamentar a aritmética.

Percebe-se daí que o ser do sujeito é a sutura de uma falta. Precisamente de uma falta que, furtando-se no número, sustenta-o com sua recorrência — mas só o sustenta nisso por ser o que falta ao significante para ser o Um do sujeito: a saber, o termo que em outro contexto chamamos de traço unário, marca de uma identificação primária que funcionará como ideal.

O sujeito se divide por ser, ao mesmo tempo, efeito da marca e suporte de sua falta.

Alguns lembretes da formalização onde se encontra esse resultado serão aqui convenientes.

Para começar, nosso axioma que funda o significante como "aquilo que representa um sujeito [não para outro sujeito, mas] para outro significante".

Ele situa o lema que acaba de ser readquirido por outro caminho: o sujeito é aquilo que responde à marca com aquilo que falta a ela. No que se vê que a inversão da fórmula só se efetua ao se introduzir num de seus pólos (o significante) uma negatividade.

O circuito se fecha, sem se reduzir a ser um círculo, por supor que o significante se origina do apagamento do traço.

O poder da matemática e o frenesi de nossa ciência não repousam noutra coisa senão na estrutura do sujeito. Da tenuidade de sua cicatriz, ou, melhor ainda, de sua hiância, as aporias da lógica matemática dão testemunho (teorema de Gödel), sempre para escândalo da consciência.

Não nos iludimos quanto ao fato de que uma crítica nesse nível não pode decapar a ferida dos excrementos com que a ordem da exploração social, que se assenta nessa abertura do sujeito (e não cria a alienação, portanto), empenha-se em recobrir a dita ferida, com maior ou menor consciência. Convém mencionar a tarefa cumprida aqui, a partir da crise aberta do sujeito, pela filosofia. Serva de mais de um mestre/senhor.

208     *Outros Escritos*

É impossível, por outro lado, que qualquer crítica referente à sociedade remedeie isso, já que ela só pode ser uma crítica proveniente da sociedade, isto é, implicada no comércio desse tipo de "pensar-curativo" [*pensement*] de que acabamos de falar.

[201]     Por isso é que somente a análise desse objeto pode enfrentá-lo em seu real... que é ser o objeto da análise (formulação do ano que vem).

Não nos contentamos, contudo, em suspender o que seria uma admissão de desistência em nossa abordagem do ser do sujeito, com a desculpa de reencontrar aí sua fundação de falta.

É precisamente a dimensão que desconcerta, em nosso ensino, pôr à prova essa fundação, na medida em que ela está em nossa platéia.

Pois, como recuaríamos em ver que o que exigimos da estrutura, quanto ao ser do sujeito,[2] não pode ser deixado fora de questão naquele que o representa eminentemente (por representá-lo no ser, e não no pensamento, como faz o *cogito*), ou seja, o psicanalista?

É isso mesmo que encontramos no fenômeno, notável naquele ano, do avanço feito por outra parte de nosso auditório, ao nos conferir um sucesso — digamos, o de confirmar a teoria, que consideramos correta, da comunicação *na* linguagem. Nós o exprimimos dizendo que a mensagem só é emitida nela no nível daquele que a recebe.

Sem dúvida, cabe dar lugar aqui ao privilégio que extraímos do local de que somos hóspede.

Mas sem esquecer, na ressalva inspirada pelo que parece fácil demais nesse efeito de seminário, a resistência que ela comporta, e que se justifica.

Ela se justifica porque os compromissos são do ser e não do pensamento, e porque as duas bordas do ser do sujeito diversificam-se, aqui, pela divergência entre verdade e saber.

A dificuldade de ser do psicanalista decorre daquilo que ele encontra como ser do sujeito: a saber, o sintoma.

Que o sintoma seja ser-da-verdade, é nisso que todos consentem, por sabermos o que quer dizer psicanálise, não importa o que se faça para embaralhá-la.

---

2    Exigência que não nos parece exagerada, comparada à extensão do congraçamento estruturalista.

Donde vemos o que custa, para o ser-do-saber, reconhecer as formas afortunadas daquilo com que ele só se acopla sob o signo do infortúnio.

Que esse ser-do-saber tenha que se reduzir a ser apenas o complemento do sintoma, eis o que o horroriza e aquilo que, ao elidi-lo, ele faz funcionar no sentido de um adiamento indefinido do estatuto da psicanálise como científica, entenda-se. [202]

Foi por isso que nem mesmo o choque que produzimos, ao encerrar o ano nesse ponto, evitou que em seu lugar se repetisse o curto-circuito. Retornou a nós, por uma evidente boa vontade de se esquivar do paradoxo, que é a maneira como o praticante o pensa que produz o sintoma. É claro que isso é verdade na experiência dos psicólogos mediante a qual introduzimos o alerta. Mas equivale também a permanecer, como psicoterapeuta, no nível daquilo que fez com que Pierre Janet nunca pudesse compreender por que ele não foi Freud.

A diva garrafa[3] é a garrafa de Klein. Não é para quem quer, extrair de seu gargalo o que está em seu debrum. Pois assim é construído o esteio do ser do sujeito.

*5 de abril de 1966*

---

3    *La dive bouteille* significa o vinho. (N.E.)

# Respostas a estudantes de filosofia

### I. Consciência e sujeito

*— O senhor falou da miragem gerada pela confusão entre a consciência e o sujeito, miragem esta que a experiência psicanalítica denuncia. Ora, a filosofia fala de consciência* (cogito *cartesiano, consciência transcendental, consciência-de-si hegeliana,* cogito *apodíctico de Husserl,* cogito *pré-reflexivo de Sartre etc.); como a experiência psicanalítica explica o desconhecimento gerado num sujeito pelo fato de ele se identificar com sua consciência?*
 *— O que é a consciência para um psicanalista?*
 *— É possível fazer alguém "sair" de sua consciência? O sujeito de uma consciência não está condenado a ela?*

Isso que vocês dizem que falei parece-me extraído por vocês de um texto que escrevi em homenagem à memória de Maurice Merleau-Ponty, o único, espero, a se prestar a uma confusão que devo esclarecer prontamente em sua leitura.

Escrevi que "o 'eu penso' a que se pretende reduzir a presença [segundo o que vem antes: a do sujeito fenomenológico] não pára de implicar ... todos os poderes de reflexão pelos quais se confundem sujeito e consciência". Isso não quer dizer que não haja aí nada de confusional. Num ponto eminente da ascese cartesiana, precisamente o que invoco aqui, consciência e sujeito coincidem. É tomar esse momento privilegiado como algo exaustivo quanto ao sujeito que é enganador — é por fazer dele a categoria pura que a presença do olhar como opacidade no visível viria a transformar a visão em substância (contexto de minha frase).

Ao contrário, é a partir desse próprio momento de coincidência, na medida em que ele é captado pela reflexão, que pretendo marcar o lugar pelo qual a experiência psicanalítica faz sua entrada. Simplesmente por ser tomado n'O tempo, esse sujeito do "eu

*Respostas a estudantes de filosofia*     211

penso" revela o que é: o ser de uma queda. Sou aquilo que pensa "logo existo"; já comentei isso em outro lugar, assinalando que o "logo", traço da causa, separa originalmente o "eu sou" da existência do "eu sou" do sentido.

Essa cisão é, propriamente, aquilo de que a psicanálise nos dá a experiência cotidiana. Tenho a angústia de castração, ao mesmo tempo que a considero impossível. Tal é o exemplo cru com que Freud ilustra essa cisão, reproduzida em todos os níveis da estrutura subjetiva.

Digo que devemos considerá-la originária, e como o primeiro jorro do recalque original.

Digo que as "consciências" filosóficas cujo leque vocês exibem, até a culminância de Sartre, não têm outra função senão suturar essa hiância do sujeito, e o analista reconhece o que está em jogo nelas, que é aferrolhar a verdade (para o que o instrumento perfeito seria, evidentemente, o ideal que Hegel nos promete como saber absoluto).

O pretexto com que essa operação sempre se vestiu se trai no estilo bom apóstolo com que ele é ilustrado, especialmente no discurso de Leibniz. É para "salvar a verdade" que lhe fecham a porta.

É por isso que se impõe a questão de um erro inicial na filosofia, desde o momento em que Freud produziu a inconsciência na cena que lhe atribuiu (a "outra cena", como a chamou) e lhe deu o direito à palavra.

É a isso que Lacan retorna, já que essa retirada do selo é tão assustadora que seus próprios praticantes só pensam em relegá-la. Esse direito, afirmo, o inconsciente extrai daquilo que estrutura de linguagem, e eu o explicaria com o estardalhaço com que Freud fez ressoar esse fato, se vocês me houvessem formulado a pergunta em torno dos termos inconsciente e sujeito.

Nesse caso, eu teria podido trazer, então, o complemento de que essa própria razão não basta para fundamentar esse direito, de que é preciso, como no fundamento de qualquer direito, uma passagem ao ato, e que é diante disso que hoje se esquiva o psicanalista.

É por isso que o que ensino não se dirige primeiramente aos filósofos. Não é, se assim posso dizer, em seu front que eu combato.

Pois é notável que vocês me façam perguntas sem se inquietarem em mais alto grau com o lugar em que me baseio ao sustentar as posições que vocês me atribuem, mais ou menos exatas. O

[206] lugar da enunciação, é essencial não elidi-lo de todo e qualquer enunciado, saibam disso.

Desconfiem, portanto, de sua precipitação: ainda por algum tempo, não faltará alimento à futilidade filosófica. Simplesmente, a passagem ao ato psicanalítico poderia indicar-lhe reconhecer a substância do lado da penúria.

A psicanálise não tem que prestar contas à filosofia do erro filosófico, como se, a partir daí, a filosofia devesse "dar-se conta dele". Não pode haver nada dessa ordem, visto que imaginá-lo é precisamente o próprio erro filosófico. O sujeito não está errado em se identificar com sua consciência, como vocês me fazem dizer, sabe Deus por quê, mas em só conseguir, com isso, deixar escapar a topologia que, nessa identificação, zomba dele.

Eu disse: topologia. Pois é isso que prevalece aí. Quero dizer que, sem a estrutura, é impossível apreender o que quer que seja do real da economia do investimento, como se costuma dizer, mesmo sem saber o que se está dizendo.

Foi por lhe faltar a elaboração que a lingüística preparou aqui para nós que Freud hesitou em se posicionar quanto à origem da carga que distinguiu na consciência, sendo muito perspicaz em reconhecê-la como desproporcional à insignificância de epifenômeno a que pretendia reduzi-la uma certa fisiologia, e se livrando de apontar a seus seguidores o fenômeno da atenção a fim de destoar dele.

Índice aparentemente insuficiente: os psicanalistas rara vez souberam servir-se de uma chave, quando Freud não lhes ensinou de que maneira ela abria. Talvez o avanço que empreendo este ano, rumo a um certo objeto chamado *a*, com minúscula, permita algum progresso a esse respeito.

Espero, pois, ter reposto em seu lugar a função de uma confusão que aparece logo de saída em sua pergunta.

A seqüência do texto, se é realmente a ele que vocês se referem, mostra, precisamente, que o que ele visa nesse ponto é o perigo do rebaixamento do sujeito ao *eu* [*moi*]. Foi essa recentralização da teoria psicanalítica em torno do eu que precisei denunciar longamente, num período de sono da psicanálise, para possibilitar um retorno a Freud.

Esse acessório que perdeu sua função original, a saber, o eu, que passou a servir apenas de divisa na própria psicologia, a partir
[206] do momento em que ela se pretendeu um pouco mais objetiva, por

qual sina foi ele realçado ali mesmo onde se esperaria que, a partir do sujeito, sua crítica fosse retomada?

Isso só é concebível pelo deslizamento sofrido pela psicanálise, ao se ver confrontada com a exploração administrativa da psicologia, especialmente em seus usos no recrutamento para o emprego.

O *eu autônomo*, esfera livre de conflitos, proposto como novo evangelho pelo Sr. Heinz Hartmann no círculo de Nova York, não passa da ideologia de um grupo de imigrantes preocupados com os fatores de prestígio que imperavam na sociedade da Europa Central quando, com a diáspora da guerra, eles tiveram que se instalar numa sociedade em que os valores eram sedimentados segundo a escala do *income tax*.

Antecipei-me, pois, à advertência necessária ao promover, a partir de 1936, com o *estádio do espelho*, um modelo de essência já estrutural que lembrava a verdadeira natureza do eu em Freud, ou seja, uma identificação imaginária, ou, mais exatamente, uma série englobante dessas identificações.

Observem, para seu propósito, que lembro nesta oportunidade a diferença entre a imagem e o ilusório (a "ilusão de óptica" só começa no juízo; antes disso, ela é olhar objetivado no espelho).

Heinz Hartmann, muito culto nesses assuntos, pôde ouvir essa convocação desde o Congresso de Marienbad, onde a proferi em 1936. Mas nada se pode fazer contra a sedução de variar as formas do campo de concentração: a ideologia psicologizante é uma delas.

Vocês, filósofos, só me parecem precisar desse registro de minhas observações se Alain[1] já não lhes tiver bastado.

Será que estão suficientemente informados para me dispensarem de responder sobre os meios de "fazer alguém sair de sua consciência"? Não sou Alphonse Allais, que lhes responderia: esfolando-o.

Não é à sua consciência que o sujeito está condenado, mas a seu corpo, que resiste de muitas maneiras a realizar a divisão do sujeito.

O fato de essa resistência ter servido para abrigar toda sorte de erros (dentre eles a alma) não impede que essa divisão traga efeitos

---

1   Ver nota 2 de "Maurice Merleau-Ponty", neste volume. (N.E.)

214     *Outros Escritos*

verídicos, como o que Freud descobriu sob o nome a respeito do qual ainda vacila o assentimento de seus discípulos: a castração.

## II. Psicanálise e sociedade

[207]     — *Qual é a relação entre o sujeito de uma práxis revolucionária que visa a superação de seu trabalho alienado e o sujeito do desejo alienado?*

— *Qual é, a seu ver, a teoria da linguagem implicada no marxismo?*

— *Que pensa o senhor da expressão recente de Mannoni, que, falando do tratamento psicanalítico, caracterizou-o como "a intervenção de uma instituição em outra instituição" (numa reunião recente de psicoterapeutas institucionais)?*

— *Isso levanta o problema da função social da "doença mental" e da psicanálise. Qual é a significação social do fato de o psicanalista ter que ser pago pelo analisante? Deve o psicanalista levar em conta o fato de que seu tratamento é uma terapia classista?*

Por sujeito do desejo alienado, vocês provavelmente querem dizer aquilo que enuncio como "o desejo de ... é o desejo do Outro", o que está certo, exceto que não existe sujeito do desejo. Existe o sujeito da fantasia, isto é, uma divisão do sujeito causada por um objeto, ou seja, tamponada por ele, ou, mais exatamente, o objeto do qual a categoria da causa tem lugar no sujeito.

Esse objeto é o que falta à consideração filosófica para ela se situar, isto é, para saber que ela não é nada.

Esse objeto é aquele que conseguimos, em psicanálise, fazer com que salte de seu lugar, como a bola que espirra da embolação da pequena área para se oferecer ao chute a gol.

Esse objeto é aquele atrás do qual se corre na psicanálise, ao mesmo tempo em que se coloca todo o desajeitamento possível em sua apreensão teórica.

É somente quando esse objeto — o que chamo de objeto *a*, e que pus no título de meu curso deste ano como sendo o objeto da psicanálise — tiver seu status reconhecido que poderemos dar um sentido à pretensa meta, que vocês atribuem à práxis revolucionária, de uma superação do trabalho alienado pelo sujeito. Como se

*Respostas a estudantes de filosofia*     215

pode, afinal, superar a alienação do próprio trabalho? É como se vocês quisessem superar a alienação do discurso.

Não vejo, para ultrapassar essa alienação, senão o objeto que [208] sustenta seu valor, aquele a que Marx chamava, numa homonímia singularmente antecipada da psicanálise, fetiche, entendendo-se que a psicanálise desvenda sua significação biológica.

Ora, esse objeto causal é aquele cujo corte regulado ganha forma ética no aburguesamento que marca, em escala planetária, o destino dos que são chamados, não sem pertinência, de quadros executivos.

Encontrem nisso um delineamento do que poderia fazer sua pergunta passar à condição de esboço.

Mas, para evitar qualquer equívoco, tomem nota de que considero que a psicanálise não tem o menor direito de interpretar a prática revolucionária — o que será explicado em seus motivos mais adiante —, mas que, ao contrário, a teoria revolucionária faria bem em se julgar responsável por deixar vaga a função da verdade como causa, quando nela reside, no entanto, a suposição primária de sua própria eficácia.

Trata-se de pôr em questão a categoria do materialismo dialético, e sabemos que, para fazê-lo, os marxistas não são muito bons, ainda que, no conjunto, sejam aristotélicos, o que já não é pouca coisa.

Somente minha teoria da linguagem como estrutura do inconsciente pode ser tida como implicada pelo marxismo, mas isso, se vocês não forem mais exigentes do que a implicação material com que se contenta nossa última lógica, isto é, que minha teoria da linguagem é verdadeira, seja qual for a suficiência do marxismo, e que ela lhe é necessária, seja qual for a falha que deixe nele.

Isso, no tocante à teoria da linguagem que o marxismo implica logicamente.

Quanto à que ele implicou historicamente. Ainda não tenho muito a lhes oferecer, em minha modesta informação do que acontece além de uma certa cortina doutrinal, senão trinta páginas de Stalin que puseram fim às folias do *marrismo* (do nome do filólogo Marr, que tomava a linguagem por uma "superestrutura").

Enunciados do bom senso primário no que concerne à linguagem, nominalmente à questão de que ela *não é* uma superestrutu-

216 *Outros Escritos*

ra, com o que o marxista coloca-se desde então, no tocante à linguagem, muito acima do neopositivismo lógico.

O mínimo que vocês podem me atribuir, no que concerne à minha teoria da linguagem, é, se isso lhes interessa, que ela é materialista.

[209] O significante é a matéria que se transcende como linguagem. Deixo-lhes a opção de atribuir essa frase a um Bouvard comunista ou a um Pécuchet empolgado com as maravilhas do DNA.

Pois vocês estariam errados em acreditar que me preocupo com a metafísica a ponto de fazer uma viagem para encontrá-la.

Eu a tenho a domicílio, isto é, na clínica em que a entretenho em termos que me permitem responder-lhes lapidarmente sobre a função social da doença mental: sua função, *social*, como bem disseram vocês, é a ironia. Quando tiverem prática com o esquizofrênico, vocês saberão da ironia que o arma, atingindo a raiz de toda relação social.

Quando essa doença é a neurose, contudo, a ironia falta com sua função, e a descoberta de Freud foi havê-la reconhecido nela apesar dos pesares, mediante o que a restaurou ali em seu pleno direito, o que equivale à cura da neurose.

Agora, a psicanálise veio suceder a neurose: tem a mesma função social, mas também ela a descumpre. Nela tento restabelecer em seus direitos a ironia, com o que talvez também nos curemos da psicanálise de hoje.

O fato de a psicanálise ter que ser paga não implica que ela seja uma terapia classista, mas as duas são tudo o que resta atualmente da ironia.

Isto pode passar por uma resposta excessivamente irônica. Se pensarem bem, ela decerto lhes parecerá mais autêntica do que se eu os remetesse ao que disse antes sobre a função do fetiche.

Percebo que deixei Mannoni de lado, por não saber exatamente o que ele disse. Logo o encontraremos nos *Temps Modernes*.

III. PSICANÁLISE E FILOSOFIA

*— Até que ponto pode a psicanálise explicar a filosofia, e em que sentido está habilitada a dizer que a filosofia é paranóia (num texto inédito de Freud comentado por Kaufmann)?*

*Respostas a estudantes de filosofia*     217

— *Se a ilusão é a última palavra da sublimação, que relação*   [210]
*tem ela com a ideologia? Não é a sublimação uma forma de alie-*
*nação?*

— *Como, no âmbito do ensino da filosofia, concebe o senhor*
*o da psicanálise?*

Já falei o bastante para ser breve, porque isso tudo não me agrada nada.

O fato de a filosofia ser da alçada da paranóia decorre da etapa selvagem da ironia freudiana. Certamente não é por acaso que Freud a reserva ao inédito (a referência a Alphonse Allais também não seria inoportuna aqui; portanto, não nos espantemos por deparar com Kaufmann, que conhece a ironia).

Lamento que vocês creiam que a sublimação é uma ilusão. A mais ínfima leitura de Freud os convenceria de que ele diz exatamente o contrário.

A religião, sim, é uma ilusão, diz Freud, mas por ver nela uma neurose.

Não sei o que se pode esperar do âmbito do ensino da filosofia, mas tive recentemente uma experiência que me deixou tomado por uma dúvida: a de que a psicanálise não possa contribuir para a chamada hermenêutica senão reduzindo a filosofia a seus laços de obscurantismo.

É que atestar o econômico nessa matéria, isto é, o obscuro (já que, ao mesmo tempo, há quem se prevaleça de não ter tido experiência com ele), justamente no ponto em que, como filósofo, dever-se-ia confrontar com o tropeço do sujeito, isso decorre da mesma operação pela qual se forma a célebre fantasia do Homem dos Ratos, que pôs dois montes de merda sobre os olhos, os quais, como que por acaso, eram os de Anna Freud, a filha de seu psicanalista.

Assim, o filósofo operaria com a verdade, quando ela corre o risco de vê-lo em sua pobreza particular.

Mas nada disso é muito grave, e as metas religiosas são suficientemente declaradas aqui (elas não se escondem muito hoje em dia) para que possamos dizer que a psicanálise não está implicada nisso.

## IV. PSICANÁLISE E ANTROPOLOGIA

*— Pode existir ou existe uma disciplina fundamental que dê conta da unidade das ciências humanas? Existe um objeto único das ciências humanas?*
*— Pode a psicanálise fundar uma antropologia?*

A melhor das antropologias não pode ir além de fazer do homem o ser falante. Eu, por mim, falo de uma ciência definida por seu objeto.

Ora, o sujeito do inconsciente é um ser *falado*, e é o ser do homem; se a psicanálise tem que ser uma ciência, esse não é um objeto apresentável.

De fato, a psicanálise refuta qualquer idéia até hoje apresentada do homem. Convém dizer que todas, por mais numerosas que fossem, já não se sustentavam em nada desde antes da psicanálise.

O objeto da psicanálise não é o homem; é aquilo que lhe falta — não uma falta absoluta, mas a falta de um objeto. Também é preciso nos entendermos quanto à falta de que se trata — é aquela que põe fora de questão que se mencione o objeto.

Não se trata do pão escasso, mas do bolo a que uma rainha remeteu suas massas em tempos de fome.

É essa a unidade das ciências humanas, se vocês quiserem, ou seja, ela faz sorrir, se não reconhecermos nela a função de um limite.

Ela faz sorrir de um certo uso da interpretação como passe de mágica da compreensão. Uma interpretação cujos efeitos compreendemos não é uma interpretação psicanalítica. Basta ter sido analisado ou ser analista para saber disso.

Por isso é que a psicanálise como ciência há de ser estruturalista, a ponto de reconhecer na ciência uma recusa do sujeito.

*19 de fevereiro de 1966*

# *Apresentação das* Memórias de um doente dos nervos

PUBLICADO EM 1966 NOS "CAHIERS POUR L'ANALYSE"

Essa tradução era esperada. Exatamente desde nosso seminário do ano de 1955-1956. Estamos lembrados, ante seu anúncio, de ter visto espichar as orelhas a Sra. Ida Macalpine, que sem dúvida apressou a tradução que agora, com a ajuda do filho, ofereceu em inglês: constatamos que ela poderia ter ido com calma.

Talvez uma demora tão pouco motivada justifique que a conservemos por mais tempo sob nossa atenção, ou que voltemos a ela.

Seja como for, esse seminário, o quinto de nosso ensino e o terceiro sob o teto do Sainte-Anne, mostra-nos, como nos acontece ao nos reportarmos aos textos gravados, muitos temas não apenas necessários naquele momento à ampliação das categorias aceitas em nosso auditório, mas também, quanto a alguns dentre esses temas, a data a partir da qual eles deveriam seguir a carreira que agora os faz correrem as revistas — isto é, as de belo aspecto, ou, se preferirmos, de belo espírito.

Se houver algum que surja nestas breves palavras introdutórias com que acompanharemos a continuação do que será dado aqui por nosso amigo, o Dr. Duquenne, será apenas por ele se esclarecer pela luz do texto aqui produzido.

Pois, não nos esqueçamos, do "caso Schreber" Freud não conheceu nada além desse texto. E é esse texto que traz em si tudo o que ele soube extrair de revelador nesse caso.

Por isso é que este seminário, que recebeu seu título da quarta das chamadas cinco grandes psicanálises de Freud, não poderia assentar melhor sua base senão apoiando-a no próprio texto que lhe serviu de objeto. O que, ao que saibamos, fomos o primeiro a fazer com essa amplitude.

Não, é claro, que a Sra. Ida Macalpine não apresente num antes-depois, como posfácio, uma psicanálise desse texto, que se

220     *Outros Escritos*

[214] pretende corretiva de Freud. Mas ela veio apenas para que, em nossos dois últimos seminários do ano (27 de junho e 4 de julho), fizéssemos Freud recuperar seus direitos, voltando ao assunto no artigo em que apenas dois anos depois compactamos, numa construção muito decisiva para o que viria a seguir, mais ou menos dois terços da matéria abarcada durante o ano. Trata-se do artigo a que podemos reportar-nos sobre a "questão preliminar a todo tratamento possível da psicose".[1]

Digamos que o texto de Schreber é um grande texto freudiano, no sentido de que, mais do que ser Freud a esclarecê-lo, é ele que destaca a pertinência das categorias cunhadas por Freud sem dúvida para outros objetos, e de um ponto para cuja definição não basta invocar a genialidade, a menos que se entenda por isso uma longa desenvoltura mantida em relação ao saber.

Freud certamente não repudiaria que a ele se atribuísse esse texto, se foi no artigo em que o promoveu à categoria de caso que ele declarou não ver indignidade, nem mesmo risco, em se deixar guiar por um texto tão brilhante, mesmo tendo que se expor à censura de estar delirando com o paciente, o que não parece havê-lo comovido.

A liberdade que Freud se deu aí foi simplesmente aquela, decisiva em tal matéria, de introduzir o sujeito como tal, o que significa não avaliar o louco em termos de déficit e de dissociação das funções. Já a simples leitura do texto mostra com evidência que não há nada parecido nesse caso.

Mas é justamente nisso que a genialidade, se existe essa liberdade, ainda não basta. Porque, para construir o sujeito como convém a partir do inconsciente, é de lógica que se trata, como basta entreabrir um livro de Freud para perceber, e como não deixamos de ser o primeiro a observar.

Dar crédito ao psicótico não seria nada além, nesse caso, daquilo que aconteceria com qualquer outro, tratado com igual liberalidade: escancarar uma porta aberta[2] não é, em absoluto, saber para que espaço ela se abre.

---

1 "De uma questão preliminar a todo tratamento possível da psicose", *Escritos*, Rio de Janeiro, Zahar, 1998, p. 537-90.

2 A expressão idiomática aqui empregada por Lacan, *enfoncer une porte ouverte*, tem o sentido figurado de "descobrir a pólvora". (N.E.)

*Apresentação das* Memórias de um doente dos nervos    221

Quando lermos, mais adiante, na pena de Schreber, que é o gozo de Deus ou do Outro com seu ser apassivado que ele mesmo respalda, enquanto se empenha em nunca deixar que cesse nele uma cogitação articulada, e que lhe basta entregar-se ao não-pensar-em-nada para que Deus, esse Outro feito de um discurso infinito, se esquive, e para que, do texto dilacerado em que Deus se [215] transforma, eleve-se o urro que Schreber qualifica de miraculado, como que para atestar que a aflição que o urro trairia já não tem nada a ver com nenhum sujeito, porventura não encontraremos nisso a sugestão de nos orientarmos unicamente pelos termos precisos que fornece o discurso de Lacan sobre Freud?

A temática que avaliamos pela paciência exigida pelo terreno em que temos de fazê-la ouvida, na polaridade — a mais recentemente promovida — do sujeito do gozo e do sujeito que o significante representa para um significante que é sempre outro, não estará nisso o que nos permitirá uma definição mais precisa da paranóia como identificando o gozo no lugar do Outro como tal?

Eis que o texto de Schreber se revela um texto a ser inscrito no discurso lacaniano, como convém dizer, após um longo desvio que foi, aliás, onde esse discurso reuniu seus termos. Mas sua confirmação é do mesmo quilate da recebida pelo discurso de Freud, o que não chega a surpreender, já que se trata do mesmo discurso.

A bem da verdade, essa tradução vem esclarecer este discurso mais recente, exatamente como se deu quanto ao discurso primeiro de Freud.

Ela nos permitirá, quanto a nós, talvez retomar o fio que nos conduziu à aventura freudiana. Ou seja, a trincheira escavada por nossa tese — aquele caso Aimée que não inscrevemos na coletânea que está sendo publicada de nossos *Escritos*.

Talvez se observe, com efeito, mencionada em alguns pontos da dita coletânea, a fase de nossa reflexão que foi, inicialmente, a de um psiquiatra, e que se munia do tema do *conhecimento paranóico*. Ao nos ajudar naquela colação, alguém já assinalou que quase não esclarecemos essa idéia, da qual restam pouquíssimos vestígios.

Que bela carreira de ensaísta poderíamos ter feito, com esse tema favorável a todas as modulações da estética! Recordemos apenas o que dele soube desenrolar nosso amigo Dali.

222   *Outros Escritos*

Decerto, o conhecimento paranóico, de tudo o que se adorna de conhecimento, é o menos obsceno, o que não equivale a diminuir sua obtusão.

De acordo com um ritmo cujo hábito adquirimos, nossa tese começou a ser lida, depois de dez anos, em lugares de vanguarda como o manicômio de Saint-Albain e, é claro, a Clínica da Faculdade de Paris (1932-1942).

[216]

Foi preciso que a insuficiência do ensino psicanalítico eclodisse na luz para que nos empenhássemos na tarefa de exercê-lo. Os anos de 1956-1966 marcaram a mesma distância. Ainda nos restam dois anos para dar à "questão preliminar" sua seqüência plena.

Que quer dizer isso, senão que nunca estivemos interessados senão na formação de sujeitos capazes de entrar numa certa experiência que aprendemos a centralizar onde ela existe?

Onde ela existe — como constituída pela verdadeira estrutura do sujeito, que, como tal, não é inteira, mas dividida, deixando cair um resíduo irredutível, cuja análise lógica está em andamento.

Ora, é fácil introduzir o pensamento a essa estrutura, tão fácil quanto introduzir uma criança de idade relativamente precoce (no desenvolvimento escolar, se não nas fases analíticas) no estudo da matemática, através da teoria dos conjuntos.

É no nível da matemática em processo de se fazer que começam as aflições.

Podemos assim dar uma idéia da resistência com que se depara, entre os psicanalistas, a teoria de que depende sua própria formação.

Com o detalhe de que, nesse caso, o resíduo irredutível da constituição do sujeito é levado ao máximo de seu emprego ansiogênico pela função psicanalisante.

Um tipo dc atos falhos — os únicos, talvez, a merecer seu nome, já que, na neurose, eles são atos bem-sucedidos —, um tipo de atos "falhos propositados" destaca-se, de maneira muito evidente, no seio da transmissão teórica implicada pela formação do psicanalista.

É nesse campo, concebe-se, que a prova é mais delicada; mas, como não ver uma prova na estranha indiferença ao texto das Memórias do presidente Schreber que faz com que, em inglês, ele tenha sido publicado por uma pessoa de fora do grupo (a Sra. Ida Macalpine, a título de aluna de Edward Glover, apegando-se mui-

*Apresentação das* Memórias de um doente dos nervos      223

to vivamente a certas exigências científicas, não está inscrita, salvo alguma novidade, na sociedade de Londres), e faz com que na França seja numa zona muito sensível, mas periférica em relação a um grupo (aquele garantido por nosso ensino), zona esta representada pelos *Cahiers pour l'Analyse*, que enfim vêm à luz as Memórias a que consagramos tantos cuidados?

Possam elas lembrar, aos que conseguem chegar a ouvir, o [217] que dissemos sobre a implicação do sujeito suposto saber no sintoma, na véspera de uma jornada sobre a clínica, como o fato de que a concepção do distúrbio psiquiátrico é assunto do clínico — o que é imposto pela simples abordagem desse texto pungente.

É que o referido clínico deve habituar-se a uma concepção do sujeito em que se destaca que, como sujeito, ele não é estranho ao vínculo que o coloca, para Schreber, sob o nome de Flechsig, na posição de objeto de uma espécie de erotomania mortificante, e que o lugar em que ele se situa na fotografia sensacional com que se abre o livro de Ida Macalpine, ou seja, diante da gigantesca imagem mural de um cérebro, tem nessa história um sentido.

Não se trata aí de nenhum acesso a uma ascese mística, nem tampouco de qualquer abertura efusiva para a vivência do doente, mas de uma posição na qual somente a lógica do tratamento introduz.

[219]

# O objeto da psicanálise

RESUMO DO SEMINÁRIO DE 1965-66

O seminário deste ano ocupou-se, seguindo sua linha, da função há muito identificada na experiência psicanalítica a título da chamada relação de objeto.

Nela professa-se que, para o sujeito analisável, ela domina sua relação com o real, e que os objetos oral ou anal são aí promovidos em detrimento de outros, cujo status, embora manifesto, continua incerto.

É que, se os primeiros repousam diretamente na relação da demanda, muito propícia à intervenção corretiva, os outros exigem uma teoria mais complexa, já que nela não pode ser desconhecida uma divisão do sujeito, impossível de reduzir pelos simples esforços da boa intenção — por se tratar da própria divisão em que se sustenta o desejo.

Esses outros objetos, nominalmente o olhar e a voz (se deixarmos para depois o objeto em jogo na castração), fazem corpo com essa divisão do sujeito e presentificam, no campo mesmo do percebido, a parte elidida como propriamente libidinal. Como tais, eles fazem recuar a apreciação da prática, intimidada por eles serem encobertos, através da relação especular, pelas identificações do eu [*moi*] que se pretende respeitar.

Esse lembrete é o bastante para justificar que tenhamos insistido preferencialmente na pulsão escópica e em seu objeto imanente: o olhar.

Fornecemos a topologia que permite restabelecer a presença do próprio *percipiens* no campo em que, no entanto, ele é perceptível, e até mesmo em demasia nos efeitos da pulsão (exibição e voyeurismo).

Essa topologia, que se inscreve na geometria projetiva e nas superfícies do *analysis situs*, não deve ser tomada, como acontece com os modelos ópticos em Freud, na categoria de metáfora, mas como representando a própria estrutura. Ela explica a impureza do

*O objeto da psicanálise*     225

*perceptum* escópico, descobrindo o que acreditáramos poder indicar da presença do *percipiens*, irrecusável pela marca que carrega do significante quando se mostra cunhada no fenômeno jamais concebido da voz psicótica.     [220]

Nesses dois pontos, a exigência absoluta de uma teoria do desejo remete-nos à retificação das perdas de rigor da prática, à autocrítica necessária da posição do analista, que chega até os riscos ligados a sua própria subjetivação, se ele quiser responder honestamente nem que seja apenas à demanda.

[221]

# Pequeno discurso no ORTF[1]

LEVADO AO AR EM 2 DE DEZEMBRO DE 1966

Respondo aqui a uma pergunta que me fez Georges Charbonnier sobre o manifesto constituído pelo discurso datado de 1953 e que é chamado meu discurso de Roma, lugar propício, com efeito, para a abertura da psicanálise como ciência.

Fala e linguagem, sim, estão, com esse discurso, no centro daqueles *Escritos* que são os de um psicanalista.

Fui chamado, pelas condições difíceis com que se deparou o desenvolvimento dessa prática na França, a assumir nela uma posição que é uma posição de ensino.

Essa posição parte dos fatos, e por isso foi preciso que retornasse a eles.

Fatos: isso quer dizer fatos examinados para ver em que eles consistem, o que significa também dizer fatos cientificamente estabelecidos.

Mesmo sem sabê-lo, todo o mundo toma agora por fatos o que não passou, durante muito tempo, de rebotalhos [*rebuts*] puros e simples: o que era chamado de atos falhos; o mesmo se aplica ao que se havia reduzido à importância de objetos curiosos, que um amador punha em evidência com um simples gesto: os sonhos. Observe-se que todo o mundo sabe o nome de Freud, graças a quem nossa idéia das coisas completou-se dessa maneira. Desconfia-se ainda que, no tocante ao chiste, Freud trouxe alguma coisa que não mais permite considerar o efeito do riso como fútil, e com isso, o chiste tornou-se um fato digno de outra consideração que não a puramente filosófica.

Em que repousa essa mudança?

Que o verifiquemos nos textos originais, nos textos do próprio Freud, não nos dessas sombras afortunadas que se puseram a

---

1 *Office de Radiodiffusion Télévision Française.* (N.E.)

*Pequeno discurso no* ORTF    227

profetizar a partir de sua boa nova, nem dos aproveitadores que a elas se sucederam: veremos que esses fatos, em Freud, são estabelecidos como fatos de linguagem.

Os sonhos traduzem-se aí, como uma versão no colégio, graças a um dicionário que todos têm na cabeça e que se chama associação livre: associação livre de quê? Daquilo que lhe vem para ser contado. Mas não são essas as coisas que dão a Freud o sentido, e sim as confluências que se destacam de um texto, e de uma espécie de decalque com que ele reaplica a palavra à palavra, a frase à frase, o verbal ao verbal, chegando até o trocadilho.    [222]

Os obtusos dizem agora que se trata, nisso, do pré-consciente. É justamente na função daquilo que o atormenta, a esse pré-consciente, daquilo que produz sensação nele — Freud o formula nesses termos —, que o pré-consciente se depara com palavras cujo controle não detém. De onde lhe vêm elas? Precisamente do inconsciente, onde ele jaz como recalcado, e Freud não o diz de outra maneira.

Que essas palavras não estejam à deriva, isto é, que sua deriva decorra unicamente de uma lei das palavras — de uma lógica radical que tento estabelecer —, é isso que leva a uma revisão total de tudo o que se pôde pensar até hoje sobre o pensamento.

Digamos que o pensamento já não pode ser o sujeito, no sentido legado pela filosofia. A saber, a função da consciência, tal como esta veio a ser tanto na ideologia evolucionista quanto no idealismo existencialista, em dois sentidos aliás impossíveis de compatibilizar, a razão de ser do mundo.

Não há nada a fazer contra o evolucionismo: o homem continuará a se acreditar a fina flor da criação — essa é a crença fundamental daquilo que o constitui como ser religioso. Do mesmo modo que foi preciso à febre existencialista cobrir um momento — o posterior à última guerra — em que a consciência de todos e de cada um não estava em muito boa forma. Toda uma juventude suportou seu ócio forçado por se sentir fortemente posicionada, isso é uma forma de oração. A cabala dos devotos não está onde a denunciam os que falam por capricho, isto é, a torto e a direito.

Nada disso tem nenhuma razão para deter o movimento da ciência, que sempre consiste em inaugurar um cálculo do qual esteja, de saída, eliminado todo e qualquer preconceito.

Depois disso, o cientista só tem que seguir. Seu inconsciente não deixará o cálculo deter-se, justamente pelo fato de que os

228 *Outros Escritos*

pressupostos do cálculo terão deixado em branco o lugar em que ele poderá funcionar.

[223] É possível que se surpreendam aqui por eu parecer desconhecer o papel da experiência, no sentido físico com que ressoa essa palavra, mas trata-se justamente de que não a desconheço: a experiência do inconsciente, tomada no nível em que a instalo, não se distingue da experiência física. É igualmente externa ao sujeito, tomando-se este no sentido tradicional. Eu a aponto no lugar do Outro: o inconsciente é o discurso do Outro, eis minha fórmula.

Ele é estruturado como uma linguagem — o que é um pleonasmo exigido para eu me fazer entender, já que linguagem é a estrutura.

O inconsciente não é a pulsação obscura do pretenso instinto nem tampouco o coração do Ser, mas apenas seu hábitat.

Não apenas a linguagem é um meio tão real quanto o chamado mundo externo, como também há que se ser tão embrutecido quanto se é pelas imaginações em que se constituíram, até aqui, a teoria do conhecimento e os pretensos métodos concretos da educação, para eludir o fato maciço (mas, justamente, ele só se transforma em fato depois de sustentado por uma condição científica) de que o homem cresce — faz seu crescimento — tão imerso num banho de linguagem quanto no chamado meio natural.

Esse banho de linguagem o determina antes mesmo que ele nasça. Isto, por intermédio do desejo no qual seus pais o acolhem como um objeto, queiram eles ou não, privilegiado. Coisa que a mais ínfima atenção clínica permite perceber em suas conseqüências até hoje incalculáveis, mas sensíveis em todos os seres, e que são ignoradas pelas chafurdices tanto do religioso quanto do médico acerca da regulação dos nascimentos.

Ora, o desejo não é a "paixão inútil", na qual se formula a incapacidade de pensá-lo, dos teóricos da intenção existencial.

O desejo é propriamente a paixão do significante, isto é, o efeito do significante sobre o animal que ele marca e cuja prática da linguagem faz surgir um sujeito — um sujeito não simplesmente descentrado, mas fadado a só se sustentar num significante que se repete, isto é, como dividido.

Daí esta outra fórmula: o desejo do homem (se assim podemos dizer) é o desejo do Outro. No Outro está a causa do desejo, donde o homem decai como resto.

*Pequeno discurso no ORTF*     229

Tudo isso se enuncia numa seqüência científica, a partir do momento em que existe uma ciência da linguagem tão fundamentada e tão segura quanto a física, o que é a situação em que se encontra a lingüística — é esse o nome dessa ciência —, por ser agora considerada em toda parte, no que concerne ao campo humano, como uma ciência piloto.

Ouviu-se que em "humano" e "homem" colocamos entre aspas, na medida em que naquilo que esses termos representam já está presente o efeito da linguagem, e portanto, eles devem permanecer em suspenso enquanto a ciência exigida pelo efeito do inconsciente não estiver mais segura em seu método e seus princípios.     [224]

Assim, o fundamento da história marxista, a saber, a alienação que a produção como tal introduz no sujeito, encontra aqui um suplemento que não é menos materialista, no sentido de que nenhuma intencionalidade pura e simples, nenhuma intenção mais ou menos boa pode, dos efeitos do inconsciente, superar as artimanhas.

Estas afirmações indicam apenas uma direção de trabalho — que só concerne àqueles que podem funcionar com elas. Foi por isso mesmo que não julgamos dever compilar nossos *Escritos* para um público mais vasto do que aquele a que eles se endereçaram: a saber, os psicanalistas — até agora.

Ou seja, antes que entre eles se operasse a cisão — ainda que para muitos esta ainda não esteja clara — mediante a qual alguns se decidiram, finalmente, a reconhecer, em tudo o que Freud trouxe de fulgurante na psicologia, o efeito de cisalha que a linguagem introduz nas funções do animal falante: por todo esse escalonamento de estruturas que descrevi por seus nomes mais comuns, pois elas se chamam demanda e desejo, na medida em que remanejam radicalmente a necessidade.

Assim se concebe propriamente a sucessão das fases diversamente interferentes que Freud isolou como pulsões. Assim pode ser corretamente conduzido o remanejamento da prática psicanalítica.

Que Freud mostre que esses efeitos de cisalhamento são maiores no que devemos chamar de prática sexual do ser falante, isso não implica nenhuma descoberta concernente à biologia do sexo, e todos os que fizeram com que desse alguns passos esse capítulo da biologia, o mais difícil, riem dos papagueamentos a que a psicanálise até hoje dá crédito em meio ao público.

230   *Outros Escritos*

Uma logomaquia que trata as relações entre o homem e a mulher a partir de uma harmonia analógica, que se originaria nas relações entre o espermatozóide e o óvulo, parece simplesmente grotesca aos que sabem tudo o que se escalona de funções complexas e questões não resolvidas entre esses dois níveis de uma polaridade — a polaridade do sexo no ser vivo, que representa em si mesma, talvez, o fracasso da linguagem.

[225]

Uma psicanálise de tal ordem coloca a mais confusa noção de maturação dos instintos a serviço de uma obscura pregação sobre o dom, que impõe seus efeitos ao paciente pela mais grosseira sugestão — aquela que resulta do consentimento confuso que assume aqui o nome de moral.

A única coisa que fica sem explicação nesse obscurantismo sem precedentes é de que modo os efeitos da regressão, igualmente chamada instintual, efeitos que marcam na prática o progresso do tratamento, teriam como resultado essa pretensa maturação.

As coisas aparecem sob uma faceta totalmente diferente no meu caso, onde se diz que se trata de revelar a estrutura do desejo, e isto justamente na medida em que ele é sexualizado pela incapacidade da linguagem de explicar o sexo.

As coisas também se colocam mais honestamente quando não se promete, num mesmo impulso, a suspensão de uma dada interdição inconsciente que entrava a prática sexual e a solução do mundo de problemas suscitados pela relação de um homem com uma mulher no menor dos *conjungos*.

O que eu digo aí, todo mundo sabe, mas todos só fazem embalar-se com mais facilidade num remendo de superstições as mais cambaias.

Não se pode fazer nada a esse respeito, e a má utilização de qualquer verdade é seu escolho mais corriqueiro. Meu livro só o registra em caráter incidental.

Meus *Escritos* reúnem as bases da estrutura numa ciência que está por construir — e estrutura quer dizer linguagem —, na medida em que a linguagem como realidade fornece ali os fundamentos.

O estruturalismo durará tanto quanto duram as rosas, os simbolismos e os Parnasos: uma temporada literária, o que não significa que esta não seja mais fecunda.

Já a estrutura não está nem perto de passar porque se inscreve no real, ou melhor, porque nos dá uma oportunidade de dar sentido a essa palavra, real, para além do realismo que, socialista ou não, nunca é senão um efeito de discurso.

Se mantenho o termo sujeito em relação ao que essa estrutura constrói, é para que não persista nenhuma ambigüidade quanto ao que se trata de abolir, e para que isso seja abolido, a ponto de seu nome ser redestinado àquilo que o substitui.

E eu ainda não teria publicado esta coletânea de meus *Escritos*, se o que neles se emite — especialmente há quinze anos, por ter sido recebido por mim do lugar do Outro em que se inscreve o discurso daqueles que escuto, e nos termos em que cada psicanalista reconhece justamente os termos que a cada semana meu seminário lhe fornece — não tivesse acabado correndo sozinho para fora do campo onde se pode controlá-lo. A despeito de mim mesmo, devo dizer, mas não sem uma certa razão, já que nesse ensino se joga o destino a todos reservado pelo futuro da ciência — a qual também corre, e muito à frente da consciência que temos de seus progressos. [226]

Foi-me preciso, através desses *Escritos*, erguer uma barreira contra as cobiças, agora em andamento, dos falsários que estão sempre de serviço sob a bandeira do Espírito.

V

# Ato de fundação

[229]

Fundo — tão sozinho quanto sempre estive em minha relação com a causa psicanalítica — a Escola Francesa de Psicanálise, da qual garantirei, nos quatro próximos anos pelos quais nada no presente me proíbe de responder, pessoalmente a direção.

Esse título em minha intenção representa o organismo em que deve realizar-se um trabalho — que, no campo aberto por Freud, restaure a sega cortante de sua verdade; que reconduza a práxis original que ele instituiu sob o nome de psicanálise ao dever que lhe compete em nosso mundo; que, por uma crítica assídua, denuncie os desvios e concessões que amortecem seu progresso, degradando seu emprego.

Este objetivo de trabalho é indissociável de uma formação a ser dispensada nesse movimento de reconquista. O que equivale a dizer que nela estão habilitados de pleno direito aqueles que eu mesmo formei, e que para ela estão convidados todos os que puderem contribuir para introduzir, dessa formação, o bem-fundado da experiência.

Os que vierem para esta Escola se comprometerão a cumprir uma tarefa sujeita a um controle interno e externo. É-lhes assegurado, em troca, que nada será poupado para que tudo o que eles fizerem de válido tenha a repercussão que merecer, e no lugar que convier.

Para a execução do trabalho, adotaremos o princípio de uma elaboração apoiada num pequeno grupo. Cada um deles (temos um nome para designar esses grupos) se comporá de no mínimo três pessoas e no máximo cinco, sendo quatro a justa medida. MAIS UM encarregado da seleção, da discussão e do destino a ser reservado ao trabalho de cada um.

Após um certo tempo de funcionamento, os componentes de um grupo verão ser-lhes proposta a permuta para outro.

235

236     *Outros Escritos*

[230]     O cargo de direção não constituirá uma chefia cujo serviço prestado seja capitalizado para o acesso a um grau superior, e ninguém terá como considerar-se rebaixado por retornar à categoria de um trabalho de base.

Isso porque toda e qualquer iniciativa pessoal recolocará seu autor nas condições de crítica e de controle[1] nas quais todo trabalho a ser empreendido será submetido à Escola.

Isso não implica, de modo algum, uma hierarquia de cima para baixo, mas uma organização circular cujo funcionamento, fácil de programar, se firmará na experiência.

Constituímos três seções, cujo funcionamento assegurarei, com dois colaboradores que me secundarão em cada uma.

1. SEÇÃO DE PSICANÁLISE PURA, ou seja, práxis e doutrina da psicanálise propriamente dita, que não é nada além — o que será estabelecido no devido lugar — da psicanálise didática.

Os problemas urgentes a serem formulados sobre todas as questões da didática encontrarão aqui meios de ter seu caminho aberto por um confronto contínuo entre pessoas que tenham a experiência da didática e candidatos em formação. Sua razão de ser fundamenta-se naquilo que não há por que ocultar: na necessidade que resulta das exigências profissionais, toda vez que elas levam o analisante em formação a assumir uma responsabilidade, por menos analítica que seja.

É no interior desse problema e como um caso particular que deve situar-se o problema da entrada em supervisão. Prelúdio para que se defina esse caso com base em critérios outros que não a impressão de todos e o preconceito de cada um. Pois sabemos que essa é atualmente sua única lei, ao passo que a violação da regra implicada na observância de suas formas é permanente.

Desde o início e na totalidade dos casos, uma supervisão qualificada será assegurada, nesse contexto, ao praticante em formação em nossa Escola.

Serão propostos para o estudo assim instaurado os aspectos pelos quais eu mesmo rompo com os *standards* afirmados na prática didática, assim como os efeitos imputados a meu ensino sobre

---

1   Vale lembrar que *contrôle* também é o termo francês para "supervisão". (N.E.)

Ato de fundação    237

o curso de minhas análises, quando sucede a meus analisantes, a título de alunos, assistir a eles. Incluiremos nisso, se necessário, os únicos impasses a serem destacados de minha posição em tal Escola, ou seja, aqueles que a própria indução a que visa meu ensino engendraria em seu trabalho.

Esses estudos, cujo ponto extremo é o questionamento da rotina estabelecida, serão coligidos pela diretoria da seção, que zelará pelos caminhos mais propícios para sustentar os efeitos de sua solicitação.    [231]

Três subseções:
— Doutrina da psicanálise pura;
— Crítica interna de sua práxis como formação;
— Supervisão dos psicanalistas em formação.

Postulo enfim, como princípio de doutrina, que essa seção, a primeira, bem como aquela de cuja destinação falarei no item 3, não se deterá, em seu recrutamento, na qualificação médica, posto não ser a psicanálise pura, em si mesma, uma técnica terapêutica.

2. SEÇÃO DE PSICANÁLISE APLICADA, o que significa de terapêutica e clínica médica.

Nela estarão grupos médicos, sejam eles ou não compostos de sujeitos psicanalisados, desde que estejam em condição de contribuir para a experiência psicanalítica: pela crítica de suas indicações em seus resultados; pela experimentação dos termos categóricos e das estruturas que introduzi como sustentando a linha direta da práxis freudiana — isso no exame clínico, nas definições nosográficas e na própria formulação dos projetos terapêuticos.

Também aqui, três subseções:
— Doutrina do tratamento e de suas variações;
— Casuística;
— Informação psiquiátrica e prospecção médica.

Uma diretoria para autenticar cada trabalho como sendo da Escola, e tal que sua composição elimine qualquer conformismo preconcebido.

3. SEÇÃO DE RECENSEAMENTO DO CAMPO FREUDIANO
Ela assegurará, para começar, o levantamento e a censura crítica de tudo o que é oferecido nesse campo pelas publicações que se pretendem autorizadas por ele.

238 Outros Escritos

[232] Ela fará a atualização dos princípios dos quais a práxis analítica deve receber, na ciência, seu estatuto. Um estatuto que, por mais singular que afinal seja preciso reconhecê-lo, nunca seria o de uma experiência inefável.

Por último, ela convocará, tanto para instruir nossa experiência quanto para comunicá-la, aquilo que, do estruturalismo instaurado em certas ciências, puder esclarecer aquele cuja função demonstrei na nossa — e, no sentido inverso, aquilo que, de nossa subjetivação, essas mesmas ciências puderem receber de inspiração complementar.

Em última instância, faz-se necessária uma praxia da teoria, sem a qual a ordem de afinidades desenhada pelas ciências que chamamos conjecturais ficará à mercê da deriva política que se alça da ilusão de um condicionamento universal.

Portanto, também três subseções:

— Comentário contínuo do movimento psicanalítico;

— Articulação com as ciências afins.

— Ética da psicanálise, que é a práxis de sua teoria.

O fundo financeiro, inicialmente constituído pela contribuição dos membros da Escola, pelas subvenções que ela eventualmente obtiver, ou pelos serviços que prestar como Escola, será inteiramente reservado para seu esforço de publicação.

Em primeiro lugar, um anuário reunirá os títulos e o resumo dos trabalhos, onde quer que tenham sido publicados, da Escola, anuário este em que figurarão, mediante sua simples demanda, todos os que houverem neles estado empenhados.

A adesão à Escola será feita mediante apresentação a ela num grupo de trabalho, constituído como dissemos.

A admissão, no início, será decidida por mim, sem que eu leve em conta as posições tomadas por qualquer um, no passado, a respeito de minha pessoa, certo que estou de que aqueles que me deixaram, não sou eu quem lhes quero mal, eles é que quererão cada vez mais mal a mim por não poderem voltar atrás.

Minha resposta, de resto, concernirá apenas ao que eu puder presumir ou constatar a título do valor do grupo e do lugar que ele pretender preencher inicialmente.

A organização da Escola, com base no princípio de rotatividade que indiquei, será instaurada pelos cuidados de uma comissão

Ato de fundação        239

aprovada por uma primeira assembléia plenária, que se realizará
dentro de um ano. Essa comissão a elaborará com base na expe-      [233]
riência percorrida ao término do segundo ano, quando uma segunda assembléia terá que aprová-la.

Não é necessário que as adesões abarquem a totalidade deste plano para que ele funcione. Não preciso de uma lista numerosa, mas
de trabalhadores decididos, como sou desde já.

*21 de junho de 1964*

NOTA ANEXA

Este ato de fundação considera nulos [*néant*] hábitos simples. Pareceu, no entanto, haver deixado algumas questões em aberto naqueles a quem esses hábitos ainda regem.

Um guia do usuário, em sete itens, fornece aqui as respostas
mais solicitadas — donde se presumirão as perguntas que elas
dissipam.

*1. Do didata*

Um psicanalista é didata por ter feito uma ou mais psicanálises
que se tenham revelado didáticas.

Trata-se de uma habilitação de fato, que sempre se passou
assim, nos fatos, e que não depende de nada além de um anuário
que ratifique fatos, sem que tenha sequer de se pretender exaustivo.

O uso do consentimento dos pares tornou-se obsoleto, por
haver permitido a introdução muito recente do que se chama "a
lista", a partir do momento em que uma sociedade pôde utilizar
esta última para fins que desconhecem da maneira mais clara as
próprias condições da análise a ser empreendida, bem como da
análise em curso.

Condições cujo essencial é que o analisante seja livre para
escolher seu analista.

240 *Outros Escritos*

[234] ## 2. Da candidatura à Escola

Coisa diferente é a candidatura a uma Escola, e outra ainda é a qualificação de uma psicanálise didática.

A candidatura à Escola exige uma seleção a ser pautada por seus objetivos de trabalho.

Seu encargo, a princípio, ficará com uma simples comissão de acolhimento, chamada *Cardo*, isto é, gonzo dito em latim, o que indica seu espírito.

Recordemos que a psicanálise didática só é exigida pela primeira seção da Escola, embora desejável para todas.

## 3. Da psicanálise didática

A qualificação de uma análise como didática tem-se praticado, até o presente, através de uma seleção sobre a qual, para julgá-la, basta constatar que ela não permitiu articular nenhum de seus princípios desde que começou a existir.

E nenhum tem maior probabilidade de se destacar no futuro, a menos que primeiro se rompa com um uso que se presta à derrisão.

O único princípio certeiro a formular, ainda mais por ter sido desconhecido, é que a psicanálise constitui-se como didática pelo querer do sujeito, e que ele deve ser advertido de que a análise contestará esse querer, na medida mesma da aproximação do desejo que ele encerra.

## 4. Da psicanálise didática na participação na Escola

Aqueles que empreendem uma psicanálise didática o fazem por sua iniciativa e por sua escolha.

O título 1 desta nota implica, inclusive, que eles podem estar em condições de autorizar seu psicanalista como didata.

Mas a admissão na Escola impõe-lhes a condição de que se saiba que eles iniciaram essa empreitada, onde e quando.

Porque a Escola, seja qual for o momento em que o sujeito entre em análise, tem que pesar esse fato na balança com a responsabilidade, da qual não pode declinar, de suas conseqüências.

É constante que a psicanálise tenha efeitos sobre toda e qual-  [235]
quer prática do sujeito que nela se engaja. Quando essa prática
provém, por pouco que seja, de efeitos psicanalíticos, ele se descobre a gerá-los no lugar em que se espera que os reconheça.
Como não ver que a supervisão se impõe desde o momento
desses efeitos, antes de mais nada para proteger aquele que aí
comparece na posição de paciente?

Acha-se em jogo nisso algo de uma responsabilidade que a
realidade impõe ao sujeito, quando praticante, que ele assuma por
seu próprio risco.

Fingir ignorar esse fato é a incrível função que se conserva na
prática da análise didática: presume-se que o sujeito não exerce a
psicanálise, ou ele é tido como violando por obra sua uma regra de
prudência, ou até de honestidade. O fato de que, ao observar essa
regra, o sujeito acaba falhando em sua função, não está fora dos
limites do que acontece, como sabemos, por outro lado.

A Escola não pode abstrair-se desse desastroso estado de coisas, em razão mesma do trabalho que ela existe para garantir.

Por isso é que ela garantirá as supervisões que convierem à
situação de cada um, fazendo frente a uma realidade da qual faz
parte a concordância do analista.

Inversamente, uma solução insuficiente poderá motivar para
ela um rompimento de contrato.

## 5. Do ingresso na Escola

Ingressa-se agora na Escola por dois acessos:

1) O grupo constituído por escolha mútua segundo o ato de
fundação, e que se chamará *cartel*, apresenta-se para minha aprovação com o título do trabalho que cada um tencione levar adiante
nele.

2) Os indivíduos que quiserem fazer-se conhecer, seja por que
projeto for, encontrarão o caminho útil junto a um membro do
*Cardo*: os nomes dos primeiros a aceitarem seu encargo, por minha demanda, serão divulgados antes de 20 de julho. Eu mesmo
encaminharia para um deles quem me fizesse a demanda.

242 *Outros Escritos*

[236]   ## 6. Do estatuto da Escola

Minha direção pessoal é provisória, ainda que prometida por quatro anos. Eles nos parecem necessários para o deslanchar da Escola.

Apesar de seu estatuto jurídico ser desde logo o da associação declarada nos termos da lei de 1901, cremos dever, primeiramente, fazer aprovar em seu movimento o estatuto interno, que será, num prazo fixo, proposto ao consentimento de todos.

Lembremo-nos de que a pior objeção que se pode fazer às sociedades da forma existente é a cessação do trabalho, manifesta até na qualidade, que elas causam entre os melhores.

O sucesso da Escola se medirá pelo lançamento de trabalhos que sejam aceitáveis em seu lugar.

## 7. Da Escola como experiência inaugural

Esse aspecto impõe-se suficientemente, pensamos, no ato de fundação, e deixamos a cargo de cada um descobrir suas promessas e seus obstáculos.

Àqueles que puderem interrogar-se sobre o que nos guia, desvendaremos sua razão.

O ensino da psicanálise só pode transmitir-se de um sujeito para outro pelas vias de uma transferência de trabalho.

Os "seminários", inclusive nosso curso da École d'Études Supérieures, não fundarão nada, se não remeterem a essa transferência.

Nenhum aparelho doutrinário, notadamente o nosso, por propício que seja à direção do trabalho, pode prejulgar conclusões que serão seu resto.

### Preâmbulo

Desta fundação podemos destacar, antes de mais nada, a questão de sua relação com o ensino, que não deixa sem garantia a decisão de seu ato.

[237]   Diremos que, por mais qualificados que sejam os que estiverem em condições de discutir esse ensino, a Escola não depende dele, nem tampouco o dispensa, já que ele se desenrola fora dela.

*Ato de fundação* 243

Se para esse ensino, com efeito, a existência de uma platéia que ainda não tomou sua medida revelou-se no mesmo momento decisivo que impôs a Escola, é ainda mais importante marcar aquilo que os separa.

Escola Freudiana de Paris — esse título, mantido em reserva no ato de fundação, anuncia claramente, a quem se ativer a seus termos, as intenções de onde se procede.

Deixemos de lado o lugar de onde se retoma, não sem razão de fazê-lo, com o escudo originário, o desafio que ele traz, já por Freud saudado: a Escola afirma-se antes de tudo freudiana, por isto — se há uma verdade que sem dúvida se sustenta numa presença paciente a reiterá-la, mas que, por esse efeito, tornou-se consciência como que da área francesa — é que a mensagem freudiana ultrapassa em muito, em sua radicalidade, o uso que dela fazem os praticantes de obediência anglófona.

Mesmo que se estenda a mão, na França como alhures, a uma prática mitigada pela irrupção de uma psicoterapia associada às necessidades da higiene mental, é fato que nenhum praticante deixa de mostrar seu incômodo ou sua aversão, ou até sua derrisão ou horror, conforme as oportunidades que proporciona a si mesmo de imergir no lugar aberto em que a prática aqui denunciada assume uma forma imperialista — conformismo da mirada, barbarismo da doutrina, regressão rematada a um psicologismo puro e simples, tudo isso mal compensado pela promoção de um clericato fácil de caricaturar, mas que, em sua compunção, é realmente o resto que atesta a formação pela qual a psicanálise não se dissolve naquilo que propaga.

Essa discordância, que a figuremos pela evidência que surge ao indagarmos se não é verdade que, em nossa época, a psicanálise está em toda parte, e os psicanalistas, em outro lugar.

Pois não é inútil podermos espantar-nos com que unicamente o nome de Freud, pela esperança de verdade que conduz, tenha a aparência de se confrontar com o nome de Marx, suspeita esta não dissipada, embora seja patente que o abismo entre eles é impossível de preencher, e que, no caminho por Freud entreaberto, poder-se-ia perceber a razão por que fracassa o marxismo em dar conta de um poder cada vez mais desmesurado e louco, quanto ao político, quando ainda não entra em jogo um efeito de retomada de sua contradição.

244    *Outros Escritos*

[238] Que os psicanalistas estejam impossibilitados de julgar os males em que se banham, mas que se sintam falhando, já basta para explicar que respondam a isso com um enquistamento do pensar. Demissão que abre caminho para uma falsa complacência, portadora, para o beneficiário, dos mesmos efeitos de uma verdadeira: nesse caso, o selo, que eles aviltam, dos termos de que detêm a guarda, em prol da iniciativa que não é em si, de modo algum, o alicerce da economia reinante, mas na qual é cômodo o preparo daqueles que ela emprega, até mesmo nos altos postos — a orientação psicológica e seus diversos ofícios.

Assim, a psicanálise fica por demais à espera, e os psicanalistas, em posição por demais instável para que se possa desatar a suspensão em outro lugar que não no próprio ponto em que eles se desviaram: a saber, na formação do psicanalista.

Não, em absoluto, que a Escola não disponha do que lhe assegura não romper nenhuma continuidade — ou seja, de psicanalistas irrepreensíveis, seja qual for o ponto de vista em que nos coloquemos, posto que lhes teria bastado, como aconteceu com o resto dos sujeitos formados por Lacan, que renegassem o ensino deste para serem reconhecidos por uma certa "Internacional", e que é notório que eles devem apenas a sua escolha e a seu discernimento haverem renunciado a esse reconhecimento.

É a Escola que repõe em questão os princípios de uma habilitação patente e do consentimento daqueles que notoriamente a receberam.

No que freudiana revela-se ela mais uma vez, vindo agora o termo Escola a nosso exame.

Ele deve ser tomado no sentido em que, em tempos antigos, significava certos lugares de refúgio, ou bases de operação contra o que já então se podia chamar de mal-estar na civilização.

A nos atermos ao mal-estar da psicanálise, a Escola pretende oferecer seu campo não somente a um trabalho de crítica, mas à abertura do fundamento da experiência, ao questionamento do estilo de vida em que ela desemboca.

Os que aqui se engajam sentem-se sólidos o bastante para enunciar a situação manifesta: que a psicanálise, presentemente, nada tem de mais seguro para fazer valer em seu ativo do que a produção de psicanalistas — ainda que este balanço pareça deixar a desejar.

*Ato de fundação*     245

Não que nos entreguemos nisso a alguma auto-acusação. Estamos conscientes de que os resultados da psicanálise, mesmo em [239] sua situação de verdade duvidosa, fazem uma figura mais digna do que as flutuações da moda e as premissas cegas em que se fiam tantas terapêuticas no campo em que a medicina não pára de se situar quanto a seus critérios (serão os da recuperação social isomorfos aos da cura?) e parece até estar recuando quanto à nosografia: referimo-nos à psiquiatria, transformada numa questão para todos.

Chega até a ser bastante curioso ver como a psicanálise banca aí o pára-raios. Sem ela, como se faria alguém ser levado a sério, ali mesmo onde tira mérito da oposição a ela? Daí um *statu quo* em que o psicanalista pouco se incomoda com a opinião que fazem de sua insuficiência.

A psicanálise, no entanto, distinguiu-se a princípio por dar acesso à idéia de cura em seu campo, ou seja: dar aos sintomas seu sentido, dar lugar ao desejo que eles mascaram, retificar de modo exemplar a apreensão de uma relação privilegiada — ainda que tivesse sido preciso poder ilustrar isso com distinções estruturais exigidas pelas formas da doença, reconhecê-las nas relações do ser que demanda e que se identifica com essas próprias demanda e identificação.

Seria preciso ainda que o desejo e a transferência que os movem tivessem provocado os que deles têm a experiência, a ponto de lhes tornar intoleráveis os conceitos que perpetuam uma construção do homem e de Deus na qual entendimento e vontade se distinguem de uma pretensa passividade do primeiro desses modos à arbitrariedade — atividade que ela atribui ao segundo.

A revisão do pensamento a que conclamam as ligações com o desejo a ele impostas por Freud parece estar fora dos recursos do psicanalista. Provavelmente, estes são obscurecidos pelas precauções que os fazem curvar-se à fraqueza daqueles que ele socorre.

Há um ponto, no entanto, em que o problema do desejo não pode ser eludido: é quando se trata do próprio psicanalista.

E nada é mais exemplar da pura tagarelice do que a voz corrente a esse respeito: que é isso que condiciona a segurança de sua intervenção.

Perseguir nos álibis o desconhecimento que aí se protege com documentos falsos exige o encontro do que há de mais válido numa experiência pessoal com aqueles que a intimam a se confessar, tomando-a por um bem comum.

[240]

As próprias autoridades científicas são, aí, reféns de um pacto de carência que faz com que já não seja de fora que se pode esperar uma exigência de controle que estaria na ordem do dia em todos os outros lugares.

Isso é da alçada tão-somente daqueles que, psicanalistas ou não, interessam-se pela psicanálise em ato.

É para eles que se abre a Escola, para que eles ponham à prova seu interesse, não lhes sendo proibido elaborar sua lógica.


### NOTA PARA O ANUÁRIO

A Escola, da qual tão pouco se duvida que seja freudiana quanto que seja de Paris, encontrou enfim seu local.

Quaisquer que tenham sido os agentes pelos quais ganhou corpo o que por seis anos lhe criara um obstáculo, convém reconhecer que isso não se deu em detrimento de apenas um grupo, mas à custa de todos aqueles que se sustentam num ensino, na França, naturalmente.

Há emissões impudentes, uma frouxidão intelectual, que a partir de 1957 baixaram de tom.

Com isso ganharam a possibilidade de manter as aparências na conjuntura atual.

Isso deveria sugerir, na psicanálise, um certo retorno ao que é sua questão. Será que chegaremos lá?

Meio século depois de Freud a haver dotado de sua segunda tópica, nada se registra de sua factualidade que seja mais seguro do que o fato, este perturbador, de sua persistência.

Inflação notória, que, ao se escorar na época, torna o verossímil mais tentador do que o verídico.

Sem a base de uma formação em que a análise se articule pela defasagem do discurso cujo ato Lacan erige, ninguém passará para a tentativa contrária.

No ponto em que o confisco universitário mostra necessidade de se contentar com nossa mais ínfima aparência.

Todas as "esperanças", portanto, ficarão à vontade em outro lugar que não nossa Escola.

Mas nesta elas encontrariam aqueles a quem não pareceram [241] negociáveis nem dez, nem dezesseis, nem dezoito anos de um trabalho graças ao qual ainda existe o psicanalista à altura daquilo que supõe que se lhe faça sinal: daquilo que se sabe, pelo menos.

*28 de fevereiro de 1971*

[243]

# *Proposição de 9 de outubro de 1967 sobre o psicanalista da Escola*

Antes de lê-la, assinalo que convém entendê-la com base na leitura, a ser feita ou refeita, de meu artigo "Situação da psicanálise e formação do psicanalista em 1956" (páginas 461-95 de meus *Escritos*[1]).

Vamos tratar de estruturas asseguradas na psicanálise e de garantir sua efetivação no psicanalista.

Isso se oferece à nossa Escola, após uma duração suficiente de órgãos esboçados com base em princípios limitativos. Não instituímos o novo senão no funcionamento. É verdade que daí surge a solução para o problema da Sociedade Psicanalítica.

A qual se encontra na distinção entre a hierarquia e o *gradus*.

Produzirei, no início deste ano, este passo construtivo:

1) produzi-lo — mostrá-lo a vocês;

2) colocar vocês em condição de produzir seu aparelho, o qual deverá reproduzir esse passo nesses dois sentidos.

Lembremos entre nós o existente.

Antes de mais nada, um princípio: o psicanalista só se autoriza de si mesmo. Esse princípio está inscrito nos textos originais da Escola e decide sua posição.

Isso não impede que a Escola garanta que um analista depende de sua formação.

Ela pode fazê-lo, por sua própria iniciativa.

E o analista pode querer essa garantia, o que, por conseguinte, só faz ir mais além: tornar-se responsável pelo progresso da Escola, tornar-se psicanalista da própria experiência.

---

1 Na edição brasileira, Rio de Janeiro, Zahar, 1998. (N.E.)

*Proposição de 9 de outubro de 1967*     249

Olhando para isso por esse prisma, reconhece-se que, a partir de agora, é a essas duas formas que correspondem:

I. O AME, ou analista membro da Escola, constituído simplesmente pelo fato de a Escola o reconhecer como psicanalista que comprovou sua capacidade.

É isso que constitui a garantia proveniente da Escola, destacada desde o começo. Sua iniciativa compete à Escola, onde só se é   [244]
admitido com base no projeto de um trabalho e sem consideração para com a proveniência nem as qualificações. Um analista praticante só é registrado nela, no começo, nas mesmas condições em que nela se inscrevem o médico, o etnólogo e *tutti quanti*.

II. O AE, ou analista da Escola, a quem se imputa estar entre os que podem dar testemunho dos problemas cruciais, nos pontos nodais em que se acham eles no tocante à análise, especialmente na medida em que eles próprios estão investidos nessa tarefa ou, pelo menos, sempre em vias de resolvê-los.

Esse lugar implica que se queira ocupá-lo: só se pode estar nele por tê-lo demandado de fato, senão formalmente.

Que a Escola pode garantir a relação do analista com a formação que ela dispensa, portanto, está estabelecido.

Pode fazê-lo e, portanto, deve fazê-lo.

É aí que aparece a falha, a falta de inventividade para exercer um ofício (ou seja, aquele de que se vangloriam as sociedades existentes), encontrando para ele caminhos diferentes, que evitem os inconvenientes (e os malefícios) do regime dessas sociedades.

A idéia de que a manutenção de um regime semelhante é necessária para regular o *gradus* deve ser salientada em seus efeitos de mal-estar. Esse mal-estar não basta para justificar a manutenção da idéia. E menos ainda seu retorno prático.

Que existe uma regra do *gradus* está implícito numa escola, mais ainda certamente, do que numa sociedade. Pois numa sociedade, afinal de contas, não há nenhuma necessidade disso, se uma sociedade só tem interesses científicos.

Mas existe um real em jogo na própria formação do psicanalista. Afirmamos que as sociedades existentes fundam-se nesse real.

Partimos também do fato, que tem todas as aparências a seu favor, de que Freud as quis tais como são.

Não menos patente — e concebível, para nós — é o fato de que esse real provoca seu próprio desconhecimento, ou até produz sua negação sistemática.

## 250 Outros Escritos

Está claro, pois, que Freud correu o risco de uma certa parada. Talvez mais: que viu nela a única proteção possível para evitar a extinção da experiência.

Que nos confrontemos com a questão assim formulada não é privilégio meu. É a própria continuação, digamos ao menos quanto aos analistas da Escola, da escolha que eles fizeram pela Escola.

[245] Encontram-se agrupados nela por não terem querido através de uma votação aceitar o que esse voto pautaria: a pura e simples sobrevivência de um ensino, o de Lacan.

Quem quer, por outro lado, que continue a dizer que se tratava da formação de analistas, estará mentindo. Pois bastou que se votasse no sentido desejado pela IPA para obter o ingresso nesta a todo o pano, só faltando receber a ablução, por um breve período, de um século *made in English* (não se há de esquecer o *French group*). Meus analisantes, como se costuma dizer, foram até particularmente bem-vindos por lá, e o seriam ainda caso o resultado pudesse ser o de me fazer calar.

Isso é relembrado todos os dias a quem quiser ouvir.

Foi, portanto, a um grupo para o qual meu ensino era tão precioso ou tão essencial que cada um, deliberando, marcou preferir a vantagem oferecida — e isto sem enxergar adiante, tal como, sem enxergar adiante, interrompi meu seminário em seguida à referida votação —, foi a esse grupo em dificuldade de encontrar uma saída que ofereci a fundação da Escola.

Por essa escolha, decisiva para os que aqui estão, marca-se o valor do que está em jogo. Pode haver algo que está em jogo que vale para alguns a ponto de lhes ser essencial, e este é meu ensino.

Se o referido ensino é sem rival para eles, ele o é para todos, como provam os que aqui se comprimem sem haverem pago o preço, ficando suspensa para eles a questão do lucro que lhes é permitido.

Sem rival, aqui, não significa uma avaliação, mas um fato: nenhum ensino fala do que é a psicanálise. Em outros lugares, e de maneira declarada, cuida-se apenas de que ela seja conforme.

Existe uma solidariedade entre a pane ou os desvios mostrados pela psicanálise e a hierarquia que nela impera — e que designamos, com benevolência, como hão de reconhecer, como a de uma cooptação de doutos.

A razão disso é que tal cooptação promove o retorno a um status de imponência, conjugando a pregnância narcísica com a

*Proposição de 9 de outubro de 1967* 251

astúcia competitiva. Retorno que restabelece reforços do relapso, o que a psicanálise didática tem por fim eliminar.

É esse o efeito que lança sua sombra sobre a prática da psicanálise — cujo término, objeto e até objetivo revelam-se inarticuláveis, após pelo menos meio século de experiência ininterrupta. Remediar isso, entre nós, deve ser feito pela constatação da falha que registro, longe de pensar em encobri-la. [246]
Mas para colher nessa falha a articulação que falta.

Ela só faz confirmar o que se encontra por toda parte e é sabido desde sempre: que não basta a evidência de um dever para que ele seja cumprido. É por intermédio de sua hiância que ele pode ser posto em ação, e o é toda vez que se encontra o meio de utilizá-la.

Para introduzi-los nisso, eu me apoiarei nos dois momentos da junção do que chamarei, neste arrazoado, respectivamente, de psicanálise em extensão, ou seja, tudo o que resume a função de nossa Escola como presentificadora da psicanálise no mundo, e psicanálise em intensão, ou seja, a didática, como não fazendo mais do que preparar operadores para ela.

Esquece-se, com efeito, sua pregnante razão de ser, que é constituir a psicanálise como uma experiência original, levá-la ao ponto em que nela figura a finitude, para permitir o a posteriori, efeito de tempo que, como sabemos, lhe é radical.

Essa experiência é essencial para isolá-la da terapêutica, que não distorce a psicanálise somente por relaxar seu rigor.

Observaria eu, com efeito, que não há definição possível da terapêutica senão a de restabelecimento de um estado primário. Definição, justamente, impossível de enunciar na psicanálise.

Quanto ao *primum non nocere*, não falemos nisso, já que ele é instável por não poder ser determinado como *primum* no começo — donde optar por não causar dano! Tentem. É muito fácil, nestas condições, de se creditar a um tratamento qualquer o fato de ele não haver causado dano a algo. Esse traço forçado só tem interesse por decorrer, sem dúvida, de um indecidível lógico.

Podemos encontrar os tempos idos e revolvidos em que aquilo a que se tratava de não causar dano era a entidade mórbida. Mas o tempo do médico está mais implicado do que se supõe nessa revolução — pelo menos, a exigência, tornada mais precária, do que torna médico ou não um ensino. Digressão.

252  *Outros Escritos*

Nossos pontos de junção, onde têm que funcionar nossos órgãos de garantia, são conhecidos: são o começo e o fim da psicanálise, como no xadrez. Por sorte, são eles os mais exemplares, por sua estrutura. Essa sorte deve provir do que chamamos de encontro.

[247] No começo da psicanálise está a transferência. Ela ali está graças àquele que chamaremos, no despontar desta formulação, o psicanalisante.[2] Não temos que dar conta do que a condiciona. Pelo menos aqui. Ela está ali no começo. Mas o que é?

Fico admirado de que ninguém jamais tenha pensado em me objetar, considerados certos termos de minha doutrina, que a transferência por si só cria uma objeção à intersubjetividade. Chego até a lamentá-lo, visto que nada é mais verdadeiro: ela a refuta, é seu obstáculo. Aliás, foi para estabelecer o fundo contra o qual se pode perceber o contrário que promovi, desde o começo, o que implica de intersubjetividade o uso da fala. Esse termo foi, portanto, um modo — um modo como outro qualquer, diria eu, se não se me houvesse imposto — de circunscrever o alcance da transferência.

A esse respeito, ali onde convém que alguém legitime seu lote universitário, há quem se apodere do referido termo, tido, sem dúvida por eu o haver usado, como levitador. Mas quem me lê pode observar a "ressalva" com que ponho em jogo essa referência no que concerne à concepção da psicanálise. Isso faz parte das concessões educativas a que tive de me entregar em nome do contexto de fabuloso ignorantismo em que tive que proferir meus primeiros seminários.

Pode alguém duvidar agora de que, ao relacionar com o sujeito do *cogito* aquilo que nos revela o inconsciente, de que, ao haver definido a distinção entre o outro imaginário, familiarmente chamado pequeno outro e o lugar de operação da linguagem, postulado como sendo o grande Outro, eu indique com bastante clareza que nenhum sujeito é suponível por outro sujeito, se esse termo tiver que ser tomado pelo lado de Descartes? Que Descartes precise de Deus, ou melhor, da verdade com que o credita, para que o sujeito venha alojar-se sob a mesma capa que veste enganosas

---

2  O que comumente se chama o psicanalisado, por antecipação.

*Proposição de 9 de outubro de 1967*     253

sombras humanas, ou que Hegel, ao retomá-lo, enuncie a impossibilidade da coexistência das consciências, na medida em que se trata do sujeito fadado ao saber — já não é isso o bastante para apontar a dificuldade, da qual precisamente nosso impasse, o do sujeito do inconsciente, oferece a solução... a quem sabe constituí-la?

É verdade que, nisso, Jean-Paul Sartre, sumamente capaz de perceber que a luta de morte não é essa solução, já que não se pode destruir um sujeito, e que também em Hegel ela é anteposta no [248] nascimento, profere entre quatro paredes [*huis clos*] sua sentença fenomenológica: trata-se do inferno. Mas, como ela é falsa, e de maneira que pode ser julgada pela estrutura — já que bem mostra o fenômeno, que o covarde, não sendo louco, pode muito bem se arranjar com o olhar que o fita — essa sentença prova igualmente que o obscurantismo tem sua mesa posta não apenas nos ágapes da direita.

O sujeito suposto saber é, para nós, o eixo a partir do qual se articula tudo o que acontece com a transferência. Cujos efeitos escapam quando, para apreendê-los, faz-se uma pinça com o desajeitado *pun* que vai da necessidade da repetição à repetição da necessidade.

Aqui, o levitante da intersubjetividade mostrará sua finura ao indagar: sujeito suposto por quem, senão por outro sujeito?

Uma lembrança de Aristóteles, uma pitada das categorias, por gentileza, para desenlamear esse sujeito do subjetivo. Um sujeito não supõe nada, ele é suposto.

Suposto, ensinamos nós, pelo significante que o representa para outro significante.

Escrevamos como convém o suposto desse sujeito colocando o saber em seu lugar de adjacência da suposição:

$$\frac{S \longrightarrow S^q}{s\,(S^1, S^2, ... \, S^n)}$$

Reconhecemos na primeira linha o significante S da transferência, isto é, de um sujeito, com sua implicação de um significante que diremos ser qualquer, ou seja, que supõe apenas a particularidade no sentido de Aristóteles (sempre bem-vindo) e que, em virtude disso, supõe mais outras coisas. Se ele é denominável por um nome próprio, não é por se distinguir pelo saber, como veremos.

254     *Outros Escritos*

Abaixo da barra, embora reduzida ao palmo supositivo do primeiro significante, o *s* representa o sujeito resultante, que implica dentro dos parênteses o saber, supostamente presente, dos significantes que estão no inconsciente, significação esta que faz as vezes do referencial ainda latente na relação terceira que o liga ao par significante-significado.

[249]

Vemos que, embora a psicanálise consista na manutenção de uma situação combinada entre dois parceiros, que nela se colocam como o psicanalisante e o psicanalista, ela só pode desenvolver-se ao preço do constituinte ternário, que é o significante introduzido no discurso que se instaura, aquele que tem nome: o sujeito suposto saber, esta uma formação não de artifício, mas de inspiração, como destacada do psicanalisante.

Temos de ver o que habilita o psicanalista a responder a essa situação que percebemos não envolver sua pessoa. Não apenas o sujeito suposto saber não é real de fato, como também não há nenhuma necessidade de que o sujeito em atividade na conjuntura, o psicanalisante (o único a falar, a princípio), lhe faça essa imposição.

Isso é tão pouco necessário, aliás, que comumente nem é verdade: o que é demonstrado, nos primeiros tempos do discurso, por uma forma de se certificar que a roupa não cai bem no psicanalista — garantia contra o temor, se assim posso dizer, de que ele introduza suas próprias costuras [*plis*] cedo demais.

O que nos importa aqui é o psicanalista em sua relação com o saber do sujeito suposto, não secundária, mas direta.

É claro que, do saber suposto, ele nada sabe. O $S^q$ da primeira linha nada tem a ver com os S encadeados da segunda, e só pode ser encontrado neles por acaso. Assinalamos esse fato para nele reduzir a estranheza da insistência de Freud em nos recomendar que abordemos cada novo caso como se não tivéssemos aprendido coisa alguma com suas primeiras decifrações.

Isso não autoriza o psicanalista, de modo algum, a se dar por satisfeito com saber que nada sabe, pois o que se trata é do que ele tem de saber.

O que ele tem de saber pode ser traçado pela mesma relação "em reserva" pela qual opera toda lógica digna desse nome. Isso não significa nada em "particular", mas se articula numa cadeia de letras tão rigorosas que, sob a condição de não se errar nenhuma, o não sabido ordena-se como o quadro do saber.

*Proposição de 9 de outubro de 1967*     255

O espantoso é que com isso descobrimos algo — os números transfinitos, por exemplo. Que acontecia com eles, *antes*? Aponto aqui a relação deles com o desejo que lhes deu consistência. É útil pensar na aventura de um Cantor, aventura que justamente não foi gratuita, para sugerir a ordem, não fosse ela transfinita, em que se situa o desejo do psicanalista.

Essa situação explica, inversamente, a aparente facilidade com que se instala, nos cargos de direção das sociedades existentes, o que realmente conviria chamar de ocos[3]. Entendam-me: o importante não é a maneira como esses ocos se mobiliam (discurso sobre a bondade?) para quem está de fora, nem a disciplina pressuposta pelo vazio mantido internamente (não se trata de burrice), mas sim que esse oco (do saber) é reconhecido por todos — objeto usual, se assim podemos dizer, para os subordinados, e moeda corrente de sua apreciação pelos Superiores.     [250]

A razão disso encontra-se na confusão a respeito do zero, onde se fica num campo em que ela não tem vez. Não há ninguém que se preocupe, no *gradus*, em ensinar o que distingue o vazio do nada — o que, no entanto, não é a mesma coisa —, nem entre o traço referencial da medida e o elemento neutro implicado no grupo lógico, nem tampouco entre a nulidade da incompetência e o não-marcado da ingenuidade, a partir do que muitas coisas assumiriam seu lugar.

Foi para fazer frente a essa falha que produzi o oito interior e, de modo geral, a topologia com que o sujeito se sustenta.

O que deve predispor um membro da Escola a tais estudos é a prevalência, que vocês podem apreender no algoritmo produzido acima, mas que não deixa de persistir pelo fato de ser ignorada, a prevalência, manifesta onde quer que seja — tanto na psicanálise em extensão como na psicanálise em intensão —, daquilo que chamarei de saber textual, para contrastá-la com a idéia referencial que a mascara.

Em todos os objetos que a linguagem propõe não apenas ao saber, mas que inicialmente trouxe ao mundo da realidade, da realidade da exploração inter-humana, não se pode dizer que o

---

3  Neste parágrafo e no seguinte Lacan distingue o termo aqui utilizado, *néant*, de outros três: *nul/nulité* (nulo/nulidade), *vide* (vazio) e *rien* (nada). Por essa razão, fomos levados a uma tradução menos literal. (N.E.)

256 *Outros Escritos*

psicanalista seja perito. Isso seria bom, mas, na verdade, é muito pouco.

O saber textual não era parasita animando uma lógica da qual a nossa tira lições para sua surpresa (refiro-me à da Idade Média), e não foi à sua custa que ela soube fazer frente à relação do sujeito com a Revelação.

Não é pelo fato de o valor religioso dele ter se tornado indiferente para nós que seu efeito na estrutura deve ser negligenciado. A psicanálise tem consistência pelos textos de Freud, esse é um fato irrefutável. Sabemos em que, de Shakespeare a Lewis Carroll, os textos contribuem para seu espírito e seus praticantes.

[251] É esse o campo em que se discerne quem admitir em seu estudo. Foi dele que o sofista e o talmudista, o propagador de contos e o aedo tiraram a força que, a cada instante, mais ou menos desajeitadamente, recuperamos para nosso uso.

Que um Lévi-Strauss, em suas mitológicas, lhe dê seu estatuto científico, é bom para nos facilitar fazer dele um limiar para nossa seleção.

Recordemos o guia fornecido por meu grafo para a análise e a articulação que dele se isola do desejo nas instâncias do sujeito.

Isto é para salientar a identidade entre o algoritmo aqui precisado e o que é conotado em *O banquete* como o αγαλμα.

Onde se diz melhor do que ali faz Alcibíades? Que as emboscadas do amor transferencial não têm por fim senão obter aquilo de que ele pensa ser Sócrates o continente ingrato?

Mas, quem sabe melhor do que Sócrates que ele só detém a significação que gera por reter esse nada, o que lhe permite remeter Alcibíades ao destinatário presente de seu discurso, Agatão (como que por acaso)? Isto é para lhes ensinar que, ao se obcecarem com o que lhes concerne no discurso do psicanalisante, vocês ainda não chegaram lá.

Mas, será que isso é tudo, se aqui o psicanalisante é idêntico ao αγαλμα, a maravilha que nos deslumbra, a nós terceiros, como Alcibíades? Não será esta, para nós, uma oportunidade de vermos isolar-se o puro viés do sujeito como relação livre com o significante, aquela pela qual se isola o desejo do saber como desejo do Outro?

Como todos os casos particulares que compõem o milagre grego, esse só nos apresenta fechada a caixa de Pandora. Aberta, ela é a psicanálise, da qual Alcibíades não tinha necessidade.

*Proposição de 9 de outubro de 1967*     257

Com o que chamei de fim da partida, chegamos — enfim — ao âmago de nossa colocação desta noite. O término da psicanálise superfluamente chamada de didática é, com efeito, a passagem do psicanalisante a psicanalista.

Nosso objetivo é formular uma equação cuja constante é o αγαλμα.

O desejo do psicanalista é sua enunciação, a qual só pode operar se caso venha ali na posição do *x*:

desse mesmo *x* cuja solução entrega ao psicanalisante seu ser e cujo valor tem a notação (-φ), hiância que designamos como a função do falo a ser isolada no complexo de castração, ou *(a)*, quanto àquilo que o obtura com o objeto que reconhecemos sob a função aproximada da relação pré-genital. (É ela que o caso de Alcibíades mostra anular — o que se conota pela mutilação dos Hermes.)     [252]

A estrutura, assim abreviada, permite-lhes ter uma idéia do que acontece ao termo da relação transferencial, ou seja, quando, havendo-se resolvido o desejo que sustentara em sua operação o psicanalisante, ele não mais tem vontade, no fim, de levantar sua opção, isto é, o resto que, como determinante de sua divisão, o faz decair de sua fantasia e o destitui como sujeito.

Não será esse o grande *motus* que convém guardarmos entre nós, que, como psicanalistas, dele tiramos nossa suficiência, enquanto a beatitude se oferece para além do esquecê-lo nós mesmos?

Não haveríamos, ao anunciá-lo, de desestimular os amadores? A destituição subjetiva gravada no bilhete de ingresso... não será isso provocar o horror, a indignação, o pânico ou até o atentado, ou, pelo menos, dar um pretexto para a objeção de princípio?

O simples estabelecer uma interdição daquilo que se impõe de nosso ser equivale a nos oferecermos a uma reviravolta do destino que é maldição. O que é recusado no simbólico, recordemos o veredito lacaniano, reaparece no real.

No real da ciência que destitui o sujeito de modo bem diferente em nossa época quando apenas seus partidários mais eminentes, como um Oppenheimer, perdem a cabeça.

Eis onde nos demitimos daquilo que nos faz responsáveis, ou seja, da posição em que fixei a psicanálise em sua relação com a ciência, a de extrair a verdade que lhe corresponde em termos cujo resto de voz nos é alocado.

258 *Outros Escritos*

Com que pretexto abrigamos essa recusa, quando se sabe perfeitamente da indiferença que protege a verdade e os sujeitos, todos juntos, e se sabe que, ao prometer a estes a primeira, isso só não dá na mesma para aqueles que já estão próximos dela? Falar de destituição subjetiva jamais deterá o inocente, que não tem outra lei senão seu desejo.

Só temos escolha entre enfrentar a verdade ou ridicularizar nosso saber.

Essa sombra espessa que encobre a junção de que me ocupo aqui, aquela em que o psicanalisante passa a psicanalista, é ela que nossa Escola pode empenhar-se em dissipar.

[253] Não estou mais longe do que vocês nesta obra que não pode ser conduzida sozinho, já que a psicanálise constitui o acesso a ela.

Devo contentar-me aqui com um ou dois flashes a precedê-la.

Na origem da psicanálise, como não recordar aquilo que, entre nós, enfim lembrou Mannoni? — que o psicanalista é Fliess, isto é, o medicastro, o titilador de narizes, o homem a quem se revelou o princípio masculino e feminino nos números 21 e 28, gostem vocês ou não, em suma, aquele saber que o psicanalisante — Freud, o cientista, como se exprime a boquinha das almas abertas ao ecumenismo — rejeitava com toda a força do juramento que o ligava ao programa de Helmholtz e seus cúmplices.

O fato de esse artigo ter sido dado a uma revista que mal permitiu que a expressão "sujeito suposto saber" aparecesse nela, a não ser perdida no meio de uma página, em nada diminui o valor que ele pode ter para nós.

Ao nos relembrar a "análise original", ele nos recoloca no nível da dimensão de miragem em que se assenta a posição do psicanalista, e nos sugere não ser garantido que ela venha a ser reduzida enquanto uma crítica científica não se houver estabelecido em nossa disciplina.

O título presta-se ao comentário de que a verdadeira análise original só pode ser a segunda, por constituir a repetição que da primeira faz um ato, pois é ela que introduz o a posteriori próprio do tempo lógico, que se marca pelo fato de que o psicanalisante passou a psicanalista. (Refiro-me ao próprio Freud, que com isso sanciona não ter feito uma auto-análise.)

*Proposição de 9 de outubro de 1967* 259

Permito-me ainda lembrar a Mannoni que a escansão do tempo lógico inclui o que chamei de momento de compreender, justamente pelo efeito produzido (que ele retome meu sofisma) pela não compreensão, e que, ao eludir, em suma, o que constitui a alma de seu artigo, ele nos ajuda a compreender de esguelha.

Recordo aqui que o qualquer um que recrutamos com base em "compreender os doentes" se alista a partir de um mal-entendido que não é sadio como tal.

Agora, um flash de onde estamos. Com o fim da análise hipomaníaca, descrita por nosso Balint como a última moda, cabe dizê-lo, da identificação do psicanalisante com seu guia, estamos tocando na conseqüência da recusa anteriormente denunciada (recusa suspeita, *Verleugnung*?), que só deixa o refúgio da palavra de ordem, [254] agora adotada nas sociedades existentes, da aliança com a parte sadia do eu [*moi*], a qual resolve a passagem ao analista pela postulação, nele, dessa parte sadia, desde o começo. De que serve, portanto, sua passagem pela experiência?

Tal é a posição das sociedades existentes. Ela rejeita nossa formulação num além da psicanálise.

A passagem de psicanalisante a psicanalista tem uma porta cuja dobradiça é o resto que constitui a divisão entre eles, porque essa divisão não é outra senão a do sujeito, da qual esse resto é a causa.

Nessa reviravolta em que o sujeito vê soçobrar a segurança que extraía da fantasia em que se constitui, para cada um, sua janela para o real, o que se percebe é que a apreensão do desejo não é outra senão a de um des-ser.

Nesse des-ser revela-se o inessencial do sujeito suposto saber, donde o futuro psicanalista entrega-se ao αγαλμα da essência do desejo, disposto a pagar por ele em se reduzindo, ele e seu nome, ao significante qualquer.

Porque ele rejeitou o ser que não sabia a causa de sua fantasia no exato momento em que, finalmente, esse saber suposto, ele passa a sê-lo.

"Que ele saiba do que eu não sabia do ser do desejo, do que acontece com ele, ao ter vindo ao ser do saber, e que se apague." *Sicut palea*, como diz Tomás sobre sua obra no fim da vida — como estrume.

Assim, o ser do desejo une-se ao ser do saber para renascer, no que eles se atam, numa tira feita da borda única em que se inscreve uma única falta, aquela que sustenta o αγαλμα.

A paz não vem selar prontamente essa metamorfose em que o parceiro se esvaece, por já não ser mais do que o saber vão de um ser que se furta.

Tocamos aí na futilidade do termo liquidação com respeito a este furo, somente onde se resolve a transferência. Só vejo nisso, ao contrário das aparências, a denegação do desejo do analista.

Pois quem, ao divisar os dois parceiros jogando como as duas pás de uma tela que gira em minhas últimas linhas, não é capaz de captar que a transferência nunca foi senão o pivô dessa própria alternância.

Assim, daquele que recebeu a chave do mundo na fenda da impúbere, o psicanalista não mais tem que esperar um olhar, mas se vê tornar-se uma voz.

[255] E esse outro que, quando criança, encontrara seu representante representativo em sua irrupção através do diário aberto em que se abrigava o campo de adubação dos pensamentos de seu genitor, devolve ao psicanalista o efeito de angústia em que ele oscila em sua própria dejeção.

Assim, o fim da psicanálise guarda em si uma ingenuidade sobre a qual se coloca a questão de saber se ela deve'ser tida como garantia na passagem para o desejo de ser psicanalista.

Donde se poderia esperar, portanto, um testemunho correto sobre aquele que transpõe esse passe, senão de um outro que, como ele, o é ainda, esse passe, ou seja, em quem está presente nesse momento o des-ser em que seu psicanalista conserva a essência daquilo que lhe é passado como um luto, com isso sabendo, como qualquer outro na função de didata, que também para eles isso passará?

Quem, melhor do que esse psicanalisante no passe, poderia autenticar o que ele tem da posição depressiva? Não ventilamos aí nada pelo qual alguém possa se dar ares de importância, se não estiver no ponto.

É o que lhes proporei, dentro em pouco, como o ofício a ser confiado, no tocante à demanda do tornar-se analista da Escola, a alguns a quem denominaremos passadores.

Cada um deles terá sido escolhido por um analista da Escola, aquele que pode responder pelo fato de que eles estejam nesse

*Proposição de 9 de outubro de 1967* 261

passe ou que retornaram a ele, em suma, ainda estando ligados ao desenlace de sua experiência pessoal.

É com eles que um psicanalisante, para se fazer autorizar como analista da Escola, falará de sua análise, e o testemunho que eles poderão colher pelo vívido de seu próprio passado será daqueles que nenhum júri de aprovação jamais colhe. A decisão de tal júri seria esclarecida por isso, portanto, não sendo essas testemunhas juízes, é claro.

É desnecessário indicar que essa proposta implica uma acumulação da experiência, sua coleta e sua elaboração, uma seriação de sua variedade e uma notação de seus graus.

Poder surgir das liberdades do fechamento de uma experiência, é isso que decorre da natureza do a posteriori na significância.

De qualquer modo, essa experiência não pode ser evitada. Seus resultados devem ser comunicados: primeiro à Escola, para as críticas, e, correlativamente, colocados ao alcance das sociedades que, por mais que nos tenham tornado excluídos, nem por isso deixam de ser assunto nosso.

O júri em funcionamento, portanto, não pode abster-se de um trabalho de doutrina, para além de seu funcionamento como selecionador. [256]

Antes de lhes propor uma forma, quero indicar que, de conformidade com a topologia do plano projetivo, é no próprio horizonte da psicanálise em extensão que se ata o círculo interior que traçamos como hiância da psicanálise em intensão.

Esse horizonte, eu gostaria de centrá-lo em três pontos de fuga em perspectiva, notáveis por pertencerem, cada um deles, a um dos registros cuja colusão na heterotopia constitui nossa experiência.

No simbólico temos o mito edipiano.

Observemos, em relação ao núcleo da experiência no qual acabamos de insistir, o que chamarei tecnicamente de facticidade desse ponto. Ele decorre, com efeito, de uma mitogênese, um de cujos componentes sabemos ser sua redistribuição. Ora, o Édipo, por lhe ser ectópico (caráter apontado por Kroeber), levanta um problema.

Abri-lo permitiria restaurar ou mesmo relativizar sua radicalidade na experiência.

Eu gostaria de iluminar meu ponto essencial simplesmente com o seguinte: retire-se o Édipo, e a psicanálise em extensão, diria eu, torna-se inteiramente da alçada do delírio do presidente Schreber.

Verifiquem a correspondência ponto a ponto, certamente não atenuada desde que Freud a assinalou, não declinando de sua imputação. Mas deixemos o que ofereceu meu seminário sobre Schreber para os que puderam ouvi-lo.

Há outros aspectos desse ponto que se referem a nossas relações com o exterior, ou, mais exatamente, a nossa extraterritorialidade — termo essencial no *Escrito* que tomei por prefácio desta proposição.

Observemos o lugar ocupado pela ideologia edipiana para como que dispensar a sociologia, há um século, de tomar partido, como antes ela tivera que fazer, quanto ao valor da família, da família existente, da família pequeno-burguesa na civilização — ou seja, na sociedade veiculada pela ciência. Beneficiamo-nos ou não do que cobrimos com isso, sem que o soubéssemos?

[257] O segundo ponto constitui-se pelo tipo existente, de facticidade dessa vez evidente, de unidade: a sociedade de psicanálise, como encabeçada por um executivo de escala internacional.

Como dissemos, Freud assim o quis, e o sorriso constrangido com que desautorizou o romantismo da espécie de Komintern clandestino a que inicialmente dera sua carta branca (cf. Jones, citado em meu *Escrito*) só faz sublinhá-lo melhor.

A natureza dessas sociedades e o modo com base no qual elas obtemperam são esclarecidos pela promoção da Igreja e do Exército, por Freud, a modelos do que ele concebe como a estrutura do grupo. (É por esse termo, de fato, que hoje se deveria traduzir o *Masse* de sua *Massenpsychologie*.)

O efeito induzido pela estrutura assim privilegiada também se esclarece ao se lhe acrescentar a função, na Igreja e no Exército, do sujeito suposto saber. Estudo para quem quiser empreendê-lo: ele iria longe.

A nos atermos ao modelo freudiano, aparece de maneira flagrante o favorecimento que dele recebem as identificações imaginárias e, ao mesmo tempo, a razão que submete a psicanálise em intensão a limitar a elas sua consideração, ou até seu alcance.

*Proposição de 9 de outubro de 1967*     263

Um de meus melhores alunos transpôs muito bem seu traçado para o próprio Édipo, definindo a função do Pai Ideal.

Essa tendência, como se costuma dizer, é responsável por se relegar ao ponto do horizonte anteriormente definido aquilo que é qualificável de edipiano na experiência.

A terceira facticidade, real, sumamente real, tão real que o real é mais hipócrita [*bégueule*] ao promovê-la do que a língua, é o que torna dizível o termo campo de concentração, sobre o qual nos parece que nossos pensadores, vagando do humanismo ao terror, não se concentraram o bastante.

Abreviemos dizendo que o que vimos emergir deles, para nosso horror, representou a reação de precursores em relação ao que se irá desenvolvendo como conseqüência do remanejamento dos grupos sociais pela ciência, e, nominalmente, da universalização que ela ali introduz.

Nosso futuro de mercados comuns encontrará seu equilíbrio numa ampliação cada vez mais dura dos processos de segregação.

Caberia atribuir a Freud ter querido, considerando sua introdução de nascença no modelo secular desse processo, assegurar a seu grupo o privilégio da insubmersibilidade universal de que gozam as duas instituições antes denominadas? Não é impensável.     [258]

Como quer que seja, esse recurso não torna mais cômodo para o desejo do psicanalista situar-se nessa conjuntura.

Recordemos que, se a IPA da Mitteleuropa demonstrou sua adaptação prévia a essa provação não perdendo nos referidos campos um só de seus membros, ela deveu a esse esforço supremo ver produzir-se, após a guerra, uma corrida, que não deixou de ter sua parcela de incompetentes (cem psicanalistas medíocres, lembremo-nos), de candidatos em cujo espírito a motivação de encontrar refúgio para a maré vermelha, fantasia de então, não estava ausente.

Que a "coexistência", que bem poderia, também ela, ser esclarecida por uma transferência, não nos faça esquecer um fenômeno que é uma de nossas coordenadas geográficas, caberia dizer, e cujo alcance é mais mascarado pelas tagarelices sobre o racismo.

O final deste documento esclarece o modo como se poderia introduzir aquilo que só tende, ao inaugurar uma experiência, a tornar enfim verdadeiras as garantias buscadas.

Deixamo-las indivisas nas mãos daqueles que as têm por direito adquirido.

Não nos esqueçamos, no entanto, de que eles são os que mais padeceram com as provações impostas pelo debate com a organização existente. O que o estilo e os fins dessa organização devem ao *black-out* que incidiu sobre a função da psicanálise didática é evidente, desde que seja permitido um olhar sobre eles: daí o isolamento mediante o qual ela se protege a si mesma.

As objeções com que se deparou nossa proposição não decorrem, em nossa Escola, de um temor tão orgânico.

O fato de elas se haverem exprimido a propósito de um tema motivado já mobiliza a autocrítica. O controle das capacidades não mais é inefável, por requerer títulos mais justos.

É em provas dessa ordem que a autoridade se faz reconhecer.

Que o público dos técnicos saiba que não se trata de contestá-la, mas de retirá-la da ficção.

[259]   A Escola Freudiana não pode cair no *tough* sem humor de um psicanalista que conheci em minha última viagem aos EUA: "A razão por que jamais atacarei as formas instituídas", disse-me ele, "é que elas me asseguram sem problemas uma rotina que gera minha comodidade."

# Discurso na
# Escola Freudiana de Paris

[261]

> Apresentada em 9 de outubro de 1967 aos psicanalistas titulados (AE e AME) da Escola Freudiana de Paris, a "proposição sobre o psicanalista da Escola" foi discutida por eles e submetida a uma votação consultiva, quando de uma segunda reunião, realizada no mês de novembro. Em resposta, J. Lacan redigiu para a terceira reunião, de 6 de dezembro, o texto que se segue; ele foi publicado, ampliado por um comentário datado de 1º de outubro de 1970 (2000).

A imisção por obra minha, desde o ano passado, da função do ato na rede (qualquer que tenha sido o uso desse termo feito por certas opiniões, expressas em seu turno), no texto, digamos, com que se tece meu discurso, a imisção do ato foi a precondição para que minha chamada proposição de 9 de outubro fosse divulgada.

Será ela um ato? É o que depende de suas conseqüências, desde as primeiras a se produzir.

O círculo aqui presente, por ter recebido dela não somente o endereçamento mas o aval, foi escolhido por mim na Escola, para nela constituir duas classes. Isso deveria querer dizer que aqui nos sentimos mais iguais que alhures e, ao mesmo tempo, deveria eliminar uma desvantagem prática.

Respeitei a aproximação da triagem da qual saíram os AEs e os AMEs, tais como foram colocados no anuário de 1965, aquele sobre o qual se formula a questão de saber se ele deve continuar a ser o produto maior da Escola.

Respeitei, não sem razão, o que merecia a experiência de cada um, tal como avaliada pelos outros. Uma vez efetuada essa triagem, toda resposta de classe implica a igualdade suposta, a equivalência mútua — toda resposta polida, bem entendido.

Assim, é inútil que alguém, por se acreditar figura de ponta, nos ensurdeça com os direitos adquiridos de sua "escuta", com as

## 266 *Outros Escritos*

virtudes de sua "supervisão" e com seu gosto pela clínica, ou que assuma o ar entendido daquele que detém algo mais do que qualquer um de sua classe.

[262] A Sra. X e a Sra. Y merecem, por essas alegações, tanto quanto os Srs. P. e V.

Podemos admitir, contudo, que, dado o modo como sempre se efetuou a triagem nas sociedades de psicanálise, e mesmo aquele pelo qual nós mesmos fomos triados, uma estruturação mais analítica da experiência prevalece em algumas.

Mas como se distribui essa estruturação, que ninguém, ao que eu saiba, exceto o personagem que representou a medicina francesa na direção da Internacional psicanalítica, pode ter a pretensão de que seja um dado (ele, de sua parte, diz que se trata de um dom!)? — eis o primeiro ponto sobre o qual indagar. O segundo ponto torna-se, então, produzir classes tais que não apenas ratifiquem essa distribuição, mas que, ao servir para produzi-la, reproduzam-na.

Esses são tempos que mereceriam subsistir nessa própria produção, sem o que a questão da qualificação analítica pode ser levantada por onde se quiser: e não mais no tocante à nossa Escola, como nos persuadiriam aqueles que a querem tão propícia à sua norma que têm o modelo desta em outro lugar.

Por desejável que seja dispor de uma superfície (que bem se faria em abalar do interior), ela só tem o alcance de intimidar, não de ordenar.

O impróprio não é que alguém se atribua a superioridade, ou até o sublime da escuta, nem que o grupo se garanta com base em suas margens terapêuticas, mas que a enfatuação e a prudência façam as vezes da organização.

Como esperar fazer reconhecer um estatuto legal numa experiência pela qual nem se sabe responder?

Não posso fazer melhor, para honrar os *non licet* que colhi, do que introduzir a evasiva extraída de um viés peculiar, a partir do "ser o único" mediante o qual há quem se atribua o mérito de saudar a mais comum das enfatuações na medicina, não para lhe superpor o "ser sozinho"[1] que, para o psicanalista, é justamente o passo

---

1 Neste parágrafo e nos que a ele se seguem, Lacan trabalha reiteradamente com

*Discurso na Escola Freudiana de Paris* 267

com que entra em seu consultório a cada manhã, o que já seria abusivo, mas para, desse ser o único, testemunhar a miragem que faz dele o capelo dessa solidão.

Assim funciona a *i(a)* pela qual se imaginam o eu [*moi*] e seu narcisismo, a servir de casula para o objeto *a* que do sujeito faz a miséria. Isso porque o *(a)*, causa do desejo, no estar à mercê do Outro, de quando em quando angustia, veste-se contrafobicamente com a autonomia do eu, como faz o bernardo-eremita com uma carapaça qualquer. [263]

Cria-se, pois, o artifício deliberado de um *organon* denunciado, e eu me pergunto que fraqueza pode inspirar uma homilia tão pouco digna do que está em jogo. O *ad hominem* situa-se em me fazer entender que estão me protegendo dos outros, ao lhes mostrar que eles são iguais a mim, o que permite imputar que estão me protegendo de mim mesmo.

Mas se de fato estive só, sozinho ao fundar a Escola, tal como, ao enunciar esse ato, eu disse com audácia — "tão sozinho quanto sempre estive em minha relação com a causa psicanalítica" —, ter-me-ei nisso acreditado o único? Eu já não o era, a partir do momento em que um ao menos me seguisse o passo, não por acaso aquele cujas dádivas atuais interrogo. Com todos vocês naquilo que faço sozinho, haverei eu de me afirmar isolado?

Que tem esse passo, por ser dado sozinho, a ver com o ser o único, que se acredita ser ao segui-lo? Não me fiei eu na experiência analítica, isto é, naquilo que me chega de quem com ela se virou sozinho? Acreditasse eu ser o único a tê-la, nesse caso, para quem falaria? Antes, é por alguém ter a boca cheia da escuta, sendo a sua única, o que vez por outra serviria de mordaça.

Não existe homossemia entre o "único" [*le seul*] e "sozinho" [*seul*].

Minha solidão foi justamente aquilo a que renunciei ao fundar a Escola, e que tem ela a ver com aquela em que se sustenta o ato psicanalítico senão poder dispor de sua relação com esse ato?

Pois se, tendo voltado esta semana a dar seminário, enunciei sem mais tardar o ato psicanalítico, e pelos três termos com que

---

as expressões "*être le seul*" [ser o único, ser somente aquele que...] e "*être seul*" [ser só, ser sozinho], proximidade que infelizmente se perde parcialmente na tradução. (N.E.)

268 Outros Escritos

interrogá-lo a respeito de sua finalidade — visada ideal, fecha-mento, aporia de sua demonstração —, acaso não é notável que, das eminências que me recusam aqui a conseqüência dele, justa-mente aquelas cujo hábito (hábito dos outros) é serem vistas, não tenha vindo nenhuma? Afinal, se minha proposição lhes gera paixão a ponto de reduzi-las ao murmúrio, não poderiam elas esperar de uma articulação patente que esta lhes oferecesse pon-tos a refutar?

Mas é justamente por não estar eu sozinho ao me inquietar com esse ato que alguns se furtam àquele que é o único a correr o risco de falar disso.

[264]

O que obtive por uma sondagem confirma que se trata de um sintoma, tão psicanaliticamente determinado quanto exige seu contexto, e que é um ato falho, se o que o constitui é excluir a própria demonstração.[2]

Veremos se isso é jeito de levar alguma vantagem no pavo-near-se, nem que seja devolvendo-me a pergunta: se, no que se não aparece ali, fica tudo claro. Não querem avalizar o ato. Porém o ato não depende do público encontrado para a tese, mas está em que, em sua proposição, ela continue a todos legível na parede, sem que nada se enuncie em contrário.

Donde vocês foram aqui solicitados a responder a isso, e sem demora. Vai se tomar essa pressa por um vício de forma? Não terei eu dito o que se esquece da função lógica da pressa?

Ela vem da necessidade de um certo número de realizações, que tem muito a ver com o número de participantes para que uma conclusão seja recebida, mas não por conta desse número, pois tal conclusão depende, em sua própria verdade, dos fiascos que cons-tituem essas realizações como tempo.

Apliquem minha história dos prisioneiros libertos, submeti-dos à experiência de terem que provar as marcas que traziam (branca ou preta) para conseguir ganhar a porta da rua: é justa-mente por alguns saberem que vocês não sairão, não importa o que eles digam, que podem fazer com que a saída deles seja uma ameaça, seja qual for a opinião de vocês.

---

2 Assim, ninguém tem qualquer intenção de não vir aqui: trata-se apenas de terem neste horário uma consulta com o dentista.

O inaudito — quem haveria de acreditar, a não ser ouvindo-o gravado em fita? — é que minha operação é identificada pela fantasia sadiana, que duas pessoas consideram patente em minha proposição. "Rompeu-se a postura", disse uma delas, mas isso é de construção. A outra entrou com a clínica.

No entanto, onde estaria o prejuízo, se ele não vai mais longe do que o sofrido pelo nebuloso personagem da história que, havendo encontrado, das barras de uma grade tateada passo a passo, uma inicialmente marcada, concluiu: "Safados, eles me trancafiaram"? Era a grade do Obelisco, e ele tinha para si a praça da Concórdia. Onde está o dentro, onde está o fora? — os prisioneiros, à saída, não os do meu apólogo, formulam-se essa pergunta, ao que parece.

Eu a proponho àquele que, sob o efeito de uma névoa igualmente filosófica (antes de minha proposta), confidenciou-me (talvez apenas sonhasse diante de mim) a fama que ganharia, em nosso mundinho, por dar a saber que me havia deixado, caso sua vontade o levasse a tal.

Saiba ele, nessa ocasião difícil, que saboreio demais esse abandono para pensar nele quando deploro ter tão pouca gente a quem comunicar as alegrias que me sucedem. [265]

Não vá alguém acreditar que também eu me deixo levar. Apenas descolo-me o bastante de minha proposição para que se saiba que me é divertido que sua tenuidade escape, tenuidade que deveria reduzir a tensão, mesmo não sendo tênue o que está em jogo. Só tenho comigo, decididamente, Suficiências carentes, carentes de humor, pelo menos.

[Quem verá, pois, que minha proposição é formada a partir do modelo do chiste, do papel da *dritte Person*?[3]] Pois está claro que, se todo ato é apenas uma figura mais ou menos completa do ato psicanalítico, não há quem domine este último. A proposição não é um ato em segundo grau, mas nada além do que o ato psicanalítico, que hesita, por já estar em curso.

Sempre ponho balizas para que os outros se situem em meu discurso. No limiar deste ano reluz aquela que se homologa por

---

3  Isso foi saltado quando da resposta, donde os colchetes em que o enquadro; aponto aí a estrutura daquilo que ninguém ainda percebeu...

não haver Outro do Outro (de fato), nem verdade sobre a verdade (de direito): também não existe ato do ato, na verdade impensável.

Minha proposição reside neste ponto do ato; pelo qual se revela que ele nunca tem tanto sucesso como ao falhar [*rater*], o que não implica que o erro [*ratage*] seja seu equivalente, ou, dito de outra maneira, possa ser tido como um sucesso.

Minha proposição não desconhece que o discernimento por ela invocado implica, dessa irreversibilidade, a apreensão como dimensão: [outra escansão do tempo lógico, o momento de falhar só tem sucesso no ato se o instante de passar a ele não for uma passagem ao ato, por parecer seguir o tempo para compreendê-lo[4]].

Bem se vê, pela acolhida que ela recebeu, que eu não pensei nesse tempo. Apenas refleti que ela deveria encetá-lo.

Que ela ataque o ato psicanalítico pelo viés com que ele se institui no agente só a leva a deixá-lo escapar [*rater*] para aqueles que fazem com que a instituição seja o agente do dito ato, isto é, que separam o ato instituidor do psicanalista do ato psicanalítico.

O que é um tipo de fracasso [*raté*] que em parte alguma é bem-sucedido.

[266] Já o instituidor só se abstrai do ato analítico quando produz nele uma falta, justamente por ter conseguido pôr o sujeito em questão. É pelo que tem de fracasso, portanto, que o sucesso chega ao caminho do psicanalisante, quando é o a posteriori do desejo do psicanalista e das aporias que ele demonstra.

Essas aporias são as que ilustrei há pouco com uma brincadeira mais atual do que parecia, uma vez que a nebulosidade do herói permite que se ria ao escutá-lo, mas só por surpreendê-lo com o rigor da topologia construída com sua névoa.

Assim, o desejo do psicanalista é o lugar de onde se está fora sem pensar nele, mas no qual encontrar-se é ter saído para valer, ou seja, não ter tomado essa saída senão como entrada, e não uma qualquer, já que se trata da via do psicanalisante. Não deixemos passar que descrever esse lugar num percurso de infinitivos, chamado "o inarticulável do desejo", desejo, no entanto, articulado a partir do "sem saída" desses infinitivos, é algo do impossível com que me basto neste desvio.

---

4 Mesmo comentário de há pouco.

*Discurso na Escola Freudiana de Paris* 271

É aí que uma supervisão talvez parecesse não ser demais, mesmo sendo necessário mais do que isso para nos ditar a proposição.

Isso é diferente de supervisionar um "caso": um sujeito (assinalo) ultrapassado por seu ato, o que não é nada, mas que, quando ultrapassa seu ato, cria a incapacidade que vemos cobrir de flores o canteiro dos psicanalistas: [quem se manifestará diante do assédio do obsessivo, por exemplo, cedendo a sua demanda de falo, interpretando-a em termos de coprofagia e, com isso, fixando-a em sua caganeira, para que enfim não se apresente em seu desejo?[5]]

A que tem de responder o desejo do psicanalista? A uma necessidade que só podemos teorizar como tendo que produzir o desejo do sujeito como desejo do Outro, ou seja, fazer-se causa desse desejo. Mas, para satisfazer essa necessidade, o psicanalista tem que ser tomado tal como é na demanda, como acabamos de ilustrar.

A correção do desejo do psicanalista, pelo que se diz, fica em aberto, para uma retomada do bastão do psicanalisante. Sabemos que isso são palavras ao vento. Digo que assim continuarão enquanto as necessidades não forem julgadas a partir do ato psicanalítico.

É justamente por isso que minha proposição é nos interessarmos pelo passe, onde o ato poderia ser apreendido no momento em que se produz.

Não, é claro, por recolocar alguém na berlinda, uma vez passado esse tempo; quem poderia temê-lo? Mas houve quem sentisse atacado o prestígio do galão. Isso permite avaliar o poder da fantasia de onde surgiram, fresquinhos para vocês, da última vez, os primeiros saltos que lançaram a instituição chamada internacional, antes que ela se transformasse em sua consolidação. [267]

Isso, para sermos justos, mostra que nossa Escola não está em tão mau caminho ao consentir no que alguns querem reduzir à gratuidade aforismos, quando se trata dos meus. Se eles não fossem eficazes, eu não teria conseguido desencavar com uma orde-

---

5  Mesmo comentário de antes. Acrescentamos que isso é motivo para dar outro peso à rede de que se tratava neste debate.

nação [*mise au pas*] alfabética a posição de estátua que constitui a regra quando se responde a qualquer apelo à opinião num convento analítico, ou que nele faz do debate científico uma patuscada, e não se descontrai por nenhuma provação.

Daí, por contraste, o estilo de surtida, destratando o outro, que lá assumem as intervenções, e o alvo em que delas se convertem aqueles que se arriscam a contrariá-las. Costumes tão importunos para o trabalho quanto repreensíveis em relação à idéia, por mais simplista que se a queira, de uma comunidade de Escola.

Se aderir a esta quer dizer alguma coisa, não será para que se acrescente à cortesia, que afirmei ligar mais estritamente as classes, a confraternidade em toda prática em que elas se unem?

Ora, era sensível que o ato psicanalítico, ao solicitar aos mais doutos se situassem quanto a ele, viesse a traduzir-se numa nota de mau humor, para que o tom se elevasse à medida que inevitavelmente a evitação fosse desaparecendo.

Pois se, ao ouvi-los, fica notório que mais fundo se entra antes de querer sair, como, a não ser ficando atrapalhado, não confiar em sua estrutura?

Para tanto bastaria, penso eu, uma rede mais séria para circunscrevê-la. Vejam como faço questão dessas palavras que querem me devolver maldosas [*meschéans*]![6] Aposto que elas me favorecerão, se eu lhes conservar meus favores.

Não estou falando do reviramento que prometem a meus aforismos. Eu julgava essa palavra destinada a levar mais longe o espírito deste que não hesita em rebaixar seu emprego dessa forma.

Enquanto isso, foi justamente por admitir a garantia que ela acredita dever a sua rede, tomada, no sentido de seus pupilos, a título de didática, que, logo de saída e ao voltar formalmente ao assunto, alguém a quem renderemos homenagem pelo lugar que ela soube assumir no meio psiquiátrico em nome da Escola declarou ter de se opor a qualquer conseqüência resultante de minha proposição. A argumentação que se seguiu foi uma opinião preconcebida nascida disso: com base em que ela considera decidido que a didática não poderá deixar de ser afetada? Sim, mas por que no pior sentido? Ainda não sabemos nada a esse respeito.

---

6  Ver algumas linhas adiante.

Não vejo nenhum inconveniente em que a coisa que da rede se intitula como proteção pelo didata de sua claque, quando esta se compraz com isso, seja proposta à atenção, por menos que uma suspeita de razão se prometa um sucesso; mas consultem sua denúncia corajosa no *International Journal*, o que lhes dirá muito sobre o que pode provir dessa coragem.

Precisamente, parecia-me que minha proposição não denunciava a rede, mas, em sua disposição mais minuciosa, interpunha-se no caminho dela. Donde menos me espanta ver que há quem se assuste com a tentação que ela oferece aos virtuosos da contra-rede. O que me barrava essa visão, sem dúvida, era eu me recusar a me surpreender com o fato de que minha rede não me estrangulasse.

Devo deter-me um pouco para discutir uma expressão como a "transferência plena" em seu uso de trombeta? Rio dela porque todo mundo sabe que o golpe mais usual é sempre dar mostras da própria capacidade num campo em que os interesses não são mais comedidos do que em outras áreas.

Mesmo não estando por dentro, fica-se impressionado ao perceber, em dado libelo a ser difundido de antemão, que minha rede seria mais perigosa do que as outras, por tecer sua teia — está escrito com todas as letras — da rua de Lille à rua d'Ulm.[7] E daí?

Não creio no mau gosto de uma alusão à minha rede familiar. Falemos de meu naco d'Oulm[8] (é meio Lewis Carroll) e de seus *Cahiers pour l'Analyse.*

Será que proponho instalar meu naco d'Oulm no seio dos AEs? E por que não, se porventura um naco d'Oulm se fizesse analisar? Mas, tomada nesse sentido, minha rede, afirmo, não tem ninguém que tenha entrado nessas fileiras ou esteja aguardando para ser admitido.

Mas a rede de que se trata é para mim de outra trama, por representar a expansão do ato psicanalítico.

---

7  Do meu consultório profissional à École Normale Supérieure, onde meu seminário se realizava nessa época e era escutado por uma geração.

8  O "*bout d'Oulm*", calcado na rua d'Ulm, faz lembrar o verbo *bouder* (agastar-se, amuar-se [por despeito]), mas alude diretamente ao grupo de estudantes da École Normale (situada, como Lacan acabara de indicar, na rua d'Ulm) que havia passado a gozar de uma relação privilegiada com Lacan. (N.E.)

[269] Meu discurso, por haver retido sujeitos que não são preparados para isso pela experiência da qual ele se autoriza, prova que agüenta a tarefa de induzir esses sujeitos ao se constituir por suas exigências lógicas. O que sugere que aqueles que a dita experiência, têm-na, nada perderiam em se formar nestas exigências que dele se depreendem, para restabelecê-las em sua "escuta", em seu olhar clínico e, por que não, em suas supervisões. Não as torna mais indignas de serem escutadas o fato de que elas possam servir em outros campos.

É que a experiência do clínico assim como a escuta do psicanalista não têm que estar tão seguras de seu eixo que não possam socorrer-se dos referenciais estruturais que desse eixo fazem leitura. Eles não serão demais para transmitir essa leitura, quem sabe para modificá-la, ou pelo menos para interpretá-la.

Não lhes farei a ofensa de defender os benefícios que a Escola extrai de um sucesso que há muito consegui afastar de meu trabalho e que, vindo, não o afeta.

Isso me faz lembrar um certo pateta (em inglês)[9] de quem tive de suportar, em julho de 1962, as propostas sujas, antes que uma comissão de inquérito de que ele era o intermediário pusesse em ação seu capanga. No dia previsto para o veredito, combinado desde o início da negociação, ele saldou sua dívida para com meu ensino, então com mais de dez anos, outorgando-me o papel de sargento-recrutador, parecendo surdos os ouvidos dos que com ele colaboravam, já que, por essa via, lhes competia, da história inglesa, bancar os recrutas bêbados.

Alguns estão hoje com o cenho mais franzido diante da face de expansão de meu discurso. Assegurando-se de um efeito de moda nessas afluências de meu público, eles ainda não percebem que se poderia contestar o direito de prioridade que acreditam ter sobre esse discurso por haverem-no mantido oculto.

É disso que minha proposição se precaveria, para reavivar no campo da psicanálise suas justas conseqüências.

Mas seria preciso que não fosse desse campo que viesse a palavra não-analista para um ofício que reconheço ao vê-lo res-

---

9 O *dindon* que Lacan usa aqui para aludir a *turkey* tem, assim como o termo inglês, a tradução literal de "peru". Ambos designam o que chamaríamos, em português, de bobalhão, pateta, pato etc. (N.E.)

*Discurso na Escola Freudiana de Paris* 275

surgir: a cada vez que meu discurso se comprova em seus efeitos práticos, essa palavra rotula aqueles que o entendem dessa maneira.

Isso não tem gravidade para eles. A experiência mostrou que, para voltar ao estado de graça, é pequena a soma a pagar. Quem se separa de mim torna a ser analista de pleno exercício, ao menos pela investidura da Internacional psicanalítica. Um votinho para me excluir — que estou dizendo? nem isso: uma abstenção, uma desculpa dada em tempo hábil, e todos os direitos são recuperados na Internacional, mesmo que se tenha sido formado dos pés à cabeça por minha prática intolerável. Será possível até usar meus termos, desde que eu não seja citado, uma vez que, a partir daí, eles não mais terão conseqüência, por causa do barulho para cobri-los. Que ninguém aqui se esqueça, a porta não está trancada. [270]

Para voltar a ser analista, no entanto, há outro meio que indicarei mais tarde, porque ele é válido para todos, e não apenas para os que devem a mim o seu mau passo, tal como um certo bando *à la Moebius* [*bande-à-Moebius*], verdadeiro apanhado de não-analistas.[10]

É que, quando se chega a escrever que minha proposição teria por fim entregar o controle da Escola a não-analistas, não posso fazer menos do que aceitar o desafio.

E brincar de dizer que é esse mesmo, com efeito, seu sentido: quero colocar não-analistas no controle do ato analítico, se com isso se deve entender que a atual situação do status do analista não apenas o leva a eludir esse ato, como degrada a produção que dele dependeria para a ciência.

Num outro caso, seria realmente de pessoas tomadas fora do campo em suspensão que se esperaria uma intervenção. Se isso não é concebível aqui, é em razão da experiência de que se trata, a chamada experiência do inconsciente, já que é por ela que se justifica muito sumariamente, a análise didática.

Mas a tomarmos o termo analista no sentido de que se pode imputar a fulano ou beltrano faltar para com ele, a título de um

---

10 É o apanhado que se comprometeu com o primeiro número de *Scilicet*, cuja publicação logo seria objeto de curiosas manobras, cujo escândalo, para alguns, deveu-se apenas a sua divulgação.

Nesta data de 6 de dezembro, ela ainda está por sair.

condicionamento mal apreensível ou por um standard profissional, o não-analista não implica o não-analisado, que, evidentemente, não penso em fazer ter acesso, considerada a porta de entrada que lhe ofereço, à função de analista da Escola.

Não é nem mesmo o não-praticante que estaria em questão, ainda que admissível nesse lugar. Digamos que introduzo aí um não-analista em expectativa, aquele que se pode apanhar antes que, ao se precipitar na experiência, ele sofra, ao que parece em regra geral, como que uma amnésia de seu ato.

Será de algum outro modo concebível que me seja preciso fazer emergir o passe (cuja existência ninguém me contesta)? Isso, por meio de cumulá-lo com o *suspense* que nele introduz seu questionamento para fins de exame. É com essa precariedade que espero que se sustente meu analista da Escola.

Em suma, é a ele que entrego a Escola, ou seja, entre outras coisas, o encargo, primeiro, de detectar como os "analistas" têm tão-somente uma produção estagnada — sem saída teórica afora minha tentativa de reanimá-la —, na qual seria preciso tirar a medida da regressão conceitual, ou até da involução imaginária, a ser tomada no sentido orgânico. (Menopausa, por que não? E por que nunca se viu a invenção de um jovem na psicanálise?)

Só proponho essa tarefa para que ela produza reflexão (quero dizer, que tenha repercussões) quanto ao que há de mais abusivo em confiá-la ao psicossociólogo, ou ao estudo do mercado, iniciativa da qual vocês não se aperceberam (ou então como semblante: funcionou bem) quando ela foi provida de sua égide por um psicanalista professor.

Mas observem que, quando alguém demanda uma psicanálise para proceder sem dúvida, é essa a doutrina de vocês, no que há de confuso em seu desejo de ser analista, é essa mesma procissão que, por sucumbir de direito ao golpe da unidade da psicologia, vem a sucumbir de fato.

Por isso é que é de outro lugar, unicamente do ato psicanalítico, que é preciso situar o que articulo sobre o "desejo do psicanalista", que nada tem a ver com o desejo de ser psicanalista.

E, se nem sequer se sabe dizer, sem afundar no lodaçal que vai do "pessoal" ao "didático", o que é uma psicanálise que introduza em seu próprio ato, como esperar que se elimine a desvantagem feita para prolongar seu circuito, que consiste em que em parte

*Discurso na Escola Freudiana de Paris*     277

alguma o ato psicanalítico se distinga da condição profissional que o abarca?

Caberá esperar que exista o emprego de meu não-analista para sustentar essa distinção a fim de que, ao se demandar uma psicanálise (uma primeira, um dia) como didática, sem que a coisa em jogo seja uma ordem estabelecida, sobrevenha alguma coisa de uma ordem que perca sua finalidade a cada instante?

Mas a demanda desse emprego já é uma retroação do ato psicanalítico, ou seja, ela parte dele.     [272]

Como uma associação profissional não pode satisfazer essa demanda, produzir esta última tem o resultado de forçar a primeira a declará-lo. Trata-se, então, de saber se é possível responder a ela de outro lugar, de uma Escola, por exemplo.

Talvez isso fosse razão para alguém demandar uma análise a um analista-membro-da... Escola, sem o quê, em nome de que poderia ela ser esperada? Em nome da livre iniciativa? Pois que montemos então outra loja.

O risco assumido, em suma, na demanda que só se articula por advir o analista, deve ser tal que, objetivamente, aquele que só responde a ela ao tomá-la a si, isto é, ao ser o analista, já não tenha a preocupação de ter que frustrá-la, pois já tem um bocado de trabalho para gratificá-la ao fazer com que aconteça algo melhor do que o que ele consegue fazer nesse momento.

Forma de escuta, modalidade de clínica, tipo de supervisão, talvez mais sustentadora em seu objeto presente por visá-lo mais em seu desejo do que em sua demanda.

O "desejo do psicanalista", eis o ponto absoluto de onde se triangula a atenção para aquilo que, por ser esperado, não tem que ser adiado para amanhã.

Mas enunciá-lo como fiz introduz a dimensão em que o analista depende de seu ato, balizando-se pelo falacioso daquilo que o satisfaz, assegurando-se, através dele, de não ser aquilo que ali se acostuma.

É nesse sentido que o atributo do não-psicanalista é o garante da psicanálise, e que de fato desejo não-analistas, que pelo menos se distingam dos psicanalistas de agora, daqueles que pagam por seu status de analista com o esquecimento do ato que o funda.

Para os que me seguem neste caminho, mas lastimariam não ter uma qualificação tranqüilizadora, forneço, como havia prometido, a outra via que não me deixar: que me ultrapassem em meu discurso, até tornarem-no obsoleto. Saberei enfim que ele não foi inútil.

Por ora, tenho que suportar estranhas melodias. Não está aí a fábula, posta em circulação, do candidato que fecha um contrato com seu psicanalista? — "Você pega leve que eu te dou cavalinho. Tão bacana quanto esperto (quem sabe, um desses da École Normale que desnormalizariam uma sociedade inteira, com as coisas afetadas que eles têm todo o tempo do mundo para cozinhar em fogo brando, durante seus anos de lezeira), ninguém sabe, ninguém viu, eu enrolo eles e você passa de fininho: analista da Escola, de acordo com a proposição."

[273]    Mirífico! Apenas pela minha proposta ter gerado esse ratinho, já se torna ela mesma um roedor. Pergunto: esses cúmplices, que outra coisa poderão fazer, a partir daí, senão uma psicanálise em que nem uma palavra possa furtar-se ao toque do verídico, em que é estéril, por ser gratuita, qualquer tapeação? Em suma, uma psicanálise sem meandros. Sem os meandros que constituem o curso de toda e qualquer psicanálise, posto que mentira alguma escapa ao pendor da verdade.

Mas o que isso quer dizer quanto ao contrato imaginado, se ele não muda nada? Que ele é fútil, ou melhor, que, mesmo quando ninguém fareja nada, ele é tácito.

Pois afinal não está o psicanalista sempre à mercê do psicanalisante, ainda mais que o psicanalisante de nada pode poupá-lo quando ele tropeça como psicanalista, e menos ainda quando ele não tropeça? Pelo menos, é isso o que nos ensina a experiência.

O que ele não pode poupar-lhe é o des-ser com que ele é afetado como término a ser atribuído a cada psicanálise, e que me espanta reencontrar em tantas bocas desde minha proposição, como que atribuído àquele que inflige o golpe, por estar, no passe, conotando unicamente uma destituição subjetiva: o psicanalisante.

Para falar da destituição subjetiva sem trair o segredo do blablablá ao passador, ou seja, aquilo cujas formas em uso até agora já fazem imaginar sua dimensão, eu a abordarei noutro lugar.

Aquilo de que se trata é de fazer com que se entenda que não é ela que faz des-ser, antes ser, singularmente e forte. Para ter uma idéia disso, imaginem a mobilização da guerra moderna, tal como esta intervém para um homem da *belle époque*. Isso se encontra no futurista que lê nela sua poesia, ou no publicitário que faz de tudo para aumentar a tiragem. Mas, no que concerne ao efeito de

*Discurso na Escola Freudiana de Paris*      279

ser, aborda-se melhor o assunto em Jean Paulhan. *Le Guerrier appliqué* é a destituição subjetiva em sua salubridade.

Ou ainda então, imaginem-me em 1961, sabendo que eu servia a meus colegas para que voltassem à Internacional, ao preço de meu ensino, que dela seria proscrito. Continuei esse ensino, no entanto, eu, ao preço de cuidar exclusivamente dele, sem sequer me opor ao trabalho de separarem dele meu auditório.

Esses seminários, sobre os quais, ao relê-los, alguém exclamou diante de mim recentemente sem outras intenções, ao que me pareceu, que eu tinha de gostar muito daquela gente para quem    [274]
sustentava esse discurso, eis outro exemplo de destituição subjetiva. Pois bem, dou-lhes esse testemunho, somos "ser" um bocado nesse caso, a ponto de parecer gostar, vejam só.

Nada a ver com o des-ser cuja questão é saber como pode o passe enfrentá-lo ao se ataviar com um ideal do qual o des-ser se descobriu, precisamente porque o analista não suporta mais a transferência do saber nele suposto.

Sem dúvida era a isso que respondia o *Heil!* do *kapo* de agora há pouco quando, sentindo-se ele mesmo crivado por sua investigação, disse baixinho: "Precisamos de psicanalistas de têmpera." Será que queria dizer temperados em seu sumo?

Não insisto: evocar os campos é grave, como alguém julgou dever dizer-nos. E não evocá-los?

Gosto mais, aliás, de lembrar a afirmação do teórico aí em frente, que sempre fez para si um amuleto do fato de psicanalisar com o próprio ser: seu "ser o psicanalista", naturalmente. Em alguns casos, tem-se isso ao alcance da mão, no limiar da psicanálise, e lhe sucede conservar-se aí até o fim.

Deixo de lado o fato de que alguém que entende do riscado faz de mim um fascista, e, para acabar com as futilidades, registro, com um sentimento divertido, que minha proposição teria imposto a admissão de Fliess na Internacional psicanalítica, mas recordo que o *ad absurdum* exige tato, e que aqui ele fracassa porque Freud não podia ser seu próprio passador, o que foi justamente a razão de não poder liberar Fliess de seu des-ser.

A acreditar nas lembranças muito exatas que a Sra. Blanche Reverchon-Jouve às vezes me faz a honra de confiar, tenho a sensação de que, se os primeiros discípulos houvessem submetido a um passador escolhido entre eles, digamos, não sua apreensão do

280 *Outros Escritos*

desejo do analista — idéia que nem sequer era perceptível então, se é que alguém entende disso agora —, mas apenas seu desejo de sê-lo, o analista, o protótipo fornecido por Rank em sua pessoa, do "Eu não penso", poderia ter sido situado muito mais cedo em seu lugar na lógica da fantasia. E a função do analista da Escola teria vindo à luz desde o começo.

[275] Porque, afinal, é preciso que uma porta esteja aberta ou fechada, e é assim que se está na via psicanalisante ou no ato psicanalítico. Podemos fazê-los alternar-se tal como uma porta bate, mas a via psicanalisante não se aplica ao ato psicanalítico, cuja lógica é de sua conseqüência.

Venho demonstrando, escolhendo para meu seminário algumas das proposições descontínuas [*discrètes*] embotadas pela literatura psicanalítica, que, toda vez que um psicanalista capaz de consistência faz prevalecer um objeto no ato psicanalítico (cf. artigo de Winnicott[11]), ele tem que declarar que a via psicanalisante não pode senão contorná-lo: não equivale isso a indicar o ponto a partir do qual só o seguinte é pensável, o próprio psicanalista como causa do desejo?

Já falei o bastante, penso eu, para que se entenda que não se trata, em absoluto, de analisar o desejo do psicanalista. Nem sequer ousaremos falar de seu lugar claro, antes de articular o que o exige pela demanda do neurótico, a qual indica o ponto a partir do qual ele não é articulável.

Ora, a demanda do neurótico é, muito precisamente, o que condiciona o porte profissional, os trejeitos sociais com que atualmente se forja a imagem do psicanalista.

Que ele favorece nesse status o desfiar dos complexos identificatórios, não há dúvida, mas tem seu limite, e este não deixa de criar opacidade, em contrapartida.

---

11 Cf. "On Transference", *IJP*, outubro de 1956, nº IV/V, p.386-8. Artigo que introduzi em 29 de novembro de 1967 para indicar como o autor só situa um objeto privilegiado de sua experiência, ao qualificá-lo de *falso self*, excluindo sua manobra da função analítica, tal como situada por ele. Ora, ele só articula esse objeto pelo processo primário, retirado de Freud.
Descubro aí o lapso do ato psicanalítico.

Tal é, desenhado pela pena do próprio Freud, o famoso narcisismo da pequena diferença, embora perfeitamente analisável, ao se relacioná-lo com a função que ocupa no desejo do analista o objeto *(a)*.

O psicanalista, como dizem, aceita sem problema ser merda, mas não sempre a mesma. Isso é interpretável, sob a condição de que ele se aperceba de que ser merda é verdadeiramente o que quer, a partir do momento em que se torna testa-de-ferro do sujeito suposto saber.

O que importa, portanto, não é esta ou aquela merda. E também não é qualquer uma. É que ele apreenda que essa merda não é dele, nem tampouco da árvore que ela cobre no abençoado país dos pássaros donde, mais do que o ouro, ela faz fortuna.[12]     [276]

O pássaro de Vênus é cagador. A verdade nos chega, no entanto, em patas de pomba, como já se percebeu. O que não é razão para que o psicanalista se tome pela estátua do marechal Ney. Não, diz a árvore; ela diz não por ser menos rígida e fazer o pássaro descobrir que ele continua um pouco súdito demais de uma economia movida pela idéia da Providência.

Vocês estão vendo que sou capaz de adotar o tom da moda quando estamos entre nós. Peguei um pouco dele de cada um dos que manifestaram suas opiniões, deixando de fora o mau humor, atrevo-me a dizer, pois, vocês verão com o tempo, isso se decanta como o eco do "Lobo, você está aí?"

E concluamos. Minha proposição só teria mudado um fio de cabelo na demanda da análise com fins de formação. Esse cabelo teria bastado, desde que se conhecesse sua prática.

Ela permitia um controle não inconcepto de suas conseqüências. Não contestava nenhuma posição estabelecida.

A ela se opõem aqueles que seriam chamados a seu exercício. Não posso impô-la a vocês.

Fina como um fio de cabelo, ela não terá que se medir pela amplidão da aurora.

Bastará que a anuncie.

---

12 O "país dos pássaros" a que Lacan se refere é o Peru, usado logo a seguir no idiomatismo *"fait le Pérou"*. Na cultura francesa, numa alusão ao fabuloso império descoberto (e destruído) por Pizarro, essa expressão tem o mesmo sentido da antiga expressão "fazer a América" — vencer na vida, fazer fortuna. (N.E.)

........................................................................................

Interrompo aqui este fragmento, já não havendo interesse nas disposições práticas com que ele se encerra neste 1º de outubro de 1970. Que se fique sabendo, no entanto, que, por não ter sido lido, ele foi dito de outra maneira, aliás como testemunha a versão gravada, se a seguirmos linha a linha. Os que, por terem sido solicitados a fazê-lo, receberam-na, poderão, de sua sintaxe falada, apreciar a inflexão.

Esta se faz mais paciente quanto mais crucial é o ponto que está em jogo.

O passe, ou seja, aquilo cuja existência ninguém me contesta, ainda que na véspera fosse desconhecida no batalhão a patente que acabo de conferir-lhe, o passe é o ponto em que, por se haver dado conta de sua psicanálise, o lugar que o psicanalista ocupara em seu percurso, alguém dá o passo de ocupá-lo. Entendam bem: para operar nele como quem o ocupa, embora, dessa operação, não saiba coisa alguma, senão a que, em sua experiência, ela reduziu o ocupante.

[277]

O que revela que, ao aplaudir que eu assinale assim essa virada, nem por isso se está deixando de objetar à disposição mais próxima que daí se extrai, ou seja, que se oferece a quem quiser a possibilidade de dar um testemunho, ao preço de deixar a seus cuidados esclarecê-lo depois?

Evidentemente, tocamos aí na distância que tira de mim sua dimensão, distância do mundo que separa o fulano em quem se investe, ou que se investe, não vem ao caso, mas que produz a substância de uma qualificação — formação, habilitação, apelação de origem mais ou menos controlada,[13] é tudo a mesma coisa, é hábito, ou talvez *habitus* desde que o indivíduo o vista —, que separa o indivíduo, dizia eu, do sujeito, que só chega aí pela divisão primária que resulta de que um significante só o representa para outro significante, e essa divisão, ele a experimenta ao reconhecer que o outro significante — o *Ur*, na *ur*igem (no começo lógico) — é recalcado. Mediante o que, se o expuséssemos (o que

---

13  Alusão de Lacan ao certificado de origem controlada dos vinhos, chamado na França de *appellation d'origine contrôlée*, ou, simplesmente *appellation contrôlée*. (N.E.)

Discurso na Escola Freudiana de Paris    283

não seria o caso, pois, diz-nos Freud, ele é o umbigo do inconsciente), seria de seu representante que ele perderia o rumo — o
que deixaria a representação de que ele imagina ser a câmara es-
cura, embora seja apenas seu caleidoscópio, numa grande bara-
funda, por encontrar muito mal nela os efeitos de simetria com
que se garantem sua direita e sua esquerda, seus direitos e seus
errados, recolocando-o sentado no colo do Eterno.

Um sujeito assim não é dado por uma intuição que dê prazer
em sustentar a definição de Lacan.

Mas o extremismo desta demarca certas implicações com que
se enfeita a rotina da qualificação tradicional, as necessidades que
resultam da divisão do sujeito: do sujeito tal como elaborado em
virtude do inconsciente, isto é, do *hio*, o qual — será preciso lembrar? — fala melhor do que o sujeito, por ser estruturado como
uma linguagem etc.?

Esse sujeito só desperta no que, para cada um no mundo, o
negócio torna-se outra coisa que não o fruto da evolução que da
vida dá ao dito mundo um conhecimento: sim, um coconhesenso[14]
com que esse mundo pode dormir sossegado.

Tal sujeito se constrói com toda a experiência analítica, quando Lacan, com sua álgebra, tenta preservá-lo da miragem de ser
Um: pela demanda e pelo desejo que situa como instituídos pelo
Outro, e pela barra que vem por ser o próprio Outro, por fazer com      [278]
que a divisão do sujeito se simbolize pelo $\mathcal{S}$ barrado, o qual, desde
então sujeito a afetos imprevisíveis, a um desejo inarticulável a
partir de seu lugar, se ajusta com uma causa (como diríamos: ajusta-se, resigna-se), ajusta-se[15] uma causa com o mais-gozar, do
qual, no entanto, ao situá-lo pelo objeto *a*, Lacan demonstra o
desejo articulado, e muito bem, mas do lugar do Outro.

Tudo isso se sustenta não com meia dúzia de palavras, mas
com um discurso sobre o qual convém notar que, a princípio, ele

---

14 O neologismo usado na tradução procura resgatar o *connerie-sens* criado por
Lacan a partir da assonância entre *connaissance* (conhecimento) e *connerie-sens*
(sentido idiota, babaquice do sentido). (N.E.)

15 A expressão "resignar-se, conformar-se (com o inevitável)" diz-se, em francês, *se faire une raison*. Para indicar o "causar a si mesmo" e ainda o "proporcionar para si uma causa", Lacan cria a expressão "*se faire une cause*", calcada na
primeira. (N.E.)

284     *Outros Escritos*

foi confidencial, e que sua passagem para o público em nada permitia que um outro farol de mesmo disfarce no marxismo se deixasse dizer que o Outro de Lacan é Deus, como terceiro entre o homem e a mulher. Isso é para dar o tom do que Lacan encontra à guisa de apoio fora de sua experiência.

Não obstante, ocorre que um movimento chamado estruturalismo, patente ao denunciar o atraso em relação a seu discurso, e uma crise — refiro-me àquela na qual a Universidade e o marxismo ficam reduzidos a navegar [*nager*] — fazem com que não seja despropositado estimar que o discurso de Lacan se confirma nele, ainda mais por faltar ali a profissão psicanalítica.

Donde este fragmento adquire valor por apontar, primeiro, de onde se fomentava uma proposição: do tempo do ato, do qual nenhuma contemporização era admissível, já que nisso reside seu tamponamento.

Seria divertido pontuar esse tempo através do obstáculo que ele manifesta. O de uma "Diretoria" consultada, que vê a coisa com bons olhos por dela ainda se sentir juíza, não sem que nisso se distinga um certo fervor em seguir a seta antes de descobrir a direção do vento, mas já claramente uma certa frieza, ao sentir o que aqui só pode extinguir sua fama.

Contudo, da platéia maior, embora restrita, a qual, prudente, deixo que se pronuncie, eleva-se um tremor naqueles para quem é um *establishment* que a questão de que eu falei permaneça velada, para ficar à mercê deles. Acaso não mostrei, à minha maneira de saída discreta, com minha "Situação da psicanálise em 1956", que eu sabia que uma sátira não muda nada?

Como seria preciso mudarem aqueles cujo exercício da proposição responde, a título da nomeação de passadores, pela coleta do depoimento deles, pela sanção de seus frutos, prevalecendo o seu *non licet* sobre os *licet* que, no entanto, sejam quais forem os *quemadmodum*, compõem uma maioria tão inútil quanto esmagadora.

[279]     Vemos aí o que se obtém, entretanto, por não se ter contemporizado, e não se trata apenas de que, traçada pela emoção de maio, com a qual se agitam até as associações psicanalíticas e, caberia dizer, até os estudantes de medicina que sabemos tomarem tempo para chegar lá, minha proposição seria facilmente aprovada, um ano e meio depois.

*Discurso na Escola Freudiana de Paris* 285

Ao entregar — tão-somente ao ouvido capaz de restabelecer-lhes a distância — os temas e o tom que se desprendem, vez por outra, das opiniões que exigi, minha resposta deixa, do avatar que me cabe por destino, uma marca própria, não digo para um progresso — não aspiro a nada dessa ordem, como se sabe —, mas para um movimento necessário.

O que posso denunciar, no que concerne ao acesso à função de psicanalista, da função da influência em sua abordagem, da afetação social em seu *gradus*, da ignorância qualificada pelos que são designados para responder por ela, não é nada perante a recusa a conhecer que faz do sistema um bloco.

Pois basta abrir o jornal oficial com que a associação dá a seus atos um alcance internacional para encontrar nele, literalmente descrito, tanto ou mais do que aquilo que posso dizer. Alguém me sugeriu, ao reler a prova de meu texto, que eu esclarecesse o número a que fiz referência do *International Journal*. Não me darei esse trabalho: que abram o último publicado. Nele se encontrará, nem que seja pelo fato de um título anunciá-la com esse exato termo, a *irreverência* que serve de cortejo à formação do psicanalista: vemos aí que é realmente de fazer dela uma bandeira que se trata. É que, ao não atiçar nenhuma proposta de ir adiante nesses impasses, todas as formas de coragem — foi isso que dei a entender acima — são permitidas.

O mesmo a dizer, ainda que somente desde maio de 1968, dos debates mimeografados que me chegam do Instituto Psicanalítico de Paris.

Diferentemente da Escola onde se produziu minha proposta, desses lugares não me vem nenhum eco de que alguém esteja se demitindo, ou sequer de que isso esteja em questão.

Quanto a mim, não forcei nada. Tive apenas que não tomar partido contra minha proposição para que ela mesma me retornasse do *floor*, devo dizer, sob fórmulas mais ou menos bem inspiradas, para que a mais segura se impusesse de longe à preferência dos votantes, e para que a Escola pudesse vir à luz, aliviada de seus impedidores, sem que estes tivessem que se queixar do soldo retirado de seus serviços na época, nem da fama preservada por sua cotação.

Releio notas que me censuram por essa questão, tomando a perda que suporto com isso como sinal de uma falta de sabedoria. [280] Seria ela maior do que o que meu discurso demonstra de sua necessidade?

286 *Outros Escritos*

Sei do curioso ódio[16] dos que outrora foram impedidos de saber o que eu digo, e do que nisso se deve reconhecer de transferência, isto é, além daquilo que se impõe de meu saber, daquilo que supõem em mim, tenham o que tiverem.

Como é que a ambivalência, para falar como os que acreditam que amor e ódio têm um suporte comum, não seria mais viva num sujeito dividido por eu o pressionar com o ato analítico?

Oportunidade de dizer por que durante muito tempo só pude atribuir a mentiras o fato espantoso, a tomá-lo por seu viés nacional, de meu discurso ter sido rejeitado justamente por aqueles a quem deveria ter interessado o fato de que, sem ele, a psicanálise na França seria como é na Itália, ou na Áustria, onde quer que se vá pescar o que se conhece de Freud!

A anedota está na importância a ser dada ao amor: mas, como pode aquilo de que cada um faz sua regra, no particular, prestar-se a essa inflação no universal? Que o amor é apenas encontro, isto é, puro acaso (cômico, disse eu), é o que não posso desconhecer naqueles que foram comigo. E é também o que lhes permite terem suas oportunidades, em todos os sentidos e de todas as maneiras. Eu não diria o mesmo dos que contra mim foram prevenidos — e o fato de terem merecido sê-lo não modifica nada.

Mas, ainda assim, isso me lava, aos olhos dos sábios, de todas as inclinações quanto à série de que sou o pivô, mas não o pólo.

Pois o episódio daqueles que se podia crer não haverem ficado comigo por acaso permite entrar em contato com o fato de que meu discurso em nada aplaca o horror do ato psicanalítico.

Por quê? Porque esse é o ato, ou melhor, seria o ato, que não suporta o semblante.

É por isso que a psicanálise, em nossa época, é o exemplo de um respeito tão paradoxal que ultrapassa a imaginação, por incidir sobre uma disciplina que só se produz pelo semblante. É que ele é nu a tal ponto que tremem os semblantes [*semblants*] mediante os

[281]

---

16 Podem crer: no caso com que o ilustro em *Scilicet*, 1, isso foi recolocado dentro do mesmo espírito, ou seja, numa carta que nos perguntamos por onde tomar, se pelo irreprimível de sua remessa ou pela confiança que nela me é dada.

Digo eu: o sentimento de minha realidade é compatível com a idéia que se faz da norma do lado em questão, e que denunciarei nestes termos: a realidade é aquilo em que nos apoiamos para continuar a sonhar.

## Discurso na Escola Freudiana de Paris

quais subsistem a religião, a magia, a devoção, tudo o que se dissimula da economia do gozo.

Somente a psicanálise descortina o que funda essa economia no intolerável: é o gozo que digo.

Mas, ao descortiná-lo, ao mesmo tempo ela o fecha e se alinha ao semblante, mas a semblante tão impudente que intimida tudo o que do mundo introduz formas.

Direi eu que as pessoas não acreditam no que fazem? Isso seria desconhecer que a crença é sempre o semblante em ato. Um dia, um de meus alunos disse a esse respeito coisas ótimas: acreditamos não crer naquilo que professamos fingir, mas é um erro, pois basta um nadinha — que aconteça, por exemplo, aquilo que se anuncia — para percebermos que acreditamos e que, por acreditarmos, isso dá muito medo.

O psicanalista não quer confiar no inconsciente para se recrutar. Para onde iria ele, se percebesse que crê, ao se recrutar, em semblantes de crença?

O inconsciente, por sua vez, não joga com o semblante. E o desejo do Outro não é um querer na falta.

[283]

# Introdução de Scilicet
## no título da revista da
## Escola Freudiana de Paris

A QUEM SE DIRIGE *SCILICET*?

*Scilicet*: tu podes saber, eis o sentido deste título. Podes saber agora que fracassei num ensino que por doze anos dirigiu-se apenas a psicanalistas, e que, por obra deles, há quatro anos encontrou aquilo a que, em dezembro de 1967, na Escola Normal Superior onde falo, prestei homenagem como ao número.

Em ambas essas épocas, fracassei em romper o encantamento pernicioso que se exerce, pela ordem em vigor nas Sociedades psicanalíticas existentes, sobre a prática da psicanálise e sobre sua produção teórica, uma solidária à outra.

Essa revista é um dos meios pelos quais espero superar em minha Escola, que se distingue em seu princípio das citadas Sociedades, o obstáculo que me opôs resistência noutros lugares.

*Scilicet*: tu podes saber o que daí advirá agora.

A quem se dirige esse *tu*, no entanto? Será que *tu* nada mais é do que o em-jogo [*enjeu*] a situar num tempo que só se desenha por ser a origem de uma partida a que só faltará ter sido ser jogada? Esse tempo não é nada, mas faz-te duplamente perdida, Eurídice, a ti que subsistes como aquilo pelo que se joga.

Digo que a psicanálise não joga limpo contigo, que ela não se encarrega daquilo que, no entanto, ela reivindica junto a ti. Trata-se disto: que o ser que pensa (com a ressalva de que ele o é como aquele que não sabe disso), que esse ser, digo eu, não é sem se pensar como questão de seu sexo: sexo de que ele realmente faz parte por seu ser, já que nele se coloca como questão.

Que esses efeitos sejam agora irrepudiáveis, por ter-se evidenciado por sua revelação o traço selvagem dos expedientes com que se os evita, que seja provável que a selvageria aumente a cada dia, à medida da renegação dessa revelação, eis aquilo por que a

[284]

*Introdução de* Scilicet    289

psicanálise é diretamente responsável, por não denunciar a falha que existe no ponto de partida.

É o que ela faz ao remetê-la ao fiasco de um bem-estar oral. Desvio a servir de exemplo para o status da ideologia, quando se sabe de fonte observada o lugar da digestão na moral profissional do psicanalista.

*Tu* que eu procuro, fica sabendo que tenho minha parcela de troça.

É por isso que decido chamar-te bacharel, para te lembrar teu lugar nesse império do pedantismo, que se tornou tão prevalente que tua própria queda nesse mundo não te promete a nada além do esgoto da cultura. Não esperes escapar disso, mesmo que te inscrevas no Partido.

Assim é que eu próprio estou alocado na chamada cuba estruturalista e que um dos mais ilustres dentre meus partidários avisou-me: "Agora você está no nível do bacharel" (em outras palavras, ele quer um pouco de Lacan [*du Lacan*]).

Resta de preservado o seguinte, que teu nome oculta *bachelor*. Saiba, pelo menos, que eu o suponho ali, não sendo daqueles almofadinhas a quem a palavra *franglês* possa evocar outra coisa senão a própria língua inglesa: *bachelor*, ou seja, ainda não casado.

Por isso não és obrigado a sustentar a reverência devida aos méritos de uma pessoa, a irreflexão de um preconceito na questão em causa.

Agora, deixa-me apresentar-te: *Scilicet*.


QUEM SE DIRIGIRÁ AO BACHAREL?

Esta revista funda-se no princípio do texto não assinado, pelo menos por alguém que para ela traga um artigo como psicanalista.

Tal é o remédio cavalar, o *forcing*, ou até o fórceps, cuja inspiração me ocorreu como a única apropriada para desatar a contorção pela qual, em psicanálise, a experiência se condena a nunca dar passagem a nada que possa modificá-la.

O nó está no fato de que é da natureza dessa experiência que quem dela dá conta a seus colegas não possa fixar para sua literatura outro horizonte senão o de fazer boa figura. Eis no que o liberas de fazer entrar nisso a seriedade.    [285]

Isso posto, é importante distinguir o não assinado do anonimato. Pois ele pode incluir que, decorrido um prazo, o qual a experiência regulará pelas etapas que gerar, declarem-se os nomes de uma lista que assuma o conjunto da publicação.

Para qualquer autor sensível ao ar de lata de lixo com que nossa época afeta tudo o que, dessa rubrica, não é estritamente científico, pelo que se justifica numa maré montante a palavra publixação que propusemos, isso já equivale a salvar a dignidade a que têm direito aqueles a quem nada obriga a perdê-la. Se for preciso, como dizíamos há pouco, passar pelo tudo-ao-esgoto, que ao menos haja as comodidades de uma jangada.

A tal ponto que poderias, bacharel, perguntar-te como pudemos não perceber mais cedo o preço, para nós, de uma fórmula que já é de boa norma no melhor campo da crítica.

Que vaidade nos aponta ela, portanto — refiro-me a nós, os psicanalistas —, para que nenhum tenha visto a solução do problema permanente que suspende nossa pluma: o da mínima alusão que nos ocorre de fazer referência a um caso? Referência, como se sabe, sempre passível de ser denunciadora, por não sustentar um desvio tão comum que não se apóie no traço mais particular.

Ora, o que cria obstáculo aqui não é tanto que o sujeito se reconheça no texto, mas que outros o situem através do seu psicanalista.

Vamos adiante naquilo que pesa por nos causar um embaraço bem diferente. Essa deplorável confusão atestada pelo indiscriminado de nossa produção teórica, a mesma que pelos efeitos do tédio previne sua nocividade, não tem outra causa senão uma preocupação cujo erro é estar deslocada.

Não sendo Freud (Rei não sou) nem, graças a Deus, homem de letras (príncipe não digno), o que nos é permitido de originalidade limita-se ao restinho que adotamos de entusiasmo (Rohan sou)[1] por havê-lo Freud denominado um dia. Desta vez, compreendemos: ele o chama de narcisismo da pequena diferença.

Mas, de que adianta, se não o assinamos, nos distinguirmos da escrita do "representante representativo", que não quer dizer

---

1 Os Rohan eram uma antiga família da Bretanha que recebeu suas terras por volta de 1120 e só vieram a receber o título de duques a partir de Henri de Rohan, em 1603. A casa teve muitos ramos e os Rohan, que tinham status de príncipes, adotaram desde cedo a divisa que Lacan quebra aqui em três parênteses, introduzindo nela ligeiras modificações: "*Roi ne puis, duc ne deigne, Rohan suis*" — "Rei não posso, duque não digno, Rohan sou". (N.E.)

*Introdução de* Scilicet     291

nada (para explicar o recalcado), quando a tradução de *Vorstellungsrepräsentanz* por representante da representação quer dizer o que diz e quando, sendo ou não fundamentada para dar conta do recalcado, pelo menos ela é a explicação de Freud?    [286]

E de que serve também, se não temos mais nada a dizer, promover a *Verleugnung* intraduzível[2] a não ser para mostrar que se leu Freud como gente grande — ao passo que, na impossibilidade de verificar quem é grande no final da página, o jeitão escuso do termo só fará ajustar-se bem demais à própria subida do colarinho a que ele serve de suporte?

Não serão estas armadilhas que, por serem facilmente afastadas, compensam a abnegação muito relativa constituída pelo incógnito num meio de especialistas? Eu gostaria de saber a quem prejudicou não se haver assinado parte de sua obra com outro nome que não o de Burbaki.

Será preciso eu dizer que essa foi a assinatura coletiva sob a qual uma equipe refez, fundamentada na teoria dos conjuntos, o edifício inteiro da matemática?

Sim, se esta for a oportunidade de assinalar aquilo que, afora a modéstia que nos é imposta pela lassidão ainda demasiadamente grande de nossos símbolos, nos impede de nos protegermos sob o nome de Canrobert. É que, em nossa empreitada, é preciso superarmos coordenadas de "tempo lógico" (cf. meus *Escritos*, sob esse título) cujos motivos serão dados mais adiante, e que, apesar de não estarem ausentes, pelo que podemos apreciar, do campo matemático, são solúveis o bastante para permitir o advento daquilo que está longe de se reduzir a um *label* costumeiro.

Indiquemos apenas que tal denominação pressupõe arrematada a costura do lugar do sujeito na configuração significante, e que só poderia figurar em nosso campo se obturasse aquilo cuja hiância devemos preservar.

Seria desviar a atenção confirmar o que indicamos aqui: que a figura de um dado sujeito se habitua a ser tomada de empréstimo da epopéia da debandada, ou, se preferirmos, do jogo do massacre.

Que percebas aí, bacharel, o prelúdio a que seja preciso eu mesmo me oferecer agora.

---

2   Intraduzível até mesmo por desmentido.

# DO QUE ASSINA LACAN

[287]

O nome de equipe fica num impasse por aquilo que afirmaremos de fato antes de mostrar sua economia: para dizer com audácia que nosso nome próprio, Lacan, é impossível de escamotear no programa.

Não lembrarei aqui o que resulta, ali onde um sistema simbólico ganha ser por necessitar que o falemos, em se operar nele uma *Verwerfung*, ou seja, a rejeição de um elemento que lhe é substancial. A fórmula é pedra angular de meu ensino: ele reaparece no real.

Pois bem, foi isso que, no discurso psicanalítico, sucedeu pelo meu nome, e é isso que torna impossível retirar sua assinatura de minha parte em *Scilicet*.

O que fez esse nome tornar-se traço inapagável não foi obra minha. Direi apenas, sem maior ênfase, o seguinte: fez-se ao redor dele um deslocamento de forças com o qual nada tenho a ver, senão por tê-las deixado passar.

Sem dúvida tudo consiste nesse nada em que me mantive em relação a essas forças, por me parecerem as minhas nesse momento apenas suficientes para me manter nas fileiras.

Que não se finja entender que por isso eu devia conter-me. Se em nada desviei, nem que fosse para minha proteção, de um lugar que por outro lado ninguém pensava em ocupar, foi apagando-me diante dele para me ver ali somente como delegado.

Deixarei de lado aqui as peripécias de onde, na psicanálise, minha posição saiu pronta. Ela deve muito àqueles que estão acampados em seu centro.

Mas ela me obriga a remeter ao nome de Freud o movimento que ela assumiu no início.

Que a esse nome se atenha não mais uma Sociedade, mas uma escola, é o que implica que, ao nos atermos ao órgão com que, em *Scilicet*, essa escola se aparelha, ela o abra para tudo aquilo que recorre a Freud, nem que seja para justificar o que dele se transmite na dita Sociedade.

Não temos outro objetivo senão permitir, nessa mesma Sociedade, o rompimento dos vínculos com que ela entrava seus próprios fins.

Digamos que chegaremos a publicar uma vez o que só faria fingir ultrapassar seu nível atual — a título demonstrativo.

*Introdução de* Scilicet    293

Mas, não será dar vida fácil a qualquer de seus partidários oferecer-lhe o lugar que, por ser anônimo para ele na *Scilicet*,    [288] continuará a sê-lo, se isso lhe convier, em outros lugares?

O público nos julgará pela maneira como enfrentarmos o desafio aqui lançado, se ele for aceito ali para onde se endereça.

Que do papel que assumirei na redação de *Scilicet* nada haja que não seja assinado com meu nome fará disso a prova correta.

E é por isso que também me comprometo a não intervir no texto do que for aceito ali para se articular da formulação de Lacan.

Essa formulação lacaniana é a de uma transcrição tal que, depois de haver reunificado o campo da psicanálise, confere ao ato que a sustenta o status cujo ápice culmina nos últimos traços de meu ensino.

Ele deve mostrar serviço aqui para quem dele não tem o costume. Desde já, porém, coloca-se como rompendo a contestação, ao abrir certos aspectos da prática que são precisamente os que a própria organização da psicanálise, hoje em dia, é feita para tornar intocáveis — a saber, aquilo que a psicanálise didática pode propor-se como fim.

É aqui que encontramos algo em jogo que faz de toda a partida um assunto muito menos garantido do que permite supor nossa exposição até este ponto.

Permitam-me encerrar este capítulo com um pequeno apólogo, a ser bem sopesado antes de rirmos dele.

Que tenha sido Shakespeare quem representou o *ghost* de Hamlet talvez seja o único fato capaz de refutar o enunciado de Borges: o de que Shakespeare foi, como ele diz, ninguém (*nobody, niemand*).

Para que a psicanálise, ao contrário, volte a ser o que nunca deixou de ser — um ato ainda por vir —, é importante sabermos que não banco o *ghost*, e por isso, eu, de minha parte, assino.

UMA META DE CONSOLIDAÇÃO

INP. Do inverno não passará não.[3] Assim é a irreverência com que uma juventude que deve a nós ter ficado entregue unicamente a

---

3    A sigla e a expressão francesas são PPH,*(ne) Passera Pas (de) l'Hiver.* (N.E.)

seus recursos em suas relações com a vida restabelece o distanciamento que convém à classe etária a que pertenço.

[289]   Eu gostaria que sua sigla viesse a adquirir a autoridade da do PMU,[4] para que nela se exercesse a estrutura de aposta, a partir da qual uma psicossociologia que não fosse pura bufonaria viria a se orientar.

Esta seria a honra que deveria caber à psicanálise, a de assegurar esse primeiro passo. Por não responder a isso, é justo que ela traia sua verdade como mais patente em seu seio.

O tom que ela assumiria, no entanto, seria mais engraçado ao simplesmente definir com nitidez a abjeção daquele que nela é corrente.

Nesse entretenimento que concerne à morte do outro, ela recorrerá, como de praxe, à criancice [*babyisme*] graças à qual deixa intacta a verificação da ética, aquela que se adorna com a trêmula voz de um *et nunc erudimini* secular. Bastar-lhe-á encarregar disso o bebê que enuncia a seu papai: "Quando você morrer...", quase no mesmo instante em que adquire o uso da fala.

A cada inverno a passar, portanto, coloca-se a questão do que há de negociável em ser aluno de Lacan. Trata-se de uma ação, no sentido da bolsa de valores, que se concebe que seja mantida, quando se sabe (é preciso saber disso, para seguir a mecânica aqui) que meu ensino é o único que, pelo menos na França, deu a Freud alguma continuidade.

A transação, por outro lado, isso não é menos sabido, fez-se de maneira que pode passar por lucrativa, visto que uma habilitação que se vangloria de ser internacional foi o preço dela.

Está claro que tenho que colocar algo ao abrigo desses efeitos de mercado.

O obstáculo é eles haverem adquirido força por estarem integrados na propaganda de que a dita Internacional se encarregou a meu favor.

Imagina, bacharel — pois é preciso que eu te ajude para que saibas o que acontece no lado do qual terias o direito de esperar um ar diferente da safadeza a que tudo te promete —, imagina o que quiseres da "formação" do psicanalista, a partida da obediência obtida de uma sala dos plantonistas (sala dos plantonistas sig-

---

4   Pari Mutuel Urbain, órgão francês encarregado das apostas do turfe. (N.E.)

*Introdução de* Scilicet     295

nificava revolta permanente, em certa época), a obediência, dizia eu, obtida de uma sala dos plantonistas, da Sala dos Plantonistas do Sainte-Anne, para explicitar seu nome, pela Sociedade que representava em Paris a dita Internacional, para que se proferisse ali, em nome desta, a proibição de se cruzar a porta em que se realizava, a cada quarta-feira no horário do meio-dia e a dois passos dali, um ensino, o meu, que por esse fato, é claro, era objeto de um comentário mais ou menos apropriado, porém permanente.

Essa obediência só se rompeu depois de passados sete anos,     [290] pelo efeito do mau exemplo que alguns ousaram dar ao rompê-la, a partir do momento em que uma titulação lhes deu garantia suficiente contra uma vendeta diretorial. (Rapazes em nada mais *bachelors*, já passados dos trinta, que encontrarás mais adiante.)

Podes conceber, creio eu, o poder de penetração assumido pelo dizer assim circunscrito, pois não basta esconder-se num buraco, é preciso andar na linha, e como fazê-lo quando não se sabe o que é proibido pensar? É que, ao ignorá-lo, não é impensável que se passe a pensá-lo sozinho: torna-se até mais do que provável, admitindo-se que possa haver num ensino, aliás aberto a toda e qualquer crítica, nem que seja o grão único de verdade com que queria homenagear Freud, embora guardando o espinho de ter sido repelido por ele, o responsável por uma "formação" — que, afinal, corresponde a seu título numa certa finalidade.

Não posso deixar este ponto de lado, sem indicar o que está implicado nele, o que a psicanálise permite definir tecnicamente como efeito de transferência.

Para todos os fins edificantes, publicarei o bilhetinho [*poulet*] prodigioso de "ambivalência" (para usar a palavra com que a boa educação psicanalítica designa o ódio, pois todo o mundo se pretende informado de que ele é a máscara do amor), o bilhetinho, dizia eu, que recebi de um dos mais dotados da tropa assim formada, simplesmente por me haver permitido dar-lhe conhecimento do quanto pensava bem de uma de suas colocações (isto, por uma espécie de impulso para o qual quase não tenho tempo e do qual não esperava nenhum reconhecimento especial, pelo menos nenhum que fosse tão compensador).

Nada posso fazer com a dor da transferência aqui posta em seu lugar.

Voltamos ao embaraço que *Scilicet* deve dissipar.

296 *Outros Escritos*

Já disse: trata-se do que toca no que há de negociável no título de ser nosso aluno.

Tencionamos, dentro dos limites do IPN que define suas vicissitudes, assegurar esse título com um futuro menos especulativo.

Basta que aqueles dentre meus alunos que eu houver reconhecido como tais, por haverem contribuído nessa condição para *Scilicet*, queiram considerar firmado que, no futuro, eles mesmos só reconhecerão, no título que assim obtêm de mim, aqueles a quem houverem aceito na mesma contribuição.

[291] Isso pressupõe uma qualidade cuja medida será dada por seu próprio trabalho, e pode extinguir o movimento de oscilação com que os efeitos de mercado descritos repercutem em nosso passivo, ou seja, num retorno que cabe chamar de justo, aquilo que devemos de crédito à Internacional.

Esclareçamos bem que *Scilicet* não está fechada a ninguém, mas que quem nela não houver figurado não poderá ser reconhecido como estando entre meus alunos.

Esse me parece o único caminho para o advento de Canrobert, com nosso IPN ultrapassado.

Pois podemos considerar demonstrada a fraqueza daquele que só se enfeita com o uso mesmo controlado de nossos termos, para com ele embelezar uma formação "pessoal", como se diz em outros lugares, vinda de uma fonte inteiramente diversa.

É justamente aí que se revela a essência de ficção em que se apóia o chamado standard internacional da psicanálise didática. Como pode alguém que conhece melhor do que ninguém, por continuar a se regalar com ela, a exorbitância da teoria do psicanalista que o formou, pensar não ficar marcado por essa formação o bastante para não mais poder ficar senão à margem do lugar do sujeito em que advém o psicanalista?

Pois se essa exorbitância, eu a denunciei em seu âmbito mais íntimo, se dei exemplo de seus estragos nas sessões de trabalho de que esse fulano participou, como pode ele crer que baste o acréscimo de minha construção teórica para corrigir os efeitos que seu lugar guarda dessa exorbitância?

Não me obriguem a dar nomes e exemplos. Sou eu quem dou aqui mais crédito a uma formação do que aqueles que foram mantidos por ela, e só o faço por experiência, por mais inclinado que tenha estado a considerá-la reversível, por ela me oferecer uma escuta sagaz.

*Introdução de* Scilicet    297

Mas o decisivo nessa questão é que se permaneça solidário a uma transmissão que se sabe fingida; é que, para se preservar seu conforto pessoal, demonstra-se seu desprezo.

Nenhum desenvolvimento de meu discurso deve ser esperado de quem faz dele uma pluma a mais.

Mas a verdade é que há quem esteja perto de mim desde sempre, e que tenha recebido cada um de meus termos de certa forma por nascimento.

Pelo nascimento deles para a psicanálise, é o melhor; mas também, às vezes, se foi somente o nascimento desses termos que lhes causou aborrecimento, o mesmo que a mim, que me perdoem.

Dessa cepa provieram rebentos excelentes, muito dignos de ser conservados e geralmente citados com proveito, se não sempre com pertinência, pelos que tentam traduzir meu ensino para o exterior.    [292]

No entanto, ela sofreu uma espécie de bloqueio por uma tentativa de se fazer reconhecer na Internacional, tentativa esta cujo malogro, convém dizer, foi merecido, já que desde o início era tão notório quanto explícito que nenhum mérito doutrinal apresentava o menor interesse para as instâncias invocadas, mas unicamente a observância a ser respeitada de um certo conformismo.

Que uma geração carregue a marca de ter-se sentido propriamente um joguete é ainda mais irremediável, na medida em que, efetivamente, foi isso o que puderam fazer e fizeram as instâncias em questão. Ora, essa marca consolida a própria paixão sem a qual um jogo tão medíocre não teria tido influência.

É por isso que a negociação do título de "aluno de Lacan" continua a ser o sinal da insaciabilidade que lhes barra uma seqüência mais radical.

Possa o campo de *Scilicet* permitir-lhes dissipar um fascínio seguramente muito dispendioso, por ter ocupado para eles os anos que, para a média dos espíritos, dão chance à criatividade, antes que ela se esgote.

Na carreira aqui aberta, nenhuma posição é conquistada de antemão. E que o IPN [PPH] se inverta em NPI [HPP]: Alto lá! Pretensão, Nunca vi Igual.[5]

---

5    No orig.: PPH = *Passera pas l'hiver*; HPP = *Holà à prétention pareille!* (N.E.)

Este primeiro número compreenderá duas partes:

Uma se abre com a contribuição que dei à Escola, numa proposição que publico em testemunho de que meu poder nela encontra seu limite.[6]

Ela é completada por três discursos preparados para conferências que fui solicitado a fazer em três cidades da Itália, e cuja homenagem cabe à Escola.[7]

A segunda parte inaugura *Scilicet*, por ser não assinada.

*1968*

6 Esse texto é reproduzido aqui mesmo, nas p.248-64.
7 Esses três textos são reproduzidos aqui mesmo, nas p.329-58.

# Pronunciamento na Escola

[293]

MENSAGEM DO JÚRI DE ACOLHIDA NA ASSEMBLÉIA,
ANTES DE SUA VOTAÇÃO, EM 25 DE JANEIRO DE 1969

Existe a psicanálise e existe a Escola.

A serem distinguidas no que a Escola se apresenta como uma pessoa moral, isto é, como um corpo totalmente diverso: que se apóia em pessoas, estas físicas e um tanto presentes.

A psicanálise, ao contrário, é função da ordem do sujeito, a qual demonstra depender do objeto que a esse sujeito cinde.

Pesar as pessoas, enunciação cuja impudência não ousaríamos esperar, é o meio mais impróprio para o recrutamento do psicanalista, que inclusive funciona a partir de uma pessoa de pouco peso. Mas foi isso que se fez, sabe Deus como, até o dia de hoje.

O que é posto em questão pela proposição de 9 de outubro de 1967 é saber se a psicanálise foi feita para a Escola, ou a Escola para a psicanálise.

De um lado, a resposta apaga o rastro para as proezas do espírito bem pensante sobre a dedicação a Lacan, ou seja, à pessoa de seu autor.

De outro, argumenta-se como se, na Escola, as pessoas já não estivessem lá, como se costuma dizer, de direito e em carne e osso.

Ora, é isso que a proposição leva em conta. Pois, embora ela chegue a decidir se a Escola produzirá psicanalistas ou não, ela não desconhece que a psicanálise não se produz sem recursos, que não funcionam sem que as pessoas se componham nem sem com elas comporem-se.

A teoria da formação, como escrevemos, está ausente. Leia-se o texto: ela é dita ausente no momento em que não deveria sê-lo, e não há contradição em acrescentar que esse é o momento em que se *resolve* uma psicanálise. Bem ou mal, com efeito, é preciso que o passo se resolva, para que de fato alguém resolva passar por cima do exame da psicanálise.

299

300 *Outros Escritos*

[294] Mas seria por isso preciso contestar as pessoas, isto é, as situações reconhecidas? Isso equivaleria a nos privarmos da experiência adquirida das situações, e é isso que a proposição preserva.

Partindo dela, ninguém é obrigado a se submeter ao exame de um momento que ela marca como passe — isso porque ela o reforça com um consentimento a esse próprio exame, o qual ela situa como prova de capacidade de participar tanto da crítica quanto do desenvolvimento da formação.

É essa mesma liberdade que impõe a seleção de um corpo dito de AE. E, se ele é assim confluente com o corpo já existente sob esse título, é por não haver nenhuma razão para recusar a esse corpo a capacidade que motiva a nova seleção.

Há todas as razões, ao contrário, para que ele receba aqui essa homenagem.

Que dessa homenagem alguém decline, por que não? Aplaudirmos essa demissão como um desafio lembra-nos que a demagogia não pode ser unilateral. É preciso também um público: e isto prova que ele não falta.

Mas isso não impede que seja preciso recorrer a ele para decidir dos méritos dos candidatos num primeiro júri.

Na falta, sim, na falta de qualquer prática de um acesso tal que não decorra da balança, da pesagem de pessoas, a assembléia escolhe aqueles que terão que encontrar outra diferente.

Isto é fundamentar-se, já o disse Lacan, no espírito da psicanálise, que realmente se há de supor que possa manifestar-se por vocês, já que não se pode esperá-lo de outro lugar.

De qualquer modo, será preciso que vocês passem pela atribuição de funções diretivas a alguns, para obterem uma distribuição prudente de sua responsabilidade coletiva. Trata-se de um costume que se pode discutir na política; ele é inevitável em qualquer grupo que ateste sua especialidade em relação ao corpo social. A essa relação corresponde o AME.

Essas necessidades são básicas. Elas pesam mesmo *in absentia*, para empregar um termo de Freud. Simplesmente, *in absentia*, elas desencadeiam-se em todos os sentidos da palavra.

Ora, o tempo corre, e de um modo que impede que continuemos a nos arranjar com *valabrégags*.[1]

---

1 Neologismo criado por Lacan, mistura sobrenome de Jean-Paul Valabrega com o termo inglês *gags*, piadas. (N.E.)

É por isso que os "princípios concernentes ao acesso ao título de psicanalista na Escola Freudiana de Paris", retomados da proposição de 9 de outubro pelo júri de acolhida, são apresentados à votação da assembléia sem nenhuma mudança.

Com base no parecer do diretor, a assembléia votará depositando na urna uma cédula em que se alinha, da esquerda para a direita, em ordem de menor assentimento, cada um dos três projetos que lhe estão sendo apresentados, ou seja: A, o do júri de acolhida, B, o da lista que P. Alien abre alfabeticamente, e C, o de Abdouchéli.

[295]

Essa forma de votação, dita preferencial, é um teste, no sentido de que permite que se produza (em 9% dos casos, num grupo de votantes tão extenso quanto o nosso) o efeito Condorcet.

Sabemos que esse efeito designa o resultado inconsistente em que, com uma escolha dominando outra, e esta, uma terceira, a terceira, no entanto, domina a primeira, o que exclui que disso nada se conclua.

Ele seria, aqui, assustadoramente significativo de uma carência do que temos chamado de espírito da psicanálise.

K.J. Arrow, para se referir a uma outra ordem — a da determinação *lógica* do interesse geral —, demonstrou que, fora da unanimidade, este só poderia ser determinado pela opinião de um só.

Um corpo constituído, seja ele qual for, pode permitir-se ignorar tudo da lógica e substituí-la pelo psicodrama, por exemplo.

O que não impede a lógica de revirar e de com ela fazer virar esse corpo, a favor ou contra suas comodidades.[2]

---

2 Foi adotada a proposta A, preferida pela maioria absoluta dos votantes (2000).

[297] # *Alocução sobre o ensino*

PROFERIDA NO ENCERRAMENTO DO CONGRESSO DA ESCOLA
FREUDIANA DE PARIS, EM 19 DE ABRIL DE 1970, POR SEU DIRETOR

Nada preparei[1] para, como se tornou hábito, com minha alocução encerrar este congresso.

É que, como vocês puderam ver, à medida que ele avançava, eu tomava cada vez mais notas.

Assim, impulsionei-o com a voz no primeiro dia, tendo a sensação de que havia algo a ser degelado.

Depois, fiz questão de escutar com um silêncio cuja manutenção me foi proveitosa. Pois este congresso, longe de me entediar, como me acontece, digamos, às vezes, prendeu-me grandemente a atenção, mesmo levando em conta algumas ausências pelas quais me desculpo junto àqueles que possam ter visto nisso uma falha.

Numa palavra, este congresso foi para mim um ensino. Talvez pareça muito apropriado dizer isso de um congresso sobre o ensino.

Mas talvez seja aí que se encontra o xis da questão, na verdade o alfabeto inteiro: certamente não se trata de que ele tenha atingido seu objetivo, nem mesmo certamente de que tenha entrado em seu assunto.

Pois observemos, segundo Nemo, que por sua juventude nos dá esperança, que nosso congresso se anunciou como: ensino. Nada menos: não ensino da psicanálise, mas ensino puro e simples.

Que algo seja para vocês, ao nos exprimirmos assim, um ensino não significa que com ele vocês tenham aprendido alguma coisa, que dele resulte um saber.

---

1  Ao contrário do que sucedeu com minha "resposta" de antes, o texto aqui é segundo, e dele será também distribuída a versão falada. [A resposta de que se trata é o "Discurso na Escola Freudiana de Paris", neste volume, p.265-87.]

*Alocução sobre o ensino*     303

Dou a isso uma reflexão, balística, entendam-na, ao me espantar de que a todo instante tenha parecido evidente que o ensino era a transmissão de um saber, tomando-se por horizonte o pêndulo que vai e vem entre aquele que ensina e o ensinado[2]: a relação entre eles — por que não? — é o barco que convém, ao encontrar, na grande feira de nossa época, seu impulso, não mais disparatada [298] do que a relação médico-paciente, por exemplo.

O ativo e o passivo, o transitivo e o corolário, o informativo e o entrópico, nada é demais para a roda-viva-desse-carrossel.

Uma observação para sanear nosso caso: pode ser que o ensino seja feito para estabelecer uma barreira ao saber. O mais humilde dos pedagogos, como diríamos sem rir, pode dar a qualquer um essa suspeita.

Donde brota a pouca evidência, digamos, da relação saber-ensino.

Talvez pareça exagerado postular que o saber é coisa mais disseminada no mundo do que imagina o ensino?

Por que continuaríamos surdos ao deslizamento que, mais ainda neste ano, impus ao saber, ao torná-lo homólogo ao gozo?

Se parece que o psicanalista poderia ter atentado mais cedo para aquilo em que o implica quase tudo o que ele diz, não caberá também levar em conta que o ensino cria aí o obstáculo a que ele saiba o que diz?

Basta ver que, por esse viés, é o instinto que o desorienta, idéia que decorre apenas da fabricação do ensino.

Naturalmente, está em meus princípios não esperar nada do fato de meu discurso ser tomado como um ensino. Mas não passemos de imediato a esse ponto, que gerou debate neste último dia.

É estranho que minhas fórmulas, meus quadrípodes deste ano, nem sequer tenham sido invocados nas formulações que lhes eram mais tangenciais. No entanto, nada se teria perdido colocando-as no quadro-negro.

É o tempo que é necessário, devo admitir, para que se chegue a meu discurso ali onde ele foi feito para servir. Como tal, minha tese de medicina foi o fio com que Tosquelles me disse haver deslindado o labirinto que fora para ele o Saint-Alban a que a guerra, ou melhor, as guerras, o haviam levado. Mas, quando ele

---

2  Traduz-se via de regra o par *enseignant-enseigné* como "professor-aluno". Fugimos aqui a esse uso para esvaziar sua oposição, como faz Lacan. (N.E.)

me disse isso, eu podia crer que ela, minha bela tese, dormia tanto quanto os dez anos que aquilo havia durado até então. Por que faria eu correr, agora, essa Bela Adormecida?

Portanto, professores, vocês me fizeram. Não sem que um certo des-ser me agarrasse; isso já deve estar sendo notado há algum tempo. Sou eu mais ensinado por vocês? Pois esse não é o par obrigatório com que acabam de lhes martelar os ouvidos.

[299] Aquilo que do amante ao amado cria uma rota pouco segura deveria tornar mais prudente quem se fia no transporte desses pares de particípios.

Fico surpreso que, mais do que o transitivo induzir o trânsito, nunca se tenha visto aí uma oportunidade para introduzir a ambivalência, e, com passo menos usual, que a des(homem)nestidade[3] folgue com isso.

Que o amante prevaleça sobre o odiado, para ser claro, não quer dizer que amor e ódio sejam uma coisa só, ou, em outras palavras, tenham o mesmo suporte. Dois, ao contrário.

Que se parta para essa partição de: partindo, partido. Será melhor.

Daí a que o transitivo não o seja tanto quanto se imagina há apenas um passo... da transição da qual nada se veicula.

E que não me detenham no que eu disse — que o amor é sempre recíproco —, pois, justamente, o que suscita o amante não é aquilo por que ele se apaixona.

Donde volta a alfinetada: cômico.

Na verdade, é da divisão do sujeito que se trata — a qual, por seu batimento, faz surgir o objeto em dois lugares sem apoio.

Só posso ser ensinado à medida de meu saber, e professor [*enseignant*], já faz um tempão que todos sabem que isso é para eu me instruir.

Ambivalência a qual não é pelo fato de o psicanalista confirmá-la que a posição dele melhora.

É, antes, com a relação — aí a palavra não é bufa —, com a relação psicanalisante-psicanalisado[4] que marcamos um tento nessa história.

---

3 Lacan emprega *mal(e)honnêteté*, termos que mistura *mâle* (masculino, macho) e *malhonnêteté* (desonestidade). (N.E.)

4 Optamos por psicanalisante e analisante, em lugar de psicanalisando e analisando, por seu uso já consagrado. (N.E.)

*Alocução sobre o ensino* 305

Desde que saibamos, é claro, onde está o psicanalisante. É verdade que é como se todo o mundo tivesse sido avisado no exato momento em que a palavra "psicanalisante" foi por mim proferida, para desbatizar o dito "psicanalisado", de um jeito francês.

Teria eu pregado no psicanalisante, pelo fato de não lhe faltarem atenções entre meus colegas, a peça de fazer com que, para ele ser psicanalisado, não tenha mais jeito, e que ele tanto possa se resignar a não sê-lo quanto, no dizer de Freud, um psicanalista jamais o será?

Mas, deixemos isso de lado, se o que se trata é do que vem a ser analisado. Se o sabemos, por que não dizê-lo, dizer que sabemos, entenda-se?

Resta saber se isso se ensina. É aí que convém voltar à observação de Nemo. Para o professor, procurá-lo além de sua tarefa, de sua tarefa quanto ao saber, isto é: ele é efeito do ensino.  [300]

Supero o que me cansa ter de colocar no quadro o que chamei de meus quadrípodes, e convido-os a confiarem em que é onde está o $ barrado que se encontra o professor, encontra-se quando existe professor, o que não implica que ele sempre exista no $ barrado.

Quer isso dizer que o professor se produz no nível do sujeito, tal como o articulamos com o significante que o representa para outro significante, sabe-se lá qual? Basta que esse outro se saiba para que o sujeito saia do saber ao entrar nele: não é propriamente esse o movimento com que se sustenta o professor, o professor como essência?

Como status, isso depende de onde o discurso lhe dá lugar.

Vocês sabem que este ano articulei quatro deles, pelo deslizamento de quatro termos em quatro posições orientadas por permitirem a permutação giratória.

Naquele a que chamo discurso do Mestre,[5] é simplesmente o professor, o legislador (Licurgo, como às vezes ele se atreve a cha-

---

5 Especialmente neste texto cabe lembrar que *maître* tanto remete a "mestre, professor", quanto a "senhor, amo". Via de regra, neste volume, optamos por "mestre" por seu uso consagrado, mantendo a grafia mestre/senhor apenas para as passagens em que a dubiedade for imprescindível. (N.E.)

mar-se), que sustenta a lei, essa lei a qual é maravilhoso que ninguém supostamente ignore, por ser ela o próprio mestre.

Não equivale isso a perceber como, quanto ao gozo, ser legiferado idealiza-se, e se encarnar é apenas uma forma disso, a razão pela qual o sujeito cria o fantasma: razão que chega a se sustentar até numa Deusa carnal?

É nessa trilha que um Hegel convence o escravo de que, ao trabalhar, ele atingirá por seu saber o absoluto, de que o absoluto do império do senhor [*maître*] será seu próprio empíreo: ele poderá atingir aquele domingo da vida cuja farsa um humorista desenhou muito bem, da qual, fazendo-se assíduo, ele não havia perdido o norte.

O mais engraçado ainda é imaginar, na política, que se corrigiu a empreitada, quando é por aí que Hegel leva a melhor na tapeação improvável que confessa: da astúcia da razão.

O saber, vindo no lugar do agente, é o quarto de volta com que se institui, com Carlos Magno, digamos, o discurso da Universidade. É claro que a história não basta para descrever a estrutura.

[301]

O saber serve de agente, convergindo com nossa formulação, por se revelar como ensino. O ensino é o saber que é descaracterizado, em suma, pelo lugar de onde ele impera. Perdoem-me aí o sumário, mas esse em suma é também o saber colocado como Suma, com S maiúsculo, e — por que me privar nessa via? — a suma, por estar presente, equivale à soma. O sono do saber gera monstros, na verdade civilizados: seguindo o guia de meu $ barrado, vocês podem ver que o professor encontra-se aqui no registro da produção, o que não sai do verossímil.

Dizer por qual receita se organiza essa produção não seria nada além de deixar a atual crise da Universidade revelar-se como estrutura, para fazer a seu respeito um refrão que é o nosso: é um ensino.

É evidente que é no que o mais-de-gozar[6], que se encarna nos aluninhos-de-professor, se mantém em nada ensinado, exceto utilizando-se do professor, que aqueles que têm de família essa receita destacarão os significantes-mestres que são não a produção, mas a verdade da Universidade (cf. $S^1$ no quadrípode). Isso, por

---

6  É importante lembrar a ambigüidade da expressão *plus-de-jouir*, que aponta tanto para um a-mais de gozo quanto para um não-mais de gozo. (N.E.)

*Alocução sobre o ensino*   307

ser difundido por Oxford e Cambridge, ou seja, exageradamente estendido para não ter se distendido, guarda ímpeto igualmente vivo em lugares de não menor impudência.

Mas convém notar aqui que, para chegar ao ensino, o saber deve, por algum aspecto, ser um saber de mestre, ter algum significante-mestre que constitua sua verdade. Essa é a marca das chamadas artes liberais na Universidade medieval. A liberalidade que lhes confere seu mandato não é outra coisa... Podemos deter-nos nos exemplos em que a usura do tempo permite discernir muito bem os fios da estrutura, ali onde eles já não têm interesse por não conduzirem mais nada. Um saber que passa pelo companheirismo faz da mestria outra função.

É da chamada ciência que se trata, para nós, de apreciar a contribuição no discurso do capitalismo. É necessária a Universidade para isso?

Não fiz este ano senão afirmar o antecedente que me parece garantido: que, em sua raiz grega, a ciência, o que se diz επιστημη como bem a nossa a retoma, é uma questão de mestre, do senhor, na qual a filosofia se situa por ter dado ao senhor o desejo de um saber, consumando-se a espoliação do escravo por esse novo saber (*scienza nuova*).

É esse o interesse de ver aparecer, no quadrípode que designo pelo discurso da histérica, um saber como produção do próprio significante-mestre, em posição de ser interrogado pelo sujeito elevado a agente.

Sem dúvida, isso é criar um enigma, mas que esclarece muitas coisas ao ousar reconhecer em Sócrates a figura da histeria e, na varredura dos saberes a que procede Descartes, o radicalismo da subjetivação em que o discurso da ciência encontra, ao mesmo tempo, o acosmismo de sua dinâmica e o álibi de sua noética, para não mudar nada na ordem do discurso do Mestre.   [302]

Vemos aí, na medida dos dois quartos de volta opostos com que se engendram duas transformações complementares, que a ciência, a nos fiarmos em nossa articulação, prescindiria, para se produzir, do discurso universitário, o qual, ao contrário, se confirmaria em sua função de cão de guarda para reservá-la a quem de direito.

É pela meia-volta constituída pelo discurso do analista, pelo discurso que assume seu lugar por ser de uma distribuição oposta à

308 *Outros Escritos*

do discurso do Mestre, primário, que o saber chega ao lugar que designamos da verdade.

Pela relação do saber com a verdade adquire verdade aquilo que se produz de significantes-mestres no discurso analítico, e fica claro que a ambivalência daquele que ensina para o ensinado reside onde, por nosso ato, criamos caminho para o sujeito, ao lhe pedir que se associe livremente (o que significa: que os faça mestres) aos significantes de seu percalço.

Essa produção, a mais louca por não ser ensinável, como muito bem experimentamos, nem por isso nos libera da hipoteca do saber.

É pois um lapso que, ao ensaiar o ensino, alguns cometem, ao propor sabe-se lá que subversão do saber.

Muito pelo contrário, o saber faz a verdade de nosso discurso. Nosso discurso não se sustentaria se o saber exigisse a intermediação do ensino. Daí o interesse do antagonismo que enfatizo aqui entre o ensino e o saber. Não obstante, é sobre a relação entre o saber e a verdade que nosso discurso levanta a questão, por não poder resolvê-la senão pelos caminhos da ciência, isto é, do saber do mestre.

É nisso que a maneira como a verdade se formaliza na ciência, ou seja, a lógica formal, é para nós um ponto visado, por termos que estendê-la à estrutura da linguagem. Sabe-se que está aí o núcleo de onde procede meu discurso.

[303]   É preciso saber se esse discurso cai nas malhas do ensino.

Uma vez que, em suma, trata-se apenas disto: do embaraço que meu ensino causa na Escola.

Por que os que dele se apoderam haveriam de nele introduzir apenas, ao gosto ou à vontade de outros apóstolos, um palavrório emprestado?

Será que se trata de intimar alguém a comprovar a força de convicção do que ele expressa? Na verdade, quem se faria testemunha do acento enfático da verdade?

No entanto, sei o que tenho a criticar, ao ser retomado nessa seqüência, num estilo universitário que não engana ao esvaziá-la do ato que a criou.

No que Kaufmann está bem servido para ventilar que, afinal, não faço um "curso de psicanálise" (é justamente o que reivindico, e vê-se o mal-entendido) e que o melhor daquilo que inspiro satisfaz ao discurso universitário — prova disso é que o grafo é de

*Alocução sobre o ensino* 309

bom-tom e até de bom uso em muitos campos de ensino enquadrados pela Universidade.

Decerto não vejo objeção nisso, exceto que é curioso que o grafo, onde quer que prospere, só tenha sido produzido por ser importado do discurso do psicanalista.

Isto é, dali onde o ato ordena que a causa do desejo seja o agente do discurso.

O que me salva do ensino é o ato, e o que atesta o ato é que nunca tive dia seguinte para meu abrigo, nem abrigo que eu tenha daquilo que, permanecendo surdo a minha contribuição, dá-se ao luxo de ostentar que pode prescindir da falta dele para subsistir essencialmente: o que é evidente quanto à Universidade, sendo visível, de resto, para todo mundo.

Não sabe ela, com efeito, que o próprio ato do psicanalista pode ser por ela aquilatado como conjetura de sua falta — como fui o primeiro a enunciar?

O fato de eu atualizar essa conjetura a compensa por me tolerar.

O que repugna num estilo que se atesta universitário ao retomar meu discurso não é que ele o retome em seu teor, mas no abrigo que obtenho em outro lugar. Isso é muito distinto da maneira servil ou não de reproduzi-lo.

Essa é a distância do pastiche ao plágio, mas é também: o fato que a esclarece. [304]

Será que percebem que o pastiche serve-se menos da imitação que do deslocamento pelo qual o discurso aparece como grileiro? Já o plágio liga-se mais à mudança de residência.

Essas duas maneiras, contudo, não vão além de disseminar minha fala, na impossibilidade de levar consigo a mínima idéia de meu discurso.

É que a primeira é falha para com o discurso universitário e a segunda se fecha a qualquer outro.

Um lapso grosseiro ou sutil, é com isso que se experimenta onde se está situado em meu discurso.

Assim fez há pouco Abdouchéli, ao repelir com um safanão a pretensão, assombrosa ao ser emitida, de que o júri de aprovação teria que ser supervisionado por um des-ser que estivesse ao gosto de todo e qualquer censor. Quem poderia imaginar, disse ele, que o des-ser fosse um estado com que alguém se pudesse instalar em alguma atividade? Acrescentemos que ele só se perfila ao defender o Outro de um ato de abordagem e que, longe de ser a disponibilidade, sem dúvida adquirida, que se gostaria de dizer, é por tomá-la como um perigo que sua aparição é passe.

É por mantê-lo, com justa razão, como o perigo indispensável de que haja um verdadeiro passante, que Tostain vem a se opor a Irène Roubleff naquilo em que ela julga dever corrigi-lo, ao lembrar onde tropeçam aqueles que atribuem o des-ser ao psicanalisante. É que os passantes não são nem psicanalisante nem psicanalisado, já que é entre os dois que isso passa, a menos que nada tenha se passado.

Por fim, Guattari é sagaz ao levantar a questão de por onde o efeito da linguagem se impõe ao corpo, pelo que cabe ao ideal, por um lado, e ao objeto *a*, por outro. É um patos para o ideal uma *corpoisificação* [*corps*(e)*ification*].[7] É no objeto *a* que o gozo retorna, mas em que a ruína da alma só se consuma por um incorpóreo. E o questionador, ao me responder, parece evitar minhas falsas armadilhas.

O que realmente me cabe acentuar é que, ao se oferecer ao ensino, o discurso psicanalítico leva o psicanalista à posição do psicanalisante, isto é, a não produzir nada que se possa dominar, malgrado a aparência, a não ser a título de sintoma.

[305] Por isso é que *medeor* seria o termo certo para aquilo que dele se autoriza, se nada se pudesse designar aí como meio senão a voz com que ele opera, apenas para confessar a falha irremediável de o psicanalisante não estar à altura do que dele cai de psicanalisado.

A verdade pode não convencer, o saber passa em ato.

---

7 Na tradução aqui proposta para o neologismo de Lacan, aponta-se para a reificação do corpo, mas perde-se a noção de sua cadaverização (cf. "corpsificação" na resposta II de "Radiofonia"). (N.E.)

# *Nota italiana*

[307]

Tal como se apresenta, o grupo italiano tem a seu favor ser trípode. Isso pode bastar para fazer com que nele nos sentemos. Para assentar o discurso psicanalítico, é hora de colocá-lo à prova: o uso decidirá de seu equilíbrio. Que ele pense "com os pés", eis o que está ao alcance do ser falante, desde o momento do primeiro vagido.

Mas faremos bem em considerar estabelecido, no ponto atual, que voto [*voix*] pró ou contra é o que decide quanto à preponderância do pensamento, caso os pés marquem um tempo de discórdia.

Eu lhes sugiro partir daquilo que tive de reformular de um outro grupo, nominalmente a EFP.

O chamado analista da Escola, AE, doravante recruta-se ali ao se submeter à chamada prova do passe, à qual, no entanto, nada o obriga, já que a Escola também delega a alguns que ao passe não se oferecem o título de analista membro da Escola, AME.

O grupo italiano, se quiser me dar ouvidos, se restringirá a nomear os que nele postularem sua entrada segundo o princípio do passe, correndo o risco de que não o haja.

Esse princípio é o seguinte, que enunciei nestes termos.

O analista só se autoriza de si mesmo,[1] isso é óbvio. Pouco lhe importa uma garantia que minha Escola lhe dê, provavelmente sob a irônica sigla AME.[2] Não é *com isso* que ele opera. O grupo italiano não está em condições de fornecer essa garantia.

---

1 Optamos por um português não usual na tradução deste aforismo ("...por si mesmo"), pois é importante ressaltar que, ao utilizar a preposição *de* em lugar de *par*, Lacan reduz a possibilidade de uma leitura direta desta autorização como auto-autorização. (N.E.)

2 Ironia que se apóia na homofonia de AMEcom*âme* (alma). (N.E.)

311

312    *Outros Escritos*

Aquilo de que ele tem de cuidar é que, a autorizar-se por si mesmo, haja apenas o analista.

Pois minha tese, inaugural ao romper com a prática mediante a qual pretensas Sociedades fazem da análise uma agregação, nem por isso implica que qualquer um seja analista.

[308] Pois, no que ela enuncia que é do analista que se trata, supõe que ele exista.

Autorizar-se não é auto-ri(tuali)zar-se.

Pois afirmei, por outro lado, que é do não-todo que depende o analista.

Não-todo ser falante pode autorizar-se a produzir um analista. Prova disso é que a análise é necessária para tanto, mas não é suficiente.

Somente o analista, ou seja, não qualquer um, autoriza-se apenas de si mesmo.

Isso existe, agora é fato: mas é porque eles funcionam. Essa função torna apenas provável a ex-sistência do analista. Probabilidade suficiente para garantir que ele exista: o fato de as chances serem grandes para cada um deixa-as insuficientes para todos.

Se conviesse, porém, que apenas os analistas funcionassem, tomar isso por objetivo seria digno da trípode italiana.

Eu gostaria de abrir aqui esse caminho, se ela quiser segui-lo.

É preciso, para tanto (é daí que resulta eu haver esperado para abri-lo), para tanto é preciso levar em conta o real. Ou seja, aquilo que se destaca de nossa experiência do saber:

Existe saber no real. Ainda que, este, não seja o analista que tem de alojá-lo, mas sim o cientista.

O analista aloja um outro saber, num outro lugar, mas que deve levar em conta o saber no real. O cientista produz o saber a partir do semblante de se fazer sujeito dele. Condição necessária, mas não suficiente. Se ele não seduzir o mestre, ocultando-lhe que nisso está sua ruína, esse saber permanecerá enterrado como esteve durante vinte séculos, nos quais o cientista se julgou sujeito, mas apenas de dissertação mais ou menos eloqüente.

Volto a esse ponto sumamente conhecido apenas para lembrar que a análise depende disso, mas que, assim mesmo, para ele isso não basta.

Seria preciso que a isso se juntasse o clamor de uma pretensa humanidade, para quem o saber não é feito, já que ela não o deseja.

*Nota italiana*     313

Só existe analista se esse desejo lhe advier, que já por isso ele seja rebotalho [*rebut*][3] da dita (humanidade).

Digo-o desde já: essa é a condição da qual, por alguma faceta de suas aventuras, o analista deve trazer a marca. Cabe a seus congêneres "saber" encontrá-la. Salta aos olhos que isso supõe um outro saber elaborado de antemão, do qual o saber científico forneceu o modelo e pelo qual tem a responsabilidade. É justamente aquela que lhe imputo, de haver transmitido unicamente aos rebotalhos da douta ignorância um desejo inédito. O qual se trata de verificar: para fazer o analista. Haja o que houver com o que a ciência deve à estrutura histérica, o romance de Freud são seus amores com a verdade.     [309]

Ou seja, o modelo do qual o analista, quando existe, representa a queda, o rebotalho, disse eu, mas não qualquer um.

Acreditar que a ciência é verdadeira a pretexto de que é transmissível (matematicamente) é uma idéia propriamente delirante, que cada um de seus passos refuta ao repelir para os idos tempos uma primeira formulação. Não há, por isso, nenhum progresso que seja notável por não se conhecer sua conseqüência. Existe apenas a descoberta de um saber no real. Ordem que nada tem a ver com a ordem imaginada de antes da ciência, mas a qual razão alguma garante ser um feliz acaso [*bon heur*].

Se o analista se criva do rebotalho de que falei, é por ter um vislumbre de que a humanidade se situa pelo feliz-acaso [*bonheur*] (é onde ela está banhada: para ela, só existe o feliz-acaso), e é nisso que ele deve ter circunscrito a causa de seu horror, o dele próprio, destacado do de todos — horror de saber.

A partir daí, ele sabe ser um rebotalho. Isso é o que o analista deve ao menos tê-lo feito sentir. Se ele não é levado ao entusiasmo, é bem possível que tenha havido análise, mas analista, nenhuma chance. Isso é o que meu "passe", de data recente, muitas vezes ilustra: o bastante para que os passadores se desonrem ao deixar a coisa incerta, sem o que o caso cai no âmbito de uma declinação polida da candidatura.

Isso terá outro alcance no grupo italiano, se ele me seguir nesse assunto. Pois, na Escola de Paris, não há briga a esse respei-

---

3   Optamos por esta tradução para bem distinguir *rebut*, termo caro a Lacan, de *reste* (resto) e *rejet* (rejeito/rejeição/rechaço). (N.E.)

314 Outros Escritos

to. Visto que o analista só se autoriza de si mesmo, sua falta passa para os passadores, e a sessão continua, para a felicidade [*bon heur*] geral, embora com um matiz de depressão.

O que o grupo italiano ganharia ao me seguir seria um pouco mais de seriedade do que aquela a que chego com minha prudência. Para isso, é preciso que ele corra um risco.

Articulo agora as coisas para as pessoas que me ouvem. Existe o objeto *(a)*. Ele *ex-siste* agora, por eu o haver construído. Suponho que se conheçam suas quatro substâncias episódicas, [310] que se saiba para que ele serve, por se envolver da pulsão pela qual cada um se mira no coração e só chega lá com um tiro que erra o alvo.

Isso serve de esteio às realizações mais eficazes, bem como às realidades mais cativantes.

Se isso é fruto da análise, devolvam o referido sujeito a seus diletos estudos. Ele enfeitará com uns bibelôs suplementares o patrimônio que se supõe provocar o bom humor de Deus. Quer se goste de crer nisso, quer se fique revoltado, o preço é o mesmo para a árvore genealógica de onde subsiste o inconsciente.

O fulano [*ga(r)s*] ou a fulaninha [*garce*] em questão revezam-se aí sem problemas.

Que ele não se autorize ser analista, porque nunca terá tempo de contribuir para o saber, sem o que não há chance de que a análise continue a dar dividendos no mercado, isto é, de que o [311] grupo italiano não fique fadado à extinção.

O saber em jogo, emiti seu princípio como que do ponto ideal que tudo permite supor quando se tem o sentido da épura: trata-se de que não existe relação sexual, relação aqui, quero dizer, que possa pôr-se em escrita.

A partir daí, é inútil tentar, dir-me-ão — certamente não vocês, mas seus candidatos, é mais um a retrucar —, por não haver nenhuma chance de contribuir para o saber em que vocês se extinguirão.

Sem tentar essa relação da escrita, não há meio, com efeito, de chegar ao que, ao mesmo tempo que afirmei sua inex-sistência, propus como objetivo pelo qual a psicanálise se igualaria à ciência: a saber, demonstrar que essa relação é impossível de escrever, isto é, que é nisso que ela não é afirmável nem tampouco refutável: a título da verdade.

*Nota italiana*     315

O que tem por conseqüência que não existe verdade que se possa dizer toda, nem mesmo esta, já que esta não se diz nem mais nem menos. A verdade não serve para nada senão criar o lugar onde se denuncia esse saber. Mas esse saber não é pouco. Pois o que se trata é de que, acessando o real, ele o determina, tanto quanto o saber da ciência. Naturalmente, esse saber ainda nem foi para o forno. Porque é preciso inventá-lo.

Nem mais nem menos: não se trata de descobri-lo, já que a verdade nele nada mais é do que lenha para o fogo — bem entendido: a verdade tal como provém da s... anagem [f... *trerie*] (ortografia a ser comentada, não se trata de bo... agem [f... *terie*].[4]

O saber do inconsciente designado por Freud é o que o húmus humano inventa para sua perenidade de uma geração à outra, e, agora que foi inventariado, sabemos que isso dá provas de imaginação desvairada.

Só é possível ouvi-lo mediante o benefício desse inventário: isto é, deixar em suspenso a imaginação que ali é curta, e pôr a contribuir o simbólico e o real que o imaginário aqui une (por isso é que não podemos largá-lo de mão), e tentar, a partir deles, que apesar dos pesares passaram por suas provas no saber, aumentar os recursos graças aos quais venhamos a prescindir dessa relação incômoda, para fazer o amor mais digno do que a profusão do palavrório que ele constitui até hoje — *sicut palea*, dizia o santo Tomás ao encerrar sua vida de monge. Encontrem-me um analista desse gabarito, que assente o treco em outra coisa que não um *organon* esboçado.

Concluo: o papel dos passadores, é a própria trípode que o garantirá, até nova ordem, já que o grupo só tem esses três pés.

Tudo deve girar em torno dos escritos a serem publicados.

*1973*

---

4 A tradução aqui proposta visa manter o mínimo de legibilidade para esse jogo de escrita produzido por Lacan, que evoca a primazia da dimensão do sexual [*foutre, foutrerie*] em detrimento da insignificância [*foutaise, fouterie*]. (N.E.)

[313]

# Talvez em Vincennes...

PUBLICADO EM JANEIRO DE 1975 EM "ORNICAR?"

Talvez em Vincennes venham a se reunir os ensinamentos em que Freud formulou que o analista deveria apoiar-se, reforçando ali o que extrai de sua própria análise, isto é, saber não tanto para que ela serviu, mas de que se serviu.

Não há discussão aqui sobre o que ensino a esse respeito. Até os que lhe erguem obstáculos são forçados a levá-lo em conta.

Agora não se trata somente de ajudar o analista com ciências propagadas à moda universitária, mas de que essas ciências encontrem em sua experiência uma oportunidade de se renovar.

*Lingüística* — Que sabemos ser aqui a principal. O fato de um Jakobson justificar algumas de minhas posições não me basta como analista.

Ainda que a lingüística se dê por campo o que denomino de a língua para sustentar o inconsciente, ela procede nisso com um purismo que assume formas variadas, justamente por ser formal. Ou seja, por excluir da linguagem não apenas a "origem", dizem seus fundadores, mas também o que aqui chamarei de sua natureza.

Está fora de questão que uma psicologia qualquer dê conta do recado. Isso está comprovado.

Mas será que a linguagem assenta em algo admissível a título de uma qualquer vida? Eis a pergunta que não seria nada mau despertar entre os lingüistas.

Isso, nos termos que se sustentam em meu "imaginário" e meu "real" — pelos quais se distinguem dois lugares da vida que, até hoje, a ciência separa rigorosamente.

Afirmei de fora a fora que a linguagem enlaça esses lugares, o que não decide nada sobre a vida dela, eventual, a não ser no sentido de que ela mais é portadora da morte.

De que pode ser considerado homólogo o seu parasitismo? A metalinguagem desse dito basta para rejeitá-lo. Somente um método que se fundamente num limite prefigurado tem possibilidade de responder de maneira inteiramente diversa. [314]

Aponto aqui a convergência: (1) da gramática, na medida em que ela faz rasgo do sentido, o que me permitirão traduzir dizendo que ela faz uma sombra da presa do sentido; (2) equívoco[1], com o qual acabo justamente de jogar, quando nele reconheço a abordagem predileta do inconsciente para reduzir o sintoma (cf. minha topologia): contradizer o sentido.

Em outras palavras, fazer o sentido, outro à linguagem. Coisa que outros sinais atestam por toda parte. É um começo (ou seja, o que diz São João sobre a linguagem).

Insisto em designar como verdadeira uma lingüística que leve a língua mais "a sério", proferindo o exemplo no estudo de J.-C. Milner sobre os nomes de qualidade (cf. *Argumentos lingüísticos*, na Mame).

*Lógica* — Não menos interessante.

Sob a condição de que se acentue ser ela uma ciência do real por permitir o acesso à modalidade do impossível.

O que se encontra na lógica matemática.

Posso eu indicar aqui que a antítese entre o racional e o irracional sempre foi tomada de empréstimo de outro lugar que não a linguagem? O que deixa em suspenso a identificação da razão com o logos, apesar de clássica.

A nos lembrarmos de que Hegel a identificava com o real, talvez haja razão para dizer que é por aí que a lógica chega lá.

*Topologia* — Refiro-me à matemática, e sem que em nada por enquanto a análise possa (a meu ver) infleti-la.

O nó, a trança, a fibra, as conexões, a compacidade: todas as formas com que o espaço cria falha ou acumulação estão ali feitas para fornecer ao analista aquilo que lhe falta, ou seja, outro apoio que não o metafórico, a fim de sustentar sua metonímia.

---

1 Vale lembrar que o termo original *équivoque* não comporta o sentido de erro, tal como em português, mas apenas de ambigüidade, dubiedade. (N.E.)

318    *Outros Escritos*

O analista "médio", ou seja, aquele que só se autoriza de seu extravio, encontrará aí o que lhe convém conforme sua medida — ou então o redobrará: seja lá como for; ao sabor do acaso.

*Antifilosofia* — Como eu intitularia de bom grado a investigação do que o discurso universitário deve à sua suposição "educativa". Não é a história das idéias, tão triste que é, que dará conta do recado.

[315]    Uma coletânea paciente da imbecilidade que o caracteriza permitirá, espero, destacá-la em sua raiz indestrutível, em seu sonho eterno.

Do qual só existe despertar particular.

# Carta de dissolução [317]

Falo sem a menor esperança — especialmente de me fazer ouvir. Sei que o faço — cabendo acrescentar aí o que isso comporta de inconsciente. Esta é minha vantagem sobre o homem que pensa e não percebe que em primeiro lugar ele fala. Vantagem que só devo à minha experiência.

Porque, no intervalo da fala que ele desconhece por crer produzir pensamento, o homem se enrola, o que o desencoraja.

De sorte que o homem pensa débil, ainda mais débil quando se enraivece... justamente por se enrolar.

Há um problema da Escola. Não é um enigma. Eu me oriento para isso, e já não é sem tempo.

Esse problema demonstra-se tal por ter uma solução: trata-se da *dis* — da dissolução.

A ser entendida como da Associação que a esta Escola confere estatuto jurídico.

Que basta que um vá embora para que todos fiquem livres é, em meu nó borromeano, verdadeiro a respeito de todos; é preciso que seja eu em minha Escola.

Resolvo-me a isso pelo fato de que ela funcionaria, se eu não me colocasse de través, na contramão daquilo pelo qual a fundei.

Por um trabalho, como disse — que, no campo aberto por Freud, restaure a sega cortante de sua verdade; que reconduza a práxis original que ele instituiu sob o nome de psicanálise ao dever que lhe compete em nosso mundo; que, por uma crítica assídua, denuncie os desvios e concessões que amortecem seu progresso, degradando seu emprego. Objetivo que mantenho.

É por isso que dissolvo. E não me queixo dos referidos "membros da Escola Freudiana" — antes, agradeço-lhes por ter sido por eles ensinado, donde eu, eu fracassei, ou seja, me enrolei. [318]

Esse ensino me é precioso. Tiro dele proveito.

# 320 Outros Escritos

Em outras palavras, eu persevero.

E convoco a se associarem mais uma vez aqueles que, neste janeiro de 1980, quiserem prosseguir com Lacan.

Que o escrito de uma candidatura os faça prontamente serem conhecidos de mim [*de moi*]. Dentro de dez dias, para pôr termo à debilidade ambiente, divulgarei as primeiras adesões que eu houver acolhido, como compromissos de "crítica assídua" do que a EFP alimentou em matéria de "desvios e concessões".

Demonstrando em ato que não é por obra deles que minha Escola seria uma Instituição, efeito de grupo consolidado à custa do efeito de discurso esperado da experiência, quando ela é freudiana. Sabemos o que custou o fato de Freud haver permitido que o grupo psicanalítico prevalecesse sobre o discurso, tornando-se Igreja.

A Internacional, já que é este seu nome, reduz-se ao sintoma que é daquilo que Freud dela esperava. Mas não é ela que tem peso. É a Igreja, a verdadeira, que sustenta o marxismo por ele restituir-lhe sangue novo... de um sentido renovado. Por que não a psicanálise, quando ela se volta para o sentido?

Não digo isso por zombaria vã. A estabilidade da religião provém de o sentido ser sempre religioso.

Daí minha obstinação em meu caminho de matemas — que não impede nada, mas dá um testemunho do que seria preciso para colocar o analista no passo de sua função.

Se, pai severo, persevero,[1] é porque a experiência feita convida a uma contra-experiência que compense.

Não necessito de um mundo de gente. E há um mundo de gente do qual não necessito.

Eu os abandono a fim de que eles me mostrem o que sabem fazer, afora me estorvarem e fazerem desandar um ensino em que tudo é sopesado.

Farão melhor os que eu admitir comigo? Ao menos poderão prevalecer-se de eu lhes dar essa chance.

A Diretoria da EFP, tal como a compus, despachará as pendências dos assuntos ditos rotineiros, até que uma assembléia extraordinária, sendo a última, convocada no devido tempo, de conformidade com a lei, proceda à devolução de seus bens, que os tesoureiros terão avaliado.

[319]

*Guitrancourt, 5 de janeiro de 1980*

---

1 No orig., apenas "*Si je père-sévère*", que grafa o primeiro sentido e soa como o segundo. (N.E.)

VI

# A lógica da fantasia

RESUMO DO SEMINÁRIO DE 1966-67

[323]

Nosso retorno a Freud a todos choca pelo vazio central do campo que instaura, e não menos aos que dele têm a prática.

Entre estes seria um alívio reduzir a palavra de ordem à história do pensamento de Freud, operação clássica na filosofia, ou até a seu vocabulário. Faz-se rodar os novos termos com que estruturamos um objeto, alimentando tarefas de livreiro.

Levar cada vez mais longe o primado lógico que está na verdade da experiência é devolver essa rodada à poeira que ele levanta.

Ou não penso, ou não sou — propor nessa formulação o *ergo* invertido de um novo *cogito* implicava um abracadabra que cabe constatar bem-sucedido.

É que ele apanhou aqueles a quem visava na surpresa de ali encontrar a virtude de nosso esquema da alienação (1964), aqui prontamente destacada por abrir a junção entre o isso e o inconsciente.

Uma diferença de aspecto morganiano ganha vida pelo fato de uma escolha forçada torná-la dissimétrica. O "eu não penso", que efetivamente funda aí o sujeito na opção que para ele é a menos pior, fica desfalcado do "sou" da interseção negada por sua fórmula. O não-eu [*pas-je*] que aí se supõe não é, por ser não, sem ser.[1] É *isso* mesmo que o designa, e com um indicador apontado para o sujeito pela gramática. *Isso* é o esporão [*ergot*] trazido pelo *ne*, nó que desliza ao longo da frase para assegurar sua indizível metonímia.

---

1 Nessa frase Lacan utiliza-se da ambigüidade da locução *ne pas être* em sua formulação oral *être pas*, na qual descarta-se o *ne* expletivo. Teríamos então tanto "o não-eu não que aí se supõe não é, por não ser, sem ser" como "o não-eu que aí se supõe não é, por ser não, sem ser". (N.E.)

Mas muito diferente é o "penso" que subsiste para complementar o "eu não sou" cuja afirmação é primariamente recalcada.

Pois é somente ao preço de, tal como ela, ser um falso não-sentido [*non-sens*], que ele pode ampliar seu império preservado das cumplicidades da consciência.

Do esquadro que assim se desenha, os braços são operações que se denominam: alienação e verdade. Para encontrar a diagonal que une suas extremidades, a transferência, basta perceber que, exatamente como no *cogito* de Descartes, não se trata, aqui, senão do *sujeito suposto saber*.

A psicanálise postula que o inconsciente, onde o "eu não sou" do sujeito tem sua substância, é invocável pelo "eu não penso" como aquele que imagina ser senhor de seu ser, isto é, não ser linguagem.

Mas trata-se de um grupo de Klein ou, simplesmente, da obviedade [*pont-aux-ânes*][2] escolástica, ou seja, existe um canto quarto. Esse canto combina os resultados de cada operação, representando sua essência em seu resíduo. Isso equivale a dizer que ele lhes inverte a relação, o que se lê ao inscrevê-las pela passagem de uma direita para uma esquerda que aí se distinguem por um acento.

É preciso, com efeito, que se feche o ciclo pelo qual o impasse do sujeito se consuma ao revelar sua verdade.

A falta-a-ser que constitui a alienação instala-se ao reduzi-la ao desejo, não porque este seja não pensar (sejamos espinosistas aqui), mas porque ele ocupa este lugar através dessa encarnação do sujeito chamada castração, e pelo órgão da ausência em que ali se transforma o falo. É esse o vazio tão incômodo de abordar.

Ele é manejável por estar envolto pelo continente que cria. E encontra, para fazê-lo, os restos que atestam que o sujeito é apenas efeito de linguagem: nós os promovemos como objetos *a*. Sejam quais forem o número e a forma que os edifica, reconheçamos neles porque a idéia de criatura, por se ater ao sujeito, é anterior a toda e qualquer ficção. Desconheceu-se apenas o próprio *nihil* de

---

2 Aqui e adiante, Lacan se refere ao grupo de Klein, que está na origem de seu esquema L e que se estrutura como um retângulo formado por dois triângulos retângulos. Daí o *pont-aux-ânes*, que tanto significa "obviedade" quanto indica a dedução da hipotenusa. (N.E.)

A *lógica da fantasia*     325

que provém a criação, mas o *Dasein* inventado para cobrir esses mesmos objetos pouco católicos não nos deixa com melhor cara diante deles.

É do vazio que os centra, portanto, que esses objetos retiram a função de causa em que surgem para o desejo (metáfora, incidentalmente, que já não pode ser eludida ao se rever a categoria da causa).

O importante é perceber que eles só exercem essa função no desejo ao serem nele percebidos como solidários da fenda (por serem a um tempo desiguais e se juntarem para disjuntá-la), da fenda em que o sujeito se afigura uma díade — ou seja, assume o engodo de sua própria verdade. Essa é a estrutura da fantasia, notada por nós com o parêntese, cujo conteúdo deve ser pronunciado: S barrado punção de *a*.

Eis-nos de novo, portanto, no *nihil* do impasse assim reproduzido do sujeito suposto saber.

Para encontrarmos seu hilo, apercebamo-nos de que só é possível reproduzi-lo por ele já ser repetição ao se produzir.

O exame do grupo, com efeito, apenas mostra até aqui, em suas três operações que somos — alienação, verdade e transferência —, nada que permita retornar ao zero ao duplicá-las: lei de Klein que postula que a negação, ao se duplicar, anula-se.     [325]

Bem longe disso, quando aí se opõem três fórmulas, das quais a primeira, há muito cunhada por nós, se enuncia: não há Outro do Outro, ou, dito com outras palavras, não há metalinguagem; das quais a segunda remete à própria inanidade a pergunta cujo entusiasmo já denuncia quem se separa de nossas colocações: então não diz ele a verdade sobre a verdade?; e das quais a terceira fornece a seqüência disso, que se anuncia: não há transferência da transferência.

Transpor para um grafo os sentidos assim proibidos é instrutivo quanto às convergências que demonstra ao especificar cada ápice por um número.

Mas é preciso não disfarçar que cada uma dessas operações já é o zero produzido por aquilo que inseriu no real o que ela trata, ou seja, o tempo próprio do campo que ela analisa, aquele que Freud atingiu ao dizer que ele é: repetição.

A preterição que ela contém é muito diferente do mandamento do passado pela qual a tornamos vã.

## 326   *Outros Escritos*

Ela é o ato pelo qual se faz, anacrônica, a imisção da diferença trazida no significante. Aquilo que foi, se repetido, difere, tornando-se tema [*sujet*] a ser reeditado. Diante do ato como aquilo que é o que quer dizer, toda passagem ao ato só se opera em contrasenso. Ela deixa de lado o *acting out*, onde aquilo que diz não é sujeito [*sujet*], mas verdade.

É por exacerbar essa exigência do ato que somos o primeiro a pronunciar corretamente aquilo que se sustenta mal num enunciado irrefletido, mas corriqueiro: o primado do ato sexual. Ele se articula pela distância de duas fórmulas. Primeira: não existe ato sexual — subentenda-se: que tenha peso para afirmar no sujeito a certeza de que ele é de um sexo. Segunda: só há o ato sexual, implicando: do qual o pensamento tem razão de se defender, já que nele o sujeito se fende — cf., acima, a estrutura da fantasia.

A bissexualidade biológica deve ser deixada no legado de Fliess. Ela não tem nada a ver com aquilo de que se trata: a incomensurabilidade do objeto *a* com a unidade implicada pela conjunção de seres de sexo oposto na exigência subjetiva de seu ato.

[326]    Empregamos o número áureo para demonstrar que ela só pode ser resolvida à maneira da sublimação.

Já tendo a repetição e a pressa sido por nós articuladas na base de um "tempo lógico", a sublimação vem complementá-las para que um novo grafo, orientado por sua relação, seja satisfatório, duplicando o precedente, para completar o grupo de Klein — na medida em que seus quatro ápices se igualam por reunir diversos concursos operacionais. E ainda grafos, por serem dois, inscrevem a distância do sujeito suposto saber à sua inserção no real.

Com isso eles satisfazem a lógica que nos propusemos, pois ela supõe não haver outra entrada para o sujeito no real senão a fantasia.

A partir daí, o clínico, aquele que atesta que o discurso de seus pacientes retoma o nosso todos os dias, se autorizará a dar margem a alguns fatos com os quais, de outra maneira, não se faz nada: para começar, o fato de que uma fantasia é uma frase, segundo o modelo de *uma criança é espancada*, que Freud não legou às traças. Ou então, que a fantasia, por exemplo esta e por um traço que Freud enfatiza, encontra-se em estruturas neuróticas muito distintas.

A *lógica da fantasia* 327

Assim, ele poderá não usar mal a função da fantasia, como se faz ao só empregar nossa leitura de Freud, sem nomeá-la, para atribuir a si mesmo a compreensão dos textos dele, a fim de melhor renegar o que eles requerem.

A fantasia, para tomar as coisas no nível da interpretação, desempenha nisso a função do axioma, isto é, distingue-se das leis de dedução variáveis, que especificam em cada estrutura a redução dos sintomas, por figurar neles de um modo constante. O menor dos conjuntos, no sentido matemático do termo, ensina o bastante a esse respeito para que um analista, exercitando-se, encontre nele seu germe.

Assim devolvida à gama lógica, a fantasia só o fará perceber melhor o lugar que ele ocupa para o sujeito. É o mesmo que a gama lógica designa, e é o lugar do real.

Ou seja, ele está longe da *bargain* neurótica que aprisionou em suas formas de frustração, agressão etc. o pensamento psicanalítico, a ponto de fazê-lo perder os critérios freudianos.

Pois vê-se pelas atuações do neurótico que, da fantasia, ele só se aproxima de viés, ocupadíssimo que está em sustentar o desejo do Outro, mantendo-o de diversas maneiras em suspense. O psicanalista poderia não se fazer servo dele.

Isso o ajudaria a distinguir disso o perverso, confrontado muito mais de perto com o impasse do ato sexual. Tão sujeito quanto ele, é claro, mas que faz das malhas da fantasia o aparelho condutor pelo qual furta, em curto-circuito, um gozo do qual nem por isso o lugar do Outro o separa.

[327]

Com essa referência ao gozo inaugura-se a única ôntica admissível por nós. Mas não é à toa que ele só é abordável, mesmo na prática, pelos ravinamentos nele traçados pelo lugar do Outro.

No que, pela primeira vez, apoiamos o fato de que esse lugar do Outro não deve ser buscado em parte alguma senão no corpo, que ele não é intersubjetividade, mas cicatrizes tegumentares no corpo, pedúnculos a se enganchar [*brancher*] em seus orifícios, para neles exercer o ofício de ganchos [*prises*], artifícios ancestrais e técnicos que o corroem.

Barramos o caminho do qüiproquó que, tomando por tema o masoquismo, afoga com sua baba o discurso analítico e o indica para um prêmio nojo.

A mostração do masoquismo basta para revelar nisso a forma mais geral para abreviar as vãs tentativas em que se perde o ato

328 *Outros Escritos*

sexual, mostração essa ainda mais fácil por passar a se revestir de uma irônica demonstração.

Tudo o que elide uma saliência de seus traços como fato perverso basta para desqualificar sua referência de metáfora.

Pensamos em ajudar a reprimir esse abuso, lembrando que a palavra covardia nos é fornecida como mais adequada para rotular o que ele designa no próprio discurso de seus pacientes. Com isso, estes atestam perceber melhor do que os médicos a ambigüidade da relação que liga ao Outro o seu desejo. Aliás, o termo tem lá suas credenciais, por ter sido consignado por Freud naquilo que, da boca do Homem dos Ratos, pareceu-lhe digno de ser colhido para nós.

Não podemos omitir o momento do final de um ano em que pudemos invocar o número como fator de nosso público, para nele reconhecer o que compensava o vazio cuja obstrução, em outro lugar, longe de ceder a nós, revigora-se ao nos responder.

O realismo lógico (a ser entendido medievalmente), tão implicado na ciência que ela se esquece de destacá-lo, nossa punição o comprova. Quinhentos anos de nominalismo seriam interpretáveis como resistência e se dissipariam se as condições políticas não continuassem a reunir aqueles que só sobrevivem por professar que o signo não passa de representação.

[328]

# O engano[1] do sujeito suposto saber [329]

NO INSTITUTO FRANCÊS DE NÁPOLES, 14 DE DEZEMBRO DE 1967

O que é o inconsciente? A coisa ainda não foi compreendida.[2] Tendo o esforço dos psicanalistas, durante décadas, sido o de tranqüilizar quanto a essa descoberta, a mais revolucionária que houve para o pensamento, tomando a experiência dela como privilégio deles — é verdade que suas aquisições continuaram a ser de apreciação privada —, as coisas acabaram chegando a que eles tivessem a recaída a que esse próprio esforço lhes conduzia, por ser motivado no inconsciente: por terem querido tranqüilizar a si mesmos, eles conseguiram esquecer a descoberta.

Tiveram ainda menos dificuldade nisso na medida em que o inconsciente nunca despista tanto quanto ao ser apanhado em flagrante, mas sobretudo por terem deixado de destacar o que Freud, no entanto, havia denotado: que sua estrutura não caía no âmbito de nenhuma representação, sendo mais de seu costume só levá-la em consideração para se mascarar com ela (*Rücksicht auf Darstellbarkeit*).

A política pressuposta por toda provocação de um mercado só pode ser uma falsificação: caía-se então nisso, inocentemente, na falta do socorro das "ciências humanas". Assim é que não se sabia que era uma falsificação querer tornar tranqüilizador o *Unheimlich*, dado o pouquíssimo tranqüilizador que é o inconsciente, por sua natureza.

---

1 O termo *méprise*, que ocupa lugar importante no ensino de Lacan, será neste volume preferencialmente traduzido por "engano". Apostamos, assim, menos em uma multiplicidade de termos que o traduziriam adequadamente em diferentes situações (equivocação, tapeação, enganação, confusão), e mais na capacidade da própria língua portuguesa em engendrar a *méprise* a partir de um termo comum. (N.E.)

2 Esse texto e os dois seguintes, preparados para conferências, não foram lidos, como é esclarecido por uma indicação do autor, reproduzida nas "Referências bibliográficas" (2000).

# 330 Outros Escritos

Admitida a coisa, tudo se presta a servir de modelo para dar conta do inconsciente: o *pattern* de comportamento, a tendência instintiva, ou até o traço filogenético em que se reconhece a reminiscência de Platão — a alma aprendeu antes de nascer —, a emergência desenvolvimentista que falseia o sentido das chamadas fases pré-genitais (oral, anal) e derrapa ao empurrar a ordem genital para o sublime... Há que ouvir a criancice analítica dar-se livre curso quanto a isso, havendo-se a França distinguido, de maneira inesperada, por levá-la a um ponto ridículo. Este se corrige ao sabermos tudo o que nele se pode dissimular: a menos discreta das coprofilias, vez por outra.

Acrescentemos à lista a teleologia, por criar uma cisão dos objetivos de vida nos objetivos de morte. Tudo isso, por não passar de representação, intuição sempre ingênua e, numa palavra, registro imaginário, certamente é ar para inflar o inconsciente para todos, e até cantiga para suscitar a vontade de espiar dentro dele em alguém. Mas é também tapear todos com uma verdade que reluz ao se oferecer apenas em falsas captações [*prises*].

Mas, afinal, hão de me dizer, em que se demonstram falsas, que diabo? Simplesmente pela incompatibilidade em que a tapeação [*tromperie*] do inconsciente se denuncia, pela sobrecarga retórica com que Freud o mostra argumentar. Essas representações se somam, como se diz do caldeirão, e seu malefício é afastado, 1º, por não me ter sido emprestado, 2º, porque, quando eu o tive, ele já era furado, e 3º, porque ele era perfeitamente novo no momento de devolvê-lo. E enfie o que você está me mostrando onde quiser.

Afinal, não é do discurso do inconsciente que colheremos a teoria que o explica.

O fato de o apólogo de Freud fazer rir prova que ele toca na nota certa. Mas não dissipa o obscurantismo que o relega às distrações sem importância.

Foi assim que por três meses, ao delimitar a lanterna com que julgava tê-lo de uma vez por todas iluminado, fiz meu público bocejar ao lhe demonstrar no *Witz* de Freud (no chiste, como se traduz) a própria articulação do inconsciente. Não era verve o que me faltava, podem acreditar, nem tampouco, atrevo-me a dizê-lo, talento.

Ali abordei a força da qual resulta que o *Witz* seja desconhecido no batalhão dos Institutos de psicanálise, que a "psicanálise

*O engano do sujeito suposto saber*     331

aplicada" tenha sido o departamento reservado a Ernst Kris, o não-médico do trio nova-iorquino, e que o discurso sobre o inconsciente seja um discurso condenado: com efeito, ele só se sustenta no posto sem esperança de toda metalinguagem.

O fato é que os espertos o são menos que o inconsciente, e é isso que sugere contrastá-lo com o Deus de Einstein. Sabemos que esse Deus, para Einstein, não era em absoluto uma maneira de falar, cabendo antes dizer que ele o constatava [*touchait du doigt*] por aquilo que se impunha: que ele era complicado, sem dúvida, mas não desonesto.

Isso quer dizer que o que Einstein considera na física (e isso é um fato de sujeito) como constituindo seu parceiro não é um mau jogador e nem sequer é um jogador, não faz nada para confundi-lo, não dá uma de finório.     [331]

Será que basta confiar no contraste do qual ressaltaria, assinalemos, quão mais simples é o inconsciente, e será que, por ele enrolar os espertalhões, devemos colocá-lo acima de nós no que julgamos conhecer pelo nome de desonestidade? É aí que convém ser prudente.

Não basta ele ser astucioso, ou, pelo menos, dar a impressão de sê-lo. Tirar essa conclusão é coisa rápida para os novatos, todas as deduções do que virá depois serão recheadas com essa idéia. Graças a Deus, no tocante àqueles com quem lidei, eu tinha a meu dispor a história hegeliana dita da astúcia da razão, para fazê-los perceber uma diferença na qual talvez tornemos compreensível por que eles estavam perdidos de saída.

Observemos o caráter cômico — nunca lhes apontei isso, pois, com as inclinações que vimos neles há pouco, aonde isso teria levado? —, o caráter cômico da razão à qual são necessários esses desvios intermináveis para nos levar... a quê? Ao que se designa como fim da história como saber absoluto.

Relembremos aqui a ridicularização de tal saber que pôde ser cunhada pelo humor de um Queneau, por ele se haver formado nos mesmos bancos que eu em Hegel: ou seja, seu "domingo da vida", ou o advento do indolente e do patife, mostrando numa preguiça absoluta o saber apropriado para satisfazer o animal. Ou simplesmente a sabedoria autenticada pelo riso sardônico de Kojève, que foi nosso mestre comum a ambos.

Atenhamo-nos a este contraste: a astúcia da razão mostraria seu jogo no final.

# 332    *Outros Escritos*

Isso nos leva a algo por que passamos meio apressadamente. Se a lei da natureza (o Deus da física) é complicada, como é que só a atingimos ao jogar a regra do pensamento simples, entenda-se: quem não reitera sua hipótese de maneira a tornar qualquer outra supérflua? Será que o que se fez figurar disso, no espírito de Occam da navalha, não nos permitiria, do pedaço que sabemos, homenagear o inconsciente com um fio que, afinal, revelou-se um bocado cortante?

[332]   Aí está algo que talvez nos introduza melhor no aspecto do inconsciente pelo qual ele não se abre tanto que não venha a se fechar em seguida. Mais coriáceo, portanto, a uma segunda pulsação? A coisa fica clara pela advertência com que Freud previu muito bem o que começamos por destacar — a remoedura de recalcamento que se produziu na média da clínica —, ao confiar em seus discípulos para que dessem sua contribuição, por um pendor tão mais bem-intencionado quanto menos intencional a ceder à irresistibilidade do behaviorismo para pavimentar esse caminho.

Em que a afirmação atual faz discernir o que se formula, pelo menos para quem lê Freud em nossa escola: que a disciplina behaviorista se define pela denegação (*Verneinung*) do princípio de realidade.

Não será aí que se deve dar lugar à operação da navalha, assinalando que minha polêmica é tão pouco digressiva aqui quanto alhures, para demonstrar que é na própria articulação da psicanálise com o objeto por ela suscitado que o psicanalista abre seu sentido por ser seu dejeto prático?

Porque, onde pareço denunciar como traição a carência do psicanalista, aproximo-me da aporia a partir da qual articulo este ano o ato psicanalítico.

Ato que fundo numa estrutura paradoxal, já que nela o objeto é ativo e o sujeito, subvertido, e na qual inauguro o método de uma teoria, pelo fato de que ela não pode, com toda a correção, considerar-se irresponsável pelo que se configura de fatos por meio de uma prática.

Assim, é no cerne da prática que fez empalidecer o inconsciente que tenho agora de buscar seu registro.

Para isso, faz-se preciso o que desenho de um processo atado por sua própria estrutura. Qualquer crítica que fosse a nostalgia de um inconsciente em seu desabrochar, de uma prática em sua intrepidez ainda selvagem, seria ela mesma puro idealismo. Simplesmente, nosso realismo não implica o progresso no movimento que

O engano do sujeito suposto saber    333

se desenha da simples sucessão. Não o implica, em absoluto, porque o toma por uma das mais grosseiras fantasias daquilo que merece, a cada momento, ser classificado como ideologia, aqui como efeito de mercado, tal como suposto pelo valor de troca. É preciso que o movimento do universo do discurso seja apresentado ao menos como o crescimento, com juros compostos, da renda de um investimento.

Só que, quando não existe idéia de progresso, como apreciar a regressão, a regressão do pensamento, naturalmente? Observemos inclusive como essa referência ao pensamento é duvidosa enquanto não é definida, mas ocorre também que não podemos    [333] defini-la enquanto não houvermos respondido à pergunta sobre o que é o inconsciente. Pois o inconsciente, a primeira coisa a dizer sobre ele — o que significa o seu "o que é", o *quod est*, o το τι εστι, na medida em que ele é o sujeito de tudo o que lhe pode ser atribuído — é aquilo que Freud disse a seu respeito inicialmente, com efeito: são pensamentos.

Aliás, o termo "regressão do pensamento" tem aqui, apesar de tudo, a vantagem de incluir a pulsação indicada por nossas preliminares, ou seja, o movimento de recuo predador cuja sucção como que esvazia as representações de sua implicação de conhecimento, e isto seja pela própria confissão dos autores que se valem desse esvaziamento (behaviorista ou mitologizante, na melhor das hipóteses), seja por eles só sustentarem sua bolha ao recheá-la com a "parafina" de um positivismo ainda menos oportuno aqui do que alhures (migração da libido, pretenso desenvolvimento afetivo).

É do próprio movimento do inconsciente que provém a redução do inconsciente à inconsciência, na qual o momento da redução se furta por não poder medir-se pelo movimento como sua causa.

Nenhuma pretensão de conhecimento seria aceitável aqui, visto que nem sequer sabemos se o inconsciente tem um ser próprio, e que foi por não ser possível dizer "é isso" que ele foi chamado pelo nome de isso (*Es* em alemão, ou seja, isso, no sentido como se diz "isso não tem cabimento", ou "isso vai acabar mal".) Na verdade, o inconsciente "não é isso", ou então, "é isso, mas na pressa"[3]. Nunca no capricho.

---

3  No orig. *à la gomme*, utilizando-se do termo gomme, "borracha", do qual fará uso a seguir Lacan. (N.E.)

334 *Outros Escritos*

"Eu sou um trapaceiro de vida", diz um garoto de quatro anos, enroscando-se no colo de sua genitora, diante do pai que acaba de responder "Você é bonito" à sua pergunta: "Por que você está me olhando?" E o pai não reconhece nisso (apesar de o menino, no intervalo, o haver tapeado com a idéia de ter perdido o gosto por si mesmo desde o dia em que falou) o impasse que ele mesmo tenta pôr no Outro, ao se fazer de morto. Cabe ao pai que me contou isso ouvir-me aqui, ou não.

É impossível encontrar o inconsciente sem usar *toda* a borracha, já que é sua função apagar o sujeito. Daí os aforismos de Lacan: "O inconsciente é estruturado como uma linguagem", ou então "O inconsciente é o discurso do Outro".

Isso lembra[4] que o inconsciente não é perder a memória; é não lembrar do que se sabe. Pois convém dizer, de acordo com o uso do não-purista, "eu me lembro isso",[5] ou seja: eu me lembro a ser (da representação) a partir disso. De quê? De um significante.

Não me lembro mais disso. Isso quer dizer: não me reencontro nisso. Isso não me instiga a nenhuma representação pela qual se prove que habitei aí.

Essa representação é aquilo a que se chama lembrança [*souvenir*].[6] A lembrança, o deslizar por baixo, é de duas fontes que até hoje têm sido confundidas:

[334]

---

4 Aqui e no trecho que se segue Lacan emprega o verbo *rappeler*, jogando com suas várias acepções de reevocar, chamar, invocar, chamar de volta, trazer de novo à memória (ou à consciência), resgatar, lembrar, rememorar, fazer pensar em, reconvocar, mobilizar etc. Nas próximas ocorrências desse verbo, ele usa a construção *se rappeler de* e, na seguinte, *s'en rappeler*, condenadas por muitos gramáticos e construídas por analogia com *se souvenir de* (lembrar-se de, recordar), para dar corpo a isso que é objeto da lembrança. (N.E.)

5 "Disso", diz o sujeito, "eu não me lembro". Ou seja: ao chamado de um significante ao qual caberia "me representar para outro significante", eu não respondo "presente", em razão de que, pelo efeito desse chamado, não represento mais nada para mim. Sou um quarto escuro que foi iluminado: não há mais jeito de se pintar nele, por seu buraco de alfinete, a imagem do que acontece lá fora.

O inconsciente não é subliminar, tênue claridade. É a luz que não dá lugar à sombra, nem deixa insinuar-se seu contorno. Ele representa minha representação ali onde ela falta, onde sou apenas uma falta do sujeito.

Donde, em Freud, o termo: representante da representação.

6 É divertido assinalar aqui que lembrar-se de [*se souvenir de*] vem do recordar-se de [*se rappeler de*], reprovado pelos puristas, e que é atestado a partir do século XIV.

O engano do sujeito suposto saber    335

1) a inserção do vivente[7] na realidade que é o que disso ele
imagina e que pode ser avaliada por sua maneira de reagir nela:
2) o laço do sujeito com um discurso de onde ele pode ser
reprimido, isto é, não saber que esse discurso o implica.
O imponente quadro da chamada amnésia de identidade deveria ser instrutivo aqui.
Convém implicar que o uso do nome próprio, por ser social,
não deixa transparecer que é essa a sua origem. Por conseguinte,
bem podemos chamar de amnésia a espécie de eclipse que fica
suspensa em sua perda: só faz distinguir-se melhor o enigma pelo
fato de que o sujeito não perde aí nenhum benefício do aprendido.
Tudo o que é inconsciente joga apenas com efeitos de linguagem. Trata-se de algo que se diz sem que o sujeito se represente
nisso nem que nisso diga — nem tampouco saiba o que diz.
A dificuldade não é essa. A ordem de indeterminação constituída pela relação do sujeito com um saber que o ultrapassa resulta, podemos dizer, de nossa prática, que a implica, tão logo seja
interpretativa.
Mas que possa haver um dizer que se diz sem que *a gente*[8]
saiba [*sans qu'on sache*] quem o diz, é a isso que o pensamento se    [335]
furta: é uma resistência *ôn-tica*. (Brinco com a palavra *on* em
francês, da qual, não sem motivo, faço um esteio do ser, um *ov*, um
ente, e não a imagem da omnitude: em suma, o sujeito suposto
saber.)
Se a gente [*on*], a omnitude, terminou por se habituar à interpretação, isso foi ainda mais fácil na medida em que há muito
tempo ela é ali feita, pela religião.
É por isso mesmo que uma certa obscenidade universitária,
que se denomina hermenêutica, encontra seu creme na psicanálise.
Em nome do *pattern* e do filos anteriormente evocado, do
padrão-amor que é a pedra filosofal do fiduciário intersubjetivo, e
sem que ninguém jamais se tenha detido no mistério dessa Trinda-

---

7  É preciso ressaltar, apesar da proximidade literal entre os termos, que *vivant*
remete a algo menos definido e corporificado que seu equivalente em português.
(N.E.)
8  Foi preciso privilegiar a tradução do indefinido *on* francês por "gente", em
lugar do impessoal "se", para dar-lhe a materialidade que lhe confere Lacan. (N.E.)

de heteróclita, a interpretação dá toda a satisfação... a quem, pensando bem? Antes de mais nada, ao psicanalista que nela desenvolve o moralismo bendizente cuja face oculta foi dita mais acima.

Ou seja, quem se esconde sob a aparência de só agir para o bem: conformismo, herança e fervor reconciliatório compõem a mama tríplice que ele oferece ao pequeno número dos que, por terem ouvido o apelo, já são eleitos.

Assim, as pedras em que seu paciente tropeça não são mais do que o pavimento de suas boas intenções, as dele — maneira, decerto, de o psicanalista não renegar a movimentação do inferno a que Freud se havia resignado (*Si nequeo flectere Superos...*).

Mas não foi talvez a essa pastoral, a esse dito bucólico, que Freud procedeu. Basta lê-lo.

E o fato de ele haver chamado de mitologia a pulsão não significa que não se deva levar a sério o que mostra nela.

O que antes se demonstra aí é a estrutura do desejo que Espinosa formulou como a essência do homem. Este desejo que, da desideração que atesta nas línguas romanas, sofre aqui a deflação que o conduz a seu des-ser.

E é um bocado bufo — se o psicanalista houver percebido, por sua inerência à pulsão anal, que o ouro é merda — vê-lo besuntar com o dedo essa chaga nas entranhas que é o amor, passando a pomada do autêntico, da qual o ouro é *fons et... origo*.

É por isso que o psicanalista já não interpreta como nos bons tempos, como se sabe. É por haver ele mesmo sujado sua fonte viva.

[336]  Mas, como tem que andar na linha, ele desmama, isto é, corrige o desejo e imagina estar desmamando (frustração, agressão etc.). *Castigat mores*, diremos: *ridendo*? Infelizmente, não; é sem rir: ele castra os costumes com seu próprio ridículo.

A interpretação, ele a transpõe para a transferência, que nos reconduz a nosso *on* ["a gente"].

O que o psicanalista de hoje poupa ao psicanalisante é justamente o que dissemos acima: não é aquilo que lhe diz respeito, que ele não tarda a ficar pronto para engolir, já que nisso se esmeram as formas, as formas da poção... Ele abrirá seu biquinho delicado de bicota; abrirá, não abrirá. Não, o que o psicanalista acoberta, já que ele mesmo se protege disso, é que possa se dizer alguma coisa sem que nenhum sujeito o saiba.

*O engano do sujeito suposto saber* 337

*Mane, Mane, tecel, fares.*[9] Quando isso aparece na parede para todo o mundo ler, pode derrubar um império. A coisa é reposta no lugar certo.

Mas, de um só fôlego, atribui-se a farsa ao Onipotente, de modo que o furo é tapado no mesmo instante em que é transposto, e nem sequer se atenta para o fato de que, por esse artifício, o próprio barulho serve de proteção para o desejo maior, o desejo de dormir. Aquele do qual Freud fez a última instância do sonho.

No entanto, acaso não poderíamos perceber que a única diferença, mas a diferença que reduz ao nada aquilo de que difere, a diferença de ser, aquela sem a qual o inconsciente de Freud é vão, está em que, ao contrário de tudo o que se produzira antes dele sob o *label* do inconsciente, ele deixou bem claro que é de um lugar diferente de todo e qualquer apreensão [*prise*] do sujeito que se revela um saber, visto que ele só se oferece naquilo que do sujeito é engano?

O *Vergreifen* (cf. Freud, o engano, seu termo para designar os chamados atos sintomáticos), ao ultrapassar o *Begriff* (ou a apreensão), promove um nada que se afirma e se impõe pelo fato de sua própria negação apontá-lo para a confirmação de seu efeito, que não faltará na seqüência.

Súbito, levanta-se uma questão, fazer surgir a resposta que premunia contra ela, por lhe estar su-posta: o saber que só se revela no engano do sujeito, qual pode realmente ser o sujeito que o sabe de antemão?

Se podemos muito bem supor que a descoberta do número transfinito inaugurou-se pelo fato de Cantor haver tropeçado ao dedilhar diagonalmente decimais, nem por isso reduziremos a [337] questão do furor que sua construção desencadeou num matemático como Kronecker. Mas que essa questão não nos mascare uma outra, esta concernente ao saber assim surgido: onde podemos dizer que o número transfinito, como "nada além de saber", espe-

---

9 Lacan se refere à inscrição feita na parede por mão misteriosa, durante o festim sacrílego de Baltasar, e que Daniel interpretou como significando: "MANE: Deus contou os dias do teu reinado e lhe pôs termo. TECEL: Foste pesado na balança e achou-se que tinhas peso a menos. FARES: Teu reino se dividiu e foi dado aos medas e aos persas." Na mesma noite, Baltasar foi morto e seu reino foi tomado por Dario. Ver Daniel, 5:24-31. (N.E.)

338     *Outros Escritos*

rava por aquele que viria a se fazer seu descobridor? Se não foi em sujeito nenhum, em que *se* [*on*] do ser terá sido?

O sujeito suposto saber, Deus, o próprio, para chamá-lo pelo nome que lhe deu Pascal, quando designamos precisamente, ao contrário dele, não o Deus de Abraão, Isaac e Jacó, mas o Deus dos filósofos, ei-lo desalojado de sua latência em toda e qualquer teoria. *Theoria*, seria esse o lugar da theo-logia no mundo?

— Da cristã, seguramente, desde que ela existe, mediante o que o ateu nos parece ser aquele que a ela se apega com mais força. Suspeitava-se: esse Deus estaria meio enfermo. Mas não é a cura do ecumenismo que o tornará mais valente, nem tampouco o Outro com maiúscula, o de Lacan, temo eu.

Quanto à *Dio-logia*, que conviria separar dela, e cujos Pais distribuem-se desde Moisés até James Joyce, passando por mestre Eckhart, parece-nos que foi Freud, mais uma vez, quem melhor marcou seu lugar. Como afirmei, sem esse lugar marcado, a teoria psicanalítica se reduziria àquilo que é, para melhor e para pior — um delírio de tipo schreberiano; já Freud não se deixou enganar quanto a isso e não hesitou em reconhecê-lo (cf., precisamente, seu "caso Schreber").

Esse lugar do Deus-Pai é aquele que designei como Nome-do-Pai e que me propus ilustrar no que deveria ser meu décimo terceiro ano de seminário (o décimo primeiro em Sainte-Anne), quando uma passagem ao ato de meus colegas psicanalistas forçou-me a lhe pôr termo, depois da primeira lição. Nunca mais retomarei esse tema, vendo nisso o sinal de que esse lacre ainda não deve ser retirado para a psicanálise.

De fato, é nesta relação tão hiante que fica suspensa a posição do psicanalista. Ele não é apenas solicitado a construir a teoria do engano essencial ao sujeito da teoria — aquele a que chamamos sujeito suposto saber.[10]

Uma teoria que inclua uma falta, a ser encontrada em todos os níveis, inscrevendo-se aqui como indeterminação, ali como certeza, e a formar o nó do ininterpretável, é nela que me empenho, decerto não sem experimentar sua atopia sem precedentes. A per-

---

10  Há que se ter em mente, especialmente nesta passagem, o quanto Lacan se utiliza da ambigüidade do termo *sujet* que reúne "sujeito", "tema/assunto" e, mesmo, "súdito". (N.E.)

*O engano do sujeito suposto saber* 339

gunta aqui é: quem sou eu para ousar tal elaboração? A resposta é [338] simples: um psicanalista. É uma resposta suficiente, se limitarmos seu alcance a isto que tenho de psicanalista: a prática.

Ora, é justamente na prática, antes de mais nada, que o psicanalista tem que se igualar à estrutura que o determina, não em sua forma mental, infelizmente! — é exatamente aí que está o impasse —, mas em sua posição de sujeito tal como inscrita no real: tal inscrição é o que define propriamente o ato.

Na estrutura do engano do sujeito suposto saber, o psicanalista (mas quem é, e onde fica, e quando é — esgotem a lira das categorias, isto é, a indeterminação de seu sujeito — o psicanalista?), o psicanalista, no entanto, tem que encontrar a certeza de seu ato e a hiância que constitui sua lei.

Irei eu lembrar, aos que sabem algo a esse respeito, a irredutibilidade do que resta disso no fim da psicanálise, e que Freud apontou (em "Análise terminável e interminável") com os termos castração ou inveja do pênis?

Será possível evitar que, ao me dirigir a uma platéia que em nada está preparada para esta intromissão do ato psicanalítico — visto que esse ato só se lhe apresenta sob disfarces que o degradam e o desviam —, o sujeito que meu discurso circunscreve não se mantenha como o que continua a ser para nossa realidade de ficção psicologizante: na pior das hipóteses, o sujeito da representação, o sujeito do bispo Berkeley, ponto de impasse do idealismo, e na melhor, o sujeito da comunicação, o intersubjetivo da mensagem e da informação, sem condição sequer de contribuir para nosso assunto?

Embora tenham sido favoráveis a me produzir neste encontro, a ponto de me dizer que em Nápoles eu era popular, não posso ver no sucesso de meus *Escritos* mais do que o sinal de que meu trabalho emerge, neste momento, do pressentimento universal, que sobressai de outras emergências mais opacas.

Esta interpretação por certo estará correta, se ficar constatado que esse eco se produz para além do campo francês, no qual essa acolhida se explica melhor pela exclusão em que a mantive durante vinte anos.

Nenhum crítico, desde a publicação de meu livro, exerceu seu ofício, que é dar conta dele, à exceção de um certo Jean-Marie Auzias, num desses livrinhos toscos cuja leveza no bolso não jus- [339] tifica as negligências tipográficas, e que se chama *Chaves do es-*

# 340 Outros Escritos

*truturalismo*: o capítulo IX me é dedicado e minha referência é utilizada nos outros. Jean-Marie Auzias, repito, é um crítico valioso, uma *avis rara*.

Apesar de seu caso, só espero daqueles a quem aqui me dirijo que se confirme o mal-entendido.

Guardem ao menos isto, que atesta este texto que lhes atirei: meu empreendimento [*entreprise*] não ultrapassa o ato em que é apreendido [*prise*] e, portanto, não tem chance senão por seu mal-entendido [*méprise*].

Cabe ainda dizer do ato psicanalítico que, sendo ele, por sua revelação original, o ato que nunca tem tanto sucesso quanto ao ser falho, essa definição não implica (não mais do que em outras áreas de nosso campo) a reciprocidade, idéia tão cara à divagação psicológica.

O que equivale a dizer que não basta ele fracassar para ter sucesso, que o fiasco [*ratage*], por si só, não inaugura a dimensão do engano que está em questão aqui.

Um certo atraso do pensamento em psicanálise — deixando entregue aos jogos do imaginário tudo o que pode ser proferido sobre uma experiência buscada no lugar que lhe conferiu Freud — constitui um fiasco sem maior significação.

Por isso é que há toda uma parte de meu ensino que não é ato analítico, mas tese, e polêmica inerente a ela, sobre as condições que redobram o engano próprio do ato com um fracasso em sua recaída.

Não ter podido alterar essas condições situa o meu esforço na suspensão desse fracasso.

O falso engano, dois termos ligados no título de uma comédia de Marivaux, encontra aqui um sentido renovado, que não implica nenhuma verdade de achado. Será em Roma que, em memória de uma guinada de meu empreendimento, fornecerei amanhã, como for possível, a medida desse fracasso e suas razões.

O destino dirá se ele continua prenhe do futuro que está nas mãos daqueles a quem formei.

DE ROMA 53 A ROMA 67:

# A psicanálise. *Razão de um fracasso*

[341]

NO *MAGISTERO* DA UNIVERSIDADE DE ROMA, 15 DE DEZEMBRO DE 1967,
ÀS 18 HORAS, NA PRESENÇA DE NOSSO EMBAIXADOR

Em 1953, meu discurso, aquele a que meu círculo chama discurso de Roma, foi pois proferido no lugar onde hoje o retomo.[1] Função e campo da fala e da linguagem na psicanálise, tais foram seus termos: função da fala, campo da linguagem, isso equivalia a interrogar a prática e renovar o estatuto do inconsciente.

Como, na verdade, eludir ao menos uma interrogação sobre o que não constitui um dado: aquilo que inaugura a fala, essencialmente entre dois seres, quando a fala é o instrumento, o único de que se serve esta prática? Como sequer ter esperança de situar o que se desloca para além, sem conhecer a construção com que ela constitui esse além suposto como tal?

E, quanto ao inconsciente, como não destacar nesta data esta dimensão esquecida justamente por ser evidente? — sua estrutura, tão claramente isomórfica ao discurso desde seu aparecimento: um isomorfismo tão mais impressionante na medida em que sua forma antecipou a descoberta pela qual ele se estabeleceu, que foi na linguagem; secundariamente, em que se postularam as formas que são seus protótipos, a metáfora e a metonímia, e que tinham surgido mascaradas — ou seja, sem que se reconhecesse à linguagem a postulação de seus fundamentos — nos mecanismos primários descritos por Freud: condensação e deslocamento.

Um tantinho de entusiasmo... — como escrevi no prefácio esclarecedor com que introduzi em meus *Escritos* a recompilação desse título — ... acolheu essas formulações, que foram tão estragadas por isso que o estrago[2] não mais as deixou durante dez anos.

[342]

---

1 Com uma diferença de alguns quilômetros.
2 No original, "... *ces propos qui en furent si* gâchés *là, que la* gâche *ne les quitta plus pour dix ans*", onde a escolha nada gratuita dos termos alude a Daniel Laga-

341

342     *Outros Escritos*

Um tantinho de entusiasmo em que já se podia ler sob o signo de que petrificação psicologizante elas foram recebidas. A hipótese psicológica é muito simples. É uma metonímia. Em vez de dizerem trinta barquinhos, vocês dizem trinta velas; em vez de dizerem dois bichos humanos, prontos a fazer um com dois costados, vocês dizem duas almas. Se isso é um meio de desconhecer que a alma só subsiste pelo lugar em que os dois animais, cada qual à sua maneira, desenham a regra da incomensurabilidade de sua copulação, e se é um meio de encobrir esse lugar, então a operação é bem-sucedida: o que dizer que perpetua-se o desconhecimento do qual a psicanálise constitui ao menos a ruptura. Só é correto dizer "ao menos" se ela põe esta operação em questão. Quanto à teoria, portanto, é de revisar essa metonímia que ela tira sua precondição.

O que aqui constitui a falácia (em que há *faloácia* oculta), o que constitui a falácia da metonímia da alma, é que o objeto que ela parcializa é tido como autônomo. É claro que só pude falar de dois animais por eles quererem conjugar-se, e a frota dos trinta navios quer dizer um desembarque. As almas são sempre mônadas — e as trinta velas, o sinal do vento. O que esse emprego da metonímia fornece de mais valioso é a *Monadologia* e sua comicidade latente, bem como a ventania que dissipa as *Armadas*.

A obra de Leibniz, com efeito, só o ilustra em primeiro lugar por restabelecer eristicamente que não convém partir do Todo, que é a parte que o sustenta e o contém. Que cada mônada seja o Todo libera-a de depender dele, o que subtrai a recém-nascida de nossas burrices — a personalidade total — dos abraços dos amadores. Aí despontaria, no cômputo final, a justa consideração do órgão, aquela que constitui o embaraço da função.

Quanto ao vento nas velas, ele nos lembra que o desejo do homem é excêntrico, que é no lugar do Outro que ele se forma: justamente neste consultório tão particular em que, da concha em que jaz a ostra, evoca-se a orelha da bela mulher, com sabor de elogio.

---

che, a seus comentários no debate que se seguiu à conferência de Lacan em Roma e a sua "postura psicologizante", prenúncio da futura ruptura definitiva entre os dois. Traduzindo-se a frase homofônica, teríamos algo como "...tão lagachadas por isso que Lagache não mais as deixou...". (N.E.)

A psicanálise. *Razão de um fracasso*                343

Essa estruturação, tão precisa como fundadora do desejo, eu a introduzi em fevereiro-março de 1958 partindo da dinâmica muito apropriadamente traçada por Freud do Édipo feminino, por demonstrar sua distinção da demanda, da evidência que ela ali assume.                                              [343]

Tornou-se fácil, depois disso, reduzir a aberração com que hoje em dia se motiva a reserva tradicional que especifica o psicanalista: a saber, o recurso à frustração, da qual não existe vestígio em Freud. Se o psicanalista não pode atender à demanda, é apenas porque atendê-la é forçosamente decepcioná-la, uma vez que o que se demanda, de qualquer modo, é Outra Coisa, e que é justamente isso que é preciso vir a saber. Demanda do amor mais além. Mais aquém, o absoluto da falta a que se agarra o desejo.

Se o tantinho de entusiasmo inicial já assinalou o mal-entendido, é porque a princípio meu discurso foi tomado, por um certo surdo exemplar, apenas como a borradela simplesmente apropriada para impulsionar a venda de seus brinquedinhos. (Genial, disse ele então.)

É que brinquedinho não é o termo que convém a um modo de tomar as palavras que Freud elegeu para situar uma tópica que tem suas razões no progresso de seu pensamento: eu ideal ou ideal do eu, por exemplo, no sentido que eles podem ter na faculdade de letras, na "psicologia moderna", aquela que será necessariamente científica, posto que é moderna, ao mesmo tempo que se manterá humanista, por ser psicologia: vocês reconhecem aí o esperado alvorecer das ciências humanas, da carpa-coelho, do peixe-mamífero, da sereia, ora essa! Ela dá aqui seu *tom*: colocar nessas palavras da tópica freudiana um conteúdo da ordem do que é apreciado nos livrinhos escolares.

Tive a honra (assim se exprimiu um amador que se regala com esse diálogo) de fazer uma reprimenda muito polida[3] a esse procedimento, que chega a nada menos do que enunciar que o isso é, em suma, o eu ruim. Tive que ouvir isso pacientemente. Ai, mas quantos ouvintes aqui estão em condições de avaliar o inconcebível dessa gafe?

---

3  Às p.647-84 de meus *Escritos* [653-91 da edição brasileira].

344 *Outros Escritos*

Não esperei por essa experiência espantosa, contudo, para destacar a ignorância docente — termo a recolocar em sua justa oposição à ignorância douta — que é corrente como valor nos bastidores intelectuais em razão da besteira [*bêtise*] acadêmica.

[344] Sendo o tráfico de autoridade a norma de seu mercado, vi-me, dez anos depois, negociado a seus cuidados, e, como isso se deu nas condições soturnas próprias da gangue annafreudiana, foi simplesmente minha cabeça que foi entregue como propina para a conclusão de um *gentlemen's agreement* com a IPA, do qual preciso indicar aqui a incidência política no processo de meu ensino.

Que se assinale aqui, pela graça do fato, que, mal o negociador recebera em espécie, por essa entrega, seu reconhecimento a título pessoal, ele escalava a tribuna do Congresso, do tipo de congresso que serve de fachada para essas coisas — um congresso sediado em Edimburgo, digamos a bem da história —, para ali fazer ressoarem as palavras desejo e demanda, transformadas em palavras-chave para toda a platéia francesa, mas com as quais, para se glorificar em escala internacional, faltava-lhe inteligência. (Outra oportunidade de riso para o amador citado há pouco.)

Não nos deixemos enganar. Não faço aqui nada além de quitar uma dívida para com um parceiro na extensão de minha platéia, pois tal foi a origem disso. Visto que este sucesso me vale a atenção da assembléia presente, ele torna paradoxal que eu me produza diante dela como fracasso.

É que, de qualquer modo, eu não quis um sucesso de livraria, nem seu assentamento sobre o alarde em torno do estruturalismo, nem aquilo que para mim não passa de publixação...

Pois penso que o barulho não convém ao psicanalista, e menos ainda ao nome que ele carrega, e que não deve carregá-lo.

O que compete a meu nome são as partes caducas de meu ensino que eu pensava que ficariam reservadas a uma propedêutica, posto que elas nada mais são do que o que me recaiu de uma incumbência preliminar: ou seja, tirar a crosta de ignorância com que não é desfavorável que sempre tenha procedido o recrutamento para a psicanálise, mas que adquiriu valor dramático por predominar em suas instalações primárias — na medicina e na psicologia, nominalmente.

É isso que, na coletânea dos *Escritos*, é o mais reconhecível numa crítica, da qual basta dizer que já não é um ofício, porém

*A psicanálise. Razão de um fracasso* 345

uma matraca; não tenho por que me queixar desse fato, pois ela não reduziu o interesse que seu esforço teria temperado.

Com efeito, sucede haver quem perceba tratar-se ali da dialética de Hegel e, depois, da comunicação intersubjetiva. Não faz mal: elas são tidas como se entendendo, e daí se deduz incontinênti que são as referências a que tenciono reduzir a psicanálise. O que confere uma ressonância apatetada àquilo que se repisa, dessa vez com toda a má-fé, nos meios bem informados.

[345]

O fato de se exibir no título de um ano de meu seminário (60-61) a expressão "disparidade subjetiva" para conotar a transferência não altera nada. Como tampouco que eu tenha feito ontem, em Nápoles, uma conferência sobre "o engano do sujeito suposto saber", deixará aparentemente, o "sujeito suposto saber absoluto" menos seguro de recuperar seu equilíbrio.

Aliás, um artigo de 1960, precisamente "A subversão do sujeito", põe os pingos nos is. Não sem que, desde a origem, o estádio do espelho tenha sido apresentado como a bagatela que poderia reduzir ao quebra-quebra a chamada luta de puro prestígio como dissensão originária do Senhor e do Escravo.

Então, por que estou registrando isso? Justamente para apontar ao psicanalista o Jordão que ele atravessa facilmente para voltar a essa prosa — sem o saber. E, no entanto, esse Jordão nada mais é do que a alna que ele transporta consigo e que o anexa, sem que ele sequer o imagine, à não coexistência das consciências, exatamente como um simples Jean-Paul Sartre.

Ademais, como retificar a análise propriamente selvagem que o psicanalista de hoje faz da transferência, senão demonstrando, como fiz durante um ano, partindo do *Banquete* de Platão, que não há nenhum de seus efeitos que não seja estimado, mas para também se sustentar nisso, pelo que aqui chamaremos (para andar depressa) de postulado do sujeito suposto saber? Ora, esse é o postulado que sucede ao inconsciente abolir (foi isso que demonstrei ontem): portanto, será que o psicanalista é sede de uma pulsão plutomítica ou servo de um deus enganador?

Talvez essa divergência em sua suposição mereça ser uma questão formulada a seu sujeito, quando esse sujeito tem que se encontrar em seu ato.

Foi a isto que eu quis conduzir, por uma erística da qual cada meandro foi objeto de um cuidado delicado, de uma consumição de meus dias da qual a pilha de minhas formulações é o monumento deserto: um círculo de sujeitos cuja escolha me parecia ser a do amor, por ser como ele: fato de acaso.

Digamos que me dediquei à reforma do entendimento, imposta por uma tarefa da qual um dos atos é engajar os outros. Por pouco que o ato vacile, é o analista que se torna o verdadeiro psicanalisado, como ele perceberá, tão certo quanto mais perto se encontrar de estar à altura da tarefa.

Mas isso deixa velada a relação da tarefa com o ato.

O patético de meu ensino é que ele opera nesse ponto. E é isso que, em meus *Escritos*, em minha história e em meu ensino, retém um público que está além de qualquer crítica. Ele sente que aí se desenrola alguma coisa da qual todo o mundo terá seu quinhão.

Mesmo que isso só se revele em atos inseparáveis de uma vizinhança que escapa à publicidade.

É por isso que meu discurso, por minguado que seja perto de uma obra como a de meu amigo Claude Lévi-Strauss, cria marcos de outra maneira, na maré montante de significante, significado, "isso fala", traço, grama, engodo, mito ou falta, de cuja circulação fui agora despojado. Afrodite dessa espuma, surgiu recentemente a *différance*, grafada com *a*. Isso traz esperança para o que Freud consignou como o prolongamento do catecismo.

Ainda assim, nem tudo foi ralo abaixo. O objeto (*a*) ainda não está nadando no esgoto, nem o Outro com maiúscula. Tampouco a *i(a)*, imagem do outrinho especular, ou o fim do eu [*moi*] que não atinge ninguém, ou a suspeita narcísica introduzida no amor tornaram-se ainda de qualquer um. Quanto à perversão kantificada (não de quanta, mas de Kant, com *k*), ela está começando.

Voltando à vaca-fria, a tarefa é a psicanálise. O ato é aquilo mediante o qual o psicanalista se compromete a responder por ela.

Sabemos que se admite que o trabalho de uma psicanálise o prepara para isso, razão por que ela é qualificada de didática.

Como se haveria de passar de uma para a outra, se o término de uma não se ligasse ao apuramento de um desejo que leva à outra?

Sobre isso não se articulou nada decente. Ora, atesto (por ter uma experiência de trinta anos) que, mesmo no sigilo em que é julgado esse acesso, isto é, pelos préstimos de psicanalistas qualificados, o mistério continua a se adensar. E qualquer tentativa de introduzir nele uma coerência e, em especial para mim, de formular a mesma pergunta com que interrogo o próprio ato, determina,

A psicanálise. Razão de um fracasso     347

até mesmo em alguns que julguei decididos a me seguir, uma     [347]
resistência bastante estranha.

É importante, ao entrar nesse campo reservado, assinalar o que é patente: que a formação de meus alunos não é contestada. Não apenas ela se impõe por si, como é também muito apreciada, até mesmo onde só é reconhecida sob a condição expressa — com a qual eles têm que se comprometer pondo o preto no branco — de não mais me ajudarem em nada. Nenhum outro exame é introduzido. Aliás, nas condições atuais, falta a esse exame qualquer outro critério que não a notoriedade. A qualificação de psicanálise pessoal com que se supôs poder melhorar a psicanálise didática não é nada além de uma confissão de impotência, na qual se denuncia, à maneira do lapso, que a psicanálise didática é, com efeito, muito pessoal, mas para aquele que a dirige.

É esse o obstáculo. Algo exposto com extrema discrição, visto que o reduzi ao veículo de uma separata do autor, mas cuja subjetividade dominante nas sociedades de psicanálise eu quis que 1956 fixasse; algo que basta agora ler em meus *Escritos*, para conhecer uma coisa diferente de uma sátira, a estrutura ali articulada dos patamares de entronização — o mais baixo dos quais faz entrar na escada de Jacó daquilo que chamei de Suficiência, encimada como é pelo céu das Beatitudes, essa figura exposta não para ser ridicularizada, mas, à maneira do deão Swift, em quem apontei que ela se inspira, para que nela se leia a ironia de uma captura modeladora das vontades particulares —, em toda essa ordem de cerimônia eu toquei, em vão.

Ela se delineia no primeiro passo de uma psicanálise empreendida para se impor à vista. Introduz aí sua marca indelével, por intermédio do analista, por ser ele ali coroado. É o verme desde o botão do risco tomado como didático. Foi por isso que se apostou.

Certamente, esse ideal poderá ser analisado, dizem, nos motivos da empreitada, mas isso equivale a omitir este clímax da vida que é a aposta.

A importância do que está em jogo não vem ao caso: afinal, isso é derrisório. É o passo da aposta que constitui o que a psicanálise, na medida mesma de sua seriedade, joga contra o sujeito, uma vez que essa aposta, ela deve entregá-la à sua loucura. Mas o

## 348 *Outros Escritos*

[348] ganho obtido no final oferece um refúgio com que todo homem se protege contra um ato ainda sem medida: o refúgio do poder.

Basta ouvir a maneira como os psicanalistas falam do pensamento mágico para ouvir ressoar nela a confirmação do poderio nada menos do que mágico que eles repelem, o de tocar como ninguém no que é o destino de todos: eles não sabem nada de seu ato, e menos ainda que o ato que fazem entrar no jogo das causas é o de se darem como razão dele.

Desse ato que se institui em abertura de gozo como masoquista, que deste reproduz o arranjo, o psicanalista corrige a hybris com uma segurança, esta: a de que nenhum de seus pares mergulhe nessa abertura e, portanto, a de que ele próprio saberá manter-se na borda.

Daí o apreço dado à experiência, sob a condição de que se esteja muito certo de onde ela se fecha para cada um. A mais curta, por conseguinte, é a melhor. Estar sem esperança é também, nesse caso, estar sem temor.

A exorbitante inépcia tolerada por um texto, desde que ele seja assinado com o nome de um psicanalista reconhecido, adquire valor quando eu a cito (cf. páginas 605-6 dos *Escritos*[4] e sua continuação, os excertos de Maurice Bouvet sobre as virtudes do acesso ao genital).

O jovem psicanalista a quem ela atinge acredita que eu a deturpei ao citá-la. Verifica e constata tudo o que a enquadra, o que a confirma ou acentua. Confessa ter lido o texto pela primeira vez como plausível por se tratar de um autor sério.

Não há momento da infância que conheça um estado tão delirante de deferência para com os mais velhos, os quais, digam o que disserem, são desculpados, em virtude do que é tido como certo: que eles têm suas razões para não dizer nem mais nem menos. É disso que se trata.

Maurice Bouvet, quando o conheci, tinha mais valor que o remédio de charlatão cujo prospecto forjou. Quanto a mim, eu me modero: a prova disso vocês têm no adiamento a que confesso ter submetido meu texto sobre a sociedade psicanalítica.

Um pálido esboço que eu dera dele a esse mesmo Bouvet, para nosso círculo, por ocasião de uma crise que mais se asseme-

---

4 Na edição brasileira, p.611-3. (N.E.)

# A psicanálise. *Razão de um fracasso* 349

lhou a uma farsa e na qual ele virou a casaca, já o havia alarmado pelo ataque que desferia, segundo me disse ele, contra o narcisismo que dominava o regime do grupo.

Efetivamente, trata-se menos do narcisismo de cada um que de o grupo sentir-se em alerta contra um narcisismo mais vasto. Para julgá-lo, basta sondar a amplitude do desvio tomado por um Michel Foucault para vir a negar o homem. [349]

Todas as civilizações conferiram a função de combater os efeitos desse narcisismo a um emprego diferenciado: louco ou bufão.

Nenhuma pessoa sensata, por iniciativa própria, destacará em nosso círculo a paixão de Antonin Artaud.

Se um de meus alunos se inflamasse nesse sentido, eu tentaria acalmá-lo. Digamos até que não me esqueço de já ter chegado a isso.

Jogo, pois, a regra do jogo, como fez Freud, e não tenho razão de me surpreender pelo fracasso de meus esforços para desatar a estagnação do pensamento psicanalítico.

Mas eu assinalaria que foi de um momento de demarcação entre o imaginário e o simbólico que partiram nossa ciência e seu campo.

Não os cansei com esse ponto essencial, do qual se originará toda e qualquer teoria que dê uma nova partida a seu complemento de verdade.

Quando a psicanálise houver deposto as armas diante dos impasses crescentes de nossa civilização (mal-estar que Freud pressentia) é que serão retomadas — por quem? — as indicações de meus *Escritos*.

[351]

# Da psicanálise
## em suas relações com a realidade

NO INSTITUTO FRANCÊS DE MILÃO,
18 DE DEZEMBRO DE 1967, ÀS 18:30H

Por mais espantoso que possa parecer, direi que a psicanálise, ou seja, aquilo que um procedimento inaugura como campo para a experiência, *é* a realidade. A realidade coloca-se aí como absolutamente unívoca, o que é singular hoje em dia — em relação à maneira como a entravam os outros discursos. Pois é tão-somente pelos outros discursos que o real vem a flutuar. Não nos detenhamos na magia da palavra "real". Guardemos em mente que, para o psicanalista, os outros discursos fazem parte da realidade.

Este que escreve estas linhas bem sabe dizer do efeito de penúria em que sente seu lugar, no momento de abordar esse tema do qual não se sabe que respeito o manteve afastado. Seu "por mais espantoso que possa parecer..." é oratório, isto é, secundário, e não diz o que o detém aqui.

Ele se sabe, confessa, simplesmente "realista"... — No sentido medieval? — acredita ouvir, marcando-o com um ponto de interrogação. Essa já é a marca de que ele falou demais, e de que a infecção da qual não pode mais se desvencilhar o discurso filosófico, o idealismo inscrito no tecido de sua frase, fará sua entrada.

É preciso examinar as coisas de outra maneira. O que faz com que uma psicanálise seja freudiana? — eis a questão.

Respondê-la conduz até o ponto em que a coerência de um procedimento, cuja característica geral conhecemos pelo nome de associação livre (mas que nem por isso se libera), impõe pressupostos que a intervenção, nominalmente a que está em causa — a intervenção do psicanalista —, não apreende.

Isso é absolutamente notável e explica por que, seja qual for o objetivo — de profundidade, de iniciação ou de estilo — de que se [352] valha um *boasting* dissidente, ele continua insignificante diante

350

Da psicanálise em suas relações com a realidade 351

do que o método implica. Não quero afligir ninguém. Mas é por isso que a psicanálise continua freudiana "em seu conjunto": porque o é em seu eixo. É que o procedimento é solidário, em sua *origem*, do modo de intervenção freudiano.

O que prova a força do que chamamos procedimento é que não é impossível, aliás, que o psicanalista não tenha nenhuma espécie de idéia dele. Há quem seja estúpido quanto a isso: verifiquem, é fácil. Naturalmente, se vocês mesmos souberem o que significa isto: uma questão. Procurarei dizer o que não é o eixo do procedimento.

A assunção mística de um sentido além da realidade, de um ser universal qualquer que nela se manifeste em imagens — será ela compatível com a teoria freudiana e com a prática psicanalítica?

— Seguramente, quem tomar a psicanálise por um caminho desse tipo estará errando de porta. Para que ela se preste eventualmente à monitoração de uma "experiência íntima", isso se dará ao preço inicial de modificar seu status.

Ela terá aversão à ajuda de qualquer *soma* alucinógeno, quando já é sabido que objeta à da narcose.

Numa palavra, ela exclui os mundos que se abrem para uma mutação da consciência, para uma ascese do conhecimento, para uma efusão comunicativa.

Nem pelo lado da natureza, de seu esplendor ou sua maldade, nem pelo lado do destino a psicanálise faz da interpretação uma hermenêutica, um conhecimento que seja de algum modo iluminante ou transformante.

Dedo algum pode ser apontado aí como de um ser, divino ou não. Nenhuma assinatura das coisas nem providência dos acontecimentos.

Isso fica bem enfatizado na técnica — pelo fato de ela não impor nenhuma orientação da alma, nenhuma abertura da inteligência, nenhuma purificação que seja prelúdio da comunicação.

Ela joga, ao contrário, com a não preparação. Uma regularidade quase burocrática é tudo o que se exige. A laicização do pacto prévio, tão completa quanto possível, instala uma prática sem idéia de elevação.

Até mesmo preparar o que será dito na sessão é um inconveniente, no qual é sabido que se manifestarão a resistência ou até as defesas.

[353] Assinalemos que essas duas palavras não são sinônimas, embora sejam empregadas — refiro-me aos psicanalistas — a torto e a direito. Pouco lhes importa, aliás, que sejam tomadas, do lado de fora, no sentido difuso de oposição, bem ou mal orientada, por ser salutar ou não. Eles até preferem assim.

O que se espera da sessão é justamente aquilo que se recusa a esperar por medo de meter demais o dedo: a surpresa, como apontou Reik.

E isso exclui qualquer processo de concentração — exclusão que é subjacente à idéia de associação.

No pressuposto dessa iniciativa, o que predomina é um *matter-of-fact*. O que temos de surpreender é algo cuja incidência original foi marcada como trauma. Ela não varia pelo fato de que a estupidez que implica tenha sido transferida para o psicanalista. E isso persiste na idéia de situação pela qual se totalizam os chamados efeitos deformantes, ou até se diria informantes, ainda que se tratasse da mesma coisa.

A idéia de uma norma nunca aparece senão como construída. Não é esse o "material", como se costuma dizer, significativamente.

A propósito disso, se ouvirem falar da função de um *eu autônomo*, não se deixem enganar: trata-se apenas do eu do tipo de psicanalista que os espera na Quinta Avenida. Ele os adaptará à realidade de seu consultório.

Nunca se saberá realmente o que Hitler deve à psicanálise a não ser pelo analista de Goebbels. Mas, quanto ao retorno que dele recebeu a psicanálise, ele está aí.

Essa é apenas uma conexão abusiva, mas edificante, daquilo de que se trata na relatividade introduzida pelo inconsciente. É na realidade que ela se inscreve.

Uma relatividade restrita, a princípio. O "material" é o modelo de seu próprio metabolismo. Ele implica uma realidade como material em si mesma, isto é, não interpretável, digamos, como a prova que constituiria para uma outra realidade que lhe fosse transcendente: que se coloque esse termo no ponto mais alto do coração ou do espírito. Ela não pode ser questionada em si mesma: é Anankê, como nos diz Freud — ditame cego.

Por isso é que a interpretação pela qual se opera a mudança psicanalítica incide justamente onde o dizemos: naquilo que re-

*Da psicanálise em suas relações com a realidade* 353

corta essa realidade por se inscrever nela sob a forma do significante.

Note-se aqui que não é à toa que Freud se serve do termo [354] *Realität* quando se trata da realidade psíquica. *Realität*, e não *Wirklichkeit*, que significa apenas operatividade — ou seja, aquilo a que o psicanalista de hoje se curva apenas por pose.

Tudo está na hiância pela qual o psíquico não constitui, de modo algum, uma regra para se operar de maneira eficaz na realidade, inclusive no que ele é, na medida em que faz parte dela. Ele não comporta em si senão natureza, e não o conatural. Não é feito de acordo com uma realidade que é dura, com a qual só existe relação quando se tromba com ela: uma realidade da qual o sólido é a melhor metáfora. Desde que entendido no sentido do impenetrável, e não da geometria. (Pois não há nenhuma presença do poliedro, símbolo platônico dos elementos — pelo menos aparentemente — nessa realidade.[1])

Toda *Weltanschauung* é tida, na idéia de Freud, como obsoleta e sem importância. Ela não é, diz ele, nada além de uma suplência dos enunciados reveladores de um catecismo que, para evitar o desconhecido, continua sem rival, a seu ver. Essa não é, convém dizer, uma postura de complacência, mas a afirmação da incapacidade do conhecimento para se prender a outra coisa que não uma opacidade irremediável.

Mas a cumplicidade aqui marcada na postura verdadeiramente cristã, o acesso proibido ao campo da Revelação, tem seu sentido — na história.

O cerne da relatividade só é introduzido no princípio da realidade psíquica pelo fato de que, paradoxalmente, o processo de adaptação é apenas secundário nela.

É que os "centros" pelos quais ela se organiza nos esquemas com que Freud a ordena (cf. o sistema $\Psi$) não são nenhuma função de síntese, mas de interposição num circuito mais direto: o processo primário é de obstrução.

---

1 Ironia que aqueles que me acompanham situarão em que, do "real", como registro deduzido do simbólico e do imaginário, só se sugere aqui uma palavra.
O presente enunciado define o limiar psicanalítico.

354     *Outros Escritos*

O processo secundário nos é descrito como prescindindo dela, como não lhe estando ligado em nada, pelo que lhe está reservado em termos de tateamentos.

[355]    Essa mudança da ordem não se dá sem dificuldade — abstrata, na verdade —, pois só faz dizer cruamente o que a experiência fabrica. Seja como for, ela repele qualquer recurso a uma teoria da forma, ou a alguma fenomenologia que se imagine da consciência não tética.

O primário, por sua estrutura, só funciona por um tudo ou nada de traço. Além disso, ludibriado em sua apreensão, é para esse traço que ele "regride". A palavra só é apropriada para indicar a inversão de uma força, pois não tem outra referência. A alucinação só é tida como resultante dele por uma relação das mais longínquas com suas formas clínicas.

Ela existe apenas para expressar que, do psiquismo, é a insatisfação que constitui o componente primordial.

O que o satisfaz não seria facilitado em nenhum caso pelo processo primário, se o processo secundário não aparecesse.

Não quero estender-me aqui sobre a maneira como é concebido o processo secundário. Trata-se de uma simples peça trazida das teorias de sempre, na medida em que elas continuam a aderir à idéia que produziu seu último rebento na fórmula "sensação, guia de vida", de uma inferência também sempre pouco fundamentada.

O recurso à articulação entre estímulo e resposta, considerada equivalente ao par sensório-motor, não passa de uma ficção da experiência, na qual a intervenção motora deve-se apenas ao experimentador e na qual se traduz a reação do organismo, mantido em estado de passividade, na idéia de que ele sentiu alguma coisa.

Nada indica que esse forçamento [*forçage*] forneça o modelo de algum funcionamento que seja próprio do biológico.

A idéia do par tensão-descarga é mais maleável. Mas a tensão, muito mal definida, não implica de modo algum que a sensação seja aí regida por qualquer uma função de homeostase, o que Freud percebeu muito bem ao excluir sua operação num sistema desligado do circuito tensional, que ele designou como ω.

Em suma, quanto mais se entra na implicação dos esquemas freudianos, mais se verifica que neles o prazer mudou de valor.

Princípio do bem, para os Antigos, que nele recolhiam o embaraço de explicar a existência de prazeres cujo uso é nocivo, ei-lo

Da psicanálise em suas relações com a realidade       355

transformado no lugar do mundo em que só passa uma sombra que nada pode capturar: menos ainda do que o organismo tomar a sombra como presa, ele próprio organismo é presa da sombra, isto é, recusa, por sua conduta, o conhecimento que se imaginou ser a função do instinto.       [356]

Tal é o suporte cujo sentido deve ser estimado por ser preciso construí-lo para dar conta do que está em jogo, não nos esqueçamos: a saber, o inconsciente.

De que, à fisiologia dessa construção, nada que seja apreensível nas funções do organismo (nenhuma localização de um aparelho em particular) corresponde atualmente — exceto pelos tempos do sono. Acaso não é isso algo que diz muito, se tivermos que supor nesses tempos uma permanência mítica fora de sua instância efetiva?

Por que não apreender que esse ângulo tão forte, que marca a distância entre o princípio do prazer e o princípio de realidade, é precisamente por dar lugar à realidade do inconsciente que ele se sustenta, que o inconsciente existe num ternário, e que não é o fato de ele ser feito de falta que nos impede de traçar sua linha como fechando um triângulo?

Sigam-me por um instante para assinalar a afinidade do significante com esse lugar de vazio.

Chamemos esse lugar, embora não seja aí que o situaremos finalmente, de Outro, posto estar exatamente aí, com certeza, aquilo que mostramos ser requerido pelo desejo.

É significativo que, em Freud, o desejo só se produza pelo nome de *Wunsch*. *Wunsch, wish*, é o anseio. Só existe anseio se enunciado. O desejo só se faz presente na demanda.

Se nada do que se articula no sono é aceito na análise senão por seu relato, não equivale isso a supor que a estrutura do relato não sucumbe ao sono?

Isso define o campo da interpretação analítica.

Portanto, não admira que o ato, na medida em que só existe por ser significante, revele-se apto a sustentar o inconsciente: o fato de ser o ato falho que assim se revela bem-sucedido é apenas o corolário disso, e é simplesmente curioso que tenha sido preciso descobri-lo para que o estatuto do ato fosse enfim firmemente distinguido do estatuto do fazer.

O dizer, o dizer ambíguo por ser apenas material do dizer, fornece o que há de supremo no inconsciente, em sua essência mais pura. O dito espirituoso, o chiste, satisfaz-nos por se unir ao engano em seu lugar. Ao sermos acionados pelo dizer, o riso eclode por termos poupado um caminho, diz-nos Freud, por abrirmos a porta além da qual não há mais nada a encontrar.

[357] Desejo que se reconhece por uma pura carência, revelado como tal pelo fato de a demanda só operar ao consumar a perda do objeto — acaso não basta isso para explicar que seu drama só se desenrole no que Freud denomina de a Outra cena, ali onde o Logos, decaído de ser a razão espermática do mundo, revela-se como a faca a introduzir nele a diferença?

Por essa simples ação do corte, o mundo se presta ao ser falante. Foi nesses cortes que, durante muito tempo, ele julgou estar em casa, antes que, animando-se por uma conjuntura de robô, eles o recalcassem no que deles se prolonga em sua realidade, que só chamamos psíquica, com efeito, por ela ser a queda do corpo.

Indaguemos por que o ser falante desvitaliza tanto esse corpo que, durante muito tempo, o mundo lhe pareceu ser a imagem dele. Mediante o que o corpo é um microcosmo. Nossa ciência pôs fim a esse sonho: o mundo não é um macrocorpo. A idéia de cosmo desaparece com aquele corpo humano que, revestido de um pulmão de metal, vai traçar no espaço a linha inaudita das esferas, que até então só figurara no papel de Newton como campo da gravitação. Linha em que o real enfim se constitui do impossível, pois o que ela traça é impensável: os contemporâneos de Newton assinalaram a importância disso.

Basta reconhecer o sensível de um além do princípio de realidade, no saber da ciência, para que o além do princípio do prazer que encontrou lugar na experiência psicanalítica se esclareça por uma relatividade mais generalizável.

A realidade da distância [écart] freudiana cria uma barreira ao saber, assim como o prazer impede o acesso ao gozo.

O que dá ensejo a nos lembrarmos do que há entre eles para se estabelecer de junção disjuntiva, na presença do corpo.

O estranho é aquilo a que o corpo se reduz nessa economia. Tão profundamente desconhecido, por ter sido reduzido por Descartes à extensão, esse corpo precisará dos excessos iminentes de nossa cirurgia para que se evidencie ao olhar comum que só dispomos dele se o fazemos ser seu próprio despedaçamento, se o desarticularmos de seu gozo.

*Da psicanálise em suas relações com a realidade*  357

Como terceiro "mais além" em sua relação com o gozo e com o saber, o corpo faz leito para advento do Outro pela operação do significante.

Mas, com esse efeito, o que resta dele? Insensível pedaço a derivar dali como voz e olhar, carne devorável, ou então seu excremento, eis o que dele vem a causar o desejo, que é nosso ser sem essência.   [358]

A dualidade aqui apreendida de dois princípios só nos divide como sujeito ao se repetir três vezes por cada essência que se separa, cada qual apreendida por sua perda na hiância das outras duas.

Nós as chamaremos: gozo, saber e verdade.

Assim, é pelo gozo que a verdade vem resistir ao saber. É isso que a psicanálise descobre naquilo a que chama sintoma, verdade que se faz valer no descrédito da razão. Nós, psicanalistas, sabemos que a verdade é a satisfação a que o prazer só se opõe na medida em que ela se exila no deserto do gozo.

O masoquista decerto sabe chamar esse gozo, mas ao demonstrar (precisamente por só conseguir exaltar, por sua simulação, uma imagem demonstrativa) o que acontece com o corpo para todos — que ele é, justamente, esse deserto.

A realidade, em vista disso, é comandada pela fantasia como aquilo em que o sujeito se realiza em sua própria divisão.

A satisfação só se entrega na montagem da pulsão, ou seja, no desvio que bem revela sua afinidade com o instinto, por ser preciso, para descrevê-lo, metaforizar o círculo de categute que uma agulha curva empregaria ao costurar juntos dois grandes lábios.

Quanto à realidade do sujeito, sua imagem de alienação, pressentida pela crítica social, se revela enfim por desenrolar-se entre o sujeito do conhecimento, o falso sujeito do "eu penso", e esse resíduo corporal em que penso haver encarnado suficientemente o *Dasein* para chamá-lo pelo nome que ele deve a mim: ou seja, o objeto (*a*).

Entre os dois, é preciso escolher.

Essa escolha é a escolha do pensamento como aquilo que exclui o "eu sou" do gozo, um "eu sou" que é "eu não penso".

A realidade pensada é a verdade da alienação do sujeito, é seu rechaço para o des-ser, para o "eu sou" renunciado.

O que exprime o "eu não penso" do analista é essa necessidade que o rechaça para o des-ser.

Pois fora dali ele só pode ser "eu não sou".

O psicanalisante é aquele que chega a realizar como alienação o seu "eu penso", isto é, a descobrir a fantasia como motor da realidade psíquica, a do sujeito dividido.

[359] Ele só pode fazê-lo ao outorgar ao analista a função do ($a$), que ele não poderia ser sem desvanecer prontamente.

O analista, portanto, deve saber que, longe de ser a medida da realidade, ele só faculta ao sujeito sua verdade ao se oferecer, ele mesmo, como suporte do des-ser graças ao qual esse sujeito subsiste numa realidade alienada, sem nem por isso ser incapaz de se pensar como dividido, do que o analista é propriamente a causa.

Ora, é aí que o psicanalista se descobre numa posição insustentável: numa alienação condicionada por um "eu sou" do qual, como para todos, a condição é "eu não penso", só que reforçada pelo acréscimo de que, diferentemente de todos, ele sabe disso. É esse saber que não é portátil, já que nenhum saber pode ser portado por um só.

Daí sua associação com aqueles que só partilham com ele esse saber por não poder trocá-lo.

Os psicanalistas são sábios de um saber que não podem cultivar. Uma outra história é a mistagogia do não-saber.

Uma vez que o analista não se recusa ao princípio do prazer nem ao da realidade, ele simplesmente se equipara àquele a quem guia, e não pode nem deve, de maneira alguma, levá-lo a transpô-los.

Ele não lhe ensina nada a esse respeito, não fazendo mais do que espreitá-lo, quando lhe sucede transgredir um ou o outro.

Só compartilha com ele um masoquismo eventual, com cujo gozo se mantém na linha.

Daí a parcela de desconhecimento sobre a qual ele edifica uma suficiência fundamentada numa espécie de saber absoluto, que mais é o ponto zero do saber.

Esse saber não é exercido de maneira alguma, pois, ao fazê-lo passar ao ato, o psicanalista atentaria contra o narcisismo do qual dependem todas as formas.

O analista faz-se guardião da realidade coletiva, sem sequer ter competência para isso. Sua alienação é redobrada — pelo fato de lhe ser possível escapar dela.

# *Alocução sobre as psicoses da criança* [361]

PROFERIDA EM 22 DE OUTUBRO DE 1967
COMO CONCLUSÃO DAS JORNADAS REALIZADAS SOBRE ESSE TEMA

Meus amigos,

Eu gostaria primeiramente de agradecer a Maud Mannoni, a quem devemos a reunião destes dois dias e, portanto, tudo o que deles se pôde tirar. Ela teve êxito em seu objetivo, graças à extraordinária generosidade, característica de sua pessoa, que a fez esforçar-se junto a cada um pelo privilégio de trazer, de todos os horizontes, quem quer que pudesse responder a uma pergunta que ela fez sua. Após o que, apagando-se diante do objeto, ela fez interrogações pertinentes.

Para partir desse objeto bem centrado, eu gostaria de fazê-los sentir sua unidade a partir de algumas frases que proferi há cerca de vinte anos numa reunião na casa de nosso amigo Henri Ey, que vocês sabem ter sido, no campo psiquiátrico francês, o que chamaremos de um civilizador. Ele levantou a questão do ponto em que nos encontramos em relação à doença mental de um modo que podemos dizer que, no mínimo, despertou o corpo da psiquiatria, na França, para a questão mais séria do que esse próprio corpo representava.

Para reduzir tudo a seu fim mais preciso, tive que contradizer o organo-dinamismo de que Ey se fizera promotor. Assim, a propósito do homem em seu ser, eu me exprimi nos seguintes termos: "Longe de ser a falha contingente das fragilidades do organismo, a loucura é a virtualidade permanente de uma falha aberta em sua essência. Longe de ser um insulto para a liberdade (como enuncia Ey), ela é sua mais fiel companheira, segue-lhe o movimento como uma sombra. E o ser do homem não apenas não pode ser compreendido sem a loucura, como não seria o ser do homem se não carregasse em si a loucura como limite de sua liberdade."

A partir disso, não lhes pode parecer estranho que se tenham conjugado em nossa reunião as questões referentes à criança, à

359

# 360 Outros Escritos

[362] psicose e à instituição. Deve parecer-lhes natural que em parte alguma se evoque com mais constância do que nesses três temas a liberdade. Se a psicose é mesmo a verdade de tudo o que se agita verbalmente sob essa bandeira, sob essa ideologia — atualmente, a única de que o homem da civilização se arma —, vemos melhor o sentido do que, segundo seu testemunho, vêm fazendo nossos amigos e colegas ingleses na psicose, por virem, justamente nesse campo e justamente com esses parceiros, a instaurar modas, métodos em que o sujeito é convidado a se proferir naquilo que eles entendem como manifestações de sua liberdade.

Mas, não será essa uma perspectiva meio estreita, quer dizer, será que essa liberdade, suscitada, sugerida por uma certa prática dirigida a esses sujeitos, não traz em si seu limite e seu engodo?

No que concerne à criança, à criança psicótica, isso desemboca em leis, leis de ordem dialética, que são como que resumidas na observação pertinente que fez o Dr. Cooper — a de que, para obter uma criança psicótica, é preciso ao menos o trabalho de duas gerações, sendo ela seu fruto na terceira.

E que, em suma, caso se coloque a questão de uma instituição que esteja propriamente relacionada com esse campo da psicose, verifica-se que sempre prevalece em algum ponto, em situação variável, uma relação baseada na liberdade.

O que quer dizer isso? Não, certamente, que eu assim tencione, de algum modo, fechar esses problemas, nem tampouco abri-los, como se costuma dizer, ou deixá-los em aberto. A questão é situá-los e apreender a referência a partir da qual podemos tratá-los, sem que nós mesmos fiquemos presos num certo engodo, e, para tanto, dar conta da distância em que jaz a correlação da qual somos prisioneiros. O fator de que se trata é o problema mais intenso de nossa época, na medida em que ela foi a primeira a sentir o novo questionamento de todas as estruturas sociais pelo progresso da ciência. No que, não somente em nosso próprio domínio, o dos psiquiatras, mas até onde se estende o nosso universo, teremos que lidar, e sempre de maneira mais premente, com a segregação.

Os homens estão enveredando por uma época que chamamos planetária, na qual se informarão por algo que surge da destruição [363] de uma antiga ordem social, que eu simbolizaria pelo Império, tal como sua sombra perfilou-se por muito tempo numa grande civilização, para ser substituída por algo bem diverso e que de modo

*Alocução sobre as psicoses da criança*     361

algum tem o mesmo sentido — os imperialismos, cuja questão é a seguinte: como fazer para que massas humanas fadadas ao mesmo espaço, não apenas geográfico, mas também, ocasionalmente, familiar, se mantenham separadas?

O problema, no nível em que há pouco o articulou Oury, dando-lhe o nome apropriado de segregação, é, portanto, apenas um ponto local, um pequeno modelo daquilo a que se trata de saber como responderemos, nós, os psicanalistas: a segregação trazida à ordem do dia por uma subversão sem precedentes. Aqui, não se deve negligenciar a perspectiva a partir da qual Oury pôde há pouco formular que, no interior do coletivo, o psicótico apresenta-se essencialmente como o sinal, sinal como impasse, daquilo que legitima a referência à liberdade.

O maior dos pecados, diz Dante, é a tristeza. Cabe nos indagarmos como é que nós, engajados nesse campo que acabo de situar, podemos, no entanto, estar fora dele.

Todos sabem que sou alegre, dizem até moleque: eu me divirto. Sucede-me incessantemente, em meus textos, entregar-me a brincadeiras que não são do agrado dos universitários. É verdade. Não sou triste. Ou, mais exatamente, só tenho uma tristeza, naquilo que me foi traçado de carreira: é haver cada vez menos pessoas a quem eu possa dizer as razões de minha alegria, quando as tenho.

Mas, passemos ao fato de que, se podemos fazer perguntas, como tem acontecido aqui há alguns dias, é porque, no lugar do X encarregado de responder a elas — o alienista, durante muito tempo, depois o psiquiatra —, alguém de outro lugar disse sua palavra, que se chama o psicanalista, figura nascida da obra de Freud. Que é essa obra?

Como vocês sabem, foi para fazer face às carências de um certo grupo que fui trazido a este lugar que em nada ambicionava: o de ter que nos interrogar, junto com aqueles que puderam me ouvir, sobre o que fazíamos em conseqüência dessa obra, e, para tanto, remontar a ela.

Pouco antes das cristas do caminho que instaurei com sua leitura, antes de abordar a transferência, depois a identificação, depois a angústia, não foi por acaso — essa idéia não ocorria a ninguém — que, nesse ano, o quarto antes que meu seminário no Sainte-Anne chegasse ao fim, julguei ter que nos assegurar da ética da psicanálise.

[364]

# 362 Outros Escritos

De fato, parece que corríamos o risco de esquecer, no campo de nossa função, que há uma ética na base dele e que, por conseguinte, diga-se o que se disser, e aliás sem minha aprovação, sobre a finalidade do homem, é no que concerne a uma formação passível de ser qualificada de humana que está nosso principal tormento.

Toda formação humana tem, por essência, e não por acaso, de refrear o gozo. A coisa nos aparece nua — e não mais através desses prismas ou pequenas lentes chamados religião, filosofia... ou até hedonismo, porque o princípio do prazer é o freio do gozo.

É fato que, no fim do século XIX, e não sem uma certa antinomia com a segurança extraída da ética utilitarista, Freud repôs o gozo em seu lugar, que é central, para apreciar tudo o que podemos ver atestar-se, ao longo da história, de moral.

Quanto não foi preciso de revolvimento, nas bases, quero dizer, para que reemergisse esse abismo em que atiramos como alimento — duas vezes por noite? duas vezes por mês? — nossa relação com um parceiro sexual?

Não menos notável é que nada tenha sido mais raro, em nossas colocações destes dois dias, do que o recurso a um desses termos que podemos chamar relação sexual (para deixar de lado o ato), inconsciente e gozo.

Isso não quer dizer que a presença deles não nos tenha comandado, invisível, bem como, numa dada gesticulação por trás do microfone, palpável.

No entanto, nunca teoricamente articulada.

O que se entende (inexatamente) do que Heidegger nos propõe, no tocante ao fundamento a ser encontrado no ser-para-a-morte, presta-se ao eco, que ele faz ressoar de séculos, e séculos de ouro, do penitente como situado no cerne da vida espiritual.

Não desconhecer, nos antecedentes da meditação de Pascal, o esteio de uma transposição do amor e da ambição só faz garantir-nos [365] melhor o lugar-comum, inclusive em sua época, do retraimento em que se consuma o enfrentamento do ser-para-a-morte. Constatação que ganha valor pelo fato de que Pascal, ao transformar essa ascese numa aposta, efetivamente a fecha.

Mas, estaremos nós à altura do que parecemos, pela subversão freudiana, ser convocados a carregar — o ser-para-o-sexo?

Não parecemos muito valentes para manter essa posição.

*Alocução sobre as psicoses da criança* 363

Nem tampouco muito alegres. O que, penso eu, prova que não pegamos a coisa, em absoluto.

E não pegamos a coisa em razão daquilo que os psicanalistas dizem bem demais para suportar sabê-lo, e que designam, graças a Freud, como castração: o ser-para-o-sexo.

A questão se esclarece pelo que Freud disse em historietas e que é preciso evidenciarmos: é que, a partir do momento em que somos dois, o ser-para-a-morte, não importa no que acreditem aqueles que o cultivam, deixa entrever, ao menor lapso, que é da morte do outro que se trata. O que explica as esperanças depositadas no ser-para-o-sexo. Mas, em contraste, a experiência analítica demonstra que, quando se é dois, a castração que o sujeito descobre não pode ser senão a sua. O que, para as esperanças depositadas no ser-para-o-sexo, desempenha o papel do segundo termo no nome dos Pecci-Blunt: o de fechar as portas que a princípio se haviam escancarado.

O penitente, portanto, perde muito ao se aliar ao psicanalista. Na época em que ele dava o tom, ele deixava livre, incrivelmente mais do que desde o advento do psicanalista, o campo dos folguedos sexuais, como existem, sob a forma de memórias, epístolas, relatórios e tiradas agradáveis, muitos documentos para atestar. Em suma, se é difícil julgar, justamente, se a vida sexual era mais fácil nos séculos XVII e XVIII que no nosso, o fato, ao contrário, de os julgamentos terem sido mais livres no que concerne à vida sexual se decide, com toda a justiça, à nossa custa.

Decerto não é exagero relacionar essa degradação com a "presença do psicanalista", entendida na única acepção em que o emprego desse termo não é impudente, ou seja, em seu efeito de influência teórica, marcado, precisamente, pela falta da teoria.

Reduzidos à sua presença, os psicanalistas merecem que se perceba que eles não julgam melhor nem pior as coisas da vida sexual do que a época que lhes dá lugar, e que, em sua vida de casal, não são dois com mais freqüência do que se é em outros lugares, o que não incomoda sua profissão, uma vez que esse par nada tem a fazer no ato analítico.

É claro que a castração só figura ao término desse ato, mas [366] encoberta pelo fato de que, nesse momento, o parceiro se reduz ao que chamo de objeto *a* — isto é, como convém, o ser-para-o-sexo tem que se provar alhures: e isso se dá, então, na confusão cres-

# 364 Outros Escritos

cente introduzida pela difusão da própria psicanálise, ou do que assim se intitula.

Em outras palavras, o que institui a entrada na psicanálise provém da dificuldade do ser-para-o-sexo, mas a saída, a lermos os psicanalistas de hoje, não seria nada além de uma reforma da ética em que se constitui o sujeito. Portanto, não somos nós, Jacques Lacan, que só nos fiamos em operar sobre o sujeito como paixão da linguagem, mas sim aqueles que o liberam por obter dele a emissão de belas palavras.

É ao permanecer nessa ficção, sem nada entender da estrutura em que ela se realiza, que já não se pensa senão em fingi-la real e se cai na falsificação.

O valor da psicanálise está em operar sobre a fantasia. O grau de seu sucesso demonstrou que aí se julga a forma que assujeita como neurose, perversão ou psicose.

Donde se afirma, atentando unicamente para isso, que a fantasia constitui o enquadre da realidade: isso é aí evidente!

E seria também impossível de deslocar, não fosse a margem deixada pela possibilidade de exteriorização do objeto *a*.

Dirão que é disso mesmo que se fala com o termo objeto parcial.

Mas, justamente, ao apresentá-lo sob esse termo, já se fala demais para dizer algo de aceitável.

Se fosse tão fácil falar dele, nós lhe daríamos outro nome que não objeto *a*.

Um objeto que exige a retomada de todo o discurso sobre a causa não é atribuível à vontade, nem mesmo teoricamente.

Só tocamos nesses confins para explicar como, na psicanálise, retorna-se tão rapidamente à realidade, na impossibilidade de ver seu contorno.

Observe-se que não evocamos aqui o real, que, numa experiência de fala, só surge como virtualidade, que, no edifício lógico, define-se como impossível.

Já é preciso um bocado... de devastações exercidas pelo significante para que esteja em jogo a realidade.

[367] Estas devem ser apreendidas, bem temperadas, no status da fantasia, sem o que o critério tomado, da adaptação às instituições humanas, equivale à pedagogia.

Por incapacidade de estabelecer esse status da fantasia no ser-para-o-sexo (que se vela na idéia enganosa da "escolha" subjetiva

*Alocução sobre as psicoses da criança* 365

entre neurose, perversão e psicose), a psicanálise constrói às pressas, com folclore, uma fantasia postiça — a da harmonia instalada no hábitat materno. Nem desconforto nem incompatibilidade poderiam se produzir-se aí, e a anorexia nervosa é relegada a uma esquisitice.

É impossível aquilatar a que ponto esse mito obstrui a abordagem desses momentos a serem explorados, tantos dos quais foram evocados aqui. Como o da linguagem, abordado sob o signo da infelicidade. Que preço de consistência se espera do destacar como pré-verbal o momento exato que precede a articulação patente daquilo em torno do qual pareceu baixar a própria voz do apresentador: a gage? Lá gasto? Levei tempo para reconhecer a palavra: linguagem.[1]

Mas o que pergunto a quem tiver ouvido a comunicação que questiono é se, sim ou não, uma criança que tapa os ouvidos — dizem-nos: para quê? para alguma coisa que está sendo falada — já não está no pós-verbal, visto que se protege do verbo.

No que concerne a uma pretensa construção do espaço que aí se acredita apreender, nascente, parece-me antes encontrar o momento que atesta uma relação já estabelecida com o aqui e o lá, que são estruturas de linguagem.

Será preciso lembrar que, ao se privar do recurso lingüístico, o observador só pode perder a incidência eventual das oposições características, em cada língua, para conotar a distância, mesmo entrando com isso nos nós que mais de uma delas nos incita a situar entre o aqui e o lá? Em suma, algo lingüístico está na construção do espaço.

Tanta ignorância, no sentido ativo que aí se encerra, mal permite evocar a diferença tão bem marcada, em latim, que vai do *taceo* ao *silet*.

Se o *silet* já visa, sem que se assuste com isso, por conta do contexto dos "espaços infinitos", a configuração dos astros, já não basta para nos fazer notar que o espaço clama pela linguagem numa dimensão totalmente diversa daquela em que o mutismo solta uma fala mais primordial do que qualquer *mom-mom*?

---

1 No original: *"... la gage? la gâche? ... langage"*, sonoridades, homofonias alusivas a Daniel Lagache que se perdem na tradução, e cuja intencionalidade transparece no artigo posto no feminino antes de *gage* (masculino em francês). (N.E.)

366 *Outros Escritos*

[368] O que convém apontar aqui, no entanto, é o preconceito irredutível de que é sobrecarregada a referência ao corpo enquanto o mito que abarca a relação da criança com a mãe não for suspenso. Produz-se uma elisão que só pode ser notada a partir do objeto *a*, embora seja precisamente esse objeto que ela subtrai de qualquer apreensão exata.

Digamos, pois, que ela só é compreendida ao se opor a que seja o corpo da criança que corresponda ao objeto *a* — o que é delicado ali onde não se evidencia nenhuma pretensão semelhante, que só seria movida pela suspeita da existência do objeto *a*. Ela seria movida, justamente, por funcionar o objeto *a* como inanimado, pois é como causa que ele aparece na fantasia. Causa em relação ao desejo do qual a fantasia é a montagem.

Mas igualmente em relação ao sujeito, que se fende na fantasia, fixando-se nela por uma alternância, montagem que possibilita que o desejo nem por isso sofra reviramentos.

Uma fisiologia mais exata dos mamíferos com placenta, ou simplesmente uma consideração maior pela experiência do parteiro (que podemos surpreender-nos de que se contente, de fato, com a psicossomática do falatório da parturiente sem dor), seria o melhor antídoto contra uma miragem perniciosa.

Lembremo-nos de que, como chave, há quem nos sirva o narcisismo primário como função de atração intercelular postulada pelos tecidos.

Fomos os primeiros a situar com exatidão a importância teórica do chamado objeto transicional, isolado como traço clínico por Winnicott.

O próprio Winnicott se mantém, para apreciá-lo, num registro de desenvolvimento.

Sua extrema perspicácia se extenua em organizar seu achado em paradoxo, por só poder registrá-lo como frustração, na qual ele faria do necessário necessidade [*de nécessité besoin*], para qualquer fim providencial.

O importante, contudo, não é que o objeto transicional preserve a autonomia da criança, mas que a criança sirva ou não de objeto transicional para a mãe.

E essa suspensão só revela sua razão ao mesmo tempo que o [369] objeto revela sua estrutura. Esta é a de um condensador para o gozo na medida em que, pela regulação do prazer, ele é despojado do corpo.

*Alocução sobre as psicoses da criança* 367

Será lícito, de um salto, indicar aqui que, ao fugir dessas vias teóricas, nada pode aparecer senão como impasse dos problemas levantados na época?

Problemas do direito de nascimento, por um lado, mas também, no impulso do "teu corpo é teu", no qual se vulgarizou no início do século um adágio do liberalismo, a questão de saber se, em virtude da ignorância em que é mantido esse corpo pelo sujeito da ciência, chegaremos a ter o direito de desmembrá-lo para a troca.

Acaso não se discerne do que eu disse hoje a convergência? Haveremos de destacar pelo termo criança generalizado a conseqüência disso? Certas antimemórias ocupam hoje em dia o noticiário (por que são assim essas memórias? Se é por não serem confissões, como nos advertem, porventura não é essa desde sempre a diferença das memórias?) Seja como for, o autor as abre com a confidência, de estranha ressonância, com que dele se despediu um religioso: "Acabei acreditando, veja só, neste declínio de minha vida", disse-lhe ele, "que não existe gente grande."

Eis o que assinala a entrada de um mundo inteiro no caminho da segregação.

Não é por ser preciso responder a isso que agora entrevemos por que, provavelmente, Freud sentiu que era seu dever reintroduzir nossa medida na ética através do gozo? E acaso não é tentar agir com vocês como com aqueles de quem essa é a lei, desde então, o deixá-los com esta pergunta: que alegria encontramos nós naquilo que constitui nosso trabalho?

NOTA

Este não é um texto, mas uma alocução improvisada.

Nenhum compromisso, a meu ver, pode justificar sua transcrição literal, que considero fútil, donde me cabe desculpá-la.

Primeiro por seu pretexto — que foi fingir uma conclusão cuja falta, comum nos congressos, não impede o benefício deles, como foi o caso aqui. [370]

Prestei-me a isto para homenagear Maud Mannoni: aquela que, pela rara virtude de sua presença, soube prender toda esta gente nas malhas de sua questão.

A função da presença, neste campo como em toda parte, deve ser julgada em sua pertinência.

Ela certamente deve ser excluída, salvo uma impudência notória, da operação psicanalítica.

Quanto ao questionamento da psicanálise, ou do próprio psicanalista (tomado essencialmente), ele desempenha seu papel ao suprir a falta de respaldo teórico.

Dou-lhe curso em meus escritos como polêmica, obra de interlúdio em lugares intersticiais, quando não tenho outro recurso contra a obtusão que desafia todo e qualquer discurso.

Naturalmente, ela é sempre sensível no discurso nascente, mas é uma presença que só tem valor ao finalmente se apagar, como se vê na matemática.

Mas há uma, na psicanálise, que se funde com a teoria: é a presença do sexo como tal, a ser entendida no sentido em que o ser falante o apresenta como feminino.

O que quer a mulher? Essa é, como se sabe, a ignorância em que permaneceu Freud até o fim, na coisa que ele pôs no mundo.

O que quer a mulher, além de ainda estar no centro cego do discurso analítico, acarreta a conseqüência de a mulher ser uma psicanalista nata (como se percebe pelo fato de estarem regendo a análise as menos analisadas das mulheres).

Nada disso se relaciona com o presente caso, uma vez que se trata de terapia e de um concerto que só se ordena na psicanálise ao retomá-lo na teoria.

Foi isso que precisei suprir, para todos os outros que não os que me escutam, por uma espécie de presença que me convém chamar de abuso... já que ela vai da tristeza motivada por uma alegria retornada até a invocação do sentimento da incompletude, ali onde caberia situá-la na lógica.

Tal presença, ao que parece, gerou prazer. Que vestígio resta aqui, portanto, daquilo que traz como fala ali onde o acordo está impedido? O aforismo, a confidência, a persuasão ou até o sarcasmo.

[371]     Mais uma vez, como se terá visto, tirei proveito da evidência de uma linguagem ali onde há quem se obstine em figurar o pré-verbal.

Quando verão que o que prefiro é um discurso sem palavras?

*26 de setembro de 1968*

# Nota sobre a criança [373]

Ao que parece, ao ver o fracasso das utopias comunitárias, a posição de Lacan nos lembra a dimensão do que se segue.

A função de resíduo exercida (e, ao mesmo tempo, mantida) pela família conjugal na evolução das sociedades destaca a irredutibilidade de uma transmissão — que é de outra ordem que não a da vida segundo as satisfações das necessidades, mas é de uma constituição subjetiva, implicando a relação com um desejo que não seja anônimo. É por tal necessidade que se julgam as funções da mãe e do pai. Da mãe, na medida em que seus cuidados trazem a marca de um interesse particularizado, nem que seja por intermédio de suas próprias faltas. Do pai, na medida em que seu nome é o vetor de uma encarnação da Lei no desejo.

Na concepção elaborada por Jacques Lacan, o sintoma da criança acha-se em condição de responder ao que existe de sintomático na estrutura familiar.

O sintoma — esse é o dado fundamental da experiência analítica — se define, nesse contexto, como representante da verdade.

O sintoma pode representar a verdade do casal familiar. Esse é o caso mais complexo, mas também o mais acessível a nossas intervenções.

A articulação se reduz muito quando o sintoma que vem a prevalecer decorre da subjetividade da mãe. Aqui, é diretamente como correlata de uma fantasia que a criança é implicada.

A distância entre a identificação com o ideal do eu e o papel assumido pelo desejo da mãe, quando não tem mediação (aquela que é normalmente assegurada pela função do pai), deixa a criança exposta a todas as capturas fantasísticas. Ela se torna o "objeto" da mãe e não mais tem outra função senão a de revelar a verdade desse objeto.

A criança *realiza* a presença do que Jacques Lacan designa como objeto *a* na fantasia.

[374]  Ela satura, substituindo-se a esse objeto, a modalidade de falta em que se especifica o desejo (da mãe), seja qual for sua estrutura especial: neurótica, perversa ou psicótica.

Ela aliena em si qualquer acesso possível da mãe a sua própria verdade, dando-lhe corpo, existência e até a exigência de ser protegida.

O sintoma somático oferece o máximo de garantia a esse desconhecimento; é o recurso inesgotável, conforme o caso, a atestar a culpa, servir de fetiche ou encarnar uma recusa primordial.

Em suma, na relação dual com a mãe, a criança lhe dá, imediatamente acessível, aquilo que falta ao sujeito masculino: o próprio objeto de sua existência, aparecendo no real. Daí resulta que, na medida do que apresenta de real, ela é oferecida a um subornamento [*subornement*] maior na fantasia.

*Outubro de 1969*

# O ato psicanalítico

[375]

RESUMO DO SEMINÁRIO DE 1967-1968

O ato psicanalítico, ninguém sabe, ninguém viu além de nós, ou seja, nunca situado e muito menos questionado, eis que nós o supomos a partir do momento eletivo em que o psicanalisante passa a psicanalista.

É esse o recurso ao mais comumente aceito do necessário a essa passagem, permanecendo qualquer outra condição como contingente junto a isso.

Assim isolado desse momento de instalação, o ato fica ao alcance de cada entrada numa psicanálise.

Digamos, primeiro: o ato (puro e simples) tem lugar por um dizer, e pelo qual modifica o sujeito. Andar só é ato desde que não diga apenas "anda-se", ou mesmo "andemos",[1] mas faça com que "cheguei" se verifique nele.

O ato psicanalítico parece apropriado a reverberar com mais luz sobre o ato, por ser ato a ser reproduzido pelo próprio fazer que ele ordena.

Por isso ele remete ao em-si de uma consistência lógica, de decidir se é possível dar seqüência a um ato tal que, em seu fim, destitui o próprio sujeito que o instaura.

Por aí se percebe que é o sujeito, aqui, do qual é preciso dizer se é saber.

Será que o psicanalisante, ao término da tarefa que lhe foi atribuída, sabe "melhor do que ninguém" da destituição subjetiva a que ela reduziu justamente aquele que lha ordenou? Ou seja: o em-si do objeto *a* que, nesse término, esvazia-se no mesmo movimento pelo qual o psicanalisante cai, por ter verificado nesse objeto a causa do desejo.

---

1 Optou-se aqui por dar mais peso ao sentido concreto do verbo *marcher*, "andar", mas é preciso ter em mente seu sentido figurado de "funcionar". (N.E.)

Há aí um saber adquirido, mas, de quem?

A quem paga o preço da verdade da qual, em última instância, o sujeito tratado seria o incurável?

Será a partir desse limite que se concebe um sujeito que se oferece para reproduzir aquilo de que foi libertado?

[376] E quando isso mesmo o submete a se fazer produção de uma tarefa que ele só promete ao supor o mesmo engodo que para ele já não é sustentável?

Pois é a partir da estrutura de ficção pela qual se enuncia a verdade que ele fará, de seu próprio ser, estofo para a produção... de um irreal.

Não há menos destituição subjetiva por proibir esse passe, que, como o mar, deve ser sempre recomeçado.

Suspeitamos, no entanto, que a distância aqui revelada entre o ato e a dignidade de seu propósito só deve ser tomada para nos instruir sobre o que constitui seu escândalo — ou seja, a falha percebida do sujeito suposto saber.

Toda uma doutrinação, psicanalítica por título, pode continuar a ignorar que despreza aí o ponto a partir do qual toda estratégia vacila, por não estar ainda iluminada pelo ato psicanalítico.

Que haja inconsciente significa que há um saber sem sujeito. A idéia do instinto rebaixa a descoberta: mas ela sobrevive porque esse saber só se revela como legível.

A linha da resistência fixa-se nessa obra, que é tão desmedidamente avançada quanto pode ser uma fobia. Ou seja, não há esperança de fazer entender que não se entendeu nada do inconsciente quando não se foi mais adiante.

Em outras palavras, o que ele introduz de divisão no sujeito, pelo fato de um saber que decorre do resto não o determinar, pressupõe, pelo simples fato de o enunciarmos dessa maneira, um Outro, o qual, por sua vez, sabe disso antes que se o tenha percebido. Sabemos que até Descartes serviu-se desse Outro para garantir pelo menos a verdade de seu ponto de partida científico.

É por isso que todas as -logias filosóficas — onto-, teo-, cosmo- e também psico- — contradizem o inconsciente. Mas, como o inconsciente só é entendido ao ser esmagado por uma das idéias mais bastardas da psicologia tradicional, nem sequer se atenta para o fato de que enunciá-la impossibilita essa suposição do Outro. Mas basta ela não ser denunciada para que o inconsciente seja como que não advindo.

O *ato psicanalítico* 373

Donde se vê que os piores podem transformar em sua palavra de ordem o "retorno à psicologia geral".

Para desatar isso, é preciso que se enuncie uma estrutura do Outro que não permita passar por cima dele. Daí esta formulação: não há Outro do Outro, ou nossa afirmação de que não há metalinguagem.

Confirmamos esta última pelo fato de que a chamada metalinguagem, na matemática, não é nada além do discurso do qual uma linguagem quer se excluir, isto é, empenha-se no real. A lógica matemática não é, como só nos pode ser imputado de má fé, uma oportunidade de rejuvenescer um sujeito cunhado por nós. É de fora que ela atesta um Outro tal que sua estrutura, justamente por ser lógica, não se superpõe a ela mesma: é o (S (A̶)) de nosso grafo.  [377]

Que tal Outro se explore não o destina a saber coisa alguma dos efeitos que comporta sobre o vivente que ele veicula como sujeito-a seus efeitos. Mas, se a transferência parece já ser suficientemente motivada pela primariedade significante do traço unário, nada indica que o objeto *a* não tenha uma consistência que se sustente pela lógica pura.

Cabe portanto afirmar que o psicanalista, na psicanálise, não é sujeito, e que, por situar seu ato pela topologia ideal do objeto *a*, deduz-se que é ao não pensar que ele opera.

Um "eu não penso" correto, com efeito, deixa o psicanalista suspenso na ansiedade de saber onde lhe dar lugar, para pensar a psicanálise, apesar disso, sem ficar fadado a falhar para com ela.

A humildade do limite em que o ato é apresentado à sua experiência o bloqueia pela reprovação com que se enuncia que ele é falho — vias mais certeiras que ela encerra para chegar a esse saber.

Por isso, para lhe dar coragem, partimos do testemunho que a ciência pode dar da ignorância em que está de seu sujeito, através do exemplo do ponto de partida pavloviano, retomado para fazê-lo ilustrar o aforismo de Lacan: que um significante é o que representa um sujeito para outro significante. No que se vê que foi por se agarrar à ribalta quando ela ainda estava no escuro que o experimentador deu a si mesmo a falsa esperança de haver posto a cartola no coelho. Essa engenhosidade de lapso, no entanto, basta para explicar uma adequação bastante ampla dos enunciados pavlovianos, nos quais o desvario de quem só pensa nas beiradas em

374    *Outros Escritos*

que introduzir a crise psicanalítica encontra um bom álibi universitário.

É ainda bem ingênuo, portanto, quem faz eco a todo esse apólogo para retificar que o sujeito da ciência nunca está onde se supõe, já que é justamente essa a nossa ironia...

Resta encontrar atrativo ali onde o caso se dá. E só pode ser na estrutura que o psicanalista monta como sintoma, quando, subitamente atingido por uma Graça invertida, ele eleva uma prece idolátrica à "sua escuta", fetiche surgido em seu seio por uma via hipocondríaca.

[378]

Existe uma área de estigmas imposta pelo estar habitando nesse campo, por falta do sentido demarcado do ato psicanalítico. Ela se oferece de maneira bastante penosa na penumbra dos concílios em que a coleção que se identifica assume a figura de uma Igreja de paródia.

Decerto não é impossível que aí se articulem confissões apropriadas aos anais. É o caso dessa invencionice que se pronuncia *the self*, talvez a primeira dessa superfície a sair da lista dos morfemas que o fato de serem de Freud transforma em tabus.

É que ela tirou seu peso, se é que não foi até seu achado, do psicanalista a ser encontrado para lhes impor o respeito da marca recebida da paixão pela psicanálise.

Demos vida ao escrito em que ele afina à luz do *self*, tornado palpável e revelando-se um efeito de compressão, a confissão de que sua paixão só tem lugar e virtude ao sair dos limites muito bem lembrados como sendo os da técnica. Eles lhe serviriam melhor, no entanto, inscrevendo-se na certidão do ato, uma vez reposta na página que só pode ser virada por um gesto que modifique o sujeito, justamente aquele pelo qual o psicanalista se qualifica em ato.

Esse *self* lançado, no entanto — o tema prolifera, e no sentido do patrocínio de que nasceu —, será a ruína do psicanalista, por ele desqualificado. O elemento culto de sua profissão é, como em outro caso, o sinal de uma desigualdade no ato.

Do mesmo modo, o ato em si não pode funcionar como predicado. E, para imputá-lo ao sujeito que ele determina, convém reformular com novos termos toda a *inventio medii*: é nisso que se pode colocar à prova o objeto *a*.

Que podemos dizer de *todo* psicanalista, a não ser para evidenciar que ele, ao mesmo tempo, é nenhum?

*O ato psicanalítico* 375

Se, por outro lado, nada pode fazer com que exista um psicanalista senão a lógica pela qual o ato se articula num antes e num depois, está claro que os predicados assumem o domínio aqui, a menos que sejam ligados por um efeito de produção. Se o psicanalisante faz o psicanalista, ainda assim não há nada acrescentado senão a fatura. Para que ela seja devida, é preciso que nos assegurem que há psicanalista.[2]

E é a isso que responde o objeto *a*.      [379]

O psicanalista se faz do objeto *a*. Ele se faz, entenda-se: faz-se produzir; do objeto *a*: com o objeto *a*.

Estas afirmações roçam demais o lugar onde parecem tropeçar os quantificadores lógicos para que não tenhamos esgrimido seu instrumento. Sentimos o ato psicanalítico ceder ao romper a captação no universal a que é mérito delas não satisfazer.

(E é isso que desculpará Aristóteles por oscilar, ainda mais genialmente do que soube isolar o υποχειμενον, ao não poder fazer outra coisa senão recuperar a ουσια pelo intervalo.)

Pois o que esse ato discerne é o núcleo que cria o vazio em que se motiva a idéia do *todo*, ao circunscrevê-la na lógica dos quantificadores.

A partir daí, talvez ele permita denominá-la melhor por uma desaificação [*désaïfication*].

No que o psicanalista encontra companhia por fazer a mesma operação. Será no nível da zona livre oferecida para esse fim no discurso?

É justamente esse, com efeito, o horizonte traçado pela técnica, mas seu artifício repousa na estrutura lógica em que justificadamente se confia, pois ela nunca perde seus direitos. A comprovada impossibilidade do discurso pulverulento é o cavalo de Tróia por onde entra na cidade do discurso o senhor [*maître*] que é o psicótico.

Mais uma vez, porém, como não se vê que já está feita a coleta corporal com que se deve fazer psicanalista, e que é com isso que cabe afinar o ato psicanalítico?

---

2  No orig. *Il y a du psychanalyste*. Optamos pela contração para resgatar algo da imprecisão que Lacan obtém com o uso do *du* (o mesmo ocorre com a tradução do célebre aforismo *Il y a de l'Un*, "Há Um"). (N.E.)

# 376 *Outros Escritos*

Não podíamos desenhar do ato o abrupto lógico senão temperando o que ele desperta de paixão no campo que comanda, mesmo que só o faça por subtrair-se dele. Foi sem dúvida por não introduzir esse temperamento que Winnicott julgou ter que contribuir para isso com seu próprio *self*. Mas também por receber o objeto transicional das mãos mais distantes da criança, é o que convém lhe reconhecermos aqui, já que foi a partir dele que formulamos inicialmente o objeto *a*.

Reduzamos, pois, o ato psicanalítico ao que é deixado, naquele a quem ele alivia, pelo que, por sua vez, ele pôs em andamento: é que lhe fica denunciado que o gozo, privilegiado por comandar a relação sexual, se oferece por um ato proibido, mas para mascarar que essa relação só se estabelece por não ser verificável o meio-termo que se distingue por nela faltar: o que chamamos ter feito da castração sujeito.

[380] O benefício é claro para o neurótico, já que isso é resolver o que ele representava como paixão.

Mas o importante é que se revela a qualquer um que o gozo tido como perverso é efetivamente permitido por isso, já que o psicanalista se faz chave dele, ainda que para retirá-lo, é verdade, para fins de sua operação. Pelo que basta retomá-lo dele para lhe dar seu emprego verdadeiro, quer se o utilize ou não.

Esse saldo cínico deve marcar bem o caráter secundário do benefício passional. Que a axiologia da prática psicanalítica revele reduzir-se ao sexual só contribui para a subversão da ética presa ao ato inaugural pelo fato de o sexual mostrar-se por negatividades estruturais.

Prazer, barreira ao gozo (mas não o inverso). Realidade feita de transferência (mas não o inverso). E princípio de vaidade, suprema, na medida em que o verbo só tenha valor diante do olhar da morte (olhar, a ser enfatizado, não morto, que se furta).

Na ética que se inaugura pelo ato psicanalítico — menos ethiqueta,[3] perdoem-nos, do que jamais se vislumbrou ao se haver partido do ato — a lógica manda, isso é certo, por nela encontrarmos seus paradoxos.

A menos, também certo, que a isso venham juntar-se tipos e normas como puros remédios.

---

3 *Éthiquette* (e não *étiquette*), que remete à própria ética (*éthique*). (N.E.)

*O ato psicanalítico* 377

O ato psicanalítico, para manter sua chicana própria, não pode acumpliciar-se com isso.

Pois por seus referenciais se esclarece que a sublimação não exclui a verdade de gozo, no que os heroísmos, para se explicar melhor, ordenam-se conforme estejam mais ou menos prevenidos.

Aliás, o próprio ato psicanalítico está sempre à mercê do *acting out*, do qual já mostramos acima sob que aparências ele faz caretas. E é importante destacar o quanto é de molde a nos prevenir disso a própria abordagem de Freud, posto que não foi tanto no mito que ele a alicerçou inicialmente, mas no recurso ao teatro. Édipo e Agamêmnon representam encenações. Hoje vemos o alcance disso por aí se agarrar o retardo que quis deixar sua marca de inoportunidade ao se aventurar como exegese sobre o objeto *a*.

Pois, se o ato moral se ordena pelo ato psicanalítico, é por receber seu Em-Eu[4] daquilo que o objeto *a* coordena de uma experiência de saber. [381]

É dele que ganha substância a exigência insaciável que Freud foi o primeiro a articular, em *O mal-estar na cultura*. Destacamos com outra ênfase esse insaciável, por ele encontrar seu equilíbrio no ato psicanalítico.

Por que não creditar a esse ato o havermos introduzido a tempo seu próprio status?

E não recuar em proferir há seis meses esse a-tempo, cuja proposição não apenas teórica, mas efetiva, a ponto de ser uma intromissão em nossa Escola, antecipou-se a um desencadeamento que, por ter acesso a nosso entorno, faz-nos ousar reconhecê-lo para atestar um encontro.

Será o bastante observar que, no ato psicanalítico, o objeto *a* só vem em forma de produção pela qual o *meio*, sendo solicitado por toda exploração suposta, sustenta-se aqui no saber cujo aspecto de propriedade é propriamente o que precipita uma falha social precisa?

Chegaremos a indagar se foi realmente o homem reduzido por um anti-herói a uma única dimensão que se distinguiu na insurreição de maio?

---

4  No orig. *En-Je*, que poderia ainda ser traduzido por "Em-Mim" ou " No-Eu", além de soar como *enjeu*, "o que está em jogo". (N.E.)

# 378    *Outros Escritos*

Em contrapartida, a conexão do Em-Eu na fase/massa [*masse*] por uma tomada no saber — da qual não é o descomedimento que tanto esmaga, mas o apuro de sua lógica, que faz do sujeito pura clivagem —, eis onde se concebe uma mudança na própria amarração da angústia, da qual convém dizer que, por havê-la doutrinado como *não sem* objeto, também conseguimos por pouco apreender o que já passa além de um pico.

Não será isso o bastante para que o ato exigido no campo do saber recaia na paixão do significante — haja ou não alguém para fazer as vezes de starter?

Não há diferença, uma vez iniciado o processo, entre o sujeito que se fada à subversão, a ponto de produzir o incurável em que o ato encontra sua finalidade própria, e aquilo que, do sintoma, assume um efeito revolucionário, apenas por não mais marchar sob a chamada batuta marxista.

[382]

O que aí se julgou evidenciar da virtude de uma tomada da palavra não passa de uma antecipação suspeita do encontro que existe realmente, mas no qual a fala só advém pelo fato de que o ato já estava lá. Entenda-se: estava lá um pouco mais, ainda que ela não tivesse chegado, estava lá no instante em que ela enfim chega.

É justamente por isso que consideramos, por nosso turno, não haver faltado para com o lugar que nos é conferido neste entretenimento pelo drama dos psicanalistas de hoje, e por ter que reconhecer que sabemos um pouco mais sobre ele do que os que, ridiculamente, não perderam essa oportunidade de se mostrar como atores.

Nós a encontramos desde sempre, essa antecipação, a qual basta existir para que não seja insignificante, ao nos lembrarmos da avaliação, feita por um certo fulano, de que, no caso de que sói provir tudo o que sabemos da neurose obsessiva, Freud ficou como "rato encurralado". Com efeito, isso era o quanto bastava saber ler do Homem dos Ratos para que alguém se sustentasse diante do ato psicanalítico.

Mas, quem entenderá — mesmo entre aqueles que tiram de nossa meditação sobre esse ato aquilo que, no entanto, é claramente indicado nestas próprias linhas — de onde virá a ser substituído amanhã o psicanalista, bem como aquilo que na história fez as vezes dele?

*O ato psicanalítico*     379

Temos bastante orgulho, saiba-se disso, deste poder de ileitura que soubemos manter intacto em nossos textos, para fazer frente, aqui, por exemplo, ao que o historializar de uma situação oferece de abertura, abençoada, àqueles que não têm pressa senão de histrioniá-la, para sua maior comodidade.

Dar a compreender demais é criar uma saída para a evitação, e isso é acumpliciar-se com a mesma entrega que remete cada um à sua desorientação, é fornecer um suplemento de Alhures para que eles se apressem a se achar.

E se estivéssemos suficientemente protegidos para abordar o que se impõe por havermos situado o ato psicanalítico, por havermos estabelecido o que o determina a ele próprio pelo gozo, e, ao mesmo tempo, as maneiras pelas quais ele precisa preservar-se deste? Isso se julgará pelas migalhas que houverem caído no ano seguinte.

Mais uma vez, não encontramos sinal algum de que se tenha feito um corte para nos dispensar disso.

Que o interesse fique mais aquém, para não faltar para com o que prolifera pelo simples desconhecimento de um lema como este, legado por nós, da passagem — ao ato — deste seminário: que "não existe transferência da transferência". Mas é justamente com isso que se choca, sem a menor idéia do que articula, o relatório de um congresso próximo (cf. "The Non-Transference Relationship", in *IJP*, 1969, parte I, vol.50).     [383]

Se não fosse irremediável haver-se empenhado no comércio do verdadeiro sobre o verdadeiro (terceiro em falta), esse Congresso de Roma poderia ter colhido um pouco mais daquilo que, certa vez, tanto pela função quanto pelo campo que determina a linguagem, ali se proferiu como ato.

*Comunicado em 10 de junho de 1969*

# VII

# *Prefácio à edição dos* Escritos *em livro de bolso* [387]

*Para alguém*
*graças a quem isto mais é signo...*

Um significante que dá ascendência sobre a Rainha, a que submete quem dele se apodera? Se dominá-la por uma ameaça é equivalente ao roubo da carta, que Poe nos apresenta como uma façanha, isso quer dizer que é a seu poder que passa a rédea. A quê, afinal? À Feminilidade como todo-poderosa, mas apenas por estar à mercê do que chamamos, aqui não a troco de nada, o Rei. Por essa cadeia se evidencia que não há mestre senão o significante. Trunfo mestre: construíram-se jogos de cartas com base nesse fato do discurso. Sem dúvida, para jogar o trunfo, é preciso que se tenha a mão. Mas essa mão não é mestra. Não há um semnúmero de maneiras de jogar uma partida, mesmo que não exista apenas uma. É a partida que manda, a partir do momento em que a distribuição das cartas é feita segundo a regra que a subtrai no momento de poder da mão/rodada.

O que demonstra o conto de Poe, por meus cuidados, é que o efeito de sujeição do significante, da carta roubada, no caso, incide, antes de mais nada, sobre seu detentor posterior ao roubo, e que, conforme seu percurso, o que ele veicula é essa mesma Feminilidade que teria captado em sua sombra.

Seria a carta/letra que faz a Mulher ser esse sujeito, ao mesmo tempo todo-poderoso e servo, para que toda mão a que a Mulher lega a carta/letra recomece com aquilo de que, ao recebê-la, ela mesma fizera um legado? "Legado" significa o que a Mulher lega por nunca o ter possuído: donde a verdade sai do poço, mas sempre a meio-corpo.

383

384    Outros Escritos

Eis por que o Ministro vem a ser castrado, castrado, a palavra
é essa, por acreditar continuar a ter: a carta que Dupin soube loca-
lizar, por sua evidência, entre as pernas de sua lareira de painel
alto.

Aqui só faz rematar-se o que de início o feminiza como que
[388] por um sonho, e acrescento (p.45[1]) que o canto com que esse
Lecoq gostaria de tocar sua alvorada, no bilhetinho [*poulet*] que
lhe destina ("um desígnio tão funesto...") , ele não tem nenhuma
chance de ouvi-lo, e suportará tudo da Rainha, a partir do momento em que ela o desafiar.[2]

É que a Rainha, novamente alegre ou até maldosa, não se
oporá ao poder do Ministro por havê-lo desarmado sem ele saber
pelo menos, não junto ao Rei, de quem sabemos, pela existência
da carta, e aliás isso é tudo o que sabemos dele, que seu poder é o
do Morto, que míngua a cada rodada do jogo.

O poder do Ministro se afirma por ser proporcional ao masoquismo que o espreita.

No que nosso Dupin mostra-se igual, em seu sucesso, ao do
psicanalista, cujo ato somente por uma inesperada inabilidade do
outro ele pode vir a portar. Comumente, sua mensagem é a única
sobra [*chute*] efetiva de seu tratamento, devendo, tanto quanto a
de Dupin, permanecer não revelada, embora, com ela, o assunto se
encerre.

Mas, ainda que, como se experimentará pelo texto que ocupa
aqui o lugar de entrada que tem alhures, eu explicasse esses termos cada vez mais, menos eles seriam entendidos.

Menos entendidos pelos psicanalistas, porque, por estarem
para eles tão à vista quanto a carta roubada, eles a vêem até em si,
só que, a partir daí, como Dupin, acreditam-se seus mestres.

Eles só são mestres, de fato, em usar meus termos a torto e a
direito. No que muitos foram ridicularizados. Os mesmos que me
afirmam que aquilo que os outros receiam é um rigor do qual não
se sentiriam à altura.

---

1   Da edição brasileira dos *Escritos*. (N.E.)
2   Nesse parágrafo, Lacan constrói sua encruzilhada de sentidos jogando com
*poulet* (bilhetinho, mas também pinto, frango e, na gíria, "tira") e Lecoq (que
remete possivelmente ao compositor Charles Lecoq e ao detetive Lecoq, personagem de Emile Gaborian), termo que, desdobrado em *le coq*, significa "o galo".
(N.E.)

*Prefácio à edição dos* Escritos *em livro de bolso* 385

Mas não é meu rigor que inibe estes últimos, já que suas armadilhas só se igualam às daqueles que se referem a mim.

Que a opinião que mantém Rainha me seja grata é algo que só teria sentido por lhe valer este livro de bolso — *vade-mécum*, como era chamado antigamente —, e nada de novo, se eu não aproveitasse para situar o que ela me traz de meus *Escritos* como repercussão.

Devo persuadir-me de que eles não são uma pedra atirada na água senão por ela já ter produzido a onda, e até onda de retorno.

Isso se me tornou tangível pelo fato de que os aqui escolhidos me parecem destroços caídos no fundo. Por que haveria eu de me surpreender, uma vez que estes *Escritos*, não é apenas que tenham sido compilados em memória de rebotalhos, mas que compostos tenham sido por causa disso?

Repetindo, em seu destino de sonda, o da psicanálise, como     [389]
esquife prontamente tragado por esse mar.

Calafetação esquisita, por mostrar que ele só nada bem ao chegar em terra.

Pois este é um fato histórico: ponha-se na galé uma turma de remadores calejada em se esfalfar ao comando da voz, e a psicanálise vai a pique — para alívio do pessoal de bordo. Nenhum progressismo fez melhor, nem de maneira tão seguramente tranqüilizadora, o que é preciso fazer de imediato.

Em suma, ler-se-á meu chamado discurso de Roma de 1953 sem que mais possa importar eu ter sido rigorosamente impedido — desde o término imposto na França aos prazeres de uma Ocupação cuja nostalgia ainda iria assombrá-la durante vinte anos pela pluma de Sartre, tão precisa em seu refinamento —, rigorosamente barrado, dizia eu, de toda e qualquer tarefa, por menor que fosse, de ensino. A oposição a isso me foi notificada como sendo proveniente de um certo Sr. Piéron, de quem, aliás, não tive nenhum sinal direto a mim, a pretexto de minha incompreensibilidade.

Vê-se que eu o era em princípio, pois só tivera a oportunidade de demonstrá-la nos mais banais de seus contornos, e o que havia escrito na época nada tinha de abstruso (por menos que eu enrubescesse por republicar minha tese, apesar de ela não decorrer do que a ignorância então docente tomava por bom senso, ilustrando-o com Bergson).

386     *Outros Escritos*

Eu gostaria que reconhecessem que esse atraso que me foi imposto, de oito anos, obriga-me a soltar, ao longo de toda esta exposição, algumas asneiras — sejamos precisos: paulhanasneiras, que só posso zurrar para os ouvidos que me escutam. Nem mesmo o caro Paulhan me perdoou por isso, ele que sabia até que ponto "Kant com Sade" destoaria em seu bestiário[3] (esse *Escrito* está ausente deste volume). A faxina nunca é bem-feita senão por quem poderia fazê-la melhor. O tarefeiro, portanto, é inadequado para a tarefa, mesmo que a tarefa reduza qualquer um a bancar o tarefeiro. Chamo de tarefa arrumar o que está fora de lugar.

Enunciar que o inconsciente foi inicialmente encontrado no discurso, que é sempre nele que o encontramos na psicanálise, pode exigir que o articulemos com apoio, se necessário, o preliminar: antes que suceda, como um segundo tempo, o próprio discurso merecer que nos detenhamos nas estruturas que lhe são próprias, desde que consideremos que esse efeito não parece ser evidente.

[390]     Essa é uma idéia que se esclarece por destacar estas próprias estruturas, e de modo algum equivale a nos fiarmos nas leis da lingüística rogar-lhes que nos digam se elas se sentem perturbadas com isso.

Devemos habituar-nos ao manejo dos esquemas cientificamente retomados por uma ética (a estóica, no caso) do significante e do λεκτον. E logo percebemos que esse λεκτον não se traduz direito. Nós o deixamos de reserva e jogamos por algum tempo com o significado, mais acessível e mais maleável para os que dele tiram proveito, na ilusão de que eles pensem seja o que for que valha mais do que um caracol.

Ao longo do caminho, percebe-se, felizmente com atraso, melhor não nos determos nisso, que se elevam protestos. "O sonho não pensa...", escreve um professor, muito pertinente em todas as provas que fornece. O sonho mais se assemelha a uma inscrição amarrotada. Mas quando foi que eu disse seja o que for que objete a isso? Ainda que a esse amarrotado, segundo meu método de comentário, que se impõe a obrigação de se ater aos documentos,

---

3   Na NRF, um *n* foi dobrado em sua sigla.

*Prefácio à edição dos* Escritos *em livro de bolso* 387

eu só tenha dado destino no nível da girafa que o Pequeno Hans adjetiva com ele.

Além de esse autor nem sequer poder expor os fatos que alega a não ser tomando como estabelecido o que eu articulo sobre o sonho, isto é, que ele requer um suporte textual — o que chamo propriamente de instância da letra, anterior a qualquer gramatologia —, de onde terá ele tirado a idéia de que eu disse que o sonho pensa? Pergunta que formulo sem me haver relido.

Em contrapartida, ele descobre que o que inscrevo como efeito do significante não corresponde, em absoluto, ao significado delimitado pela lingüística, mas, efetivamente, ao sujeito.

Aplaudo esse achado, ainda mais que, na data em que estão sendo publicadas as suas observações, faz muito tempo que venho martelando, para quem quiser ouvir, que o significante (e é nisso que o distingo do signo) é aquilo que representa um sujeito para outro significante.

Eu disse "para quem quiser ouvir", pois tal articulação pressupõe um discurso que já tenha surtido efeitos, efeitos de λεκτον precisamente. Pois é por uma prática de ensino, na qual se demonstra que a insistência do que é enunciado não deve ser tida como secundária na essência do discurso, que ganha corpo, embora eu o tenha assinalado por essa qualidade desde seu primeiro aparecimento, um termo meu: o ponto de basta. Com o qual o λεκτον viu-se traduzido a meu gosto, sem que me gabe disso, sendo já mais estóico do que estoicólogo diante do que se possa censurar nele.

Isso não equivale, no entanto, a ir tão longe quanto eu poderia    [391]
no que me é trazido por minha publicação em livro de bolso. Ela decorre, para mim, de um inenarrável que só será medido, um dia, pelo balanço estatístico de um material de sintagmas aos quais dei curso.

Supri de embalagens melhores todo um mercado da cultura. Mea culpa.

Não existe metalinguagem. Esta afirmação é possível por eu haver acrescentado uma à lista das que correm pelos campos da ciência. Será justificada se produzir o efeito mediante o qual ficará atestado que o inconsciente É um discurso.

É que o psicanalista viria a ser o λεκτον dele, mas não demolido por isso.

Que o leitor do livro de bolso se deixe tomar pelo jogo que celebrei sozinho, primeiro em Viena, depois em Paris, em homenagem à *Coisa freudiana*, por ocasião do centenário de Freud. Se ele se animar com a zombaria desdenhosa com que ela foi acolhida por meu auditório de então, saberá que já está entre os que me são íntimos e que pode vir para minha Escola, para fazer a faxina.

*... de alguma coisa a ler deste*
*14.XII.69*

# Prefácio a uma tese [393]

PREFÁCIO DE "JACQUES LACAN", LIVRO DE ANIKA RIFFLET-LEMAIRE, PUBLICADO EM BRUXELAS EM 1970

A duas dessas pessoas chamadas nulidades, o que, na opinião geral, pelo menos estudantil, só faz valorizar mais o seu direito de ocupar o lugar de professores, eu dizia, já se vão uns bons treze anos: "Não se esqueçam de que, um dia, vocês indicarão como tema de tese o que estou escrevendo agora."[1]

Como que num voto de que elas se informassem sobre o assunto — no que eu verificaria se o zero tem mesmo idéia do lugar que sua importância lhe confere.

Pois aconteceu. Com elas não aconteceu nada, apenas comigo: eis-me tema de tese por meus *Escritos*.

Que isso se deva à escolha de uma pessoa jovem não é novidade. Meu discurso de Roma, dez anos após sua publicação, fez a aventura de um intelectual que emergia, numa universidade norte-americana, de um túnel de caçador, para minha surpresa.

Sabemos que é preciso uma segunda andorinha [*hirondelle*] para fazer o verão. Única, portanto, nessa posição, mesmo que existam várias. Um sorriso se multiplica quando é o de uma pessoa jovem.

Anthony, Anika, uma Antonella que me traduziu para o italiano: nessas iniciais, que signo insiste com um novo sopro?

Que me perdoe, portanto, aquela de quem tiro proveito para designar o que ela apaga ao mostrá-lo.[2]

Meus *Escritos* são impróprios para a tese, especialmente universitária: antitéticos por natureza, já que, no que formulam, só há como se deixar envolver ou largá-los de lado.

---

1 Nota do autor: não se trata, aqui, de S. Leclaire e J. Laplanche, de quem se tratará mais adiante.
2 Entendam-me aqui: ao mostrá-lo como convém.

389

# 390 Outros Escritos

[394] Cada um deles, aparentemente, não passa do memorial de uma recusa de meu discurso pela platéia que ele incluía: estritamente, os psicanalistas.

Mas justamente ao incluí-los sem retê-los, cada um demonstra por uma faceta a mais que não existe saber sem discurso. Pois o que esse saber seria — ou seja, o inconsciente que se imagina — é refutado pelo inconsciente tal qual ele é: um saber posto na posição de verdade, o que só é concebível por uma estrutura de discurso.

Discurso impensável, por só ser possível sustentá-lo no que se é ejetado dele. Perfeitamente ensinável, no entanto, a partir de um meio-dizer[3]: ou seja, a técnica que leva em conta que a verdade só se diz pela metade. Isso supõe que o psicanalista só se manifeste por um discurso assintomático, o que é, de fato, o mínimo que se espera dele.

Na verdade, esse impossível é o fundamento de seu real. De um real a partir do qual se julga a consistência dos discursos em que a verdade claudica, e, justamente por claudicar abertamente, julga-se a inanidade, ao contrário, do discurso do saber, quando, ao se afirmar por seu fechamento, ele faz os outros mentirem.

É bem essa a operação do discurso universitário, quando ele transforma em tese a ficção que chama de autor, ou a história do pensamento, ou ainda alguma coisa que se intitule um progresso.

Ilustrar com um exemplo uma incompatibilidade como essa de que se trata é sempre falacioso.

Está claro que ela toca naquilo que se refere ao aluno.

Eu poderia destacar um contraste e dizer que, em 1960, meus dois L[4] batiam de um lado só, por um deles ser dos que não se consideram sem universo. Refiro-me aí àquele líquen que unifica a floresta, quando é preciso que ela esconda a árvore.

---

3 No orig. *mi-dire*. Diante dos inconvenientes de sua tradução por "semi-dizer" (que evoca um todo possível do qual se diria apenas a metade), optamos por "meio-dizer" (a despeito de seu caráter semineológico) sobretudo pelo uso freqüente do *mi-dit*, por parte de Lacan com relação ao meio-dia. (N.E.)

4 Nesse e em pontos subseqüentes do texto, Lacan grafa L, obtendo assim tripla homofonia entre: os L de (Jean) Laplanche e (Serge) Leclaire, o substantivo *aile/ailes* (asa[s]) e os pronomes *elle/elles* (ela[s]). Com isto, apóia sua argumentação — quanto ao primado da letra sobre o sentido — em uma demonstração literal. (N.E.)

Não se trata, nesta data, de nada menos do que fazer com que se ouça meu ensino, que é enunciado do lugar mais eminente da psiquiatria francesa a cada oito dias, já se vão sete anos, numa aula inédita, para seus destinatários explícitos, psiquiatras e psicanalistas, que, no entanto, deixam-na à margem.

Esse fenômeno singular é obra de segregações, ali, como noutros lugares, efeitos de discurso, mas que, por interferirem no campo concreto, nele estatuem promulgações de origem e data diferentes.

Segregação, primeiro, da psiquiatria na Faculdade de Medicina, onde a estrutura universitária expande sua afinidade com o regime patronal. Essa segregação baseia-se em que a própria psiquiatria faz as vezes de segregação social. O resultado é que a psiquiatria designa um quarto de hóspedes em nome das verbas [395] liberais da Universidade, ficando os que têm direito a esse alojamento recalcados no gueto que outrora se chamava, não sem justiça: asilar.

Tal lugar presta-se às proezas da civilização em que se estabelece o feito do príncipe (no caso, nosso amigo Henri Ey).

Pode sobrevir aí um ditame liberal, como em qualquer lugar em que o arbítrio se oferece como falha entre campos necessitados.

Não é, pois, de nenhum outro favor, de nenhum progresso dialético, que provém o que chega a mim através de Bonneval, feudo de Henri Ey, dentro de meu campo.

O campo do psicanalista, se pensarmos bem, é muito mais na configuração política do que na conexão praticante que se motiva o hábitat que ele encontrou na psiquiatria. Ele foi obrigado a isso por sua antipatia pelo discurso universitário, antipatia esta que, apesar de só ter recebido de meu ensino a sua razão, não tem menos eficácia quando, como sintoma, traduz-se em instituições que veiculam ganhos secundários.

Quanto à articulação segregadora da instituição psicanalítica, basta lembrar que o privilégio de ingressar nela, depois da guerra, mediu-se pelo fato de *todos* os analistas da Europa Central, nos anos anteriores, terem fugido para os países atlânticos — daí para a fornada, a ser contida talvez por *numerus clausus*, que se anunciava por uma invasão russa a ser prevenida.

392 *Outros Escritos*

A seqüência foi uma seqüela mantida pela dominação estabelecida do discurso universitário na URSS e por sua antipatia[5] pelo discurso sectário, o qual, inversamente, floresceu nos EUA, por ser fundante ali.

O jogo sintomático explica o prodígio de uma certa Ipapéia haver conseguido proibir, efetivamente, aos menores de cinqüenta anos, por obediência a ela, o acesso a meu seminário, e ver esse decreto confirmado pelo rebanho estudantil até mesmo na "sala dos plantonistas", situada a quatrocentos passos da clínica universitária (cf. o quarto de hóspedes) onde eu falava na hora do almoço.

[396] Que não se suponha menos gregária a moda atual; ela é apenas uma forma metabólica do poder crescente da Universidade, que aliás me abriga em seus adros. O discurso da Universidade é desagrativo, mesmo veiculando o discurso do mestre, pois só o ocupa o seu lugar ao liberá-lo de sua verdade. A Ciência lhe parece garantir o sucesso desse projeto. Insolúvel.

Mas, que ninguém subestime a autonomia desse discurso, em nome de sua dependência orçamentária. Isso não é acertar as contas com ninguém. O que está rasgado aí só pode ser surpreendido a partir de um outro discurso pelo qual se revelam suas costuras.

É mais acessível demonstrar a incapacidade do discurso universitário retornando-se ao discurso pelo qual ele é remendado, um procedimento equivalente.

Esses dois encaminhamentos se confundem, quando sucede fazer-se ouvir em seu seio alguma coisa do discurso que ele recalca, de modo ainda mais certeiro na medida em que ele não é garantido em parte alguma. Foi essa a experiência, um dia, de um certo Politzer, que aliou a seu marxismo ser uma alma sensível.

Ao reabrir o livro de bolso em que ressurge, contra qualquer verossimilhança do consentimento de seu autor, essa "crítica dos fundamentos da psicologia", não imaginamos as fórmulas com que ele indaga "se os pensamentos, entregues a eles mesmos, ainda são atos do 'eu'". Ao que ele responde, no mesmo fôlego: "É impossível" (p.143 do utensílio).

E, na p.151: "Os desejos inconscientes ..., a consciência os percebe, mas em momento algum intervém uma atividade na pri-

---

5 A recusa da segregação está, naturalmente, no princípio do campo de concentração.

Prefácio a uma tese     393

meira pessoa, *um ato que tenha forma humana* [grifos do autor] e que implique o 'eu'. Mas a verdade é que esse desejo é submetido a transformações que já não são atos do 'eu'... Os sistemas muito autônomos rompem a continuidade do 'eu' e o automatismo dos processos de transformação e elaboração impede sua atividade."

É nisso que dá a pretensa crítica, na exigência de postulados tidos como os mais atrasados, até mesmo ali onde eles só persistem — ou seja, na psicologia universitária — para continuar a fundá-la, queira ela o que quiser.

Não é por um recurso ao autor, de quem procederia o discurso universitário, que explicarei como, justamente promovendo o "relato" como aquilo em que se circunscreve a experiência analítica, ele se destaca, fantasma, por nunca ter olhado para isso.

É no nominalismo, essencial para a Universidade moderna, isto é, aquela com que o capitalismo se enfumaça, que farei ler o fracasso escandaloso dessa crítica. Temos ali o discurso em que só se pode ficar cada vez mais aprisionado, mesmo e sobretudo ao maldizê-lo. (Operação um bocado risível, a posteriori.)    [397]

Meus L se safam com uma abanada de leque com a qual expulsam essa "primeira pessoa" do inconsciente. Eles sabem muito bem que esse inconsciente, entuo-ele[6] como lhes agrada. É "em pessoa", dizem-nos, que mais convém amarrá-lo.

Mas eles poderiam lembrar-se de que faço a verdade dizer "Eu falo", e que, se enuncio que nenhum discurso é emitido de lugar algum senão como o retorno da mensagem sob forma invertida, não é para dizer que a verdade assim reverberada por um Outro seja íntima dele.[7]

A Politzer eu teria proposto a imagem do Eu inumerável, definido pela única relação com a unidade, que é a recorrência. Quem sabe? Talvez eu o remetesse ao transfinito.

Mas o importante não são estas gracinhas. É que deveria ser flagrante para meus dois L que eu me havia libertado, por boa razão, como se vê, de uma referência que eles só destacam, por-

---

6   No orig. *je l'entu-ile*, forma com que Lacan conjuga simultaneamente "intuir", as três pessoas do discurso e a relação entre ato e inconsciente. (N.E.)

7   Lacan apóia-se aqui em *"être à tu et a toi (avec quelqu'un)"*, locução que significa tratar alguém com intimidade e *"être à Tue et à Toit avec..."*, onde os dois termos homófonos, grafados com maiúsculas, remetem ao matar (verbo *tuer*) e à casa ou teto (*toit*). (N.E.)

## 394   Outros Escritos

tanto, ao querer reverenciar as únicas pessoas a quem isso afeta, aquelas que nada têm a ver com a psicanálise.

Marxismo do CNRS[8] ou fenomenologia das formas, hostilidade inata ou amizade conjuntural, qual dessas posturas se atesta no simples discurso em questão, recebe dele a eficiência pela qual é invocada? — neutralizados, eles se tornarão neutralizadores.

Para aqueles a quem um discurso, para eles inaudito posto que há sete anos silenciam a seu respeito, dá um rigor afetado, com a chamada postura de quem engoliu um guarda-chuva, aparece a idéia de que eles não têm outra coisa a restituir a não ser o guarda-chuva filosófico — e que os outros façam dele bom proveito.

Afinal, se ele é exportável, esta é a oportunidade de fazer uma reserva em moedas que tenham curso na *Alma Mater*.

Vê-se bem isso quando o relatório sobre o inconsciente é colocado no mercado paralelo, muito justamente adornado com as frisas dos Tempos Modernos.[9]

O mercado comum profissional apura sua sensibilidade.

Que acontecerá com o inconsciente nele?

Limitemo-nos àquilo que o articula pelo aparelho do significante, com valor de propedêutica. Poderíamos dizer que não fiz outra coisa ao apresentar "Signorelli" (como a entrada do esquecimento no discurso!!!) à Sociedade de Filosofia. Mas isso foi num certo contexto: o preconceito substancialista, pelo qual o inconsciente não podia deixar de ser afetado, decorria de uma intimidação a ser produzida pelo esmagador de seu material de linguagem, ou de um desarvoramento em sustentar o deixar em suspenso.

Aqui, trata-se de pessoas (ao menos se fizermos questão de nos endereçarmos, sem compor terceiros, aos interlocutores válidos), de pessoas, dizia eu, cujo mito tem o crédito de uma prática. O fabuloso, como em toda fé, arma-se aí do sólido. Solta-se ali a baba do eu forte por todos os lados, e a agressividade para secá-la; deixemos de lado a supremacia do genital, que é alta culinária.

Limitar-se ao que fixei como algoritmo apropriado para escrever a relação da metáfora, como estrutura significante, com o

[398]

---

8   Centre National de la Recherche Scientifique (Centro Nacional de Pesquisa Científica). (N.E.)

9   Lacan se refere à revista *Temps Modernes*, da qual Jean Laplanche foi colaborador. (N.E.)

Prefácio a uma tese       395

retorno (demonstrado como obra do significante) do recalcado só adquire valor se extraído de uma construção, cuja épura, pelo menos, poderia ser indicada.

O leitor de hoje, digamos, o jovem, teve seu terreno mental capinado por efeitos de convergência do discurso para os quais contribuí, não sem que a questão da distância exigida para os efeitos máximos me houvesse desconcertado, antes que eu meditasse sobre ela. Ele já não pode ter idéia do inaudível, há pouquíssimos anos, de uma formulação — a minha —, que agora corre por toda parte. É possível também que entre os médicos ainda não balintizados se avalie a que ponto é vivível ignorar completamente o inconsciente, o que, agora, para ele (para ele, imenso, graças a mim, pobre) quer dizer: ignorar o inconsciente, isto é, o discurso.

Percebo bem o embaraço de meus dois L para abordar essa maçonaria. Não creio que isso seja o bastante para levá-los, por uma decisão livre, a afastar qualquer recurso ao grafo que foi construído para eles por meu seminário sobre as formações do inconsciente (1957-1958).

Esse aparelho pelo qual se representa... (Deus sabe que isso é um risco), no qual se representa a aparola[10] (que se acolha desse monstro-palavra a equivocidade) — a aparola, que se faz a partir do Outro (chamado grande Outro), cesto furado, para pendurar pelos quatro cantos a cesta do desejo, a qual o *a*, bola-objeto, retesa em fantasia —, esse aparelho rigoroso, é de espantar que, ao exibi-lo, não se tenham tornado secundárias, ou considerado resolvidas, as picuinhas sobre a dupla inscrição, já que elas o foram pelo próprio Freud, por ele haver promovido, pressentido diria eu no meu estilo, o *mystic pad*.

Certamente, as dificuldades de trabalho que contam muito na    [399]
indicação da psicanálise não são reavivadas à toa no passe que produz o analista. É que elas concernem essencialmente à relação com a verdade.

(Esta última palavra não é de manejo fácil, mas é talvez por seu sentido vacilar que seu emprego é corretamente ajustado.)

---

10 Optamos por esse "monstro-palavra" em português — em lugar de "afala", sua tradução mais imediata — por sua necessária assonância, explicitada por Lacan, com "aparelho". (N.E.)

## 396  *Outros Escritos*

Eu mesmo não estaria preso no discurso analítico se fugisse aqui à oportunidade de demonstrar justamente o que comporta o discurso universitário.

Partamos do assombro.

Admitamos que seja correto nos servirmos em bruto da fórmula da metáfora, tal como a forneci em meu texto sobre Schreber (p.563 dos *Escritos*), ou seja:

$$\frac{S}{\mathcal{S}'} \bullet \frac{\mathcal{S}'}{x} \longrightarrow S\left(\frac{I}{s}\right)$$

Essa escripção [*scription*] está ali, como mostra a seqüência, para fazer surgir a função do significante Falo, como signo da "paixão do significante". É isso que indica o $x$, que habitualmente designa a variável.

A fórmula original, e também originária, fornecida em "A instância da letra" (p.519), é:

$$f\left(\frac{S'}{S}\right) \quad S \cong S\,(+)\,s.$$

que é comentada pelo texto todo desse *Escrito* e não se prestaria, por sua vez — o que deveria reter nosso L —, à transcrição que veremos.

Trata-se da que opera a partir da... analogia com uma escripção da proposição aritmética, a qual é preciso desnudar, colocando-a em números: 1/4 • 4/16, o que efetivamente dá 1 (1/16) (mas isso ainda é um acaso).

Mas, o fato de esse 1/16 poder ser escrito (não por acaso) como:

$$\frac{\dfrac{1}{16}}{\dfrac{4}{4}}$$

[400]  que razão ver nele para transcrever a fórmula (I), com acentos próximos das letras, em:

$$\frac{\dfrac{S'}{s}}{\dfrac{S}{S}}$$

Em suma, que tem a ver a barra com que Saussure inscreve a relatividade intransponível entre o significante e o significado, na qual me imputam (erroneamente) encontrar a barreira entre o inconsciente e o pré-consciente, com a barra, seja ela qual for, com que se indica a proporção euclidiana?

Um pouco da repercussão do diálogo que tive com o Sr. Perelman, nesse mesmo ano, em junho, para refutar sua concepção analógica da metáfora (cf. p.903-7 de meus *Escritos*), teria bastado para conter nessa inclinação aquele a quem ela fascina. Ela o fascina, mas, como? Qual é o termo que os três pontos de suspensão que precederam a palavra analogia, mais acima, mostram que não sei a que santo consagrar? Qual é a palavra para designar a similaridade pela qual se dirige a manipulação de um ábaco por um idiota?

Quanto a isso, não há porque hesitar. É realmente em meu discurso que o autor se fundamenta, para retomá-lo à sua maneira, e que não é a boa, por continuar a ser aquela pela qual o universitário me escuta, e que é instrutiva.

Devo dizê-lo: depositei ingenuamente, num momento difícil em que perdia a esperança no psicanalista, uma certa esperança, não no discurso universitário, que eu ainda não tinha meios de circunscrever, mas numa espécie de "opinião verdadeira" que eu supunha em seu corpo (Henôrme![11] teria dito nós sabemos quem.)

Vi alguns membros desse corpo atraídos por meu pasto. Eu esperava seu sufrágio. Mas eles, o que faziam era cópia.

Por isso, que advém de meu L, uma pequenina L ainda de pinto? Ei-la que ganha envergadura, por imaginar esta fórmula: o inconsciente é a condição da linguagem.

Isso é do asa, de L [*d'aile*]: um de meus fiéis assegurou-me que ele se exprimiu com esses fonemas naquela ocasião.

Ora, o que eu digo é que a linguagem é a condição do inconsciente.

Não é a mesma coisa, é até exatamente o contrário. Mas nem por isso se pode dizer que não tenha relação.

Ele/Asa [*aile*] teria se alçado ao dizer que o inconsciente era a implicação lógica da linguagem: com efeito, não há inconsciente

[401]

---

11 Segundo o *Robert: Dictionnaire historique de la langue française*, a grafia e a pronúncia grandiloqüente *hénaurme*, utilizada pela primeira vez por Flaubert em 1856, designa "notável por características extremas". (N.E.)

sem linguagem. Essa poderia ser uma abertura para a raiz da implicação e da própria lógica.

Asa teria remontado ao sujeito que meu saber supõe.

Por isso, talvez, quem sabe? Asa se haveria adiantado a mim naquilo a que cheguei.

Ponto a que até poderia tê-lo levado seu S/S inferior, que, tal qual [*tel qu'aile*], não pode querer dizer outra coisa senão que um significante equivale a outro, isso a partir do momento em que — Asa estava informada disso — ela admite que um significante é capaz de significar a si mesmo.

Porque, sabendo a diferença que existe entre o uso formal do significante, cuja notação é S, e sua função natural, notação S, ele teria apreendido o próprio desvio em que se funda a chamada lógica matemática.

Mas, como não se pode redescobrir tudo sozinho, é realmente à preguiça, esse insondável dos pecados com que se edifica a Torre do Capital, que convém atribuir a falha de sua informação.

Para supri-la, que Asa se pergunte o que se oferece, ali onde estou, como pergunta, a saber: que satisfação se encontra em pressionar o S, significante natural, a reconhecer o que uma formalização cada vez mais avançada de sua prática permite detectar aí de irredutível como linguagem?

Será nisso que produz um nó aquilo que faz o saber não se desvincular do gozo, mas, apesar disso, nunca ser este senão o do Outro?

Ah, por que se detém Asa no que Freud designou para sempre de narcisismo da pequena diferença?

Pequena, basta isso para que ela difira do intervalo que separa a verdade do erro.

Aquilo por que Freud não parece ter sabido que podia dar graças é ter-lhe devido, a esse narcisismo, ser eternamente, isto é, durante toda a sua vida — e além dela, para todo um círculo —, ser infalivelmente citado como, naquilo que disse, inultrapassável.

É que ele teve a sorte de não ter tido em seus calcanhares a matilha universitária.

Apenas o que ele chamava de seu "bando".

O que permite ao meu simplesmente confirmar seu discurso.

Mas, comigo, ele é um bocado engraçado. Quando, a partir da estrutura da linguagem, formulo a metáfora de maneira a dar con-

*Prefácio a uma tese* 399

ta do que ele chama de condensação no inconsciente, e a metonímia, do mesmo modo, como motivando o deslocamento, há quem
fique indignado por eu não citar Jakobson (de quem em meu ban-  [402]
do, aliás, não se desconfiaria... do nome, se eu não o houvesse
pronunciado).

Mas, quando se percebe, ao finalmente lê-lo, que a fórmula
pela qual articulo a metonímia difere da de Jakobson o bastante
para que ele faça o deslocamento freudiano decorrer da metáfora,
então me censuram como se eu lha houvesse atribuído.

Em suma, eles se divertem.

Quando me é necessário dar conta, após anos de sono (de
sono dos outros), do que eu disse à multidão de Bonneval (renascer árvore e, em meus braços, todos os pássaros, todos os pássaros... como sobreviver à sua chilreada eterna?), só posso lembrar,
num escrito ("Posição do inconsciente"), que o objeto *a* é o pivô
do qual se desdobra, em sua metonímia, cada construção de frase.

Onde situar esse objeto *a*, o grande incorpóreo dos estóicos?
No inconsciente ou em noutro lugar? Quem se arrisca?

Que este prefácio pressagie uma pessoa que irá longe.

No bom proveito que ela tirou das fontes universitárias, falta,
forçosamente, o que a tradição oral designará para o futuro: os
textos fiéis em me pilhar, ainda que desdenhando me devolver o
que me é devido.

Eles estarão interessados em transmitir literalmente o que eu
disse: como o âmbar que aprisiona a mosca, para não saber nada
de seu vôo.

*Neste Natal de 1969*

[403] # *Radiofonia*

RESPOSTAS[1] A SETE PERGUNTAS FORMULADAS PELO
SR. ROBERT GEORGIN PARA A RADIODIFUSÃO BELGA, 1970

## PERGUNTA I

*Nos* Escritos, *o senhor afirma que Freud antecipa, sem se dar conta disso, as pesquisas de Saussure e as do Círculo de Praga. Poderia explicar-se a esse respeito?*

### RESPOSTA

Sua pergunta me surpreende por comportar uma pertinência que contrasta com as pretensões à "entrevista" que tenho de afastar. É até uma pertinência dupla — em dois graus, melhor dizendo. O senhor me prova ter lido meus *Escritos*, o que, aparentemente, não se considera necessário para conseguir me escutar. O senhor escolhe neles um comentário que implica a existência de uma outra forma de informação que não a mediação de massa: o fato de Freud antecipar Saussure não implica que algum rumor tenha feito com que tomassem consciência um e outro.

De modo que, ao me citar (o senhor), já respondi a sua citação, antes de me dar conta: é a isso que chamo surpreender-me.

Partamos do ponto de chegada. Saussure e o Círculo de Praga produzem uma lingüística que nada tem em comum com o que antes era abarcado por esse nome, ainda que ela encontrasse suas chaves nas mãos dos estóicos — mas, que faziam eles?

A lingüística, com Saussure e o Círculo de Praga, institui-se por um corte que é a barra colocada entre o significante e o signi-

---

1 Dessas respostas, as quatro primeiras foram transmitidas pela RTB [Rádio-Televisão Belga] (3º programa) em 5, 10, 19 e 26 de junho. Foram reproduzidas pela ORTF [Office de Radiodiffusion Télévision Française] em 7 de junho de 1970.

Radiofonia 401

ficado, para que nela prevaleça a diferença pela qual o significante se constitui em termos absolutos, mas também para que se ordene, efetivamente, por uma autonomia que nada tem a invejar aos efeitos do cristal: pelo sistema do fonema, por exemplo, que foi ali o primeiro sucesso de descoberta. [404]

Pensa-se em estender esse sucesso a toda a rede do simbólico, só admitindo sentido no que a rede responde e pela incidência de um efeito, sim — mas de um conteúdo, não. É o desafio que se sustenta pelo corte inaugural.

O significado será ou não cientificamente pensável, conforme se sustente ou não um campo do significante que, por seu próprio material, se distinga de qualquer campo físico obtido pela ciência.

Isso implica uma exclusão metafísica, a ser tomada como fato de des-ser. Nenhuma significação, doravante, será tida como evidente — que haja claridade quando é dia, por exemplo —, no que os estóicos nos ultrapassaram, mas já indaguei: com que objetivo?

Se tivesse que chegar a tratar com brusquidão certas retomadas da palavra, eu chamaria de semiótica toda disciplina que parte do signo tomado como objeto, mas para assinalar que é isso que cria obstáculo à captação como tal do significante.

O signo pressupõe o alguém a quem ele constitui signo[2] de alguma coisa. É o alguém cuja sombra ocultava a entrada na lingüística.

Chame esse alguém como quiser, será sempre uma estupidez. O signo basta para que esse alguém faça da linguagem apropriação como de um simples instrumento; da abstração, eis aí a linguagem como suporte, bem como da discussão, meio; com todos os progressos do pensamento — o que estou dizendo? Da crítica, como chave.

Seria preciso eu "antecipar" (retomando o sentido da palavra de mim para comigo) o que espero introduzir sob a grafia de acoisa, *a, c, o, i* etc., para fazer sentir em que efeito a lingüística toma posição.

---

2 A tradução mais imediata da locução *faire signe*, que será abundantemente utilizada por Lacan neste texto, seria "sinalizar" ou "dar sinal". Privilegiaremos, no entanto, sua forma mais literal pela retomada que faz Lacan aqui do signo saussuriano (menos substantivado e mais flexionado). (N.E.)

402     *Outros Escritos*

Não será um progresso: antes, uma regressão. É disso que precisamos contra a unidade de obscurantismo que já se consolida no intuito de prevenir a acoisa.

Ninguém parece reconhecer em torno do que se produz a unidade, e que, na época de alguém na qual se colhia a "assinatura das coisas", ao menos podia-se contar com uma besteira culta o bastante para que na linguagem lhe fosse pendurada a função da comunicação.

[405]    O recurso à comunicação protege, se me atrevo a dizê-lo, a retaguarda do que a lingüística torna caduco, encobrindo o ridículo que chega a posteriori por feito dela. Suponhamos que ela mostre, na ocultação da linguagem, a figura mítica que é a telepatia. O próprio Freud deixou-se levar por essa criança perdida do pensamento: que este se comunica sem fala. Não desmascarou o rei secreto da tenda dos milagres cuja lavagem ele inaugurou. Assim como a lingüística está colada ao pensamento de que ele (o pensamento) se comunica com a fala. É o mesmo milagre invocado para fazer com que se telepadeça com a mesma matéria [*bois*] com que se pactua: por que não o "diálogo" com que nos fisgam os velhacos, ou os contratos sociais que estes esperam disso? O afeto, nesse ponto, está ali, rápido e rasteiro, para selar essas efusões.

Todo homem (quem não sabe o que é isso?) é mortal (reunamo-nos nessa igualdade comunicável entre todos). E agora, falemos de "todo", é o caso de dizê-lo, falemos juntos, deixando de lado, num passe de mágica, o que há sob a cabeça dos silogistas (não de Aristóteles, note-se) que, num mesmo elã (a partir dele), querem que a premissa menor ponha Sócrates na jogada. Pois dali resultaria também que a morte é administrada como o resto, seja pelos, seja para os homens, mas sem que eles estejam do mesmo lado no que concerne à telepatia veiculada por uma telegrafia cujo sujeito, por conseguinte, não pára de criar embaraços.

Que esse sujeito seja originariamente marcado por uma divisão, é a partir daí que a lingüística ganha força, para além dos gracejos da comunicação.

Sim, força que põe o poeta no saco dela. Porque o poeta se produz por ser... (permitam-me traduzir aquele que o demonstra, no caso, meu amigo Jakobson)... produz-se por ser devorado pelos versos/vermes [*vers*] que encontram entre si o seu arranjo, sem se incomodar, isso é patente, se o poeta sabe disso ou não. Daí a consistência, em Platão, do ostracismo com que ele golpeia o poe-

*Radiofonia* 403

ta em sua *República*, e da viva curiosidade que mostra, no *Crátilo*, por esses bichinhos que lhe parecem ser as palavras, que seguem apenas seus caprichos.

Vê-se como o formalismo foi precioso para sustentar os primeiros passos da lingüística. Mas, ainda assim, foi pelos tropeços nos passos da linguagem, na fala, em outras palavras, que ela foi "antecipada".

Que o sujeito não seja aquele que sabe o que diz, quando efetivamente alguma coisa é dita pela palavra que lhe falta, bem como no ímpar de uma conduta que ele julga ser sua, isso torna pouco confortável alojá-lo no cérebro com que ele parece se socorrer, sobretudo quando ele dorme (aspecto que a atual neurofisiologia não desmente) — é essa, evidentemente, a ordem de fatos que Freud chama de inconsciente.

Quem o articula, em nome de Lacan, diz que ele é isso ou nada mais. [406]

Ninguém, depois dele, agora, pode deixar de lê-lo em Freud, e quem opera segundo Freud ao psicanalisar deve pautar-se por isso, a menos que se pague com a escolha da besteira [*bêtise*][3].

Portanto, ao enunciar que Freud se antecipa à lingüística, estou dizendo menos do que o que se impõe, e que é a formulação que agora libero: o inconsciente é a condição da lingüística.

Sem a irrupção do inconsciente, não há meio de a lingüística sair do jogo duvidoso mediante o qual a Universidade, com o nome de ciências humanas, continua a ofuscar a ciência. Coroada em Kazan, aos cuidados de Baudouin de Courtenay, ela sem dúvida teria permanecido aí.

Mas a Universidade não disse sua última palavra, e fará disso tema de tese — a influência, na genialidade de Ferdinand de Saussure, da genialidade de Freud — para demonstrar por onde chegaram a um os ares do outro, antes que existisse o rádio.

Façamos como se ela nem sempre tivesse prescindido disso, para ser tão ensurdecedora.

E por que se haveria Saussure percebido, para tomarmos de empréstimo os termos da citação que o senhor fez, melhor do que

---

3 No orig. *bêtise*, traduzido neste volume preferencialmente por "besteira", não apenas em razão de sua literalidade, mas porque sua tradução mais imediata, por "burrice", manteria em primeiro plano uma relação com o déficit intelectual jamais visada por Lacan. (N.E.)

404     *Outros Escritos*

o próprio Freud, aquilo que Freud antecipou, em especial a metáfora e a metonímia lacanianas, lugar onde Saussure *genuit* Jakobson?

Se Saussure não torna públicos os anagramas que decifrou na poesia saturnal, é porque estes aniquilam a literatura universitária. A canalhice não o emburrecer; é que ele não é analista. Para o analista, ao contrário, mergulhar nos procedimentos de que se reveste a enfatuação universitária não faz com que seu homem se perca (há como que uma esperança nisso) e o atira diretamente num erro crasso, como o de dizer que o inconsciente é a condição da linguagem: trata-se, aí, de se fazer autor à custa do que eu disse ou até repisei aos interessados — a saber, que a linguagem é a condição do inconsciente.

O que me faz rir do personagem é um estereótipo: a tal ponto que outros dois, estes para uso interno de uma Sociedade que sua bastardia universitária matou, ousaram definir a *passagem ao ato* e o *acting out* exatamente em termos que, expressamente endereçado a eles, eu havia oposto entre si, simplesmente invertendo o que eu atribuía a cada um. Um modo, pensavam eles, de se apropriar do que ninguém soubera articular até então.

[407]

Se eu fraquejasse agora, não deixaria outra obra senão esses resíduos [*rebuts*] selecionados de meu ensino dos quais fiz trave para a informação, sobre a qual diz-se tudo ao afirmar que ela a difunde.

O que enunciei num discurso confidencial não deixou de deslocar a audição comum, a ponto de me trazer um auditório que prova ser estável em sua enormidade.

Lembro-me do incômodo com que me interrogou um rapaz que se havia misturado, pretendendo-se marxista, ao público composto de pessoas do Partido (o único) que afluíra (sabe Deus por quê) à comunicação de minha "dialética do desejo e subversão do sujeito na psicanálise".

Assinalei gentilmente (gentil como sempre sou), em seguida, em meus *Escritos*, a estupefação que me veio como resposta desse público.

Quanto a ele, "então o senhor acredita", disse-me, "que lhe basta haver produzido alguma coisa, escrito letras no quadro-negro, para esperar um efeito disso?"

Mas o exercício foi frutífero, tive prova disso, que mais não fosse, pelo resíduo que ajudou a pagar por meu livro — já que a

*Radiofonia* 405

verba da Fundação Ford, que motiva as reuniões que têm de quitar as despesas, estava então impensavelmente esgotada para me publicar.

É que o efeito que se propaga não é de comunicação da fala, mas de deslocamento do discurso.

Freud, incompreendido, ainda que por causa dele mesmo, por ter querido fazer-se ouvir, é menos servido por seus discípulos do que por essa propagação: aquela sem a qual as convulsões da história permanecem como enigma, como os meses de maio com que se desorientam aqueles que se empenham em torná-los escravos de um sentido, cuja dialética se apresenta como derrisão.

PERGUNTA II

*A lingüística, a psicanálise e a etnologia têm em comum a noção de estrutura; a partir dessa noção, não será possível imaginar o enunciado de um campo comum que um dia reúna psicanálise, etnologia e lingüística?*

RESPOSTA                                                                [408]

(na Páscoa de 1970 à guisa de ovo?)

Seguir a estrutura é certificar-se do efeito da linguagem.

Isso só se faz afastando a petição de princípio de que esta a reproduz a partir de relações tiradas do real. Do real que caberia entender por minha categoria.

Pois essas relações também fazem parte da realidade, na medida em que habitam fórmulas que estão igualmente presentes nela. A estrutura é apanhada a partir daí.

Daí, isto é, do ponto em que o simbólico toma corpo. Voltarei a isto: corpo.

Seria espantoso não ver que, ao fazer da linguagem uma função do coletivo, sempre se volta a supor alguém graças a quem a realidade se desdobra por ele representá-la para si — com o que só tenhamos de reproduzir esse debrum: em suma, no vespeiro do idealismo.

Chegarei, no final, a alguém que não é dessa lavra: alguém a quem se faz sinal [*signe*].

## 406  *Outros Escritos*

Pela veia indicada, o conhecimento só é motivado ao produzir a adaptação de algo suposto na existência, a qual, como quer que se produza, como eu, organismo ou espécie, não poderia dizer nada que preste a esse respeito.

Se o conhecimento só nasce ao largar a linguagem, não é para ele sobreviver que é preciso conectá-lo a esta, mas para demonstrá-lo natimorto.

De outra estrutura é o saber que circunscreve o real, tanto possível, como impossível. Essa é minha fórmula conhecida.

Assim, o real se distingue da realidade. Isto, não para dizer que ele é incognoscível, mas sim que está fora de questão entender disso [*s'y connaître*], apenas demonstrá-lo. Via isenta de qualquer idealização.

Não há razão, no entanto, para confinar os estruturalistas, a não ser para ter a ilusão de que eles vêm dar prosseguimento àquilo em que o existencialismo se saiu tão bem: conseguir que uma geração se deite na mesma cama em que nasceu.

Não há ninguém que não tenha sua oportunidade de insurreição ao se referenciar pela estrutura, já que, por direito, ela faz traço da falta de um projeto por vir.

[409] Que isto sirva de prefácio à acolhida que darei ao *pool* que o senhor imagina.

Volto primeiro ao corpo do simbólico, que convém entender como nenhuma metáfora. Prova disso é que nada senão ele isola o corpo, a ser tomado no sentido ingênuo, isto é, aquele sobre o qual o ser que nele se apóia não sabe que é a linguagem que lho confere, a tal ponto que ele não existiria, se não pudesse falar.

O primeiro corpo faz o segundo, por se incorporar nele.

Daí o incorpóreo que fica marcando o primeiro, desde o momento seguinte à sua incorporação. Façamos justiça aos estóicos, por terem sabido, com esse termo — o incorpóreo —, assinalar de que modo o simbólico tem a ver com o corpo.

Incorpórea é a função, que faz da matemática realidade, a aplicação, de igual efeito na topologia, ou a análise, em sentido amplo, na lógica.

Mas é incorporada que a estrutura faz o afeto, nem mais nem menos, afeto a ser tomado apenas a partir do que se articula do ser, só tendo ali ser de fato, por ser dito de algum lugar.

No que se revela que, quanto ao corpo, é secundário que ele esteja morto ou vivo.

Quem não conhece o ponto crítico pelo qual datamos, no homem, o ser falante? — a sepultura, ou seja, o lugar onde se afirma de uma espécie que, ao contrário de qualquer outra, o cadáver preserva o que dava ao vivente o caráter: corpo. Permanece como *corpse*, não se transforma em carniça, o corpo que era habitado pela fala, que a linguagem *corpsificava*.

A zoologia pode partir da pretensão do indivíduo de fazer do vivente ser, mas isso é para ele reduzir suas pretensões, apenas para que ela o busque no nível do polipeiro.

O corpo, a levá-lo a sério, é, para começar, aquilo que pode portar a marca adequada para situá-lo numa seqüência de significantes. A partir dessa marca, ele é suporte da relação, não eventual, mas necessária, pois subtrair-se dela continua a ser sustentá-la.

Desde tempos imemoriais, Menos-Um designa o lugar que é dito do Outro (com a inicial maiúscula) por Lacan. Pelo Um-a-Menos faz-se a cama para a intrusão que avança a partir da extrusão: é o próprio significante.

Não é o que se dá com toda carne. Somente das que são marcadas pelo signo que as negativiza elevam-se, por se separarem do corpo, as nuvens, águas superiores, de seu gozo, carregadas de raios para redistribuir corpo e carne.

É uma partilha talvez menos contabilizável, mas da qual não [410] se parece notar que a antiga sepultura figura o próprio "conjunto" a partir do qual se articula nossa lógica mais moderna. O conjunto vazio das ossadas é o elemento irredutível pelo qual se ordenam, como elementos outros, os instrumentos do gozo — colares, copos, armas: mais subelementos para enumerar o gozo do que para fazê-lo reingressar no corpo.

Terei eu dado vida à estrutura? O bastante, creio, para anunciar, dos campos que ela uniria à psicanálise, que nada destina a isso os dois que o senhor menciona, especialmente.

A lingüística fornece o material da análise, ou o aparelho com que nela se opera. Mas um campo só é dominado por sua operação. O inconsciente pode ser, como disse, a condição da lingüística. Esta, no entanto, não tem sobre ele a menor influência.

É que ela deixa em branco o que surte efeito nele: o objeto *a*, com o qual, ao mostrar que ele é o pivô do ato psicanalítico, pensei em esclarecer qualquer outro ato.

408     *Outros Escritos*

Essa carência do lingüista, pude verificá-la por uma contribuição que pedi ao maior que existiu entre os franceses, para ilustrar o lançamento de uma revista de minha criação, por menos que ela tenha levado essa marca em seu título — a psicanálise, nada menos. Sabemos do pouco caso que dela fizeram aqueles que, com a gentileza de cães espancados, entregaram-me sua direção, mas dando-lhe importância suficiente para sabotar a coisa no devido tempo.

Foi por uma outra — dizer gentileza ainda é pouco — que me foi concedida a atenção merecida pelo interesse de Freud, nunca revelado antes de mim, pelas palavras antitéticas, tal como apreciadas por um certo Abel.

Mas, se o lingüista não pode fazer mais do que pareceu no veredito de que a comodidade do significado exige que os significantes não sejam antitéticos, isso pressupõe que ter que falar árabe, língua em que esses significantes abundam, anuncia-se como enfrentar o formigueiro que sobe.

Para tomar um exemplo menos anedótico, observemos que o particular da língua é aquilo pelo qual a estrutura recai sob o efeito de cristal a que me referi antes.

Qualificar essa particularidade de arbitrária é um lapso que Saussure cometeu, por se haver — decerto a contragosto, porém, com isso, ainda mais exposto aos tropeços — "emuralhado" (já que me ensinaram que essa é uma palavra minha) no discurso [411] universitário, cujo abrigo mostrei ser justamente o significante que domina o discurso do mestre — o do arbítrio.

É assim que um discurso molda a realidade, sem supor nenhum consenso do sujeito, dividindo-o, de qualquer modo, entre o que ele enuncia e o fato de ele se colocar como aquele que o enuncia.

Somente o discurso que se define pela feição [*tour*] que lhe dá o analista manifesta o sujeito como outra coisa, ou seja, entrega-lhe a chave de sua divisão — ao passo que a ciência, por fazer do sujeito mestre, o subtrai, na medida exata em que o desejo que dá lugar a ele, como a Sócrates, passa a barrá-lo a mim irremediavelmente.

Não é menor a barreira do lado da etnologia. Um investigador que deixasse sua informante cortejá-lo com seus sonhos seria chamado à ordem, chamado a atribuí-los ao campo. E o censor, ao fazê-lo,

*Radiofonia* 409

não me pareceria, mesmo sendo Lévi-Strauss, marcar um desprezo pelo que é da minha alçada.
Para onde iria o "campo", se fosse diluído pelo inconsciente?
Isso não produziria, por mais que se sonhe, nenhum efeito de prospecção, mas uma poça de nossa vindima.[4]
Pois uma sondagem que se limitasse à coleta de um saber, é
com um saber de nosso barril que a alimentaríamos.
A partir de uma psicanálise, em si mesma, não se espere re-
censear os mitos que condicionaram um sujeito, pelo fato de ele
haver crescido em Togo ou no Paraguai. Pois, como a psicanálise
opera a partir do discurso que a condiciona, e que defino este ano
tomando-o por seu avesso, não obteremos nenhum outro mito senão o que persiste em seu discurso: o Édipo freudiano.
Sobre o material com que se faz a análise do mito, ouçamos
Lévi-Strauss enunciar que ele é intraduzível. Isto, se o entendermos bem: pois o que ele diz é que não importa em que língua
sejam colhidos, os mitos são sempre igualmente analisáveis, por
se teorizarem a partir das grandes unidades pelas quais uma "mi-
tologização" definitiva os articula.
Captamos nisso a miragem de um nível comum com a universalidade do discurso psicanalítico, mas — e pelo fato de quem o
demonstra — sem que essa ilusão se produza. Pois não é pelo jogo
de mitemas apologéticos, propagados pelos Institutos, que um psicanalista jamais fará uma interpretação.
Que o tratamento só pode passar-se numa língua particular [412]
(chamada de positiva), mesmo ao brincar de traduzi-la, disso dá
garantia o fato de que "não há metalinguagem", segundo minha
formulação. O efeito de linguagem só se produz pelo cristal lingüístico. Sua universalidade é apenas a topologia reencontrada,
pelo fato de um discurso deslocar-se nela. O acesso topológico é
até suficientemente pregnante para que a mitologia se reduza ao
extremo.
Talvez eu deva acrescentar que o mito, na articulação de
Lévi-Strauss — ou seja, a única forma etnológica que motiva sua

---

4   Aqui e no parágrafo seguinte, Lacan joga com as acepções do verbo *détremper*
(diluir [o vinho, por exemplo,], tirar a têmpera [do aço]), a idéia de perfuração ou
prospecção (*forage*) e, na expressão *de notre cru*, com o sentido figurado de "de
nossa lavra" e com o sentido mais denotativo de *cru* como território, sobretudo
produtor de vinhos. (N.E.)

410     *Outros Escritos*

pergunta —, rejeita tudo o que tenho promovido da instância da letra no inconsciente. Ele não opera pela metáfora, nem tampouco por qualquer metonímia. Não condensa, explica. Não desaloca, aloja, mesmo que modifique a ordem das tendas.

Ele só opera combinando suas unidades pesadas, onde o complemento, por assegurar a presença do casal, faz, sozinho, surgir um pano de fundo.

Esse pano de fundo é justamente o que sua estrutura repele.

Assim, na psicanálise (porque também no inconsciente), o homem nada sabe da mulher, nem a mulher do homem. No falo se resume o ponto de mito em que o sexual se torna paixão do significante.

Que esse ponto pareça multiplicar-se em outros lugares é o que fascina especialmente o universitário, que, por estrutura, tem horror à psicanálise. Donde provém o recrutamento dos novatos da etnologia.

E onde se assinala um efeito de humor. Negro, por certo, por se pintar a partir de favores setoriais.

Ah! Na falta de uma universidade que seja etnia, façamos de uma etnia universidade.

Daí o troféu dessa pesca cujo campo se define como o lugar para se fazer escrito de um saber cuja essência é não se transmitir por escrito.

Na desesperança de algum dia ver a última aula, recriemos a primeira, o eco de saber que existe na classificação. O professor só voltará ao amanhecer... aquele em que já se acredita estar o morcego de Hegel.

Até guardarei distância de dizer, a minha, da estrutura: sendo o último a passar, como psicanalista, para examinar rapidamente sua interpelação.

[413]     Para começar, a pretexto de eu haver definido o significante como ninguém ousou fazê-lo, não se vá imaginar que o signo não seja assunto meu! Muito pelo contrário, é o primeiro e será também o último. Mas, para isso, faz-se necessário este desvio.

O que denunciei de uma semiótica implícita, da qual somente o desvario teria permitido a lingüística, não impede que seja preciso refazê-la, e com esse mesmo nome, uma vez que, na verdade, é desta por fazer que a reportamos à antiga.

Se o significante representa um sujeito, segundo Lacan (e não um significado), e para um outro significante (o que quer dizer:

*Radiofonia* 411

não para outro sujeito), então, como pode esse significante recair no signo, que, de memória de lógico, representa alguma coisa para alguém?

É no budista que penso quando quero animar minha pergunta crucial, com seu "Não há fumaça sem fogo".

Como psicanalista, é pelo signo que sou alertado. Se ele me assinala o algo que tenho de tratar, sei, por ter encontrado na lógica do significante um meio de romper o engodo do signo, que esse algo é a divisão do sujeito: divisão esta decorrente de que o outro é aquele que cria o significante, pelo que não pode representar um sujeito senão por ele só ser um do outro.

Essa divisão repercute as desventuras do ataque que, do mesmo modo, o fez confrontar-se com o saber do sexual — traumaticamente, por estar esse assalto condenado de antemão ao fracasso, pela razão que enunciei: que o significante não é apropriado para dar corpo a uma fórmula que seja da relação sexual.

Daí minha enunciação: não há relação sexual — subentenda-se: formulável na estrutura.

Esse algo em que o psicanalista, ao interpretar, produz a intrusão do significante, esfalfo-me há vinte anos, para que ele não o tome por uma coisa, já que se trata de uma falha, e estrutural.

Mas, se ele quiser fazer desse algo um alguém, dá na mesma: isso leva à personalidade em pessoa, total, como às vezes se gargareja por aí.

A mais ínfima lembrança do inconsciente, no entanto, exige manter nesse lugar o "algum dois", com o suplemento freudiano de que isso não pode satisfazer nenhuma outra reunião senão a lógica, que se inscreve: ou um, ou outro.

Se isso acontece no ponto de partida pelo qual o significante vira signo, onde então encontrar o alguém que lhe é preciso proporcionar com urgência?

Esse é o *hic* que só se faz *nunc* quando se é psicanalista, e também lacaniano. Em breve, todo o mundo o será — minha audiência é um pródromo disso — e, portanto, também o serão os psicanalistas. Para isso, bastaria a ascensão ao zênite social do [414] objeto que chamo pequeno *a*, pelo efeito de angústia provocado pelo esvaziamento com que nosso discurso o produz, por faltar à sua produção.

Que é por tal queda que o significante recai no signo, a prova disso é dada, entre nós, pelo fato de que, quando já não se sabe a

412     *Outros Escritos*

que santo recorrer (em outras palavras, quando não há mais significante para fritar — é isso que o santo fornece), compra-se qualquer coisa, um carro, em especial, com o qual se dá sinal [*faire signe*] de inteligência, digamos, do próprio tédio, ou seja, do afeto do desejo de Outra-coisa (com maiúscula).

Isso não diz nada sobre o *a*, porque ele só é dedutível conforme a psicanálise de cada um, o que explica por que poucos psicanalistas o manejem bem, mesmo extraído de meu seminário. Falarei em parábolas, portanto, ou seja, para desconcertar.

Olhando mais de perto para o "não há fumaça",[5] se me atrevo a dizer, talvez possamos dar o passo de perceber que é do fogo que esse "não" sinaliza [*fait signe*].

O que ele sinaliza é conforme a nossa estrutura, já que, desde Prometeu, uma fumaça mais é o sinal/signo [*signe*] do sujeito que um fósforo representa para sua caixa, e de que, para um Ulisses que se aproxima de uma costa desconhecida, uma fumaça, em primeiro lugar, permite presumir que não se trata de uma ilha deserta.

Nossa fumaça é, pois, o signo — por que não do fumante? Mas fiquemos com o produtor do fogo: será mais materialista e dialético a gosto.

Mas, que Ulisses forneça aquele alguém, isso é posto em dúvida, se nos lembrarmos de que ele também é ninguém [*personne*]. É ninguém, em todo caso, para que com isso se engane uma polifemia fátua.

Mas a evidência de que não é para acenar [*faire signe*] a Ulisses que os fumantes acampam sugere-nos mais rigor no princípio do signo.

Porque ela nos faz perceber, como que de passagem, que o que peca em se ver o mundo como fenômeno é que o número, por só poder, portanto, acenar [*faire signe*] au νοῦς, isto é, ao supremo alguém, sempre signo de inteligência, demonstra de que pobreza provém a sua, supondo-se que tudo sirva de signo: é o alguém de lugar nenhum que deve maquinar tudo.

[415]     Que isso nos ajude a colocar o "não há fumaça sem fogo" no mesmo pé que o "não há oração sem deus", para que entendamos o que se modifica.

---

5   *Le pas de fumée* (o não há fumaça) é também o *pas* (passo) a ser dado. (N.E.)

*Radiofonia* 413

É curioso que os incêndios florestais não mostrem o alguém a quem se dirige o sono imprudente do fumante.

E é curioso que seja preciso a alegria fálica, a urinação primitiva com que o homem, diz a psicanálise, reage ao fogo, para nos colocar no caminho de que há, Horácio, no céu e na terra, outras matérias para fazer sujeito além dos objetos que imagina seu vão conhecimento.

Por exemplo, os produtos a cuja qualidade, na perspectiva marxista da mais-valia, os produtores, mais do que ao patrão, poderiam pedir contas da exploração que sofrem.

Quando se reconhecer o tipo de mais-de-gozar que leva a dizer "isto é alguém", estaremos no caminho de um material dialético talvez mais ativo do que a carne do Partido,[6] empregada como *baby-sitter* da história. Esse caminho, o psicanalista poderia esclarecê-lo por seu passe.

PERGUNTA III

*Não seria uma das articulações possíveis entre o psicanalista e a lingüística o privilégio conferido à metáfora e à metonímia, por Jakobson, no plano lingüístico, e pelo senhor, no plano psicanalítico?*

RESPOSTA

Penso que, graças a meu seminário no Sainte-Anne, de onde saiu aquele que traduziu Jakobson para o francês, mais de um de nossos ouvintes, neste momento, sabe como a metáfora e a metonímia são situadas por Jakobson na cadeia significante: substituição de um significante por outro, numa, e seleção de um significante em sua seqüência, na outra. Daí resulta (e somente em Jakobson, nesse aspecto; para mim, o resultado é outro) que a substituição é feita de semelhanças, e a seleção, de contigüidades.

É que aí se trata de algo diferente do *lecton*, do que torna

---

6  No orig., *chair du Parti*, que soa também como "cadeira (*chaire*) do Partido". (N.E.)

414 *Outros Escritos*

legível um significado, e que não é pouco para manter a condição estóica. Deixo para lá: isso é o que denominei de ponto de basta, para ilustrar o que chamarei de efeito Saussure de ruptura do significado pelo significante, e para precisar aqui que ele correspondeu exatamente à minha estima pela audiência-colchão que me foi reservada, por estar no Sainte-Anne, bem entendido, ainda que composta de analistas.

[416]

Era preciso gritar um pouco para ser ouvido por uma tropa em que objetivos diversos de reabilitação deixavam alguns abespinhados — de conformidade com o estilo exigido por essa época, pelas valentias de que a anterior soubera se proteger.

E não foi à toa que introduzi meu ponto de basta a partir do jogo dos significantes nas respostas dadas por Joad ao colaborador Abner, no ato I, cena 1 de *Athalie*: ressonância de meu discurso, proveniente de uma corda mais secreta a lhes despertar o interesse.

Transposto um lustro, alguém se lançou a fazer do ponto de basta, que decerto lhe retivera a atenção, a "ancoragem" assumida pela linguagem no inconsciente. O chamado inconsciente ao gosto dele, isto é, no oposto mais impudente de tudo o que eu havia articulado sobre a metáfora e a metonímia, apoiando-se o dito inconsciente na figuração grotesca do chapéu de Napoleão que se encontra no desenho das folhas das árvores, e justificando seu gosto por predicar o representante do representativo.

(Assim, o perfil de Hitler se destacaria de infâncias nascidas das cólicas sofridas por seus pais durante as reivindicações da Frente Popular.)

A metáfora e a metonímia, sem requererem essa promoção de uma figuratividade diarreica, forneciam o princípio com que engendrei o dinamismo do inconsciente.

A condição disso é o que eu disse sobre a barra saussuriana, que não pode representar nenhuma intuição de proporção, nem se traduzir como barra de fração, senão por um abuso delirante, mas sim, como o que é para Saussure, constituir uma borda real, isto é, a saltar do significante que flutua para o significado que flui.

É isso o que opera a metáfora, que obtém um efeito de sentido (não uma significação) a partir de um significante que faz-se de seixo lançado na poça do significado.

Sem dúvida, daí por diante esse significante só falta na cadeia de maneira exatamente metafórica, quando se trata do que chama-

*Radiofonia* 415

mos poesia, posto que ela decorre de um fazer. Assim como é feita, ela pode ser desfeita. Com o que percebemos que o efeito de sentido produzido construiu-se no sentido do não-sentido [*nonsens*]: "seu feixe não era avaro nem odioso" (cf. minha "Instância da letra"), em razão de que era um feixe como qualquer outro, tão ruim de comer quanto é o feno.

[417]

Totalmente diverso é o efeito de condensação, na medida em que parte do recalque e traz o reaparecimento do impossível, a ser concebido como o limite pelo qual se instaura, através do simbólico, a categoria do real. A propósito disso, um professor, evidentemente induzido por minhas colocações (que, aliás, ele julga contrariar, embora se apóie nelas contra um abuso com o qual se engana, sem dúvida alguma com prazer), escreveu coisas que merecem atenção.

Mais do que na ilustração do chapéu encontrada na folhagem [*feuillage*] das árvores, é a partir dos ramais [*feuillure*] da página que ele materializa muito bem uma condensação cujo imaginário se elide por ser tipográfico: aquela que nas dobras da bandeira faz com que se leia "sonho d'ouro" [*rêve d'or*], aplainadas as palavras que se desarticulam por nela se escreverem: revolução de outubro [*révolution d'octobre*].

Aqui, o efeito de não-sentido não é retroativo no tempo, como é a ordem do simbólico, mas bem atual, fato do real.

O que nos indica que o significante ressurge como um crec no significado da cadeia superior à barra, e que, se decaiu dela, é por pertencer a uma outra cadeia significante, que não deve de modo algum cruzar com a primeira, posto que, ao fazer com ela discurso, este se modifica, em sua estrutura.

Aí está mais do que o necessário para justificar o recurso à metáfora, para levar a apreender como, operando a serviço do recalcamento, ela produz a condensação observada por Freud no sonho.

Mas, em vez da arte poética, o que funciona aqui são razões.

Razões, ou seja, efeitos de linguagem como prévios à significância do sujeito, mas que a fazem presente por não estarem ainda fazendo-se de representante.

Essa materialização intransitiva, diremos, do significante para o significado é o que chamamos inconsciente, que não é ancoradouro, mas depósito, aluvião da linguagem.

416     *Outros Escritos*

Para o sujeito, o inconsciente é aquilo que reúne nele suas condições: ou ele não é, ou ele não pensa.

Se no sonho ele não pensa, é por ali ser no estado de poder-ser [*peut-être*]. No que se demonstra o que ele continua a ser ao despertar e o porquê de o sonho revelar-se a via régia para conhecer sua lei.

[418]

A metonímia, não é pelo sentido de antes do sujeito que ela funciona (ou seja, pela barreira do não-sentido), mas pelo gozo em que o sujeito se produz como corte: que lhe serve de estofo, portanto, mas reduzindo-o, para isso, a uma superfície ligada a esse corpo, já obra do significante.

Não, é claro, porque o significante se ancore [*s'ancre*] (nem ganhe tintas [*s'encre*]) na comichão (sempre a história de Napoleão), mas porque ele a permite entre outros traços com que se significa o gozo e sobre os quais o problema é saber o que se satisfaz com eles.

Pois sob o que se inscreve desliza a paixão do significante, a qual convém chamar: gozo do Outro, porque, no que ela é arrebatada de um corpo, ele se torna o lugar do Outro.

A metonímia, operando por um metabolismo do gozo cujo potencial é regulado pelo corte do sujeito, estima como um valor o que dele se transfere.

Por mais que as trinta velas [*voiles*] com que se anuncia uma frota, no exemplo celebrizado por ser um lugar da retórica, vel(ej)em [*voiler*] trinta vezes o corpo de promessa trazido pela retórica ou pela frota, nada fará com que um gramático ou um lingüista faça delas o véu [*voile*] de Maia.

Nada, tampouco, fará um psicanalista confessar que, ao fazer seus passes de mágica sem levantar esse véu sobre o ofício que exerce, ele se rebaixa ao nível do prestidigitador.

Não há esperança, portanto, de que aborde a causa motriz da metonímia, quando, ao fazer de uma interrogação de Freud seu catecismo, ele se pergunta se a inscrição do significante desdobra-se, sim ou não, pelo fato de haver inconsciente (pergunta à qual ninguém, fora de meu comentário de Freud, isto é, de minha teoria, pode dar qualquer sentido).

Mas não seria o próprio corte interpretativo que, para aquele que titubeia na borda, constitui um problema, por criar consciência? Ele revelaria então a topologia que o comanda num *cross-cap*, ou seja, numa banda de Moebius. Pois é só por esse corte que

*Radiofonia* 417

essa superfície — na qual, partindo de qualquer ponto, tem-se acesso a seu avesso, sem que se tenha que mudar de lado (que tem uma única face, portanto) — se vê, num depois, provida de uma frente e um verso. A dupla inscrição freudiana não seria, portanto, da alçada de nenhuma barreira saussuriana, mas da própria prática que formula a pergunta, isto é, do corte mediante o qual o inconsciente, ao se retirar, atesta que consistia apenas nele, ou seja, quanto mais o discurso é interpretado, mais confirma ser inconsciente. A tal ponto que somente a psicanálise descobriria que existe um avesso do discurso — sob a condição de interpretá-lo.

Digo estas coisas difíceis por saber que a inaptidão de meus ouvintes os coloca em pé de igualdade com elas. Que o vício do psicanalista de ser, por seu ato, pessoa [*personne*] mais deslocada do que qualquer outra, torna-o inapto de uma outra maneira, isso é o que faz com que cada um de meus *Escritos* seja tão cheio de circunlóquios, constituindo barragem a que ele se sirva deles ao seu bel-prazer. [419]

Convém dizer que o desejo de ser o mestre contradiz o fato mesmo do psicanalista: é que a causa do desejo distingue-se de seu objeto. O que a metonímia do lingüista atesta está ao alcance de outros que não o psicanalista.

Do poeta, por exemplo, que, no pretenso realismo, faz da prosa seu instrumento.

Mostrei, em sua época, que a ostra a sorver, evocada pelo ouvido que Bel Ami se empenha em encantar, revela o segredo de seu gozo de cafetão. Sem a metonímia que transforma essa concha em mucosa, não há mais ninguém a seu lado para pagar a quota exigida pela histérica, a saber, que ele seja a causa do desejo dela, por esse próprio gozo.

Aqui se vê que é fácil a passagem do fato lingüístico ao sintoma e que o testemunho do psicanalista fica incluído nisso. É do que nos convencemos a partir do momento em que ele começa a se vangloriar de sua "escuta": histeria de sua *middle age*. A concha também ouve a dela, isso é sabido — e que a gente quer ser o barulho do mar, sem dúvida por saber que foi ele que a abriu.

Ainda não babavam com a escuta aqueles que queriam que eu rendesse maiores homenagens a Jakobson, pelo uso que ele tinha para mim.

Trata-se dos mesmos que, mais tarde, fizeram-me a objeção de que esse uso não lhe era conforme na metonímia.

418     *Outros Escritos*

Sua lentidão em percebê-lo mostra o *cerumem* que os separa do que eles ouvem, antes de o transformarem em parábola.

Eles não tomarão ao pé da letra que a metonímia é justamente o que determina, como operação de crédito (*Verschiebung* quer dizer "transposição de valores" [*virement*]), o próprio mecanismo inconsciente em que fica, no entanto, a caixa-gozo de onde se faz o saque.

No que diz respeito ao significante, para resumir esses dois tropos, parece que me expresso mal ao dizer que *ele desloca*, quando assim traduzo *es entstellt* em algum ponto de meus *Escritos*. Que ele desfigura, no dicionário, é o que me mandam dizer por via expressa, ou até por balão-sonda (de novo a história da figura e do que nela se pode apalpar). Pena que, por um retorno a Freud em que gostariam de se mostrar superiores a mim, eles ignoram a passagem do *Moisés* em que Freud deixa claro ser assim que entende o *Entstellung* — a saber, como deslocamento, porque, apesar de arcaico, é esse, no dizer dele, seu sentido inicial.

[420]

Fazer o gozo passar para o inconsciente, isto é, para a contabilidade, é, de fato, um deslocamento danado.

Aliás, pode-se constatar, ao ser remetido, pelo índice de meu livro, dessa palavra aos trechos que transpõem seu emprego, que eu a traduzo (como convém) ao sabor de cada contexto.

É que não metaforizo a metáfora nem metonimizo a metonímia para dizer que elas equivalem à condensação e à transposição no inconsciente. Mas desloco-me com o deslocamento do real no simbólico, e me condenso para dar peso a meus símbolos no real, como convém para seguir o inconsciente em sua pista.

## Pergunta IV

*O senhor diz que a descoberta do inconsciente levou a uma segunda revolução copernicana. Em que o inconsciente é uma idéia-chave que subverte toda a teoria do conhecimento?*

## Resposta

Sua pergunta vai suscitar comichão nas esperanças, tingidas de me-assusta-que-eu-gosto, inspiradas pelo sentido ultrapassado,

*Radiofonia* 419

em nossa época, da palavra *revolução*. Poderíamos marcar sua passagem para uma função de supereu na política, para um papel de ideal na carreira do pensamento. Observe que é Freud, e não eu, que joga aqui com as ressonâncias de que só o corte estrutural pode separar o imaginário como "superestrutura".

Por que não partir da ironia que existe em atribuir a uma revolução (simbólica) uma imagem das revoluções astrais, imagem que quase não dá idéia dela?

O que há de revolucionário no recentramento em torno do Sol do mundo solar? A se ouvir o que articulo este ano sobre um discurso do mestre, ver-se-á que este fecha muito bem a revolução que ele escreve a partir do real: se a meta da επιστημη é realmente a transferência do saber do escravo para o senhor [*maître*] — ao contrário da impagável prestidigitação com que Hegel pretendia reabsorver a antinomia dos dois no saber absoluto —, a imagem do Sol, aí, é digna de representar a imagem do significante-mestre, que permanece inalterado na medida mesma de seu encobrimento.

[421]

Para a consciência comum, ou seja, para o "povo", o heliocentrismo, isto é, o fato de se girar em volta, implica que funciona redondinho, sem que se tenha que olhar para mais nada. Haveria eu de atribuir a Galileu a insolência política representada pelo Rei-Sol?

Do fato de os ascendentes contrariados, por força da inclinação do eixo da esfera das estrelas fixas sobre o plano da eclíptica, haverem guardado a presença do que tinham de manifesto, os Antigos souberam tirar as imagens que serviram de apoio a uma dialética norteada por separar o saber e a verdade: eu destacaria um fotocentrismo como sendo menos servil do que o heliocentrismo.

Aquilo que Freud, em suas palavras expressas, alegorizou no recurso a Copérnico a propósito da destituição de um centro em benefício de outro, decorreu, na verdade, da necessidade de rebaixar a soberba ligada a todo monocentrismo. E ele o fez em razão daquilo com que lidou na psicologia — não vamos dizer em sua época, porque isso continua intocado na nossa: trata-se da pretensão com que um campo se constitui como "unidade" pela qual pode recensear-se. Por bufão que seja, isso é tenaz.

Não há como essa pretensão preocupar-se com a topologia que pressupõe — a saber, a da esfera —, uma vez que ela nem

420 Outros Escritos

sequer desconfia de que sua topologia seja um problema: não se pode supor diferente aquilo que não se supõe de modo algum.

O saboroso é que a revolução copernicana serve de metáfora apropriada para além daquilo pelo qual Freud a comenta, e é nisso que, por tê-la entregue a ele, pego-a de volta. Pois a história, submetida aos textos em que se inscreve a revolução copernicana, demonstra que não é o heliocentrismo que constitui seu núcleo, a tal ponto que essa era, para o próprio Copérnico, a caçula de suas preocupações. A tomarmos a expressão ao pé da letra, isto é, no sentido de "não o primeiro", ela se estenderia aos outros autores da dita revolução.

Esse em torno do que gira — e essa é justamente a expressão a ser evitada — em torno do que gravita o esforço de um conhecimento em vias de se situar como imaginário é, nitidamente, como se lê ao fazer com Koyré a crônica da abordagem de Kepler, desembaraçar-se da idéia de que o movimento de rotação, por gerar o círculo (ou seja, a forma perfeita), possa ser o único a convir à afeição desse corpo celeste que é o planeta.

[422]

Introduzir a trajetória elíptica, com efeito, é dizer que o corpo planetário se desloca ao precipitar seu movimento (igualdade das áreas cobertas pelo raio na unidade do tempo: segunda lei de Kepler) ao redor do foco [*foyer*] ocupado pelo luminar mestre, mas inverte esse sentido tornando-o mais lento a uma distância maior do outro foco desocupado, este sem nenhum braseiro que marque o seu sítio.

Nisso jaz o passo de Galileu: fora do bate-boca de seu processo, no qual só há partida a tomar por conta da besteira dos que não viam que ele trabalhava para o papa. A teologia, como a psicanálise, tem o valor de peneirar por essa queda os canalhas. O passo de Galileu consiste em que, por intermédio dele, entrou em jogo a lei da inércia pela qual se esclareceria essa elipse.

Mediante o que, finalmente, Newton — mas quanto tempo para compreender ainda teria que se escoar antes do momento de concluir! — Newton, sim, concluiu, num caso particular, sobre a gravitação que rege a mais banal queda de um corpo.

Mas nisso, mais uma vez, o verdadeiro alcance desse passo é abafado: que é o da ação — em cada ponto de um mundo onde o que ela subverte é demonstrar o real como impossível —, da ação, dizia eu, da *fórmula* que, em todos os pontos, submete o elemento de massa à atração dos outros, até onde se estende este mundo,

*Radiofonia* 421

sem que nada desempenhe nele o papel de *medium* que transmita essa força.

Pois foi justamente nisso que se situou o escândalo que a consciência leiga (aquela cuja besteira, inversamente, cria a canalha) acabou por censurar, simplesmente por ficar surda a esse fato. Sob o impacto do momento, no entanto, os contemporâneos reagiram vivamente, e foi preciso o nosso obscurantismo para esquecer a objeção que todos sentiram então: *como* cada um dos elementos de massa podia estar ciente da distância a medir para não pesar sobre nenhum outro.

A idéia de campo não explica nada, mas apenas põe o preto no branco, ou seja, supõe escrito aquilo que apontamos como a presença efetiva não da relação, mas de sua fórmula no real, isto é, aquilo pelo qual, inicialmente, enunciei como aquilo de que se trata com a estrutura.

Seria curioso examinar até que ponto a gravitação, primeira a exigir tal função, distingue-se dos outros campos — do eletromagnético, por exemplo — propriamente feitos para aquilo a que Maxwell os conduziu: a reconstituição de um universo. O fato é que o campo gravitacional, por mais notável que seja a sua fraqueza em comparação com os outros, resiste à unificação desse campo, ou seja, à remontagem de um mundo.

[423]

Donde profiro que o LEM[7] alunissante, ou seja, a fórmula de Newton materializada como aparelho, atesta que o trajeto que o levou até lá, sem nenhum custo, é produto nosso, ou ainda: saber de mestre. Digamos de acosmonauta, em vez de insistir nisso.

Seria também interessante assinalar até que ponto a retificação einsteiniana, em seu estofo (a curvatura do espaço) e em sua hipótese (a necessidade de um tempo de transmissão que a velocidade finita da luz não permite anular), decola da estética transcendental — refiro-me à de Kant.

O que sustentaríamos a partir do que empurra essa retificação para a ordem quântica: na qual o quantum de ação nos devolve, por um esteio mais sumário do que se esperaria da física, o efeito de ato que se produz como dejeto de uma simbolização correta.

---

7  Iniciais de *lunar excursion module*, o módulo espacial tripulado que pousou na Lua. (N.T.)

422 *Outros Escritos*

Sem nos arriscarmos a isso, digamos que o mapa da estrutura é a *hypotheses non fingo* de Newton. Existem fórmulas que não imaginamos. Ao menos durante algum tempo, elas formam uma assembléia com o real.

Vê-se que as ciências exatas e seu campo tinham articulado esse mapa antes que eu o impusesse à correção das conjecturais.

Essa é a única alavanca capaz de impedir que sirva de tampa aquilo que gira na mó: psicologia de indescalçável no que Kant fica no lugar de Wolff e Lambert, e que significa isto: que, centrada no mesmo eixo em que tradicionalmente se engatam a ontologia e a cosmologia, sem que a teologia lhes dite a conduta, a alma é o conhecimento que o mundo tem de si mesmo, e precisamente aquilo que protege de ser reconhecido assim, a partir do álibi de uma Coisa-em-Si que se furtaria ao conhecimento.

A partir daí, soma-se às fantasias que dominam a realidade a do contramestre.

Foi para restabelecer a revolução freudiana em sua férula que uma corja mandatária da lise-Anna da análise reeditou esse Golem como ego autônomo.

[424]  Se existe em Kant algum traço da função que lhe é imputada de haver evitado a "cosmologia" newtoniana, é por ali esbarrar-se em algum lugar, como uma maçã num peixe, com a fórmula newtoniana, e para marcar que a *Vernunft* ou o *Verstand* nada têm a fazer ali como *a priori*. O que é não menos certo sobre a chamada experiência sensível, que traduzo como: ainda não prevenida sobre a estrutura.

O número tem algo da miragem mediante a qual as funções querem fazer-se tomar por órgãos, tendo por efeito embaraçar os órgãos com a busca de uma função. Assim, essa função viúva só se faz valer como corpo estranho, caído de um discurso do mestre, meio ultrapassado. Suas irmãs na razão ficam sem meios, por puras ou práticas que se afirmem, de se mostrarem superiores à especularização de que provêm os sólidos, que só podem ser ditos "de revolução" por contribuírem para intuições geométricas das mais tradicionais que há.

Que somente a estrutura seja propícia à emergência do real, a partir da qual possa se promover uma nova revolução, é atestado pela Revolução, qualquer que tenha sido o R maiúsculo de que a francesa a proveu. Ela ficou reduzida ao que é tanto para Bonaparte quanto para Chateaubriand: retorno ao mestre/senhor que tem a

*Radiofonia* 423

arte de torná-las úteis (consultem o Ensaio que assim se intitulou em 1801); com o passar do tempo, reduziu-se ao que é para o historiador sumamente digno desse nome, Tocqueville, um shaker que promoveu a degradação das ideologias do Antigo Regime; ao que os homens de inteligência não mais entendem senão como uma loucura com que se extasiar (Ampère) ou a ser enfiada na camisa-de-força (Taine); e ao que resta, para o leitor atual, de uma libação retórica pouco apropriada para fazer com que ela seja respeitada.

Assim seria se Marx não a houvesse reinserido, pela estrutura que formulou, num discurso do capitalista, mas por ela ter foracluído a mais-valia em que ele calcou esse discurso. Em outras palavras, é a partir do inconsciente e do sintoma que ele pretende prorrogar a grande Revolução: é a partir da mais-valia descoberta que ele precipita a consciência dita de classe. Lênin, ao passar ao ato, não obteve nada além do que chamamos de regressão em psicanálise: ou seja, os tempos de um discurso que não foram sustentados na realidade, antes de mais nada, por serem insustentáveis.

Foi Freud quem nos revelou a incidência de um saber tal que, ao se subtrair à consciência, nem por isso deixa de se denotar estruturado, digo eu, como uma linguagem; mas, articulado a partir de onde? Talvez de parte alguma em que seja articulável, já que é apenas de um ponto de falta, impensável de outra maneira que [425] não através dos efeitos pelos quais é marcado, e que torna precário que alguém entenda dele [*s'y connaisse*], no sentido em que entender do assunto, como faz o artesão, é ser cúmplice de uma natureza em que o ponto de falta nasce ao mesmo tempo que ela: porque aqui, trata-se de uma desnaturação; que torna falso, por outro lado, que alguém se reconheça nela, o que implicaria o modo pelo qual a consciência afirma um saber que é se sabendo.

O inconsciente, como se vê, é apenas um termo metafórico para designar o saber que só se sustenta ao se apresentar como impossível, para que, a partir disso, confirme-se ser real (entenda-se, discurso real).

O inconsciente não desqualifica nada que valha a pena nesse conhecimento natural, que é, antes, um ponto de mito, ou mesmo uma inconsistência a ser demonstrada do inconsciente.

Em suma, basta lembrar que a bipolaridade se trai como essencial em tudo o que se propõe dos termos de um verdadeiro saber.

# 424 Outros Escritos

O que o inconsciente acrescenta a isso é supri-la de uma dinâmica da disputa, que ali se faz por uma série de retorsões em que não se deve negligenciar a ordem, que faz do corpo uma mesa de jogo.

As injunções daí resultantes, segundo nosso esquema, por serem obra de uma ficção do emissor, é menos do recalque que elas dão testemunho, posto que ele é não menos construído, que do recalcado, que cria um vazio na cadeia de vigilância, que não passa de um distúrbio do sono.

No que se acautela a não violência de uma censura pela qual todo sentido recebe um desmentido, ao se propor como verdadeiro, mas com a qual o adversário se regozija, por preservar nela o não-sentido [*non-sens*][8] (o *nonsense*, melhor dizendo), único ponto pelo qual ele faz natureza (como quando se diz que algo faz água).

Se o inconsciente, numa outra distribuição das cartas, faz da negação sujeito, o outro saber empenha-se em condicioná-lo por aquilo que ele como significante mais repugna: uma figura representável.

Em última instância, confessa-se aquilo de que o conflito exerce a função, a fim de que o caminho fique livre para o real, mas para que o corpo ali se alucine.

Tal é o trajeto em que navegam esses barcos que devem a mim, convém lembrar, estarem registrados como formações do inconsciente.

Para fixar seu alinhavo correto, precisei ter paciência com aqueles de quem esse era o cotidiano, sem que de longa data eles distinguissem sua estrutura.

[426]  Para falar a verdade, bastou que eles temessem ver-me surgir no real para que se produzisse um despertar, e tal que eles não encontraram nada melhor do que, do jardim em que eu pintava suas delícias, rejeitar a mim mesmo. Donde retornei ao real da ENS, isto é, do ente [*étant*] (ou do tanque [*étang*]) da École Normale Supérieure, onde, no primeiro dia em que ali ocupei um lugar, fui interpelado sobre o ser que eu atribuía a tudo isso. Donde declinei ter que sustentar minha visão de qualquer ontologia.

---

8  Nesta passagem Lacan, ao distinguir os dois termos, deixa claro que seu *nonsense* não deve ser traduzido por *nonsense* ou termos próximos em português (absurdo, contra-senso). (N.E.)

*Radiofonia* 425

É que, no que ela foi a visada de um auditório a ser habituado a minha logia, fiz de seu onto o vergonhoso.[9]

Engolido agora todo o onto, responderei, e não por rodeios nem com uma floresta que esconda a árvore.

Minha prova só toca no ser ao fazê-lo nascer da falha que o ente produz ao se dizer.

Donde o autor deve ser relegado a se tornar instrumento de um desejo que o ultrapassa.

Mas há uma intermediação diferente que Sócrates disse em ato.

Como nós, ele sabia que, no ente, precisa tempo para fazer-se ao ser.[10]

Esse "precisa tempo", é o ser que o solicita ao inconsciente, para retornar a ele todas as vezes que lhe for preciso, sim, for preciso tempo.[11]

Pois entendam que brinco com o cristal da língua para refratar do significante aquilo que divide o sujeito.

Precisa tempo, lhes conto um "causo" em francês, não lhes causo tristeza, espero.

O que precisará, por precisar de tempo, eis a falha [*faille*] pela qual se diz o ser, e, embora o uso de um futuro dessa forma para o verbo *faillir* não seja recomendável num livro dirigido aos belgas, concorda-se em que a gramática, ao proscrevê-lo, faltaria [*faudrait*] com seus deveres.

Se precisa de pouco para que ela chegue a esse ponto, esse pouco comprova que é mesmo a partir da falta [*manque*] que, em francês, o precisar de [*falloir*] vem em reforço do necessário, suplantando o *il estuet de temps* com o *est opus temporis*, empurrando-o para o estuário onde as velharias se perdem.

---

9  Além de separar *ontologie* em duas palavras, Lacan aproxima *onto* de *honteux* (vergonhoso), que também evoca *faire honte à eux* (envergonhá-los). (N.E.)

10  No orig. *se faire à l'être*, que tem tanto o sentido habitual de "acostumar-se com (o) ser", quanto o mais literal de "se fazer ser". (N.E.)

11  Neste ponto e nos parágrafos seguintes, Lacan joga com os verbos *falloir* (ser necessário/preciso, convir, importar, mas também faltar, em algumas acepções) e *faillir* (falir, falhar, faltar, pouco faltar para, enganar-se, cair em erro etc.), cujas flexões apresentam alguns pontos coincidentes. Ambos provêm do latim popular *fallire* (errar, cometer uma falta, fracassar) e da forma clássica *fallere* (esconder, encobrir, ocultar, enganar, lograr, escapar a etc.), dos quais também provém o termo *faux* (falso, enganoso), que Lacan usará pouco adiante. (N.E.)

## 426   Outros Escritos

Inversamente, não é por acaso que esse "precisar de" [*falloir*] gera ambigüidade, dito no modo subjetivo da ausência [*défaut*]: antes que (a menos que) precise [*il faille*] chegar a isso... É assim que o inconsciente se articula pelo que o ser vem ao dizer.

[427]   O que do tempo lhe faz estofo não é um empréstimo do imaginário, mas de um têxtil em que os nós não diriam nada senão sobre os furos que nele se encontram.

Esse tempo lógico não tem outro Em-si senão o que cai dali para especular com o masoquismo.

É a isso que o psicanalista dá prosseguimento, por figurar alguém. O "precisa de tempo", ele o suporta por tempo suficiente para que não seja preciso, àquele que vem se dizer, mais do que instruir-se de que uma coisa não é pouco: justamente aquela com que ele faz sinal [*signe*] para alguém.

Sabe-se que introduzi aí o ato psicanalítico, e não tomo como acidental que a comoção de maio me haja impedido de ir até o fim.

Faço questão de assinalar que alguém só vem a sentar-se nesse lugar pela maneira [*façon*], ou melhor, pela desmaneira [*effaçon*] que nele impõe à verdade.

Somente um saber dá a dita desmaneira: a lógica, para a qual o verdadeiro e o falso são apenas letras a serem operadas com um valor.

Os estóicos pressentiram isso a partir de sua prática de um masoquismo politizado, mas não o levaram a ponto de os céticos precisarem dar trégua à sua invocação mítica de uma verdade de natureza.

Foram as recusas da mecânica grega que barraram o caminho para uma lógica com que se pudesse edificar uma verdade como de textura.

Na verdade, somente a psicanálise justifica aqui a mítica da natureza a ser discernida no gozo, que faz as vezes dela ao se produzir por efeito de textura.

Sem ela, basta a lógica matemática para transformar em superstição o ceticismo, tornando irrefutáveis afirmações tão pouco vazias quanto:

— um sistema definido como da ordem da aritmética só obtém a consistência de distinguir em seu seio o verdadeiro do falso ao se confirmar incompleto, isto é, ao exigir o indemonstrável de fórmulas que só se confirmam alhures;

*Radiofonia* 427

— esse indemonstrável é assegurado, por outro lado, a partir de uma demonstração que decide independentemente a verdade que lhe diz respeito;

— existe um indecidível que se articula pelo fato de que o próprio indemonstrável não pode ser garantido. Os cortes do inconsciente mostram essa estrutura ao atestá-la a partir de quedas similares a serem contornados.

Pois eis-me de volta ao cristal da língua para, considerando que *falsus* é o caído em latim, menos ligar o falso ao verdadeiro que o refuta do que ao fato de que é preciso tempo para fazer traço daquilo que falhou [*défailli*] em se revelar de saída. Levando em conta que ele é o particípio de *fallere*, cair, de onde provêm falhar [*faillir*] e ser precisa [*falloir*], cada qual por seu desvio, observe-se que a etimologia, aqui, vem apenas respaldar o efeito de cristal homofônico.

[428]

Tornar dupla essa palavra é tomá-la como é preciso [*comme il faut*], quando se trata de defender o falso [*faux*] na interpretação. É justamente como *falsa* — digamos, que cai bem — que uma interpretação opera, por estar de banda, ou seja: ali onde se dá o ser, a partir da patacoada [*pataqu'est-ce*].

Não nos esqueçamos de que o sintoma é o *falsus* que é a *causa* em que se sustenta a psicanálise no processo de verificação que constitui seu ser.

Só temos certeza, posto que Freud podia saber desse campo, de sua freqüentação de Brentano. Ela é discreta, identificável no texto da *Verneinung*.

Abri caminho para o praticante que souber apegar-se ao ludião lógico que forjei para seu uso, ou seja, o objeto *a*, sem poder compensar a análise dita pessoal, que às vezes o torna impróprio para manejá-la.

Um minuto mais para acrescentar àquilo em que Freud se firma um traço que julgo decisivo: a fé singular que ele depositava nos judeus como não se esquivando ao sismo da verdade. Judeus que, por outro lado, nada afasta da aversão que ele confessa, através do emprego da palavra "ocultismo", para se referir a tudo o que concerne ao mistério. Por quê?

Porque, senão porque o judeu, desde o retorno da Babilônia, é aquele que sabe ler, isto é, que pela letra se distancia de sua fala, encontrando ali o intervalo, preciso para aí se jogar com uma interpretação?

428     *Outros Escritos*

De uma só, a do Midrash, que aqui se distingue eminentemente.

De fato, para esse povo detentor do Livro, o único entre todos a se afirmar como histórico, a nunca proferir mitos, o Midrash representa um modo de abordagem do qual a moderna crítica histórica bem poderia ser apenas o abastardamento. Pois, se ele toma o Livro ao pé de sua letra, não é para fazer com que ela seja sustentada por intenções mais ou menos patentes, mas para, a partir de sua colusão significante, tomado em sua materialidade — por aquilo que sua combinação torna obrigatório por vizinhança (portanto, não querido), pelo que as variantes gramaticais impõem de escolha desinencial —, extrair do texto um dizer outro, ou até

[429]     implicar nele o que ele negligencia (como referência), a exemplo da infância de Moisés.

Porventura não é nada aproximar isso do que, sobre a morte desse homem, Freud fez questão de que fosse sabido, a ponto de fazer dessa a sua mensagem derradeira?

Sobretudo para assim introduzir a distância — nunca tomada antes de mim — do trabalho de Sellin, cuja coincidência a esse respeito não lhe pareceu desprezível, embora sua extravagância, sendo de uma pena muito qualificada na exegese dita crítica, lançasse o escárnio sobre os próprios eixos do método.

Isso nos dá a oportunidade de passar para o avesso (esse é o propósito de meu seminário deste ano) da psicanálise, como aquela que é o discurso de Freud, que nele está suspenso. E isso sem recorrer ao Nome-do-Pai, do qual eu disse abster-me, viés legítimo a considerar da topologia que esse discurso deixa transparecer.

Topologia em que irrompe o ideal monocêntrico (o fato de ser o sol não modifica nada) com que Freud sustenta o assassinato do Pai, muito embora, por dar a perceber que ele está na contramão da experiência judaica patriarcal, o totem e o tabu do gozo mítico o abandonem. Não a figura de Aquenaton.

Que no dossiê da significância da castração, aqui em jogo, seja incluído o efeito de cristal em que toco: o *da* foice[12] do tempo.

---

12 Em mais esta homonímia (entre *le faux* e *la faux*), o grifo de que se serve Lacan no artigo feminino salienta que já não se trata do falso, nem do que é preciso, mas da foice. (N.E.)

*Nota para minha resposta à Pergunta IV*

Eu gostaria que se soubesse que este texto não pretende explicar a "revolução copernicana" tal como se a articula na história, mas o uso... mítico que é feito dela. Em especial por Freud. Não basta dizer, por exemplo, que o heliocentrismo foi a "caçula das preocupações" de Copérnico. Como lhe dar uma categoria? É certo, ao contrário — sabe-se que a esse respeito me formei nos escritos de Koyré —, que lhe parecia admirável que o Sol estivesse no lugar em que ele o situava, porque era de lá que melhor desempenhava seu papel de luminar. Mas, estará nisso o caráter subversivo?

Pois Copérnico o coloca não no centro do mundo, mas num lugar bem próximo, o que, para o fim admirado e para a glória do criador, fica igualmente bem. É um falso, portanto, falar em heliocentrismo.

O mais estranho é que ninguém — entenda-se: especialistas [430] outros que não Koyré — destaque que as "revoluções" de Copérnico não concernem aos corpos celestes, mas aos orbes. Para nós é evidente que esses orbes são traçados pelos corpos. Mas, e enrubescemos ao ter que lembrá-lo, para Ptolomeu e todos os outros, desde Eudóxio, esses orbes eram esferas que *sustentavam* os corpos celestes, e o curso de cada corpo era determinado pelo fato de diversos orbes o *sustentarem* simultaneamente, cinco talvez para Saturno, três para Júpiter, ao que eu me lembre. Que nos importa? E regido também pelos acrescentados por Aristóteles para servir de tampão entre dois corpos celestes — os dois que acabamos de nomear, por exemplo —, pelo efeito a ser esperado dos orbes do primeiro sobre os do segundo. (É que Aristóteles queria uma física que se sustentasse.)

Quem não haveria de perceber isso, não digo ao ler Copérnico, de quem existe uma reprodução fototípica, mas simplesmente ao soletrar seu título: *De revolutionibus* orbium *coelestium*? O que não impede que *tradutores* notórios (pessoas que traduziram o texto)[13] tenham intitulado sua tradução de *Revoluções dos corpos celestes*.

---

13 A explicação de Lacan é uma alusão ao fato de que *traducteur*, em francês, também significa transdutor. (N.E.)

430    *Outros Escritos*

É literal — o que equivale aqui a dizer: é verdade — que Copérnico foi ptolemaico, que permaneceu dentro do material de Ptolomeu, que não foi copernicano no sentido inventado que cria o emprego desse termo. Será justificável nos atermos a esse sentido inventado para responder a um uso metafórico? Esse é o problema que se coloca em toda metáfora.

Como dizem quase todos, com as artes a gente se diverte, a gente se diverte com os lagartes.[14] Não devemos perder a oportunidade de lembrar a essência cretinizante do sentido a que convém o dito comum. Não obstante, isso continua a ser uma façanha estéril, se não se conseguir perceber uma ligação estrutural.

Para uma pergunta de entrevistador é válida uma resposta improvisada. Num primeiro arroubo, o que me ocorreu — vindo do fundo de uma informação que peço acreditarem não ser desprezível — foi, inicialmente, a observação mediante a qual oponho ao heliocentrismo um fotocentrismo de importância estrutural permanente. Vê-se por esta nota em que parvoíce cai Copérnico, por esse ponto de vista.

Koyré a aumentou, essa parvoíce, ao referi-la ao misticismo propagado pelo círculo de Marsílio Ficino. E por que não, pensando bem? O Renascimento foi ocultista, razão por que a Universidade o classifica entre as eras de progresso.

[431]    A verdadeira guinada deveu-se a Kepler e, insisto, na subversão, a única digna desse nome, que constituiu a passagem — pela qual ele pagou com muito sofrimento — do imaginário da forma dita perfeita, como sendo a do círculo, para a articulação da cônica, da elipse, no caso, em termos matemáticos.

Estou colapsando, incontestavelmente, aquilo que foi obra de Galileu, mas está claro que a contribuição de Kepler escapou-lhe nisso; e, no entanto, já era ele quem combinava nas mãos os elementos com que Newton forjaria sua fórmula — refiro-me à lei da atração, tal como Koyré a isolou de sua função hiperfísica, de sua presença sintática (cf. *Études newtoniennes*, p.34).

Ao confrontá-la com Kant, acentuo que ela não encontra lugar em nenhuma crítica da razão imaginária.

---

14  Há aqui homofonia entre "*les arts*" e "*les lézards*". (N.E.)

Radiofonia 431

Trata-se, de fato, da praça forte cujo cerco mantém na ciência o ideal de universo pelo qual ela subsiste. Que o campo newtoniano não se deixe reduzir a isso fica bem designado por minha fórmula: o impossível é o real. É desse ponto, uma vez atingido, que se irradia nossa física. Mas, ao inscrever a ciência no registro do discurso histérico, dou a entender mais do que disse. A abordagem do real é estreita. E é por assombrá-la [*hanter*] que a psicanálise se perfila.

PERGUNTA V

*Quais são as conseqüências disso no plano:*
*a) da ciência;*
*b) da filosofia; e,*
*c) mais particularmente, do marxismo, ou até do comunismo?*

RESPOSTA

Sua pergunta, que segue uma lista preconcebida, merece que eu assinale que ela não é imediata depois da resposta anterior.

Ela parece supor que aquiesci em que "o inconsciente ... subverte toda teoria do conhecimento", para citar o senhor, exceto pelas palavras que elido para separá-las disso: (o inconsciente) "é uma idéia-chave que" etc. [432]

Eu digo: o inconsciente não é uma idéia. Se é uma chave? Isso se julga pela experiência. Uma chave pressupõe uma fechadura. Certamente existem fechaduras, as quais o inconsciente até faz funcionarem corretamente — para fechá-las? para abri-las? Não é evidente que uma coisa implique a outra, e, a fortiori, que sejam equivalentes.

Deve ser suficiente afirmar que o inconsciente é. Nem mais, nem menos. É realmente o bastante para nos ocupar por mais um momento, depois do tempo que se gastou nisso, sem que ninguém antes de mim tenha dado um passo a mais. Uma vez que, para Freud, cabia retomá-lo da tábua rasa em cada caso: a partir da tábua rasa, nem mesmo *o que* é o inconsciente Freud pode dizer, exceto por sua ressalva de um recurso orgânico de puro ritual; *o*

432  *Outros Escritos*

*que há com ele* em cada caso, é isso que ele quer dizer. Entrementes, não há nada de certo, exceto que ele é e que, ao falar dele, Freud faz lingüística. Mas ninguém vê isso e, opondo-se a ele, todos tentam fazer o inconsciente caber numa noção anterior. De antes de Freud dizer que ele é sem que isso seja, nem isso, e especialmente tampouco o Isso.

O que respondi à sua pergunta IV significa que o inconsciente subverte ainda menos a teoria do conhecimento na medida em que nada tem a ver com ela, pela razão que acabo de dizer: ou seja, que ele lhe é estranho.

Não é sem que ele tenha nada com isso que podemos dizer que a teoria do conhecimento não é; pelo fato de que não há conhecimento que não seja ilusão ou mito. Isto, naturalmente, dando à palavra um sentido cujo emprego valha a pena manter, para além de seu sentido corriqueiro: a saber, que "eu o conheço" quer dizer: fui apresentado a ele, ou sei de cor o que ele faz (sobre um escritor, em especial, ou um pretenso "autor" em geral).

Cabe assinalar — àqueles para quem o Γνωθι σεαυτον possa servir de *muleta*, no caso, já que ele não é outra coisa — que essa visão de façanha exclui qualquer teoria, desde que sua senha foi brandida pelo enganador délfico. Aqui, o inconsciente não traz reforço nem decepção — apenas o fato de que σεαυτον será forçosamente cortado em dois, caso ainda nos inquietemos com alguma coisa que se pareça com ele, depois de, numa psicanálise, haver posto à prova o "seu" inconsciente.

[433]  Paremos aí, portanto: nada de conhecimento. No sentido que nos permitiria o louvor, por envolver as rubricas com que agora o senhor acredita proferir sua pergunta. Não há outro conhecimento senão o mito que denunciei há pouco. Mito cuja teoria decorre, por conseguinte, da mito-logia (a ser especificada com um traço de união), exigindo, no máximo, uma extensão da análise estrutural cujos mitos etnográficos Lévi-Strauss forneceu.

Não há conhecimento. Mas saber, isso sim, a rodo, a ponto de não se saber o que fazer com ele, enchendo os armários.

Daí, alguns (desses saberes) nos agarram ao passarmos. Basta serem animados por um desses discursos cuja estrutura pus em circulação este ano. Sermos transformados em sujeito de um discurso pode deixar-nos sujeitados ao saber.

Quando já nenhum discurso o quer, sucede interrogarmos um saber sobre seu uso ultrapassado, fazermos arqueologia. Isso é

*Radiofonia* 433

mais do que um trabalho de antiquário, se é para pôr em funcionamento a estrutura.

A estrutura, *ela*, sim, é uma noção: por elaborar o que decorre, para a realidade, dessa presença nela das fórmulas do saber, das quais assinalei antes que ela é o advento nocional.

Há saberes cujas conseqüências podem ficar em suspenso, ou cair em desuso.

Há um do qual ninguém tinha idéia antes de Freud, do qual ninguém depois dele a tem até hoje, exceto ao aprender comigo por onde tomá-lo. Tanto que pude dizer há pouco que é em relação aos outros saberes que o termo "inconsciente", para este saber, constitui uma metáfora. A partir de ele ser estruturado como uma linguagem, há quem confie em mim com desfrute; mas é preciso que não se enganem quanto ao que ele é, se é que não constitui um abuso transformá-lo em pronome, a ele, o inconsciente, que nos toma por aí.

Se insisto em marcar dessa maneira minha demora em relação à sua pressa, é porque o senhor precisa lembrar-se de que, quando ilustrei a função da pressa na lógica, apontei o efeito de engodo de que ela pode ser cúmplice. Ela só é correta quando produz este tempo: o momento de concluir. Mas é preciso ainda nos precavermos de colocá-la a serviço do imaginário. O que ela reúne é um conjunto — os prisioneiros, em meu sofisma, e a relação deles com uma saída estruturada por um arbítrio —, não uma classe.

Sucede que a pressa, ao errar nesse sentido, serve plenamente [434] à ambigüidade dos resultados que pretendo fazer ressoar no próprio termo "revolução".

Pois não é de hoje que ironizo a expressão "tradição revolucionária".

Em suma, gostaria de distinguir a utilidade, nesse traço, do nos distinguirmos da sedução.

Quando é pela produção que a coisa assume sua feição.

No qual aponto o passo de Marx.

Pois ele nos coloca contra um muro em que nos admiramos de que não haja nada diferente a reconhecer para que algo seja derrubado — não o muro, é claro, mas a maneira de girar a seu redor.

A eficácia dos gritos no cerco a Jericó leva a pensar que, nesse caso, o muro foi uma exceção, nada poupando, na verdade, no número de voltas necessárias.

É que, nessa ocasião, o muro não se achava ali onde se o supunha, de pedra, mas era feito da inflexibilidade de uma errância adicional.

E, se é esse o caso, reencontramos a estrutura, que é o muro de que falamos.

A ser definido a partir de relações articuladas por sua ordem, e tais que, ao participar delas, só se o faça à própria custa. À custa da vida ou da morte, isso é secundário. À custa do gozo, eis o primário.

Daí a necessidade do mais-de-gozar, para que a máquina funcione, nela só se indicando o gozo para que se o tenha por essa maneira de apagamento [*effaçon*], como furo a preencher.

Não se espante o senhor por eu remanchear aqui, quando comumente faço meu caminho correndo.

É que, ao refazer aqui um corte inaugural, não o estou repetindo, mas o mostro multiplicando-se, para recolher o que cai dele.

Pois Marx, a mais-valia que sua tesoura restitui ao discurso do capital, ao destacá-lo, é o preço a ser pago para negar, como eu, que algum discurso possa aplacar-se por uma metalinguagem (do formalismo hegeliano, no caso); mas esse preço, ele o pagou ao se adstringir a seguir o discurso ingênuo do capitalista em sua ascendência, e com a vida infernal que construiu para si.

É realmente o caso de confirmar o que eu disse sobre o mais-de-gozar. O *Mehrwert* é o *Marxlust*, o mais-de-gozar de Marx.

[435]
A concha para ouvir eternamente a escuta de Marx, eis o caurim com que comerciam os Argonautas de um oceano pouco pacífico: o da produção capitalista.

Pois esse caurim, a mais-valia, é a causa do desejo do qual uma economia faz seu princípio: o da produção extensiva, portanto insaciável, da falta-de-gozar [*manque-à-jouir*]. Esta se acumula, por um lado, para aumentar os meios dessa produção como capital. Por outro lado, amplia o consumo, sem o qual essa produção seria inútil, justamente por sua inépcia para proporcionar um gozo com que possa tornar-se mais lenta.

Alguém chamado Karl Marx, eis calculado o lugar do foco escuro, mas tão capital (cabe dizer) quanto o capitalista (que ocupa o outro foco, com um corpo que goza com um Mais, ou com um mais-de-gozar no fazer corpo), para que se assegure à produção capitalista a revolução propícia a fazer durar seu duro desejo, para citar o poeta que ela mereceu.

O instrutivo é que essas formulações correm as ruas (exceto pela lógica, é claro, da qual eu as supro). O fato de emergirem sob a forma de um mal-estar, que Freud só fez pressentir, haveremos de imputá-lo ao inconsciente? Certamente, sim: aí se indica que alguma coisa trabalha. E esta será uma oportunidade de observar que isso em nada modifica o discurso implacável que, complementando-se com a ideologia da luta de classes, apenas induz os explorados a rivalizarem na exploração por princípio, para protegerem sua participação patente na sede da falta-de-gozar. O que esperar, portanto, do canto desse mal-estar? Nada senão atestar sobre o inconsciente que ele fala — mais facilmente ainda na medida em que, com o não-sentido, ele está em seu elemento. Mas, que efeito esperar dele, já que, como o senhor está vendo, aponto que se trata de uma coisa que é, e não de uma noção-chave?

Reportando-nos ao que instaurei este ano, a partir de uma articulação radical do discurso do mestre como avesso do discurso do psicanalista, sendo dois outros discursos motivados por um quarto de volta que dá passagem de um ao outro — a saber, o discurso da histérica, de um lado, e o discurso universitário, de outro —, o que se tira daí é que o inconsciente nada tem a ver senão com a dinâmica que precipita a passagem brusca de um desses discursos para outro. Ora, certo ou errado, acreditei poder correr o risco de distingui-los do deslizamento — de uma cadeia articulada pelo efeito do significante, considerado como verdade — sobre a estrutura, como função do real na dispersão do saber. [436]

É a partir daí que cabe julgar o que o inconsciente pode subverter. Certamente, nenhum discurso, onde, quando muito, ele aparece por uma enfermidade de fala.

Sua instância dinâmica consiste em provocar a báscula com que um discurso vira outro, por defasagem do lugar onde se produz o efeito de significante.

Seguindo minha topologia feita na enxada, nela encontramos a primeira abordagem freudiana, no sentido de que o efeito de "progresso" a esperar do inconsciente é a censura.

Em outras palavras, de que, quanto à continuação da crise atual, tudo indica a procissão do que defino como discurso universitário, isto é, contrariando todas as aparências tidas como engodo, no caso, tudo indica o aumento de sua dominação.

Trata-se do próprio discurso do mestre, mas reforçado pelo obscurantismo.

É por um efeito de regressão, ao contrário, que se opera a passagem para o discurso da histérica.

Aponto isso apenas para lhe dar uma resposta sobre o que acontece com as conseqüências da noção que o senhor pretende no tocante à ciência.

Por mais paradoxal que seja a asserção, a ciência ganha impulso a partir do discurso da histérica.

Seria preciso penetrar, por essa via indireta, nos correlatos de uma subversão sexual em escala social, com os momentos incipientes na história da ciência.

O que equivaleria a impor uma dura prova a um pensamento arrojado.

Ele é concebível em se partindo de que a histérica é o sujeito dividido, ou, em outras palavras, é o inconsciente em exercício, que põe o mestre contra a parede de produzir um saber.

Tal foi a ambição induzida no mestre grego sob o nome de επιστημη. Ali onde a δοξα o guiava quanto à essência de sua conduta, ele foi intimado — e, nomeadamente, por um Sócrates histérico confesso, que diz só ser competente em matéria de desejo, patente por seus sintomas patognomônicos — a dar mostras de alguma coisa que equivalesse à τεχνη do escravo e justificasse seus poderes de senhor/mestre.

[437] Não há nada a destacar de seu sucesso, quando um Alcibíades exibe apenas a lucidez de admitir, por sua vez, o que o cativa em Sócrates — o objeto *a*, que reconheci no αγαλμα de que se fala no *Banquete*, um mais-de-gozar em liberdade e de consumo mais rápido.

O bonito é que foi o encaminhamento do platonismo que ressurgiu em nossa ciência com a revolução copernicana. E, se tivermos que ler Descartes e sua promoção do sujeito, seu "penso, sou portanto", convém não omitirmos o bilhete enviado a Beeckman: "Prestes a subir no palco do mundo, avanço mascarado..."

Leiamos o *cogito* para traduzi-lo segundo a fórmula que Lacan fornece da mensagem no inconsciente; temos então: "Ou não és, ou não pensas", dirigido ao saber. Quem hesitaria em escolher?

O resultado é que a ciência é uma ideologia da supressão do sujeito, o que o fidalgo da Universidade ascendente sabe muito bem. E eu o sei tanto quanto ele.

O sujeito, ao se reduzir à idéia de sua dúvida, dá margem ao retorno maciço do significante-mestre, revestindo-o, sob a rubrica da extensão, de uma exterioridade inteiramente manipulável.

Que o mais-de-gozar, ao fornecer a verdade do trabalho que se seguirá, receba uma máscara de ferro (é dela que fala o *larvatus prodeo*), como não ver que isso equivale a confiar na dignidade divina (e Descartes cumpre essa obrigação) como o garante único de uma verdade que não é mais do que feito do significante?

Assim se legitima a prevalência do aparelho matemático, bem como a enfatuação (momentânea) da categoria quantidade.

Se a qualidade não fosse tão cumulada de significado, seria igualmente propícia ao discernimento científico: basta vê-la retornar sob a forma dos sinais (+) e (-) no edifício do eletromagnetismo.

E a lógica matemática (graças a Deus! pois, quanto a mim, chamo Deus por seu Deus-me-livre [*nom-de-Dieu*] de Nome) faznos retornar à estrutura no saber.

Mas o senhor está vendo que, se "o conhecimento" ainda não recobrou a consciência,[15] é porque não foi em virtude do inconsciente que ele a perdeu. E há pouca probabilidade de que seja ele a reanimá-la.

Assim como sabemos que o conhecimento errou na física — tanto que, enquanto quis inserir-se num ponto de partida estésico, a teoria do movimento ficou amarrada; enquanto não se livrou do sentimento da impulsão, foi somente ao retorno do recalcado dos significantes que se deveu enfim revelar-se a equivalência entre o repouso e o movimento uniforme —, também o discurso da histérica demonstra não haver nenhuma estesia do sexo oposto (nenhum conhecimento no sentido bíblico) que explique a pretensa relação sexual. [438]

O gozo em que ela se sustenta é, como qualquer outro, articulado pelo mais-de-gozar através do qual, nessa relação, o parceiro só é atingido: (1) no caso do *vir*, ao ser identificado com o objeto *a*, fato claramente indicado, no entanto, no mito da costela de Adão, aquele que tanto fez rir, por bons motivos, a mais célebre

---

15 Expressão que também se constrói em francês com a palavra *connaissance* (conhecimento), aqui em outra acepção: "*reprendre connaissance*", recobrar os sentidos, a consciência, voltar a si etc. (N.E.)

epistoleira da homossexualidade feminina; (2) no caso da *virgo*, ao ser reduzido seja ao falo, isto é, ao pênis imaginado como órgão da intumescência, seja ao inverso de sua função real.

Donde os dois rochedos: (1) o da castração, no qual o significante-mulher inscreve-se como privação, e (2) o da inveja do pênis, no qual o significante-homem é sentido como frustração.

São escolhos que colocam ao sabor do acaso o acesso apregoado por certos psicanalistas à maturidade do genital.

Pois esse é o ideal bastardo com que aqueles que se dizem "atuais" mascaram que, aqui, a causa é o ato e a ética que o anima, com sua razão política.

É também aquilo com que o discurso da histérica questiona o mestre: "Mostre que você é homem!" Mas a representação de coisa, como diz Freud, aqui, já não passa de representação de sua falta. A onipotência não existe; é justamente por isso que ela é pensada. E que não há censura a lhe fazer, como se obstina imbecilmente o psicanalista.

O interesse não está aí — em fazer o luto da essência do macho —, mas em produzir o saber pelo qual se determina a causa que é um desafio em seu ente.

Quanto a isso, diz-se, não sem pretexto, que os psicanalistas em questão nada querem saber da política. O chato é que eles são tão empedernidos que eles próprios se vangloriam disso, e a censura lhes vem daqueles que, por se haverem instalado no discurso do mestre Marx, transformam em obrigação as insígnias da normatização conjugal — o que deveria embaraçá-los quanto à questão espinhosa de há pouco.

Um detalhe quanto ao que nos interessa: é que o inconsciente não subverterá nossa ciência ao fazê-la retratar-se publicamente perante qualquer forma de conhecimento.

[439]    Ainda que às vezes aparente fazê-lo, pois a chacota que ele introduz é a das aves de rapina noturnas que moram na ala desmoronada do castelo da tradição, o inconsciente, se é chave, só há de sê-lo a se fechar a porta que se escancararia para o furo em seu quarto de dormir.

Os amantes da iniciação não são nossos convidados. Freud não brincava com isso. Proferia o anátema da repugnância contra esses sortilégios e não admitia que Jung fizesse mais do que murmurar em nossos ouvidos árias de mandalas.

*Radiofonia* 439

Isso não impedirá os ofícios serem celebrados, com almofadas para nossos joelhos, mas o inconsciente só contribuiria com risadas pouco decentes.

Para uso doméstico, ele seria recomendável como o tornassol que constitui o leque do reacionário em matéria de conhecimento. Ele devolve a Hegel, por exemplo, o prêmio de humor que ele merece, mas revela a completa ausência deste em toda a filosofia que lhe sucedeu, com exceção de Marx.

Falarei apenas da última amostra que chegou a meu "conhecimento" — o incrível retorno ao poder do invisível, mais angustiante por ser póstumo e, para mim, de um amigo, como se o visível ainda tivesse para algum olhar uma aparência de ente.

Todos esses maneirismos fenomenológicos giram em torno da árvore fantasma do conhecimento supranormal, como se houvesse uma do normal.

Não há clamor de ser ou de nada que não desapareça pelo que o marxismo demonstrou através de sua revolução efetiva: que não existe nenhum progresso a esperar de verdade ou de bem-estar, mas apenas a guinada da impotência imaginária para o impossível que o real revela ser por se fundamentar apenas na lógica — ou seja, ali onde advirto de que o inconsciente tem sede, mas não para dizer que a lógica dessa guinada não tenha que se precipitar pelo ato.

Pois o inconsciente também joga com outro sentido — isto é, a partir da impossibilidade com que o sexo se inscreve no inconsciente — para manter como desejável a lei pela qual se conota a impossibilidade de gozar.

Há que se dizer: o psicanalista não tem que tomar partido nisso, mas constatar.

É aí que atesto que nenhum rigor que eu tenha podido introduzir, para assinalar aqui as deficiências da sutura, deparou, entre os comunistas com quem lidei, senão com um sem-resposta.

Exponho o fato de que os comunistas, constituindo-se na ordem burguesa como uma contra-sociedade, passam apenas a imitar tudo aquilo de que a primeira se orgulha — trabalho, família, pátria —, e a fazer nisso um tráfico de influência e um sindicato contra qualquer um que esvazie os paradoxos de seus discursos. [440]

Ao demonstrar que estes são um fator de patologia, ou seja, a partir de minhas afirmações sobre a causalidade psíquica, em todos os lugares em que meu esforço conseguiu romper o monopó-

440     *Outros Escritos*

lio psiquiátrico, jamais colhi deles uma resposta que não se alinhasse com a hipocrisia universitária, da qual predizer o desdobramento seria uma outra história.

É evidente que, agora, eles se servem tanto de mim quanto ela. Exceto pelo cinismo de não dizerem meu nome: são pessoas honradas.

## Pergunta VI

*Em que o saber e a verdade são incompatíveis?*

## Resposta

Incompatíveis. Bela escolha de palavra, que poderia permitir-nos responder à pergunta com o piparote que ela merece: ora, mas sim, eles com-padecem [*compatissent*].

Sofrem juntos, e um pelo outro: essa é a verdade.

Mas o que o senhor está querendo dizer, se bem o entendo, é que verdade e saber não são complementares, não compõem um todo.

Desculpe-me: essa é uma pergunta que não me formulo. Porque não existe todo.

Como não existe todo, nada é tudo/todo [*tout*].

O todo é o índice do conhecimento. Eu já disse muitas vezes, parece-me, que, nessas condições, é impossível apontá-lo.

Mas isso não me impedirá de emendar de saída que a verdade suporta tudo: a gente mija, tosse e cospe nela. "Palavra de honra!", exclama ela, com o estilo que esbocei em outro lugar. "O que você está fazendo? Acha que está em casa?" Isso quer dizer que ela tem mesmo uma idéia, uma idéia chave do que "você" faz. (Mas não você do que ela é, e é nisso, enfim, veja bem, que consiste o inconsciente.) Voltando a ela, que neste momento nos ocupa, dizer que ela suporta tudo — orvalho do discurso! — pode querer dizer que isso não fede nem cheira. E é o que permite pensar que ela é flagrantemente cega ou surda, pelo menos quando lhe diz respeito, ou quando você a designa.

[441]

Para dizer a verdade, isto é, para nos batermos com ela, será sempre bom, ao abordá-la, estarmos munidos de um saber de

Radiofonia 441

peso. Portanto, isso é mais que compatível, é como que uma compa(de)tibilidade [*comp(a)tabilité*] — ou seja, o que nos interessa primeiro, já que o saber pode arcar com a despesa de uma relação com a verdade, se nos der vontade de tê-la.

Arcar até que ponto? Isso, "não se sabe", é até a razão por que o saber é forçado a só confiar em si quanto a ter o peso necessário. Portanto, o saber compõe um dote. O que há de admirável é a pretensão daqueles que gostariam de se fazer amar sem esse colchão. Ele se oferece de peito aberto. Como deve ser adorável seu "não saber", como se costuma dizer de bom grado nesse caso!

Será que lhe causa espanto que alguém saia disso, como um bom cão, segurando entre os dentes a própria carniça?

Naturalmente, isso já não acontece, mas ainda é sabido. E por essa razão, há quem brinque de fazê-lo, mas só na aparência [*semblant*]. Veja "tudo" o que se fabrica a partir do fato de saber e verdade serem incompatíveis.

Só estou pensando nisso por se tratar de um engodo que imaginaram, creio eu, para justificar um *amoque* feito a meu respeito: digamos que uma pessoa que se queixasse de ser louca pela verdade se confessasse uma ti..ca [*f...ue*] de psicanalista.

Muito precisamente, só elaborei a topologia que serve de fronteira entre a verdade e o saber para mostrar que essa fronteira está em toda parte, e só fixa um campo quando passamos a amar seu mais-além.

Os caminhos dos psicanalistas continuam suficientemente preservados para que a experiência própria para iluminá-los ainda esteja apenas no programa.

É por isso que partirei dali de onde cada um faz de sua abordagem um estrangulamento: exemplar, por estar isento da experiência.

Então não é surpreendente que, sobre a expressão que lancei há mais de uma década, a chamada fórmula do sujeito suposto saber, para explicar a transferência, ninguém — nem mesmo no decorrer deste ano em que a coisa foi exposta no quadro, mais evidente pelo fato de a casa ter sido inscrita nele separadamente da peça que a ocupa — ninguém, dizia eu, tenha feito esta pergunta: [442] será que é, sendo suposto como é esse sujeito, saber a verdade?

O senhor percebe aonde isso leva? Acima de tudo, não pense nisso, pois arriscaria matar a transferência.

442     *Outros Escritos*

É que, do saber com que a transferência faz o sujeito, revela-se, à medida que o sujeitado trabalha, que se tratava apenas de um "saber haver-se" [*savoir y faire*] com a verdade.

Ninguém imagina que o psicanalista seja casado com a verdade. É por isso mesmo que sua esposa dispara a matraca, que, está certo, não deve ser sacudida demais, mas que é necessária como barreira.

Barreira contra quê? Contra a suposição que seria o cúmulo: a que faria do psicanalista o noivo da verdade.

É que, com a verdade, não há relação amorosa possível, nem de casamento nem de união livre. Existe apenas uma que é segura, se o senhor quiser que ela lhe sirva: a castração, a sua, é claro, e dela, nada de piedade.

Saber que é assim não impede que isso aconteça e, é claro, menos ainda que seja evitável.

Mas nós o esquecemos ao evitá-lo, ao passo que, quando acontece, não o sabemos menos.

Existe, ao que me parece, o cúmulo da compatibilidade. Rangeríamos os dentes se não o transformássemos em cumulatibilidade [*comblatibilité*],[16] para que lhe venha à lembrança um barulho de vôo que sirva de batedura propriamente patibular.

É que, da verdade, não temos que saber tudo. Basta um bocado — o que se exprime, considerada a estrutura, por: saber dela um bocado.

Quanto a isso, eu soube conduzir alguns, e me espanta dizê-lo no rádio. É que os que aqui me escutam, ao ouvirem o que digo, não têm o obstáculo de me entender. No que me fica claro que esse obstáculo decorre, em outros lugares, de eu ter que calculá-lo.

Ora, não estou aqui para formar o psicanalista, mas para responder a suas perguntas com o que as repõe em seu lugar.

Sua disciplina, ao me seguir, impregna-o disto: o real não é antes de mais nada para ser sabido.

Como verdade, ele é justamente o dique para dissuadir a mais ínfima tentativa de idealismo. Ao passo que, ao desconhecê-lo, ele se alinha sob as mais contrárias bandeiras.

---

16 No orig., *comblatibilité*, neologismo em que Lacan superpõe cúmulo (*comble*) compatibilidade (*compatibilité*) e contabilidade (*comptabilité*), valendo-se ainda da proximidade fonética para usar, logo adiante, patibular (*patibulaire*). (N.E.)

Radiofonia    443

Mas não é uma verdade, é o limite da verdade.

Porque a verdade situa-se por supor o que do real faz função    [443]
no saber, o que se acrescenta a ele (ao real).

É por isso mesmo, com efeito, que o saber leva o falso a ser, e
até a ser-aí, isto é, *Dasein* que *da-barrota* [*t'assaïner*] até todos os
participantes da cerimônia perderem o fôlego.

Para falar a verdade, é só pela falso em ser que nos preocupa-
mos com a verdade como tal. O saber que não é falso está pouco
se lixando com isso.

Há apenas um saber em que ela se revela como surpresa. E é
por isso que ele é considerado de gosto duvidoso, quando é justamente a partir da graça freudiana que produz algumas patacoadas
[*pataqu'est-ce*] (será que o são?) no discurso.

É nessa articulação com o real que se encontra a incidência
política em que o psicanalista teria lugar, se fosse capaz de fazê-la.

Esse seria o ato que arrisca indagar com que saber fazer a lei.

Revolução que provém de um saber que se reduza a produzir sintoma, visto pelo próprio olhar que produziu.

Seu recurso, então, é a verdade por que nos batemos.

Aí se articula que o efeito de verdade decorre do que cai do
saber, isto é, do que se produz dele, apesar de impotente para
alimentar o dito efeito. Circuito não menos fadado que qualquer
movimento a não poder ser perpétuo — donde se demonstra, também aqui, o real de uma outra energética.

É ele, esse real, a hora da verdade passada, que se sacudirá até
a próxima crise, depois de recobrar o lustro. Diríamos até que essa
é a festa de toda revolução: que a perturbação da verdade seja
rechaçada para as trevas. Mas, no real, nunca se viu senão fogo,
mesmo assim ilustrado.

## Pergunta VII

*Governar, educar e psicanalisar são três desafios insustentáveis.*
*No entanto, essa contestação perpétua de todo discurso, e em*
*especial do dele, é algo a que o psicanalista tem que se agarrar.*
*Ele se agarra a um saber — o saber analítico — o qual contesta,*
*por definição. Como o senhor resolve ou não resolve essa contra-*
*dição? Status do impossível? O impossível é o real?*

# RESPOSTA

Desculpe-me se, também em relação a essa pergunta, só chego à resposta dando-lhe uma nova roupagem com minhas mãos.

Governar, educar e psicanalisar são desafios, de fato, mas, ao dizê-los impossíveis, só fazemos garantir prematuramente que sejam reais.

O mínimo que se pode impor-lhes é que dêem prova disso. O que não equivale a contestar o que o senhor chama de discurso delas. Aliás, por que teria o psicanalista esse privilégio, se não lhe sucedesse ordená-las pelo mesmo não passo [*pas*] que ele recebe do real, para produzir o seu?

Note-se que esse não, ele o estabelece pelo próprio ato com que o propõe; e que é ao real de que esse não exerce a função que ele submete os discursos que põe no passo [*pas*] da sincronia do dito.

Instalando-se pelo não que ele produz, essa sincronia não tem outra origem senão sua emergência. Ela limita o número dos discursos que sujeita, como fiz, da maneira mais sumária, ao estruturá-los em número de quatro, por uma revolução não permutativa de sua posição em quatro termos, sendo o não/passo de real que se sustenta neles, por conseguinte, unívoco em sua progressão e em sua regressão.

O caráter operatório desse não é que uma disjunção vem romper a sincronia entre termos que são sempre diferentes, justamente por ela ser fixa.

Na verdade, lá há na lise que faça de seu nome aquilo que, no provérbio que você discutem muito desde Freud, chama-se curar, e que faz gargalhar.

Governar, educar, curar, portanto, quem sabe? Pela análise, o quarto discurso a aí abandonar suas pretensões, por figurar como Lisette,[17] é o discurso da histérica.

Mas, ora, será que a impossibilidade dos dois últimos se proporia como álibi dos primeiros, ou melhor, para resolvê-los como impotência?

---

17 Lisette, termo também associado a *lyse* e *analyse*, é o nome com que se designava, antigamente, o conhecido personagem da criadinha das comédias, intrigante e esperta, ou ainda, a moça alegre e leviana do povo, tal como criada por muitos compositores e poetas. (N.E.)

*Radiofonia*     445

Pela análise, não há na lise, permita-me a brincadeira mais uma vez, senão na impossibilidade de governar aquilo que não se domina, ao traduzi-la como impotência da sincronia de nossos termos: mandar no saber. Para o inconsciente, isso é barra.

No tocante à histérica, é a impotência do saber que seu discurso provoca, animando-se no desejo — que revela em que o educar fracassa.

Quiasma impressionante por não ser o bom a não ser para denunciar de que maneira as impossibilidades ficam à vontade para se proferir como álibis.     [445]

Como obrigá-las a demonstrar seu real, a partir da própria relação que, por estar presente, exerce a função dele como impossível?

Ora, a estrutura de cada discurso exige aí uma impotência, definida pela barreira do gozo, para se diferenciar dele como disjunção, sempre a mesma, entre sua produção e sua verdade.

No discurso do mestre, é o mais-de-gozar que só satisfaz o sujeito ao sustentar a realidade unicamente pela fantasia.

No discurso universitário, é a hiância em que é tragado o sujeito que ele produz, por ter que supor um autor ao saber.

Essas são verdades, mas em que de novo lemos que são armadilhas para nos fixar no caminho a partir do qual o real chega ao essencial.

Porque elas são apenas conseqüências do discurso que delas provém.

Mas esse discurso, ele surgiu da báscula em que o inconsciente, como eu disse, produz uma dinâmica, que faz dele uma função em "progresso", ou seja, para o pior, sobre o discurso que o precede em certo sentido rotatório.

Assim, o discurso do mestre encontra sua razão pelo discurso da histérica, posto que, ao se fazer agente do onipotente, renuncia a responder como homem àquilo em que, ao lhe solicitar que o seja, a histérica obtém apenas saber. É ao saber do escravo que ele então recorre, por produzir o mais-de-gozar com o qual, a partir do seu (do seu saber), não conseguia que a mulher fosse causa de seu desejo (eu não disse "objeto").

Daí se assegura que a impossibilidade de governar só será rigorosa em seu real ao aprimorar, regressivamente, o rigor de um desenvolvimento que exige a falta de gozo no início, se a mantiver no final.

446     *Outros Escritos*

Ao contrário, é por estar em progresso com relação ao discurso universitário que o discurso do analista pode permitir-lhe circunscrever o real de que sua impossibilidade exerce a função, supondo-se que ele queira submeter à questão do mais-de-gozar, que já tem num saber sua verdade, a passagem do sujeito ao significante do mestre.

Isso é supor o saber da estrutura, que, no discurso do analista, ocupa o lugar da verdade.

O que equivale a dizer da desconfiança com que esse discurso tem que sustentar tudo o que se apresenta nesse lugar.

[446] Porque a impotência não é o disfarce do qual o impossível seria a verdade, mas tampouco é o contrário: a impotência serviria para fixar o olhar, se a verdade não se visse nela a ponto de ir ao êxtase.

É preciso parar com essas brincadeiras, pelas quais a verdade paga o custo derrisório.

É somente ao acuar o impossível em seu último reduto que a impotência adquire o poder de fazer o paciente transformar-se em agente.

É assim que ela surge em ato em cada revolução com que a estrutura não tem a ver, para que a impotência mude de modalidade, é claro.

Assim, a linguagem faz uma novação do que revela do gozo e faz surgir a fantasia que ele realiza por algum tempo.

Ela só se aproxima do real à medida que o discurso reduz o dito a cavar um furo em seu cálculo.

Desses discursos, no momento atual, não há aos montes.

[447]     *Nota sobre a resposta à pergunta VII*

Para facilitar a leitura, reproduzo aqui os esquemas estruturais dos quatro "discursos" que compuseram, este ano, o tema de meu seminário. Para os que não acompanharam seu desenvolvimento.

# Discurso de "o avesso da psicanálise"

Discurso do Mestre          Discurso da Universidade

esclarecido por              esclarecido por sua
regressão do:                "progressão" para o:

Discurso da Histérica        Discurso do Analista

    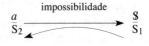

Os lugares são de:

o agente            o outro
a verdade           a produção

Os termos são:
$S_1$ o significante-mestre
$S_2$ o saber
$\$$ o sujeito
$a$ o mais-de-gozar

# O aturdito

Em contribuição ao 50º aniversário do hospital Henri-Rousselle, pela gentileza que os meus e eu ali recebemos, num trabalho do qual indicarei o que ele sabia fazer, ou seja, passar a apresentação, presto uma homenagem ao Dr. Daumézon, que me deu permissão para isso.

O que se segue não prejulga, segundo meu costume, nada do interesse que assumirá seu endereçamento: meu dizer no Sainte-Anne foi vacúolo, tal como no Henri-Rousselle e, ao que se pode imaginar, durante quase o mesmo tempo, de qualquer modo preservando o valor da carta que digo sempre chegar aonde deve.

Parto de migalhas, decerto não filosóficas, já que é a meu seminário deste ano (em Paris-I) que elas dão relevo.

Escrevi ali no quadro, em duas ocasiões (e numa terceira em Milão, onde, itinerante, fiz delas um grande galhardete para um flash sobre o "discurso psicanalítico"), estas duas frases:

Que se diga fica esquecido por trás do que se diz em o que se ouve.[1]

Esse enunciado, que parece de asserção, por se produzir numa forma universal, é de fato modal, existencial como tal: o subjuntivo com que se modula seu sujeito é testemunha disso.

Se as boas-vindas que me responderam de meu auditório, suficiente para que o termo seminário não seja demasiado indigno do que lhe trago de fala, não me houvesse desviado dessas frases, eu teria querido demonstrar, por sua relação de significação, o sentido que elas adquirem do discurso psicanalítico. Devendo a oposição que aqui evoco ser acentuada mais adiante.

---

1 No orig.: "*Qu'on dise reste oublié derrière ce qui se dit dans ce qui s'entend.*" (N.E.)

*O aturdito* 449

Lembro que é pela lógica que esse discurso toca no real, ao reencontrá-lo como impossível, donde é esse discurso que a eleva a sua potência extrema: ciência, disse eu, do real. Que me perdoem aqui aqueles que, por terem interesses nisso, não o sabem. Poupasse-os eu ainda, eles logo o aprenderiam com os acontecimentos...  [450]

A significação, por ser gramatical, ratifica prontamente que a segunda frase refere-se à primeira, ao fazer dela seu sujeito, sob a forma de um particular. Ela diz "esse enunciado", depois o qualifica com a assertiva de se colocar como verdadeiro, confirmando que ele o é sob a forma de uma proposição dita universal na lógica: é que, de qualquer modo, o dizer fica esquecido por trás do dito.

Mas por antítese, ou seja, no mesmo plano, num segundo tempo ela denuncia seu semblante, afirmando-o pelo fato de seu sujeito ser modal e comprovando isso por ele se modular gramaticalmente como: "que se diga". O que ela não tanto convoca à memória do que, como se costuma dizer, mas sim à existência.

A primeira frase, portanto, não é do plano tético de verdade que o primeiro tempo da segunda garante, como de praxe, por meio de tautologias (aqui, duas). O que é lembrado é que sua enunciação é momento de existência — é que, situada pelo discurso, ela "ex-siste" à verdade.

Reconheçamos aqui a via por onde advém o necessário: como boa lógica, ou seja, aquela que ordena seus modos de proceder a partir dali de onde provém — isto é, deste impossível, módico provavelmente, embora por isso mesmo incômodo —, de que, para que um dito seja verdadeiro, é preciso ainda que se o diga, que haja dele um dizer.

No que a gramática já mede a força e a fraqueza das lógicas que dela se isolam, por clivá-las com seu subjuntivo, e se indica como concentrando o poder de para todas abrir caminho.

É que, retorno mais uma vez a isto, "não há metalinguagem" tal que qualquer dessas lógicas, intitulando-se pela proposição, possa fazer-se de muleta (que cada uma fique com sua imbecilidade), e, caso alguém julgue encontrar isso em minha referência ao discurso, mais acima, eu o refuto, pelo fato de que a frase que ali parece servir de objeto para a segunda nem por isso aplicar-se menos significativamente a esta.

450     *Outros Escritos*

Pois essa segunda, que se diga fica esquecido por trás do que ela diz. E isso de maneira tão mais impressionante quanto, assertiva, ela — sem remissão, a ponto de ser tautológica nas provas que propõe —, ao denunciar na primeira o semblante, situa seu [451] próprio dizer como inexistente, já que, ao contestá-la como dito de verdade, é a existência que ela faz responder por seu dizer, não por fazer com que esse dizer exista, já que só ela o denomina, mas por negar sua verdade — sem dizê-lo.

Estendendo esse processo, nasce a fórmula, minha, de que não há universal que não deva ser contido por uma existência que o negue. Assim como o estereótipo de que todo homem é mortal não se enuncia desde parte alguma. A lógica que o data é tão-somente a de uma filosofia que finge essa nulibiqüidade [*nullibiquité*], para servir de álibi ao que denomino discurso do mestre.

Ora, não é unicamente a partir desse discurso, mas do lugar em que giram outros (outros discursos), aquele que designo como o semblante, que um dizer adquire seu sentido.

Esse lugar não é para todos, mas lhes ex-siste, e é por aí que se homenloga [*hommologue*] que todos são mortais. Eles só podem sê-lo, todos, porque à morte são delegados por esse lugar, todos, fatalmente, já que é nele que se zela às mil maravilhas pelo bem de todos. Em particular quando o que zela faz semblante de, significante-mestre ou saber. Donde o ritornelo da lógica filosófica.

Não há universal, portanto, que não se reduza ao possível. Nem mesmo a morte, já que essa é a ironia com que só ela se articula. Por mais universal que se a postule, ela nunca é senão possível. O fato de a lei se abrandar por se afirmar formulada a partir de lugar nenhum, isto é, por ser sem razão, confirma, mais uma vez, de onde parte seu dizer.

Antes de atribuir à análise o mérito dessa apercepção, fiquemos quites com nossas frases, observando que em "o que se ouve" da primeira assenta-se igualmente sobre a existência do "fica esquecido" que a segunda destaca e sobre "o que se diz", que ela mesma denuncia como encobrindo esse resto.

Onde assinalo, de passagem, a falha da tentativa "transformacional" de produzir lógica pelo recurso a uma estrutura profunda, que seria uma árvore em patamares.

O aturdito     451

E retorno ao sentido para lembrar o esforço que é necessário à filosofia — o último a salvar sua honra de estar na última moda, da qual o analista constitui a ausência — para apreender o que é seu recurso, o dele, de todos os dias: que nada esconde tanto quanto aquilo que revela, que a verdade, Αληθεια, é igual à *Verborgenheit*.

Assim, não renego a fraternidade desse dizer, já que só o repito a partir de uma prática que, situando-se por um outro discurso, torna-o incontestável.          [452]

Para aqueles que me escutam... ou pior, este exercício terá apenas confirmado a lógica pela qual se articulam, na análise, a castração e o Édipo.

Freud nos põe no caminho, dado que o ab-senso[2] designa o sexo: é na inflada [*la gonfle*] desse senso-absexo que se desdobra uma topologia em que é a palavra que decide.

Partindo da locução "sem dizer, não vai" [*ça ne va pas sans dire*], vemos que esse é o caso de muitas coisas, até da maioria, inclusive da coisa freudiana, tal como a situei como sendo o dito da verdade.

Não vai sem... é formar um par, aquilo que, como se costuma dizer, "não vai sozinho".

Assim é que o dito não vai sem o dizer. Mas, se o dito sempre se coloca como verdade, nem que seja nunca ultrapassando um meio-dito (como me expresso eu), o dizer só se emparelha com ele por lhe ex-sistir, isto é, por não ser da diz-mensão [*dit-mension*] da verdade.

É fácil tornar isso sensível no discurso da matemática, onde o dito se renova constantemente, por mais tomar como sujeito um dizer do que qualquer realidade, mesmo tendo que obrigar esse dizer a cumprir a seqüência propriamente lógica que ele implica como dito.

Não é preciso o dizer de Cantor para tocar nisso. Isso começa em Euclides.

Se recorri este ano ao primeiro, ou seja, à teoria dos conjuntos, foi para nela situar a maravilhosa eflorescência que — por

---

2   Termo que Lacan grafa como *ab-sens*, homônimo de *absence* ("ausência"), mas que remete, pelo prefixo *ab-*, às idéias de afastamento, privação ou negação (do senso, do sentido, nesse caso). (N.E.)

452     *Outros Escritos*

isolar na lógica o incompleto do inconsistente, o indemonstrável do refutável, ou até acrescentar-lhe o indecidível, por não conseguir excluir-se da demonstrabilidade — imprensa-nos tanto na parede do impossível, que se emite o "não é isso", que é o vagido do apelo ao real.

Eu disse discurso da matemática. Não linguagem dela. Que se preste atenção a isso, para o momento em que eu voltar ao inconsciente, estruturado como uma linguagem, como sempre disse. Porque é na análise que ele se ordena como discurso.

[453]     Resta assinalar que o matemático tem com sua linguagem o mesmo embaraço que nós com o inconsciente, traduzindo-a pela idéia de que não sabe do que está falando, mesmo quando para certificar-se de que é verdadeira (Russell).

Por ser a linguagem mais propícia ao discurso científico, a matemática é a ciência sem consciência que promete o nosso bom Rabelais, aquela frente à qual o filósofo[3] só pode ficar obtuso: a gaya ciência rejubilava-se por presumir daí a ruína da alma. É claro que a neurose sobrevive ali.

Observado isto, o dizer se demonstra, por escapar ao dito. Por conseguinte, só assegura esse privilégio ao se formular como "dizer que não", se, ao ir ao sentido, é o "contém" que se apreende

---

3  O filósofo se inscreve (no sentido como isso é dito da circunferência) no discurso do mestre. Desempenha nele o papel do bobo. Isso não quer dizer que o que ele diz seja besteira; é até mais do que utilizável. Leiam Shakespeare.

Também não quer dizer, atente-se para isso, que ele saiba o que diz. O bobo da corte tem um papel: o de ser o lugar-tenente da verdade. Pode sê-lo ao se exprimir como uma linguagem, exatamente como o inconsciente. Que ele esteja na inconsciência é secundário; o importante é que o papel seja mantido.

Assim, Hegel, embora fale com tanta justeza da linguagem matemática quanto Bertrand Russell, nem por isso deixa de fazer fiasco na encomenda: é que Bertrand Russell está no discurso da ciência.

Kojève, que tenho na conta de meu mestre, por ter-me iniciado em Hegel, tinha a mesma parcialidade a respeito da matemática, mas convém dizer que ele fazia parte do tempo de Russell e só filosofava em nome do discurso universitário, ao qual se ligara provisoriamente, mas bem cônscio de que seu saber só funcionava nele como simulacro, e tratando-o como tal: ele mostrou isso de todas as maneiras, entregando suas notas a quem pudesse tirar proveito delas e tornando póstumo o seu desdém por toda a aventura.

Esse desprezo que lhe foi próprio alicerçava-se em seu discurso inicial, que foi também aquele a que ele voltou: o alto funcionário sabe tratar os bufões tão bem quanto aos outros, isto é, como súditos que são do soberano.

*O aturdito* 453

nele, e não a contradição; a resposta, e não a retomada como negação; a rejeição, e não a correção.

Responder assim suspende o que o dito tem de verdadeiro.

O que se esclarece pela luz rasante que o discurso analítico traz aos outros, revelando neles os lugares modais com que se realiza sua ronda.

Metaforizarei, por ora, pelo incesto, a relação que a verdade mantém com o real. O dizer vem de onde ele a comanda. Mas não pode haver também um dizer direto?

Dizer o que há não lhes diz nada, caros meninos da sala dos plantonistas [*salle de garde*], provavelmente assim chamada por plantar-se no cuidado de [*se garder de*] não contrariar o patronato a que aspira (e seja ele qual for).

Dizer o que há, durante muito tempo, alçou seu homem a essa profissão que já não obceca vocês senão por seu vazio: a do médico, que, em todas as eras e por toda a superfície do globo, pronuncia-se sobre o que há. Mas isto a partir de que o que há só tem interesse por ter que ser conjurado.               [454]

No ponto a que a história reduziu essa função sagrada, compreendo o mal-estar de vocês. Nem sequer lhes é possível, já não sendo este o momento, bancar o filósofo, metamorfose derradeira em que, servindo de vassalada dos imperadores e dos príncipes, os médicos se perpetuaram (leiam Fernel).

Saibam, porém, ainda que a análise seja de outra sigla — mas é compreensível que ela lhes seja tentadora —, aquilo que atesto desde logo.

Digo-o pelo fato de isso ter sido demonstrado, sem exceção, por aqueles a quem chamei meus "dândis": não há o menor acesso ao dizer de Freud que não seja foracluído — e sem volta, nesse caso — pela escolha de um dado analista.

É que não há formação do analista que seja concebível fora da manutenção desse dizer, e Freud, por não haver forjado com o discurso do analista o laço pelo qual se teriam sustentado as sociedades de psicanálise, situou-as por outros discursos, que barram necessariamente o seu dizer.

O que demonstram todos os meus escritos.

O dizer de Freud infere-se da lógica que toma como fonte o dito do inconsciente. É na medida em que Freud descobriu esse dito que ele ex-siste.

454     *Outros Escritos*

Restituir esse dizer é necessário, para o discurso se constituir da análise (é nisso que ajudo), a partir da experiência em que confirma-se a existência dele.

Esse dizer, não se pode traduzi-lo em termos de verdade, já que da verdade há apenas meio-dito, bem cortado; mas haver esse meio-dito claro (que se conjuga de trás para frente: tu me-ditas, eu maldigo [*tu médites, je médis*]) só ganha sentido por esse dizer. Esse dizer não é livre, mas se produz ao tomar o lugar de outros que provêm de outros discursos. É ao se fechar na análise (cf. meu *Radiofonia*, número imediatamente anterior deste aperiódico) que a ronda deles situa os lugares com que se circunscreve esse dizer.

Eles o circunscrevem como real, isto é, pelo impossível, o que se anuncia como:

[455]     *não há relação sexual.*

Isso supõe que de relação (relação "em geral") só há enunciado, e que dela o real só se certifica ao se confirmar pelo limite que se demonstra das conseqüências lógicas do enunciado.

Aqui, limite imediato, posto que "não há" nada que faça relação de um enunciado.

Desse fato, nenhuma conseqüência lógica, o que não é negável, mas não basta para sustentar nenhuma negação — apenas o dizer nãohá [*nya*].

Naoha [*nia*] só contribui com o justo necessário de homofonia para marcar em francês, pelo passado que significa em qualquer presente cuja existência aí se conote, que naoha [*nya*] o traço.

Mas de que se trata? Da relação do homem e da mulher, justamente no que eles seriam adequados, por habitarem a linguagem, para fazer dessa relação um enunciado.

Será a ausência dessa relação que os exila em estabitat [*stabitat*]? Será forabitalo [*d'labiter*] que essa relação só pode ser interdita?

Essa não é a pergunta mas antes, a resposta; e a resposta que a sustenta — por ser o que a estimula a se repetir — é o real.

Admitamos: onde ele está-aí. Não há nada a esperar de uma volta ao dilúvio, quando este já é narrado como retribuição pela relação da mulher com os anjos.

Mas ilustremos essa função pela resposta de um apólogo, logo(s) aos ais [*aux abois*] por ser fornecida pelo psicólogo, já que a alma

*O aturdito*   455

é ailarido [*aboi*], a ser até pronunciado *(a)*, pequeno *a*, (a)larido [*(a)boi*].

O triste é que o psicólogo, por não alicerçar seu setor senão na teologia, quer que o psíquico seja normal, mediante o que elabora aquilo que o suprimia.

Em especial o *Innenwelt* e o *Umwelt*, ao passo que melhor faria em cuidar do homem-volta que cria o labirinto do qual o homem não sai.

O par estímulo-resposta passa pela confissão de suas invenções. Chamar de resposta o que permitiria ao indivíduo manter-se vivo é excelente, mas o fato de isso terminar depressa e mal levanta a questão que se resolve em que a vida reproduz o indivíduo, e portanto, reproduz igualmente a questão — o que se diz, nesse caso, ela se repete/re-peida [*ré-pète*].

É justamente isso que se descobre do inconsciente, o qual, por conseguinte, revela-se resposta, mas por ser ela que estimula.

É também por isso, haja o que houver, que o psicólogo entra   [456] no homem-volta da repetição, aquela que sabemos produzir-se pelo inconsciente.

A vida reproduz, sem dúvida, sabe Deus o que e por quê. Mas a resposta só questiona ali onde não há relação para sustentar a reprodução da vida.

Exceto no que o inconsciente formula: "Como se reproduz o homem?", é o caso aqui.

"— Reproduzindo a pergunta", eis a resposta. Ou "para te fazer falar", dito de outra forma que o inconsciente tem, por exsistir.

É a partir daí que nos convém obter dois universais, dois *todos* suficientemente coerentes para separar nos falantes — que, por serem os, acreditam-se seres — duas metades tais que não se atrapalhem demais na coiteração [*coïtération*], quando chegarem a ela.

Metade [*moitié*], em francês, diz que se trata do me [*moi*], a metade de frango que abria meu primeiro livro de leitura, havendo-me aberto o caminho, além disso, para a divisão do sujeito.

O corpo dos falantes está sujeito a ser dividido por seus órgãos, o bastante para ter que lhes encontrar uma função. Às vezes, é preciso eras inteiras para isso: um prepúcio, que adquire serventia a partir da circuncisão. Vejam o apêndice, a esperá-la por séculos da cirurgia.

# 456　Outros Escritos

Assim é que, do discurso psicanalítico, um órgão faz-se o significante. Aquele que podemos dizer que se isola na realidade corporal como isca, por nela funcionar (sendo-lhe delegada essa função por um discurso):

  a) como fânero, graças a seu aspecto de chapeadura amovível, que se acentua por sua eretilidade,

  b) a fim de servir de logro, para o que esta última ênfase contribui, nas diversas pescas que transformam em discurso as voracidades com que se tampona a inexistência da relação sexual.

Reconhecemos, decerto, até por essa forma de evacuação, o órgão que por fazer parte, digamos, "do ativo" do macho, faz com que este, no dito da copulação, decrete o ativo do verbo. É o mesmo cujos diversos nomes, na língua de que me sirvo, muito sintomaticamente feminizam.

Mas não devemos nos enganar com isso: pela função que lhe advém do discurso, ele passou ao significante. Um significante [457] pode servir para muitas coisas, tal como um órgão, mas não para as mesmas. No que tange à castração, por exemplo, se o significante é usado, isso não tem (para felicidade geral) as mesmas conseqüências que teria se fosse o órgão. Quanto à função de isca, se é o órgão que se oferece no anzol às voracidades que situamos há pouco — digamos, origynárias [*d'orygine*] —, o significante, ao contrário, é o peixe que engole aquilo de que os discursos precisam para se sustentar.

Esse órgão, passado ao significante, escava o lugar a partir do qual adquire efeito, para o falante — acompanhemo-lo naquilo que ele pensa de si: ser, a inexistência da relação sexual.

O estado atual dos discursos que se alimentam desses seres, portanto, situa-se, por isso mesmo, deste fato de inexistência, pelo impossível, não a dizer, mas que, cingido por todos os ditos, se demonstra como real.

Assim formulado, o dizer de Freud justifica-se desde logo por seus ditos, pelos quais ele se prova (coisa que eu disse), pelos quais se confirma, por ter se confessado pela estagnação da experiência analítica (coisa que denuncio), e se desenvolveria pela retomada do discurso analítico (coisa em que me empenho), já que, embora sem recursos, isso é da minha alçada.[4]

---

4　Aqui termina o que aparece conjuntamente no relatório do Henri-Rousselle.

*O aturdito*     457

Na confusão em que o organismo parasita enxertado por Freud em seu dizer faz ele próprio, de seus ditos enxertos, não é nada fácil uma perereca [*chatte*] encontrar seus girinos, nem o leitor, um sentido.

A mixórdia é insuperável, pelo que nela se salienta da castração, dos desfilamentos por onde o amor se alimenta do incesto, da função do pai, ou do mito em que o Édipo é reduplicado pela comédia do Pai-Orango, do perorante Otango [*Père-Orang, du pérorant Outang*].

É sabido que por dez anos me esperei para fazer num jardim à francesa dessas vias a que Freud foi o primeiro a saber aderir em seu desenho, embora, no entanto, o que elas têm de tortuoso sempre tivesse sido assinalável para quem quisesse desfazer suas dúvidas quanto ao que supre a relação sexual.

Mas foi preciso vir à luz a distinção entre o simbólico, o imaginário e o real para que a identificação com a metade homem e a metade mulher, na qual acabo de lembrar que predomina o que é assunto do eu [*moi*], não fosse confundida com a relação deles.

Basta que o assunto eu e o assunto falo, onde houve quem me     [458]
seguisse instintivamente, articulem-se na linguagem, para eles se tornarem assunto do sujeito, e não mais serem unicamente da alçada do imaginário. Consideremos que desde o ano de 1956 tudo isso poderia ter sido tomado como ponto pacífico, se tivesse havido consentimento do discurso analítico.

Pois foi na "questão prévia" [*préalable*] de meus *Escritos*, que era para ser lida como a resposta dada pelo percebido na psicose, que introduzi o Nome-do-Pai, e é lá que, nos campos (nesse *Escrito*, figurados num grafo) pelos quais ele permite ordenar a própria psicose, podemos medir sua potência.

Não há nenhum exagero, no que concerne ao que a experiência nos oferece, em situar na questão central do ser ou do ter o falo (cf. minha *Bedeutung* dos *Escritos*) a função que supre a relação sexual.

Daí uma inscrição possível (na significação em que o possível é fundante, leibniziano) dessa função como $\Phi x$, à qual os seres responderão segundo sua maneira de ali fazer um argumento. Essa articulação da função como proposição é a de Frege.

É apenas da ordem do complemento introduzido acima em qualquer postulação do universal como tal que, num ponto do discurso, seja preciso que uma existência, como se costuma dizer,

## 458  *Outros Escritos*

oponha-se como desmentido à função fálica, para que postulá-la seja "possível", o que é o pouco com que ela pode pretender à existência.

É justamente nessa lógica que se resume tudo o que acontece com o complexo de Édipo.

Tudo pode com isso ser mantido por ela, desenvolvendo-se em torno do que proponho sobre a correlação lógica de duas fórmulas, as quais, ao se inscreverem matematicamente como $\mathrm{V}x \bullet \Phi x$ e $\exists x \bullet \overline{\Phi x}$, assim se enunciam:

- primeira: para todo $x$, $\Phi x$ é satisfeito, o que pode ser traduzido por um V denotando valor de verdade; isso, traduzido no discurso analítico, cuja prática é fazer sentido, "quer dizer" que todo sujeito como tal, já que este é o desafio desse discurso, inscreve-se na função fálica para obviar a ausência da relação sexual (a prática de fazer sentido está justamente no referir-se a esse ab-senso);

- segunda: há um caso excepcional, conhecido na matemática (o argumento $x = 0$ na função exponencial $x/\chi$) — o caso em que existe um $x$ para o qual $\Phi x$, a função, não é satisfeita, ou seja, por não funcionar, é excluída de fato.

[459]    É precisamente a partir daí que conjugo o todos da universal, mais modificado do que se supõe no *paratodo* [*pourtout*] do quantificador, com o *existe um* que o quântico emparelha com ele, ficando patente sua diferença do que é implicado pela proposição que Aristóteles chama de particular. Eu os conjugo pelo fato de que o *existe um* em questão, servindo de limite ao *entretanto* [*pourtant*], é aquilo que o afirma ou o confirma (o que já é objetado por um provérbio ao contraditório de Aristóteles).

A razão está em que aquilo a que concerne o discurso analítico é o sujeito, o qual, como efeito de significação, é resposta do real. Isso eu articulei desde 11 de abril de 1956, havendo compilado o texto de uma citação do significante assemântico para as pessoas que pudessem interessar-se, ao se sentirem convocadas por isso a uma função de dejeto.

Trilhamento que decerto não foi feito para qualquer um que, erguendo-se do discurso universitário, desvia-o nesse pinga-pinga hermenêutico ou mesmo semiologizante pelo qual imagino ser responsável, agora que ele jorra por toda parte, para fazer com que a análise fixe sua deontologia.

O aturdito    459

O fato de eu enunciar a existência de um sujeito, postulando-a por um "dizer não" à função proposicional Φx, implica que ela se inscreve por um quantificador do qual essa função está cortada, por não ter nesse ponto nenhum valor de verdade que se possa notar, o que quer dizer tampouco de erro, pois o falso deve ser entendido apenas como *falsus*, como decaído, aspecto que já enfatizei.

Na lógica clássica, pensemos nisso, o falso só é percebido porque, sendo o avesso da verdade, ele também a designa. É lícito, pois, escrever como faço eu: ∃x • Φx. O um que existe é o sujeito suposto de que aí a função fálica não compareça. É apenas um modo de acesso sem esperança à relação sexual, a síncope da função que só se sustenta por ali ser semblante [*sembler*], por ali se emblemar [*s'y embler*], diria eu, não podendo essa relação bastar sequer para inaugurá-lo, mas sendo necessária, ao contrário, para completar a consistência do suplemento em que ela o transforma, e isso, por fixar o limite em que esse semblante já não é senão des-senso [*dé-sens*].[5]

Nada funciona, portanto, senão pelo equívoco significante, isto é, pela astúcia por meio da qual o ab-senso da relação se tamponaria no ponto de suspensão da função.

Foi justamente o des-senso que, ao imputá-lo à castração, denotei pelo simbólico também desde 1956 (na retomada do Seminário: relação de objeto, estruturas freudianas; existe uma resenha a esse respeito), desse modo distinguindo-o da frustração, que é imaginária, e da privação, que é real.    [460]

Já aí o sujeito se achava suposto, bastando apreendê-lo a partir do contexto que me fornecera Schreber, através de Freud, pela consumição de sua psicose.

Era ali que o Nome-do-Pai, marcando sua praia, demonstrava-se o responsável, segundo a tradição.

O real dessa praia, posto que nela soçobra o semblante, decerto "realiza" a relação da qual o semblante constitui o suplemento, porém não mais do que a fantasia sustenta nossa realidade, nem menos, tampouco, já que ela é toda, exceto pelos cinco sentidos, se acreditarem em mim.

---

5    Vale lembrar que o *dé-sens* lacaniano é também homônimo de *décence* (decência), termo que veremos empregado logo adiante. (N.E.)

460     *Outros Escritos*

A castração de fato dá prosseguimento, como vínculo com o pai, ao que é conotado em todo discurso como virilidade. Há, pois, duas diz-mensões do paratodothomem [*pourtouthomme*], a do discurso com que ele se paratodiza [*pourtoute*] e a dos lugares pelos quais isso é thomem [*thomme*].

O discurso psicanalítico inspira-se no dizer de Freud ao proceder inicialmente a contar da segunda, e numa decência aceita em partir daqueles a quem a herança biológica é generosa quanto ao semblante. O acaso, que não parece fadado a se reduzir tão cedo nessa distribuição, formula-se pela *sex ratio* da espécie, estável, ao que parece, sem que se possa saber por quê: eles equivalem, pois, a uma metade, masculina acaso meu.[6]

Os lugares dessa thomenagem [*thommage*] demarcam-se por dar sentido ao semblante — através dele, o da verdade de que não há relação —, por dar sentido a um gozo que vem supri-la, ou até ao produto de seu complexo, ao efeito chamado (por feito meu) de mais-de-gozar.

Sem dúvida se ganharia o privilégio das aléias elegantes fazendo a repartição de um dividendo mais razoável do que esse jogo de cara ou coroa (a dosagem da *sex ratio*), se não ficasse provado, pela outra dimensão com que se paratodiza essa thomenagem, que isso agravaria a situação.

O semblante de acaso para uma das metades revela, com efeito, ser de ordem estritamente inversa à implicação que a promete aos ofícios de um discurso.

Vou me restringir a prová-lo pelo próprio órgão padecer com isso.

E não só pelo fato de sua thomenagem ser um prejuízo [*dommage*] *a priori*, por fazer dele sujeito no dizer de seus pais, já que, no caso da menina, a coisa pode ser pior.

[461]     Trata-se antes de que, quanto mais ele é aprisionado [*happé*] (é a *happiness*, como se diz isso nos Estados Unidos) no a posteriori dos discursos que o esperam, mais o órgão tem coisas para carregar.

Imputam-lhe ser emotivo... Ah! Quem dera fosse possível adestrá-lo melhor, quero dizer, educá-lo. Quanto a isso, é inútil tentar.

---

6 No orig., *mâle heur à moi*, que soa como *malheur à moi* ("maldito seja eu"). (N.E.)

*O aturdito* 461

Vemos claramente no *Satyricon* que receber ordens ou súplicas, ser vigiado desde a mais tenra idade ou submetido a estudos *in vitro* não altera em nada seus humores, os quais é um engano imputar à sua natureza, visto que, ao contrário, é somente com o fato de não gostar daquilo que o obrigam a dizer que ele se choca. Mais valeria, para domesticá-lo, dispor da topologia de que decorrem suas virtudes, por ser aquela de que falei a quem me quisesse ouvir, enquanto se desenrolava a trama destinada a me fazer calar (ano de 61-62, sobre a identificação). Desenhei-a por um *cross-cap*, ou *mitra*, como é ainda chamado... Que os bispos se encapuzem com ela não é de admirar.

Convém dizer, no entanto, que não há nada a fazer, quando não se sabe, com um corte circular — de quê? que é ele? nem sequer é uma superfície, já que não separa espaço algum —, como isso se desfaz.

Trata-se de uma estrutura, ou seja, daquilo que não se aprende com a prática, o que explica, para aqueles que o sabem, que só recentemente se o tenha sabido. Sim, mas como? Assim mesmo: "descomozando" [*mécomment*].

É justamente pelo viés dessa função que eclode a bastardia do organodinamismo, mais ainda que em outros lugares. Será que se acredita que é pelo próprio órgão que o Eterno feminino atrai para cima, e que isso funciona melhor (ou pior) no que a medula o libera de significar?

Digo isto em nome dos bons velhos tempos de uma sala de plantonistas que, flagrada por tudo isso, admite que sua reputação de baderna decorria apenas das canções ali esganiçadas.

Ficção e canto da fala e da linguagem, se eles tivessem podido, rapazes e moças, permitir-se — contrariando os Paismestres[7] de quem cabe dizer que tinham os traços — dar os duzentos passos que levavam ao lugar onde falei durante dez anos. Mas nem um só os deu dentre aqueles a quem fui proibido.

Afinal, quem sabe? A besteira tem lá seus caminhos, que são impenetráveis. E, se a psicanálise a propaga, ouviram-me, justamente no Henri-Rousselle, certificar-me de professar que disso resulta mais benefício do que prejuízo. [462]

---

7 No orig., *Permaîtres*, onde se aglutinam *pères* (pais, no masculino) e *maîtres* (mestres). (N.E.)

462     *Outros Escritos*

Concluamos que há mal-entendido [*maldonne*] em algum lugar. O Édipo é o que digo, não o que se crê.

Isso, por um deslizamento que Freud não soube evitar implicar, na universalidade dos cruzamentos na espécie em que isso fala, ou seja, na manutenção — fecunda, ao que parece — da *sex ratio* (meio a meio) naqueles que constituem sua maioria, por seus sangues misturados: pela significância que ele descobriu no órgão, universal em seus portadores.

É curioso que o reconhecimento — tão fortemente acentuado por Freud — da bissexualidade dos órgãos somáticos (no qual lhe faltou, aliás, a sexualidade cromossômica) não o tenha levado à função de cobertura do falo no que concerne ao *germe*.

Mas sua todothominia [*touthommie*] confessa sua verdade pelo mito que ele criou em *Totem e tabu*, menos sólido que o da Bíblia, embora trazendo-lhe a marca, para explicar as vias tortuosas por onde procede, ali onde isso fala, o ato sexual.

Presumiremos que, de todothomem, se resta algum traço biológico, é não haver nada deraça para que ele se torne homem e nada de nada para se paratodizar.

Explico-me: a raça de que falo não é a que sustenta uma antropologia que se diz física, aquela que foi bem denotada por Hegel com o crânio, e que ainda o merece, por encontrar neste, muito depois de Lavater e Gall, o que há de mais denso em suas mensurações.

Pois não é por aí, como se viu por uma tentativa grotesca de fundar nisso um Reich dito terceiro, não é por aí que se constitui raça alguma (nem tampouco por esse racismo, na prática).

Ela se constitui pelo modo como se transmitem, pela ordem dc um discurso, os lugares simbólicos, aqueles com que se perpetua a raça dos mestres/senhores e igualmente dos escravos, bem como a dos pedantes, à qual faltam, como garantia, os pederastas e os cientichatos [*scients*], acrescentaria eu, para que eles não fiquem cientichateados [*sciés*].

Assim, prescindo perfeitamente do tempo da cervidão,[8] dos bárbaros repelidos dali onde se situam os gregos, da etnografia

---

8    No orig. *cervage*, superpondo *cerveau* (cérebro) e *servage* (servidão). (N.E.)

O *aturdito*     463

dos primitivos e do recurso às estruturas elementares, para assegurar o que acontece com o racismo dos discursos em ação.

Prefiro apoiar-me no fato de que, das raças, o que temos de mais certo é obra do horticultor, ou dos animais que vivem em nossa casa, efeitos da arte, e portanto, do discurso: as raças do homem se mantêm pelo mesmo princípio que as do cão e do cavalo.     [463]

Isto, antes de comentar que o discurso analítico paratodiza isso na contramão, o que é concebível, se lhe sucede encerrar o real em seu circuito.

Pois é nele que o analista deve ser, antes de mais nada, o analisado, se, como sabemos, é justamente por essa ordem que se traça sua carreira. O analisante — embora deva apenas a mim ser designado dessa maneira (mas que rastilho de pólvora se equipara ao sucesso dessa ativação!) —, o analisante é exatamente aquilo com que o cerviço (ó, sala dos plantonistas!), o pescoço que se curva, deveria endireitar-se.

Até aqui, seguimos Freud, e nada mais, no que se enuncia da função sexual por um *paratodo*, mas igualmente ficando numa metade, das duas que por sua vez ele discerne, a partir do mesmo côvado, por lhe remeter as mesmas diz-mensões.

Essa remissão ao outro demonstra bem o que acontece com o ab-senso da relação sexual. Mas isso é mais tal ab-senso forçar.

De fato, esse é o escândalo do discurso psicanalítico, e basta, para dizer em que pé estão as coisas na sociedade que o sustenta, que esse escândalo só se traduza como estando sufocado, se me permitem dizer, à luz do dia.

A tal ponto que haja um mundo a ser soerguido apenas com o finado debate dos anos trinta, certamente não porque com o pensamento do Mestre não se hajam confrontado Karen Horney, Helene Deutsch ou até Ernest Jones, e outros mais.

Mas a tampa colocada sobre isso, desde a morte de Freud, suficiente para que dele já não se filtre a mínima fumaça, diz muito sobre a contenção a que Freud, em seu pessimismo, entregou-se deliberadamente, perdendo seu discurso ao querer salvá-lo.

Indiquemos apenas que as mulheres aqui nomeadas fizeram um apelo — tal é sua inclinação nesse discurso — do inconsciente à voz do corpo, como se não fosse justamente pelo inconsciente que o corpo adquire voz. É curioso constatar, intacta no discurso

# 464  *Outros Escritos*

[464] analítico, a desmedida existente entre a autoridade de que as mulheres dão a impressão e a ligeireza das soluções pelas quais essa impressão se produz.

Comovem-me as flores, ainda mais por serem de retórica, com que Karen, Helene — não importa qual delas, esqueço-me agora, porque não gosto de reabrir meus seminários —, com que, portanto, Horney ou a Deutsch, enfeitam a charmosa dedeira que lhes serve de reserva de água no corpete, tal como ele é levado para o *dating*, isto é, para aquilo de que parece esperar-se uma relação, nem que seja por seu dito.

Quanto a Jones, o viés de cerviço (cf. a última linha antes do último intervalo) que ele toma ao qualificar a mulher com a *deuterofalicidade*, sic, isto é, ao dizer exatamente o contrário de Freud — ou seja, que elas não têm nada a ver com o falo —, embora com a aparência de dizer a mesma coisa — a saber, que elas passam pela castração —, constitui, sem dúvida, a obra-prima pela qual Freud reconheceu que, no tocante ao cervilismo esperável de um biógrafo, esse era seu homem certo.

Acrescento que a sutileza lógica não exclui a debilidade mental, a qual, como demonstra uma mulher de minha escola, resulta mais do dizer parental que de uma obtusão nata. Foi a partir daí que Jones mostrou-se o melhor entre os *goym*, já que, com os judeus, Freud não tinha certeza de nada.

Mas estou-me desviando ao retornar à época em que mastiguei isso — mastiguei para quem?

O *não há relação sexual* não implica que não haja relação com o sexo. É justamente isso que a castração demonstra, porém não mais: ou seja, que essa relação com o sexo não seja distinta em cada metade, pelo fato mesmo de separá-las.

Sublinho: eu não disse "de separá-las" por repartir o órgão entre elas; véu onde se extraviaram Karen e Helene, Deus conserve suas almas, se é que já não o fez. Pois o importante não é que isso parta das titilações que os queridos pequerruchos sentem na metade de seu corpo a ser atribuída a seu alto-eu [*moi-haut*], mas sim que essa metade faça sua entrada como impereza,[9] para que só

---

9  No original, *emperesse*, que parece remeter a uma forma feminina neológica de *empereur* (imperador), e, possivelmente, ao verbo *empresser* (demonstrar zelo, ardor ou diligência; apressar-se). (N.E.)

O aturdito     465

entre nisso como significante m'estre[10] dessa história de relação com o sexo. Isso, unicamente (e nesse ponto, com efeito, Freud tem razão) pela função fálica, visto que é justamente ao proceder como suplemento de um único fânero que ela, essa função, se organiza, encontra o *organon* que reexamino aqui.

Eu o faço porque, diferentemente dele — no tocante às mulheres, não havia nada a guiá-lo, e foi justamente isso que lhe permitiu avançar tanto, ao escutar as histéricas que "bancavam homem" —, diferentemente dele, repito, eu não imporia às mulheres a obrigação de toesar pelo calçador [*chaussoir*] da castração o estojinho [*gaine*] encantador que elas não elevam ao significante, mesmo que o calçador, por outro lado, ajude não somente o significante, mas também o pé.[11]        [465]

É claro que bancar o calçado para esse pé é algo em que as mulheres (e que me perdoem entre elas essa generalização, que repudio prontamente, mas, nesse aspecto, os homens são meio surdos), as mulheres, dizia eu, empenham-se de vez em quando. Que a calçadeira se recomende por isso é, portanto, uma decorrência, mas que elas possam prescindir desta deve ser previsto, não só no MLF, que está na moda, mas também por não existir relação sexual, coisa de que a atualidade só faz dar testemunho, ainda que, segundo temo, momentâneo.

Por essa razão, a elucubração freudiana do complexo de Édipo, que faz da mulher peixe na água, pela castração ser nela ponto de partida (*Freud dixit*), contrasta dolorosamente com a realidade de devastação que constitui, na mulher, em sua maioria, a relação com a mãe, de quem, como mulher, ela realmente parece esperar mais substância que do pai — o que não combina com ele ser segundo, nessa devastação.

Neste ponto, baixo minhas cartas para expor o modo quântico pelo qual a outra metade, a metade do sujeito, produz-se por uma função que a satisfaz, isto é, que a completa com seu argumento.

---

10 O *signifiant m'être*, homônimo de *signifiant maître* (significante-mestre), poderia traduzir-se por "significante ser mim". (N.E.)

11 No orig., *chaussoir*, que tanto remete a *chausse* (calça, calção), quanto ao verbo *chausser* (calçar, usar calçados, ou, num trocadilho, vestir calças), e chausser une femme (trepar). Já o termo *gaine* remete tanto a cinta [elástica] quanto a estojo, bainha ou envoltório, derivando etimologicamente do latim *vagina*. Finalmente, *pied* encontra-se em muitas expressões relativas ao gozo sexual. (N.E.)

De dois modos depende o sujeito aqui se propor, ser dito mulher. Ei-los:

$$\overline{\text{E}x} \bullet \overline{\Phi x} \text{ e } \overline{\text{A}x} \bullet \Phi x.$$

A inscrição delas não é costumeira na matemática. Negar, como assinala a barra colocada acima do quantificador, negar que *existe um* não se faz, e menos ainda que *paratodos* se *paranãotodize*. Mas é aí que se revela o sentido do dizer, pois, ao se conjugar com o naohaneg [*nyania*] que se faz ouvir dos sexos em companhia, ele vem suprir a inexistência entre eles de uma relação.

Isso que deve ser entendido não no sentido que, por reduzir nossos quantificadores à sua leitura segundo Aristóteles, igualaria o *nexistum* ao *nulnest* de sua universal negativa, e faria voltar o μη παντες, o *nãotodo* (que ele soube expressar, no entanto), atestando a existência de um sujeito a dizer não à função fálica, a supô-lo pela contrariedade dita de duas particulares.

Não é esse o sentido do dizer que se inscreve por esses quantificadores.

[466]     É ele: para se introduzir como metade a se dizer das mulheres, o sujeito se determina a partir de que, não existindo suspensão na função fálica, tudo possa dizer-se dela, mesmo que provenha do sem-razão. Mas trata-se de um todo fora de universo, que se lê de chofre a partir do quantificador, como *nãotodo*.

O sujeito, na metade em que se determina pelos quantificadores negados, vem de que nada existente constitui um limite da função, que não pode certificar-se de coisa alguma que seja de um universo. Assim, por se fundarem nessa metade, "elas" são *nãotodas*, o que tem também como conseqüência, e pela mesma razão, que tampouco nenhuma delas é toda.

Desenvolvendo a inscrição que fiz da psicose de Schreber por uma função hiperbólica, poderia demonstrar, no que ele tem de sarcástico, o efeito de empuxo-à-mulher que se especifica pelo primeiro quantificador, depois de precisar que é pela irrupção de *Um-pai* como sem-razão que se precipita, aqui, o efeito sentido como de forçamento para o campo de um Outro a ser pensado como o mais estranho a qualquer sentido.

Mas, elevando a função a sua potência de lógica extrema, isso seria desnorteante. Já pude avaliar a dificuldade que teve a boa vontade para aplicar isso a Hölderlin: sem sucesso.

O *aturdito* 467

Quão mais fácil não é, ou mesmo um deleite promissor, imputar ao outro quantificador o singular de um "confim" [*confin*], para que ele faça a potência lógica do *nãotodo* ser habitada pelo recesso do gozo que a feminilidade furta, mesmo que venha juntar-se àquilo que produz thomem...

Pois esse "confim", enunciado aqui pela lógica, é o mesmo em que se abriga Ovídio ao figurá-lo como Tirésias, em mito. Dizer que uma mulher não é toda é o que nos indica o mito por ela ser a única a ser ultrapassada por seu gozo, o gozo que se produz pelo coito.

É também por isso que é como única que ela quer ser reconhecida pela outra parte: isso é mais do que sabido.

Mas é também nisso que se apreende o que há por aprender, isto é, que, mesmo que se satisfaça a exigência do amor, o gozo que se tem da mulher a divide, fazendo-a parceira de sua solidão, enquanto a união permanece na soleira.

Pois, em que se confessaria o homem servir melhor à mulher de quem quer gozar senão para tornar seu esse gozo que não a faz toda dele; para nela o re-suscitar?

Aquilo a que se chama sexo (ou até o segundo quando é de boba) [467] é, propriamente, respaldando-se no *nãotoda*, o Ετερος que não pode ser estancado com universo.

Chamemos heterossexual, por definição, aquele que ama as mulheres, qualquer que seja seu sexo próprio. Ficará mais claro.

Eu disse "amar", e não prometido a elas por uma relação que não há. É justamente isso que implica o insaciável do amor, a qual se explica por essa premissa.

Que tenha sido preciso o discurso analítico para que isso viesse a dizer-se, eis o que mostra com bastante clareza que não é em todo discurso que um dizer vem a ex-sistir. Pois essa questão foi repisada por séculos em termos de intuição do sujeito, o qual era perfeitamente capaz de vê-lo ou de zombar disso ostensivamente, sem que o assunto jamais tenha sido levado a sério.

É a lógica do Ετερος que se deve acionar, sendo digno de nota que nela desemboque o *Parmênides*, a partir da incompatibilidade entre o Um e o Ser. Mas como comentar esse texto diante de setecentas pessoas?

Resta a via sempre acessível da equivocidade do significante: o Ετερος, ao se declinar no Ετερα, eteriza-se, ou se hetairiza-se...

468  *Outros Escritos*

O apoio do dois a ser feito deles, que esse *nãotodo* parece nos estender,[12] cria uma ilusão, mas a repetição, que é em suma o transfinito, mostra que se trata de um inacessível a partir do qual, estando garantido o enumerável, também a redução se torna segura.

É aqui que se emblema [*s'emble*], quero dizer, que se semeia [*s'emblave*] o que é semblante/semelhante [*semblable*] cujo equívoco só eu tentei desfazer, por tê-lo revolvido com o homossexuado, isto é, com o que até aqui era chamado de homem resumido, que é o protótipo do semelhante (cf. meu estádio do espelho).

É o Ετερος, note-se, que, ao se emblemar nisso a discórdia, erige o homem em seu estatuto, que é o do homossexual. Não por obra minha, sublinho, mas pela de Freud, que lhe entrega esse apêndice, e com todas as letras.

Ele só se emblema assim, no entanto, por um dizer que já avançou bastante. O que impressiona de imediato é a que ponto o homodito[13] pôde bastar-se com a matéria bruta do inconsciente, até o momento em que, ao dizê-lo "estruturado como uma linguagem", dei a entender que, de tanto falar, não é grande coisa o que é dito por ele: que isso fala, fala,[14] mas é só o que sabe fazer. Fui tão pouco compreendido, melhor assim, que posso esperar que um dia me façam essa objeção.

Em suma, flutua-se em torno da ilhota falo, na medida em que nela se busca trincheira do que dela se trincha.

Assim a história se faz de manobras navais em que os navios executam seu balé com um número limitado de figuras.

O interessante é haver mulheres que não desdenhem entrar no pelotão: é por isso mesmo que a dança é uma arte que floresce quando os discursos se mantêm firmes; ali está no passo quem dispõe de meios quanto ao significante congruente.

---

12 "*L'appui du deux à faire d'eux que semble nous tendre ce* pastout", construção que, ao ancorar-se na homofonia entre *deux* (dois) e *d'eux* (deles), justifica tanto a tradução escolhida como a alternativa "apoio do dois que faz (o) deles". (N.E.)
13 No orig., *l'hommodit*, neologismo em que Lacan reúne o afixo *hommo* (de *homem* e de *igual*) e o substantivo/particípio *dit* (dito). Além disso, o termo soa como "homem do dito". (N.E.)
14 No francês, "*que ça cause, que ça cause*", valendo lembrar que o verbo *causer* (conversar, falar) tem também a acepção de *causar, provocar*. (N.E.)

O aturdito     469

Mas, quando o *não toda* chega a dizer que não se reconhece naquele ali, que diz ele senão o que encontra no que lhe ofereci? — a saber:

— o quadrípode da verdade e do semblante, do gozar e daquilo que, por um "mais de", esquiva-se dele, ao desmentir que se protege dele;

— e o bípode cuja distância mostra o ab-senso da relação;

— e ainda o tripé que se restabelece pela entrada do falo sublime que guia o homem para sua verdadeira camada, por ele haver perdido seu caminho.

"Tu me satisfizeste, thomenzinho [*petithomme*]. Compreendeste, e isso é o que era preciso. Vai, de aturdito não há tanto que não te volte depois de meio-di(t)a [*l'après midit*]. Graças à mão que te responderá, por a chamares de Antígona, a mesma que pode dilacerar-te, por disso eu esfinja meu *nãotoda*, saberás ao anoitecer igualar-te a Tirésias e, como ele, por teres bancado o Outro, adivinhar o que eu te disse."

É essa a super-m*e*utade [*surmoitié*] que não se supereu-iza [*surmoite*] tão facilmente quanto a consciência universal.

Seus ditos só podem completar-se, refutar-se, inconsistir-se, indemonstrar-se e indecidir-se a partir do que ex-siste das vias de seu dizer.

A partir de que outra fonte que não esse Outro — o Outro de meu grafo, e expresso pelo S de A barrado: *nãotoda* — poderia o analista censurar o que pulula da chicana lógica pela qual se desvirtua a relação com o sexo, ao querer que seus caminhos cheguem à outra metade?

Que uma mulher, aqui, só sirva ao homem para que ele deixe de amar uma outra; que não consegui-lo seja usado por ele contra ela, ao passo que, justamente quando nisso tem sucesso ela fracassa;     [469]

— que, desastrado, ele supõe que o fato de ter duas delas, a faz toda;

— que a mulher, no povo, seja a patroa, que, aliás, o homem queira que não saiba nada, como poderia o analista situar-se nessas gentilezas — e existem outras —, senão pela lógica que aí se denuncia e com a qual pretendo habituá-lo?

Agradou-me destacar que Aristóteles curvou-se a isso, curiosamente, por nos fornecer os termos que retomo de outro arrazoado.

470   *Outros Escritos*

Mas, não teria isso despertado seu interesse se ele orientasse seu Mundo pelo *nãotodo*, negando o universal? A existência, do mesmo modo, não mais se estiolava pela particularidade, e para Alexandre, seu senhor, o aviso poderia ser útil: se é por uma ab-senso como-não-um [*comme-pas-un*], através da qual se negaria o universo, que se furta ao *nãotodo* que ex-siste, ele teria rido — e antes de todos, cabe dizer — de seu projeto de "imp(er)iorar" [*empirer*] o universo.

É justamente aí que, nemtãolouco [*passifou*], o filósofo toca ainda melhor a melodia do meiodito,[15] por poder fazê-lo com a consciência tranqüila. Ele é preservado para dizer a verdade: tal como o louco, sabe que isso é perfeitamente viável, desde que não suture (*Sutor...*) além do solado.[16]

Vem agora um pouco de topologia.

Tomemos um toro (uma superfície que forma um "anel"). Salta aos olhos que, ao pinçá-lo entre dois dedos ao longo de seu comprimento, a partir de um ponto e voltando a ele, fazendo com que o dedo que estava em cima no início fique embaixo no fim, isto é, executando uma meia volta de torção na execução da volta completa do toro, obtém-se uma banda de Moebius — sob a condição de se considerar a superfície assim achatada como confundindo as duas lâminas produzidas pela primeira superfície. É nisso que a evidência é homologada pelo esvaziamento.

Vale demonstrá-la de maneira menos grosseira. Procedamos por um corte que acompanhe a borda da banda obtida (sabemos que essa borda é única). É fácil ver que cada lâmina, assim separada daquela que a duplica, tem continuidade justamente nesta, no entanto. Por isso, a borda de uma lâmina segurada num ponto é a borda da outra, quando levada por uma volta a um ponto conjugado, por ser da mesma "largura"; e quando, por uma volta suplementar, ela retorna a seu ponto de partida, ela deixa de lado, por ter feito um circuito duplo, dividido em duas lâminas, um outro circuito duplo, que constitui uma segunda borda. A banda obtida,

[470]

---

15 No orig., "*l'air du midit*", em que o neologismo *midit* joga com outras remissões da expressão homônima "*l'air du midi*": "o ar/vento/jeito/canção" do sul (*midi*). (N.E.)

16 *Me sutor ultra crepidam*: "Não vá o sapateiro além do sapato". (N.E.)

O *aturdito*     471

portanto, tem duas bordas, o que basta para lhe assegurar um direito e um avesso. Sua relação com a banda de Moebius, que ela figurava antes que fizéssemos o corte, é... que o corte a produziu.

Aí está o passe de mágica: não é recosendo o mesmo corte que a banda de Moebius será reproduzida, já que ela era apenas a "simulação" de um toro achatado; é por um deslizamento das duas lâminas uma sobre a outra (e, aliás, nos dois sentidos) que, sendo o duplo laço de uma das bordas confrontado com ele mesmo, sua costura constitui a "verdadeira" banda de Moebius.

No que a banda obtida do toro revela-se a banda de Moebius bipartida — por um corte não de volta dupla, mas que se fecha com uma só (façamos a mediana para apreender isso... imaginariamente).

Mas, ao mesmo tempo, o que se evidencia é que a banda de Moebius não é outra coisa senão esse mesmo corte, aquele pelo qual ela desaparece de sua superfície.

E a razão disso é que, ao proceder por unir a si mesma — após o deslizamento de uma lâmina sobre outra da banda bipartida — o duplo laço de uma das bordas dessa mesma banda, é ao longo do comprimento que costuramos o lado avesso dessa banda a seu lado direito.

No que se percebe que não é pela largura ideal com que uma banda se torce com uma meia volta que a banda de Moebius deve ser imaginada; é ao longo de todo seu comprimento que ela faz seu direito e seu avesso serem um só. Não existe um só ponto dela em que um e outro não se unam. E a banda de Moebius não é nada além do corte com uma volta só, qualquer um (embora figurado em imagem pela impensável "mediana") que a estruture por uma série de linhas sem pontos.

Isso se confirma ao imaginarmos esse corte sendo duplicado (por estar "mais perto" de sua borda): esse corte dará uma banda de Moebius, esta realmente mediana, que, rebaixada, continuará a formar uma cadeia com a Moebius bipartida que seria aplicável sobre um toro (por comportar dois rolos de igual sentido e um de sentido contrário, ou, de maneira equivalente, por se haverem obtido da mesma três rolos de sentido igual): aí se vê que o ab-senso [*ab-sens*] resultante do corte simples cria a ausência da banda de Moebius. Donde esse corte = banda de Moebius.

[471]

472     *Outros Escritos*

Mas a verdade é que esse corte só tem tal equivalência por bipartir uma superfície que limita a outra borda: precisamente por uma volta dupla, ou seja, aquela que produz a banda de Moebius. A banda de Moebius, portanto, é aquilo que, por operar sobre a banda de Moebius, a restitui à superfície do toro.

O furo da outra borda, no entanto, pode suplementar-se de outra maneira, qual seja, por uma superfície que, por ter como borda o laço duplo, preenche-o — com outra banda de Moebius, é óbvio, e isso resulta na garrafa de Klein.

Há ainda outra solução: tomar essa borda pelo recorte em rodela que, ao desenrolá-la, estende-a sobre a esfera. Ao produzir um círculo, ela pode reduzir-se ao ponto: ponto fora-de-linha [*hors-ligne*], que, por suplementar a linha sem pontos, revela compor o que, em topologia, é designado por *cross-cap*.

É a asfera a ser escrito tudo junto. Em outras palavras, é o plano projetivo de Desargues, plano cuja descoberta, como que reduzindo seu horizonte a um ponto, esclarece-se pelo fato de esse ponto ser tal que toda linha traçada, ao chegar até ele, só o transpõe ao passar do direito ao avesso do plano.

Esse ponto é igualmente exposto pela linha inapreensível com que se desenha, na figuração do *cross-cap*, a travessia necessária da banda de Moebius pela rodela com que acabamos de suplementá-la, por se apoiar em sua borda.

O notável dessa seqüência é que a asfera (tudo junto), começando no toro (onde se apresenta em primeira mão), só chega à evidência de sua asfericidade ao ser suplementada por um corte esférico.

Esta exposição deve ser tomada como a referência — expressa, ou seja, já articulada — de meu discurso no ponto em que me encontro: contribuindo para o discurso analítico.

Referência que nada tem de metafórica. Eu diria: é do estofo que se trata, do estofo próprio desse discurso — se, justamente, isso não equivalesse a cair na metáfora.

[472]     Explicitando, caí nela; isso já está feito, não pelo uso do termo há pouco repudiado, mas por ter, para me fazer entender por aqueles a quem me dirijo, feito-imagem, ao longo de toda a minha exposição topológica.

Saiba-se que isso era factível por uma pura álgebra literal, por um recurso aos vetores com que comumente se desenvolve essa topologia, de uma ponta à outra.

*O aturdito*     473

Acaso, topologia, não és o passo, o *não-espaço* [*n'espace*] a que nos leva o discurso matemático, e que exige uma revisão da estética de Kant?

Não há outro estofo a lhe dar senão esta linguagem de puro matema, com o que me refiro àquilo que é o único a poder ser ensinado: isto, sem recorrer a nenhuma experiência, a qual, por ser sempre, tenha ela o que tiver, fundada num discurso, permite as locuções que, em última instância, não visam outra coisa senão estabelecer esse discurso.

O que me autoriza, no meu caso, a me referir a esse puro matema?

Observo primeiramente que, se dele excluo a metáfora, admito que ele pode ser enriquecido e que, nessa condição, não passa, nesse caminho, de uma recreação, ou seja, daquilo com que todo tipo de novos campos matemáticos de fato já se abriram. Mantenho-me, pois, na ordem que isolei do simbólico, ao inscrever nela o que acontece com o inconsciente, para ali buscar a referência de meu discurso atual.

Respondo à minha pergunta, portanto, dizendo que é preciso primeiro ter a idéia, extraída de minha experiência, de que não pode ser dita qualquer coisa. E é preciso que se o diga.

Melhor dizer logo que é preciso dizê-lo antes de mais nada.

O "significado" do dizer, como penso ter dado a perceber por minhas frases iniciais, não é nada senão a ex-sistência ao dito (aqui, a este dito de que nem tudo se pode dizer). Ou seja, isso não é o sujeito, o qual é efeito de dito.

Em nossas asferas, o corte, o corte fechado, é o dito. Ele produz o sujeito, o que quer que circunscreva...

Em especial, como o representa a intimação de Popilius de que se responda sim ou não,[17] em especial, dizia eu, quando o que ele delimita é o conceito pelo qual se define o ser: com um círculo em volta — a ser recortado a partir de uma topologia esférica, aquela que sustenta o universal, o quanto-ao-todo: topologia do universo.

---

17 Popilius Lenas, tribuno militar que matou Cícero e que, num episódio em que pressionava um rei da Síria a declarar se sairia ou não das terras que conquistara no Egito, desenhou na areia um círculo em volta dele e disse: "Antes de saíres deste círculo, dar-me-ás a resposta que tenho de levar ao Senado." (N.E.)

474     *Outros Escritos*

[473]

O problema é que o ser, *por si mesmo*, não tem nenhuma espécie de sentido. Claro, ali onde está, ele é o significante-mestre, como o demonstra o discurso filosófico, que, para se manter a seu serviço, pode ser brilhante — ou seja, ser belo —, mas, quanto ao sentido, só faz reduzi-lo ao significante-me-ser [*signifiant-m'être*]. *Me-ser* sujeito, reduplicando-o ao infinito no espelho.

Evoco aqui a magistral sobrevivência, tão sensível quando se apega aos fatos "modernos", a sobrevivência desse discurso — o de Aristóteles e São Tomás — na pluma de Étienne Gilson, que não é mais que recreação: me é "mais-de-gozar".

Tanto mais que lhe dou sentido por outros discursos, e o autor também, como acabo de dizer. Explicarei isso, o que produz o sentido, um pouco mais adiante.

O ser, portanto, produz-se "em especial". Mas nossa asfera, sob todos os seus avatares, atesta que, se o dito se conclui por um corte que se fecha, há certos cortes fechados que dessa esfera não fazem duas partes: duas partes a serem denotadas pelo sim e pelo não, quanto ao que ocorre (o que é "do ser") com uma delas.

O importante é serem esses outros cortes que têm efeito de subversão topológica. Mas o que dizer da mudança por eles produzida?

Podemos denominá-la topologicamente de cilindro, banda, banda de Moebius. Mas descobrir nisso do que se trata no discurso analítico só pode ser feito se interrogamos a relação do dizer com o dito.

Digo que um dizer se especifica ali pela demanda, cujo estatuto lógico é da ordem do modal, e que a gramática o atesta.

Um outro dizer, segundo entendo, é ali privilegiado: é a interpretação, que, por sua vez, não é modal, mas apofântica. Acrescento que, no registro da lógica de Aristóteles, ela é particular, por concernir ao sujeito dos ditos particulares, que não são — *nãotodos* (associação livre) — dentre os ditos modais (a demanda, entre outros).

A interpretação, como formulei na época, incide sobre a causa do desejo, causa que ela revela, e isso pela demanda, que envelopa com seu modal o conjunto dos ditos.

Qualquer um que me siga em meu discurso bem sabe que essa causa, eu a encarno com o objeto (*a*), e esse objeto, ele o reconhece (por eu o haver enunciado há muito tempo, já se vão dez anos,

O aturdito 475

no seminário de 61-62 sobre a identificação, onde introduzi essa topologia), já o reconheceu, proponho, no que aqui designo pela rodela suplementar com que se fecha a banda de Moebius, para que com ela se componha o *cross-cap*.

É a topologia esférica desse objeto chamado (*a*) que se projeta no outro do composto, *heterogêneo*, que o *cross-cap* constitui. "Imaginemos" ainda, conforme o que dela se representa graficamente de maneira usual, essa outra parte. Que vemos? Sua inflada [*gonfle*]. [474]

Nada se presta mais a que ela se tome por esférica. Nem por isso deixa de ser, por mais minguada a que se reduza a parte torcida por uma meia volta, uma banda de Moebius, ou seja, a valorização da asfera do *nãotodo*: é isso que sustenta o impossível do universo, ou seja, usando nossa formulação, o que ali encontra o real.

O universo não está em outro lugar senão na causa do desejo, nem tampouco o universal. É daí que provém a exclusão do real...

... deste real: que *não há relação sexual*, pelo fato de que um animal, d'estabitat [*stabitat*] que é a linguagem, por abitalo [*labiter*] que para seu corpo cria um órgão — órgão que, por assim lhe ex-sistir, determina-o por sua função, desde antes que ele a descubra. É justamente por isso que ele fica reduzido a descobrir que seu corpo não é sem outros órgãos, e que a função de cada um deles lhe cria problemas — coisa pela qual se especifica o dito esquizofrênico ao ser apanhado sem a ajuda de nenhum discurso estabelecido.

Tenho a tarefa de desbravar o estatuto de um discurso ali onde situo que há... discurso: e eu o situo pelo laço social a que se submetem os corpos que abitaño [*labitent*] esse discurso.

Minha empreitada parece desesperada (ela o é por isso mesmo, esse é o fato do desespero), porque é impossível aos psicanalistas formarem um grupo.

No entanto, o discurso psicanalítico (esse é meu desbravamento) é justamente aquele que pode fundar um laço social purgado de qualquer necessidade de grupo.

Como é sabido que não poupo meus termos quando se trata de dar destaque a uma apreciação que, merecendo um acesso mais estrito, tem que prescindir dele, direi que meço o efeito do grupo pelo que ele acrescenta de obscenidade imaginária ao efeito de discurso.

476  *Outros Escritos*

[475]  Menos surpreso se há de ficar com este dizer, espero, por ser historicamente verdadeiro, que foi a entrada em jogo do discurso analítico que abriu caminho para as práticas ditas de grupo, e que essas práticas desvelam apenas um efeito purificado, se me atrevo a dizê-lo, do próprio discurso que permitiu sua experiência.

Não há nisso nenhuma objeção à prática dita de grupo, desde que ela seja bem indicada (o que é pouco).

A presente observação do impossível do grupo psicanalítico é também o que nele funda, como sempre, o real. Esse real é essa própria obscenidade: aliás, ele a "vive" (entre aspas) *como grupo*.

Essa vida de grupo é o que preserva a instituição dita internacional e o que tento proscrever de minha Escola — contrariando as objurgações que recebo de algumas pessoas com talento para isso.

Não é isso que importa, nem o fato de seja difícil, para quem se instala num mesmo discurso, viver de outro modo que não em grupo — é que a isso convoca, a esse bastião do grupo, a posição do analista, tal como é definida por seu próprio discurso.

Como poderia o objeto (*a*), que é de aversão no tocante ao semblante em que a análise o situa, como poderia ele escorar-se em outro auxílio senão o grupo?

Já perdi um bocado de gente com isso: sem inquietação nem remorso, e pronto para que outros encontrem do que me censurar.

Não serei eu a vencer, mas sim o discurso a que sirvo. Direi agora por quê.

Estamos no reino do discurso científico e farei com que se sinta isso. Com que se sinta a partir de onde se confirma minha crítica anterior ao universal que diz que "o homem é mortal".

Sua tradução no discurso científico é o seguro de vida. A morte, no dizer científico, é uma questão de cálculo de probabilidades. Nesse discurso, isso é o que ela tem de verdadeiro.

Em nossa época, no entanto, há pessoas que se recusam a fazer seguro de vida. É que elas querem da morte uma outra verdade, já assegurada por outros discursos. O do mestre, por exemplo, que, a acreditarmos em Hegel, fundar-se-ia na morte tomada como risco; o do universitário, que jogaria com a memória "eterna" do saber.

Essas verdades, assim como esses discursos, são contestadas, por serem eminentemente contestáveis. Veio à luz um outro discurso, o de Freud, para o qual a morte é o amor.

O amor-ódio é aquele do qual um psicanalista, mesmo não lacaniano, só reconhece, com justa razão, a ambivalência, isto é, a face única da banda de Moebius — com a conseqüência, ligada à comicidade que lhe é própria, de que, em sua "vida" de grupo, ele nunca nomeia senão o ódio.

Isso não quer dizer que o amor não dependa também do cálculo de probabilidades, que só lhe deixa a chance ínfima que o poema de Dante soube materializar. Quer dizer que não existe seguro de amor, porque ele seria também seguro de ódio. [476]

Rearticulo um ponto anterior: há ainda menos motivo para o seguro de amor na medida em que nele só se pode sair perdendo como fez Dante, que, nos círculos de seu inferno, omitiu o do *conjungo* infinito.

Já há *comentário* demais, portanto, na imageria desse dizer que é minha topologia. Um analista verdadeiro não pretenderia outra coisa senão fazer esse dizer ocupar o lugar do real, até se provar outro melhor.

De fato, o lugar do dizer é análogo, no discurso matemático, ao real que outros discursos estreitam pelo impossível de seus ditos.

Essa diz-mensão de um impossível, que, incidentalmente, chega a compreender o impasse propriamente lógico, é, num outro texto, aquilo a que chamamos estrutura.

A estrutura é o real que vem à luz na linguagem. Obviamente, não tem nenhuma relação com a "boa forma".

A relação entre o órgão da linguagem e o ser falante é metáfora. Há também estabitat que, por ser parasitado pelo abitante, deve-se supor que o atinja com um real.

É evidente que, ao "me expressar desta maneira", como será traduzido o que acabo de dizer, resvalo para uma "concepção do mundo", ou seja, para o dejeto de todo discurso.

É justamente disso que o analista poderia ser salvo, por ser ele mesmo rejeitado por seu discurso, no que este o esclarece como dejeto da linguagem.

É por isso que parto de um fio, ideológico, não tenho escolha: aquele com que se tece a experiência instituída por Freud. Em nome de que, se esse fio provém da trama que mais foi posta à prova, por fazer com que se sustentem as ideologias de uma época que é a minha, haveria eu de rejeitá-lo? Em nome do gozo? Ora,

478 *Outros Escritos*

[477] mas justamente, é próprio de meu fio sair dessa: esse é inclusive o princípio do discurso psicanalítico, tal como ele mesmo se articula.

O que eu digo equivale ao lugar em que instalo o discurso de que a análise prevalece, entre os outros que compartilham a experiência desta época. O sentido, se existe um a ser encontrado, poderia vir-me de um outro tempo: empenho-me nisso — sempre em vão.

Não é à toa que a análise se fundamenta no sujeito suposto saber: sim, ela decerto supõe que ele questione o saber, razão por que é melhor que ele saiba alguma coisa. Quanto a isso, admiro os ares afetados que a confusão assume, por eu a eliminar.

No mais, a ciência deslanchou, nitidamente, por ter deixado de lado a suposição, que caberia chamar de natural, de que ela implica que os poderes do corpo sobre a "natureza" são naturais — o que, por ser falso, leva a uma idéia do real que eu diria ser verdadeira. Infelizmente, não é essa a palavra que convém ao real. Preferiríamos poder prová-la falsa, se com isso se entendesse "decaída" (*falsa*), ou seja, escorregando dos braços do discurso que a estreita.

Se meu dizer se impõe, não, como se costuma dizer, por um modelo, mas pelo propósito de articular topologicamente o próprio discurso, é do defeito no universo que ele provém, sob a condição de que também não pretenda preenchê-la.

Com isso "realizando a topologia", não saio da fantasia, mesmo ao explicá-la, mas, colhendo em flor da matemática essa topologia — por ela se inscrever num discurso que é o mais esvaziado de sentido que há, por prescindir de toda e qualquer metáfora, por ser metonimicamente de ab-senso —, confirmo que é a partir do discurso em que se funda a realidade da fantasia que aquilo que há de real nessa realidade se acha inscrito.

Por que não seria esse real o número, totalmente direto, afinal, que é bem veiculado pela linguagem? Mas isso não é tão simples, é o caso de dizer (caso que sempre me apresso a conjurar dizendo que é o caso).

Pois o que se profere a partir do dizer de Cantor é que a série dos números não representa, no transfinito, nada além da inacessibilidade que começa no dois [*deux*], e pela qual deles [*d'eux*] se constitui o enumerável até o infinito.

O *aturdito*    479

Por conseguinte, faz-se necessária uma topologia pelo fato de
o real só reaparecer pelo discurso da análise, para confirmar esse    [478]
discurso, e que seja da hiância aberta por esse discurso, ao se
fechar além dos outros discursos, que esse real revele ex-sistir.
É ao que farei chegarmos agora.

Minha topologia não é de uma substância que situe além do real
aquilo que motiva uma prática. Não é teoria.
Mas ela deve dar conta de que haja cortes do discurso tais que
modifiquem a estrutura que ele acolhe originalmente.

É pura escapatória exteriorizar esse real em padrões, os padrões ditos de vida pelos quais os sujeitos primariam em sua existência, falando apenas para exprimir seus sentimentos sobre as
coisas, sem que o pedantismo da palavra "afeto" nada modifique
nisso.

Como agiria esse caráter secundário sobre o primário que ali
substitui a lógica do inconsciente?

Seria um efeito da intervenção da sabedoria? Os padrões a
que se recorre contradizem isso, justamente.

Mas, ao argumentar dentro dessa banalidade, já se passa para
a teologia do ser, para a realidade psíquica, ou seja, para aquilo
que só é analiticamente avalizado pela fantasia.

Sem dúvida, a própria análise explica essa armadilha e esse
deslizamento, mas talvez isso não seja tão grosseiro que se denuncie em todos os lugares em que um discurso sobre o que há, isenta
da responsabilidade de produzi-lo.

Pois, convém dizê-lo, o inconsciente é um fato, na medida em
que se sustenta no próprio discurso que o estabelece, e, se apenas
os analistas são capazes de rejeitar seu fardo, é para afastar deles
mesmos a promessa de rejeição que os convoca a isso, à medida
que suas vozes surtem efeito sobre ele.

Podemos senti-lo pelo lavar as mãos com que eles afastam de
si a dita transferência, para recusar o que há de surpreendente no
acesso que ela oferece ao amor.

Ao prescindir, em seu discurso, segundo a linha da ciência, de
qualquer *savoir-faire* dos corpos, mas em prol de um discurso
outro, a análise — por evocar uma sexualidade de metáfora, me-
tonímica à vontade por seus acessos mais comuns, aqueles ditos
pré-genitais, a serem lidos como extragenitais — assume a apa-

480     Outros Escritos

[479]

rência de revelar a torção do conhecimento. Seria porventura descabido dar o passo do real que explica isso traduzindo-o por uma ausência perfeitamente situável — a da "relação" sexual em qualquer matematização?

É nisso que os matemas com que se formula em impasses o matematizável, ele mesmo a ser definido como o que de real se ensina de real, são adequados para se coordenar com essa ausência tomada do real.

Recorrer ao *nãotodo*, ao ahomenosum [*hommoinsun*], isto é, aos impasses da lógica, é, ao mostrar a saída das ficções da Mundanidade, produzir uma outra *fixão* [*fixion*] do real, ou seja, do impossível que o fixa pela estrutura da linguagem. É também traçar o caminho pelo qual se encontra, em cada discurso, o real com que ele se enrosca, e despachar os mitos de que ele ordinariamente se supre.

Mas proferir, a partir daí, que no real é preciso que nada seja tudo — coisa cuja incidência, no tocante à verdade, levaria diretamente ao mais escabroso aforismo —, ou, tomando-o por outra vertente, enunciar que o real exige verificações sem objeto, é apenas retomar a burrice que se evidencia pelo númeno: a saber, que o ser escapa ao pensamento... Nada supera esse ser que dafnizo um pouco mais, ou até lourifício nesse "númeno", sobre o qual mais vale dizer que, para que se sustente, é preciso haver diversas camadas...

O que me aborrece é que os aforismos, que aliás contento-me em apresentar em botão, transformem em reflores os fossos da metafísica (porque o númeno [*noumène*] é a chacota, a subsistência fútil...). Digo que eles provarão ser o mais-de-nonsense [*plus-de*-nonsense], mais engraçados, numa palavra, do que aquilo que assim nos conduz [*nous mène*]...

... a quê? Há que me sobressaltar, que jurar que não vi prontamente, enquanto vocês já viram... essas verdades primeiras, mas trata-se do próprio texto em que se formulam os sintomas das grandes neuroses, das duas que, levando a sério o normal, dizem que ele é mais uma norma masculina.[18]

---

18 No orig., *norme male*, que evoca *normal* (normal) e *norme mâle* (norma masculina). (N.E.)

*O aturdito*     481

É isso que nos traz de novo ao solo, talvez não ao mesmo, mas é possível que se trate também do certo e que, nele, o discurso analítico tenha menos pés de chumbo.

Coloquemos em pauta aqui a questão do sentido, anteriormente prometida, em sua diferença da significação. Permite-nos abordá-la a enormidade da condensação entre "aquilo que pensa" em nossa época (com os pés que acabamos de citar) e a topologia inepta a que Kant deu corpo, a partir de sua própria situação — a do burguês que só consegue imaginar a transcendência, tanto estética quanto dialética. Essa condensação, com efeito, devemos dizê-la, entenda-se, "no sentido analítico", segundo a fórmula aceita. Qual é esse sentido, se, justamente, os elementos que se condensam aí qualificam-se, univocamente, por uma imbecilidade similar, ou são capazes de se vangloriar pelo lado do "aquilo que pensa", parecendo a máscara de Kant, ao contrário, manter-se impassível diante do insulto, exceto por sua reflexão sobre Swedenborg: em outras palavras, há um sentido da imbecilidade?

[480]

Percebe-se por aí que o sentido só se produz pela tradução de um discurso em outro.

Agora que estamos munidos dessa luzinha, tremula a antinomia que se produz do sentido à significação: no que um pálido sentido vem surgir sob luz rasante das chamadas "críticas" da razão pura, e do juízo (quanto à razão prática, falei de sua galhofa, colocando-a ao lado de Sade, este já não engraçado, porém lógico), a partir do momento em que seu sentido desponta, portanto, os ditos de Kant não mais têm significação.

A significação, pois, eles só a extraem do momento em que não tinham sentido, nem sequer o senso comum.

Isso nos ilumina as trevas que nos reduzem ao tateamento. Não falta sentido aos vaticínios ditos pré-socráticos: é impossível dizer qual ele é, mas issaicesente [*çasysent*]. E o fato de Freud lamber os beiços com eles — não com os melhores, aliás, já que são os de Empédocles — não vem ao caso, porque ele tinha, por sua vez, senso de orientação; isso nos basta para ver que a interpretação é sentido e vai contra a significação. Oracular, o que não surpreende, pois sabemos ligar o oral à voz, pelo deslocamento sexual.

É esta a miséria dos historiadores: só poder ler o sentido, ali onde não lhes resta outro princípio senão valerem-se dos docu-

## 482   *Outros Escritos*

mentos da significação. Também eles, portanto, chegam à transcendência — a do materialismo, por exemplo, que, "histórico", infelizmente é transcendente, e o é a ponto de nisso se transformar de modo irremediável.

Por sorte a análise está aí para reinflar a historeta; mas, só conseguindo fazê-lo a partir do que é captado em seu discurso, em seu discurso de fato, ela nos deixa na incerteza no tocante ao que não é da nossa época — em nada modificando, portanto, o que a honestidade obriga o historiador a reconhecer, a partir do momento em que ele tem que situar o mais ínfimo 'ssaisecente [*sacysent*].

[481]

Estar ele encarregado da ciência do embaraço é justamente o embaraçoso de sua contribuição para a ciência.

Assim, é importante para muitos — tanto estes quanto muitos outros? — que a impossibilidade de dizer verdade do real se motiva por um matema (sabe-se como eu o defino), um matema pelo qual se situe a relação do dizer com o dito.

O matema é proferido a partir do único real prontamente reconhecido na linguagem: a saber, o número. No entanto, a história da matemática demonstra (cabe dizer) que ele pode estender-se à intuição, desde que este termo seja o mais castrado possível de seu uso metafórico.

Há um campo, portanto, em que o mais impressionante é que seu desenvolvimento, contrariando os termos pelos quais ele é absorvido, não procede por generalização, mas por remanejamento topológico, por uma retroação para o começo, e de tal ordem que apaga sua história. Não há experiência mais certeira para desfazer o embaraço. Daí seu atrativo para o pensamento, que nisso encontra o *nonsense* próprio do ser, isto é, no desejo de uma fala sem mais-além.

Nada, porém, leva em conta o ser, o qual, no que o enunciamos dessa maneira, não depende de nossa benevolência.

Totalmente diversa é a realidade do indecidível, para tomarmos o exemplo de ponta pelo qual a nós se recomenda o matema: é o real do dizer do número que está em jogo, quando se demonstra desse dizer que ele não é verificável, e em segundo grau, por nem sequer se poder garanti-lo, como acontece com outros já dignos de reter nossa atenção por uma demonstração de sua indemonstrabilidade, a partir das próprias premissas que ele supõe — entenda-se, por uma contradição inerente em se o supor demonstrável.

*O aturdito* 483

Não podemos negar que há nisso um progresso em relação ao que, no *Ménon*, fica por questionar sobre o que constitui o ensinável. Certamente, a última coisa a dizer é que existe um mundo entre eles dois: o que se trata é de que nesse lugar vem o real, do qual o mundo é apenas um decaído derrisório.

Mas é o progresso que cabe restringir aí, pois não perco de vista o pesar a ele correspondente, ou seja, que a opinião verdadeira a que Platão dá sentido no *Ménon* já não tem, para nós, senão um ab-senso de significação, o que se confirma ao referi-la à dos *nossos* bem-pensantes.

Teria um matema, fornecido por nossa topologia, carregado essa significação? Tentemos. [482]

Isso nos leva ao assombro do que evitávamos ao sustentar pela imagem nossa banda de Moebius, imaginação esta que torna vãos os comentários que um outro dito exigiria ao se descobrir articulado: meu leitor só se tornou outro porque o dizer ultrapassa o dito, devendo esse dizer ser tomado por ex-sistir ao dito mediante o qual o real ex-ist(ia) a mim, sem que ninguém, por ele ser verificável, pudesse fazê-lo passar ao matema. Será que a opinião verdadeira é a verdade no real como aquilo que barra seu dizer?

Pretendo prová-lo através do redizer que farei dele.

Linha sem pontos, disse eu sobre o corte, na medida em que este, por sua vez, é a banda de Moebius, no que uma de suas bordas, depois da volta com que ele se fecha, continua na outra borda.

Mas isso só pode ser produzido por uma superfície já vazada por um ponto, que chamei de fora de linha, por se especificar por um laço duplo, mas passível de se estender sobre uma esfera: de modo que é numa esfera que ele se recorta, mas é por seu laço duplo que ele faz da esfera uma asfera ou *cross-cap*.

Entretanto, o que ele faz passar para o *cross-cap*, ao tomar emprestada a esfera, é que um corte que ele torna moebiano na superfície que determina, ao possibilitá-la, devolve essa superfície ao modo esférico: pois é pelo fato de o corte lhe ser equivalente que aquilo com que ela se suplementava em *cross-cap*, "projeta-se aí", como eu disse.

No entanto, visto podermos dizer dessa superfície, para que ela permita tal corte, que ela é feita de linhas sem pontos pelos quais seu lado direito se costure em toda a extensão a seu lado

484     *Outros Escritos*

avesso, é em toda parte que o ponto suplementar, por poder tornar-se esférico, pode ser fixado num *cross-cap*.

Mas essa fixão deve ser escolhida como o único ponto fora de linha, para que um corte, por fazer uma única volta, tenha como efeito desfazê-la num ponto esfericamente extensível.

O ponto, portanto, é a opinião que se pode chamar de verdadeira, pelo fato de o dizer que a contorna verificá-la efetivamente, mas apenas porque o dizer é aquilo que a modifica, ao introduzir a δοξα como real.

[483]

Assim, um dizer como o meu, é por ex-sistir ao dito que ele permite o matema, mas não constitui matema para mim e, assim, coloca-se como não-ensinável antes que o dizer se tenha produzido, e como ensinável apenas depois de eu o haver matematizado segundo os critérios menonianos, os quais, no entanto, não me haviam certificado disso.

Do não-ensinável criei um matema por assegurá-lo pela fixão da opinião verdadeira — fixão escrita com *x*, mas não sem recorrer ao equívoco.

Assim, um objeto tão fácil de fabricar quanto a banda de Moebius tal como imaginada coloca ao alcance de todas as mãos aquilo que é inimaginável a partir do momento em que seu dizer, ao ser esquecido, faz o dito ser suportado.

Daí procedeu minha fixão desse ponto δοξα — o que eu não disse —; eu não o conheço e, portanto, assim como Freud, não posso dar conta "daquilo que ensino" a não ser acompanhando seus efeitos no discurso analítico: efeitos de sua matematização, que não vem de uma máquina, mas que revela algo de troço,[19] uma vez que ele a produziu.

É notável que Cícero já tenha sabido empregar esse termo: "Ad usum autem orationis, incredibile est, nisi diligenter attenderis, quanta opera *machinata* natura sit" (Cícero, *De natura deorum*, II, 59, 149), porém, mais ainda, que eu tenha feito dele uma epígrafe, nos tateamentos de meu dizer, desde 11 de abril de 1956.

---

19 Lacan emprega aqui o substantivo *machin*, que, em sua acepção costumeira, é um termo usado para substituir um nome de pessoa ou objeto que não se conhece, que escapa à memória ou que não se quer proferir — como *treco, coisa* ou *coisinha*, em português — mas que por assonância evoca a máquina. (N.E.)

*O aturdito* 485

A topologia não foi "feita para nos guiar" na estrutura. Ela é a estrutura — como retroação da ordem de cadeia em que consiste a linguagem.

A estrutura é o asférico encerrado na articulação linguajeira, na medida em que nele se apreende um efeito de sujeito.

É claro que, quanto à significação, esse "se apreende" da oração subordinada, pseudomodal, se repercute pelo próprio objeto que, como verbo, ele envolve em seu sujeito gramatical, e que há um falso efeito de sentido, uma ressonância do imaginário induzido pela topologia, conforme o efeito de sujeito faça um turbilhão da asfera ou o subjetivo desse efeito se "reflita".

Cabe aqui distinguir a ambiguidade que se inscreve pela significação, isto é, pelo fecho do corte, e a sugestão de furo, isto é, de estrutura, que dessa ambiguidade faz sentido.[20]

Assim, o corte, o corte instaurado pela topologia (ao fazê-lo fechado por direito, note-se de uma vez por todas, pelo menos em meu uso), é o dito da linguagem, porém não mais esquecendo seu dizer.          [484]

Há, é claro, os ditos que são objeto da lógica predicativa e cuja suposição universalizante decorre tão-somente da esfera — eu disse "a" e disse "esfera" —, ou seja: a estrutura, justamente, encontra ali apenas um suplemento, que é o da ficção do verdadeiro.

Poderíamos dizer que a esfera é o que prescinde de topologia. O corte decerto recorta nela (ao se fechar) o conceito em que repousa o mercado da linguagem, o princípio da troca, do valor, da concessão universal. (Digamos que ela é apenas "matéria" para a dialética, uma questão de discurso do mestre.) É muito difícil sustentar essa diz-mensão pura, porque, estando em toda parte, pura ela nunca é, mas o importante é que ela não é a estrutura. É a ficção da superfície de que a estrutura se reveste.

---

20 Aqui se evidenciará, espero, que a imputação de estruturalismo, a ser entendido como compreensão do mundo — mais uma, no teatro de marionetes em que nos é representada a "história literária" (é disso que se trata) —, não é, apesar da onda de publicidade que me trouxe, e sob a mais cativante forma, já que nela embarquei na melhor companhia, não é, talvez, algo com que eu tenha motivo para ficar satisfeito.

E cada vez menos, diria eu, à medida que entra em alta uma acepção cuja vulgata bem poderia ser enunciada pela idéia de as estradas se explicarem por levarem de um cartaz da Michelin a outro: "E é por isso que seu mapa é mudo."

486 *Outros Escritos*

Considerando que o sentido lhe é estranho, que "o homem é bom" e também o dito inverso não querem dizer rigorosamente nada que tenha sentido, é lícito nos surpreendermos com o fato de ninguém haver feito dessa observação (cuja evidência, mais uma vez, remete ao ser como esvaziamento) uma referência estrutural. Acaso nos arriscaríamos a dizer que o corte não ex-siste, afinal de contas, pela esfera?, talvez sim, em razão de que nada o obriga a se fechar, já que, permanecendo aberto, ele produz o mesmo efeito, qualificável como furo, mas também porque esse termo, aqui, só pode ser tomado na acepção imaginária de ruptura de superfície: visível, é claro, mas por reduzir o que ele pode circunscrever ao vazio de um possível qualquer, do qual a substância é apenas correlata (co-possível, sim ou não: saída do predicado para o proposicional, com todos os passos em falso com que nos divertimos).

Sem a homossexualidade grega e, depois, árabe, e sem que a eucaristia tomasse o bastão, tudo isso teria exigido um Outro recurso muito antes. Mas é compreensível que, nas grandes épocas que acabamos de evocar, somente a religião — por ser a única, afinal, a constituir a opinião verdadeira, a ορθη δοξα — tenha podido dar a esse matema a base de que ele foi efetivamente investido. Sempre restará algo dela, mesmo que acreditemos no contrário, e é por isso que nada prevalecerá contra a Igreja,[21] até o fim dos tempos. Dado que os estudos bíblicos ainda não salvaram ninguém.

[485]

Somente aqueles para quem essa rolha não tem nenhum interesse, como os teólogos, por exemplo, trabalharão na estrutura... se o coração lhes mandar, mas cuidado com a náusea.

O que a topologia ensina é o vínculo necessário que se estabelece entre o corte e o número de voltas que ele comporta, para que se obtenha uma modificação da estrutura ou d'asfera (com *d* e apóstrofo), único acesso concebível ao real, e concebível pelo impossível no que ele o demonstra.

É o que acontece com a volta única que na asfera cria um retalho esfericamente estável, ao introduzir o efeito de suplemen-

---

21 Lacan parece aludir aqui a uma frase célebre do jornalista e escritor Léon Bloy (1846-1917): *"L'Église doit tout surmonter et ... rien ne prévaudra contre elle"* ("A Igreja deve superar tudo e ... nada prevalecerá contra ela"). (N.E.)

*O aturdito* 487

to que ela extrai do ponto fora de linha, da oρθη δοξα. Fechar duplamente essa volta gera algo totalmente diverso: a queda da causa do desejo a partir do qual se produz a banda moebiana do sujeito, vindo essa queda demonstrar que ele é apenas ex-sistência ao corte de fecho duplo do qual resulta.

Essa ex-sistência é dizer, e o comprova por ficar o sujeito à mercê de seu dito, quando ele se repete; ou seja, ao encontrar aí, como a banda moebiana, seu *fading* (esvaecimento).

Ponto-nó (cabe dizer) é a volta com que se cria o furo, mas apenas no "sentido" de que, pela volta, o furo se imagina, ou se maquina, como quisermos.

A imaginação do furo tem conseqüências, é certo: será preciso invocar sua função "pulsional", ou, melhor dizendo, o que dela deriva (o *Trieb*)? É uma conquista da análise ter feito dele um matema, enquanto a mística anterior só atestava sua experiência transformando-o no indizível. Mas, permanecendo nesse furo, o que se reproduz é a fascinação pela qual o discurso universal mantém seu privilégio, muito mais do que ela lhe dá corpo, pelo discurso analítico.

Com a imagem, nada jamais dará conta [*n'y fera*]. O semelhante até *suospirará* [*s'oupirera*] pelo que nela se semelha [*emblave*].

O furo não é motivado pela piscadela, nem pela síncope mnésica, nem pelo grito. Abordá-lo por perceber que a palavra [*le mot*] é emprestada de *motus* não é admissível ali por onde se instaura a topologia.

O toro só tem furo, central ou circular, para quem o olha como objeto, não para quem é seu sujeito, ou seja, por um corte que não implica furo algum, mas que o obriga, num número preciso de voltas, a dizer, para que esse toro se faça (faça-se se ele o pedir, porque, afinal, mais vale um toro do que um través), faça-se, como nos contentamos prudentemente em figurá-lo, banda de Moebius, ou em contrabanda, se essa palavra for mais do seu agrado. [486]

O toro, como demonstrei há dez anos a pessoas que queriam muito me enlamear com seu próprio contrabando, é a estrutura da neurose, na medida em que o desejo, pela re-petição indefinidamente enumerável da demanda, pode fechar-se em duas voltas. É sob essa condição, pelo menos, que se decide a contrabanda do sujeito, no dizer que se chama interpretação.

488    *Outros Escritos*

Eu gostaria apenas de destacar o tipo de incitação que nossa topologia estrutural pode impor.

Eu disse que a demanda é enumerável em suas voltas. É claro que, mesmo que não se deva imaginar o furo, a volta só ex-siste pelo número com que se inscreve no corte, do qual só o fechamento tem importância.

Insisto: a volta em si não é contável; repetitiva, ela não fecha nada, não é nem o dito nem o por dizer, ou seja, é uma proposição nula. Donde seria um exagero dizer que ela não decorre de uma lógica que está por ser feita a partir da modal.

Mas se, como garante nossa representação inicial do corte pelo qual do toro se faz a banda de Moebius, uma demanda é suficiente, mas pode se re-petir por ser enumerável, isso equivale a dizer que ela só se emparelha com a volta dupla em que se funda a banda ao se colocar a partir do transfinito (cantoriano).

De todo modo a banda só pode se constituir se as voltas da demanda forem em número ímpar.

Como o transfinito continua exigível, pelo fato de nada, como dissemos, se contar aí se o corte não se fechar, e o dito transfinito, tal como o próprio Deus, de quem sabemos que ele se vangloria, é intimado a ser ímpar.

É isso que acrescenta uma diz-mensão à topologia de nossa prática do dizer.

Não deve ela entrar no conceito da repetição, na medida em que não fica entregue a si mesma, mas em que essa prática a condiciona, como também fizemos observar sobre o inconsciente?

[487]    É impressionante — apesar de já visto no que concerne ao que digo, vocês hão de estar lembrados — que a ordem (entenda-se: o ordinal), cujo caminho efetivamente abri em minha definição da repetição e a partir da prática, tenha, em sua necessidade, passado completamente despercebida de minha audiência.

Assinalo aqui essa referência para uma retomada futura.

Mas falemos do fim da análise do toro neurótico.

O objeto (*a*), ao cair do furo da banda, projeta-se a posteriori no que chamaremos, num abuso imaginário, de furo central do toro, ou seja, naquele em torno do qual o transfinito ímpar da demanda resolve-se pela volta dupla da interpretação.

Isto, portanto, é aquilo de que o psicanalista assume a função, ao situá-lo por seu semblante.

*O aturdito* 489

O analisante só termina quando faz do objeto (*a*) o representante da representação de seu analista. Portanto, é enquanto dura o seu luto pelo objeto (*a*), ao qual ele enfim o reduziu, que o psicanalista continua a causar seu desejo — sobretudo maníacodepressivamente.

É esse o estado de exultação que Balint, tomando-o com otimismo, descreve não menos bem: mais de um "sucesso terapêutico" encontra nisso sua razão, às vezes substancial. Depois arremata-se o luto.

Resta o estável do pôr-se no plano do falo, isto é, da banda, onde o analista encontra seu fim, aquele que garante seu sujeito suposto do saber:

— que, sendo proibido o diálogo entre um sexo e outro, porque um discurso, seja qual for, funda-se ao excluir o que a linguagem introduz de impossível, ou seja, a relação sexual, resulta um certo inconveniente para o diálogo no interior de cada (sexo);

— que nada pode ser dito "a sério" (ou seja, para formar limite de série) senão extraindo sentido da ordem cômica, a qual não há sublime (ver Dante, mais uma vez) que não reverencie;

— e ainda, que, se o insulto, através do l'επος, revela-se tanto a primeira quanto a última palavra do diálogo (conferomero [*conféromère*]), também o julgamento, até o "último", continua a ser fantasia e, explicitando, só toca no real ao perder toda a significação.

De tudo isso ele saberá criar uma conduta para si. Há mais de [488] uma, há até um monte, que convêm às três diz-mensões do impossível, tal como se desenrolam no sexo, no sentido e na significação.

Se ele for sensível ao belo, coisa a que nada o obriga, irá situá-lo a partir do entre-duas-mortes, e se alguma dessas verdades lhe parecé [*parest*] boa para dar a entender, será apenas no meio-dizer da volta simples que ele se fiará.

Esses benefícios, ao se apoiarem num segundo dizer [*seconddire*], não são menos estabelecidos pelo fato de o deixarem esquecido.

É essa a contundência de nossa enunciação inicial. O dito primeiro e idealmente "de primo" do analisante só tem efeitos de estrutura no que faz o dizer "por-siseja" [*parsoit*], isto é, no que a interpretação faz pareser [*parêtre*].

490   Outros Escritos

Em que consiste o pareser? Em produzir os cortes "verdadeiros", a serem entendidos estritamente como cortes fechados, que a topologia não permite que se reduzam ao ponto-fora-de-linha nem, o que dá na mesma, que criem apenas um furo imaginável. Desse pareser não tenho que expor o estatuto senão por meu próprio percurso, já me havendo dispensado de conotar sua emergência, no ponto *supra* em que o permiti. Fazer uma interupsão [*arrêt(re)*] nesse percurso seria, ao mesmo tempo, penetrá-lo, fazê-lo ser, e até o quase é ainda um excesso.

Esse dizer que convoco à ex-sistência, esse dizer que não se deve esquecer do dito primário, é com ele que a psicanálise pode pretender se fechar.

O inconsciente é estruturado *como* uma linguagem, eu não disse *pela*. A audiência, se cabe entender por isso algo como uma acústica mental, a audiência que eu tinha na época era ruim, pois que os psicanalistas não a têm melhor do que outros. Na falta de uma observação suficiente dessa escolha (evidentemente, não se tratava de uma das tiradas que os afetavam, por escandalizá-los [*é-pater*] — e nada mais, por outro lado), foi-me preciso expor, junto à audiência universitária — a ela que, nesse campo, só pode enganar-se —, as circunstâncias passíveis de me impedir de desferir meus golpes contra meus próprios alunos, para explicar por que deixei passar uma extravagância como fazer do inconsciente a "condição da linguagem", quando é manifestamente pel*a* linguagem que explico o inconsciente: a linguagem, portanto, como fiz transcrever no texto revisto de uma tese, é a condição do inconsciente.

Nada serve para nada quando se está imprensado em certas vielas mentais, pois que eis-me forçado a relembrar a função, especificada na lógica, do artigo que faz incidir no real do único o efeito de uma definição — um artigo, por sua vez "parte do discurso", ou seja, gramatical, que utiliza essa função na língua da qual me sirvo para nela se definir como definido.

[489]

A linguagem só pode designar a estrutura pela qual há efeito de linguagens, estas diversas, dando acesso ao uso de uma entre outras, o que confere a meu *como* seu alcance muito preciso: o do *como uma* linguagem, no qual, justamente, o senso comum diverge do inconsciente. As linguagens ficam no âmbito do *nãotodo*, do modo mais certeiro, já que a estrutura não tem outro sentido

*O aturdito* 491

nelas, e é nisso que ela é da alçada de minha recreação topológico de hoje.

Assim, a referência pela qual situo o inconsciente é justamente aquela que escapa à lingüística, posto que, como ciência, ela não tem o que fazer com o pareser, assim como não numena. Mas nos conduz [*nous mène*] efetivamente, e Deus sabe para onde, embora decerto não para o inconsciente, o qual, por tomá-la na estrutura, a faz desvirtuar-se quanto ao real que motiva *a* linguagem — pois a linguagem é isso mesmo, essa deriva.

A psicanálise, por sua vez, só acessa a isso pela entrada em jogo de uma Outra diz-mensão, que se abre no que o condutor (do jogo) "finge" ser o grande efeito de linguagem, o objeto pelo qual se (a)nima o corte que com isso ela permite: o objeto (*a*), para chamá-lo pela sigla que lhe atribuo.

Isto, o analista o paga tendo que representar a sobra de um discurso, depois de permitir que o sentido se feche em torno da sobra a que ele se dedica.

O que é denunciado pela decepção que causo a muitos lingüistas, sem saída possível para eles, embora, de minha parte, eu tenha o destrinçado.

Com efeito, quem não consegue ver, ao me ler ou ao me ouvir dizê-lo claramente, que o analista, desde Freud, está muito à frente do lingüista nessa matéria, à frente de Saussure, por exemplo, que continua no acesso estóico, o mesmo de Sto. Agostinho? (Cf., entre outros, o *De magistro*, cujo limite indiquei bem, ao datar dele meu esteio: a distinção *signans-signatum*.)

Muito à frente, eu o disse em quê: no que a condensação e o deslocamento antecederam a descoberta, com a ajuda de Jakobson, do efeito de sentido da metáfora e da metonímia.

Por menos que a análise se apóie na oportunidade que lhe ofereço, esse avanço ela preserva — e o preservará, sejam quantos forem os substitutos que o futuro trouxer para minha fala.

Por que a lingüística, ao contrário, não abre nenhum caminho    [490]
para a análise, e o próprio respaldo que tive em Jakobson não é, inversamente ao que se produz para apagar a história na matemática, da ordem do a posteriori [*après-coup*], mas da repercussão [*contrecoup*] — em benefício e para segundo-dizer da lingüística.

O dizer da análise, na medida em que é eficaz, realiza o apofântico, que, por sua simples ex-sistência, distingue-se da proposição. Assim é que coloca em seu lugar a função proposicional,

492 Outros Escritos

posto que, como penso haver mostrado, ela nos dá o único apoio que supre o ab-senso da relação sexual. Esse dizer renomeia-se aí pelo embaraço que deixam transparecer campos tão dispersos quanto o oráculo e o fora-do-discurso da psicose, através do empréstimo que lhes faz do termo "interpretação".

Ele é o dizer pelo qual são retomados, para lhes fixar o desejo, os cortes que só se sustentam como não fechados por serem demandas. Demandas que, por parearem o impossível com o contingente, o possível com o necessário, censuram as pretensões da lógica que se diz modal.

Esse dizer provém apenas do fato de que o inconsciente, por ser "estruturado *como uma* linguagem", isto é, como a lalíngua que ele habita, está sujeito à equivocidade pela qual cada uma delas se distingue. Uma língua entre outras não é nada além da integral dos equívocos que sua história deixou persistirem nela. É o veio em que o real — o único, para o discurso analítico, a motivar seu resultado, o real de que não existe relação sexual — se depositou ao longo das eras. Isso, na forma que esse real introduz ao *um*, isto é, ao unido do corpo que aí forma origem, e isso fazendo, aí faz órgãos esquartejados de uma disjunção através da qual, sem dúvida, outros reais colocam-se a seu alcance, mas não sem que a via quádrupla desses acessos se infinitize, para que daí se produza o "número real".

A linguagem, portanto, na medida em que essa forma tem aí lugar, não surte ali outro efeito senão o da estrutura em que se motiva essa incidência do real.

Tudo o que parecé, por um semblante de comunicação, é sempre sonho, lapso ou *joke*.

Nada a ver, portanto, com o que se imagina e se confirma, em muitos pontos, de uma linguagem animal.

[491]
O real, nesse caso, não deve ser afastado de uma comunicação unívoca, da qual os animais, aliás, ao nos fornecerem o modelo, nos fariam herdeiros: exerce-se nisso uma função de código pela qual se faz a neguentropia de resultados da observação. Além disso, condutas vitais organizam-se a partir de símbolos em tudo semelhantes aos nossos (elevação de um objeto à categoria de significante do mestre na ordem do vôo migratório, simbolismo da exibição, tanto amorosa quanto de combate, sinais de trabalho, demarcações do território), exceto que esses símbolos nunca são dúbios.

*O aturdito* 493

Os equívocos pelos quais se inscreve o lateral de uma enunciação concentram-se em três pontos nodais, nos quais observaremos não apenas a presença do ímpar (julgado indispensável mais acima), porém também que, como nenhum se impõe como o primeiro, a ordem em que os exporemos se mantém mais por um fecho duplo do que por uma única volta.

Começo pela homofonia — da qual depende a ortografia. Que, na língua que me é própria, como brinquei mais acima, equivoque-se o *dois* [*deux*] por *deles* [*d'eux*], conserva um vestígio da brincadeira da alma segundo a qual fazer deles dois-juntos encontra seu limite em "fazer dois" deles.

Encontramos outras neste texto, desde o pareser [*parêtre*] até o s'emblemante [*s'emblant*].

Afirmo que todos os lances são permitidos aí, em razão de que, estando qualquer um ao alcance deles, sem poder reconhecer-se nisso, são eles que jogam conosco. Exceto quando os poetas os calculam e o psicanalista se serve deles onde convém.

Onde isso é conveniente para seu objetivo: ou seja, para, com seu dizer que rescinde o sujeito, renovar a aplicação que se representa dele no toro, no toro em que consiste o desejo apropriado à insistência de sua demanda.

Apesar de uma inflada imaginária poder ajudar aqui na transfinitização fálica, lembremos, no entanto, que o corte não funciona menos ao incidir sobre aquele *amarrotado* para cuja fama, no desenho girafóide do Pequeno Hans, contribuí na devida época.

Pois a interpretação, aqui, é secundada pela gramática. À qual, tanto nesse caso como em outros, Freud não se priva de recorrer. Não volto a me referir aqui àquilo que destaco dessa prática confessa em muitos exemplos.

Enfatizo apenas que nisso está o que os analistas imputam a Freud, pudicamente, de um deslize na doutrinação. E isso em datas (cf. a do Homem dos Ratos) em que ele já não tinha um mundo de bastidor a lhes propor senão o sistema Ψ, às voltas com "incitações internas".

Assim, os analistas que se agarram ao limite [*garde-fou*] da "psicologia geral" não são mesmo capazes de ler, nesses casos brilhantes, que Freud faz os sujeitos "decorarem a lição deles" na gramática que lhes é própria.

[492]

Exceto que ele nos repete que, no dito de cada um deles, devemos estar prontos a revisar as "partes do discurso" que julgamos ter podido preservar dos anteriores.

494     *Outros Escritos*

É isso, por certo, que os lingüistas se propõem como ideal, mas, se a língua inglesa parecé propícia a Chomsky, assinalei que minha primeira frase contradiz, através de um equívoco, sua árvore transformacional. "Não sou eu que te faço dizê-lo." Não é esse o mínimo da intervenção interpretativa? Mas o que importa não é seu sentido, na formulação que a alíngua de que aqui me sirvo permite dar-lhe, e sim que a amorfologia de uma linguagem descortina o equívoco entre "Você o disse" e "Tenho tão pouca responsabilidade por isso que não lhe mandei dizer por ninguém".[22]

Número 3, agora: é a lógica, sem a qual a interpretação seria imbecil, sendo os primeiros a se servir dela, é claro, aqueles que, para transcendentalizar a existência do inconsciente, armam-se da afirmação de Freud de que ele é insensível à contradição.

Provavelmente ainda não lhes foi transmitido que mais de uma lógica tirou proveito de se proibir esse fundamento, nem por isso ficando menos "formalizada", o que quer dizer própria do matema.

Quem censuraria em Freud tamanho efeito de obscurantismo, e as nuvens de trevas que, de Jung a Abraham, ele acumulou prontamente para lhe responder? Certamente não eu, que, frente a isso (por meu verso), tenho certas responsabilidades.

Lembrarei apenas que nenhuma elaboração lógica, e isso desde antes de Sócrates e de outros lugares que não nossa tradição, jamais proveio senão de um núcleo de paradoxos — para nos servirmos do termo, aceito em toda parte, com que designamos os equívocos que se situam a partir do ponto que, apesar de aqui vir como terceiro, é também primeiro ou segundo.

Quem terei eu, este ano, deixado de levar a perceber que o banho de juventude pelo qual o chamado matema lógico recuperou, para nós, sua influência e seu vigor são esses paradoxos, não apenas renovados por terem sido promovidos em termos novos por um Russell, mas também inéditos, por provirem do dizer de Cantor?

---

22 A construção francesa [*"Je ne te le fais pas dire"*, "desdobrada" em *"Je le prend d'autant moins à ma charge que, chose pareille, je ne te l'ai par quiconque fait dire"* ], que aqui procuramos traduzir tão próximo do original quanto possível, deixa bem clara a dubiedade que se expressa em português na frase "Não sou eu quem está dizendo", com as implicações de "Foi você quem disse" e "Eu nunca diria uma coisa dessas". (N.E.)

O *aturdito*   495

Deverei porventura falar da "pulsão genital" e do cata-logo   [493]
das pulsões pré-genitais como aquelas que não estão contidas em
si mesmas, mas tendo sua causa noutro lugar, ou seja, no Outro a
quem a "genitalidade" só tem acesso quando ele assume a barra
sobre ela, pela divisão que se efetua por sua passagem ao signifi-
cante-mor, o falo?

E, quanto ao transfinito da demanda, isto é, à re-petição, ca-
ber-me-á voltar ao fato de ela não ter outro horizonte senão dar
corpo a que o dois não seja menos inacessível do que ela, simplesmente por partir do um, que não seria o do conjunto vazio?

Quero assinalar aqui que nisso há apenas uma coletânea —
incessantemente alimentada pelo testemunho que dela me dão
aqueles, é claro, de quem abro os ouvidos — uma coletânea do
que todo o mundo, tanto quanto eu e eles, pode ouvir da própria
boca dos analisandos, desde que se autorize a ocupar o lugar do
analista.

O fato de, com os anos, a prática me haver permitido fazer
deles ditos e reditos, editos e desditos, é justamente a bula pela
qual todos os homens alcançam o lugar que merecem em outros
discursos diferentes do que proponho.

Tornando-se orientadores de raça [*d'race*] em quem confiam
os orientados, pedantes... (cf. *supra*).

Ao contrário, no acesso ao lugar de onde se profere o que
enuncio, a condição tida desde a origem como primordial é ser o
analisado, isto é, aquilo que resulta do analisante.

Mas é preciso, para que eu me mantenha no cerne daquilo que
me autoriza, sempre recomeçar esse processo.

No que se apreende que meu discurso, em relação aos outros,
está na contramão, como eu já disse, e se confirma minha exigência do fecho duplo para que o conjunto se feche.

E para que o faça em torno de um furo desse real pelo qual se
anuncia aquilo que, a posteriori, não há pluma que não se descubra
atestando: que não há relação sexual.

Assim se explica o meio-dito que superamos, aquele segundo
o qual *a* mulher seria, desde sempre, um engodo da verdade. Oxa-
lá o céu, rasgado enfim pela via que abrimos láctea, faça com que
algumas delas, por serem nãotodas, venham a criar para o homodito [*l'hommodit*] a hora do real. O que não seria forçosamente
mais desagradável do que antes.

# 496 Outros Escritos

[494] Não será um progresso, já que não há quem não manifeste seu pesar, pesar por uma perda. Mas, ao *rirmos* disso, a língua a que sirvo se veria refazendo a piada de Demócrito sobre o μηδεν — ao extraí-lo, pela queda do μη da (negação), do nada que parece invocá-lo, como faz nossa banda consigo mesma em seu socorro.

Demócrito, com efeito, presenteou-nos com o ατομος do real radical, ao elidir o "não", μη, mas em sua subjuntividade, ou seja, no modal cuja consideração a demanda refaz. Com o que o δεν realmente o passageiro clandestino cuja morte cria agora nosso destino.[23]

Não mais materialista nisso do que qualquer pessoa sensata, eu ou Marx, por exemplo. Quanto a Freud, eu não juraria: quem sabe a semente de palavras extasiadas que pode ter brotado em sua alma a partir de um país em que a Cabala progredia?

Em toda matéria é preciso muito espírito, e de sua lavra, pois, sem isso, de onde ele lhe viria? Foi o que Freud sentiu, mas não sem o pesar de que falei acima.

Assim, não detesto, em absoluto, certos sintomas ligados ao intolerável da verdade freudiana.

Eles a confirmam e até, ao que se pode supor, tiram forças de mim. Para retomar uma ironia de Poincaré sobre Cantor, meu discurso não é estéril, ele gera a antinomia, e mais até: demonstra poder sustentar-se inclusive pela psicose.

Mais feliz do que Freud, que, para abordar sua estrutura, teve que recorrer aos destroços das Memórias de um defunto, foi de uma retomada de minha fala que nasceu meu Schreber (até bipresidente aqui, águia de duas cabeças).

Uma leitura ruim de meu discurso provavelmente é boa: é o caso de todas, conforme o uso. Basta um analisante chegar todo animado à sessão para engatar prontamente em sua matéria edipiana — como de toda parte me chega a informação.

Evidentemente, meu discurso nem sempre tem rebentos tão afortunados. Quanto a tomá-lo pelo ângulo da "influência", cara às teses universitárias, parece que isso vai longe, sobretudo no

---

23 Trecho que faz uso da homofonia entre *clandestin* e os termos *clam* (morte, numa derivação do verbo coloquial *clamser* ou *clamecer*, "bater as botas") e *destin* (destino). (N.E.)

O *aturdito*      497

tocante a um turbilhão de semantofilia do qual ele seria tido como precedente, sendo de grande prioridade o que eu centraria na palavra-valise [*mot-valise*]... Ultimamente, palavralisa-se [*movalise*] a perder de vista e, infelizmente, isso não deixa de dever algo a mim.

Não me consolo nem me desolo com isso. É menos desonroso para o discurso analítico do que o que se produz a partir da formação das sociedades que levam esse nome. Nestas, é tradicional o filistinismo que dá o tom, e as invectivas recentes contra os sobressaltos da juventude não fazem nada além de se conformar a ele.      [495]

O que denuncio é que tudo convém aos analistas dessa fieira para se furtarem a um desafio pelo qual afirmo que eles ganham vida — pois esse é um fato de estrutura a determiná-los.

O desafio, eu o denoto pela abjeção. É sabido que o termo *absoluto* tem obcecado o saber e o poder — derrisoriamente, convém dizê-lo: nele, ao que parece, persistia uma esperança, representada pelos santos em outros contextos. Há que desencantar. O analista joga a toalha.

Quanto ao amor com que o surrealismo gostaria que as palavras o fizessem, acaso isso quer dizer que a coisa pára por aí? É estranho que o que a análise demonstra encerrar não tenha feito jorrar uma reserva de semblante.

Para terminar, conforme o conselho de Fenouillard a respeito do limite,

— saúdo o Henri-Rousselle, sobre o qual, aproveitando o ensejo, não esqueço que me ofereceu o espaço para fazer, desse jogo do dito ao dizer, uma demonstração clínica. Onde melhor terei eu feito compreender que pelo impossível de dizer se mede o real — na prática?

— e dato a coisa de:

*Beloeil, 14 de julho de 1972*

> Beloeil, onde se pode supor que Carlos I, Beloeil embora não sendo de minha linha, me fez falta, mas não, ao que se saiba, Coco, forçosamente, por habitar na pousada vizinha, ou seja, a arara tricolor que, sem ter que explorar seu sexo, tive que classificar como hetero — pelo fato de a dizerem ser falante.

[497]

# *Aviso ao leitor japonês*

Que me traduzam em japonês deixa-me perplexo. Porque essa é uma língua da qual me aproximei — na medida de meus recursos. Tive dela uma idéia elevada. Reconheci a perfeição que adquiriu por sustentar um laço social muito refinado em seu discurso. Esse laço é justamente o que meu amigo Kojève, o homem mais livre que conheci, designava por: esnobismo.

Nele isso era obra do humor, e muito distante do humor que julgamos estar no dever de mostrar quanto a esse modo de ser, em nome do humano. Antes, alertava-nos ele (quer dizer, a nós, os ocidentais) para o fato de que fora a partir do esnobismo que nos restara uma chance de ter acesso à coisa japonesa, sem sermos demasiado indignos dela — de que havia no Japão matéria mais segura do que entre nós para justificar o citado modo.

Nota à margem: o que proponho aqui decerto seria aproximado por algumas pessoas, na França, do *Império dos signos* com que nos extasiou Barthes, por mais vago que seja o conhecimento que têm dele. Que aqueles que se irritaram no Japão com esse espantoso livrinho sem pretensões confiem em mim: só transmitirei informações àqueles que não podem confundir as coisas.

Dito isto, do Japão não espero nada. E o gosto que adquiri por seus costumes ou por suas belezas não me faz esperar mais.

Em especial, não o ser nele entendido.

Sem dúvida, não é que os japoneses não espichem a orelha para tudo o que se pode lucubrar de discurso no mundo. Eles traduzem, traduzem e traduzem tudo o que aparece de legível: e precisam mesmo fazê-lo. Caso contrário, não conseguiriam acreditar; assim, eles se apercebem disso.

Só que, vejamos: no meu caso, a situação é diferente para eles. Justamente por ser igual à sua: se não posso confiar nisso, é

Aviso ao leitor japonês 499

na medida em que isso me concerne. O que não constitui entre os japoneses e eu, no entanto, um fator comum.

Procuro demonstrar a "mestres", a universitários ou a histéricos que um outro discurso, diferente do deles, acaba de aparecer. [498] Como só existo eu para sustentá-lo, eles julgam livrar-se dele prontamente ao mo atribuir, mediante o que tenho uma multidão a me escutar.

Multidão que se engana, pois trata-se do discurso do psicanalista, que não esperou por mim para se instaurar. Mas isso não quer dizer que os psicanalistas o saibam. Não se ouve o discurso do qual se é pessoalmente o efeito. Nota à margem: isso é possível, ainda assim. Mas, nesse caso, a gente se faz expulsar pelo que forma o corpo desse discurso. E foi o que me aconteceu.

Torno a me servir desta nota: os japoneses não se interrogam sobre seu discurso; eles o retraduzem, e justamente nos que acabo de dizer. E o fazem com proveito, entre outros, pelo lado do Nobel. De novo o esnobelismo.

Que pode importar-lhes, portanto, a história de minhas dificuldades com um discurso de psicanalistas pelo qual ninguém que eu tenha conhecido entre eles jamais se interessou? A não ser a título de etnologia da horda americana, onde isso só aparece como detalhe.

O inconsciente (para saber o que é isso, leia-se o discurso que estes *Escritos* consignam como sendo o de Roma), o inconsciente, dizia eu, é estruturado como uma linguagem.

É isso que permite à língua japonesa vedar as suas formações, e tão perfeitamente, que pude assistir à *descoberta*, por uma japonesa, do que vem a ser um chiste: uma japonesa adulta.

Donde se prova que o chiste é, no Japão, a própria dimensão do discurso mais comum, e é por isso que ninguém que habite essa língua precisa ser psicanalisado, a não ser para regularizar suas relações com as máquinas de moedas — ou com clientes mais simplesmente mecânicos.

Quanto aos seres realmente falantes, o *on-yomi* basta para comentar o *kun-yomi*. A pinça que eles criam um com o outro é o bem-estar daqueles a quem formam, para que eles saiam disso tão frescos quanto waffle quente.

Nem todo o mundo tem a felicidade de falar chinês em sua língua, por ser esta um dialeto dele, nem, sobretudo — ponto mais importante —, de ter tirado do chinês uma escrita tão estranha em sua língua, que isso torna palpável, a todo momento, a distância entre o pensamento, isto é, o inconsciente, e a fala. Ou seja, a distância tão embaraçosa de destacar nas línguas internacionais que se revelaram pertinentes para a psicanálise.

Se não temesse o mal-entendido, eu diria que, para quem fala japonês, é um desempenho costumeiro dizer a verdade *através* da mentira, isto é, *sem ser* mentiroso.

Pediram-me um prefácio para minha edição japonesa. Digo aqui o que penso quanto àquilo de que, no tocante ao Japão, não tenho a menor idéia: a saber, qual é o público.

De modo que sinto vontade de convidá-lo a fechar meu livro, tão logo lido este prefácio! Isso me daria a esperança de lhe deixar uma lembrança indulgente.

Tenho medo de que ele prossiga, no sentimento em que me encontro de nunca ter tido, em seu país, outra "comunicação" senão a que se efetua pelo discurso científico, com o que quero dizer: por meio do quadro-negro.

Essa é uma "comunicação" que não implica que mais de um compreenda o que nela se discute, ou sequer que exista um.

O discurso do analista não é o científico. A comunicação repercute nele um sentido. Mas o sentido de um discurso nunca é proporcionado senão por outro.

Agora, imaginemos que no Japão, como em outros lugares, o discurso analítico torne-se necessário para que os outros subsistam, quer dizer, para que o inconsciente devolva seu sentido. Tal como é feita a língua, só se precisaria, em meu lugar, de uma caneta [*stylo*]. Quanto a mim, para ocupar esse lugar, preciso de um estilo [*style*].

O que não se traduz, fora da história de onde falo.

*Neste 27 de janeiro de 1972*

# VIII

# *Posfácio ao* Seminário 11 [503]

Assim se lerá — este alfarrábio, aposto.
Não será como meus *Escritos*, cujo livro se compra — dizem
—, mas para não ler.
Não se deve entender isso pelo acidente de serem difíceis. Ao
escrever *Escritos* sob o envelope da coletânea, isso é o que eu
mesmo tencionava prometer-me: um escrito, em minha opinião, é
feito para não se ler.
É que diz outra coisa.
O quê? Como é nesse ponto que me encontro em meu dizer
atual, faço questão de ilustrá-lo aqui, segundo meu costume.

O que acabamos de ler — ao menos é o que se supõe por eu o
posfaciar — não é, portanto, um escrito.
Uma transcrição, eis uma palavra que descubro graças à modéstia de J.-A.M., Jacques-Alain, de sobrenome Miller: o que se lê
passa através da escrita, permanecendo imune a ela.
Ora, isso que se lê, é disso que eu falo, pois o que digo está
fadado ao inconsciente, ou seja, ao que se lê antes de mais nada.
Será preciso insistir? — Naturalmente, já que aqui eu não
escrevo. Ao fazê-lo, eu posfacelaria [*posteffacerais*] meu seminário, não o posfaciaria [*postfacerais*].
Insistirei, como convém para que isso se leia.

Mas devo ainda ao autor desse trabalho ter-me convencido — por
testemunhá-lo a mim ao longo de todo o seu curso — de que o que
se lê do que digo se lê nada menos por eu o dizer. Devendo a
ênfase ser colocada no dizer, pois o *eu* bem pode continuar a escapar.
Em suma, ter-me convencido de que poderia ser benéfico, no
que concerne a tornar consistente o discurso analítico, eu me fiar

503

# 504    *Outros Escritos*

[504] em que me releiam. Acertar os ponteiros por minha vinda para a Escola Normal é aqui apenas tomar nota do fim de meu deserto.

Não se pode duvidar, pelo tempo que levei, que me desagrade o resultado que qualifiquei de publixação. Mas, que se publixqueça [*p'oublie*] o que digo, a ponto de introduzir nisso a feição universitária, justifica que eu marque aqui a incompatibilidade.

Apresentar o escrito como faço, observe-se que, na vanguarda, é ponto pacífico, ou até se fará disso seu estatuto. Ainda que eu tivesse uma pequena participação, isso não impediria que fosse algo estabelecido muito antes de meus achados, uma vez que, afinal, o escrito como a-não-ler, foi Joyce quem o introduziu — melhor seria eu dizer o intraduziu, pois, ao fazer da palavra um tráfico para além das línguas, ele só se traduz com dificuldade, por ser igualmente pouco legível por toda parte.

Eu, no entanto, considerando-se a quem falo, tive que tirar dessas cabeças o que elas acreditam trazer do tempo da escola, sem dúvida dita maternal, pelo que nela se possui de desmaternalização: ou seja, aprende-se a ler alfabestificando-se. Como se a criança, ao saber ler num desenho que se trata da girafa, e em outro, que é gorila que ela deve dizer, não aprendesse apenas que o G com que as duas se escrevem não tem nada a ver com ser lido, já que não responde ali a elas.

Que o que se produz de *anortografia* a partir daí só possa ser julgado tomando a função do escrito por uma outra modalidade do falante na linguagem, é aí que se ganha na bricolagem, ou seja, pouco a pouco, mas é o que andaria mais depressa se soubéssemos do que se trata.

Já seria razoável que o ler-se fosse entendido como convém, ali onde se tem o dever de interpretar. Mas o fato de ser na fala que não se lê o que ela diz, eis com que se sobressalta o analista, passado o momento em que ele joão-teimou [*poussah*], ah!, em se dedicar à escuta até não se agüentar mais em pé.

Intenção, no desafio esquiva-se, desafiando defende-se, recalca-se, recalcitra-se, tudo lhe servirá para não entender que o "por que [505] você mente para mim ao me dizer a verdade?" da história — que se diz judaica, por ser o menos burro que fala — diz, igualmente,

*Posfácio ao* Seminário 11      505

que é por não ser um livro de leitura que o guia de horários das estradas de ferro é o recurso, ali, mediante o qual se lê Lemberg em vez de Cracóvia; ou então, que o que decide a questão, afinal, é o bilhete fornecido pela estação. Mas a função do escrito, nesse caso, não constitui o guia, e sim o próprio caminho da estrada de ferro. E o objeto (*a*), tal como o escrevo, é, por sua vez, o trilho por onde chega ao mais-de-gozar aquilo de que se habita, ou em que se abriga, a demanda de interpretar.

Se leio na coleta de pólen da abelha seu papel na fertilidade das plantas fanerogâmicas, se pressagio pelo grupo mais rasteiro a levantar um vôo de andorinhas o destino das tempestades, é justamente por aquilo que os leva a significante pelo fato de que eu fale, é disso que tenho que dar conta.

Recordação, aqui, da impudência que me imputaram, quanto a esses escritos, por ter feito da palavra minha medida. Uma japonesa ficou fora de si com isso, o que me surpreendeu.

É que eu não sabia — apesar de impelido, justamente aos cuidados dela, para ali onde habita sua língua — que esse lugar, no entanto, eu apenas o tateava com o pé. Só depois compreendi o que o sensível recebe desta escrita que, do *on-yomi* ao *kun-yomi*, repercute o significante a ponto de ele se dilacerar com tantas refrações, coisa que o mais insignificante jornal ou placa de cruzamento satisfazem e corroboram. Nada ajuda tanto a refazer raios escoando tantas comportas, o que sobre a fonte veio à luz através de Amaterasu.

A tal ponto que disse comigo que, através disso, o ser falante pode furtar-se aos artifícios do inconsciente, que não o atingem, por se fecharem aí. Caso limite a me ser confirmado.

Vocês não compreendem estenescrita [*stécriture*]. Tanto melhor, será uma razão para que a expliquem. E, se isso ficar em suspenso, vocês só terão que suportar o embaraço. Vejam: quanto ao que me resta, ali sobrevivo.

Mas é preciso que o embaraço seja sério para que tenha importância. Quanto a isso, porém, vocês podem me seguir: não se esqueçam de que devolvi essa palavra a seu destino em meu seminário sobre a angústia, ou seja, no ano anterior ao deste aqui. O que      [506]

506    *Outros Escritos*

equivale a lhes dizer que não é tão fácil livrar-se dela quanto de mim.

Na expectativa de que lhes seja propícia a escada do que aqui se lê, não os faço subir nela para tornar a descer.

O que me impressiona, quando releio o que foi minha fala, é a segurança que me poupou de fazer besteira com relação ao que me ocorreu desde então.

Esse risco me parece sempre intacto, e é isso que me deixa cansado. O fato de J.-A.M. dele ter me poupado leva-me a pensar que isso não será nada para vocês, mas também me faz crer que, se dele escapo de novo, é porque de escrito tenho mais do que escreio [*écrois*].

Lembremos, quanto a nós que escremos [*écroyons*] menos do que no Japão, o que se impõe a partir do texto do Gênesis: que *ex nihilo* nada se cria senão pelo significante. O que por si se explica, já que, com efeito, não tem maior valor.

O inconveniente é que disso dependa a existência, ou seja, aquilo de que só o dizer atesta.

Que Deus seja provado por isso deveria tê-lo reposto há muito tempo em seu lugar. A saber, aquele que a Bíblia afirma não ser mito, mas história, como se observou, e é nisso que o evangelho segundo Marx não se distingue de nós.

O assustador é que a relação pelo qual a coisa toda é fomentada não concerne a nada além gozo, e que, como a proibição que nele projeta a religião empata com o pânico de que provém a filosofia nesse ponto, surge uma multidão de substâncias como substitutos da única que seria apropriada — a daquilo de que é impossível falarmos, por ser o real.

Não seria possível que essa "estrofe-por-baixo" se desse a conhecer, mais acessível, a partir da forma pela qual já o escrito do poema torna o dizer menos burro?

Não valerá a pena construir isso, quando se trata justamente do que presumo de terra prometida nesse novo discurso que é a análise?

Não que jamais se possa esperar aquela relação cuja ausência afirmo ser o que constitui o acesso do falante ao real.

[507]    Mas o artifício dos canais pelos quais o gozo vem a causar o que se lê como o mundo, aí está, convenhamos, o que justifica que

o que se lê dele evite a onto- Toto,[1] tome nota, a onto- ou a onto-tautologia.
Não menos do que aqui.

*1º de janeiro de 1973*

---

1  É preciso ressaltar a homofonia em francês entre *Toto* (piolho ou um apelido infantil), *Tauto* (do grego, o mesmo) e *Totaux* (totais). (N.E.)

# Televisão

Aquele que me interroga
também sabe me ler. — J.L.[1]

I

[509] — Sempre digo a verdade: não toda, porque dizê-la
toda não se consegue. Dizê-la toda é impossível,
S (A) materialmente: faltam palavras. É por esse impossível, inclusive, que a verdade tem a ver com o real.
Confessarei, pois, haver tentado responder à
atual comédia, e que ficou bom para a cesta do lixo.
Fiasco, portanto, mas, por isso mesmo, bemsucedido em relação a um erro, ou, melhor dizendo, um error [*errement*].
Este sem grande importância, por ser ocasional. Mas, primeiro, qual deles?
O error consiste na idéia de falar para que idiotas me compreendam.
Idéia que me toca tão pouco, que só pode me
ter sido sugerida. Pela amizade. Perigo.
Pois não há diferença entre a televisão e o público diante do qual falo há muito tempo, o que

---

1 Este texto, ao ser publicado, foi precedido de um aviso: " 1. 'Um programa
sobre Jacques Lacan', desejava o Serviço de Pesquisa do ORTF. Foi ao ar apenas o
texto aqui publicado. Programa em duas partes, sob o título de *Psicanálise*, anunciado para o fim de janeiro. Diretor: Benoît Jacquot. 2. Pedi àquele que lhes
respondeu que passasse pelo crivo o que ouvi do que ele me disse. A nata disso foi
colhida na margem, à guisa de *manuductio*. — J.-A. Miller, Natal de 1973."
(2000)

chamam de meu seminário. Um olhar, nos dois casos: para quem não me dirijo, em nenhum dos dois, mas em nome do qual falo.

Que nem por isso se suponha que falo em aberto [*à la cantonade*]. Falo para aqueles que entendem do riscado, para os não-idiotas, supostos analistas.

A experiência prova, mesmo que nos limitemos à turba, prova que o que digo interessa a muito mais gente do que aqueles que, por alguma razão, suponho analistas. Por que falaria então aqui num tom diferente do de meu seminário? Além do que não é implausível supor que haja também analistas a me ouvir.

Irei mais longe: nada mais espero dos analistas supostos senão que sejam o objeto graças ao qual aquilo que ensino não é uma auto-análise. Com certeza, quanto a esse ponto, é apenas por eles, aqueles que me escutam, que serei ouvido. Mas, mesmo não ouvindo nada, um analista desempenha esse papel que acabo de formular, e a televisão, portanto, o desempenha tão bem quanto ele.

Acrescento que esses analistas que só o são por serem objeto — objeto do analisante —, acontece de eu me dirigir a eles não porque fale com eles, mas porque falo deles: nem que seja só para perturbá-los. Quem sabe? Pode ser que isso tenha efeitos de sugestão.

Alguém acreditará? Há um caso em que a sugestão não tem poder algum: aquele em que o analista detém sua penúria do outro, daquele que o levou até o "passe", como costumo dizer, à passagem do postar-se como analista.

Felizes os casos de passe fictício para formação inacabada: eles trazem esperança.

$(a \lozenge \mathcal{S})$     [510]

$\dfrac{a}{\overline{S}_2}$

$S_1 \rightarrow S_2$

II

[511]

*— Parece-me, caro doutor, que não estou aqui para rivalizar em espirituosidade com o senhor...*

510     *Outros Escritos*

*mas apenas para lhe dar a oportunidade de responder. Dsse modo, só obterá de mim as perguntas mais frágeis — elementares, vulgares até. Lanço: "Inconsciente — que palavra esquisita!"*

— Freud não encontrou outra melhor, e não há por que voltar a isso. Essa palavra tem o inconveniente de ser negativa, o que permite supor ali qualquer coisa no mundo, sem contar o resto. Por que não? Para coisa despercebida, a expressão "por toda parte" convém tanto quanto "em parte alguma". Mas é coisa sumamente precisa.

Só há inconsciente no ser falante. Nos outros, *"A condição do* que só têm ser por serem nomeados, embora se im- *inconsciente é a* ponham a partir do real, existe instinto, ou seja, o *linguagem..."* saber que sua sobrevivência implica. Nem que seja apenas para nosso pensamento, talvez inadequado nesse aspecto.

Restam os animais que carecem de homem, por isso ditos d'homésticos, e que, por essa razão, são percorridos por sismos, aliás curtíssimos, do inconsciente.

O inconsciente, isso fala, o que o faz depender da linguagem, da qual pouco sabemos, apesar do que designo como lingüisteria, para nela agrupar o que pretende — essa é a novidade — intervir nos homens em nome da lingüística. A lingüística é a ciência que se ocupa de lalíngua,[2] que escrevo *... a qual ex-siste* numa palavra só, para com isso especificar seu ob- *à lalíngua:* jeto, como se faz em qualquer outra ciência.

---

2  Seguindo a proposta de Haroldo de Campos, adotou-se nesta edição a forma "lalíngua" para traduzir *lalangue*, em lugar de "alíngua", uma vez que neste termo o "a" tende a adquirir função de prefixo de negação — o oposto da idéia de Lacan. Por outro lado, o "la" mantém algum uso em português (La Diva, La Garbo) e permite evocar "lalação", uma das tônicas do termo lalangue Cf. "O afreudisíaco na galáxia de lalíngua", *Exu*, Fundação Casa de Jorge Amado, Salvador, 1990; reimp. em *Correio*, nº 18-9, Belo Horizonte, janeiro 1998). (N.E.)

Mas esse objeto é eminente, por ser a ele que se reduz, mais legitimamente do que a qualquer outro, a idéia aristotélica de sujeito. O que permite instituir o inconsciente a partir da ex-sistência de um outro sujeito à alma. A alma como suposição da soma de suas funções no corpo. Suposição das mais problemáticas, a despeito de se tratar da mesma voz, desde Aristóteles até Uexküll, e de continuar a ser o que os biólogos ainda supõem, quer queiram, quer não.

*hipótese analítica*

[512]

De fato, o sujeito do inconsciente só toca na alma através do corpo, por nele introduzir o pensamento: desta vez, contradizendo Aristóteles. O homem não pensa com sua alma, como imagina o Filósofo.

*i(a)*

Ele pensa porque uma estrutura, a da linguagem — a palavra comporta isso —, porque uma estrutura recorta seu corpo, e nada tem a ver com a anatomia. A histérica o atesta. Esse cisalhamento chega à alma com o sintoma obsessivo: pensamento com que a alma se embaraça, não sabe o que fazer.

*O pensamento só tem com a alma-corpo uma relação de ex-sistência.*

O pensamento é desarmônico em relação à alma. E o νοῦς grego é o mito de uma complacência do pensamento para com a alma, de uma complacência que seria conforme ao mundo, ao mundo (*Umwelt*) pelo qual a alma é tida como responsável, embora ele seja apenas a fantasia com que um pensamento se sustenta — "realidade", sem dúvida, mas a ser entendida como trejeito do real.

*O pouco que a realidade tem do real*

*— Mas o fato é que as pessoas o procuram, como psicanalista, para se sentirem melhor nesse mundo que o senhor reduz à fantasia. A cura também é uma fantasia?*

— A cura é uma demanda que parte da voz do sofredor, de alguém que sofre de seu corpo ou seu pensamento. O espantoso é que haja uma resposta, e que, desde sempre, a medicina tenha acertado na mosca por meio de palavras.

*Poder das palavras*

[513]

Como era isso, antes de se discernir o inconsciente? Uma prática não precisa ser esclarecida para operar; é o que se pode deduzir.

— *Então, a análise só se distinguiria da terapia por "ser esclarecida"? Não é isso que o senhor quer dizer. Permita-me formular assim a pergunta: "Psicanálise e psicoterapia, as duas só agem por meio de palavras. No entanto, elas se opõem. Em quê?"*

— Nos tempos que correm, não há psicoterapia da qual não se exija que seja "de base analítica". Modulo a coisa para as aspas que ela merece. A distinção mantida aí, seria ela apenas a de se ir ou não ir para a lona... quero dizer, para o divã?

Isso dá um belo empurrão nos analistas carentes de passe nas "sociedades" (mesmas aspas) que, por nada quererem saber dele, isto é, do passe, suprem-no por mui elegantes formalidades de graduação, para instalar de maneira estável aqueles que demonstram mais astúcia em seus relacionamentos do que em sua prática.

É por isso que vou apresentar o que prevalece dessa prática na psicoterapia.

Na medida em que o inconsciente está implicado, há duas vertentes fornecidas pela estrutura, ou seja, pela linguagem.

*Só há estrutura de linguagem.* A vertente do sentido, daquele que se acreditaria ser o da análise, que nos despeja sentido aos borbotões para o barco sexual.

É surpreendente que esse sentido se reduza ao não-sentido:[3] ao não-sentido da relação sexual, que é patente desde sempre nos ditos amorosos. Patente

---

3 Consideramos que, nesta passagem, ao aproximar o *non-sens* da relação sexual que não há, Lacan justifica nossa tradução deste termo por não-sentido (em lugar de sem-sentido) (N.E.)

*Televisão* 513

a ponto de ser gritante — o que dá uma idéia elevada do humano pensamento.

Há ainda o sentido [*sens*] que se faz passar por bom senso [*bon sens*] e que, ainda por cima, é tido como senso comum [*sens commun*]. É o cúmulo do cômico, salvo que o cômico não se dá sem o saber da não-relação que está na jogada, na jogada do sexo. Donde nossa dignidade vem revezar-se com ele, ou até substituí-lo. O bom senso representa a sugestão, a comédia, o riso. Quer dizer que eles bastam, afora o fato de serem pouco compatíveis? É aí que a psicoterapia, seja ela qual for, estanca, não porque não exerça um certo bem, mas por ser um bem que leva ao pior.

[514]
*"Não há relação sexual".*

Daí o inconsciente, ou seja, a insistência com que o desejo se manifesta, ou a repetição do que é demandado nele — não foi o que disse Freud a seu respeito no momento mesmo em que o descobriu?

$d \to (\$ \Diamond D)$

daí o inconsciente — se a estrutura que se reconhece por fazer a linguagem em lalíngua como costumo dizer, a domina bem —

lembra-nos que à vertente do sentido que nos fascina na fala — mediante a qual o ser serve de anteparo para essa fala, aquele ser cujo pensamento Parmênides imagina —

lembra-nos que à vertente do sentido, concluo, o estudo da linguagem opõe a vertente do signo.

Como é que nem mesmo o sintoma, aquilo a que damos esse nome na análise, traçou o caminho aí? Isso até Freud, pois foi preciso que ele, dócil à histérica, viesse a ler os sonhos, os lapsos e até os chistes tal como se decifra uma mensagem cifrada.

— *Prove que é isso mesmo que Freud diz, e tudo o que ele diz.*

[515]

— Basta ir aos textos de Freud distribuídos nessas três rubricas, cujos títulos são agora triviais, para

# 514 Outros Escritos

perceber que não se trata de nada além de um deciframento de diz-mensão[4] significante pura.

Ou seja, que um desses fenômenos é ingenuamente articulado: articulado significa verbalizado; ingenuamente, segundo a lógica vulgar, por ser simplesmente de aceitação geral o emprego de lalíngua. Pois foi ao progredir num tecido de equívocos, de metáforas, de metonímias, que Freud evocou uma substância, um mito fluídico que intitulou de *libido*.

*A prática de Freud*  Mas o que ele realmente executa, ali, sob nossos olhos fitos no texto, é uma tradução pela qual se demonstra que o gozo, que Freud supõe no termo do processo primário, consiste propriamente nos desfilamentos lógicos a que ele nos conduz com tanta arte.

$\underline{S}$
$s$  É só distinguir — coisa a que há muito havia chegado a sabedoria estóica — o significante do significado (para traduzir seus nomes latinos, como Saussure), para se captar nisso fenômenos de equivalência, os quais é compreensível que tenham podido figurar, para Freud, o aparelho da energética.

Há um esforço de pensamento a ser feito para que se funde a lingüística a partir disso. De seu objeto, o significante. Não há um só lingüista que não se apegue a destacá-lo como tal, e sobretudo a destacá-lo do sentido.

Falei em vertente do signo para assinalar sua associação com o significante. Mas o significante difere dele pelo fato de sua bateria já se dar em lalíngua.

[516]  Falar de código não convém, justamente por pressupor um sentido.

---

4 No orig., *dit-mension*, neologismo homófono de *dimension* (dimensão) e que remete, na parte final de sua formação, aos homônimos *mention* (menção) e *mansion* (derivado do latim *mansio*, mansão). Introduzimos uma ligeira modificação em sua estrutura ("diz" em lugar de "dito") para manter a assonância privilegiada por Lacan. (N.E.)

A bateria significante de lalíngua fornece ape- *Lalíngua é a* nas a cifra do sentido. Cada palavra assume nela, *condição do* conforme o contexto, uma gama enorme e dispara- *sentido.* tada de sentidos, sentidos cuja heteróclise se atesta com freqüência no dicionário.

Isso não é menos verdadeiro quanto a membros inteiros de frases organizadas. Como esta frase: *les non-dupes errent*,[5] da qual me muno este ano.

A gramática decerto serve aí de trave para a escrita e, para tanto, atesta um real, mas um real, como se sabe, que permanece como enigma, enquanto não se salienta na análise sua mola pseudo-sexual: ou seja, o real que, por só poder mentir ao parceiro, inscreve-se como neurose, perversão ou psicose. *O objeto* (a)

"Eu não o amo", ensina Freud, vai longe nessa série, ao se repercutir ali.

Com efeito, é pelo fato de todo significante, desde o fonema até a frase, poder servir de mensagem cifrada (pessoal, dizia o rádio durante a guerra) que ele se destaca como objeto, e que descobrimos ser ele que faz com que no mundo, no mundo do ser falante, há o Um, isto é, elemento, o στοιχειν do grego. *Basta um*

O que Freud descobre no inconsciente — agora *significante* há pouco, pude apenas convidar a que se verifique *para fundar o* em seus escritos se o que digo está certo — é algo *significante* bem diferente de nos darmos conta de que, grosso *Um?* modo, podemos dar um sentido sexual a tudo o que sabemos, em razão de que conhecer presta-se à metáfora conhecida desde sempre (vertente de sentido explorada por Jung). É o real que permite desatar  efetivamente aquilo em que consiste o sintoma, ou seja, um nó de significantes. Atar e desatar que aqui não são apenas metáforas, mas a serem apreendidos como os nós que realmente se constroem ao formarem uma cadeia com a matéria significante. [517]

---

5 "Os não-tolos (não-tapeados) erram (são errantes)", homófono, em francês, de "os nomes do pai". (N.E.)

Pois essas cadeias não são de sentido, mas de gozo-sentido [*jouis-sens*],⁶ a ser escrito como vocês quiserem, de conformidade com o equívoco que constitui a lei do significante.

Penso ter dado ao recurso especializado da psicanálise um alcance distinto do que acarreta a confusão atual.

### III

— *Os psicólogos, os psicoterapeutas, os psiquiatras, todos os que trabalham em saúde mental, são eles que, na base e na dureza, agüentam toda a miséria do mundo. E o analista, enquanto isso?*

— É certo que agüentar a miséria, como diz o senhor, é entrar no discurso que a condiciona, nem que seja a título de protesto.

O simples dizer isso me dá uma posição — que alguns hão de situar como reprovação da política. O que, quanto a mim, considero inaceitável para qualquer um.

De resto, os psi que se dedicam a seu suposto agüentar, sejam eles quem forem, não têm que protestar, e sim colaborar. Sabendo ou não, é o que fazem.

É muito cômoda, poderão facilmente retrucar-me, muito cômoda essa idéia de discurso, para reduzir o julgamento àquilo que o determina. O que me impressiona é que, por não encontrarem nada melhor para me opor, dizem: intelectualismo. O que não faz diferença, quando se trata de saber quem tem razão.

Menos ainda na medida em que, ao referir essa miséria ao discurso do capitalista, eu o denuncio.

---

6 Homófono de *jouissance* (gozo); essa grafia poderia receber as traduções literais de "(eu) gozo sentido" ou "ouço sentido" (*j'oui sens*). (N.E.)

Apenas indico que não posso fazê-lo a sério, porque, ao denunciá-lo, eu o reforço — por normatizá-lo, ou seja, aperfeiçoá-lo.

Interpolo aqui uma observação. Não baseio essa idéia de discurso na ex-sistência do inconsciente. É o inconsciente que situo a partir dela — por ele só ex-sistir a um discurso.

Você entende isso tão bem que, a esse projeto cuja vã tentativa confessei, anexa uma pergunta sobre o futuro da psicanálise.

O inconsciente ex-siste tanto mais que, por só se atestar claramente no discurso da histérica, só há, em qualquer outro lugar, um enxerto dele: sim, por mais espantoso que possa parecer, inclusive no discurso do analista, onde o que se faz com ele é cultura.

Um parêntese aqui: será que o inconsciente implica que se o escute? A meu ver, sim. Mas certamente não implica que, sem o discurso a partir do qual ex-siste, ele seja avaliado como um saber que não pensa, não calcula e não julga, o que não o impede de trabalhar (no sonho, por exemplo). Digamos que ele é o trabalhador ideal, aquele de quem Marx fez a nata da economia capitalista, na esperança de vê-lo dar continuidade ao discurso do mestre: o que de fato aconteceu, se bem que de uma forma inesperada. Há surpresas nessas questões de discurso, é justamente esse o feito do inconsciente.

O discurso que digo analítico é o laço social determinado pela prática de uma análise. Ele merece ser elevado à altura dos mais fundamentais dentre os laços que continuam em atividade para nós.

*É só ao discurso analítico que ex-siste o inconsciente como freudiano, ...*

*... que antes era escutado, mas como outra coisa.*

*É um saber que trabalha...*

*... sem mestre:* $S_2//S_1$.

— *Mas, daquilo que instaura um laço social entre os analistas, o senhor mesmo está, não é, excluído?*

— A Sociedade, dita internacional — embora isso seja meio fictício porque faz tempo que a questão se reduziu a ser familiar —, eu ainda a conheci nas

[519]

518 Outros Escritos

mãos da descendência direta e adotiva de Freud: se eu me atrevesse — mas previno que, nesse caso, sou juiz e parte, e portanto, partidário —, diria que, atualmente, ela é uma sociedade de assistência mútua contra o discurso analítico. A SAMCDA. Grande SAMCDA! Assim, eles não querem saber coisa alguma do discurso que os condiciona. Mas isso não os exclui deste, longe disso, já que eles funcionam como analistas, o que quer dizer que há pessoas que se analisam *com* eles.

A esse discurso, portanto, eles satisfazem, ainda que alguns de seus efeitos lhes sejam desconhecidos. No cômputo geral, não lhes falta prudência; e, mesmo que esta não seja a verdadeira, talvez seja a certa.

Quanto ao mais, é para eles que existem riscos.

Passemos ao psicanalista, portanto, e sem fazer rodeios. Aliás, todos nos levariam ao lugar de que falarei.

É que não se pode situá-lo melhor, objetivamente, senão pelo que antigamente se chamava de ser santo.

Um santo, durante sua vida, não impõe o respeito que às vezes lhe vale uma auréola.

Ninguém o nota quando ele segue o caminho de Baltasar Gracián — o de não fazer estardalhaço —, donde Amelot de La Houssaye haver acreditado que ele escrevia sobre homem da corte.

O santo, para que me compreendam, não faz caridade. Antes, presta-se a bancar o dejeto: faz *O objeto* (a) descaridade.[7] Isso para realizar o que a estrutura *encarnado* impõe, ou seja, permitir ao sujeito, ao sujeito do inconsciente, tomá-lo como causa de seu desejo.

[520] É pela abjeção dessa causa, de fato, que o sujeito em questão tem a chance de se situar, pelo menos na

---

7 Na tradução infelizmente perde-se um dos sentidos do termo criado por Lacan, *décharité*, o de "dejeto" [*déchet*]. (N.E.)

Televisão    519

estrutura. Para o santo, não é divertido, mas imagino que, para alguns ouvintes nesta televisão,isso confirme um bocado de estranhezas dos feitos de santos.

Que isso tenha efeito de gozo [*jouissance*], quem não capta seu sentido [*sens*] com o que se goza [*joui*]?[8] Só o santo para ficar frio, bulhufas para ele. Isso é justamente o que mais espanta nessa história. Espanta os que se aproximam dele e não se deixam enganar: o santo é o rebotalho [*rebut*] do gozo.

Às vezes, porém, ele tem uma folga, com a qual não se contenta mais que qualquer um. Ele goza. Mas, nesse momento, já não está operando. Não é que os espertinhos, então, não fiquem a espreitá-lo, para tirar conclusões com que se reanimar. Mas o santo está pouco se lixando, assim como para aqueles que vêem nisso sua recompensa. O que é de se contorcer.

Pois lixar-se para a justiça distributiva é, muitas vezes, de onde ele partiu.

Na verdade, o santo não se considera cheio de méritos, o que não significa que não tenha moral. A única coisa chata, para os outros, é que não se percebe para onde isso o conduz.

De minha parte, cogito loucamente para que haja novos santos assim. Com certeza, por eu mesmo não ter chegado lá.

Quanto mais somos santos, mais rimos, esse é meu princípio, ou até mesmo a saída do discurso capitalista — o que não constituirá um progresso, se for apenas para alguns.

IV    [521]

— *Há vinte anos, desde que o senhor propôs sua fórmula de que o inconsciente é estruturado como*

---

8    A frase também pode ser lida como: "Quem não tem o sentido juntamente com o gozado?". Além disso, há que se ressaltar a homofonia entre "gozado" (*jouis*) e "(eu) ouço" (*j'ouïs*). (N.E.)

uma linguagem, têm-lhe feito oposição sob diversas formas: "Isso não passa de palavras, palavras, palavras. E com aquilo que não se atrapalha com palavras, que faz o senhor? Que dizer da energia psíquica, ou do afeto, ou da pulsão?"

— Nisso o senhor está imitando os gestos com que as pessoas assumem um ar de donas do patrimônio na SAMCDA.

É que, como o senhor sabe, pelo menos na SAMCDA de Paris, os únicos elementos com que as pessoas se sustentam provêm de meu ensino. Ele se infiltra por toda parte, é um vento que se torna cortante, quando sopra com muita força. Então elas voltam aos velhos gestos, vão se reaquecer amontoando-se em Congressos.

Porque essa história de SAMCDA não é uma troça que eu esteja fazendo hoje, sem mais nem menos, para provocar risos na TV. Foi expressamente dessa maneira que Freud concebeu a organização a que legou esse discurso analítico.

Ele sabia que seria uma prova dura, pois a experiência de seus primeiros seguidores lhe fora edificante a esse respeito.

— Consideremos primeiro a questão da energia natural.

— A energia natural: isso serve de balão de ensaio para demonstrar que lá também há quem tenha idéias. A energia — é o senhor que a está rotulando de natural, porque, pelo que eles dizem, nem se discute que ela é natural: uma coisa feita para o consumo, na medida em que uma represa pode contê-la e torná-la útil. Só que, veja bem, não é pelo fato de a represa ser decorativa numa paisagem que a energia é natural.

*O mito libidinal*   Que uma "força vital" possa constituir o que se gasta ali constitui uma metáfora grosseira. Porque a energia não é uma substância que, por exemplo, se aprimore ou azede ao envelhecer — é uma constante numérica que o físico precisa encontrar em seus cálculos, para poder trabalhar.

Trabalhar de conformidade com o que, de Galileu a Newton, fomentou-se de uma dinâmica puramente mecânica: com o que constitui o núcleo do que é chamado, mais ou menos apropriadamente, de uma física rigorosamente verificável. Sem essa constante, que nada mais é do que uma combinação de cálculo, não há mais física. Há quem pense que os físicos zelam por isso e arranjam as equivalências entre massas, campos e impulsos para que delas possa sair um número que satisfaça o princípio da conservação da energia. Mas é preciso que esse princípio possa ser postulado, para que uma física satisfaça a exigência de ser verificável: esse é um fato da experiência mental, como se expressava Galileu. Ou, melhor dizendo: a condição de que o sistema seja matematicamente fechado prevalece inclusive sobre a suposição de que ele seja fisicamente isolado.

Isso não é da minha lavra. Qualquer físico sabe claramente, ou seja, de maneira pronta a ser afirmada, que a energia nada mais é do que a cifra de uma constância.

Ora, o que Freud articula como processo primário no inconsciente — isto é meu, mas podem ir lá e verão — não é alguma coisa que se cifra, mas que se decifra. Digo eu: o próprio gozo. Caso em que ele não constitui energia e não poderia inscrever-se como tal.

*Não há como estabelecer uma energética do gozo.*

[523]

Os esquemas da segunda tópica pelos quais Freud se arrisca a enveredar, como o célebre ovo de galinha, por exemplo, são um verdadeiro *pudendum* e se prestariam à análise, caso se analisasse o Pai. Ora, considero que está fora de questão analisar o Pai real, e que o manto de Noé cai melhor quando o Pai é imaginário.

De modo que prefiro interrogar-me sobre o que distingue o discurso científico do discurso histérico, com o qual convém dizer que Freud, ao colher seu mel, não deixa de ter algo a ver. Pois o que ele inventa é o trabalho das abelhas como não pensando, não calculando nem julgando, ou seja, aquilo que já destaquei aqui mesmo — embora, afinal, talvez não seja isso o que pensa von Frisch.

Concluo que o discurso científico e o discurso histérico têm *quase* a mesma estrutura, o que explica o erro que Freud nos sugere da esperança de uma termodinâmica pela qual, no futuro da ciência, o inconsciente encontraria sua explicação póstuma.

Pode-se dizer que, decorridos três quartos de século, não se esboça a menor indicação de tal promessa, e que até se distancia a idéia de fazer o processo primário ser endossado pelo princípio que, por ser chamado do prazer, não demonstraria nada, exceto que nos agarramos à alma como a sarna ao cachorro. Pois, que outra coisa seria a famosa tensão menor com que Freud articula o prazer senão a ética de Aristóteles?

*O Bem-dizer não diz onde está o Bem.*

Não pode tratar-se do mesmo hedonismo do qual os epicuristas fizeram um emblema. Seria preciso que eles tivessem algo de muito precioso a abrigar, e até de mais secreto que os estóicos, para, por causa desse emblema — que hoje significaria apenas psiquismo —, deixarem-se ser xingados de porcos.

Seja como for, me restringi a Nicômaco e a Eudemo, isto é, a Aristóteles, para deles diferenciar vigorosamente a ética da psicanálise — para a qual abri caminho durante um ano inteiro.

A história de que eu negligenciaria o afeto é farinha do mesmo saco.

*Nada de harmonia do ser no mundo...*

Que me respondam apenas uma coisa: afeto diz respeito ao corpo? Uma descarga de adrenalina é ou não é do corpo? Que perturba suas funções, é verdade. Mas, em que isso provém da alma? O que isso descarrega é pensamento.

*... se ele fala.*

Então, o que se deve pesar é se minha idéia de que o inconsciente é estruturado como uma lingua-

Televisão 523

gem permite verificar mais seriamente o afeto —
do que a idéia expressada de que ele é um tumulto
em que se produz uma disposição melhor. Pois é
isso que me contrapõem.

O que digo do inconsciente vai ou não vai mais
longe do que esperar que o afeto, qual fruta madura,
lhes caia no bico, adequada? *Adaequatio* que é mais
bufa por remeter a uma outra, bem servida, que nesse caso conjuga *rei*, a coisa, com *affectus*, o afeto
com que ela se reacomodará. Foi preciso chegarmos a nosso século para que os médicos saíssem
com essa.

Quanto a mim, só fiz restabelecer o que Freud
enuncia num artigo de 1915 sobre o recalque, e em
outros que voltam ao assunto: que o afeto é deslocado. Como se julgaria esse deslocamento, a não *A metonímia*
ser pelo sujeito que se supõe por ele não aparecer *para o corpo é*
ali nada melhor do que pela representação? *de regra, ...*

Explico isso a partir do "bando" de Freud,
para, tal como ele, evidenciá-lo, já que devo também reconhecer que lido com o mesmo. Só que demonstrei, através de um recurso à sua correspondência com Fliess (na edição expurgada, a única
que temos dessa correspondência[9]), que a dita representação, especialmente recalcada, não é nada
menos do que a estrutura, e precisamente tal como *... porque o*   [525]
ligada ao postulado do significante. Cf. carta 52: *sujeito do*
esse postulado está escrito lá. *pensamento é*

Dizerem que negligencio o afeto, para gargan- *metaforizado.*
tearem ao impô-lo, como podem sustentar isso sem
se lembrarem de que por um ano, o último de minha
temporada no Sainte-Anne, tratei da angústia?

Alguns sabem da constelação em meio à qual
lhe dei lugar. A comoção, o impedimento, o emba-

---

9   Agora não mais expurgada; ver J. Moussaieff Masson (org.), *A correspondên-*
*cia completa de Sigmund Freud para Wilhelm Fliess, 1887-1904*, Rio de Janeiro,
Imago, 1986. (N.E.)

# 524 Outros Escritos

raço, diferenciados como tais, são prova suficiente de que do afeto não faço pouco caso.

É verdade que ouvir-me no Sainte-Anne era proibido aos analistas em formação na SAMCDA. Não o lamento. Nesse ano afetei tão bem o meu pessoal por fundar a angústia no objeto a que ela concerne — longe de ser desprovida dele (aí ficam os psicólogos, que não puderam dar outra contribuição senão distingui-la do medo...) —, por fundá-la, dizia eu, nesse abjeto, como agora prefiro designar meu objeto (*a*), que um dos meus sentiu a vertigem (vertigem reprimida) de, tal como a esse objeto, deixar-me de lado.

Reconsiderar o afeto a partir de meus dizeres reconduz, pelo menos, ao que dele é dito de assegurado.

Será que a simples ressecção das paixões da alma, como são Tomás denomina com mais justeza esses afetos, a ressecção, desde Platão, dessas paixões segundo o corpo — cabeça, coração, ou até, como diz ele, επιθυμια ou sobrecoração —, já não atesta ser necessário, para abordá-las, passar pelo corpo, que afirmo só ser afetado pela estrutura?

Indicarei por onde se poderia dar uma seqüência séria, a ser entendida como serial, ao que prevalece do inconsciente nesse efeito.

A tristeza, por exemplo, é qualificada de depressão, ao se lhe dar por suporte a alma, ou então a tensão psicológica do filósofo Pierre Janet. Mas esse não é um estado de espírito [*état d'âme*], é simplesmente uma falha [*faute*] moral, como se exprimiam Dante ou até Espinosa: um pecado, o que significa uma covardia moral, que só é situado, em última instância, a partir do pensamento, isto é, do dever de bem dizer, ou de se referenciar no inconsciente, na estrutura.

E o que se segue — bastando que essa covardia, por ser rechaço [*rejet*] do inconsciente, chegue à psicose — é o retorno no real daquilo que foi

[526]

*Só há ética do*
*Bem-dizer, ...*

*Televisão* 525

rechaçado de linguagem; é a excitação maníaca pela qual esse retorno se faz mortal. No pólo oposto da tristeza existe o gaio *issaber* [*gay sçavoir*] o qual, este sim, é uma virtude. Uma virtude não absolve ninguém do pecado — original, como todos sabem. A virtude que designo como gaio issaber é o exemplo disso, por manifestar no que ela consiste: não em compreender, fisgar [*piquer*] no sentido, mas em roçá-lo tão de perto quanto se possa, sem que ele sirva de cola para essa virtude, para isso gozar com o deciframento, o que implica que o gaio issaber, no final, faça dele apenas a queda, o retorno ao pecado.

... *só há saber de não sentido.*

Nisso tudo, onde está o que traz felicidade, feliz acaso?[10] Exatamente em toda parte. O sujeito é feliz. Esta é até sua definição, já que ele só pode dever tudo ao acaso, à fortuna, em outras palavras, e que todo acaso lhe é bom para aquilo que o sustenta, ou seja, para que ele se repita.

*No "encontro*

O espantoso não é que ele seja feliz sem desconfiar do que o reduziu a isso — sua dependência da estrutura —, mas que adquira a idéia da beatitude, uma idéia que vai tão longe que o sujeito sente-se exilado dela.

*marcado" com*

*o* (a), ...

Felizmente, temos aí o poeta para dar o serviço: Dante, que acabei de citar, e outros, fora as enrolações dos que fazem seu cofrinho no classicismo.

Um olhar, o de Beatriz, ou seja, um tantinho de nada, um batimento de pálpebras e o requintado dejeto daí resultante, e eis surgido o Outro que só devemos identificar com o gozo dela, o gozo que o poeta, Dante, não pode satisfazer — já que dela só pode ter esse olhar, só esse objeto, — mas com o qual nos enuncia que Deus a cumula; e é justamente

[527]

---

10 No orig., *bon heur*. Ao separar a palavra Lacan reúne tanto o sentido de *bonheur* (felicidade) quanto o de bom/feliz (*bon*) acaso (*heur*). (N.E.)

*...em se tratando de gozo de mulher, ...*

*...o Outro ganha ex-sistência, ...*

*...mas não substância de Um.*

pela boca de Beatriz que ele nos provoca, ao receber desse gozo a garantia.

Ao que em nós responde: tédio [*ennui*]. Palavra com que, fazendo as letras dançarem como no cinematógrafo, até se reposicionarem numa linha, recompus o termo *uniano* [*unien*]. Pelo qual designo a identificação do Outro com o Um. Digo: o Um místico, do qual o outro cômico, destacando-se como eminência no *Banquete* de Platão — Aristófanes, para indicar seu nome —, nos fornece o equivalente bruto no animal-de-dois-costados cuja bissecção imputa a Júpiter, que não tem nada com isso: é muito feio, eu já disse que isso não se faz. Não se mete o Pai real nessas inconveniências.

Mas o fato é que Freud também cai nessa, pois o que imputa a Eros, na medida em que o opõe como princípio "da vida" a Tânatos, é unir — como se, afora uma breve coiteração, [*coïtération*] nunca se tivesse visto dois corpos unirem-se num só.

*Porque "nada é tudo" nos desfilamentos do significante, ...*

*...o afeto é desacordo, ...*

Assim, o afeto vem a um corpo cuja propriedade seria habitar a linguagem — adorno-me aqui de uma plumagem que se vende melhor do que a minha —; o afeto chega, dizia eu, por não encontrar alojamento, pelo menos não a seu gosto. Chama-se a isso morosidade, e também mau humor. Será um pecado, uma pitada de loucura, ou um verdadeiro toque do real?

Você pode ver que, para entoar o afeto, melhor teria sido os SAMCDA pegarem minha rabeca. Isso os teria levado mais longe do que ficarem contando moscas.

[528]

Que você compreenda a pulsão nos gestos vagos com que alguns se protegem de meu discurso é conceder-me tantos privilégios que chego a lhe ser grato, pois disto sabe muito bem, você que com impecável pincel transcreveu meu Seminário 11: quem, além de mim, soube arriscar-se a dizer dela o que quer que fosse?

Pela primeira vez, e especialmente em você,[11] senti-me escutado por outros ouvidos que não morosos, ou seja, que não ouviam nisso que eu Outrificava o Um, como se precipitou a pensar a própria pessoa que me havia chamado ao lugar que me valeu sua audiência.

Ao ler os capítulos 6, 7, 8, 9, 13 e 14 desse *Seminário 11*, quem não sentiu o benefício que se extrai de não traduzir *Trieb* por instinto, e — seguindo muito de perto essa pulsão, ao chamá-la de deriva — o de, colando em Freud, desmontar e remontar sua bizarria?

*... e a pulsão, deriva.*

Ao me seguir nisso, quem não sentirá a diferença que há entre a energia, constante sempre identificável do Um com que se constitui o experimental da ciência, e o *Drang*, ou ímpeto da pulsão, que, sendo gozo, decerto retira tão-somente das bordas corporais — cheguei a dar a forma matemática disso — sua permanência? Uma permanência que consiste apenas na instância quádrupla em que cada pulsão se sustenta, por coexistir com outras três. É só por ser potência que o quatro dá acesso à desunião que se trata de evitar, naqueles em quem o sexo não basta para torná-los parceiros.

É verdade que não estou fazendo disso a aplicação mediante a qual se distinguem neurose, perversão e psicose.

*Assim não posso dizer o que és para mim.*

Já o fiz em outro lugar: nunca procedendo senão de acordo com os desvios que o inconsciente transforma em caminhos, ao retroceder em seus passos. A fobia do Pequeno Hans, mostrei que ela era assim, ali onde ele fazia Freud e seu pai darem voltas e mais voltas, mas disso, desde então, os analistas têm medo.

---

11 Isto é, na École Normale Supérieure, da qual era aluno Jacques-Alain Miller, a quem Lacan se dirige neste e no parágrafo anterior, e onde se realizou seu seminário entre 1964 e 1973, ano em que foi ao ar essa entrevista na televisão. (N.E.)

# V

— *Há um boato que corre: se gozamos tão mal, é porque existe uma repressão do sexo, e a culpa disso é, primeiro, da família, segundo, da sociedade, e particularmente do capitalismo. Essa é uma questão que se formula.*

— É uma questão (permito-me dizer, pois falo a partir de suas questões), uma questão que poderia ser entendida como seu desejo de saber de que modo responder a ela, você mesmo, no caso. Ou seja, se ela lhe fosse feita por uma voz, em vez de uma pessoa, uma voz concebível apenas como proveniente da tevê, uma voz que não ex-siste, justamente por nada dizer, mas a voz em cujo nome eu, por minha vez, faço ex-sistir esta resposta, que é interpretação.

$$\frac{a \to \mathcal{S}}{S_2}$$

Para dizê-lo cruamente, você *sabe* que tenho resposta para tudo, em função do que me empresta a pergunta: está se fiando no provérbio que diz que só se empresta aos ricos. Com razão.

Quem não sabe que foi do discurso analítico que fiz fortuna? Donde sou um *self-made man*. Já houve outros, mas não hoje em dia.

Freud não disse que o recalque *provém* da repressão, que (para dar uma imagem) a castração se deve ao fato de o Papai, diante de seu guri que bole com o pintinho, ameaçar: "vai ser cortado fora, se você continuar com isso."

Mas é muito natural que tenha ocorrido a Freud a idéia de partir daí para a experiência — a ser entendida pelo que a define no discurso analítico. Digamos que, à medida que avançava, ele pendia mais para a idéia de que o recalque era primário.

*O recalque originário.* Foi essa, no conjunto, a virada da segunda tópica. A gulodice pela qual Freud denotou o supereu é estrutural — não é um efeito da civilização, mas um "mal-estar (sintoma) na civilização".

De modo que há boas razões para retomar o exame, partindo de que é o recalque que produz a repressão. Por que a família e a própria sociedade não seriam criações edificadas a partir do recalque? Nada menos que isso, mas poderia ser assim, pelo fato de que o inconsciente ex-siste, é motivado pela estrutura, ou seja, pela linguagem. Freud eliminou tão pouco essa solução, que foi para decidi-la que se empenhou no caso do Homem dos Lobos, homem este que ficou meio mal. Mas parece que esse fracasso, fracasso do caso, é pouco, comparado a seu sucesso: o de estabelecer o real dos fatos.

Se esse real permanece enigmático, caberá atribuir isso ao discurso analítico, por ser, ele mesmo, uma instituição?

Se assim é, não resta outro recurso senão o projeto da ciência para dar conta da sexualidade, visto que a sexologia, nessa história, ainda é um projeto. Projeto no qual — e ele insistia nisso — Freud tinha confiança. Confiança que confessava ser gratuita, o que diz muito sobre sua ética.

Ora, o discurso analítico, por sua vez, traz uma promessa: introduzir o novo. E isso, coisa incrível, no campo a partir do qual se produz o inconsciente, já que seus impasses, certamente entre outros, mas em primeiro lugar, revelam-se no amor.

*Novidade no amor*

Não é que todo o mundo não esteja alertado para essa novidade que corre pelas ruas, mas é que ela não desperta ninguém, em razão de que essa novidade é transcendente: a palavra deve ser tomada com o mesmo signo que constitui na teoria dos números, ou seja, matematicamente.

Donde não é à toa que ela se assenta no nome de trans-ferência.

[531]

Para despertar minha gente, articulo essa transferência a partir do "sujeito suposto saber". Cabe aí uma explicação, um desdobramento do que o nome só evidencia obscuramente. Isto é: o sujeito, através da transferência, é suposto no saber em que ele consiste como sujeito do inconsciente, e é isso que é transferido para o analista, ou seja, esse saber como algo que não pensa, não calcula nem julga, nem por isso deixando de produzir um efeito de trabalho.

$\frac{a}{S_2}$

Isso vale o que puder, esse desbravamento, mas é como se eu falasse ao vento... ou pior, como se fosse medo que eu lhes metesse. SAMCDA *simplicitas*: eles não se atrevem. Não ousam avançar para onde isso leva.

E não é que eu não moureje! Profiro que "o analista só se autoriza de si mesmo". Instituo o "passe" em minha Escola, ou seja, o exame do que faz um analisante decidir colocar-se como analista — e sem forçar ninguém a fazê-lo. Ainda não está dando frutos, devo confessar, mas estamos cuidando disso por lá, e não faz tanto tempo que tenho minha Escola.

Não que eu tenha a esperança de que, em outros lugares, deixem de fazer da transferência uma devolução ao remetente. Isso é atributo do paciente, uma singularidade que só nos afeta por nos recomendar prudência, antes de mais nada em sua apreciação, mais ainda que em seu manejo. Aqui, a gente se arranja com isso, mas lá, onde iríamos parar?

*Transfinito do discurso*

O que sei é que o discurso analítico não pode ser sustentado por um só. Tenho a sorte de haver quem me siga. O discurso, portanto, tem aí sua chance.

*Impossível do Bem-dizer sobre o sexo, ...*

[532]

Nenhuma efervescência — que é também suscitada por ele — seria capaz de suspender o que ele atesta de uma maldição sobre o sexo, evocada por Freud em seu *Mal-estar*.

Se falei de tédio ou mesmo de morosidade a propósito da abordagem "divina" do amor, como desconhecer que esses dois afetos se denunciam — em palavras e até em atos — nos jovens que se entregam a relações sem repressão? E o mais incrí-

*Televisão* 531

vel é que os analistas em quem eles encontram essa motivação fechem a cara para eles.

Mesmo que as lembranças da repressão familiar não fossem verdadeiras, seria preciso inventá-las, e não se deixa de fazê-lo. O mito é isso, a tentativa de dar forma épica ao que se opera pela estrutura.

O impasse sexual secreta as ficções que racionalizam a impossibilidade da qual provém. Não as digo imaginadas, mas leio aí, como Freud, um convite ao real que responde por isso. *é de estrutura, ...*

A ordem familiar só faz traduzir que o Pai não é o genitor e que a Mãe permanece contaminando a mulher para o filhote do homem; o resto é conseqüência. *... leia-se o mito de Édipo.*

Não é que eu aprecie o gosto pela ordem que há nesse meninote, e que ele enuncia ao dizer: "Pessoalmente (*sic*), tenho horror à anarquia." É próprio da ordem, ali onde existe um mínimo dela, não se ter que apreciá-la, já que está estabelecida.

Isso já aconteceu em algum lugar, por (feliz) acaso [*bon heur*] e é acaso, feliz apenas o bastante para demonstrar que não dá certo nem mesmo para um esboço de liberdade. Trata-se do capitalismo reposto em ordem. Da época, portanto, propícia quanto ao sexo, já que, na verdade, foi disso que partiu o capitalismo, de jogá-lo para escanteio.

Você resvalou no esquerdismo, mas não, ao que eu saiba, no sexo-esquerdismo. É que este só decorre do discurso analítico, tal como ele ex-siste por ora. Ex-siste mal, por só fazer redobrar a maldição sobre o sexo. No que mostra temer a ética que situei pelo Bem-dizer.

*— Isso não equivale apenas a reconhecer que não há nada a esperar da psicanálise no que tange a aprender a fazer amor? Assim, é compreensível que as esperanças se voltem para a sexologia.* [533]

— Como dei a entender há pouco, é mais da sexologia que não há nada a esperar. Não se pode, pela observação do que nos chega aos sentidos, isto é, pela perversão, construir nada de novo no amor. Deus, ao contrário, ex-sistiu tão bem que o paganismo povoou o mundo com ele, sem que ninguém entendesse nada do assunto. Eis ao que retornamos.

*Sabedoria?* Graças a Deus, como se costuma dizer, outras tradições nos garantem que houve pessoas mais sensatas, no Tao, por exemplo. É pena que o que fazia sentido para elas seja sem importância para nós, por deixar frio o nosso gozo.

Não há por que nos espantarmos, se o Caminho, como eu disse, passa pelo Signo. Se nisso se demonstra um impasse — digo bem: certifica-se ao se demonstrar —, essa é nossa chance de tocarmos no real puro e simples — como o que impede que se diga *toda* a verdade.

*Deus é dizer.* Não haverá di-vini-zer [*di-eu-re*] do amor senão esse cômputo final, cujo complexo só pode ser dito ao se tornar tortuoso.

— *O senhor não fecha a cara para os jovens, como disse. É claro que não, já que um dia lhes disse, em Vincennes: "Como revolucionários, vocês aspiram a um mestre/senhor. Pois vão tê-lo." Em suma, o senhor desencoraja a juventude.*

[534] — Eles me enchiam a paciência, como era moda na época. Tinha que pôr as coisas em pratos limpos.

Foi uma coisa tão verdadeira que, desde então, eles se amontoam em meu seminário. Por preferirem, em suma, minha bonança ao cassetete.

— *De onde lhe vem, por outro lado, a segurança de profetizar a escalada do racismo? E por que diabos dizer isso?*

— Porque não me parece engraçado e, no entanto, é verdade.

No desatino de nosso gozo, só há o Outro para situá-lo, mas na medida em que estamos separados dele. Daí as fantasias, inéditas quando não nos metíamos nisso.

Deixar esse Outro entregue a seu modo de gozo, eis o que só seria possível não lhe impondo o nosso, não o tomando por subdesenvolvido. Somando-se a isso a precariedade de nosso modo, que agora só se situa a partir do mais-de-gozar e já nem sequer se enuncia de outra maneira, como esperar que se leve adiante a humanitarice de encomenda de que se revestiam nossas exações? Deus, recuperando a força, acabaria por ex-sistir, o que não pressagia nada melhor do que um retorno de seu passado funesto.

VI

[535]

— *Três perguntas resumem, para Kant, conforme o Cânon da primeira Crítica, o que ele chama de "o interesse de nossa razão":* Que posso saber? Que devo fazer? Que me é lícito esperar? *Formulação que, como o senhor não ignora, deriva da exegese medieval, precisamente de Agostinho de Dácia. Lutero a cita, para criticá-la. Eis o exercício que lhe proponho: por sua vez, responder a isso ou reiterá-lo.*

— A expressão "os que me ouvem" deveria, aos próprios ouvidos daqueles a quem concerne, revelar-se de uma modulação diferente quando neles ressoam suas perguntas, a ponto de lhes ficar evidente a que ponto meu discurso não corresponde a esse.

Aliás, mesmo que fosse apenas em mim que elas surtissem esse efeito, ele continuaria a ser objetivo, pois é de mim que elas fazem objeto no que sobra desse discurso, a ponto de entenderem que ele as exclui — indo a coisa em benefício (quanto a mim, "é verdade", secundário) de me dar razão por aquilo com que quebro a cabeça quando estou nesse discurso: a audiência que ele colhe e que, a meu ver, lhe é desproporcional. Para essa audiência, a conseqüência é não mais ouvir isso.

Há algo aí que me incita a me fazer embarcação de sua flotilha kantiana, para que meu discurso se ofereça à prova de uma outra estrutura.

— *Pois bem, que posso saber?*

[536] *"Eu já sabia disso",...* — Meu discurso não admite a pergunta sobre o que se pode saber, já que parte de supor o saber como sujeito do inconsciente.

É claro que não ignoro o choque que foi Newton para os discursos de sua época, e que foi disso que provieram Kant e sua cogitadura. Desta ele faria uma borda, borda precursora da análise, ao opôla frontalmente a Swedenborg, mas, para tatear Newton, voltou à velha rotina filosófica de imaginar que Newton resumia da dita o estagnar. Houvesse Kant partido do comentário de Newton sobre o Livro de Daniel, não é certo que tivesse encontrado o móbil do inconsciente. Questão de estofo.

Quanto a isso, abro o verbo sobre o que o discurso analítico responde à incongruência da pergunta "que posso saber?". Resposta:

*...porque "a priori" é a linguagem,...* nada que não tenha a estrutura da linguagem, de todo modo, donde resulta que até onde irei *dentro* desse limite é uma questão de lógica.

Isso se afirma pelo fato de o discurso científico ter sucesso na alunissagem, na qual se atesta, para o pensamento, a irrupção de um real. E sem que a matemática tenha outro aparelho que não o da linguagem. Foi a isso que reagiram os contemporâneos de Newton. Eles perguntaram como é que cada massa sabia da distância das outras. Ao que Newton retrucou: "Deus sabe" — e faz o que é preciso.

# Televisão    535

Mas, ao entrar o discurso político — atente-se    [537]
para isso — no avatar, produziu-se o advento do
real, a alunissagem, aliás sem que o filósofo que há
em todos, por intermédio do jornal, se comovesse
com isso, a não ser vagamente.

O que está em jogo agora é o que ajudará a
extrair o real-da-estrutura: aquilo que da língua não
constitui cifra, mas signo a decifrar.

Minha resposta, portanto, não repete Kant, exceto pelo fato de que desde então foram descobertos os
fatos do inconsciente, e de que se desenvolveu uma
lógica a partir da matemática, como se o "retorno"
desses fatos já a suscitasse. Nenhuma crítica, na ver-    *... mas não a*
dade, apesar do título bem conhecido de seus livros,    *lógica das*
vem julgá-los pela lógica clássica, no que Kant ape-    *classes.*
nas atesta ser um joguete de seu inconsciente, o qual,
por não pensar, não pode julgar nem calcular no trabalho que ele produz às cegas.

Quanto ao sujeito do inconsciente, ele engrena
sobre o corpo. Será Preciso repisar que ele só se
situa verdadeiramente a partir de um discurso, ou
seja, daquilo cujo artifício cria o concreto, e como!    *Não há discurso*
Daí, que se pode dizer — a partir do saber que    *que não seja de*
ex-siste para nós no inconsciente, mas que só é ar-    *semblante.*
ticulado por um discurso —, que se pode dizer do
real que nos chega através desse discurso? É assim
que sua pergunta se traduz em meu contexto, ou
seja, parece louca.

Mas há que ousar formulá-la como tal, para afirmar
de que modo, seguindo a experiência instituída, poderiam surgir proposições a ser demonstradas para
sustentá-la. Vamos lá.

Será possível dizer, por exemplo, que, quando
O homem quer *A* mulher, ele só a alcança ao enca-
lhar no campo da perversão? É o que se formula a
partir da experiência instituída pelo discurso psicanalítico. Se isso se confirmar, acaso será ensinável    *O matema*
a todo o mundo, isto é, será científico, já que a ciência abriu caminho partindo desse postulado?

Digo que sim, ainda mais que, como desejava Renan para "o futuro da ciência", isso não tem importância, já que *A* mulher não ex-siste. Mas o fato de não ex-sistir não impede que se faça dela o objeto do desejo. Muito pelo contrário, daí o resultado.

*A mulher*

[538] Com o que O homem, enganando-se, encontra *uma* mulher com quem tudo dá certo: ou seja, comumente, o fiasco em que consiste o sucesso do ato sexual. Os atores são capazes dos mais altos feitos nesse campo, como sabemos pelo teatro.

O nobre, o trágico, o cômico, o bufão (pontuando-se numa curva de Gauss), em suma, o leque do que é produzido pelo palco em que isso se exibe — aquele que desvincula as questões amorosas de qualquer vínculo social —, o leque, dizia eu, se realiza, produzindo as fantasias com que os seres da fala subsistem naquilo que denominam, não se sabe muito bem por quê, de "a vida". Pois da "vida" eles só têm noção através do animal, no qual seu saber não tem o que fazer.

Na verdade, como bem perceberam os poetas teatrais, nada tu-estemunha que a vida *deles*, seres falantes, não seja um sonho, exceto o fato de que eles matuam [*tu-ent*] nesses animais, matua-a-ti mesmo, como é o caso de dizer em lalíngua que me é amiga por ser minha, miol(ódio) [*mie(nne)*].

*"Tu és..."*

Pois, afinal de contas, a amizade, a Φιλια, sobretudo de Aristóteles (a quem não menosprezo por abandoná-lo), é justamente por onde se desequilibra esse teatro do amor na conjugação do verbo amar, com tudo o que se segue de devoção à economia, à lei da casa.

Como se sabe, o homem habita e, mesmo não sabendo onde, nem por isso deixa de ter o hábito. O εθος, como diz Aristóteles, tem tão pouco a ver com a ética — cuja homonímia ele assinala, sem chegar a separar um de outro — quanto o laço conjugal.

De que modo, sem suspeitar do objeto que serve de pivô nisso tudo, não *ethos* (ηθος), mas *ethos* (εθος) — o objeto (*a*), para nomeá-lo —, se pode estabelecer sua ciência?

É verdade que faltará harmonizar esse objeto com o matema que *A* ciência, a única que ainda ex-siste — *A* física —, encontrou no número e na demonstração. Mas como não encontraria uma palmilha ainda melhor no objeto de que falei, se este é o próprio produto do matema a ser situado a partir da estrutura, por pouco que ela seja real em-gage(em), em-gage(m) que o inconsciente faz aflorar em surdina [*à la muette*]?

[539]

Será preciso voltarmos, para nos convencermos disso, à pista que o *Mênon* já fornece, a saber, que existe acesso do particular à verdade?

É ao coordenar essas vias instauradas por um discurso que, mesmo no que ele só procede de um a um, do particular, concebe-se uma novidade que esse discurso transmite, tão incontestavelmente quanto a partir do matema numérico.

Basta que, em algum lugar, a relação sexual cesse de não se escrever, que se estabeleça a contingência (dá na mesma), para que se conquiste um esboço do que deverá ser concluído para demonstrar essa relação como impossível, ou seja, para instituí-la no real.

*O amor*

Essa própria chance, podemos antecipá-la por um recurso à axiomática, lógica da contingência a que nos acostuma aquilo de que o matema, ou o que ele determina como matemático, sentiu necessidade: abandonar o recurso a qualquer evidência.

Assim, prosseguiremos a partir do Outro, do Outro radical, evocado pela não-relação que o sexo encarna — desde que aí se perceba que o Um só existe, talvez, pela experiência do (a)sexuado.

Para nós, ele tem tanto direito quanto o Um de fazer de um axioma um sujeito. E vejamos o que a experiência sugere aqui. Primeiro, que às mulheres se impõe a negação que Aristóteles se recusa a aplicar ao universal, ou seja, serem não-todas, μη παντες. Como se, ao afastar do universal sua negação, Aristóteles não o tornasse simplesmente insignificante:

$\overline{\forall x} \bullet \Phi x$

o *dictus de omni et nullo* não garante ex-sistência alguma, como ele mesmo atesta, ao só afirmar essa ex-sistência do particular, sem se dar conta disso no sentido forte, isto é, sem saber por quê: — o inconsciente.

$\overline{\exists x} \bullet \overline{\Phi x}$ É por isso que *uma* mulher — já que de mais de uma não se pode falar — uma mulher só encontra *O* homem na psicose.

Postulemos esse axioma, não porque *O* homem não ex-sista, como é o caso d'*A* mulher, mas porque uma mulher o proíbe a si mesma, não por ele ser o Outro, mas porque "não há Outro do Outro", como costumo dizer.

Assim, o universal do que elas desejam é a loucura: todas as mulheres são loucas, como se diz. É por isso mesmo que não são todas, isto é, não loucas-de-todo,[12] mas antes, conciliadoras, a ponto de não haver limites para as concessões que cada uma faz a *um* homem: de seu corpo, de sua alma, de seus bens.

Sem que possa fazer nada quanto a suas fantasias, pelas quais é menos fácil responder.

Ela se presta, antes, à perversão que considero ser d'*O* homem. O que a leva à mascarada que conhecemos, e que não é a mentira que lhe imputam os ingratos, por aderir a *O* homem. É mais o haja-o-que-houver do preparar-se para que a fantasia d'*O* homem que há nela encontre sua hora da verdade. Isso não é exagero, visto que a verdade já é mulher, por não ser toda — não toda a se dizer, em todo caso.

Mas é no que a verdade se recusa com mais freqüência que, por sua vez, exigindo do ato ares de sexo que ele não pode sustentar, vem o fiasco: pautado como partitura musical.

Deixemos isso meio de través. Mas é justamente quanto à mulher que não se pode confiar no

---

12 A construção "*pas folles-du-tout*" admite também os sentidos de "nada têm de loucas" e de "não loucas pelo todo". (N.E.)

célebre axioma do Sr. Fenouillard e que, ultrapassadas as fronteiras, existe o limite: que não deve ser esquecido.

Pelo que, do amor, não é o sentido que importa, mas o signo, como em outros lugares. É justamente nisso que está todo o drama.

E não se há de dizer que, ao se traduzir pelo discurso analítico, o amor se esquiva, como faz por aí.

Daí, no entanto, a demonstrar que é a partir dessa insensatez por natureza que o real faz sua entrada no mundo do homem — ou seja, pelas passagens, incluindo tudo, ciência e política, que imprensam O homem alunissado —, daí até lá há uma boa margem.

Pois convém supor que existe um todo do real, o que primeiro seria preciso provar, já que sempre se supõe do sujeito apenas o racional. *Hypoteses non fingo* quer dizer que só ex-sistem discursos.

*[541]*

*"Não há relação sexual."*

— *Que devo fazer?*

— Só posso retomar a pergunta como todo mundo, por minha vez formulando-a para mim. E a resposta é simples. É o que faço: extrair de minha prática a ética do Bem-dizer, que já acentuei.

Tome isso como exemplo, se acredita que em outros discursos ela possa prosperar.

Mas eu duvido. Porque a ética é relativa ao discurso. Não vamos ficar de lenga-lenga.

A idéia kantiana da máxima a ser posta à prova pela universalidade de sua aplicação é apenas o trejeito com que o real cai fora, por ser tomado por um lado só.

É o pegar no pé que responde pela não-relação com o Outro, quando nos contentamos em tomá-lo ao pé da letra.

Uma ética de solteirão, em suma, aquela que foi encarnada por um Montherlant, mais próximo de nós.

*Só pergunta "que fazer?" aquele cujo desejo se apaga.*

*[542]*

540     *Outros Escritos*

Possa meu amigo Claude Lévi-Strauss estruturar o exemplo dele em seu discurso de posse na Academia, já que o acadêmico tem a felicidade [*bon heur*] de precisar apenas afagar a verdade para honrar sua posição.

É perceptível que, graças a seus cuidados, é nessa situação que eu mesmo me encontro.

— *Gostei da alfinetada. Mas, se o senhor não se recusou a esse exercício — de acadêmico, na verdade — é que, por sua vez, foi afagado. E eu lhe demonstro isso, uma vez que está respondendo à terceira pergunta.*

— Quanto a "o que me é lícito esperar", devolvolhe a pergunta, isto é, entendo-a, desta vez, como vinda de você. O que faço com ela, quanto a mim, já respondi antes.

Como ela me diria respeito sem que me dissesse o que esperar? O senhor pensa a esperança como não tendo objeto?

Então, o senhor, como qualquer outro a quem eu chamaria de senhor — é a esse senhor[13] que respondo —, espere o que lhe aprouver.

Saiba apenas que, por várias vezes, vi a esperança — aquilo a que se chama os róseos amanhãs[14] — levar ao suicídio, pura e simplesmente, pessoas a quem eu prezava tanto quanto a você.

---

13 Nesta entrevista, Jacques Lacan e Jacques Alain-Miller utilizam o *vous* para referirem-se um ao outro. Optamos por traduzi-lo pelo "você", um pouco mais íntimo em português do que seu equivalente em francês, sempre que possível, já que a alternativa "senhor" introduziria uma artificialidade inexistente no original. Nesta passagem, no entanto, foi preciso retomar o tratamento "senhor" para que se possa acompanhar a idéia de Lacan (que universaliza o *vous* endereçado a Miller). (N.E.)

14 "*Les lendemains qui chantent*", conhecida expressão do político e jornalista Gabriel Péri (1902-1941), transformada em lema comunista alusivo ao futuro feliz do povo após a revolução socialista. (N.E.)

*Televisão*   541

E por que não? O suicídio é o único ato capaz de ter êxito sem qualquer falha. Se ninguém sabe disso, é por partir da prevenção de nada saber. Mais uma vez, Montherlant, em quem, sem Claude, eu nem sequer pensaria.

Para que a pergunta de Kant tenha sentido, eu a transformarei em: de onde você espera? Em que gostaria de saber o que o discurso analítico pode *lhe* prometer, já que, para mim, isso é ponto pacífico. A psicanálise certamente lhe permitiria esperar elucidar o inconsciente de que você é sujeito. Mas todos sabem que não incentivo ninguém a isso, ninguém cujo desejo não esteja decidido.

[543]

*Não queres saber nada do destino que o inconsciente cria para ti?*

E mais — perdoe-me por falar das pessoas de má companhia —, creio que se deve recusar o discurso analítico aos canalhas: com certeza era isso que Freud disfarçava com um pretenso critério de cultura. Os critérios da ética, infelizmente, não são mais seguros. Seja como for, é por outros discursos que eles podem ser julgados e, se me atrevo a articular que a análise deve ser recusada aos canalhas, é porque os canalhas se tornam bestas [*bêtes*], o que por certo é uma melhora, mas sem esperança, para retomar a sua formulação.

Aliás, o discurso analítico impede aquele que já não está na transferência de demonstrar essa relação com o sujeito suposto saber — que é uma manifestação sintomática do inconsciente.

Eu exigiria, além disso, um dom do tipo daquele com que se tria o acesso à matemática, se tal dom existisse, mas a verdade é que, sem dúvida por falta de algum matema que tenha saído desse discurso, excetuados os meus, ainda não há um dom discernível na experiência.

A única chance que ex-siste decorre apenas do feliz acaso [*bon heur*], com o que pretendo dizer que a esperança não adiantará nada, o que basta para torná-la inútil, isto é, para não permiti-la.

542     *Outros Escritos*

[544]

## VII

— Titile, então vejamos, *a verdade que Boileau versifica assim: "O que bem se concebe é enunciado com clareza." Seu estilo etc.*

*Para quem joga com o cristal da língua, ...*

— Respondo-lhe na bucha. Bastam dez anos para que o que escrevo se torne claro para todos; vi isso por minha tese, embora nela meu estilo ainda não fosse cristalino. É um fato de experiência, portanto. Mas não o estou remetendo às calendas gregas.

Restabeleço que o que bem se enuncia é concebido claramente — "claramente" quer dizer que isso achou seu caminho. É até desesperadora essa promessa de sucesso para o rigor de uma ética, de sucesso de venda, pelo menos.

Isso nos faria sentir a que preço de neurose se mantém o que Freud nos recorda: que não é o mal, e sim o bem, que gera a culpa.

Impossível nos orientarmos nisso sem ter a mínima suspeita do que significa a castração. E isso nos esclarece acerca da história que Boileau "claramente" deixava correr a esse respeito, para que nos enganássemos, ou seja, nos fiássemos nela.[15]

*... um ganso sempre come o sexo.*

A maledicência [*médit*] instalada em seu reputado *ocre* — "Não há gradação do medí-ocre ao pior" —, eis o que tenho dificuldade de atribuir ao autor do verso que humoriza tão bem essa palavra.

Tudo isso é fácil, mas funciona melhor no que se revela — ouvindo o que retifico com mão pesada — pelo que é: um chiste em que ninguém entende nada.

[545]

Acaso não sabemos que o chiste é o lapso calculado, aquele que tira proveito do inconsciente? Isso se lê em Freud sobre o chiste.

---

15 A história que circulava dizia respeito à suposta impotência de Boileau, que se deveria ao fato de ele ter sido bicado na genitália por um ganso quando pequeno. (N.E.)

E, como o inconsciente não pensa, não calcula etc., isso é ainda mais pensável.

Pode-se surpreendê-lo tornando a escutar, se possível, o que me diverti em modular em meu exemplo do que se pode saber, e mais: não tanto por jogar com o feliz acaso [*bon heur*] de lalíngua, mas por acompanhar sua ascensão na linguagem... Foi preciso até um empurrãozinho para que eu o percebesse, e é nisso que se demonstra o refinamento do lugar da interpretação.

Será que supor, diante da luva virada pelo avesso, que a mão sabia o que estava fazendo não equivale a restituir o mérito a alguém que seria apoiado por La Fontaine e Racine?

A interpretação precisa ser presta para prestar o entrepréstimo [*entrepêt*].

Do que perdura de perda pura ao que só aposta do pai ao pior.

$$\frac{a}{(-\varphi)}$$

[547]

# *... ou pior*

### RELATÓRIO DO SEMINÁRIO DE 1971-72

Título de uma escolha. Outros s'...uspioram [*s'...oupirent*]. Aposto em não fazer dele uma honra para mim. Trata-se do sentido de uma prática que é a psicanálise.

Assinalo que dupliquei esse seminário com um outro, intitulado o "saber do psicanalista", conduzido com o ar de sarcasmo que me era inspirado pelo Sainte-Anne, para onde eu estava voltando.

Em que meu título da Hautes Études justifica que, em Paris-I-II, onde era hóspede, eu tenha falado do Um? — É o que poderiam ter-me perguntado, já que isso foi tácito.

O fato de a idéia não ter ocorrido a ninguém liga-se ao avanço que me atribuem no campo da psicanálise.

Aqueles que aponto como s'...uspiorando, é ao Um que isso os leva.

De resto, eu não fazia do Um uma reflexão, mas, a partir do dito "há Um", ia aos termos que seu uso demonstra, para deles fazer psicanálise.

O que já está no *Parmênides*, isto é, no diálogo de Platão, por uma curiosa vanguarda. Indiquei sua leitura a meus ouvintes, mas, será que eles a fizeram? Quero dizer: eles leram como eu? Isso não é indiferente para este relatório.

A data do discurso analítico recomenda aplicar a um real como o triângulo aritmético, *matemático* por excelência, ou seja, transmissível fora do sentido, a análise pela qual Frege gerou o Um do conjunto vazio, nascido em sua época — ou seja, na qual ele resvalou para o equívoco do nome de número zero para instaurar que zero e um são dois. Donde Cantor repôs em questão toda a série dos números inteiros e remeteu o enumerável ao primeiro infinito, chamado $\aleph_0$, o primeiro Um diferente a transpor o corte do primeiro: aquele que de fato o separa do dois.

544

Era isso mesmo que Leibniz pressentia com sua mônada, mas que, na impossibilidade de desembaraçá-la do ser, deixou na confusão plotiniana, aquela que beneficia a defesa e a ilustração do mestre.

É nisso que s'...uspioram os analistas que não conseguem acostumar-se a ser promovidos como abjeção ao lugar definido pelo fato de o Um ocupá-lo por direito, com o agravante de que esse lugar é o da aparência [semblant], ou seja, aquele em que o ser se faz a letra, poderíamos dizer. [548]

Como se habituariam eles ao fato de ser do lado do analisante que o Um seja admitido, mesmo que seja posto para trabalhar (cf. adiante)?

O que eles suportam ainda menos é o inabalável do Um na ciência moderna, não porque nele se mantenha o universo, mas porque a constância da energia serve de pivô a tal ponto que nem mesmo as recusas da univocidade pela teoria dos *quanta* refutam essa constância única, ou mesmo que a probabilidade promova o Um como o elemento mais próximo da natureza, o que é cômico.

É que fazer-se um ser de abjeção pressupõe que o analista se enraíze de outra maneira numa prática que joga com outro real: justamente aquele que para nós está em-jogo de dizer.

E isso é diferente da observação de que a abjeção, no discurso científico, tem a patente de verdade, nada menos. O que se manifesta desde a origem na histeria de Sócrates, e nos efeitos da ciência, para tornar a vir à luz mais cedo do que se pode imaginar.

Mas o que retificar [reprendre] ao ao-menos-eu dos analistas, se é disso que agüento o tranco?

Por que soube Freud dar conta do fato de a filha de vocês ser muda? Trata-se da cumplicidade de que acabamos de falar, a da histeria com a ciência. Além disso, a questão não é a descoberta do inconsciente, que tem no simbólico sua matéria pré-formada, mas a criação do dispositivo pelo qual o real toca no real, ou seja, daquilo que articulei como o discurso analítico.

Essa criação só podia produzir-se a partir de uma certa tradição da Escrita, cuja articulação cabe sondar com o que ela enuncia da criação.

Resulta daí uma segregação contra a qual não me coloco, embora prefira uma formação que se dirija a todos os homens, mes-

546  *Outros Escritos*

mo que, a serem seguidas as minhas fórmulas, não-toda mulher ela inclua.

Não porque uma mulher seja menos dotada para se sustentar nela, muito pelo contrário, e justamente por ela não s'...uspiorar pelo Um, sendo do Outro, a aceitarmos os termos do *Parmênides*.

[549]  Para dizer cruamente a verdade que se inscreve a partir dos enunciados de Freud sobre a sexualidade, não há relação sexual. Essa fórmula faz sentido por resumi-los. Pois, se o gozo sexual se injeta a tal ponto nas relações daquele que assume o ser pela fala — pois é isso o ser falante —, não será porque ele não tem com o sexo, como especificando um parceiro, nenhuma relação quantificável, digamos, para indicar o que a ciência exige (e que ela aplica ao animal)?

É sumamente concebível que a idéia universitária embaralhe isso por classificá-lo no pansexualismo.

Ao passo que, se a teoria do conhecimento durante muito tempo foi apenas uma metáfora das relações do homem com a mulher imaginada, é justamente para se opor a isso que se situa o discurso analítico. (Freud rejeitou Jung.)

Que, da inconsistência dos ditos amorosos antigos, a análise tenha a tarefa de fazer a crítica, eis o que resulta da própria idéia do inconsciente como algo que se revela como saber.

O que nos traz a experiência disposta pela análise é que o menor viés do texto dos ditos do analisante nos fornece, quanto a isso, uma captação mais direta do que o mito, que só é admitido pelo genérico na linguagem.

Isso equivale a voltar ao registro civil, certamente, mas, por que não essa via de humildade?

Se existe solidariedade — e nada mais a propor — entre a não relação dos sexos e o fato de que um ser seja falante, essa é uma forma tão válida quanto as errâncias habituais da consciência para situar a suposta obra-prima da vida, tida como sendo a idéia reprodutora, quando, aliás, o sexo está ligado à morte.

Por conseguinte, é nos nós do simbólico que o intervalo situado por uma não relação deve ser posicionado em sua orografia, a qual, por criar um mundo para o homem, pode igualmente dizer-se muro e procedente do (a)muro [*(a)mur*][1].

---

1  Ver epígrafe da parte III de "Função e campo da palavra...", in *Escritos*, op. cit. (N.E.)

*... ou pior*    547

Daí a palavra de ordem que dou ao analista, a de não desprezar a disciplina lingüística na abordagem dos citados nós.

Mas não para que ele se esquive — segundo a maneira que, no discuso universitário, faz do saber aparência [*semblant*] — daquilo que, nesse campo delimitado como lingüístico, existe de real. O significante Um não é um significante entre outros, e supera aquilo pelo qual é apenas pelo entre-dois desses significantes que o sujeito pode ser suposto, segundo eu digo.    [550]

Mas é nisso que reconheço que esse Um-aí é tão-somente o saber superior ao sujeito, inconsciente, na medida em que ele se manifesta como ex-sistente — o saber, digo, de um real do Umtodo-só [*Un-tout-seul*], totalmente sozinho, todo-só onde se diria a relação.

A não ser que tenha apenas zero de sentido o significante pelo qual o Outro se inscreve, por estar barrado no sujeito — S(Ⱥ), é assim que o escrevo.

É por isso que nomeio -nadas [*nades*]² os Uns de uma das séries laterais do triângulo de Pascal. Esse Um se repete, mas não se totaliza por essa repetição — o que se capta pelos nadinhas [*riens*] de sentido, feitos de não-sentido, a ser reconhecidos nos sonhos, nos lapsos ou até nas "palavras" do sujeito, para que ele se aperceba de que esse inconsciente é o seu.

Seu como saber, e o saber, como tal, sem dúvida afeta.

Mas, o quê? Essa é a pergunta em que as pessoas se enganam.

— Não o "meu" sujeito (aquele de que falei há pouco: que ele constitui em sua aparência [*semblant*] — sua letra, dizia eu).

— Nem tampouco a alma, como imaginam os imbecis, ou pelo menos se permitem crer, quando encontramos, ao lê-los, a alma *com* que o homem pensa, para Aristóteles, a alma que um certo Uexküll reconstrói sob a forma de um *Innenwelt* que é a réplica exata, o traço-por-traço do *Umwelt*.

Por mim, digo que o saber afeta o corpo do ser que só se torna ser pelas palavras, isso por fragmentar seu gozo, por recortar este corpo através delas até produzir as aparas com que faço o (*a*), a ser

---

2 Precisemos: a mônada [*monade*], portanto, é o Um que se sabe sozinho, pontode-real da relação vazia; a nada [*nade*] é a relação vazia insistente, que permanece como a hénada [*hénade*] inacessível, o $\aleph_0$ da série dos números inteiros pelo qual o dois que a inaugura simboliza, na língua, o sujeito suposto do saber.

548    *Outros Escritos*

lido objeto pequeno *a* — ou então, abjeto, como dirão quando eu houver morrido, ocasião em que enfim me entenderão —, ou ainda, a (a)causa primária de seu desejo.

Esse corpo não é o sistema nervoso, embora tal sistema sirva ao gozo, na medida em que aparelha no corpo a predação, ou melhor, o gozo do *Umwelt* captado à maneira de presa — que, portanto, não representa do *Umwelt* o traço-pelo-traço, como se persiste em sonhar, por um resíduo de vigília filosófica cuja tradução como "afeto" marca o não analisado.

[551]    É verdade, portanto, que o trabalho (do sonho, entre outros) prescinde de pensar, de calcular, ou até de julgar. Ele sabe o que tem de fazer. Esta é sua definição: ele supõe um "sujeito", é *Der Arbeiter*.

O que pensa, calcula e julga é o gozo, e, sendo o gozo do Outro, exige que o gozo Um, aquele que exerce a função do sujeito, seja simplesmente castrado, isto é, simbolizado pela função imaginária que encarna a impotência — em outras palavras, pelo falo.

Trata-se, na psicanálise, de elevar a impotência (aquela que dá conta da fantasia) à impossibilidade lógica (aquela que encarna o real). Ou seja, de completar o lote dos sinais em que se joga o *fatum* humano. Para isso, basta saber contar até 4, o 4 no qual convergem as três grandes operações numéricas: 2 mais 2, 2 vezes 2, 2 elevado a 2.

O Um, no entanto, que situo pela não relação, não faz parte desses 4, justamente por compor apenas seu conjunto. Não mais o chamemos de mônada, porém de Um-dizer, pois que é a partir dele que vêm a ex-sistir aqueles que in-sistem na repetição, e dos quais é preciso três para fundá-la (como eu disse em outro lugar), o que irá isolar muito bem o sujeito dos 4, subtraindo-lhe seu inconsciente.

Isto é o que este ano deixa em suspenso, como é comum no pensamento, que nem por isso se excetua do gozo.

Donde se evidencia que o pensamento só procede por intermédio da ética. Mas é preciso alinhar a ética com a psicanálise.

Será que o Um-dizer, por se saber Um-todo-só, fala sozinho? Não há diálogo, disse eu, mas esse não-diálogo tem seu limite na interpretação, através da qual se garante como no tocante ao número, o real.

*... ou pior*     549

Resulta daí que a análise inverte o preceito; bem-fazer e deixar falar, a ponto de o bem-dizer satis-fazer, já que é somente ao
mais-a-dizer que corresponde o não-bastante.

O que lalíngua [*lalangue*] francesa ilustra com o dito quão-
bem [*com-bien*], para indicar a quantidade.

Digamos que a interpretação do signo dá sentido aos efeitos
de significação que a bateria significante da linguagem instaura,
em substituição à relação que ela não tem como cifrar.

Mas o signo, em contrapartida, produz gozo pela cifra que os
significantes permitem — o que cria o desejo do matemático de
cifrar para além do (eu)gozo-sentido [*jouis-sens*].

O signo é a obsessão que cede, que faz uma ob-cessão (grafada com *c*) ao gozo que decide sobre uma prática.

Bendigo aqueles que me comentam por enfrentarem a tor-    [552]
menta que sustenta um pensamento digno, ou seja, não satisfeito
em ser percorido pelas veredas do mesmo nome.

Que estas linhas sejam marca de feliz-acaso, [*bon heur*][3] o
deles, sem saber.

---

3   Ver a nota à p.525.

[553]

# Introdução à edição alemã
## de um primeiro volume dos Escritos

O sentido do sentido (*the meaning of meaning*), levantou-se a questão dele. Comumente, eu apontaria que foi por se ter a resposta, se não se tratasse simplesmente de um passe de mágica universitário.

O sentido do sentido, em *minha* prática, se capta (*Begriff*) por escapar: a ser entendido como de um tonel, e não por uma debandada.

É por escapar (no sentido do tonel) que um discurso adquire seu sentido, ou seja, pelo fato de seus efeitos serem impossíveis de calcular.

O cúmulo do sentido, isso é perceptível, é o enigma.

Para mim, que não me excetuo de minha regra acima, é a partir da resposta encontrada em minha prática que formulo a questão do signo ao signo: de como se assinala que um signo é signo.

O signo do signo, diz a resposta que serve de pré-texto à pergunta, é que qualquer signo exerça igualmente a função de qualquer outro, precisamente por poder substituí-lo. É que o signo só tem alcance por ter que ser *decifrado*.

Pela decifração, sem dúvida, é preciso que a seqüência dos signos ganhe sentido. Mas não é pelo fato de diz-mensão [*dit-mension*] dar a outra seu término que ela revela sua estrutura.

Falamos do valor que tem o estalão do sentido. Chegar a ele não o impede de fazer furo. Uma mensagem decifrada pode continuar a ser um enigma.

O relevo de cada operação — uma ativa, outra sofrida — permanece distinto.

O analista se define a partir dessa experiência. As formações do inconsciente, como as denomino, demonstram sua estrutura por serem decifráveis. Freud distingue a especificidade do grupo

550

*Introdução à edição alemã de um primeiro volume dos Escritos* 551

— sonhos, lapsos e chistes —, *da modalidade, a mesma* com que opera com eles.

Sem dúvida, Freud se detém depois de descobrir o sentido sexual da estrutura. Aquilo de que em sua obra só encontramos suspeita, formulada, é verdade, é que o teste do sexo prende-se apenas ao fato do sentido, pois em parte alguma e sob nenhum signo inscreve-se o sexo por uma relação.

É com razão, no entanto, que se poderia exigir a inscrição [554] dessa relação sexual, já que é reconhecido no inconsciente o trabalho de ciframento — ou seja, o daquilo que desfaz a deciframento.

Talvez passe por mais elevado, na estrutura, cifrar do que contar. O imbróglio, pois a coisa é feita para isso mesmo, começa pela ambigüidade da palavra cifra.

A cifra funda a ordem do signo.

Mas, por outro lado, até o 4, talvez o 5, vamos até o 6, no máximo, os números, que são algo de real, embora cifrado, os números têm um sentido, sentido este que denuncia sua função de gozo sexual. Esse sentido nada tem a ver com sua função de real, mas dá um vislumbre do que pode dar conta da entrada do real no mundo do "ser" falante (ficando bem entendido que ele obtém seu ser da fala). Suspeitemos que a fala tem a mesma diz-mensão graças à qual o único real que não pode inscrever-se é a relação sexual.

Eu disse "suspeitemos", para as pessoas, como se costuma dizer, cujo estatuto está desde logo tão ligado ao jurídico, à aparência [*semblant*] de saber, ou mesmo à ciência que se institui claramente a partir do real, que nem sequer conseguem abordar a idéia de que seja na inacessibilidade de uma relação que se encadeia a intromissão dessa parte, pelo menos, do resto do real.

E isso num "ser" vivo do qual o mínimo que se pode dizer é que ele se distingue dos outros por habitar a linguagem, como diz um alemão que tenho a honra de conhecer (como se costuma dizer para denotar que se travou conhecimento com ele). Esse ser distingue-se por esse abrigo, o qual é frouxo, no "sentido" de que o nivela — o diz ser — a toda sorte de conceitos, isto é, de tonéis, todos fúteis, cada qual mais do que os outros.

Essa futilidade, eu a aplico, sim, inclusive à ciência, que manifestamente só progride pela via do tapar buracos. O fato de sempre consegui-lo é o que a torna segura. Mediante o que ela não tem

552     *Outros Escritos*

nenhuma espécie de sentido. Eu não diria o mesmo sobre o que ela produz, que, curiosamente, é idêntico ao que sai através da escapada pela qual a hiância da relação sexual é responsável: ou seja, o que assinalo pelo objeto (*a*), a ser lido como pequeno *a*.

Quanto a meu "amigo" Heidegger, evocado acima em nome do respeito que lhe tenho, que ele tenha a bondade de se deter um instante — anseio que emito como puramente gratuito, já que sei muito bem que ele não poderia fazê-lo — deter-se, eu dizia, na idéia de que a metafísica nunca foi nada e não poderia prolongar-se a não ser ao se ocupar de tapar o furo da política. Essa é sua base.

[555]

Que a política possa atingir o auge da inutilidade é realmente no que se afirma o bom senso, aquele que faz a lei: não preciso enfatizá-lo ao me dirigir ao público alemão, que tradicionalmente lhe acrescentou o dito sentido da crítica. Mas sem que seja inútil lembrar, aqui, aonde isso levou por volta de 1933.

É desnecessário falar do que articulo sobre o discurso universitário, já que ele especula sobre o insensato como tal e, nesse sentido, o que pode produzir de melhor é o chiste, que, no entanto, o amedronta.

Esse medo é legítimo, se pensarmos naquele que prostra por terra os analistas, ou seja, os falantes que se descobrem sujeitados ao discurso analítico, do qual só nos pode causar espanto que ele tenha advindo entre seres — refiro-me a falantes — sobre os quais basta dizer que só conseguiram imaginar seu mundo ao supô-lo embrutecido, isto é, a partir da idéia que, não faz muito tempo, eles têm do animal que não fala.

Não lhes busquemos desculpas. Seu próprio ser é uma delas. É que eles se beneficiam do novo destino de que, para ser, eles precisam ex-sistir. Impossíveis de enquadrar em qualquer dos discursos precedentes, era preciso que ex-sistissem a eles, ao passo que se acreditam obrigados a se apoiar no sentido de tais discursos para proferir aquele com que o deles se contenta, justificadamente, por ser mais escapista, o que o acentua.

Tudo os conduz, no entanto, à solidez do apoio que eles encontram no signo — não fosse pelo sintoma com que têm que lidar, e que faz do signo um grande nó, a tal ponto nó que até Marx o percebeu, mesmo atendo-se ao discurso político. Mal me atrevo a dizê-lo, porque o freudo-marxismo é um imbróglio sem saída.

Nada lhes ensina — nem mesmo o fato de Freud ter sido médico e de que o médico, tal como a apaixonada, não enxerga

*Introdução à edição alemã de um primeiro volume dos* Escritos 553

muito longe — que é a outro lugar, portanto, que eles precisam ir para ter o talento dele: notadamente, fazendo-se sujeitos não de um repisamento, mas de um discurso, de um discurso sem precedentes, pelo qual sucede às apaixonadas tornarem-se geniais, ao se orientarem nele — que estou dizendo? —, ao inventá-lo muito antes que Freud o estabelecesse, sem que quanto ao amor, aliás, ele lhes sirva para nada, o que é patente.

Quanto a mim, que seria o único, se alguns não me seguissem, a me fazer sujeito desse discurso, demonstrarei mais uma vez por que os analistas se embaraçam com ele, irrecorrivelmente.    [556]

E no entanto, o recurso é o inconsciente, a descoberta de Freud de que o inconsciente trabalha sem pensar, nem calcular, nem tampouco julgar, e que, ainda assim, o fruto está aí: um saber que se trata apenas de decifrar, já que ele consiste num ciframento.

Para que serve esse ciframento?, diria eu no intuito de reter a atenção, seguindo a mania, postulada por outros discursos, da utilidade (dizer "mania do útil" não nega o útil). O passo decisivo não é dado com esse recurso, que entretanto nos lembra que, à parte aquilo que serve, existe o gozar. Lembra-nos que no ciframento está o gozo, sexual decerto, aquele que foi desenvolvido no dizer de Freud, e suficientemente bem para se concluir que o que ele implica é que isso é que é obstáculo à relação sexual estabelecida, e portanto, a que algum dia se possa escrever essa relação: ou seja, que a linguagem jamais deixará outra marca senão a de uma chicana infinita.

É claro que entre os seres que sexuados são (embora o sexo só se inscreva pela não relação) existem encontros.

Existe o feliz acaso [*bon heur*]. Aliás, só existe isso: felicidade do acaso! Os "seres" falantes são felizes, felizes por natureza, é desta mesma, inclusive, tudo o que lhes resta. Será que, através do discurso analítico, isso não poderia tornar-se um pouco mais? Essa é a pergunta da qual, como ritornelo, eu não falaria, se a resposta já não estivesse ali.

Em termos mais exatos, a experiência de uma análise revela ao analisante — ah! que sucesso obtive com essa palavra entre os pretensos ortodoxos, e como eles admitiam, desse modo, que seu desejo na análise era não ter nada a ver com isso! — revela ao analisante, digo eu, portanto, o sentido de seus sintomas. Pois bem, afirmo que essas experiências não podem somar-se. Freud o disse antes de mim: numa análise, tudo deve ser recolhido — onde

554   *Outros Escritos*

se vê que o analista não pode lavar as mãos — recolhido como se nada se houvesse estabelecido fora dela. Isso não quer dizer outra coisa senão que o escape do tonel deve ser sempre reaberto. Mas esse também é o caso da ciência (e Freud não a entendia de outra maneira, visão curta).

Porque a questão começa a partir de que existem tipos de sintoma, existe uma clínica. Só que, vejam: ela é anterior ao discurso analítico e, se este lhe traz uma luz, isso é seguro, mas não é certo. Ora, precisamos da certeza, porque só ela pode ser transmitida, por se demonstrar. Essa é a exigência que, para nosso estupor, a história mostra ter sido formulada muito antes que a ciência lhe desse uma resposta, e, mesmo que a resposta tenha sido bem diferente da abertura que a exigência havia produzido, a condição de que ela partiu, a saber, a de que sua certeza fosse transmissível, foi satisfeita.

[557]

Seria um erro nos fiarmos em não fazer outra coisa senão restabelecer isso — mesmo com a ressalva da felicidade do acaso.

Pois faz muito tempo que essa opinião comprovou ser verdadeira, sem que, no entanto, constitua ciência (cf. o *Ménon*, onde é nisso que se mexe).

Que os tipos clínicos decorrem da estrutura, eis o que já se pode escrever, embora não sem flutuação. Isso só é certo e transmissível pelo discurso histérico. É nele, inclusive, que se manifesta um real próximo do discurso científico. Convém notar que falei do real, e não da natureza.

Com o que indico que o que decorre da mesma estrutura não tem forçosamente o mesmo sentido. É por isso que só existe análise do particular: não é de um sentido único, em absoluto, que provém uma mesma estrutura, sobretudo não quando ela antige o discurso.

Não existe um senso comum da histérica, e aquilo com que neles ou nelas joga a identificação é a estrutura, e não o sentido, como se lê perfeitamente pelo fato de que ela incide sobre o desejo, isto é, sobre a falta tomada como objeto, e não sobre a causa da falta. (Cf. o sonho da bela açougueira — na *Traumdeutung* —, tornado exemplar sob meus cuidados. Não sou pródigo em exemplos, mas, quando meto meu nariz, elevo-os ao paradigma.)

Os sujeitos de um tipo, portanto, não têm utilidade para os outros do mesmo tipo. E é concebível que um obsessivo não possa dar o menor sentido ao discurso de outro obsessivo. É daí, aliás,

*Introdução à edição alemã de um primeiro volume dos* Escritos    555

que partem as guerras religiosas — se é verdade que, no tocante à religião (pois esse é o único traço com que elas formam uma classe, aliás insuficiente), a obsessão entra na jogada.

É disso que resulta só haver comunicação na análise por uma via que transcende o sentido, aquela que provém da suposição de um sujeito no saber inconsciente, ou seja, no ciframento. Foi o que articulei sobre o sujeito suposto saber.

É por isso que a transferência é amor, sentimento que assume aí uma forma tão nova, que esta introduz a subversão, não porque seja menos ilusória, mas porque dá a si um parceiro que tem a    [558] chance de responder, o que não acontece nas outras formas. Reponho em jogo o feliz acaso, exceto que, dessa vez, essa chance provém de mim e eu devo fornecê-la.

Insisto: é amor que se dirige ao saber. Desejo, não: porque, quanto à *Wisstrieb*, ainda que tenha tido o carimbo de Freud, podemos retomá-la à vontade, ali não há nada dele. A ponto, inclusive, de nisso se fundar a grande paixão do ser falante: que não é o amor nem o ódio, mas a ignorância. Ponho a mão nisso todos os dias.

O fato de os analistas — digamos, aqueles que por simplesmente se colocarem como tais possuem emprego nisso, e eu o concedo por esse simples fato, na realidade — de os analistas, digo, pois, no sentido pleno, quer eles me sigam ou não, ainda não haverem compreendido que o que faz sua entrada na matriz do discurso não é o sentido, mas o signo, eis o que dá a idéia que convém ter dessa paixão pela ignorância.

Antes que o ser imbecil assumisse a dianteira, no entanto, outros, nada burros, enunciaram sobre o oráculo que ele não revela nem oculta: σημαίνει — ele faz signo [*fait signe*].

Isso foi na época anterior a Sócrates, que não é responsável, embora fosse histérico, pelo que veio depois: o longo desvio aristotélico. Donde Freud, por escutar os socráticos de que falei, voltou aos de antes de Sócrates, os únicos, a seu ver, capazes de atestar o que ele descobriu.

Não é pelo fato de o sentido de sua interpretação ter surtido efeitos que os analistas estão com a verdade, pois, mesmo que ela seja precisa, seus efeitos são incalculáveis. Ela não atesta saber algum, visto que, tomando-o em sua definição clássica, o saber se verifica por uma possível previsão.

O que eles têm que saber é que existe um saber que não calcula, mas que nem por isso deixa de trabalhar em prol do gozo. O que não se pode escrever do trabalho do inconsciente? É aí que se revela uma estrutura de fato pertinente à linguagem, já que função é permitir o ciframento. O que constitui o sentido pelo qual a lingüística fundou seu objeto, isolando-o — com o nome de significante.

Esse é o único ponto pelo qual o discurso analítico tem que se ligar à ciência; mas, se o inconsciente atesta um real que lhe é próprio, aí se encontra inversamente nossa possibilidade de elucidar o modo como a linguagem veicula, no número, o real com que a ciência se elabora.

[559] O que não cessa de se escrever é sustentado pelo jogo de palavras de que lalíngua que me é própria preservou de uma outra, não sem razão, a certeza que é atestada no pensamento pelo modo da necessidade.

Como não considerar que a contingência, ou o que cessa de não se escrever, não seja o lugar por onde se demonstra a impossibilidade, ou o que não cessa de não se escrever? E que por aí se ateste um real que, apesar de não ser mais bem fundado, seja transmissível pela escapada a que corresponde todo discurso.

*7 de outubro de 1973*

# Prefácio a
# O despertar da primavera

[561]

Assim um dramaturgo abordou, em 1891, a história do que é, para os meninos adolescentes, fazer amor com as mocinhas, assinalando que eles não pensariam nisso sem o despertar de seus sonhos. Notável por ser encenada como tal: isto é, por demonstrar que isso não é satisfatório para todos, chegando a confessar que, se é mal sucedido, é para todo o mundo.

O mesmo que dizer que se trata do nunca visto.

Mas, ortodoxo quanto a Freud, assim entendo: o que disse Freud.

Isso prova, ao mesmo tempo, que até um hanoveriano (pois, no começo, convém admitir, inferi que Wedekind era judeu), que até um hanoveriano, dizia eu — e já não será dizer muito? —, é capaz de se dar conta disso. De se dar conta de que existe uma relação do sentido com o gozo.

Que esse gozo é fálico, é a experiência que responde por isso.

Mas Wedekind é uma dramaturgia. Que lugar atribuir-lhe? O fato é que nossos judeus (freudianos) interessam-se por ele, como veremos atestado neste programa.[1]

Convém dizer que a família Wedekind dera um bocado com os costados pelo mundo, participando de uma diáspora, esta idealista, por ter sido forçada a abandonar a terra-mãe pelo fracasso de uma atividade "revolucionária". Terá sido isso que fez Wedekind, refiro-me a nosso dramaturgo, imaginar que tinha sangue judeu? Ao menos é o que atesta seu melhor amigo.

Ou será uma questão de época, já que o dramaturgo, na data que assinalei, antecipa Freud, e muito?

---

1 Programa do espetáculo montado pela Sra. Brigitte Jaques, no âmbito do festival de outono de 1974; a edição comportava o texto da sessão da Sociedade Psicológica das Quartas-feiras (Viena, 1907) dedicada a essa peça.

557

558 Outros Escritos

[562] Pois podemos dizer que, na referida data, Freud ainda cogita sobre o inconsciente e, quanto à experiência que instaura o regime deste, nem sequer a terá ainda posto de pé quando da morte de Wedekind.

Resta-me fazê-lo, antes que algum outro me suceda (não mais judeu do que sou, talvez).

Que o que Freud demarcou daquilo a que chama sexualidade faça um furo no real, eis o que se percebe pelo fato de que, como ninguém escapa ileso, as pessoas não se preocupem com o assunto.

Trata-se, no entanto, de uma experiência ao alcance de todos. Que o pudor designa: privado. Privado de quê? Justamente, de que o púbis só faça passar ao público, onde se exibe como objeto de uma levantada de véu.

Que o véu levantado não mostre nada, eis o princípio da iniciação (nas boas maneiras da sociedade, pelo menos).

Apontei a ligação de tudo isso com o mistério da linguagem e com o fato de que é ao propor o enigma que se encontra o sentido do sentido.

O sentido do sentido está em que ele se liga ao gozo do menino como proibido. Isto, certamente não para lhe proibir a relação dita sexual, mas para cristalizá-la na não-relação que ela vale no real.

Assim, exerce função de real aquilo que efetivamente se produz, a fantasia da realidade comum. Mediante o que se insinua na linguagem aquilo que ela veicula: a idéia de *todo*, à qual, no entanto, objeta o menor encontro com o real.

Não há língua que não se force a isso, não sem um queixar-se de que faz o que pode, a dizer "sem exceção", ou a se complicar com um numeral. Só nas nossas, línguas, é que isso circula de cabeça erguida, o todo — o tu do íntimo [*le tout et à toi*], se me atrevo a dizer.

Moritz, em nosso drama, consegue excetuar-se, no entanto, e nisso Melchior o qualifica de menina. E tem toda razão: a menina é apenas uma e quer continuar assim, o que é jogado para escanteio no drama.

O fato é que um homem se faz *O* homem por se situar a partir do Um-entre-outros, por entrar-se entre seus semelhantes.

Moritz, ao se excetuar disso, exclui-se no para-além. É só ali que ele se conta: não por acaso, dentre os mortos, como excluídos

*Prefácio a* O despertar da primavera  559

do real. Que o drama o faça ali sobreviver, por que não, se o herói está antecipadamente morto? É no reino dos mortos que "os não tolos erram", diria eu, com um título que ilustrei.[2]

E é por isso que não errarei por mais tempo seguindo, em Viena, no grupo de Freud, as pessoas que decifram às avessas os sinais traçados por Wedekind em sua dramaturgia. Exceto, talvez, para repreendê-las pelo fato de que a rainha poderia muito bem só não ficar sem a cabeça por lhe haver o rei roubado o par normal — de cabeças — que lhe caberia.     [563]

Não será para restituí-las a ela, (por supor face oculta) que serve aqui o Homem dito mascarado. Aquele que constitui o fino do drama, e não só pelo papel que Wedekind lhe reserva — o de salvar Melchior das garras de Moritz —, mas porque Wedekind o dedica à sua ficção, tida por nome próprio.

De minha parte, leio nisso o que recusei expressamente àqueles que só se autorizam de falar dentre os mortos: ou seja, dizer-lhes que em meio aos Nomes-do-Pai existe o do Homem mascarado.

Mas o Pai tem tantos e tantos que não há Um que lhe convenha, a não ser o Nome do Nome do Nome. Não há Nome que seja seu Nome-Próprio, a não ser o Nome como ex-sistência.

Ou seja, a aparência [*semblant*] por excelência. E "Homem mascarado" o diz nada mal.

Pois, como saber o que ele é, se está mascarado, e se não usa uma máscara de mulher — no caso, o ator?

Somente a máscara ex-sistiria no lugar de vazio em que coloco *A* mulher. No que não digo que não existam mulheres.

*A* mulher, como versão do Pai, só se afiguraria como Pai-versão [*Père-version*].

Como saber se, tal como o enuncia Robert Graves, o próprio Pai, nosso eterno pai de todos, não é apenas um Nome entre outros da Deusa branca, aquela que, em suas palavras, perde-se na noite dos tempos, por ser a Diferente, o Outro perpétuo em seu gozo? — como essas formas do infinito cuja enumeração só começamos ao saber que é ela que nos suspenderá, a nós.

*1º de setembro de 1974*

---

2  Ver nota 5 de "Televisão" no presente volume. (N.E.)

# *Joyce, o Sintoma*[1]

Joyce, o Sintoma, a ser entendido como o Jésus la Caille:[2] é seu nome. Que mais se poderia esperar de nomim [*d'emmoi*]? — eu nomeio. Que isso dê em jovenomem[3] é uma conseqüência da qual quero extrair uma coisa só. É que somos zomens. UOM [*LOM*]: em francês, isso diz exatamente o que quer dizer. Basta escrevê-lo foneticamente, o que lhe dá uma faunética (com *faun*...) à sua altura: o elobsceno [*eaubscène*]. Escrevam isso com *elob*... para lembrar que o belo não é outra coisa. Helessecrêbelo, a ser escrito como o hescabelo, sem o qual nãohaum que seja doidigno dunome diomem. UOM seumaniza [*lomellise*] à larga. Envolva-se, dizem, é preciso fazê-lo: porque, sem se envolver, não há hescabelo.[4]

---

1 A exemplo de Joyce, Lacan é, nesta conferência, especialmente pródigo no que diz respeito a seu uso de neologismos e de grafias pautadas unicamente pela fonética, em palavras e/ou séries de palavras, servindo-se sobretudo das assonâncias da língua francesa para conceber criações capazes de produzir efeitos de sentidos múltiplos e ao mesmo tempo precisos. Diante do caráter inexoravelmente manco de sua versão brasileira, contamos com que o leitor se oriente recorrendo tanto ao apoio da reprodução de termos originais entre colchetes quanto ao das notas explicativas. (N.E.)

2 Alusão ao romance *Jésus-la-Caille*, de Francis Caro (1886-1958), cujo protagonista é um "garoto de programa"; *ma petite caille* (literalmente, "minha pequena codorniz") é uma expressão afetuosa e picante. (N.E.)

3 O *d'emmoi* é homófono não apenas de *de moi* (de mim), mas também de *d'émoi* (de inquietação, de agitação); assim como *je nomme* (eu nomeio) e *jeune homme* (literalmente, "jovem homem"). (N.E.)

4 No original: "*Hissecroibeau à écrire comme l'hessecabeau sans lequel hihanappat qui soit ding! d'nom dhom. LOM se lomellise à qui mieux mieux. Mouille, lui dit-on, faut le faire: car sans mouiller pas d'hessecabeau.*" O termo *escabeau* é usado em vários pontos do texto e aqui grafado como *hessecabeau* (traduzido por "hescabelo", mas convém lembrar que, além de banquinho, banqueta ou tambore-

560

*Joyce, o Sintoma*     561

UOM, UOM de base, UOM kitemum corpo e só-só Teium [*nanna Kum*]. Há que dizer assim: ele teihum..., e não: ele éum... (corp/aninhado).[5] É o ter, e não o ser, que o caracteriza. Há uma terência [*avoiement*] no "que que você tem?" com que ele se interroga ficticiamente, por ter sempre a resposta. Tenho isso, é seu único ser. O que a faz a z...na chamada epistêmica, quando se põe a sacudir o mundo, é fazer o ser vir antes do ter, quando o verdadeiro é que UOM *tem [a]*, no princípio. Por quê? Isso se sente e, uma vez sentido, demonstra-se. Ele tem (inclusive seu corpo) por pertencer ao mesmo tempo a três... chamemo-las de ordens. Atestando o fato de que ele tagarela para se azafamar com a esfera que faz para si um escabelo.

Digo isto para fazer uma para mim, e justamente por fazer assim decair a esfera, até aqui impossível de destronar, em sua supremacia de escada, de escabelo. Razão por que demonstro que o S.K.belo vem primeiro, porque preside a produção de esfera.

O S.K.belo é aquilo que é condicionado no homem pelo fato de que ele vive do ser (= esvazia o ser) enquanto tem... seu corpo: só o tem, aliás, a partir disso. Daí minha expressão falasser [*parlêtre*] que virá substituir o ICS de Freud (inconsciente, é assim que se lê): saia daí então, que eu quero ficar aí. Para dizer que o inconsciente, em Freud, quando ele o descobre (o que se descobre é de uma vez só, mas depois da invenção é preciso fazer o inventário), o inconsciente é um saber enquanto falado, como constitutivo do UOM. A fala, é claro, define-se aí por ser o único lugar em que o ser tem um sentido. E o sentido do ser é presidir o ter, o que justifica o balbucio epistêmico.     [566]

O importante, de que ponto — diz-se "de vista" — deve ser discutido? O que importa, pois, sem esclarecer de onde, é perceber que UOM tem um corpo — e que essa expressão permanece correta —, embora, a partir daí, uomem tenha deduzido que era uma alma

---

te, é também comumente empregado na acepção de "escadinha" (sobretudo as pequenas escadas domésticas) e designa o genuflexório. Por outro lado, na grafia *hessecabeau* ouvem-se ainda "*S qu'a beau*" (S que tem beleza) ou "*Es qu'a beau*" (o isso [Es] que tem beleza). (N.E.)

5   No original: "*LOM, LOM de base, LOM cahun corps et nan-na Kun. Faut le dire comme ça: il ahun... et non: il estun... (cor/niché).*" O *cor/niché* (*corps niché*), corpo aninhado, alojado, escondido, faz lembrar ainda *cornichon*, termo com que, na linguagem coloquial, faz-se referência àquele que é tolo, fácil de enganar. (N.E.)

562    *Outros Escritos*

— o que, é claro, "em vista de" sua vesguice, ele traduziu como se também ele tivesse essa.

Ter é poder fazer alguma coisa com. Entre outras, entre outrasvisões ditas possíveis, por sempre "poderem" ser suspensas. A única definição do possível é que ele possa *não* "ter lugar" : o que é tomado pelo lado contrário, haja vista a inversão geral do que é chamado pensamento.

Aristóteles, Nãbesta [*Pacon*], ao contrário do B de rima igual, escreveu que o homem pensa com sua alma. No que se provaria que UOM a tem, também a ela — o que Aristóteles traduz pelo νους. Quanto a mim, contento-me em dizer: nó, menos alarido. Nó entre que e quê, não digo, na impossibilidade de saber, mas tiro proveito de que a trindade, UOM não pode deixar de escrevê-la, desde o momento em que se imunda [*s'immonde*]. Sem que a preferência de Victor Cousin pela triplicidade acrescente algo a isso: mas vá lá, se ele quiser, já que o sentido [*sens*], aí, são três; o bom senso [*bon sens*], bem entendido.

Foi para não perdê-lo, esse pulo do sentido [*bond du sens*], que enunciei agora que é preciso sustentar que o homem tem um corpo, isto é, que fala com seu corpo, ou, em outras palavras, que é falesser por natureza. Assim surgido como o cabeça da arte [*tête de l'art*], ele ao mesmo tempo se desnatura, com o que toma por objetivo, por objetivo da arte, o natural, tal como o imagina ingenuamente. O problema é que esse é o seu natural: não admira que ele só o toque como sintoma. Joyce, o Sintoma [*Symptôme*], por seu artifício, leva as coisas a um ponto em que nos perguntamos se ele não é o Santo, o santo homem [*saint homme*] até não ter mais p.[6] Graças a Deus, pois é a ele que devemos, isto é, a esse querer que nele supomos (por sabermos no íntimo que ele não ex-siste), Joyce não é um Santo. Ele joyza demais com o S.K.belo para isso, tem de sua arte orgulharte [*art-gueil*] para dar e vender.

[567]    Para dizer a verdade, não existe Santo-em-si, há apenas o desejo de refinar aquilo que se chama a via, a via canônica. Donde emptoma-se [*l'on ptôme*] às vezes na canonização da Igreja, que entende um bocado disso quando se trata de se recanonecer [*s'y reconique*], mas mete os pés pelas mãos em todos os outros casos.

---

6   Convém ressaltar a homofonia francesa entre *symptôme* (sintoma) e *saint homme* (homem santo), que, é claro, não tem "p". (N.E.)

*Joyce, o Sintoma* 563

É que não existe via canônica para a santidade, a despeito do querer dos Santos; não há via que os especifique, que faça dos Santos uma espécie. Há apenas a escabelastração [*scabeaustration*], mas a castração do escabelo só se realiza pela escapulida. Só há Santo a não se querer sê-lo, a se renunciar à santidade.

É o que Joyce sustenta, simplesmente como cabeça da arte: pois é da arte que faz surgir a cabeça no Bloom que se aliena para pregar suas peças em Flower e Henry (como o Henry ali da esquina, o Henry para senhoras). Se de fato só as ditas senhoras riem disso, eis justamente o que prova que Bloom é um santo. Que o santo ria disso, já diz tudo. Bloom desabrochará [*embloomera*] após sua morte, embora do cemitério ele não ria. É que esse é seu destino, que ele acha tédio-amargante [*amèredante*] mesmo sabendo que não pode fazer nada.

Joyce, por sua vez, nada queria ter, exceto o escabelo do dizer magistral, e é o quanto basta para que não seja um santo homem puro e simples, e sim o sintoma pgrafado [*ptypé*].

Se ele Henriscarnece do Bloom de seu devaneio, é para demonstrar que, ao se azafamar tanto com a espátula publicitária, o que ele enfim possui, obtendo-o dessa maneira, não vale grande coisa. Ao fazer tão barato seu próprio corpo, ele demonstra que "UOM tem um corpo" não quer dizer nada, se não fizer todos os outros pagarem o dízimo por isso.

Via traçada pelos Irmãos mendicantes: eles se entregam à caridade pública, que tem de pagar por sua subsistência. Nem por isso UOM (escrito U.O.M [L.O.M]) deixa de ter seu corpo, a ser revestido, entre outros cuidados. A tentativa sem esperança feita pela sociedade para que UOM não tenha apenas um corpo está numa outra vertente: fadada ao fracasso, é claro, ao tornar patente que, se ele teihum [*ahun*], não tem nenhum outro, apesar de, pelo fato de seu falasser, dispor de algum outro, sem chegar a torná-lo seu.

Coisa em que ele não pensaria, supomos, se esse corpo que tem, ele verdadeiramente o fosse. Isso implica apenas a teoria bufa que não quer pôr a realidade do corpo na idéia que o produz. Cântico, como se sabe, aristotélico. Que experiência, a gente se mata para imaginar, pode ter-lhe criado aí um obstáculo para que ele platonizasse, isto é, para que desafiasse a morte como todo o mundo, sustentando que bastará a idéia para esse corpo reprodu-

[568]

564     *Outros Escritos*

zir? "Minhas têmporas tão coisas"[7], interroga Molly Bloom a alguém de quem isso chegara tão menos ao alcance, que ela já ali estava sem dizê-lo a si. Como uma porção de coisas em que se acredita sem aderir a elas: os escabelos da reserva de onde haurem.

Ter havido um homem que pensou em circunscrever essa reserva e dar a fórmula geral do escabelo, é a isso que chamo Joyce, o Sintoma. É que essa fórmula, ele não a descobriu, por não ter dela a menor suspeita. Mas ela já andava por toda parte, sob a forma do ICS que destaco com o falasser.

Joyce, predestinado por seu nome, dava lugar a Freud, não menos consonante.[8] É preciso a paixão de Ellmann para riscar Freud com uma cruz: *pace tua*, não lhes direi a página, porque o tempo me apressantifica [*pressantifie*]. A função da pressa em Joyce é patente. O que ele não vê é a lógica que ela determina.

Tão maior é seu mérito por desenhá-la com exatidão, por ser feita unicamente de sua arte, que um olbe jetodarte [*eaube jeddard*] como *Ulisses* é um jato d'arte na belob cena da própria lógica, o que se lê em que ela não imita o inconsciente, mas fornece o modelo dele, ao temp(at)er(n)ar, constituindo o pai do tempo, o Floom bálico, o Ximbá o Tarujo em que se resume o sinbá do sinptoma no qual, em Stephens Deedalus, Joyce se reconhece o filho necessário, o que não cessa de se escrever pelo fato de que ele se conceba, sem que no entanto helessecreiabelo, a partir da histoériazinha de Hamlet, histericizada em seu Santo-Padre Cornudo, envenenado pelo ouvido zeugma e por seu sintoma de mulher, sem que possa fazer outra coisa senão matar em Claudius o escaptoma, para dar lugar ao, substituto, que abraça com força (pel)a paiternaridade [*père-ternité*].

Joyce recusa-se a deixar que aconteça alguma coisa naquilo que a história dos historiadores supostamente toma por objeto.

Tem razão, posto que a história nada mais é que uma fuga da qual só se narram os êxodos. Através de seu exílio, ele sanciona a seriedade de seu julgamento. Somente deportados participam da

---

7   No orig., *Mes tempes si choses*, sintagma homônimo a *métempsychose* ("metempsicose"). (N.E.)

8   Freud, convém lembrar, é quase homônimo de *Freude* (alegria) em alemão, assim como Joyce ecoa *joy*. (N.E.)

*Joyce, o Sintoma* 565

história: já que o homem *tem* um corpo, é pelo corpo que se o tem. Avesso do *habeas corpus*. Releiam a história: é tudo o que nela se lê de verdade. Os que pensam constituir a causa em sua bagunça estão, também eles, sem dúvida deslocados por um exílio que deliberaram, mas por fazerem dele escabelo ficam cegos.

Joyce é o primeiro a saber escabelotar [*escaboter*] bem, por ter [569] levado o escabelo ao grau de consistência lógica em que o mantém, orgulhartosamente [*artgueilleusemnt*], como acabo de dizer.

Deixemos o sintoma no que ele é: um evento corporal, ligado a que: a gente o tem, a gente tem ares de, a gente areja a partir do a gente o tem.[9] Isso pode até ser cantado, e Joyce não se priva de fazê-lo.

Assim, indivíduos que Aristóteles toma como corpos podem não ser nada além de sintomas, eles próprios, em relação a outros corpos. Uma mulher, por exemplo, é sintoma de um outro corpo. Quando isso não acontece, ela permanece como o chamado sintoma histérico, com o que queremos dizer último. Ou seja, paradoxalmente, só lhe interessa um outro sintoma: ele só se alinha, portanto, como penúltimo, e, ainda por cima, não é privilégio de uma mulher, embora se compreenda, ao avaliar o destino d'UOM como falasser, com que ela se sintomatiza. Foi a partir das histéricas — histéricos sintomas de mulheres (nem todas assim, sem dúvida, já que é por não serem todas (assim) que elas são notadas como sendo mulheres n'UOM, ou seja, a partir do a gente tem) —, foi a partir dos histéricos sintomas que a análise soube tomar pé na experiência.

Não sem reconhecer desde logo que toduomem [*toutom*] tem direito a isso. Não apenas direito, mas superioridade, evidenciada por Sócrates numa época em que UOM comum ainda não era reduzido, por motivos óbvios, a carne de canhão, apesar de já estar tomado na deportação do corpo e no sintomem [*sympthomme*]. Sócrates, histérico perfeito, era fascinado simplesmente pelo sintoma, captado do outro em vôo. Isso o levava a praticar uma espécie de prefiguração da análise. Tivesse ele cobrado dinheiro por isso, em vez de conviver com aqueles de quem fazia o parto, teria sido analista *avant la lettre* freudiana. Ou seja, um gênio!

---

9  No original, "*l'on l'a, l'on l'a de l'air, l'on l'aire, de l'on l'a.*", em que o refrão entoa uma lalação. (N.E.)

# 566 Outros Escritos

O sintoma histérico, resumo, é, para UOM, o sintoma de se interessar pelo sintoma do outro como tal: o que não exige o corpo a corpo. O caso de Sócrates o confirma, exemplarmente.

Desculpem-me; tudo isso é apenas para especificar de Joyce o lugar.

Joyce não se toma por mulher, vez por outra, senão por se consumar como sintoma. Idéia bem orientada, embora malograda em seu desfecho. Eu diria que ele é sintomatologia. O que equivaleria a evitar chamá-lo pelo nome que corresponde a seu anseio, aquele que ele chama de *tour de farce* em *Finnegans Wake*, página 162 (e 509), onde o enuncia apropriadamente pela astúcia do destino a toda força que herdou de Verdi, antes que ele nos fosse imposto.

[570] Que Joyce tenha gozado por escrever *Finnegans Wake*, isso se percebe. Que o tenha publicado — observação que devo a me haverem chamado a atenção para isso — é de causar perplexidade, na medida em que deixa toda a literatura com o flanco à mostra. Despertá-la é atestar justamente que ele queria o seu fim. Joyce corta o alento do sonho, que ainda se arrastará por um bom tempo. O tempo de percebermos que ele só se atém à função da pressa na lógica. Ponto sublinhado por mim, provavelmente porque, depois de Joyce, que conheci aos vinte anos, persistiu alguma coisa a ser furada no papel higiênico em que as letras se destacam, quando se toma o cuidado de escrevinhar para a regência [*rection*] do corpo, para as corporregências [*corpo-rections*] sobre as quais ele diz a última palavra conhecida, *day-sens, sentido evidenciado do sintoma literário enfim chegado à ... A partir daí, a ironia do ininteligível é o escabelo de que alguém se mostra mestre. Sou suficientemente mestre de lalíngua, da que é chamada francesa, para ter eu mesmo chegado a isso, o que é fascinante, por atestar o gozo próprio do sintoma. Gozo opaco, por excluir o sentido.*

Há muito se suspeitava disso. Ser pós-joyciano é sabê-lo. Só há despertar por meio desse gozo, ou seja, desvalorizado pelo fato de que a análise que recorre ao sentido para resolvê-lo não tem outra chance de conseguir senão se fazendo tapear... pelo pai, como indiquei.

O extraordinário é que Joyce o tenha conseguido, não sem Freud (embora não baste que o tenha lido), mas sem recorrer à experiência da análise (que talvez o tivesse engodado com um fim medíocre).

# Prefácio à edição inglesa *do* Seminário 11

[571]

Quando o esp de um laps — ou seja, visto que só escrevo em francês, o espaço de um lapso — já não tem nenhum impacto de sentido (ou interpretação), só então temos certeza de estar no inconsciente. O que se sabe, consigo. Mas basta prestar atenção para que se saia disso. Não há amizade que esse inconsciente suporte. Restaria o fato de eu dizer uma verdade. Não é o caso: eu erro. Não há verdade que, ao passar pela atenção, não minta. O que não impede que se corra atrás dela.

Há uma certa maneira de equilibrar estembrulhada [*stembrouille*], que é satisfatória por razões outras que não as formais (a simetria, por exemplo). Como satisfação, ela só é atingida no uso, no uso de um particular. Aquele que chamamos, no caso de uma psicanálise ("psic" = "ficção de") analisante. Questão de puro fato: analisantes existem em nossas terras. Fato de realidade humana, o que o homem chama de realidade.

Notemos que a psicanálise, desde que ex-siste, mudou. Inventada por um solitário, teorizador incontestável do inconsciente (que só é o que se crê — digo: o inconsciente, seja, o real — caso se acredite em mim), ela é agora praticada aos pares. Sejamos exatos, o solitário deu o exemplo. Não sem abuso quanto a seus discípulos (pois discípulos eles só eram pelo fato de ele não ter sabido o que fazia).

O que traduz a idéia que Freud fazia dela: peste, mas anódina ali aonde ele supunha levá-la; o público se vira.

Agora, ou seja, no crepúsculo, introduzo minha pitada de sal: feita de histoeria [*hystoire*],[1] o que equivale a dizer de histeria: a

---

1 A tradução "histoeria" busca reunir "história" e "histeria", o que Lacan obtém ao grafar *histoire*, com o *y* de *hystérie*. (N.E.)

567

de meus colegas, na circunstância, um caso ínfimo, mas no qual me vi tomado pela aventura, por me haver interessado por alguém que me fez deslizar até eles por ter-me imposto Freud: a Aimée de minha (ma)tese [*mathèse*].

Eu teria preferido esquecê-lo, mas não esquecemos aquilo que o público nos relembra.

[572] Portanto, existe o analista a ser levado em conta no tratamento. Ele não contaria socialmente, imagino, se não tivesse havido Freud para lhe abrir o caminho. Freud, digo para nomeá-lo. Porque nomear alguém como analista é algo que ninguém pode fazer, e Freud não nomeou nenhum. Dar anéis aos iniciados não é nomear. Donde minha proposição de que o analista só se historisteriza [*hystorise*] por si mesmo — fato patente —, mesmo quando se faz confirmar por uma hierarquia.

Que hierarquia poderia confirmar-lhe ser analista, apor-lhe esse carimbo? O que me dizia um Cht é que eu o era, nato. Repudio esse certificado: não sou um poeta, mas um poema. E que se escreve, apesar de ter jeito de ser sujeito.

Persiste a questão do que pode levar alguém, sobretudo depois de uma análise, a se historisterizar [*hystoriser*] de si mesmo.

Não pode ser seu próprio movimento, já que sobre o analista ele está muito bem informado, agora que, como se costuma dizer, liquidou sua transferência-para. Como pode ocorrer-lhe a idéia de tomar lugar nessa função?

Em outras palavras, haverá casos em que outra razão leve alguém a ser analista senão o estabelecer-se, isto é, receber o que é correntemente chamado de grana, para suprir as necessidades dos que estão sob seu encargo, na primeira fila dos quais encontra-se ele mesmo — segundo a moral judaica (aquela em que Freud se deteve nesse caso)?

Há que admitir que a questão (a questão de uma outra razão) é exigível para sustentar o status de uma profissão recém-surgida na histoéria. Histoeria que não dizemos eterna, porque seu *aetas* só é sério quando se refere ao número real, isto é, ao serial do limite.

Por que, sendo assim, não submeter essa profissão à prova da verdade com que sonha a chamada função inconsciente, na qual ela fuxica? A miragem da verdade, da qual só se pode esperar a mentira (é a isso que se chama resistência, em termos polidos), não tem outro limite senão a satisfação que marca o fim da análise.

*Prefácio à edição inglesa do* Seminário 11   569

Posto que dar essa satisfação é a urgência que a análise preside, interroguemos como pode alguém se dedicar a satisfazer esses casos de urgência.

Aí está um aspecto singular do amor ao próximo salientado pela tradição judaica. Mesmo interpretando-o de maneira cristã, ou seja, como um c... gar-e-andar [jean-f... trerie][2] helênico, o que se apresenta ao analista é algo diferente do próximo: é a indiscriminação de uma demanda que nada tem a ver com o encontro (com uma pessoa de Samaria, apropriada para ditar o dever crístico). A oferta é anterior à solicitação de uma urgência que não se tem certeza de satisfazer, exceto depois de pesá-la.

[573]

Donde eu haver designado por passe essa verificação da historisterização da análise, abstendo-me de impor esse passe a todos, porque não há todos no caso, mas esparsos disparatados. Deixei-o à disposição daqueles que se arriscam a testemunhar da melhor maneira possível sobre a verdade mentirosa.

Eu o fiz por haver produzido a única idéia concebível do objeto, a da causa do desejo, isto é, daquilo que falta.

A falta da falta constitui o real, que só sai assim, como tampão. Tampão que é sustentado pelo termo impossível, do qual o pouco que sabemos, em matéria de real, mostra a antinomia com qualquer verossimilhança.

Só falarei de Joyce, onde me encontro este ano, para dizer que ele é a mais simples conseqüência de uma recusa, que não poderia ser mais mental, de uma psicanálise, donde resultou que em sua obra ele a ilustra. Mas até agora só fiz aflorar isso, em vista de meu embaraço quanto à arte, na qual Freud bebia, não sem infortúnio.

Assinalo que, como sempre, os casos de urgência me atrapalhavam enquanto eu escrevia isto.

Mas escrevo, na medida em que creio dever fazê-lo, para ficar a par desses casos, fazer com eles par.

*Paris, neste 17 de maio de 1976*

---

2   Ver nota 2 de "Nota italiana" no presente volume. (N.E.)

[575]

# Anexos

Fornecemos como anexos quatro textos. Inicialmente se encontrará a primeira versão da "Proposição de 9 de outubro de 1967 sobre o psicanalista da Escola", tal como foi lida nessa data perante os analistas (AE e AME) da Escola Freudiana de Paris. Esse texto foi publicado em abril de 1978 na coleção "Analytica", como suplemento do número 13 da revista *Ornicar?*. O segundo texto é o de uma nota publicada sem título no fim do primeiro número da revista *Scilicet*, lançada durante o primeiro trimestre de 1968. Vêm em seguida o preâmbulo do segundo número e uma nota final, precedida da lista dos autores que contribuíram para os dois primeiros números da revista (2000).

1

PRIMEIRA VERSÃO DA
"PROPOSIÇÃO DE 9 DE OUTUBRO DE 1967
SOBRE O PSICANALISTA DA ESCOLA"

Trata-se de fundamentar, num estatuto duradouro o bastante para ser submetido à experiência, as garantias mediante as quais nossa Escola poderá autorizar um psicanalista por sua formação — e, em decorrência disso, responder por ela.

Para introduzir minhas propostas, já existem meu ato de fundação e o preâmbulo do anuário. A autonomia da iniciativa do psicanalista é ali postulada como um princípio que entre nós não pode sofrer nenhum revés.

A Escola pode ser testemunha de que o psicanalista, nessa iniciativa, traz uma garantia suficiente de formação.

570

*Anexos* 571

Pode também constituir o meio de experiência e de crítica que    [576]
estabeleça ou sustente as condições das melhores garantias.

Ela pode e, portanto, deve fazê-lo, pois a Escola não o é apenas no sentido de distribuir um ensino, mas de instaurar entre seus membros uma comunidade de experiência cujo cerne é dado pela experiência dos praticantes.

Para dizer a verdade, seu próprio ensino não tem outra finalidade senão trazer para essa experiência a correção, e para essa comunidade, a disciplina a partir da qual se promove, por exemplo, a questão teórica de situar a psicanálise em relação à ciência. O núcleo de urgência dessa responsabilidade não pôde fazer outra coisa senão já se inscrever no anuário.

Garantia de formação suficiente é o AME — o Analista Membro da Escola.

Aos AE, ditos Analistas da Escola, caberia o dever da instituição interna que submete a uma crítica permanente a autorização dos melhores.

Devemos aqui inserir a Escola no que, para ela, *é o caso*. Expressão que designa uma posição de fato, a preservar dos acontecimentos relegados nessa consideração.

A Escola, a partir de sua reunião inaugural, não pode omitir que esta se constituiu por uma escolha deliberada de seus membros — a de serem excluídos da Associação Psicanalítica Internacional.

Todos sabem, com efeito, que foi por uma votação, em que estava em jogo apenas permitir ou proibir a presença de meu ensino, que foi suspensa a aceitação deles na IPA, sem outra consideração extraída da formação recebida e, especialmente, sem objeção a que ela fosse recebida de mim. Uma votação, uma votação política, bastava para que se fosse aceito na Associação Psicanalítica Internacional, como mostraram os acontecimentos subseqüentes.

Daí resulta que os que se agruparam em minha fundação não atestam outra coisa, através disso, senão o valor que conferem a um ensino — o meu, que é de fato sem rival — para sustentar sua experiência. Esse apego é de pensamento prático, digamos, e não de enunciados conformistas: foi pelo sopro — chegaremos até mesmo a essa metáfora — que nosso ensino leva para o trabalho

572 *Outros Escritos*

[577] que houve quem preferisse ser excluído a vê-lo desaparecer, ou mesmo a separar-se dele. Isso é fácil de concluir, por não dispormos até o momento de nenhuma outra vantagem com que possamos compensar a oportunidade assim declinada. Mais do que constituir um problema a ser proposto a algumas cavilações analíticas, minha posição de chefe de Escola é resultado de uma relação entre analistas, que há dezessete anos impõe-se a nós como um escândalo.

Assinalo que nada fiz, ao produzir o ensino que me foi confiado num grupo, para extrair dele uma luz para mim, em especial por um apelo qualquer ao público, nem tampouco para enfatizar demais as arestas que poderiam contrariar o reingresso na comunidade, a qual, durante esses anos, continuou a ser a única preocupação verdadeira daqueles a quem me havia reunido um infortúnio anterior (ou seja, a sanção dada pela Srta. Anna Freud a uma besteira de manobra, cometida, por sua vez, sob a instrução de que eu não fosse alertado).

Essa reserva de minha parte faz-se notar, por exemplo, no fato de que um texto essencial a ser encontrado em meus *Escritos* — para oferecer, sob a forma inevitável da sátira, a crítica, cujos termos foram todos escolhidos, das sociedades analíticas em exercício ("Situação da psicanálise em 1956") —, no fato de que esse texto, a ser tomado como prefácio de nosso esforço atual, foi guardado por mim até a edição que o revelou.

Portanto, preservei nessas provações, como se sabe, aquilo que eu podia dar. Mas preservei também o que parecia a outros dever ser obtido.

Estes lembretes vão aqui apenas para situar, justamente, a ordem de concessão educacional a que sujeitei até mesmo o tempo de minha doutrina.

Essa moderação, sempre mantida, permite agora esquecer o incrível obscurantismo da platéia na qual tive que fazê-la valer.

Isto é para dizer que aqui me será preciso antecipar, nas fórmulas a lhes serem agora propostas, as conseqüências que tenho o direito de esperar, notadamente das pessoas presentes, para aquilo que me foi permitido emitir até este momento.

Pelo menos, temos para inferir o que aqui aparece, sob todas as formas possíveis, já como indicação minha.

Partimos de que a *raiz* da experiência do campo da psicanálise, colocado em sua *extensão*, única base possível para motivar uma Escola, deve ser encontrada na própria experiência psicanalítica, bem entendido, tomada como *intensão*: única razão justa a se formular da necessidade de uma psicanálise introdutória para operar nesse campo. No que, portanto, de fato nos harmonizamos com a condição, aceita em toda parte, da chamada psicanálise didática. [578]

No mais, deixamos em suspenso o que levou Freud ao *joke* extraordinário que é realizado pela constituição das sociedades psicanalíticas existentes, pois não é possível dizer que ele as tivesse querido de outra maneira.

O importante é que elas não podem sustentar-se, em seu sucesso atual, sem um apoio certeiro no real da experiência analítica.

Assim, é preciso interrogar esse real para saber como ele leva a seu próprio desconhecimento, ou produz sua negação sistemática.

Esse *feedback* desviante, como acabamos de afirmar, só pode ser detectado na psicanálise como intensão. Pelo menos, é assim que o isolaremos do que, na extensão, decorre de impulsos de competição social, que aqui só podem gerar confusão.

Quem poderia, ao ter uma visão da transferência, duvidar de que não existe referência mais contrária à idéia de intersubjetividade?

A tal ponto que eu poderia espantar-me por nenhum praticante ter-se atrevido a me fazer uma objeção hostil por isso, ou mesmo amistosa. Teria me dado o ensejo de assinalar que foi justamente para ele pensar no assunto que tive de lembrar, logo de saída, o que o uso da fala implica de relação intersubjetiva.

É por isso que a todo momento, em meus *Escritos*, indico minha reserva quanto ao emprego da dita intersubjetividade por aquele tipo de universitários que só sabem escapar de seu destino agarrando-se a termos que lhes parecem levitatórios, na impossibilidade de lhes captar a conexão quando se servem deles.

É verdade que estes são os mesmos que favorecem a idéia de que a práxis analítica é feita para tornar nossa relação com o doente acessível à compreensão. Complacência ou mal-entendido que falseia nossa seleção no início, no que se mostra que eles não perdem tanto o rumo quando se trata da seleção material.

A transferência, faz algum tempo que já o venho martelando, só é concebível a partir do termo *sujeito suposto saber*.

Ao me dirigir a outros, eu mostraria desde logo o que esse termo implica de decadência constitutiva para o psicanalista, ilustrando-o com o caso original: Fliess, ou seja, o medicastro, o titi-

574 *Outros Escritos*

[579] lador de narizes, mas que pretendia fazer ressoarem nessa corda os ritmos arquetípicos, vinte e um dias no homem, vinte e oito na mulher — precisamente o saber que se supõe fundamentado em outras redes que não as da ciência, a qual, na época, especificava-se por haver renunciado a elas.

Essa mistificação, que reforça a antigüidade do status médico, foi o quanto bastou para cavar o lugar em que o psicanalista se alojou desde então. Que quer dizer isto, senão que a psicanálise prende-se àquele que deve ser chamado de psicanalisante? — Freud, o primeiro, no caso, demonstrando que podia concentrar em si a totalidade da experiência. O que, no entanto, não constitui uma auto-análise.

É claro que o psicanalista, tal como resulta da reprodução dessa experiência, pela substituição do psicanalisante original em seu lugar, determina-se de outra maneira em relação ao sujeito suposto saber.

Esse termo exige uma formalização que o explique.

E que, justamente, esbarra de pronto na intersubjetividade. Sujeito suposto por quem, hão de dizer, senão por outro sujeito?

E se supuséssemos, em caráter provisório, que não existe sujeito que possa ser suposto por outro sujeito? Sabe-se, com efeito, que não nos referimos aqui ao sentido vago do sujeito psicológico, que é precisamente o que o inconsciente põe em questão.

Acaso não é sabido que o sujeito transcendental, digamos, o do *cogito*, é incompatível com a postulação de outro sujeito? Já em Descartes se apreende que não pode tratar-se disso, a não ser passando por Deus como garante da existência. Hegel repõe as coisas no lugar com a famosa exclusão da coexistência das consciências. Daí parte a destruição do outro, inaugural na fenomenologia do espírito — mas, de que outro? Destrói-se o ser vivo que sustenta a consciência, mas a consciência, a do sujeito transcendental, isso é impossível. Daí o entre quatro paredes [*huis-clos*] em que Sartre conclui: é o inferno. Também o obscurantismo não parece prestes a morrer nem tão cedo.

Mas, quem sabe, ao postular o sujeito como aquilo que um significante representa para outro significante, possamos tornar mais manejável a idéia do sujeito suposto: o sujeito é de fato suposto aí, muito precisamente sob a própria barra traçada embaixo do algoritmo da implicação significante. Ou seja,

$$\frac{S \longrightarrow S'}{s \quad \ldots\ldots\ldots}$$

O sujeito é o significado da pura relação significante. [580]
E o saber, onde pendurá-lo? O saber é não menos suposto —
acabamos de ter idéia disso — do que o sujeito. A necessidade da
pauta da escrita musical para dar conta do discurso impõe-se aqui,
mais uma vez, para fazer com que se apreenda vivamente o

$$\frac{suposto}{sujeito \ldots\ldots\ldots saber}$$

Dois sujeitos não são impostos pela suposição de um sujeito,
mas apenas um significante que representa, para algum outro, a
suposição de um saber atinente a um significado, isto é, um saber
tomado em sua significação.

É a introdução desse significante na relação artificial do psicanalisante em potencial com o que permanece no estado de $x$, ou seja,
o psicanalista, que define como ternária a função psicanalítica.

Trata-se de extrair daí a posição assim definida do psicanalista.

Pois aquele que assim se designa não pode, sem uma desonestidade radical, insinuar-se nesse significado, mesmo que seu parceiro o revista (o que de modo algum é o caso médio) do significado a que é imputado o saber.

É que não só o seu saber não é do tipo do que Fliess elucubra,
como, precisamente, é disso que ele não quer saber coisa alguma.
Como se percebe no real da experiência invocado há pouco, ali
onde ele existe: nas Sociedades, na ignorância em que o analista
se mantém daquilo que possa sequer começar a se articular de
científico nesse campo, como a genética, por exemplo, ou a inter-
sexualidade hormonal. Ele não conhece nada disso, como se sabe.
Só tem que conhecê-lo, a rigor, à guisa de álibi para os confrades.

De resto, as coisas encontram prontamente seu lugar ao nos
lembrarmos do que há por saber para o único sujeito que está em
questão (que é, não nos esqueçamos, o psicanalisante).

E isto para introduzir a distinção presente desde sempre na
experiência do pensamento, tal como a história a fornece: distinção entre o saber textual e o saber referencial.

Uma cadeia significante, é essa a forma radical do chamado
saber textual. E o que o sujeito da transferência supostamente sabe

# 576  Outros Escritos

[581] é, sem que o psicanalisante o saiba ainda, um texto, se o inconsciente é de fato aquilo que sabemos, por nossa vez: estruturado como uma linguagem.

Um sábio qualquer de outrora, ou um sofista, um bardo ou outro talmudista, ficaria imediatamente a par disso. Seria um erro, entretanto, acreditarmos que esse saber textual tenha terminado sua missão, a pretexto de não mais admitirmos a revelação divina.

Mas um psicanalista, pelo menos daqueles a quem ensinamos a refletir, deve reconhecer aqui a razão da prevalência de pelo menos um texto, o de Freud, em sua cogitação.

Digamos que o saber referencial — aquele que se relaciona com o referente, que vocês sabem completar o ternário cujos outros dois termos são significante e significado, ou que, dito de outra maneira, conota-o na denotação — não está ausente, é claro, do saber analítico, mas concerne, antes de mais nada, aos efeitos da linguagem, a começar pelo sujeito, e ao que podemos designar pelo termo lato "estruturas lógicas".

Sobre uma enormidade de objetos que essas estruturas implicam, sobre quase todos os objetos que por elas vêm a condicionar o mundo humano, não se pode dizer que o psicanalista saiba grande coisa.

Melhor seria que sim, mas isso é variável.

A questão não é o que ele sabe, mas a função do que ele sabe na psicanálise.

Se nos ativermos ao ponto nodal que aí designamos como intensivo, ou seja, à maneira como ele tem que fazer frente à investidura que recebe do sujeito suposto saber, parecerá evidente a discordância do que vem inscrever-se prontamente em nosso algoritmo:

$$\frac{S \longrightarrow (S, S' \ldots)}{s \ldots (S', S'', S''' \ldots S^{n})}$$

Tudo o que ele sabe não tem nada a ver com o saber textual que o sujeito suposto saber lhe expressa: o inconsciente implicado pela iniciativa do psicanalisante.

Simplesmente, o significante que determina um dado sujeito tem que ser conservado por ele por aquilo que significa: o significado do texto que ele não conhece.

*Anexos* 577

É isso que domina a estranheza com que se lhe afigura a reco-
mendação de Freud, no entanto muito insistente, que se articula de [582]
maneira expressa como sendo a de excluir tudo o que ele sabe em
sua abordagem de cada novo caso.

O analista não tem outro recurso senão colocar-se no nível do
*s* da significação pura do saber, ou seja, do sujeito que ainda não é
determinável senão por um deslizamento que é desejo, por se fazer desejo do Outro, na forma pura que se isola como desejo de
saber.

Visto que o significante dessa forma é o que se articula no
*Banquete* como o αγαλμα, o problema do analista é representável
(e é por isso que lhe demos o lugar que se sabe) na maneira como
Sócrates suporta o discurso de Alcibíades, isto é, muito precisamente, como algo que visa a um outro, Agatão, de nome irônico
precisamente nesse caso.

Sabemos que não há αγαλμα que possa ser obtido por aquele
que deseja sua posse.

O envelope (seja qual for a desgraça que faça o psicanalista
parecer constituí-lo) é um envelope que estará vazio, se ele o abrir
às seduções do amor ou do ódio do sujeito.

Mas isso não equivale a dizer que a função de αγαλμα do
sujeito suposto saber não possa ser, para o psicanalista, tal como
acabo de esboçar seus primeiros passos, a maneira de centralizar
o que acontece com o que ele escolhe saber.

Nessa escolha, o lugar do não-saber é central.

E é não menos articulável em condutas práticas. A do respeito
ao caso, por exemplo, como já dissemos. Mas estas continuam
perfeitamente inúteis fora de uma teoria firme daquilo que se recusa e do que se admite tomar como devendo ser sabido.

O não-saber não tem a ver com a modéstia, o que ainda equivaleria a um situar-se em relação a si mesmo; ele é, propriamente,
a produção "como reserva" da estrutura do único saber oportuno.

Para nos referirmos ao real da experiência, supostamente
identificável na função das Sociedades, nele encontramos uma
forma de apreender por que seres que se distinguem por um nada
do pensamento, reconhecido por todos e acordado como fato nas
formulações correntes (é isso o importante), são facilmente colocados, no grupo, numa posição representativa.

É que há nisso um capítulo que eu designaria como a confusão
sobre o zero. O vazio não é equivalente ao nada. O referencial, na

# 578    *Outros Escritos*

[583] mensuração, não é o elemento neutro da operação lógica. A nulidade da incompetência não é o não-marcado pela diferença significante.

É essencial designar a forma do zero, que (essa é a meta de nosso 8 interior), situada no centro de nosso saber, deve rebelar-se a que a venham substituir as aparências de uma escamoteação muito singularmente favorecida aqui.

É que, justamente porque todo um saber excluído pela ciência só pode ser mantido à distância da psicanálise, se não se souber dizer que estrutura lógica o substitui "no centro" (termo aqui aproximado), qualquer um poderá entrar nesse lugar (inclusive os discursos sobre a bondade).

É nessa linha que se situa a lógica da fantasia. A lógica do analista é o αγαλμα que se integra na fantasia radical que o psicanalisante constrói.

Essa ordenação da ordem do saber que funciona no processo analítico, eis aquilo em torno do qual deve girar a admissão na Escola. Ela implica toda sorte de aparelhos, cuja alma deve ser encontrada nas funções já delegadas na diretoria — Ensino, Direção dos Trabalhos, Publicação.

Ela comporta o agrupamento de certos livros a serem publicados coletivamente — e além disso, uma bibliografia sistemática. Restrinjo-me aqui apenas a indicações.

Essa colocação é feita para mostrar como os problemas como extensão ligam-se imediatamente aos que são centrais na intensão.

É assim que convém retomarmos a relação do psicanalisante com o psicanalista e, como nos tratados de xadrez, passar do começo ao fim da partida.

Que no fim da partida se encontre a chave da passagem de uma das duas funções à outra, isso é o que é exigido pela prática da psicanálise didática.

Não há nada aí que não continue confuso ou velado. Eu gostaria de indicar como nossa Escola poderia funcionar para dissipar essas trevas.

Não tenho que facilitar aqui nenhuma transição para aqueles que me acompanham em outros lugares.

O que, no fim da análise, vem a ser dado a saber?

Em seu desejo, o psicanalisante pode saber o que ele é. Pura falta, como (-φ), é por intermédio da castração, seja qual for seu

Anexos 579

sexo, que ele encontra o lugar na chamada relação genital. Puro objeto, como (*a*), ele obtura o vazio essencial que se abre no ato sexual, através de funções que qualificaremos de pré-genitais. [584]

Essa falta e esse objeto, demonstro que eles têm a mesma estrutura. Essa estrutura só pode ser relação com o sujeito, no sentido aceito pelo inconsciente. É ela que condiciona a divisão desse sujeito.

Sua participação no imaginário (a dessa falta e desse objeto) é o que permite à miragem do desejo estabelecer-se no jogo percebido da relação de causação pela qual o objeto (*a*) divide o sujeito (*d* → (S◊ *a*)).

Mas, percebam aí, vocês mesmos, o que acontece com o que chamei há pouco da psicanalisante. Se digo que ele é essa causa de sua divisão, é na medida em que ele se tornou o significante que supõe o sujeito do saber. Só ele não sabe que é o αγαλμα do processo analítico (como, quando se trata de Alcibíades, não reconhecêlo?), nem a que outro significante desconhecido (e a que ponto nada comum) se dirige sua significação de sujeito.

Sua significação de sujeito não ultrapassa o advento do desejo, fim aparente da psicanálise, mas persiste a diferença entre o significante e o significado, que sobrará sob a forma do (-φ) ou do objeto (*a*) entre ele e o psicanalista, uma vez que este se reduzirá a um significante qualquer.

Eis por que digo que é nesse (-φ) ou nesse (*a*) que seu ser aparece. O ser do αγαλμα, do sujeito suposto saber, conclui o processo do psicanalisante numa destituição subjetiva.

Não é isso algo que só poderíamos enunciar entre nós? Não será o bastante para semear o pânico, o horror, a maldição, ou até o atentado? E, pelo menos, para justificar as aversões prévias à entrada em psicanálise?

Decerto há problemas numa certa mordacidade da análise, mas só existe angústia legítima (que eu destaco) ao se penetrar — e isso é necessário na psicanálise didática — naquilo que convém chamar de um mais-além da psicanálise, na verdadeira vigilância em que sucumbe, atualmente, toda enunciação rigorosa sobre o que se passa nela.

Essa vigilância depara com a despreocupação que protege da maneira mais segura a verdade e os sujeitos, todos juntos, e é por isso que, ao proferir aquela diante destes, isso, como bem sabe-

580     *Outros Escritos*

mos, não faz a menor diferença senão para aqueles que lhe estão próximos. Falar de destituição subjetiva não detém o inocente.

Só que é preciso ter presente que, aos olhos do psicanalisante, o psicanalista — sobretudo à medida que se avança mais para o fim da partida — fica na posição de resto, a tal ponto que é justamente a ele que melhor conviria, nesse extremo, aquilo que chamaríamos, por uma denotação gramatical que vale por mil, de particípio passado do verbo.

[585]

Na destituição subjetiva, o eclipse do saber chega ao reaparecimento no real com que, às vezes, vocês são entretidos.

Aquele que reconstruiu sua realidade a partir da fenda do impúbere reduz seu psicanalista ao ponto projetivo do olhar.

Aquele que, quando criança, viu-se no representante representativo de seu próprio mergulho, através do papel de jornal com que se protegia o campo de adubação dos pensamentos paternos, devolve ao psicanalista o efeito de limiar em que ele oscila em sua própria dejeção.

A psicanálise mostra, em seu término, uma ingenuidade sobre a qual uma questão a levantar é se podemos incluí-la na categoria de garantia, na passagem para o desejo de ser psicanalista.

Vale a pena, portanto, retomar aqui o sujeito suposto saber pelo lado do psicanalista. Que pode ele pensar diante do que freqüentemente acontece com o psicanalisante, quando este, havendo passado a saber um pouco desse sujeito, não tem mais nenhuma vontade de exercer sua opção?

A que se assemelha esta junção em que o psicanalisante parece traí-lo por uma inversão lógica, que seria dita ao lhe atribuir a articulação: "Que ele saiba como sendo dele aquilo que eu não sabia do ser do saber, e que agora tem por efeito que o que eu não sabia é apagado dele"?

Isso é lhe atribuir a grande vantagem do saber talvez iminente, no que ele tem de mais agudo, de que a destituição subjetiva mascara, nessa queda, a restauração em que o ser do desejo, por se atar a ele apenas por uma borda, vem juntar-se ao ser do saber.

Assim, no fim da vida — *sicut palea* —, disse Tomás de Aquino de sua obra: é estrume.

Pelo que o psicanalista deixa o psicanalisante obter do sujeito suposto saber, é a ele que cabe perder o αγαλμα.

Fórmula que não nos parece indigna de vir no lugar da expressão liquidação — que termo fútil! — da transferência, cujo princi-

*Anexos* 581

pal benefício, apesar da aparência, é sempre remeter ao pretenso paciente, em última instância, o erro.

Nesse desvio que o rebaixa, aquilo de que o psicanalista é o eixo é a segurança que o desejo assume na fantasia, revelando-se então que sua captação não é nada senão a de um des-ser.

Mas, não é aí que se oferece ao psicanalisante a volta a mais na duplicação que nos permite gerar o desejo do psicanalista? [586]

Mas retenhamos, antes de transpor essa passagem, a alternância com que é sincopado nosso discurso, por assim fazer com que um seja a tela do outro. Ou por tocar melhor na não intersubjetividade? E como é impossível que seja dado um depoimento justo por quem transpõe esse passe sobre aquele que o constitui — entenda-se, porque ele é esse passe, posto que seu momento é sua própria essência, ainda que, depois, isso venha a ultrapassá-lo.

É por isso que aqueles com quem isso se passou, a ponto de se tornarem beatos, parecem-me unir o impróprio ao impossível nesse testemunho eventual — e minha proposta será que, antes, seja diante de alguém que ainda esteja no momento original que se comprove que adveio, realmente, o desejo do psicanalista.

Quem pode autenticar melhor do que esse psicanalisante, em pleno passe, a qualidade de uma certa posição depressiva? Não desvendamos nada com isso. Não pode dar-se ares de fazê-lo quem não está nesse momento.

Trata-se do exato momento de saber se, na destituição do sujeito, advém o desejo que permite ocupar o lugar do des-ser, justamente por querer operar de novo o que o αγαλμα implica de separação (com a ambigüidade do *se parere* que nela incluímos, para que ela assuma aqui sua ênfase).

Digamos aqui, sem desenvolvê-lo, que tal acesso implica a barra colocada sobre o Outro, que o αγαλμα é o significante, que é do Outro que cai o (*a*), assim como é no Outro que se abre a hiância do (-φ), e que é essa a razão pela qual quem pode articular esse S(A̶), este não tem nenhum estágio a fazer, nem nos Bem-Necessários nem entre as Suficiências, para ser digno da Beatitude dos Grandes Ineptos da técnica reinante.

Em razão de que esse, como S(A̶), enraíza-se no que se opõe mais radicalmente a tudo aquilo em que convém e basta ser reconhecido como sendo: a honradez, por exemplo.

A passagem que ele realizou traduz-se aqui de outra maneira. Não é preciso nem suficiente que a acreditemos transposta para

582     *Outros Escritos*

que ela o esteja. Esse é o verdadeiro alcance da negação constitutiva da significação da infâmia.

Conotação que conviria muito restaurar na psicanálise.

Detenhamo-nos. Apliquemos S(Ⱥ) a AE. Isso dá E. Resta a Escola, ou a Prova [*Épreuve*], talvez. Pode indicar que um psicanalista sempre deve poder escolher entre a análise e os psicanalistas.

[587]

Pretendo apontar unicamente na psicanálise como intensão a iniciativa possível de um novo modo de acesso do psicanalista a uma garantia coletiva.

Isso não quer dizer que considerar a psicanálise como extensão — ou seja, os interesses, a pesquisa, a ideologia que ela cumula — não seja necessário à crítica das Sociedades, tal como estas sustentam essa garantia fora de nossa casa, na orientação a ser dada a uma nova Escola.

Hoje me ocupo apenas de uma construção de órgãos para um funcionamento imediato.

Isso talvez não me dispense de indicar, previamente a uma crítica no nível da extensão, pelo menos três referenciais a serem produzidos como essenciais. Mais significativos ainda na medida em que, ao se imporem por suas dimensões, eles se distribuem em três registros: o do simbólico, o do imaginário e o do real.

O apego específico da análise às coordenadas da família é um fato a ser aquilatado em diversos planos. É extremamente notável no contexto social.

Parece ligado a uma forma de interrogação da sexualidade que corre o grande risco de deixar escapar uma conversão da função sexual que se opera diante de nossos olhos.

A participação do saber analítico no mito privilegiado que é o Édipo, privilegiado pela função que ocupa na análise, e também privilegiado por ser, segundo a expressão de Kroeber, o único mito de criação moderna, é o primeiro desses referenciais.

Observemos seu papel na economia do pensamento analítico e destaquemos que, ao retirá-lo desta, todo o pensamento normativo da psicanálise revela equivaler, em sua estrutura, ao delírio de Schreber. Pensemos na *Entmannung*, nas almas redimidas, ou até no psicanalista como cadáver leproso.

Isso dá margem a um seminário sobre o Nome-do-Pai, que afirmo não ter sido por acaso que não pude fazer.

A função da identificação na teoria — sua prevalência —, assim como a distorção de reduzir a ela o término da análise, estão

*Anexos* 583

ligadas à constituição dada por Freud às Sociedades — e levantam a questão do limite que com isso ele pretendeu dar a sua mensagem.

Ela deve ser estudada em função do que é, na Igreja e no exército, aqui tomados como modelos, o sujeito suposto saber. [588]

Essa estrutura é, incontestavelmente, uma defesa contra o questionamento do Édipo: o Pai ideal, isto é, o Pai morto, condiciona os limites em que doravante permanecerá o processo analítico. Ele cristaliza a prática numa finalidade desde então impossível de articular, e que obscurece desde o início o que deve ser obtido da psicanálise didática.

A marginalização da dialética edipiana que resulta disso continua a se acentuar cada vez mais, na teoria e na prática.

Ora, essa exclusão tem uma coordenada no real, deixada imersa em profunda sombra.

Trata-se do advento, correlato da universalização do sujeito proveniente da ciência, do fenômeno fundamental cuja irrupção foi mostrada pelo campo de concentração.

Quem não vê que o nazismo só teve aí o valor de um reagente precursor?

A ascensão de um mundo organizado sobre todas as formas de segregação, foi a isso que a psicanálise mostrou-se ainda mais sensível, não deixando um só de seus membros reconhecidos nos campos de extermínio.

Ora, é essa a mola da segregação particular em que ela mesma se sustenta, na medida em que a IPA se apresenta na extraterritorialidade científica que acentuamos, e que faz dela algo bem diferente das associações análogas próprias de outras profissões.

Propriamente falando, uma segurança extraída de encontrar uma acolhida, uma solidariedade, contra a ameaça dos campos estendida a um de seus setores.

Constata-se, assim, que a análise protege seus defensores — de uma redução dos deveres implicados no desejo do analista.

Fazemos questão de marcar aqui o horizonte complexo, no sentido próprio do termo, sem o qual não poderíamos produzir a situação da psicanálise.

A solidariedade das três funções principais que acabamos de traçar encontra seu ponto de confluência na existência dos judeus. O que não é de admirar, quando se sabe da importância da presença destes em todo o seu movimento.

# 584    *Outros Escritos*

[589]  É impossível saldar a dívida da segregação constitutiva dessa
etnia com as considerações de Marx, muito menos ainda com as
de Sartre. É por isso, especialmente por isso, que a religião dos
judeus deve ser questionada em nosso seio.
Restringir-me-ei a estas indicações.

Não há remédio a esperar, enquanto esses problemas não tiverem
sido ventilados, para a estimulação narcísica em que o psicanalista
não consegue evitar precipitar-se, no contexto atual das Sociedades.
Nenhum outro remédio senão romper com a rotina que é, na
atualidade, o componente preponderante da prática do psicanalista.
Rotina apreciada, saboreada como tal — disso colhi, da boca
dos próprios interessados, nos EUA, a declaração espantosa, formal e expressa.
Ela constitui um dos atrativos a priori do recrutamento.
Nossa pobre Escola pode ser o início de uma renovação da
experiência.
Tal como se propõe, ela se propõe como tal.
Propomos definir nela, atualmente:

1. O júri de acolhida, como:
*a*) Escolhido pela Diretoria anual, em sua extensão variável.
*b*) Encarregado de acolher, segundo os princípios de trabalho
que eles se propuserem, os membros da Escola, sem limitação de
seus títulos ou sua proveniência. Os psicanalistas (AP), nesse nível, não terão aí nenhuma preferência.

2. O júri de aprovação:
*a*) Composto por sete membros: três analistas da Escola (AE)
e três psicanalisantes, retirados de uma lista apresentada pelos
analistas da Escola (AE). É claro que, ao responderem, esses psicanalistas escolherão em sua própria clientela sujeitos em transição para se tornarem psicanalistas — acrescentando-se ao júri o
diretor da Escola.
Esses analistas da Escola (AE), assim como esses psicanalisantes, serão escolhidos por sorteio em cada uma das listas.
Apresentando-se um psicanalisante, seja ele quem for, que
postule o título de analista da Escola, é com os três psicanalisantes

que ele terá de lidar, ficando estes encarregados de prestar contas disso perante o colegiado completo do júri de aprovação (apresentação de um relatório).

*b*) O citado júri de aprovação, em virtude disso, ver-se-á no dever de contribuir para os critérios da conclusão da psicanálise didática. [590]

*c*) Sua renovação, pelo mesmo processo de sorteio, será feita a cada seis meses, até que resultados suficientes para ser publicáveis permitam sua eventual reformulação, ou permitam reempossá-lo.

3. O analista membro da Escola apresentará quem lhe convier à candidatura precedente. Se seu candidato for agregado aos analistas da Escola, ele próprio será admitido nela, por essa mesma razão.

O analista membro da Escola é uma pessoa que, por sua iniciativa, reúne essas duas qualidades (a segunda implica sua passagem perante o júri de acolhida).

Ele será escolhido pela qualificação que funde essas duas qualidades, sem ter que apresentar uma candidatura a esse título, pela totalidade do júri de aprovação, que tomará essa iniciativa com base no critério de seus trabalhos e de seu estilo de prática.

Um analista praticante, não qualificado de AME, passará por esse estágio, caso um de seus psicanalisantes seja aceito na categoria de AE.

Aplicaremos esse funcionamento em nosso grafo, para evidenciar seu sentido.

Basta substituir no grafo:

— S($A$) por AE;

— ($S$ ◊ D) pelos psicanalisantes do júri de aprovação;

— S(A) por AME;

— A por psicanalisantes em geral.

O sentido das setas indicará, a partir daí, a circulação das qualificações.

Bastará um pouco de atenção para mostrar a ruptura — não a supressão — da hierarquia que resulta disso. E a experiência demonstrará o que se pode esperar daí.

A proposta dos novos aparelhos será objeto de uma reunião plenária dos AE — a fim de ser homologada para apresentação geral.

# 586 Outros Escritos

[591] Um grupo será encarregado de uma bibliografia concernente às questões da formação — no intuito de estabelecer uma anatomia da Sociedade do tipo IPA quanto a esses problemas.

2

No momento de ele ser levado ao prelo, percorro o número de *L'Arc* que acaba de sair sobre Freud. Esse número ilustra aquilo a que a fórmula atual da revista deve permitir escapar.

A saber, a ordem de inflação literária a que meu ensino se opôs, até uma crise cujo sucesso se apreende melhor ao ver onde salta a tranca.

Quanto à contorção da psicanálise sobre seu próprio nó, que foi minha fórmula mais acima, como não lamentar que a melhor biógrafa de Freud dê o exemplo dela, não encontrando nada a captar em meu "retorno a Freud" senão o "excesso" pelo qual ele evitaria a própria psicanálise, pura e simplesmente?

Possa a Sra. Marthe Robert, portanto, vir remediar aqueles que se esquivam do que digo este ano sobre o ato psicanalítico, para avaliar se reduzo a psicanálise a "maneiras de dizer".

Seu artigo irá para os Arquivos de qualquer pessoa que esteja um pouco a par das coisas.

Combinou-se que assinarei tudo o que aqui constituir minha parte, logo:

*J.L.*

[592]

3

## PREÂMBULO

À guisa de pedido de desculpas à Escola

O número 2/3 de *Scilicet* está saindo com atraso: a responsabilidade é minha.

Parte do que eu lhe destinava, transcrevi-a em dois prefácios, calculando que os espaços fossem com isso deslocados apenas o

*Anexos* 587

bastante para dar a dimensão do que era preciso repor em seu lugar. Assim passou o prazo do Natal de 1969.

O resto concernia muito ao que me havia sucedido na ENS, do qual talvez se esteja lembrado, ao passo que, da farsa para a qual eu havia contribuído, e com as duas mãos — no *Le Monde* e em *Les Lettres Françaises* —, não se impunha mostrar o jogo.

Falar dos pauzinhos dessa farsa teria sido um desafio, por se apoiar no desmentido deles, que é o suficiente para que saibamos, e um desafio sem mérito, já que eu deixara correr esse jogo.

Teria sido preciso que mais me importassem aqueles que não mais me suportavam. E também que se revelasse nula a conseqüência disso.

Essa marca de desdém só se sustenta por uma ocasião em que sua prevenção foi tão crucial para outros, por eu estar encarregado deles, que a censura que eles não me fizeram fez com que eu me distraísse da afronta.

A fatura dessas coisas, deixo-a para o historiador, sem me julgar obrigado a fazer-me analista delas.

Quanto à minha ação, será julgada pelo termo com que designo o discurso analítico, ao me ater àquilo que transformo em tal.

É pela medida do ponto de ato que ele atinge no simbólico que se demonstra o real.

Isso será compreendido ao se lerem, na parte I, as atas do congresso realizado pela Escola em 1969, no hotel Lutétia.

Congresso em que desembocou, trilhada desde o mês de maio de que falamos, embora o houvesse precedido em muito, minha chamada proposição de 9 de outubro de 1967. [593]

Na parte II vêm as respostas com que me surpreendeu um entrevistador da rádio belga, o Sr. Georgin.

Surpresa que não destaco apenas por me haver deixado apanhar por ela (coisa com que as introduzi), mas por nela encontrar agora o efeito de uma audiência sem encarnação.

Por que, pelo fato de se revelar que elas são separáveis, recusar o interesse de fazer delas a prova do "incompreensível para alguém normalmente constituído"?

588　*Outros Escritos*

Se isso significa escapar da dominação do discurso universitário, não se pode evitá-lo tornando-se autor. Mas, estarei enganado ao sentir na radiofonia uma rota de ação que prescindiria disso? Pois instauro aqui o que "eu não sabia" — coloco as aspas para aqueles que sabem o que girou em torno dessas palavras de minha doutrina —, o que "eu não sabia" de meu papel na atual revolução. Na qual estou, mas da qual não sou o autor.

Seguem-se artigos cujo agrupamento em três partes deve ser reconhecido.

Não assinados, segundo o que esta revista inaugurou — e isto, cabe lembrá-lo muito mais ainda — antes de maio.

A partir de uma deliberação que decidiu por um caminho, este sem problemas, sobre a indicação do declínio do autor.

O que, esclareço mais uma vez, não exige o anonimato, mas a não identificação.

Para que se prove a formação, não o autor.

Donde os membros da Escola têm interesse, ao que parece, em se decidir, uma vez que, enquanto esta formação não se houver comprovado, eles serão membros apenas de uma Escola que não tem outra coisa a seu favor senão existir, ao passo que têm de mim a seu alcance, contra o evangelho da época, a idéia de que existir não é grande coisa e, de qualquer modo, não prova nada.

O que confirma que nada serve de prova contra uma existência qualquer. Só existe prova do *para*.

[594]　Por mais premente, portanto, que seja esse interesse dos membros, ele não torna inútil o complemento de que, para dar testemunho de sua formação, a Escola pode acolher não membros.

De fato, há aqui quatro deles, cujos nomes (por sua vontade, neste caso) serão encontrados, já que este número duplo encerra o ano, no final do volume.

Se o que consta neste número permanece ligado a meu discurso, não é por não haver outros que sejam formadores na Escola. Eles serão bem-vindos, prometo, em sua produção.

Quanto ao lado de fora, encontrar-se-ão suficientemente articulados em minhas respostas radiofônicas os discursos não analíticos que defini, este ano, por uma consistência que é explicitada por aquele que instauro da análise, para que qualquer um possa

*Anexos* 589

aquilatar o que deve à formação da Escola, entendendo-se por isso: o que deve levar-lhe, mesmo que não esteja inscrito nela.

Que os colaboradores estrangeiros deverão manter-se no futuro dá ensejo a destacar o que resulta de, fora de nossa Escola, existirem apenas associações de analistas.

Ora, é fato que decorre daí um tipo de publicação pelo qual a psicanálise só parece comprovar-se à custa do autor.

A quem não salta aos olhos que o que aí se produziu de trabalhos, até hoje, está fadado apenas a difundir — eu ia escrevendo: a difamar — o nome do signatário?

Interrogo-me aqui se foi somente por ter-se atrasado que este número deixou de fazer a revisão crítica do que resulta disso como trabalho.

Desde o livro de Serge Leclaire (para nos atermos ao melhor), que aqui encontra seu resumo — mas ele mesmo, aliás, soube fazer-se esperar pelos críticos experientes —, até o último de Maud Mannoni, que encontra meios de renovar as abordagens do psiquiatra e esperará por nós, quantos outros teriam constituído matéria para uma crítica que a eles soubesse igualar-se?

Porventura nos faltava um modelo?

É o que avaliaremos pelo proveito que tirou Michèle Montrelay, analista da Escola (nova fórmula), de um livro obtido de uma formação totalmente diversa.

Que se aprecie nele o que se dispensa de original "a propósito".

A propósito do livro cujo mérito essa crítica ressalta (no número de julho da revista *Critique*).

Não é um expediente indigno para dar mostras do degelo que [595] um trabalho especificado por nossa formação leva ao problema da sexualidade feminina — problema que permanecia bloqueado desde que Jones pregou uma peça com ele em Freud.

A queixa que repiso, de que mais comumente me distorcem do que me ultrapassam, fica aí desarmada.

Não sem que me volte o eco nostálgico de que um certo congresso de Amsterdã, para o qual eu havia proposto esse tema, preferiu seguir o rastro de um lamentável retorno ao bom caminho.

Ainda seria preciso tempo para que, sobre esse real que promovi, a partir de minhas premissas, à condição de categoria (e pelo qual

590    *Outros Escritos*

os basbaques me depreciaram, por não o haver pressentido), eu deixasse claro que ele só se revela no ato que força a fantasia em que se assenta a realidade. *Scilicet*, o ato psicanalítico continua longe, ainda que, fora dele, isso seja impossível: o real, ora essa! Proibido para trapaceiros.

Um eco: meu discurso de encerramento, no congresso realizado pela Escola em abril deste ano de 1970, marcou, na última parte, como se formulava seu trabalho antes de uma grande mudança, cuja enunciação remeto para o ano que vem.

Declaro, simultaneamente, estar deixando a incumbência da chamada redação àqueles de quem a lista que encerra este número diz haverem contribuído, membros ou não membros da Escola, para *Scilicet*, durante o primeiro ano.

*Jacques Lacan,*
*diretor da EFP*
*setembro de 1970*


4

[596]       Contribuíram para o primeiro ano de *Scilicet*:
[Segue-se uma lista com vinte e um nomes próprios.]

Com isso eles se tornam a cabeça, ou seja, o primeiro passo, mas também a tese, do que uma publicação episódica deve à Escola.

Como fizeram os de Burbaki para sua publicação monumental.

É que, para tais coisas (e guardadas todas as proporções), não se contribui no próprio nome.

exceto para fazê-las veículo daquilo que se apaga.

*No meu caso, é a despeito:*
*J.L.*
*13 X 70*

# Índice dos nomes citados

Abdouchéli, Thémouraz, 301, 309
Abel, 408
Abraão,64, 338
Abraham, Karl, 48, 494
Adão, 437
Agatão, 256, 577
Agostinho de Dácia, 533
Aquenaton, 429
Aimée (caso), 221, 568
Alain, 184, 213
Alcibíades, 256, 257, 436, 577, 579
Alexander, Franz, 133, 134
Alien, Pierre, 301
Allais, Alphonse, 213, 217
Amaterasu, 505
Ampère, André-Marie, 423
Antígona, 469
Anzieu, Didier, 157, 165-66, 171
Apollinaire, Guillaume, 199
Apolo, 164
Afrodite, 346
Aristófanes, 17, 526
Aristóteles, 156, 185, 253, 375, 402, 429, 458, 469, 474, 511, 522, 536, 537, 547, 562, 565
Arrow, K.J., 301
Artaud, Antonin, 349
Agostinho (santo), 40, 43, 189, 491
Auzias, Jean-Marie, 339, 340

Bachofen, 63
Balint, Michael, 259, 489
Bänziger (Dr.), 172
Barrault, Jean-Louis, 200
Barthes, Roland, 24, 25, 498
Beckett, Samuel, 16

Beeckman, Isaac, 436
Bentham, Jeremy, 151
Bergson, Henri, 63, 64, 144, 160, 385
Berkeley, George, 339
Beveridge, lorde William Henry, 121
Bion, Wilfried, 121-15, 119
Boileau, Nicolas, 542
Bonaparte, 422
Borges, Jorge Luis, 293
Burbaki, Nicolas, 291, 590
Boutonier, Juliette, 169, 170
Bouvet, Maurice, 348
Brentano, Franz, 427
Bühler, Charlotte, 47

Caim, 125
Camões, Luís de, 144
Canrobert, 291, 296
Cantor, Georg, 255, 337, 451, 478, 494, 544
Capgras, Joseph, 72
Carroll, Lewis, 256, 273
Cénac, Michel, 130
Cézanne, Paul, 191
Charbonnier, Georges, 226
Carlos Magno, 306
Carlos I, 497
Chateaubriand, François René de, 422
Chomsky, Noam, 494
Cícero, 484
Condorcet, 301
Conn, 31
Cooper, David, 360
Copérnico, Nicolau, 419

592 *Outros Escritos*

Corneille, Pierre, 66
Courtenay, Baudouin de, 403

Dali, Salvador, 221
Dante, 361, 477, 489, 524, 525
Daumézon, Georges, 448
Davi, 145
Delay, Jean, 177
Demócrito, 496
De Quincey, Thomas, 132
Desargues, Gérard, 472
Descartes, René, 165, 252, 307, 324, 356, 372, 436, 574
Deutsch, Helene, 463, 464
Dolto, Françoise, 158
Dora (caso), 150
Doré, Gustave, 123
Dostoiévski, Fiódor Mikhailovitch, 16
Doyle (major), 123
Duquenne, Paul, 219
Durantschek, Olga, 156
Duras, Marguerite, 198-204
Dürer, Albrecht, 166
Durkheim, Émile, 32, 33

Eckhart (Mestre), 338
Einstein, Albert, 331
Ellmann, Richard, 564
Empédocles, 481
Erikson, Erik, 177
Ernout, Alfred, 15
Espinosa, Baruch, 336, 524
Ésquilo, 159
Euclides, 451
Eudemo, 522
Eudóxio, 429
Eurídice, 283
Ey, Henri, 359, 391

Fauconnet, P., 32
Fausto, 141
Febvre, Lucien, 204
Fechner, Gustav Theodor, 175
Fernel, Jean, 453
Ficino, Marsílio, 430
Fliess, Wilhelm, 19
Foucault, Michel, 349
Frazer, James George, 48

Frege, Gottlob, 207, 457, 544
Freud, Anna, 134, 135, 572
Freud, Sigmund, 16, 19, 35, 38, 41, 46, 48, 51, 53, 54, 58, 75, 77, 79-83, 108, 110, 133, 135, 143, 144, 146, 147, 149-52, 160-63, 166, 169-71, 174-80, 182, 192, 195, 196, 200, 203, 206, 209, 211-14, 216, 217, 219-21, 224, 226, 227, 229, 235, 243, 245, 246, 249, 254, 256, 258, 262, 263, 274, 280, 283, 286, 289-92, 294, 295, 300, 305, 313, 315, 316, 319, 320, 323, 325-28, 329, 330, 332-40, 341, 343, 346, 349, 352-56, 361-63, 367, 368, 374, 377-79, 388, 395, 398, 400, 402-5, 408, 411, 415-20, 423, 427, 428, 431, 433, 435, 438, 439, 444, 451, 453, 456, 459, 462-64, 468, 476, 477, 481, 484, 491, 493, 494, 496, 510, 513-15, 518, 521-24, 527-33, 541-43, 545, 546, 550, 552, 553, 555, 557, 558, 561, 564, 566-69, 573, 576, 577, 579, 583, 586, 589
Frisch, Karl von, 522

Galileu, 419, 420, 430, 521
Gall, Franz Joseph, 462
Gauss, Carl Friedrich, 536
Georgin, Robert, 400, 587
Gilson, Étienne, 474
Glover, Edward, 222
Gödel, Kurt, 207,
Goebbels, Joseph Paul, 352
Gracián, Baltasar, 518
Granoff, Wladimir, 169
Graves, Robert, 559
Griaule, Marcel, 171
Guattari, Félix, 310
Guilherme de Ockham, 332

Halle, Morris, 174
Hamlet, 564
Hans (caso do Pequeno), 387, 493, 527
Hargreaves (coronel), 109
Hartley, Ralph Wyndon Lyon, 155

# Índice dos nomes citados 593

Hartmann, Heinz, 213
Hegel, G.W.F., 42, 145, 152, 166, 211, 253, 306, 317, 331, 345, 410, 419, 439, 452, 462, 476, 574
Heidegger, Martin, 166, 362, 552
Helmholtz, Hermann von, 258
Hesíodo, 145
Hesnard, Angelo, 127, 128
Hitler, Adolf, 352, 414
Hölderlin, Friedrich, 466
Homem dos Lobos (caso), 23, 160, 529
Homem dos Ratos (caso), 217, 328, 493
Horney, Karen, 463, 464
Husserl, Edmund, 210
Huxley, Aldous, 111

Isaac, 338

Jacó, 338, 347
Jakobson, Roman, 133, 174, 316, 399, 402, 404, 413, 417, 491
Janet, Pierre, 81, 209, 524
Jaques, Brigitte, 561
Jaspers, Karl, 147
Jones, Ernst, 182, 262, 463, 464, 589
Joyce, James, 15, 338, 504, 560-66, 569
Jung, Carl Gustav, 15, 438, 494, 515, 546
Júpiter, 145

Kant, Immanuel, 171, 346, 386, 421, 422, 430, 473, 481, 533-35
Kaufmann, Pierre, 216, 217, 308
Kepler, Johannes, 420, 430
Klein, Felix, 209, 324-26, 472
Klein, Melanie, 59, 122, 133
Kojève, Alexandre, 331, 452. 497
Koyré, Alexandre, 420, 429-30
Kris, Ernst, 182, 331
Kroeber, Alfred Louis, 261, 582
Kronecker, Leopold, 337

La Fontaine, Jean de, 543
Lagache, Daniel, 148, 153
La Houssaye, Amelot de, 518
Lambert, Johann Heinrich, 422

Laplanche, Jean, 389
Lavater, Johann Kaspar, 462
Leclaire, Serge, 168, 393, 589
Leenhardt, Maurice, 158
Legrand du Saulle, 68
Leibniz, Gottfried Wilhelm, 211, 342, 545
Le Lionnais, François, 91, 97
Lênin, 423
Lévi-Strauss, Claude, 133, 158
Levine, Maurice, 135
Lewin, Kurt, 112
Lutero, Martinho, 533
Licurgo, 305

Macalpine, Ida, 219, 222, 223
Malinowski, Bronislaw, 32, 62
Mannoni, Maud, 359, 367, 589
Mannoni, Octave, 214, 216, 259
Marat, 166
Marguerite d'Angoulême, 204
Marivaux, 340
Marr, 215
Marx, Karl, 215, 243, 423, 433, 434, 438, 439, 496, 506, 517, 552, 584
Maxwell, James Clerk, 421
Meillet, Antoine, 15
Merleau-Ponty, Maurice, 183-92
Miller, Jacques-Alain, 503, 506, 508
Milner, Jean-Claude, 317
Moebius, August Ferdinand, 275, 416, 470, 471, 474, 475, 477, 483, 484, 487
Moisés, 338, 428
Montherlant, Henry de, 541
Montrelay, Michèle, 589
Moreno, Jacob Levy, 123
Murray, Henry Alexander, 118

Napoleão, 414, 416
Narciso, 48
Nemo, Philippe, 302, 305
Newton, Isaac, 356, 420, 422, 430, 521, 534
Nicômaco, 522
Noé, 521

Oppenheimer, Julius Robert, 257

594    *Outros Escritos*

Oury, Jean, 361
Ovídio, 467

Papin (caso das irmãs), 74
Parmênides, 513
Pascal, Blaise, 168, 338, 362, 547
Paulhan, Jean, 279, 386
Pecci-Blunt, 363
Penrose, 109
Perelman, Chaim, 397
Perrotti, 171
Piaget, Jean, 132, 206
Piéron, Henri, 385
Piprot d'Alleaumes, 129
Platão, 330, 345, 402, 483, 524, 526, 544
Poe, Edgar Allan, 17, 383
Poincaré, Henri, 496
Politzer, Georges, 393
Prometeu, 412
Proudhon, Pierre Joseph, 66
Ptolomeu, 429
Pulhems, 110

Queneau, Raymond, 91, 331

Rabelais, François, 16, 152, 155, 452
Racine, Jean, 543
Rank, Otto, 280
Raven, 109
Rees (brigadeiro), 108, 109, 111, 121
Reik, Theodor, 352
Renan, Ernest, 536
Reverchon-Jouve, Blanche, 279
Richemont, 72
Rickmann, 112, 116
Rifflet-Lemaire, Anika, 389
Rivers, William Halse, 31, 22
Robert, Marthe, 586
Rodger (Dr.), 119
Roubleff, Irène, 310
Russell, Bertrand, 452, 494

Sade (marquês de), 188, 386, 481
Salisbury (marquês de), 123
Salmon, Thomas W., 109

Sartre, Jean-Paul, 187, 188, 210, 211, 253, 345, 385, 574, 584
Saussure, Ferdinand de, 19, 132, 133, 175, 397, 400, 403, 408, 414, 491, 514
Schreber (caso do presidente), 163, 219-23, 262, 338, 396, 459, 466, 496, 582
Sellin, Ernst, 428
Sérieux, Paul, 72
Shakespeare, William, 256, 293, 452
Shand, 31
Signorelli, Luca, 394
Sócrates, 256, 307, 402, 408, 425, 436, 494, 545, 555, 565, 577
Sófocles, 16
Spearman, Charles, 109, 118
Stalin, 215
Sutherland (Dr.), 119
Swedenborg, Emanuel, 481, 534
Swift, Jonathan, 347

Taine, Hippolyte, 423
Tarde, Gabriel de, 130
Tomás de Aquino (santo), 15, 259, 315, 474, 524, 580
Tirésias, 467, 469
Tocqueville, Alexis de, 166, 423
Tosquelles, 303
Tostain, René, 310
Turquet (Dr.), 110, 117

Uexküll, Jakob von, 23, 511, 547
Ulisses, 412

Verdi, Giuseppe, 566
Voltaire, 182
Vygotsky, 206

Wedekind, Frank, 557, 558
Wilson (coronel), 124
Winnicott, Donald Woods, 208, 366, 376
Wittgenstein, Ludwig Josef, 166
Wittkaver (Dr.), 119
Wolff, Christian, barão von, 422

# Referências bibliográficas em ordem cronológica

## Os complexos familiares na formação do indivíduo

A edição publicada desse texto em 1984, na editora Navarin, abria-se com a seguinte nota, assinada por J.-A.M.: "Esse texto foi escrito por Jacques Lacan para o volume VIII da *Encyclopédie française*, dedicado à 'vida mental' e lançado em 1938; ocupa, em sua segunda parte, 'Circunstâncias e objetos da atividade psíquica', a seção A: 'A família', título pelo qual é comumente designado. Para esta edição, resgatei o título dado por Lacan; resgatei também a continuidade do texto, rompida pela paginação da *Encyclopédie* (subtítulos, tipos de corpo diferente). Esse texto não foi incluído nos *Escritos* por iniciativa do editor, em razão de sua extensão."

## O número treze e a forma lógica da suspeita

Contribuição para os *Cahiers d'Art*, 1945-46, p.383-93.

## A psiquiatria inglesa e a guerra

Publicado em *L'Évolution Psychiatrique*, vol.I, 1947, p.293-312 e 313-8, e em *La Querelle des diagnostics*, Navarin, 1986.

## Premissas para qualquer desenvolvimento possível da criminologia

Trata-se do resumo, redigido por J. Lacan, de suas respostas durante o debate sobre seu relatório "Introdução teórica às funções da psicanálise em criminologia", *Écrits*, Paris, Seuil, 1966, p.125-50 [*Escritos*, Rio de Janeiro, Zahar, 1998, p.127-51]. Esse resumo foi publicado no mesmo número da *Revue Française de Psychanalyse*, vol.IV, n°1, jan-mar 1951, p.84-8.

## Intervenção no I Congresso Mundial de Psiquiatria

Publicado em 1952 nas atas do Congresso de 1950, vol.V: *Psychothérapie-Psychanalyse/Médecine psycho-somatique*, Hermann, col. "Actualités scientifiques et industrielles", 1172, p.103-107.

596 *Outros Escritos*

## Discurso de Roma

Redação do discurso proferido por ocasião da apresentação do relatório "Função e campo da fala e da linguagem em psicanálise" (*Écrits*, Paris, Seuil, 1966, p.237-322 [*Escritos*, Rio de Janeiro, Zahar, p.238-324]), no I Congresso da Sociedade Francesa de Psicanálise, realizado em Roma em 26 e 27 de setembro de 1953. Publicado na revista *La Psychanalyse*, PUF, vol.I, 1956, p.202-11 e 241-55.

## A psicanálise verdadeira, e a falsa

Texto redigido para um congresso realizado em Barcelona em setembro de 1958; permaneceu inédito em francês até sua publicação na revista *L'Ane*, n°51, julho-setembro de 1992, p.24-7.

## Maurice Merleau-Ponty

Contribuição para o número de homenagem publicado por *Les Temps Modernes* após o falecimento do filósofo, n°184-5, out 1961, p.245-54.

## Ato de fundação

O texto, a princípio difundido sem título e sob forma mimeografada, em junho de 1964, foi impresso pela primeira vez no *Annuaire 1965* da Escola Freudiana de Paris, acompanhado pela "Nota adjunta" e pelo "Preâmbulo". A nota, datada de 1971, e o Preâmbulo foram publicados no *Annuaire 1977* da Escola Freudiana de Paris.

## Os quatro conceitos fundamentais da psicanálise

Excerto do *Annuaire 1965* da École Pratique des Hautes Études, p.249-251; publicado adendo do *Seminário 11*.

## Homenagem a Marguerite Duras, pelo êxtase de Lol V. Stein

Publicado nos *Cahiers Renaud-Barrault*, n°5, dez 1965, p.3-10 e 15.

## Respostas a estudantes de filosofia

Publicado nos *Cahiers pour l'Analyse*, boletim do Círculo de Epistemologia da ENS, n°3, 1966, p.5-13, sob o título, fornecido pela redação, de "Réponses à des étudiants en philosophie sur l'objet de la psychanalyse" ["Respostas a estudantes de filosofia sobre o objeto da psicanálise"]. Uma nota da redação esclarecia: "As perguntas aqui reproduzidas foram dirigidas ao Dr. Lacan por um grupo de alunos da Faculdade de Letras de Paris. O texto foi redigido pelo Sr. G. Contesse. Agradecemos a este por haver concordado em que o retomássemos."

## Problemas cruciais para a psicanálise

*Annuaire 1966* da École Pratique des Hautes Études, p.270-3.

## Apresentação das Memórias de um doente de nervos

*Cahiers pour l'Analyse*, n°5, 1966, p.69-72. Texto redigido para apresentar a primeira tradução francesa do livro do presidente Schreber, lançada como folhetim da revista antes de ser publicada na coleção Champ Freudien (trad. de Paul Duquenne) pela Seuil. Publicado sob o título de "Présentation", fornecido pela redação.

## Pequeno discurso na ORTF

Publicado no primeiro número de *Recherches*, n°3/4, p.5-9, com autorização da ORTF. O texto foi precedido por uma nota da redação: "Essa entrevista foi ao ar em 2 de dezembro de 1966, no contexto das Manhãs da France-Culture, durante o programa de Georges Charbonnier, 'Sciences et techniques', por ocasião da publicação dos *Escritos* de Jacques Lacan pela editora Seuil. Agradecemos ao Dr. Lacan, assim como a Georges Charbonnier, a gentileza de nos autorizarem a publicação em *Recherches*."

## O objeto da psicanálise

*Annuaire 1967* da École Pratique des Hautes Études, p.211-2.

## Proposição de 9 de outubro de 1967 sobre o psicanalista da Escola

Publicada em *Scilicet*, n°1, Paris, Seuil, 1968, p.14-30.

## Discurso na Escola Freudiana de Paris

Publicado em *Scilicet*, n°2/3, Paris, Seuil, 1970, p.9-29.

598    *Outros Escritos*

*O engano do sujeito suposto saber*
*A psicanálise. Razão de um fracasso*
*Da psicanálise em suas relações com a realidade*

Publicados em *Scilicet*, n°1, Paris, Seuil, 1968, p.31-41, 42-50 e 51-9. Uma nota final do autor trazia os seguintes esclarecimentos:
"Estes textos não foram lidos, a isso se opondo o número e a diversidade das platéias (de estudantes, na maioria) com que fui honrado. Distinguem-se, pois, do que efetivamente pronunciei, e do qual resta a gravação.
"Tiveram lugar dois outros encontros que eu não havia preparado. Um no dia 16, em Pisa, sede da Escola Normal Superior da Itália, que devo à amizade de Jean Roudaut; ali procedi por uma maiêutica à qual meus ouvintes se mostraram propícios, diálogo este igualmente gravado.
"No dia 18, o Instituto Psicanalítico de Milão foi o cenário do outro, onde não consegui uma platéia informada.
"Agradeço a seu diretor, o professor Fornari, por me havê-la fornecido numerosa, para um debate do melhor tom. O professor Musatti esteve presente.
"Os serviços dos Assuntos Culturais de que fui hóspede estão acima de qualquer elogio: que os Srs. Vallet e Dufour, dentre todos aqueles a quem sou grato, recebam aqui a homenagem por isso."

### Alocução sobre as psicoses da criança

Publicado sob o título de "Discours de clôture des Journées sur les psychoses de l'enfant" ["Discurso de encerramento das Jornadas sobre as psicoses infantis"] em *Recherches*, número especial, "Enfance alienée", dez 1968, II, p.143-52; reproduzido em *Enfance alienée*, UGE, col. 10/18, 1972, e mais tarde, sob o mesmo título, na editora Denoël, na coleção L'Espace Analytique, em 1984. O texto transcrito tinha sido corrigido pelo autor.

### Introdução de Scilicet como título da revista da EFP

Publicado em *Scilicet*, n° 1, Éd. du Seuil, 1968, p.3-13.

### A lógica da fantasia

*Annuaire 1969* da Escola Prática de Estudos Superiores, p.189-94.

### Pronunciamento na Escola

Publicado sob o título de "Adresse du jury d'accueil à l'assemblée avant son vote (le 25 janvier 1969)" ["Pronunciamento do júri de recepção na assem-

*Referências bibliográficas em ordem cronológica* 599

bléia, antes de sua votação (em 25 de janeiro de 1969)"], em *Scilicet*, n°2/3, Paris, Seuil, 1970, p.49-51.

## O ato psicanalítico

*Annuaire 1968-1969* da École Pratique des Hautes Études, p.213-20.

## Nota sobre a criança

Esse texto, entregue à Sra. Jenny Aubry sob a forma de duas folhas manuscritas, foi publicado por ela pela primeira vez em seu livro *Enfance abandonnée*, lançado pela editora Scarabée & Cia. em 1983, e reproduzido em *Ornicar?*, n°37, 1986, sob o título "Deux notes sur l'enfant" ["Duas notas sobre a criança"]. Um exame mais atento permitiu concluir que se tratava de um texto único.

## Prefácio à edição dos Escritos em livro de bolso

Redigido para *Écrits I*, Paris, Seuil, col. Points Essais, 1970, p.7-12. Igualmente publicado em *Écrits II*, texto integral, col. Points, Paris, Seuil, 1999, p.364-369.

## Prefácio a uma tese

Publicado sob o título de "Préface" na abertura do livro de Anika Rifflet-Lemaire, *Jacques Lacan*, Bruxelas, Charles Dessart, 1970, p.9-20. O livro foi reeditado com o mesmo título pela editora Pierre Mardaga, Bruxelas, 1977, incluindo o prefácio (p.5-16).

## Alocução sobre o ensino

Publicado em *Scilicet*, n°2/3, Paris, Seuil, 1970, p.391-9.

## Radiofonia

Publicado em *Scilicet*, n°2/3, Paris, Seuil, 1970, p.55-99. Lacan havia concordado em responder, para a rádio belga, às perguntas do Sr. Robert Georgin.

## Lituraterra

Escrito para o número dedicado ao tema "Literatura e psicanálise", da revista *Littérature*, Larousse, n°3, out 1971, p.3-10; publicado na abertura do número.

600 Outros Escritos

## Aviso ao leitor japonês

Lançado em francês na *Lettre Mensuelle*, publicada pela Escola da Causa Freudiana, n°3, 1981, p.2-3.

## O aturdito

Publicado em *Scilicet*, n°4, Paris, Seuil, 1973, p.5-52.

## Nota italiana

Esse texto, deixado inédito por J. Lacan, foi publicado em *Ornicar?*, n°25, 1982, p.7-10, precedido por uma nota que esclarecia que "as pessoas implicadas não deram continuidade às sugestões aqui expressas".

## Posfácio ao Seminário 11

Publicado no fim do primeiro volume lançado do *Seminário* de Jacques Lacan, livre XI: *Les Quatre Concepts fondamentaux de la psychanalyse*, Paris, Seuil, 1973 [*Os quatro conceitos fundamentais da psicanálise*, Rio de Janeiro, Zahar, 1979].

## Televisão

Esse texto foi publicado num volume da coleção Champ Freudien, Éd. du Seuil, 1974 [Rio de Janeiro, Zahar, col. Campo Freudiano no Brasil, 1993].

## ... ou pior

Publicado em *Scilicet*, n°5, Paris, Seuil, 1975, p.5-10.

## Introdução à edição alemã de um primeiro volume dos Escritos

Publicado em *Scilicet*, n°5, Paris, Seuil, 1975, p.11-7; o título original esclarecia, entre parênteses, o nome da editora: Walter Verlag. A edição alemã do primeiro volume dos *Escritos* foi lançada em 1973 pela Walter Verlag, sob o título de *Schriften I*.

## Prefácio a O despertar da primavera

Escrito para o espetáculo montado por Brigitte Jaques no teatro Récamier, durante o Festival de Outono de 1974; publicado no programa; reproduzido

*Referências bibliográficas em ordem cronológica* 601

como prefácio da edição da peça de Wedekind, em tradução francesa de François Regnault, Gallimard, 1974, p.9-12.

### Talvez em Vincennes...

Constituiu a abertura do n°1 de *Ornicar?*, boletim periódico do "Champ Freudien", jan 1975, p.3-5; o texto indicava, sob o título dado pela redação, "Proposição de Lacan".

### Joyce, o Sintoma

Publicado em 1979 na coletânea *Joyce & Paris, 1902... 1920-1940... 1975*, em co-edição da editora do CNRS e das Publications de l'Université Lille-3, das atas do V Simpósio Internacional James Joyce, realizado em Paris de 16 a 20 de junho de 1975, p.13-7. Igualmente publicado em *Joyce avec Lacan*, pela editora Navarin, na coleção Bibliothèque des Analytica, 1987, p.31-7.

### Prefácio à edição inglesa do Seminário 11

Publicado em *Ornicar?*, n°12/13, 1977, p.124-6. A edição em língua inglesa do *Seminário 11* foi lançada em 1977, sob o título *The Four Fundamental Concepts of Psychoanalysis*, pela Hogarth Press (The Random House Group, Ltd.) e, mais tarde, em 1979, pela editora Penguin. Com o mesmo título, a editora norte-americana Norton também publicou esse seminário em 1978.

### Carta de dissolução

Essa carta, dirigida sob forma mimeografada aos membros da Escola Freudiana de Paris, foi lida no seminário de 8 de janeiro de 1980; foi impressa no *Annuaire 1982* da Escola da Causa Freudiana.

# Inventário de notas

As notas desta versão brasileira, assinaladas pela abreviação "N.E." (Nota da Edição), foram limitadas ao essencial. Optamos, sempre que possível, pela simplicidade e força do literal em detrimento da abundância da significação. Dessa forma, na aposta de dar passagem ao estilo de Lacan, repelimos a tentação dos comentários e explicações e visamos sempre a que o texto falasse por si. Esperamos que o resultado final tenha o traço requerido por Lacan — o de que sua letra dê ao leitor uma única saída: a entrada.

Nesse sentido, as notas se restringem a situar contextos específicos do francês pouco acessíveis ao leitor ou a restituir algo da polissemia inerente a um grande número de termos cunhados por Lacan. Segue-se um inventário desta segunda categoria de notas. Ele não constitui um mapa conceitual, mas sim uma lista, parcial, das situações em que não houve possibilidade direta de tradução. Visa, unicamente, orientar o leitor que procure um complemento de informação à leitura de um termo específico.

## PORTUGUÊS — FRANCÊS

| (a)muro | (a)mur | p.546 |
|---|---|---|
| "...a gage'? ...lá gasto? ...linguagem" | "... la gage? ... la gâche? ... langage" | p.365 |
| "eu me lembro isso" | "je m'en rapelle" | p.334 |
| a gente | on | p.335 |
| abô/ pumiu | napus | p.170 |
| ab-senso | ab-sens | p.451 |
| analisando | analisant | p.304 |
| aparola | apparole | p.395 |
| aquele que ensina/ ensinado | enseignante/ enseigné | p.303 |

602

| | | |
|---|---|---|
| bo... agem/ s... anagem | *f... terie/ f... trerie* | p.315 |
| Caille | *Caille* | p.560 |
| calçador | *chaussoir* | p.465 |
| carta/ letra | *lettre* | p.15 |
| cervidão | *cervage* | p.462 |
| coconhesenso | *connerie-sens* | p.283 |
| conhecimento/ consciência | *connaissance* | p.437 |
| consciência/ conhecimento | *connaissance* | p.437 |
| controle/ supervisão | *contrôle* | p.236 |
| corpoisificação/ corpsificação | *corps(e)ification* | p.310 |
| corpsificação/ corpoisificação | *corps(e)ification* | p.310 |
| cumulatibilidade | *comblatibilité* | p.442 |
| de nomim | *d'emmoi* | p.560 |
| des(homem)nestidade | *mal(e)honnêteté* | p.304 |
| des-senso | *dé-sens* | p.459 |
| diz-mansão | *dit-mansion* | p.21 |
| diz-mensão | *dit-mension* | p.514 |
| Em-Eu | *En-Je* | p.377 |
| engano | *méprise* | p.329 |
| entuo-ele | *je léntu-ile* | p.393 |
| equívoco | *équivoque* | p.317 |
| estágio | *stade* | p.46 |
| ethiqueta | *éthiquette* | p.376 |
| eu | *je/ moi* | p.143 |
| falhar/ precisar de | *faillir/ falloir* | p.425 |
| falso/ foice | *faux* | p.428 |
| fazer descaridade | *il décharite* | p.518 |
| feliz acaso | *bon heur* | p.525 |
| foice/ falso | *faux* | p.428 |
| gozado | *joui* | p.519 |
| gozo-sentido | *jouis-sens* | p.516 |
| helessecrêbelo | *hissecroibeau* | p.560 |
| hénada/ -nada | *hénade/ -nade* | p.547 |
| Henôrme | *hénaurme* | p.397 |
| hescabelo | *hessecabeau* | p.560 |
| histoeria | *hystoire* | p.567 |
| homodito | *hommodit* | p.468 |
| Hum-de-Plus | *Hun-En-Plus* | p.21 |
| impereza | *emperesse* | p.464 |

| IPN (Do inverno não passará) | PPH (ne Passera Pas de L'Hiver) | p.293 |
|---|---|---|
| jogo da ejeção | jeu du jet | p.190 |
| L(s)/ asa(s) | L(s)/ aile(s) | p.390 |
| lalíngua | lalangue | p.510 |
| letra/ carta | lettre | p.15 |
| mais-de-gozar | plus-de-jouir | p.306 |
| meio-dizer | mi-dire | p.390 |
| mestre/ senhor | maître | p.305 |
| missaodio | messe-haine | p.15 |
| naco d'Oulm | bout d'Oulm | p.273 |
| -nada/ hénada | -nade/ hénade | p.547 |
| não/ passo | pas | p.412 |
| nãohaum | hihanappat | p.560 |
| não-sentido | non-sens | p.424 |
| norma masculina | norme male | p.480 |
| nulo/ nulidade | nul/ nulité | p.255 |
| oco | néant | p.255 |
| onto/ vergonhoso | onto/ honteux | p.425 |
| os lagartes | les arts | p.430 |
| ouço sentido | j'ouis sens | p.516 |
| pai severo | père-sévère | p.320 |
| Paismestres | Permaîtres | p.461 |
| passo/ não | pas | p.412 |
| precisar de/ falhar | falloir/ faillir | p.425 |
| pumiu/ abô | napus | p.170 |
| rebotalho | rebut | p.313 |
| rechaço/ rejeito | rejet | p.313 |
| rejeito/ rechaço | rejet | p.313 |
| s... anagem/ bo... agem | f... trerie/ f... terie | p.315 |
| semblante | semblant | p.19 |
| senhor/ mestre | maître | p.305 |
| ser | être | p.206 |
| significante m'estre | signifiant m'être | p.465 |
| (constituir) signo | (faire) signe | p.401 |
| Sintoma | Symptôme | p.562 |
| sujeito | sujet | p.338 |
| supervisão/ controle | contrôle | p.236 |
| tanto | Toto | p.507 |
| UOM | LOM | p.561 |
| valabrégags . | valabrégags | p.300 |
| vivente | vivant | p.335 |

# Inventário de notas 605

## FRANCÊS — PORTUGUÊS

| | | |
|---|---|---|
| *(a)mur* | (a)muro | p.546 |
| *"... la gage? ... la gâche? ...langage"* | *"...a gage? ... lá gasto? ...linguagem"* | p.365 |
| *"je m'en rapelle"* | "eu me lembro isso" | p.334 |
| *ab-sens* | ab-senso | p.451 |
| *analisant* | analisando | p.304 |
| *apparole* | aparola | p.395 |
| *bon heur* | feliz acaso | p.525 |
| *bout d'Oulm* | naco d'Oulm | p.273 |
| *Caille* | Caille | p.560 |
| *cervage* | cervidão | p.462 |
| *chaussoir* | calçador | p.465 |
| *comblatibilité* | cumulatibilidade | p.442 |
| *connaissance* | conhecimento/ consciência | p.437 |
| *connerie-sens* | coconhesenso | p.283 |
| *contrôle* | controle/ supervisão | p.236 |
| *corps*(e)*ification* | corpsificação/ corpoisificação | p.310 |
| *d'emmoi* | de nomim | p.560 |
| *dé-sens* | des-senso | p.459 |
| *dit-mansion* | diz-mansão | p.21 |
| *dit-mension* | diz-mensão | p.514 |
| *emperesse* | impereza | p.464 |
| *En-Je* | Em-Eu | p.377 |
| *enseignante/ enseigné* | aquele que ensina/ ensinado | p.303 |
| *équivoque* | equívoco | p.317 |
| *éthiquette* | ethiqueta | p.376 |
| *être* | ser | p.206 |
| *f... terie/ f... trerie* | bo... agem/ s... anagem | p.315 |
| *f... trerie/ f... terie* | s... anagem/ bo... agem | p.315 |
| *faillir/ falloir* | falhar/ precisar de | p.425 |
| *falloir/ faillir* | precisar de/ falhar | p.425 |
| *faux* | falso/ foice | p.428 |
| *hénade/ -nade* | hénada/ -nada | p.547 |
| *hénaurme* | Henôrme | p.397 |
| *hessecabeau* | hescabelo | p.560 |
| *hihanappat* | nãohaum | p.560 |
| *hissecroibeau* | helessecrêbelo | p.560 |
| *hommodit* | homodito | p.468 |
| *Hun-En-Plus* | Hum-de-Plus | p.21 |

| hystoire | histoeria | p.567 |
|---|---|---|
| il décharite | fazer descaridade | p.518 |
| j'ouis sens | ouço sentido | p.516 |
| je léntu-ile | entuo-ele | p.393 |
| je/ moi | eu | p.143 |
| jeu du jet | jogo da ejeção | p.190 |
| joui | gozado | p.519 |
| jouis-sens | gozo-sentido | p.516 |
| L(s)/ aile(s) | L(s)/ asa(s) | p.390 |
| lalangue | lalíngua | p.510 |
| les arts | os lagartes | p.430 |
| lettre | carta/ letra | p.15 |
| LOM | UOM | p.561 |
| maître | mestre/ senhor | p.305 |
| mal(e)honnêteté | des(homem)nestidade | p.304 |
| méprise | engano | p.329 |
| messe-haine | missaodio | p.15 |
| mi-dire | meio-dizer | p.390 |
| moi/ je | eu | p.143 |
| -nade/ hénade | -nada/ hénada | p.547 |
| napus | abô/ pumiu | p.170 |
| néant | oco | p.255 |
| non-sens | não-sentido | p.424 |
| norme male | norma masculina | p.480 |
| nul/ nulité | nulo/ nulidade | p.255 |
| on | a gente | p.335 |
| onto/ honteux | onto/ vergonhoso | p.425 |
| pas | não/ passo | p.412 |
| père-sévère | pai severo | p.320 |
| Permaîtres | Paismestres | p.461 |
| plus-de-jouir | mais-de-gozar | p.306 |
| PPH (ne Passera Pas de L'Hiver) | IPN (Do inverno não passará) | p.293 |
| rebut | rebotalho | p.313 |
| rejet | rejeito/ rechaço | p.313 |
| semblant | semblante | p.19 |
| (faire) signe | (constituir) signo | p.401 |
| signifiant m'être | significante m'estre | p.465 |
| stade | estágio | p.46 |
| sujet | sujeito | p.338 |
| Symptôme | Sintoma | p.562 |
| Toto | tanto | p.507 |

| *valabrégags* | valabrégags | p.300 |
| *vivant* | vivente | p.335 |

Resta agradecer aos muitos colegas consultados. Importantes também foram as diversas traduções de textos de Lacan — em especial as de *Complexos familiares*, realizada por Marco Antonio Coutinho Jorge e Potiguara Mendes da Silveira, e de *Televisão*, por Antonio Quinet, publicadas pela Zahar nesta mesma coleção Campo Freudiano no Brasil — que circulam em nosso meio e que contribuíram muitas vezes para formar o cristal sobre o qual pudemos nos apoiar e, eventualmente, deslocar.

1ª EDIÇÃO [2003] 9 reimpressões

ESTA OBRA FOI COMPOSTA POR TOPTEXTOS EDIÇÕES GRÁFICAS
EM ADOBE GARAMOND E TIMES NEW ROMAN E IMPRESSA EM
OFSETE PELA GRÁFICA PAYM SOBRE PAPEL ALTA ALVURA
DA SUZANO S.A. PARA A EDITORA SCHWARCZ EM JANEIRO DE 2024

A marca FSC® é a garantia de que a madeira utilizada na fabricação do papel deste livro provém de florestas que foram gerenciadas de maneira ambientalmente correta, socialmente justa e economicamente viável, além de outras fontes de origem controlada.